日本智库研究：
经验与借鉴

Japanese Think Tanks: Experiences and Implications

胡 薇 著

中国社会科学出版社

图书在版编目（CIP）数据

日本智库研究：经验与借鉴／胡薇著．—北京：中国社会科学出版社，2021.12
ISBN 978 - 7 - 5203 - 8300 - 4

Ⅰ.①日⋯　Ⅱ.①胡⋯　Ⅲ.①咨询机构—研究—日本　Ⅳ.①C932.831.3

中国版本图书馆CIP数据核字（2021）第068001号

出 版 人	赵剑英
责任编辑	喻　苗
责任校对	任晓晓
责任印制	王　超

出　　版	中国社会科学出版社
社　　址	北京鼓楼西大街甲158号
邮　　编	100720
网　　址	http://www.csspw.cn
发 行 部	010 - 84083685
门 市 部	010 - 84029450
经　　销	新华书店及其他书店

印刷装订	北京君升印刷有限公司
版　　次	2021年12月第1版
印　　次	2021年12月第1次印刷

开　　本	710×1000　1/16
印　　张	34.5
字　　数	619千字
定　　价	169.00元

凡购买中国社会科学出版社图书，如有质量问题请与本社营销中心联系调换
电话：010 - 84083683
版权所有　侵权必究

国家社科基金后期资助项目出版说明

后期资助项目是国家社科基金设立的一类重要项目，旨在鼓励广大社科研究者潜心治学，支持基础研究多出优秀成果。它是经过严格评审，从接近完成的科研成果中遴选立项的。为扩大后期资助项目的影响，更好地推动学术发展，促进成果转化，全国哲学社会科学工作办公室按照"统一设计、统一标识、统一版式、形成系列"的总体要求，组织出版国家社科基金后期资助项目成果。

全国哲学社会科学工作办公室

前　言

当前中国的经济与社会结构正在发生着复杂而深刻的变迁，国际形势动荡多变，国内外的种种问题与挑战对党和政府的决策水平提出了新的要求。能否充分利用社会各种智力资源，为公共政策决策提供理论与实证研究支持，成为国家治理能力的重要因素。2015年1月20日中共中央办公厅、国务院办公厅联合印发《关于加强中国特色新型智库建设的意见》，为我国的智库建设提供了重大的发展机遇与广阔的施展空间，也对中国智库的发展提出了更高的期许和要求。目前，中国的智库建设方兴未艾，对于智库本身的研究，尤其是各国智库建设的经验也引起了学界的极大重视。

日本作为亚洲智库建设的先行者，发展至今，已逐渐拥有了一批在国内外各个领域都颇具规模和影响力的智库。日本智库在公共政策的形成和外交决策等诸多方面都曾经扮演过至关重要的角色，并且现今依旧具有不容忽视的重要性。自20世纪60年代中期"智库"作为"从事研究的组织"这一概念被正式引入日本以来，智库已从仅被视为一种组织形式逐渐发展成为日本政府、社会和企业经营运转中不可或缺的耳目和大脑，影响政府重要决策，发挥其社会职能作用。一贯重视信息收集和调查研究的日本产官学各界都高度重视并积极推进日本的智库建设，使其从快速成长走向稳健成熟。

日本与中国同处亚洲，在文化与经济发展轨迹上有着不少共同之处，日本智库建设的经验无疑对于我国具有较大的借鉴意义。基于这一思路，本书对日本智库的历史演变过程和目前的发展状况进行了考察，试图总结出其特点和背后的动因。正如我们将在书中所看到的，日本的特殊社会政治结构造就了一个与欧美存在相当区别的具有"日本特色"的智库体系。一方面，它与日本的官僚体系结合非常紧密，有着很高的专业水平与技术效率，也产生了不少世界知名的智库。然而另一方面，从总体上看，同为发达国家的日本在智库的地位和影响力方面都远不及欧美等国。因此，对日本智库体系的评价也相对复杂，很难简单地用"成功"或"失败"加以概括。

在上述认识的基础上，日本智库能够为我们提供的借鉴也不是那么简单明了。日本智库发展至今，经历了从兴起到繁荣再到衰落，进而重组的全过程，相较于现阶段的中国智库而言，这一系列的起伏本身就值得研究。"借鉴"的意思不只是学习成功经验，吸取失败的教训同样值得重视。就本书的研究而言，我们有两个方面的体会。其一是，许多国际比较文献聚焦于发达国家的著名智库，但有时更为典型的实际上是那些规模、预算和影响力都非常有限的小型专业化智库，如果我们只以大型的著名国际智库为标杆，不仅可能产生误导，而且也会忽略支撑众多智库生存和发展的社会经济机制。其二是，智库的运营方式和研究风格高度依赖于社会法律环境和文化传统，例如西方国家的智库多以政府体制外的社会性民间智库为主流，而东亚地区则有"官办"智库为主的特色。中国特色新型智库建设要以中国国情和时代背景为依托，它们不仅决定了我国智库体系的理想形态，而且也影响着智库建设的路径。

对于一国智库的研究，需要一个从面到点的深化过程，在把握全局的基础上，着力发掘、深入研究具体问题。本书的研究，充其量只是抛砖引玉，希望能够得到广大读者的批评指正，也期待着未来看到关于日本智库更多角度、更为深入的精彩之作。

目　录

研 究 篇

第一章　"非典型"的日本智库 ……………………………………（3）
　第一节　日本对"智库"的界定 ……………………………………（3）
　第二节　日本智库的基本类型 ……………………………………（8）
　　一　官方智库 ……………………………………………………（9）
　　二　半官方智库 …………………………………………………（11）
　　三　企业智库 ……………………………………………………（14）
　　四　政党团体附设智库 …………………………………………（15）
　　五　高校附设智库 ………………………………………………（16）
　　六　自治体智库 …………………………………………………（18）
　　七　民间非营利智库 ……………………………………………（21）
　第三节　日本智库运营的法制环境 ………………………………（23）

第二章　日本智库的历史沿革 ……………………………………（26）
　第一节　萌芽期（二战前—二战结束）……………………………（26）
　第二节　初创期（1945—1965年）…………………………………（28）
　第三节　第一次智库发展潮（1965—1975年）……………………（30）
　第四节　第二次智库发展潮（20世纪80年代中期—
　　　　　80年代末）………………………………………………（34）
　第五节　第三次智库发展潮（20世纪90年代前期）………………（36）
　第六节　第四次智库发展潮（20世纪90年代后期）………………（38）
　第七节　转型重组期（2000年以后）………………………………（42）

目 录

第三章　日本智库的发展现状 (51)
第一节　规模数量 (51)
第二节　组织形式 (55)
第三节　地区分布 (58)
第四节　资金来源 (61)
第五节　人员构成 (73)

第四章　日本智库的研究及产出状况 (83)
第一节　研究领域 (83)
　一　研究兴趣领域分布 (83)
　二　研究成果领域分布 (89)
　三　研究成果数量 (92)
第二节　研究项目来源 (94)
　一　研究项目来源分类及其占比 (94)
　二　研究项目来源与研究领域的关联情况 (95)
　三　智库组织形式与自主研究的关联情况 (96)
　四　委托研究与委托方类别的关联情况 (98)
　五　智库组织形式与委托研究的关联情况 (100)
第三节　研究周期 (104)
第四节　研究成果公开 (107)
　一　研究成果公开情况 (107)
　二　智库公开研究成果的动因与政策导向 (108)

第五章　日本智库的运营管理 (111)
第一节　组织结构 (111)
第二节　财务状况 (115)
第三节　工作体系 (124)
第四节　研究选题 (127)
第五节　国际合作 (132)
第六节　评价考核 (136)

第六章　日本智库的社会与政策影响力 (144)
第一节　日本智库在社会治理体系中的地位 (145)
　一　官僚主导的公共决策体系与"依附型"的智库生态 (145)

二　新的政治格局下智库与政府关系的变化 …………………（148）
　三　民间独立智库的兴起与智库参政的新渠道 ……………（150）
第二节　日本智库的社会贡献 …………………………………（152）
　一　经济与产业政策的制定与实施 …………………………（153）
　二　国际事务与国际交流 ……………………………………（154）
　三　政策领域的人才培养 ……………………………………（157）
第三节　案例分析 ………………………………………………（159）
　一　一般财团法人电力中央研究所 …………………………（159）
　二　一般社团法人海洋产业研究会 …………………………（165）
　三　日本智库的"一带一路"研究 …………………………（170）

第七章　对中国智库建设的启示 ………………………………（178）
第一节　从日本智库看不同社会经济治理体系中的
　　　　　智库角色 ……………………………………………（178）
第二节　中国视角下日本智库的"独特性" ……………………（181）
第三节　建立有中国特色的智库体系 …………………………（183）
　一　脚踏实地的智库发展目标与实现路径 …………………（183）
　二　优化智库的运营管理与功能建设 ………………………（185）
　三　提高智库国际交流与合作能力 …………………………（188）

参考文献 …………………………………………………………（191）

资料篇

第一部分　日本主要智库年表（1912—2007年）………………（201）
第二部分　日本主要智库名录 …………………………………（241）
第三部分　中日用语对译表 ……………………………………（305）
第四部分　日本主要智库简介 …………………………………（314）

研究篇

第一章 "非典型"的日本智库

与美英等许多发达国家一样，日本拥有一批从事公共政策研究的专门机构，从中央到地方，涵盖了政治、经济和社会生活的各个领域，并持续不断地推出了一系列政策研究和建议性报告。可以说，"智库"一词借助报刊、书籍、网络等各类媒介已日渐渗透并融入了日本经济政治和社会生活等各个领域之中。作为综合评述日本智库的前提，首先需要明确日本对于"智库"的界定。

第一节 日本对"智库"的界定

"智库"源于英文的"Think Tank"，在日语中被译为"シンクタンク"。对于日本而言，"智库"一词属于外来语，该词在日语中的定义一直以来都是讨论的问题之一，尚未形成统一的概念。例如，国立国语研究所在《"外来语"置换提案》中指出，可用"政策研究机构"作为"智库"一词的替换用语，[①] 并将其含义解释为"从事社会问题的调查分析，并旨在解决问题而提出政策建议的研究机构"。同时，在其指引手册中，注明"如果该机构所从事的调查研究和公共政策没有直接关联，也可以用'调查研究机构'来替换"，可见对智库一词的解释存在一定的宽泛性。

与此对照，日本大辞典《广辞苑》中定义"智库"是"汇集各领域的专家，从事政策和企业战略的制定以及提供建议的调查研究组织。头脑

---

① 『見やすいカタカナ新語辞典』、三省堂編修所、2014年8月版、301頁。「シンクタンク」とは、さまざまな領域の専門家を集めた研究機関。社会開発や政策決定などの問題や経営戦略などについて、調査・分析を行い、問題解決や将来予測などの提言をする。△2006年（平成18年）国立国語研究所「外来語」委員会『「外来語」言い換え提案』で「政策研究機関」。

集団"。① 相类似的还有《现代用语基础知识》定义"智库"是"以无形的智力作为资本进行交易的企业或研究所"。② 小学馆的《大辞泉》和《现代国语例解辞典》的定义相似，"智库"是指"汇集各领域的专家，从事国家的政策决策和企业战略方面的基础研究、应用研究、咨询服务、系统开发等的组织。头脑集团"。③ 小学馆《日本国语大辞典》将上述两种定义加以综合为"智库"是指"头脑集团。汇集各领域专家的组织。以无形的智力作为资本，不仅从事基础研究，也提供建议和指导等咨询服务的企业组织或研究机构"。④ 此外，还有强调智库的"政策咨询"和"预测"功能的表述，如三省堂的《现代新国语辞典》定义"智库"为"广泛汇集各方面专家，开展政策决策、经济动向预测、技术开发等的机构。头脑集团"，⑤ 又如集英社的《国语辞典》描述"智库"是"头脑集团。针对政治、经济、技术开发等，为制定长期计划而开展综合性的调查研究的各领域专家的集团"。⑥《学研·现代新国语辞典》定义的"智库"是指"汇集各个领域的专家，针对企业和政府部门委托的课题，开展调

---

① 『広辞苑』、岩波書店、2018 年 1 月 12 日第七版、1501 頁。
② 『現代用語の基礎知識』、自由国民社、2019 年 1 月 1 日出版発行、1114 頁；『創刊 70 周年記念版』、2018 年 1 月 1 日出版発行、1179 頁；2017 年 1 月 1 日出版発行、1182 頁。「シンクタンク（think tank）」とは、無形の頭脳を資本として商売をする企業や研究機関。
③ 『大辞泉』、株式会社小学館、2012 年 11 月 7 日第二版上巻、1865 頁。「シンクタンク（think tank）」とは、種々の分野の専門家を集め、国の政策決定や企業戦略の基礎研究・コンサルティングサービス・システム開発などを行う組織。頭脳集団。
『現代国語例解辞典』、株式会社小学館、2016 年 11 月 20 日第五版、710 頁。「シンクタンク（think tank）」とは、種々の領域の専門家を集め、基礎研究や応用研究をはじめ、コンサルティング・サービスにも応じる企業組織。頭脳集団。
④ 『日本国語大辞典』、株式会社小学館、2001 年 7 月 20 日第二版第七巻、572 頁。『精選版 日本国語大辞典』、株式会社小学館、2006 年 2 月 10 日第二巻第一版第一次印刷、725 頁。「シンクタンク（think tank）」とは、頭脳集団。いろいろな領域の専門家を集めた組織。無形の頭脳を資本として基礎研究をはじめ、助言・指導などのコンサルティングサービスも応じる企業組織、あるいは研究機関。
⑤ 『現代新国語辞典』、三省堂、2019 年 1 月 10 日第六版、692 頁。「シンクタンク（think tank）」とは、広く各方面から専門家を集めて、政策の決定、経済動向の予測、技術の開発などを行う機関。頭脳集団。
类似的定义如下。『国語辞典』、三省堂、2014 年 1 月 10 日第七版、734 頁。「シンクタンク（think tank）」とは、各分野から広く専門家を集め、新しい技術開発や政策決定について研究する集団。頭脳集団。
⑥ 『国語辞典』、集英社、2012 年 12 月 19 日第三版、894 頁。「シンクタンク（think tank）」とは、頭脳集団。政治・経済・技術開発などについて長期計画を立てるため、総合的に研究調査を行うさまざまな分野の専門家の集団。

查、分析、研究、开发，并提供其知识和技术的企业组织和头脑集团"。[1] 从日本辞书对于"智库"的解释来看，不论是哪种定义，都并未强调智库的非营利性、公共性、独立性，也并未把智库限定为调查研究机构，就此而言，日本辞书对"智库"的解释更接近于"咨询"机构。

实务派对于智库的认定标准也各不相同，例如小池洋次将"非政府部门，与公共政策相关的组织"全部纳入"智库"；[2] 而福川伸次则具体定义"智库"是"为了健全地运营民主主义社会，基于科学的、跨学科的综合分析方法解析社会的各种问题，提出具有创造性思维的政策、经验和改善建议，并对政策的实施和企业的经营做出评价的机构。独立于政府、面向未来、关注政策、坚持理论研究，都是智库的关键要素。智库应兼具学术研究机构、行政机构、企业以及新闻机构的职能，提出基于理论的政策研究和战略建议"。[3] 还有把智库分为广义和狭义加以界定的情况，广义的智库是指"进行公共政策相关调查研究的团体"，而狭义的智库则限定为"非营利性的、民间的、独立的政策研究团体，并对公共政策的形成具有影响力"。[4]

现实中，日本的智库多为广义的智库，严格地说狭义上的智库几乎不存在。日本的智库虽多冠名为"研究所"或"综合研究所"，但就机构整

---

[1] 金田一春彦、金田一秀穂『学研・現代新国語辞典』、株式会社学研教育出版、2017年12月19日改訂第六版、729頁。「シンクタンク」とは、種々の分野に属する専門家を集め、企業や官庁から依頼された課題に対して調査・分析・研究・開発を行い、その知識・技術を提供する企業組織。頭脳集団。
类似的定义如下。
『国語辞典』、旺文社、2001年第九版、682頁。「シンクタンク」とは、広範囲な専門分野の頭脳を集結して研究・開発や調査・分析をし、その知識や技術を企業や公共団体に提供する組織。頭脳集団。

[2] 小池洋次「政策形成とシンクタンク—日米比較を中心に—」、『シンクタンクの動向2002』2002年。小池洋次是关西学院大学综合政策学部教授，曾任日本经济新闻社编辑局国际部部长，2000年4月—2006年3月任NIRA综合研究开发机构理事。

[3] 福川伸次「政策形成過程における日本のシンクタンクの役割」、『シンクタンクの動向2002』、2002年。福川伸次现任东洋大学理事长、地球产业文化研究所顾问，曾历任大平正芳内阁总理大臣秘书官、通商产业省（现经济产业省）贸易局局长、通商产业大臣官房长、通商产业省产业政策局局长、通商产业省事务次官等职，引退辞职后历任株式会社神户制钢所副社长、副会长，以及株式会社电通综研社长等职。

[4] 小林陽太郎「代替的政策形成機関としてのシンクタンクの役割」、『シンクタンクの動向2003』、2003年。小林阳太郎（已故）曾历任富士施乐株式会社的社长、会长，以及国际大学理事长等职，曾任2003年度NIRA综合研究开发机构会长，2000年获得西安交通大学授予的名誉博士学位。

体而言，其中不乏带有商业色彩的智库，例如"株式会社野村综合研究所"① 是上市公司，而"公益财团法人日本国际问题研究所"则是非营利性机构，应根据机构属性加以具体分析。从资金来源而言，带有营利性质的智库又大多附设于集团企业的旗下，因此存在受到母公司或集团公司关联影响的情况，虽然此类智库也承接很多政府的委托研究项目，但其业务内容基本上以企业咨询和系统开发销售为主，公共政策方面的业务占比相对有限。例如"株式会社大和综研"作为机构整体而言，虽带有营利性质，但其将具有"智库功能"的部门列为了纯成本部门，是公司内部的非营利性部门。

同时，需要留意的是，日本很多智库都具有咨询功能，甚至是机构名称中就直接带有"咨询"字样，例如"三菱 UFJ 调查研究与咨询株式会社"。如果存在将智库功能与咨询功能相混同的情况，那么这种状态最终也可能会导致对公共政策造成一定程度上的影响。通过实地调研，笔者发现"智库"功能与"咨询"功能并存是日本智库的特殊性之一，在机构外部层面上或许存在对两者混同的质疑或误读，但在机构内部对于两者有着相对清晰的业务划分。以"株式会社三菱综合研究所"为例，该机构在组织架构中明确划分出"智库部门"和"咨询部门"，同时并行的部门还有"研究开发部门""公司管理部门"，以及"政策经济研究中心"和"营业本部""海外事业本部"等。② 各部门之间具有明确的业务划分，原则上，"智库部门"承接财务省、内阁府等政府部门的委托业务，而"咨询部门"则是面向民间客户提供企业援助等咨询业务。③

非营利性的智库中实力较强的则多为政府部门的下属机构，或与政府之间在人、财、物方面存在着一定的附属关系。但随着日本政治体制改革的推进，非官方的民间智库日渐强大，已经成长为日本智库体系中不容忽视的力量。此外，非营利性智库还包括自治体系、NPO 系、学术系、行业系和政党系等不同体系的智库，其中金融系统的智库虽然大多带有"营利"色彩，但是也不乏信用金库以服务地方为宗旨设立的非营利性智库。还有地方银行为促进地方发展，作为其服务地方的一环而设立的智

---

① 为兼顾表述的准确性、规范性与流畅性，本书中所有日本智库在第一次出现时，均以智库官方网站上的正式名称记述，即冠以智库的法人类型，后文再次出现时，则视文章内容需要而采用全称或简称。
② 资料来源：『株式会社三菱综合研究所会社案内』，株式会社三菱综合研究所，2019 年版，2019 年 4 月 11 日实地调研获取。
③ 资料来源：笔者对株式会社三菱综合研究所的实地调研访谈，2019 年 4 月 11 日。

库，也是非营利性智库。

与欧美各国的智库相比，日本的智库在组织形式、设立宗旨和目的、人员、资金来源等方面都极具多样性。"智库"（think tank）的定义是指"头脑集团，汇集各领域专家的研究组织，政策研究机构，调查研究机构。按照要求，为政策的决定、经营战略的制定、技术开发而从事市场调查的组织、政府研究机构、调查研究机构"，[①] 因此对各种组织形式的智库进行简单划一的统计调查在实务操作上存在相当的难度。

日本"公益财团法人 NIRA 综合研究开发机构"［后文简称"NIRA 综研"）依据《综合研究开发机构法》（『総合研究開発機構法』，1973 年法律第 51 号，别称为"《智库法》"（『シンクタンク法』）］于 1974 年成立。[②] 为掌握并推进日本智库发展，截至 2014 年 3 月，NIRA 综研在日本政府的财政拨款支持下，每年都针对日本国内的政策研究机构的概要以及截至该年度的研究成果实施"智库信息调查"并发布调研报告《智库信息》（2008 年度以前为《智库年报》），1979 年度到 2008 年度 NIRA 综研还实施了"智库动向调查"。NIRA 综研开展的智库系列调查将"在政策科学、社会人文科学等领域从事政策研究、原则上具有日本法人资格的机构"视为"智库"。

NIRA 综研通过对日本国内智库的持续观测和统计调查，基于调查汇总的数据，对日本智库的发展动向加以分析和研究。作为日本国内唯一一家针对日本智库发展状况开展调查研究的机构，NIRA 综研在 2014 年度末（2015 年 3 月）对该项调查统计的实施意义进行评估后，认为日本智库发展趋于相对稳定，已不存在继续开展该项调查统计的必要性，因此，自 2014 年度起终止了日本智库调查统计项目的实施以及《智库信息》的发布。不过 NIRA 综研的既存统计数据仍具有巨大的研究价值，尤其考虑到目前难以取得较其更为全面、及时的日本智库相关统计数据，故而包括本书在内的、许多涉及日本智库的研究仍将 NIRA 综研公布的《智库信息》及其相关数据库作为重要的参考数据。然而，与此同时，笔者认为 NIRA

[①] 『コンサイス カタカナ語辞典』、三省堂編修所、2010 年 1 月第四版、497 頁。「シンクタンク（think tank）」とは、頭脳集団。さまざまな領域の専門家を集めた研究組織。政策研究機関。調査研究機関。求めに応じて政策決定、経営戦略の立案、技術開発のための市場調査などを行う組織。政策研究機関。調査研究機関。

[②] 『総合研究開発機構法』，别称『シンクタンク法』，1973 年（昭和 48 年）7 月经日本国会审议通过生效，依据该法，综合研究开发机构于 1974 年成立，由此为从前只有私营企业独自开发的智库增加了政府援助。

综研的统计调查也并非完美无瑕，例如笔者在对 NIRA 综研历年发布的《智库信息》的调查对象逐一进行核实后发现，其中部分机构的智库身份值得推敲，如"一般财团法人软件信息中心""一般财团法人千里文化财团"等。虽然这些机构可能并不符合一般意义上的"智库"，但其作为 NIRA 综研实施调查统计的智库样本，是"日本智库"数据库及其统计分析结果的一部分，鉴于此，本书在对 NIRA 综研的调查报告进行数据分析时，保留了全部智库样本数据。①

第二节　日本智库的基本类型

日本的智库在主体性质、组织形式、宗旨、目的、人员、经费来源等方面都具有多样性特征。基于不同的分类标准，日本智库也被划分为不同类型。较为常见的分类包括，从广义的智库属性上划分，日本智库可分为官方智库、半官方智库和民间智库三大类，其中民间智库还可以再细分为营利性智库、非营利性智库和中间法人②智库。从组织形式来看，日本智库可分为营利法人、一般财团法人、一般社团法人、公益财团法人、公益社团法人、特定非营利活动法人、独立行政法人、其他八类。

按智库研究活动开展方式划分，可分为：（1）"自主研究型"智库，即机构具备雄厚的研究实力，拥有齐备的各领域专业研究人员，无须借助外力即可独立开展并完成相关调查研究活动；（2）"合作外聘型"智库，即机构以自有专职专业研究人员为主，延揽一部分外部专家学者共同开展合作研究；（3）"协调委托型"智库，即机构缺乏专属研究人员，自有研究力量薄弱，主要从事研究项目的管理和组织协调工作，通过外聘专家完成研究课题，从而发挥智库的功能和作用。

"产官学"相关联下的不同类型智库的功能定位一直都是日本智库的一大特点，基于对日本智库的调研考察，本书以智库的所属上级母体机构的属性为参考依据，将日本智库细分为官方智库、半官方智库、企业智库、政党团体附设智库、高校附设智库、自治体智库以及民间非营利智库七大类。

---

① 本书第二部分资料篇中的"日本主要智库年表""日本主要智库名录"和"日本主要智库简介"均以 NIRA 综研的智库数据库为基础进行收录整理。

② "中间法人"是依据日本的《中间法人法》（『中間法人法』，2001 年法律第 49 号）而设立的以"非公益、非营利"为目的的独立组织。

一 官方智库

官方智库主要是指直接隶属于政府或某个政府部门的智库,如防卫省的"防卫研究所"、财务省的"财务综合政策研究所"、内阁府的"经济社会综合研究所"、文部科学省的"国立教育政策研究所"、日本银行的"金融研究所"等。官方智库的经费全部来自政府财政预算拨款,属于行政部门而不具备独立的法人资格。这类智库专门为政府部门服务,对日本政府的政策形成的影响最为直接,其主要职责在于为所属部门的政策制定提供相关的资料数据、理论研究和实证调查分析,同时还负责相关史料数据的搜集与研究、数据库的建设与管理等工作。此外,官方智库不仅肩负着体系内的人员教育培训工作,同时作为所属部门的对外窗口,还要保持并推进与其他政府部门、外部相关机构、民间企业之间的相互交流合作,包括相互的人员培训和短期外派研修工作等。官方智库的另一重要职能是代表政府推进与其他国家政府部门、国际组织之间的国际交流合作。

防卫研究所作为防卫省的智库,是防卫省(参见图1-1)的政策研究核心,1952年作为"保安厅保安研修所"成立,2016年4月在"地域研究部"内部新设"中国研究室"。防卫研究所主要从事安全保障和战争史方面的相关政策导向性调查研究,兼具培养自卫队的高级干部等人才的国防大学级别的教育机构职能。同时,防卫研究所肩负日本国内最大规模的战争史研究中心的职能,负责战争史料的管埋和公开等工作。

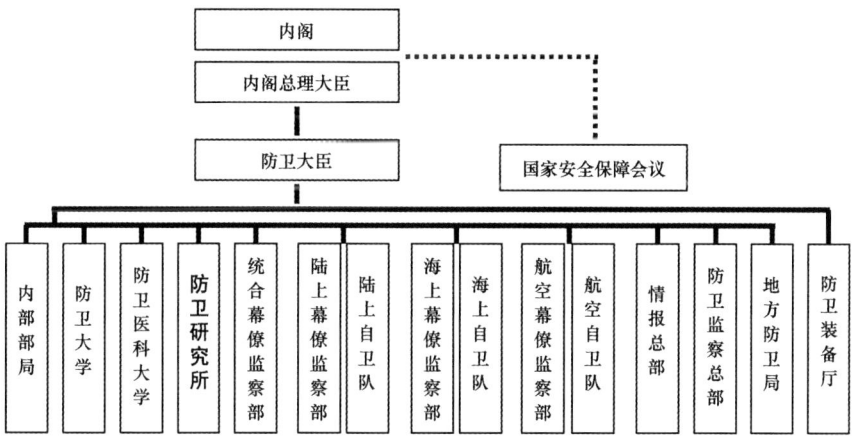

图1-1 防卫省组织图(2015年10月)

资料来源:根据防卫研究所官方网站相关内容绘制,2019年5月2日,http://www.nids.mod.go.jp/。

10 研究篇

在组织架构上，防卫研究所由直接听命于内阁总理大臣的防卫大臣掌管，下设政策研究部、理论研究部、教育部等多个部门，截至2019年4月共有研究人员90名、管理人员50名，职员人数合计140名（参见图1-2）。①

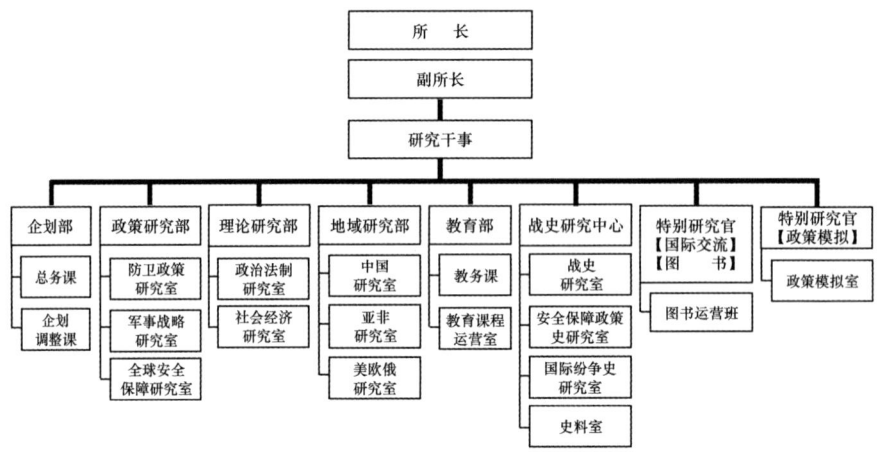

图1-2 防卫研究所组织图（2019年4月）

资料来源：根据防衛研究所『防衛省防衛研究所パンフレット』（2019年版）相关内容绘制，http://www.nids.mod.go.jp/about_us/pamph/pdf/pamph_2019.pdf。

日本国家安全保障会议和内阁会议审议决定的《防卫计划大纲》中明确指出，"为促进国民对安全保障与危机管理的理解，要加强教育机构等的安全保障教育，强化以防卫研究所为中心的防卫省和自卫队的研究体制，同时促进与政府内部其他研究教育机构、国内外大学和智库等机构之间包括教育、研究交流在内的各种合作"。在加强知识基础建设的同时，防卫研究所为进一步强化其研究体制，2015年4月新增设了研究干事和特别研究官。"研究干事"是为了在研究、教育、国际交流等业务领域，进一步强化防卫研究所所长的辅佐体制而新设。"特别研究官"则包括两种类型：其一是配合近年来防卫研究所量质齐增的国际交流活动，为保障能够顺畅有效地实施国际交流合作而新设的"国际交流与图书担当特别研究官"；其二是作为强化防卫研究所的政策支持功能的一环，通过模拟演测实验为支持政策部门工作而新设的"政策模拟担当特别研究官"。

防卫研究所积极开展调查研究和教育培训，并重视国际交流和情报信

---

① 资料来源：『防衛省防衛研究所パンフレット』，防衛研究所，2019年版，2020年2月27日，http://www.nids.mod.go.jp/about_us/pamph/pdf/pamph_2019.pdf。

息传播，在日本的安全保障政策方面已确立了不容动摇的地位。以政策研究为基础的防卫研究所长期以来积累了丰厚的研究成果，拥有各领域的大量专家资源，其举办的研讨会为政策立案做出了很大的贡献。防卫研究所的出版物种类较多，包括分析上一年东亚地区安全保障局势的《东亚战略概观》和分析近期中国相关安全保障局势的《中国安全保障报告》，论文集《防卫研究所纪要》《战史研究年报》《国际共同研究系列》以及关于安全保障局势的时事解说月刊等十余种。

在国际交流方面，防卫研究所通过与各国的安全保障和国防研究机构、海外智库、国防大学等机构之间开展互派教官授课、互派教育研修团访问等定期互访活动和参加多国间的国防大学校长会议等方式，积极推进防卫研究所与海外机构之间的国际交流。防卫研究所经常性地接待各国的国防大臣、参谋长、国防大学校长等政府与军队高层政要和官员的来访，邀请海外的研究人员和专家作为防卫研究所的客座研究员或研讨会的讲师。相应地，防卫研究所通过派遣研究人员赴海外调研或客座研究、参加国际会议等方式，提高防卫研究所的调查研究质量，并不断强化其国际化研究网络建设。防卫研究所每年都单独或联合主办多场国际会议，包括"安全保障国际论坛""战争史研究国际论坛"等，同时也作为重要成员单位出席国际会议，例如各国国防大学共同参与的国际会议，即由 ASEAN 主办的"ARF 国防大学校长会议"和由 NATO 主办的"NATO 国防大学校长会议"。

二 半官方智库

半官方智库主要是指由政府主导或支持的"独立行政法人"[①] 智库，如经济产业省主管的"独立行政法人经济产业研究所"和"独立行政法人日本贸易振兴机构亚洲经济研究所"、环境省主管的"国立研究开发法人国立环境研究所"、总务省主管的"国立研究开发法人信息通信研究机构"等。半官方智库主要是在国家机关外部化过程中，以独立的法人组织形式从政府各官厅部门中剥离出来设立的、介于政府和民间之间的准政府机构，其主要职能是为社会公共事业的开展和公共政策的制定提供综合

[①] 根据日本的《独立行政法人通则法》（『独立行政法人通则法』，1999 年法律第 103 号）第 2 条第 1 项的规定，"独立行政法人"是指"从国民生活和社会经济的稳定等公共立场判断有必要切实加以实施的业务或事业，同时是国家没有必要亲自作为主体直接加以实施，但委托给民间主体又存在不被实施的可能性，或有必要让一个主体垄断加以实施的业务或事业，以高效且有实效地加以运营和管理为目的而依据本法以及其他单行法的规定而设立的法人"。

研究服务，以承担政府委托研究项目为主，注重基础信息的收集和资源数据库的建设，业务领域和服务范围覆盖日本各地区和各行业，其研究成果也多服务于政府的政策决策。半官方智库的前身很多都是日本中央省厅（相当于中国的中央部委）的直属官办研究机构，改制为独立行政法人后，虽然在形式上有了较大的变化，但其服务于国家事业和公共事务，致力于国民生活的安定和社会经济的健全发展的宗旨始终没变，是公益性较强的智库组织。半官方智库的主管部门为相应的国家行政机关，这类智库的经费来源于政府在财政预算范围内的拨款，列入国库支出，除会计财务接受相关监督外，每年须编制财务报表、事业报告和决算报告并报送相关主管部门，接受由主管部门负责人选定的会计审计师的审计核查。作为独立行政法人的半官方智库，虽然其运营经费几乎全部来源于国家拨款，须接受评估委员会的审查和评价，但智库自身的运营并不受政府的行政干预。

此类智库中最具代表性的是由掌管日本经济运行的经济产业省主管的"独立行政法人日本贸易振兴机构亚洲经济研究所"（后文简称"亚洲经济研究所"）。亚洲经济研究所是目前日本国内在社会科学领域里规模最大的半官方智库，作为日本研究发展中国家和地区的社会科学基地，以为世界贡献智慧为目的，通过收集发展中国家和地区的信息，分析其问题根源，增进日本国内外各界对这些地区的深入认知与理解，进而为日本与国际社会开展合作、共同解决全球发展问题奠定学术基础。亚洲经济研究所也是日本以全球发展中国家和地区为研究对象的规模最大、最具权威性的研究机构和资料数据中心，其用于支持发展中国家和新兴国家研究的图书馆藏书多达72万册，其中统计资料为12万册，该图书馆面向社会公众免费开放。①

亚洲经济研究所的前身是1958年12月26日设立的"财团法人亚洲经济研究所"，其后于1960年7月1日依据《亚洲经济研究所法》变更为由当时的通商产业省（现经济产业省）主管的特殊法人，即"特殊法人②亚洲经济研究所"，于1998年7月并入了当时同属通商产业省主管之

---

① 资料来源：『独立行政法人日本貿易振興機構アジア経済研究所パンフレット』，独立行政法人日本貿易振興機構アジア経済研究所，2018年4月印制，2019年4月9日实地调研获取。

② "特殊法人"是指出于公共利益及国家政策上的需要，根据特别法而设置的法人，受政府的监督和保护。

下的"特殊法人日本贸易振兴会"①。其后,伴随日本贸易振兴会的独立法人化改革,该机构于2003年10月正式改组为"独立行政法人日本贸易振兴机构亚洲经济研究所"。

亚洲经济研究所成立之初所设定的研究对象仅为亚洲地区,但随着世界各地发展中国家的崛起,以及与日本之间的经济交往和贸易量的不断攀升,日本政府顺势调整经济战略和外交国策,将亚洲经济研究所的研究对象扩展至全球的发展中国家和地区。现在,亚洲经济研究所的研究对象范围已覆盖了亚洲、非洲、中东、拉美等全部发展中国家和地区,其研究人员深入到各发展中国家和地区学习当地的语言,进行实地调研,收集第一手资料,并将日本贸易振兴机构遍布全球各地的分支机构作为日本与发展中国家和地区的交流基地,积极开展与日本国内外机构之间的合作研究,建立了与发展中国家和地区相关的最为全面的资料数据库。近年,亚洲经济研究所还承接了"一带一路"、自由贸易协定和经济统合等政策研究方面的重大课题,基于所收集整理的资料以及基础研究和综合研究的成果,为日本政府研究经济发展趋势、制定经济政策等提供了大量的基础信息和理论依据,同时,也将日本的经验技术和研究成果推广到了海外。

经济产业省主管的另外两家半官方智库分别是属于非公务员特殊行政法人的"独立行政法人经济产业研究所"和"国立研究开发法人产业技术综合研究所",都是日本著名的半官方智库。其中,"国立研究开发法人产业技术综合研究所"的前身是由原通商产业省工业技术院的15家研究所和计量教习所在2001年4月合并改组后设立的"独立行政法人产业技术综合研究所",2015年4月1日正式更名为"国立研究开发法人产业技术综合研究所"。该智库是日本规模最大的官方研究机构②,截至2019年6月1日,在日本全国共设有11个研究基地,拥有2338名研究人员和703名行政人员,此外还有专职董事13名、外聘研究人员237名、博士后研究人员240名、技术人员1550名,基于产官学合作制度,2018年度共计接收了来自企业1810名、大学2499名、独立行政法人和公立试验研究机构等1011名人员的研究交流,该机构和世界29个主要研究机构签订

---

① 前身"财团法人海外市场调查会"于1951年成立,于1958年变更为"特殊法人日本贸易振兴会"。
② 资料来源:国立研究開発法人産業技術総合研究所,2019年7月14日,https://www.aist.go.jp/aist_j/information/index.html。

了研究合作备忘录（MOU），[①] 积极构建全球化研究网络。

三 企业智库

企业智库是指登记注册为企业法人的智库。日本智库中具有较大影响力的企业智库大多是由大型企业集团、财团或银行、证券、保险等金融机构出资创办的智库。放眼全球各国，企业智库在日本的发展最具规模化和特色化。企业智库在日本的智库产业中占有重要地位，相较于其他类型的智库而言，不仅数量多，而且普遍规模较大、资金充足、实力雄厚。从日本智库产业起步初期，特别是20世纪60年代掀起的第一次智库发展潮以来，由大型企业出资创办智库便成为了日本智库产业的一种风潮。此类智库中以所属的大型企业集团、财团或金融机构为后盾成立的智库最具代表性和影响力。这些智库可以充分利用企业集团广布国内外的分支机构和行业内的庞大关系网络，以及强大的信息资源和人力资源等优势，为母体企业和集团的自身发展及业务需要提供战略指导与政策咨询等服务，同时通过为日本政府机构和社会公众以及其他企业提供咨询服务、承接委托研究等相关业务，进一步提升企业集团的整体影响力和话语权，达到加强与政策制定者之间的紧密合作关系、树立企业良好形象、提高社会认知度、拓展市场范围和业务领域的目的。同时，此类智库还积极开展国际交流以及与国外研究机构的合作研究，为国外的一些政府部门和相关企业等提供调查、管理和战略决策等方面的咨询服务，在对外宣传日本的经济外交等相关政策和先进科技成果的同时，也会将各国的调查研究成果提供给日本的相关政策制定部门作为参考资料和支撑数据，以多种方式、途径参与到政策形成过程之中，影响公共政策的制定。

企业智库中不乏创办较早的著名智库，例如自喻为"日本第一家真正意义上的民间智库"的"株式会社野村综合研究所"是从野村证券株式会社的调查部独立而来，也是日本罕见的跻身上市公司的智库，其分支机构遍布日本国内和世界主要经济中心或城市，拥有强大的调查研究团队，开展国际化业务。各系统的代表性智库包括，大型企业集团系统的有三菱集团的"株式会社三菱综合研究所"，富士通集团的"株式会社富士通综研"等；政策性金融机构系统的有日本政策投资银行的"株式会社日本经济研究所"，农林中央金库的"株式会社农林中金综合研究所"等；银行系统的

[①] 资料来源：国立研究开发法人产业技术总合研究所，2020年2月7日，https：//www.aist.go.jp/aist_j/information/affairs/index.html。

有三井住友金融集团的"株式会社日本综合研究所",瑞穗金融集团的"瑞穗综合研究所株式会社"和"瑞穗信息综研株式会社"等;证券系统的有大和证券集团的"株式会社大和综研"等;保险系统的有第一生命集团的"株式会社第一生命经济研究所"等,由于所属母体的行业领域、规模实力等的不同,这些智库机构的业务领域和研究偏好、发展规模等也各有差异。

日本智库,特别是企业智库的另一特色是作为母体企业的创立周年纪念而成立,或把母体内部的调查部门分离出来改建,或另行单独成立智库等研究机构。例如,"SOMPO未来研究所株式会社"的前身是安田火灾海上保险株式会社(即现在的"损害保险Japan日本兴亚株式会社")为纪念创业100周年于1987年6月设立的"株式会社安田综合研究所",是SOMPO持股集团的智库,也是日本损害保险行业的第一家智库。"株式会社北海道新闻情报研究所"(即现在的"株式会社北海道新闻HotMedia")是北海道新闻社以创立50周年为契机在1992年成立的新闻行业的第一家智库。

此外,还有很多智库是以母体内部的调查部门为基础,独立出来改建为智库。例如"株式会社农林中金综合研究所"的前身是成立于1950年的农林中央金库调查部;"株式会社东丽经营研究所"是1986年6月东丽株式会社创立60周年之际,东丽株式会社将其内部的经营环境调查业务与经营管理研修业务剥离出来设立的母公司全资所有的智库。

日本的企业智库中,还存在官方或半官方机构提供资金支持或工作指导的情况。例如"株式会社农林中金综合研究所"作为农林中央金库和农林水产业协同组织的智库,发展至今始终坚持为振兴农林水产行业和地域经济与社会发展做贡献这一目标。

另外,企业智库中也有针对某一行业而成立的民间独立智库,例如"株式会社不动产经济研究所"是不动产行业的专业智库,"株式会社信息通信综合研究所"和"株式会社KDDI综合研究所"都是信息通信领域的专业智库,"株式会社日通综合研究所"是物流领域的专业智库,等等。

各地方银行也各自设立了地方银行系统的智库。例如,北海道银行集团的"株式会社道银地域综合研究所",横滨银行集团的"株式会社滨银综合研究所",京都银行集团的"株式会社京都综合经济研究所",等等。总体而言,日本的企业智库几乎都是股份制公司,按企业化机制运营。

四 政党团体附设智库

政党团体附设智库是指由各政党或社会团体等所设立的、为该政党或社会团体服务的智库。政党智库的使命在于协助制定中长期战略和政策，如民主党的"有限责任中间法人公共政策平台"（后文简称"公共政策平台"），自由民主党的"有限责任中间法人智库2005·日本"（后文简称"智库2005·日本"），还有日本共产党的"社会科学研究所"等。政党智库与政党之间的距离可以说是其优势所在，但有时也会变成其劣势。具体而言，政党智库与政党之间与生俱来的特殊关系有助于政党智库近距离地直接影响各政党的政策制定，但相应地，政党智库也会因此而受到该政党的各种牵制。事实上，从民主党构想要设立公共政策平台开始，针对"该智库与民主党之间的距离应保持在何种程度"这一问题就始终争论不休。为了与所属党派保持一定的距离，不论是公共政策平台，还是智库2005·日本，都是依据《中间法人法》（『中間法人法』，2001年法律第49号）而设立的"有限责任中间法人"，是以"非公益、非营利"为目的的独立组织，不是党内组织。

政党智库受政局变动和政党执行部更替的影响较大，特别是在日本的政局不稳定的情况下，政党的执行部在短期内频繁改组的话，则会造成政党智库与其所属党派之间难以维持稳定牢固的关系。同时，政党智库的研究经费受到所属党派的整体预算限制。随着日本选举频率以及不确定性的增加，各党派的选举相关政治经费的支出也相应大幅增加，受此影响，政党智库所能分配到的用于政策研究方面的经费被不断削减。在恶性循环的连锁反应之下，有限的经费导致智库的人员培养和科研活动等都进一步受到限制。另一方面，智库开展研究活动势必需要一定的时间才能取得成果，这与瞬息万变的政治局势之间存在着明显的差异，因此政党智库很难满足追求短期成果和适时效应的政党政治的需求。此外，政党智库还存在着议员、党内职员等相关人员之间分工方面的摩擦，以及议员参与智库活动的时间受局限等问题。这些天生的缺陷导致了日本政党智库始终无法成熟壮大。

此外，社会团体创办的智库普遍基于所属行业设立，涉及多个领域，如全国劳动者联合会的"劳工运动综合研究所"、日本教职员工会的"一般财团法人教育文化综合研究所"（原"国民教育文化综合研究所"）等。

五 高校附设智库

高校附设智库是指由高校所创办的、隶属于高校体制内的智库，如"东京大学社会科学研究所""京都大学东南亚地域研究研究所""明治学院大学国际和平研究所""广岛市立大学广岛和平研究所""东北大学东北亚研究中心"等。这些高校附设的智库以整个学校的科研力量为后盾，拥有深厚的学科基础，在培养专业研究人才的同时，还承接政府的委托研究项目等。高校附设智库的很多资深专家都实际参与政府的决策咨询，所提供研究成果的理论水平和学术价值都非常高，不仅对政府的政策形成有特殊的理论影响力，还具有广泛的社会影响力和强大的号召力，推进了日本智库产业和学术研究的双向发展。不过，与日本高校的庞大体量相比，日本的高校附设智库在数量上显得非常有限，并且主要集中于著名大学，例如东京大学、京都大学等。

高校附设智库的另一个特点是在发挥人才培养池作用的同时，还是人才的流转承接基地，很多著名专家学者都曾从高校步入政坛，或从政坛引退落身高校任教。例如，经济学家竹中平藏曾先后在大阪大学、庆应义塾大学等任教，其后从时称"公益财团法人东京财团"的知名智库进入小泉内阁，出任大臣之职长达5年以上，引退辞职后，再次返回庆应义塾大学执教并兼职多个智库、研究机构。"独立行政法人国际协力机构研究所"（通称"JICA研究所"）原所长白石隆在卸任后，出任了熊本县立大学的理事长。此外，日本智库的奠基者"满铁调查部"的研究人员在被遣返回日本后，有很多人都进入了高校任教，包括九州大学教授具岛兼三郎、一桥大学教授野野村一男、爱知大学教授野间清、大阪市立大学教授天野元之助等，都是很具有代表性的人物。

高校附设智库因其所属大学性质的不同，其经费来源也各有不同，但总体而言，都受到所属高校整体预算的管控。高校附设智库在行政关系上隶属于高校，接受高校的整体运营管理，在职员配置上存在与高校体制内人员之间的交叉共用的情况。

在此需要特别提及的是"政策研究大学院大学"。该大学实为研究生院，具有硕士和博士学位授予资格，无本科教育，相当于中国的中共中央党校（国家行政学院），具备重要的智库功能，因此值得加以特别关注。政策研究大学院大学旨在开展政策研究，其主要职能包括政府干部等的人才培养、国际交流、日本政治政策的对外宣传与国外政策介绍的信息交换，以及为提升国际影响力的人脉网络构建等。该校具有新型人才培养与交流机制，不仅面向日本国内为地方政府培养干部官员，更面向日本国外招收包括中国在内的海外留学生。2019年4月，全校在校生约400人，其中有三分之二为外国人，且均为外国政府职员，大部分具有7年以上的政府工作经历。① 同时，该机构在很大程度上具有智库人才流转基地的功能，其教师团队由学者、智库人员和前政府官员等组成，其中包括政府机构和智库（以官方智库和半官方智库为主）的现役工作人员的短期借调，也包括政府部门的退役人员转作教师。为此，该校在课程内容设置上充分发挥教师的能力与资源，将学术研究与实务经验有机结合。政策研究大学院大学积极开展与国内外高校、政府机构、智库、科研机构、民间组织等多类主体之间的现地调研、学术研讨等多种形式的国际交流。在国际交流方面，例如该校自2005年开始积极推进与中共中央党校（国家行政学院）间的交流合作，双方于2009年6月17日缔结了《学术交流合作备忘录》，② 2018年12月21日政策研究大学院大学的田中明彦校长率团访问中共中央党校（国家行政学院），并举办了以该校教员为对象的主题演讲，进一步强化两校之间的交流合作关系。③

六 自治体智库

自治体④智库是指为地方自治体的政策制定和执行而从事调查研究，并为解决相关问题提出建议的组织，旨在为增强地方自治体的独立运营能力和可持续发展提供智力服务。例如2018年1月岩手县⑤北上市设立了"北上市近未来政策研究所"，研究所的设置大纲第1条明确规定，以"制定高质量政策，服务于市政的中长期发展，并为增进居民福祉做贡献"为目的。"市町村"是日本的基础自治体，以市町村为主体的自治体智库早在1985年前后便已陆续开始设立，但规模化的发展主要集中在2000年《关于推进地方分权的关联法律的完善等相关法律》[『地

---

① 资料来源：笔者对政策研究大学院大学的实地调研访谈，2019年4月9日。
② 资料来源：政策研究大学院大学，2019年7月27日，http://www.grips.ac.jp/jp/oldnews/20090617。
③ 资料来源：政策研究大学院大学，2019年7月27日，http://www.grips.ac.jp/jp/oldnews/20181221。
④ 自治体（Autonomy）是指由国家（中央政府）承认自治权能的公共团体，在《日本国宪法》（『日本国憲法』，1947年施行）以及《地方自治法》（『地方自治法』，1947年法律第67号）等相关法案中被称为"地方公共团体"，俗称为"地方自治体"或"自治体"。依据日本的《地方自治法》，"地方公共团体"通常可分为普通地方公共团体和特别地方公共团体两大类，又分别包括都道府县、市町村（含地域自治区），和特别区、地方公共团体组合（含一部分事务组合、广域联合体）、财产区、地方开发事业团。
⑤ "县"是日本的行政区划之一，相当于中国的省。日本的行政区划共有47个都道府县，即1都（东京都）、1道（北海道）、2府（京都府、大阪府）和43县。"1都1道2府43县"的下面还包括"市町村"基础性地方公共团体。

方分権の推進を図るための関係法律の整備等に関する法律』，1999 年法律第 87 号，通称"《地方分权一揽子法》"（『地方分権一括法』）〕实施之后。

自治体智库作为日本的地方智库具有特殊的意义，且其组织形式多样，总体而言，最主要的形式有四种。[1] 第一种是"包括型"自治体智库，以都道府县、广域联合体所设置的自治体智库为主。都道府县曾经都独自设有研修所，这些研修所基本上都具备职员研修和政策研究的功能，服务对象不仅包括都道府县的职员，还有向都道府县下一级的市区町村职员扩大的趋势。近年来，受到行政体制改革的冲击，具备这两项功能的研修所数量不断减少，规模也不断收缩，政策研究功能便逐渐趋向集中于都道府县官厅内部的一个组织。例如"公益财团法人东京市町村自治调查会"[2]（1986 年[3]）的设置主体为东京都多摩及岛屿地域 26 市 5 町 8 村、"彩色王国埼玉人才建设广域联合"（1999 年）的设置主体为埼玉县及县内市町村、"智库神奈川"[4]（2010 年）的设置主体为神奈川县、"最上地域政策研究所"（2012 年）的设置主体为山形县及县内市町村、"职员职业开发中心"[5]（2015 年）的设置主体为长野县等。

第二种是"内设型"自治体智库，是以基础自治体（市町村）为主体设置的智库，其中很多是作为自治体内的一个组织部门（部、课等）进行设置。近年来采取这种形式的自治体智库数量较多，且呈上升之势。自治体内设型"研究所"虽归类于自治体智库，但实质上更应称之为"政策部门"。例如"大阪市政研究所"（1951 年）、"上越市创造行政研究所"（2000 年）、"横须贺市都市政策研究所"（2002 年）、"三浦政策研究所"（2003 年）、"新宿区新宿自治创造研究所"（2008 年）、"三芳町政策研究所"（2011 年）等，都是常设型的自治体内部机构。此外，还有以会议形式存在的内部组织，例如"八王子市都市政策研究会议"（2003 年）、"矢板市政策研究会议"（2013 年）等。

第三种是"外设型"自治体智库，采取财团法人形式，是设置于自

---

[1] 牧瀬稔「自治体シンクタンク（都市シンクタンク）の過去、現在、未来」，『都市とガバナンス』2017 年第 27 期。
[2] "财团法人东京市町村自治调查会"2012 年 4 月 1 日变更为公益财团法人。
[3] 括号内为成立年份，后文相同。
[4] "智库神奈川"由设立于 1977 年的"神奈川县自治综合研究中心"改组成立。
[5] "职员职业开发中心"前身为 1954 年设置的"长野县自治研修所"，2013 年与"政策研究所"合并，2015 年自治研修所废止后成立。

治体之外的智库。在1994年前，以财团法人形式为主，从1995年开始，任意团体（即无法人资格团体）形式有所增加，在2000年以后，自治体内部组织形式取而代之并急速增加。从实例而言，财团法人形式的智库有"公益财团法人神户都市问题研究所"（1975年）、"公益财团法人福冈亚洲都市研究所"（1988年）、"公益财团法人名古屋城市建设公社名古屋都市中心"（1991年）、"公益财团法人丰田都市交通研究所"（1991年）、"公益财团法人长崎地域政策研究所"（2003年）、"公益财团法人荒川区自治综合研究所"（2010年）等。

第四种是"公私混合体"，即"第三部门型"自治体智库。如其中的"株式会社智库宫崎"最初由株式会社UDI（都市设计研究所）于1988年设立，1995年以基于公益立场面向行政机构和产业界进行广泛的建言献策和提供信息为目的，由宫崎县及县内的市町村、当地的媒体机构和金融机构等共同出资，对株式会社智库宫崎进行了重组，但该机构已于2004年解散。另一家类似的机构是"株式会社鹿儿岛综合研究所"，其前身是1989年由南日本放送出资设立的"MBC综合研究所"，1992年南日本新闻社注资后，更名为"南日本综合研究所"，1994年鹿儿岛县进行注资，使之成为资本金为1.2亿日元的"公私混合体"，并更名为"株式会社鹿儿岛综合研究所"，研究所已在2006年解散。

除以上四种主要形式外，还有任意团体形式的自治体智库，例如"仙台都市综合研究机构"（1995年）、"丰中市政研究所"（1997年成立，2007年变更为内部组织形式"丰中都市创造研究所"）、"竹中研究所"（2003年）等；大学附设型自治体智库，例如"四日市大学地域政策研究所"（1989年）、"青森公立大学地域研究中心"（1998年）等；此外，还有2003年金泽市设立的市民研究形式的自治体智库"金泽城市建设市民研究机构"；富士市设立的NPO法人形式的自治体智库"交流智库富士"。

目前，日本国内对自治体智库的发展现状及规模数量没有正式的统计数据公布。牧濑稔基于互联网信息搜索汇总的"自治体智库"一览表显示，截至2018年1月10日，日本国内的自治体智库共有58家，其中7家处于活动停止状态。[①] 另一方面，"公益财团法人日本都市中心"每年针对城市自治体和城市智库自行开展问卷调查，"城市智库"是指由城市

---

① 牧濑稔「自治体シンクタンクの設置傾向と今後に向けた展望」、『公共政策志林』2018年第6期。

自治体设立的智库,属于自治体智库的范畴。该机构2018年度的调查对象包括了48家城市智库,相比2017年度的45家有所增加。①

自治体智库的工作人员构成虽因组织形式的不同略有差异,但通常在地方公务员之外,还会聘用高学历的研究生作为智库研究人员,并从外部聘请大学教授、其他智库机构的专家及相关人员以及社会人士等作为兼职委员或顾问指导智库的研究工作。自治体智库的研究成果涵盖基础研究、政策建议、人事制度改革、行政财政制度改革、综合规划的制定、社会实验的实施和人才培养等多个方面。智库成果以实现政策转化为目的,智库的咨政方式以直接向地方议会提出政策建议为主体,此外自治体智库还通过提交建议书、发表论文、举办研讨会、媒体报道以及派驻研究人员到相关主管部门实际参与政策建议内容的实施等多种渠道和形式发挥智库的咨政功能。

七 民间非营利智库

民间非营利智库是指不以营利为目的,秉承独立于政府、开展民间的综合研究并提出政策建议的宗旨,由企业财团、各类社会团体或个人创办的研究机构。目前,此类智库的数量较多,其中不乏实力强、影响力大的智库,如"公益财团法人东京财团"② 和"公益财团法人日本经济研究中心"等都是在产官学各界具有强大关系网和影响力的著名智库;"公益财团法人日本国际问题研究所"和"公益财团法人日本国际关系论坛"都是在外交和国际问题领域做出诸多贡献的著名智库;也包括一些行业智库,如针对不动产行业设立的"一般财团法人日本不动产研究所"等。民间非营利智库的经费来源相对较为多元化,有企业财团和个人的捐助、政府或机构的委托研究项目经费、出版收入、会费、基金等,因此受单一经费来源的影响和约束相对较少,在机构运营和研究活动方面相对更为灵活,研究内容紧抓社会热点问题,前瞻性、时效性和专业性都较强。

例如,设立于1984年的"日本政策研究中心"作为民间智库,专门

---

① 公益财团法人都市センター「都市自治体・都市シンクタンク等の調査研究活動」、『都市とガバナンス』2018年第30期。

② "公益财团法人东京财团"于1997年成立,2018年3月26日在机构成立20周年之际,为进一步强化智库功能进行机构改组,并更名为"公益财团法人东京财团政策研究所"。鉴于"公益财团法人东京财团"的研究业务和智库功能等在日本智库的历史发展过程中发挥了一定的作用,除书中内容特指更名后的"东京财团政策研究所"的情况之外,本书依据内容需要简称为"东京财团"。

为日本自由民主党所属国会议员、各种议员联盟和政策团体提供政策建议和相关研究活动，出席众议院宪法调查会和自由民主党宪法调查会等并阐述意见，具有强于政党智库的超党派影响力。

此外，针对某一行业所设立的智库在行业内都具有较强的影响力。例如，创设于1951年的"财团法人电力中央研究所"（现为一般财团法人）被誉为日本当时具有研究职能的二战后第一家民间智库，专门从事和电力行业相关的研究开发业务；创设于1961年的"财团法人日本证券经济研究所"（现为公益财团法人）是证券行业专门从事金融资本市场相关研究的代表性智库；成立于1986年的"财团法人铁道综合技术研究所"（现为公益财团法人）作为铁道行业的智库继承了日本国有铁道的研究开发事业；设立于1997年的"21世纪政策研究所"是由经济团体联合会创办的财经界的公共政策智库；等等。而"财团法人日本不动产研究所"（现为一般财团法人）是在旧日本劝业银行转型为普通银行之际，为承继不动产鉴定评估的相关各项业务而在1959年设立的不动产行业的综合调查研究机构。

另一方面，还有其他类型智库转型成为民间非营利智库的范例。例如，由政界、商界、学界三方联手，官民共同出资创办的NIRA综研在设立之初，是由当时的总理府（即现在的"内阁府"）主管的特殊法人智库，其后基于2007年《关于废除综合研究开发机构法的法律》（『総合研究開発機構法を廃止する法律』，2007年6月27日法律第100号）的实施以及2011年公益法人制度的改革，NIRA综研现在已经转型成为完全独立的民营公益财团法人智库。

还有，日本国际问题研究所创办之初是由日本外务省主管的智库，为顺应时代发展的需要，在2012年转型为公益财团法人。目前机构的资金来源主要包括政府等的委托调查研究收入、会员的会费收入、出版收入以及特定的资助收入等。

由银行业转型而来的民间非营利智库的范例有"公益财团法人国际通货研究所"。该智库是由旧东京银行（即现在的"三菱UFJ银行"）捐助20亿日元资本金于1995年12月设立的，是专注于国际金融、国际经济和国际货币领域的智库。该机构于2011年4月经内阁府批准正式变更为公益财团法人，并以此为契机，作为以增进公益为目的的研究机构，进一步拓展活动领域，通过开展符合现实需求的国际金融与国际货币的相关调查研究活动，以其研究成果回馈社会，为经济社会的发展做贡献。

第三节　日本智库运营的法制环境

与美英等发达国家相比，日本的智库产业尽管起步较晚，但发展迅速，这离不开日本政府的大力扶持和积极引导。日本智库产业在迅猛发展并逐步实现规模化的背后，透露出浓重的"官办"色彩。作为一个重视法制建设和依法管理的国家，日本政府在完善智库产业的基础设施建设方面，强调依法管理、规范智库的设立及运营，促进日本智库产业的健全可持续发展。由于"智库"一词至今仍未被写入日本的法律而正式上升为法律概念，因此在日本尚不存在针对智库的专门法律。日本政府为弥补这一法律空白，采取将针对特殊机构单独制定的特别法与一般法相结合的方式强化智库的法制建设。

举例而言，组织形式为独立行政法人的智库都要依据《独立行政法人通则法》（『独立行政法人通則法』，1999 年法律第 103 号）经国会审议通过设立并管理，而具体到半官方智库"独立行政法人经济产业研究所"，则又另行制定并颁布了特别法《独立行政法人经济产业研究所法》（『独立行政法人経済産業研究所法』，1999 年法律第 200 号），针对该机构的名称、宗旨、所在地、资本金等基本项目，以及机构的董事、理事和职员的设置、职务、权限、任免，还有业务运营、财务管理、处罚条款等具体项目都加以详细规定。由此可见，作为独立行政法人的经济产业研究所要同时遵守《独立行政法人通则法》和《独立行政法人经济产业研究所法》以及《独立行政法人会计基准》（『独立行政法人会計基準』）等多部相关法律法规。

在日本智库的多元化资金来源体系中，中央和地方政府的财政拨款起到了非常重要的资金支持和示范引导作用，尤其是对基础性和公益性较强的研究领域的资金支持力度很大。为此日本政府还配套制定了相关法律法规和经费管理制度，以保障科研经费的合规使用并提高使用效率。例如，独立行政法人智库需要按照 1999 年颁布执行的《独立行政法人会计基准》将每年度的盈亏具体情况等上报主管部门，同时政府还聘请专门的财务机构实行定期审计等，以强化财务监督管理，及时发现并惩治科研经费的不正当使用情况。

再如著名的日本智库研究机构"NIRA 综合研究开发机构"则是一个从特殊到一般的实例。"综合研究开发机构"最初是依据《综合研究开发机构法》而设立并接受总理府（即现在的"内阁府"）管辖的特殊法人，随着 2007 年 8 月 10 日《综合研究开发机构法》作为基本法被废止之后，同年 11 月 29 日该机构变更登记为财团法人，其后又在 2011 年公益法人制度改革之际，变更为现在的公益财团法人，2016 年 6 月 13 日更名为"公益财团法人 NIRA 综合研究开发机构"。该机构因其组织形式和法律性质的改变，所适用的法律也随之发生相应变化，具体体现在《公益财团法人 NIRA 综合研究开发机构章程》[1] 中，如第 10 条规定"理事长必须依据《关于公益社团法人和公益财团法人的认定等的相关法律》[『公益社团法人及び公益财团法人の认定等に关する法律』，2006 年法律第 49 号，简称'《公益法人认定法》'（『公益法人认定法』）] 第 48 条的规定，核算每个事业年度和该事业年度最后一天的以公益目的取得的财产余额，并记入前条第 3 项第 5 号的文件"；第 12 条规定"关于评议员的选任和卸任，要依据《一般社团法人和一般财团法人的相关法律》（『一般社团法人及び一般财团法人に关する法律』，2006 年法律第 48 号）中第 179 条至 195 条的规定由评议员会议进行"；第 38 条规定"本财团依据《一般社团法人和一般财团法人的相关法律》第 202 条所规定的事由以及其他法令所规定的相关事由予以解散"；等等。由该机构章程的具体规定可见，注册为公益财团法人的 NIRA 综合研究开发机构在具体的法律适用上并不局限于公益财团法人的相关法律法规，还会根据具体的业务需要而相应地适用《一般社团法人和一般财团法人的相关法律》等其他相关法律法规的规定。

除上述直接相关的法律法规外，各官厅部门也各自制定颁布了一系列的相关法律、法令或指导性文件。其中文部科学省作为日本科技政策方面的宏观管理部门，掌管日本科研领域的布局、科研政策的制定，以及日本政府大部分科研资金的配置，但各官厅部门的具体预算则由主管国家财政预算的财务省进行审定，文部科学省对此并不直接干预管理，而是通过制定相关法律法规的方式加以指导和规范。具体而言，文部科学省于 1995 年 11 月 15 日颁布实施的《科学技术基本法》（『科学技術基本法』，1995 年法律第 130 号）为有效编制政府科研经费预算提供了依据；此外 2007 年 2 月 16 日颁布生效（2014 年 2 月 18 日修订）的《研究机构的公共研究经费的监管指导方针（实施基准）》[『研究机関における公的研究費の

---

[1] 资料来源：『公益財団法人 NIRA 総合研究開発機構定款』，公益財団法人 NIRA 総合研究開発機構，2015 年 4 月 5 日，https://www.nira.or.jp/pdf/teikan20170609.pdf。

管理・監査のガイドライン（実施基準）』]是规范研究经费用途，特别是公共研究经费的合规使用的纲领性文件，其中包括"为监督和避免公共研究经费的不合规使用，当来源于公共资金的委托研究项目金额超过 100 万日元时，必须进行一般公开招标"①等具体规定。在日本，仅与科学技术相关的法律就多达近 200 部，从综合科学技术会议的设置到政府研究机构的定员人数，都能找到相应的法规条文。日本政府在科研方面投入大量资金予以支持，同时还配套设有完备的项目管理评价机制、预算监督管理机制和竞争性资金管理制度，通过申报、审批、评估等一系列流程提高科研资金的使用效率。日本政府通过制定《科学技术基本法》和《科学技术基本计划》（『科学技術基本計画』）等法律法规的方式，从预算的编制到审批、实施，对科研经费的使用加以严格的监督管理。同时，由政府相关部门统一制定会计审计准则，聘请专门的财务机构实行定期审计，充分运用国家审计员制度与内部审计、社会监督三者有机结合的方式，强化对智库财务的监督管理，督促智库合规且按计划使用经费，及时发现并惩治智库不正当使用科研经费的行为。

---

① 资料来源：『研究機関における公的研究費の管理・監査のガイドライン（実施基準）』，2007 年 2 月 15 日文部科学大臣決定，文部科学省，2019 年 7 月 9 日，https：//www.mext.go.jp/component/a_menu/science/detail/_icsFiles/afieldfile/2014/03/18/1343906_02.pdf。

第二章　日本智库的历史沿革

日本智库的起源可追溯至第二次世界大战前。回顾日本智库百余年的发展历程，从二战前后的萌芽期、初创期的崛起，到经济高速增长后的四次智库发展潮，再到21世纪后的转型重组期，其每个阶段的发展无不与政治制度和经济发展之间存在极为密切的关联。日本的民间智库很多都是在1960年以后为了顺应经济高速增长的需要而陆续创设，并且主要集中在被称为"日本智库元年"的1970年前后的"第一次智库发展潮"，以及20世纪80年代后期的"第二次智库发展潮"这两大时代浪潮之中。本书将日本智库的发展历程细分为七个阶段加以说明，即萌芽期、初创期、第一次到第四次智库发展潮，以及转型重组期（参见表2-1）。

第一节　萌芽期（二战前—二战结束）

成立于1907年的"满铁调查部"被公认为是日本智库的开山鼻祖。[①]满铁调查部隶属于"南满洲铁道株式会社"，前身是其内部调查科，专门针对中国东北和苏联远东地区的政治、经济、社会等情况开展调查研究，其定位是"为日本的对外扩张搜集信息、制定策略、提供咨询的日本国策机构"，从第二次世界大战前直到战后都对日本的内政外交以及公共政策的形成、国策的制定产生过重大而深远的历史影响。

成立于1919年2月的"财团法人大原社会问题研究所"则被认为是日本智库在社会科学领域的开端。1905年爆发的俄国革命引发了包括日本在内的世界各地的劳工运动，再加上第一次世界大战后的经济不景气所

[①] 参见刘少东《智库建设的日本经验》，《人民论坛》2013年第12期；吴寄南《浅析智库在日本外交决策中的作用》，《日本学刊》2008年第3期；程永明《日本智库的发展现状、特点及其启示》，《东北亚学刊》2015年第2期。

带来的社会局势的动荡，在此背景下，针对各种社会问题的综合性调查研究的重要性和必要性得到了社会各界的一致认可。大原社会问题研究所正是在这种历史环境中，由其创建人——仓敷纺织株式会社社长大原孙三郎，个人出资创办、家族支持运营的研究所。此后30年间，大原社会问题研究所在大原家族的资金支持下得以延续，但第二次世界大战后，研究所因资金困难而面临存续危机，最终在1949年解散之际，被法政大学吸收合并，其后以大学的附属研究机构"法政大学大原社会问题研究所"之名再度起航，作为社会劳动问题领域的专业性智库和专业图书馆一直活跃至今。

在这一时期设立的还有"财团法人东京市政调查会"，是由时任东京市长的后藤新平提议、由安田银行（即现在的"瑞穗银行"）的创建人安田善次郎捐赠350万日元的巨额资金于1922年2月24日创办。后藤新平一直主张应为科学行政而设立智库，在就任东京市长后，以纽约市政调查会［New York Bureau of Municipal Research，即后来的"行政研究所"（Institute of Public Administration）］为范本，提出了设立在财政和人事两方面都独立自主的、服务于东京市政的调查研究机构——东京市政调查会的构想。该调查会以城市问题和地方自治为研究对象，作为当时史无前例的第一家独立自主的民间团体，始终坚持确保机构自身在财政上的独立性和在研究论证以及业务活动上的自主性，尽管经历了战乱和其他种种波折，其存在的根基却始终没有动摇，一直延续至今。2012年4月1日，东京市政调查会在创设90周年之际，依据《关于公益社团法人和公益财团法人的认定等的相关法律》变更为公益财团法人，并同时更名为"公益财团法人后藤·安田纪念东京都市研究所"，在对后藤新平和安田善次郎二人的功绩表示纪念的同时，也寄望能够更进一步加强与日本国内以及国外，特别是东亚地区的大学、智库、研究机构之间的合作，强化其作为地方自治和城市问题方面的专业研究机构的职能，提升其信息传播能力。

此外，"财团法人三菱经济研究所"是日本国内颇具历史的经济调查研究机构，1932年由三菱合资公司将其内部的资料科独立出来而设立，是日本国内最早依托于企业而创设的专业化智库，主要从事日本国内外的经济动向和重要经济问题的调查研究、各项统计数据的整理和编制等业务，出版其研究成果，旨在通过开展相关调查研究活动，更广泛地服务于社会公众。1970年，随着公司模式的智库在产业界相继设立，三菱集团将三菱经济研究所的外部委托业务以及其相关工作人员剥离出来设立了现在的"株式会社三菱综合研究所"。而三菱经济研究所经历此次机构调整后，业务规模缩小，更加专注于日本国内外经济方面的相关调查和基础性研究以及研究成果的转化等。"三菱史料馆"专门从事三菱集团史料的收集、保管、公开以及日本产业史的调查研究工作，于1996年4月并入三菱经济研究所，同时更名为"财团法人三菱经济研究所附属三菱史料馆"。自此，经济研究部门和史料馆的史料部门成为了三菱经济研究所的两大业务支柱。研究所于2011年4月正式变更为公益财团法人。

第二节　初创期（1945—1965年）

第二次世界大战结束后，日本面临的首要任务是战后重建。中央省厅负责制定战后复兴的各种发展战略以及政策方针、实施计划等，在配合经济增长的同时，还要构建促进企业发展的经济体制，并进一步完善在行政机构内部设置研究所等部门的管理机制，以此推进具体政策的制定与实施。因此，以中央省厅为主导的、由政府行政部门制定政策的模式是这一时期的主要特点。

1945年日本正处于第二次世界大战结束后的混乱时期，为了重建经济，日本政府多部门联合创办了"财团法人国民经济研究协会"，由当时的商工省（即现在的"经济产业省"）、农林省（即现在的"农林水产省"）、文部省（即现在的"文部科学省"）三省共同管理，作为日本最早的宏观经济智库，它也为后来的"经济安定本部"（即其后的"经济企划厅"）的设立做出了巨大的贡献。国民经济研究协会始终坚持"自主独立，不依赖于任何特殊势力，纯粹的、民间的实证性研究机构"这一基本定位，不论是在官方还是在民间都留下了丰硕的研究成果，为日本社会经济的发展做出了长期的努力，在其成立60周年之际的2004年解散。

战后复兴时期，为了应对经济高速增长，对于人文社会科学领域的研究需求迅速增加，相关政策研究的工作量随之急增，致使中央省厅难以独自承担完成，不得不将很多相关业务委托给民间机构，为了承接这些政策性研究业务，一批民间智库相继诞生。1946年创办的"财团法人日本经济研究所"针对日本政府在战后混乱时期疲于应付眼前问题而无暇顾及规划日本的未来、制定长远发展战略的状况，号召民间的有识之士共同肩负这一历史重任，在分析日本发展现状的基础上，洞察本质，深入研究表面现象之下的根本问题，志在发展成为"导向型智库"，并为建设更美好的社会而做出贡献。随着时代的发展，日本经济研究所在1981年获得了以当时的日本开发银行（即现在的"株式会社日本政策投资银行"）为中心的来自经济界的广泛捐助，开始实施赞助会员制度，在进一步充实其财政基础的同时，以焕然一新的组织架构和体制机制重新起航。此后，研究所不仅长期得到日本政策投资银行等机构、团体和赞助会员的捐助支持，而且还得到了政府机构、产业界、学会、地方自治体等各方面的广泛支持与协助。其业务范围覆盖了经济领域、地域开发、城市建设、社会资本、环境能源、医疗福祉、PFI（Private Finance Initiative，民间融资倡议）与PPP（Public-Private Partnership，政府和社会资本合作）等诸多方面的日本国内调查研究活动。此外，研究所还广泛参与了发展中国家和地区的相关调查与研修支援等国际调查研究活动。2009年为顺应公益法人制度改革等外在环境变化的需要，在剥离了外部委托调查业务的同时，新增设了"地域未来研究中心"，并强化了信息发布和交流职能，开始地域智库研修业务。研究所于2010年12月正式变更为一般财团法人。2017年新设了"女性创业支援中心"和"技术事业化支援中心"，2020年增设了"SDGs研究中心"。

再如1946年由松下电器产业株式会社的创始人松下幸之助设立并出任所长的"株式会社PHP综合研究所"旨在以民间独立自主的立场，围绕政治与行政、经济与财政、外交与安全保障、地域开发与经营、教育等广泛领域开展研究，提出政策建议。此外，1946年设立的智库还有东京都的"财团法人政治经济研究所"（现为公益财团法人）和福冈县的"财团法人九州经济调查协会"（现为公益财团法人），以及1948年设立的广岛县"中国地方①综合调查所"（即现在的"公益财团法人中国地域创造研究中心"）等，这些智库的研究重心都集中在恢复经济发展和重建社会秩序方面。

随着日本经济的持续高速增长，20世纪50年代后期，日本积极推进国土综合开发事业，促使对公共事业方面的智库需求增大。其后，受到1960年的贸易自由化和1964年的汇率与资本自由化的相继冲击，致使日本所面临的国内外政治、经济、社会等各领域的矛盾日趋尖锐，问题复杂化亟待解决的同时，日本还需要应对国际上来自美国的渗透压力。在此背景下，日本国内各界深刻认识到必须要加强学术性、综合性智库的建设力度，民间企业发起了以信息产业进军国际社会的海外拓展业务，而日本政府也应声而动，大力支持设立汇聚多领域智慧于一体的综合型研究机构，

---

① "中国地方"是日本地域中的一个大区域概念，位于日本本州岛西部。

以取代此前只依靠政府内部组织进行应对的模式。日本智库开始趋向国际化、综合化建设，拓展国际性业务，向国际市场发展的趋势增强，在大力推动日本经济和社会发展的同时，也实现了自身的快速发展，信息产业的商业化时机随之不断成熟。

同时期创办的智库还包括，1962年由商界四大团体——一般社团法人日本经济团体联合会、日本商工会议所、公益社团法人经济同友会和一般社团法人日本贸易会共同设立的"日本经济调查协议会"（设立之时为任意团体，无法人资格，后改为社团法人，现为一般社团法人）；1963年由日本经济新闻社原社长圆城寺次郎出任第一任理事长的"社团法人日本经济研究中心"（现为公益社团法人）等。此外，各地方也相继设立了很多民间智库，如宫城县的"财团法人东北经济开发中心"（1961年，即现在的"公益财团法人东北活性化研究中心"），静冈县的"财团法人静冈经济研究所"（1963年，现为一般财团法人），石川县的"社团法人北陆经济调查会"（1963年，2006年3月解散），大阪府的"财团法人关西经济研究中心"（1964年，即现在的"一般财团法人亚洲太平洋研究所"），爱知县的"社团法人中部开发中心"（1966年，即现在的"公益财团法人中部圈社会经济研究所"）等。

日本在战后复兴时期，政治、经济、社会、外交等各个领域都发生了翻天覆地的巨大变化，日本经济更是迎来了史无前例的高速增长。通常将1955年（或1954年12月）开始至1973年的近20年称为日本的"经济高速增长期"，又可进一步划分为"经济高速增长第一阶段"（即设备投资主导型，1954年12月至1961年12月）、"经济高速增长转型期"（1962年1月至1965年10月）以及"经济高速增长第二阶段"（即出口和财政主导型，1965年11月至1973年11月）三个阶段。为此，本书在划分日本智库的几个发展阶段时，将日本智库的初创期界定为始于1945年的战后复兴期，止于1965年的经济高速增长转型期。而日本智库的"第一次发展潮"则是出现在日本经济高速增长的第二阶段。

第三节　第一次智库发展潮（1965—1975年）

1955年日本从战后复兴期步入经济高速增长期，智库数量迅速增加，研究领域也不断扩展。尤其是20世纪60年代中后期，日本一跃发展成为仅次于美国的世界第二大经济体，在顺利步入经济高速增长第二阶段的同时，公害、城市、环境等诸多问题也随之不断恶化，高速增长的负面效应正在逐渐显现，这迫使日本政府开始着手摸索并制定日本社会和经济产业构造的未来规划，从不同于以往的、全新的宏观视角出发，构建跨学科的综合性社会开发体系。为此，智库作为在政府的行政机构以外组建的、能够独立自主进行公共政策研究和政策建议的组织机构登上了历史舞台，即智库的必要性顺理成章地得到了日本政府和执政党的一致认可。

自1961年起，日本政府出台了为期10年的国民收入倍增计划，日本社会各个领域都呈现出繁荣发展的气象。与此同时，经济界为了摆脱官僚主义的主导和控制，要求进一步完善社会环境，以确保研究机构及人员能够独立自主进行政策研究、提出政策建议，并开展更为广泛的社会活动。在社会需求高涨以及民间企业积极主动投身于调查研究的双重推动之下，已具备良好社会基础的日本迎来了"第一次智库发展潮"。"株式会社野村综合研究所"和"株式会社三菱综合研究所"等很多具有代表性的著名智库都是在这一时期相继创建的，而1970年也被冠以"日本智库元年"[①]的称号。

这一时期创设的著名智库包括，1965年成立的"株式会社野村综合研究所"，1967年成立的"株式会社计算机系统服务"（即现在的"三井信息株式会社"），1969年成立的"日本信息服务株式会社"（即现在的"株式会社日本综合研究所"），1970年成立的"株式会社三菱综合研究所"和"株式会社芙蓉信息中心"（后与"株式会社富士综合研究所"合并，即现在的"瑞穗信息综研株式会社"），以及1971年成立的"株式会社住友商事咨询"（后并入"株式会社日本综合研究所"）等。以上述所列举的智库为代表，这一时期创设的智库多集中在金融领域和情报信息领域，组织形式上以企业集团体系的调查研究机构为主。其中，野村综合研究所和三菱综合研究所是著名的财团系智库代表，都是拥有数百名乃至上千名专职人员从事多学科、跨领域综合研究的国际化智库，如三菱综合研究所早在20世纪70年代就已经从国际视角出发提出政策建议并实施了日美欧智库的合作研究。

此外，同一时期设立的智库中，享有盛誉的国际知名智库"财团法人日本国际问题研究所"也颇具特色。作为日本在外交领域的第一家智库，研究所于1959年由日本前首相吉田茂创建并出任第一任会长，1960

[①] 刁榴、张青松：《日本智库的发展现状及问题》，《国外社会科学》2013年第3期。

年被认定为日本外务省直接主管的财团法人智库，其后于2012年变更为公益财团法人，并在2014年与设立于1941年的日本传统调查机构"一般财团法人世界经济调查会"合并。日本国际问题研究所虽名义上为民间智库，但官方背景深厚，更与外务省等政府部门关系密切，这也奠定了其在资金来源与项目来源等多方面的特殊性。

1967年至1970年期间，由于公害问题的加剧，引发了旨在防止公害的技术革新浪潮，并助推一批社会科学领域和环境能源领域的智库相继诞生。如1966年成立的"财团法人日本能源经济研究所"（现为一般财团法人），1969年成立的"株式会社社会工学研究所"（2003年12月24日解散，2007年设立"特定非营利活动法人社会工学研究所"），1971年成立的"财团法人未来工学研究所"（现为公益财团法人）和"财团法人政策科学研究所"（2008年3月解散，业务移交给未来工学研究所接管），1973年成立的"财团法人社会开发综合研究所"（2002年更名为"财团法人社会开发研究中心"，现为一般财团法人）等。

20世纪70年代初期，随着经济和社会的急速发展，日本国内的通货膨胀、资源能源、城市交通、公害污染、地区间发展失衡等问题相继显现。与此同时，美国总统尼克松对美国经济和外交政策等做出了重大调整，导致对日本的政治、社会形成了所谓的"尼克松冲击"，再加上美元危机和1973年4月爆发的第四次中东战争引发的"第一次石油危机"，以及西方国家的货币战争、贸易战争和资源战争的日益加剧，最终给日本持续了十多年的高速增长画上了句号。日本经济的突然崩溃，导致国内发展环境的急速恶化，在企业将生产据点移至海外的同时，产业结构也发生了变化，由"重厚长大"转向"轻薄短小"，并实现高度信息化。受到经济发展整体大环境的冲击，以民间企业为主要客户群的智库因客户数量的减少而陷入低迷，为此，智库开始将服务对象由民间企业转向政府机构，智库对政府的委托研究业务的依存度也不断上升。也正因此，这一时期的民间智库在政策形成方面的影响力开始增强，已达到可与高校研究机构、行政机关的内部研究机构相媲美的水平，并逐步加强构建智库之间的相互协作关系。

在这一时期，日本智库还进行了各种各样的创新尝试。例如，1972年以政治家江田三郎为中心创办的"现代综合研究集团"（1986年变更为社团法人，2002年11月解散）为支持日本社会党的结构改革派而从事结构革新的政策建议活动。1975年以"经济同友会"的广田一为中心创办的"政策构想论坛"（任意团体，无法人资格）专注于从经济界的视角出发，力求从根本上打破旧有的政策形成机制，开展独立自主的政策研究和咨政活动，并为实现日本经济社会未来的健全发展而探求应有的政策制度体系，培养具备国际视野和创新思维的年轻人才。

日本智库的演变历程与日本经济的发展、社会的进步相伴相生，在第一次智库发展潮中，民间智库从政府和行政机构所获取的委托研究业务主要集中在国土开发、交通规划、城市建设、环境保护等领域，民间智库一直在为拓展委托研究的业务范围和政策研究领域而不懈地努力，同时也致力于人才的培养、组织机构的完善和研究体制的强化。

在智库全面发展、遍地开花的大背景下，日本政府希望联合产官学等各界的力量，汇集各学科领域的专家，创建具有公共属性的国立智库，以此为日本政府提供更加全面的政策分析与对策建议。在现实层面，日本经济进入新的转折期后，所面临的各领域问题愈发复杂化、多样化，单靠一家智库或研究机构的力量已难以应对解决这些问题，汇聚相关各领域的智慧，开展综合性的跨学科研究成为了必然的趋势。

在商政两界和行政机构的协助下，1973年7月日本国会正式审议通过了由日本政府主推的《综合研究开发机构法》。依据该法，由产业界、学界、地方公共团体等各界代表联合发起，在官民各界共同出资和捐助下，"综合研究开发机构"于1974年3月正式成立，通称"NIRA"。NIRA综研设立之初为总理府（即现在的"内阁府"）主管的特殊法人，伴随2007年8月10日《综合研究开发机构法》的废止，于同年11月29日NIRA综研变更为财团法人，其后又在2011年公益法人制度改革之际，变更为现在的公益财团法人，2016年6月13日正式更名为"公益财团法人NIRA综合研究开发机构"。NIRA综研不只是从事政策研究、提出政策建议的智库，其更为重要的职能在于积极推进智库、研究机构之间的相互交流，构建智库间合作研究关系网络，同时还为智库提供资金上的支持和政策研究方面的指导。NIRA综研为助力智库建设，促进智库产业发展做出了巨大的贡献，被形象地誉为日本智库的"大管家"[1]。NIRA综研的研究人员中有很多是来自国家公务员、地方公务员、企业等的外派借调人员，因此，NIRA综研可以凭借强大的人脉关系网络，通过多种渠道开展更为丰富多样的研究和咨政工作。

在第一次智库发展潮的推动下，日本智库产业蓬勃发展，在日本国内外的影响力不断提升。为了更好地协调各机构之间的关系，促进日本智库

---

[1] 吴寄南：《浅析智库在日本外交决策中的作用》，《日本学刊》2008年第3期。

产业的整体发展，"日本智库协议会"在1971年顺势应运而生，其宗旨是"推动信息化社会的发展进步，通过促进各机构之间的相互交流与合作，开展共同研究，从而为日本智库产业的发展做贡献"。

第四节 第二次智库发展潮（20世纪80年代中期—80年代末）

1985年9月22日《广场协议》签订以后，日本在对外政策上开始进入面向亚洲等国家的国际化发展时代，很多智库为应对国际化发展的需要而转型。例如，1961年设立的"社团法人劳动调查研究所"，其前身为1948年成立的、作为劳动者工会的共同调查机构的"关西劳动调查会议"，1964年被认定为社团法人。作为日本国内最早一批创办的专门研究劳动问题的智库，为了顺应时代发展，满足地区社会的国际化研究需要，在1993年2月变更为"社团法人国际经济劳动研究所"，2013年4月经内阁总理大臣批准再次转型为"公益社团法人"。

而在日本国内，则进入了NIRA综研与地方智库之间相互协助合作，智库、高校、行政机关内部研究机构之间相互竞争与协作并存的时代。

20世纪80年代中期到80年代末，在日元全面升值的经济大环境下，日本的"智库热"继续升温，迎来了"第二次智库发展潮"。这一时期新建的智库大多具有大型银行或商社的背景，存在于银行、保险、证券、制造厂商等资本体系之中，这些智库积极为政府和企业出谋划策，在日本经济的全球化扩张道路上各自发挥了重要作用。

银行业界的智库包括，1983年成立的长期信用银行（即现在的"株式会社新生银行"）系的"株式会社长银经营研究所"①，1985年成立的三和银行系的"株式会社三和综合研究所"②，1986年改组成立的

---

① "株式会社长银经营研究所"的前身是1969年为强化经营咨询功能而在株式会社日本长期信用银行内部设置的"经营研究所"。1989年株式会社长期信用银行的产业调查部门和经济调查部门合并成立"株式会社长银综合研究所"。1999年株式会社长银经营研究所与株式会社长银综合研究所合并，更名为"株式会社价值综合研究所"，2013年接受株式会社日本政策投资银行的注资而成为该银行集团的一员。

② "株式会社三和综合研究所"与"株式会社东海综合研究所"于2002年合并成立了"株式会社UFJ综合研究所"，2006年再次合并成立了"三菱UFJ调查研究与咨询株式会社"。

樱花银行系统的"株式会社三井银综合研究所"①，1987年成立的Resona银行系统的"株式会社大和银综合研究所"②和瑞穗银行系统的"株式会社第一劝银综合研究所"③，1988年成立的横滨银行系统的"株式会社滨银综合研究所"、富士银行系统的"株式会社富士综合研究所"④等。

保险业界的智库包括，1987年成立的"株式会社安田综合研究所"（2019年4月更名为"SOMPO未来研究所株式会社"），同年11月成立的住友生命保险公司的智库"株式会社住友生命综合研究所"（2005年3月解散）、"株式会社三井海上基础研究所"（即2018年4月合并后成立的"MS&AD InterRisk综研株式会社"）；1988年成立的日本生命保险公司的智库"株式会社NLI基础研究所"等。

证券业界的智库"株式会社大和综研"的前身是设立于1952年的大和证券内部的调查部，1989年大和集团将下属的三家公司，即分别设立于1975年的"大和计算机服务株式会社"、1982年的"株式会社大和证券经济研究所"以及1983年的"大和系统服务株式会社"合并成立了"株式会社大和综研"，而现在的大和综研则是在2008年改组为"株式会社大和综研控股公司"时，拆分出来的两家公司之一，延续了大和综研集团的智库功能。

随着泡沫经济的崩溃，依赖于雄厚资本支撑而迅速发展起来的日本智库产业也遭受到了巨大冲击，一些经费来源单一的智库因资金链的断裂而被迫关闭业务，相关领域的智库建设也随之步入沉寂期。与此同时，面对如何重振日本经济、促进日本社会稳定与健全发展这一难题，也有一些新的智库顺势而生。

正如野村综合研究所的前身是野村证券公司的调查部一样，日本的金融系统智库大多出自机构内部的调查部门。但其中三菱综合研究所比较特殊，与其他由金融机构的调查部门派生而来的智库有所不同，三菱综合研究所是由三菱集团下属各公司共同出资创办的智库，但并非三菱UFJ金融集团的一员。由三菱银行的调查部派生而来的智库是成立于1980年的

---

① "株式会社三井银综合研究所"于2001年变更为"株式会社樱花综合研究所"，其后调查部等并入"株式会社日本综合研究所"。
② "株式会社大和银综合研究所"与Resona集团的另外三家研究所于2003年合并成为现在的"Resona综合研究所株式会社"。
③ "株式会社第一劝银综合研究所"于2002年更名为"瑞穗综合研究所株式会社"，同年与富士综合研究所的智库部门合并。
④ "株式会社富士综合研究所"与瑞穗金融集团的两家子公司于2004年合并成立"瑞穗信息综研株式会社"。

"Diamond Business Consulting 株式会社",后历经合并重组发展成为现在的"三菱 UFJ 调查研究与咨询株式会社"。

而另一方面,为了应对这一时期的发展大局,以民间智库为中心,很多日本智库实施了旨在拓宽营利渠道、改善营利模式、实现经营稳定化的结构调整,在开展研究活动的同时,增加了咨询业务和计算机系统业务等,实现了智库自身的内部结构转型。其中最为典型的例子就是野村综合研究所:1987 年 10 月"野村计算机系统株式会社"成立,1988 年 1 月并入"株式会社野村综合研究所",为此后野村综合研究所在计算机系统业务领域的拓展奠定了基础。

此外,从 20 世纪 70 年代后期到 80 年代中期,在第一次智库发展潮的推动下,掀起了地方智库的创设风潮,"财团法人神户都市问题研究所"(1975 年,现为公益财团法人)、"财团法人山口经济研究所"(1974 年,现为一般财团法人)等一批中小规模的地方智库相继设立,在 10 余年间共诞生了大约 40 家地方智库,为地方政策的形成做出了很大的贡献。进入第二次智库发展潮后,为了顺应这一趋势,更好地促进地方智库之间的合作发展,1985 年在 NIRA 综研的协助之下,"地方智库协议会"正式成立,当时共有 78 家智库加入该协议会。地方智库协议会的宗旨是,"通过地方智库相互之间以及地方智库和 NIRA 综研之间的信息交换与人员流转等广泛的多样化交流合作,为推动日本公共政策研究的进一步发展做贡献"。截至 2019 年 1 月,共有遍布于北海道、东北与关东、北陆、中部、近畿、中国与四国、九州与冲绳七大地区板块的 57 家[①]立足于地方的智库加入了地方智库协议会,NIRA 综研以特别赞助会员的身份加入,该地方智库协议会始终坚持为促进地方智库的健全发展而积极开展活动。

第五节 第三次智库发展潮(20 世纪 90 年代前期)

自治体智库初见于 20 世纪 50 年代,正式设立始于 1985 年,集中出现于 2000 年《地方分权一揽子法》实施的前后。20 世纪 90 年代上半期,在各地方自治体的主导下,拉开了"自治体智库时代"的序幕,即日本

---

① 资料来源:地方シンクタンク協議会,2019 年 1 月 10 日,http://www.think-t.gr.jp/member/index.html。

的"第三次智库发展潮",究其历史背景,主要包括以下方面。

首先,随着《地方分权一揽子法》的实施和三位一体等日本地方分权改革的推进,大量权限由中央政府下放给自治体,这就要求市町村不得不具备与中央政府和都道府县相同的政策形成能力。自治体独立自行制定政策的必要性突增,这也成为了自治体智库设立的最主要的理由。此外,还有财政方面的原因。财政状况的恶化,使得自治体委托民间智库的项目经费难以确保,同时很多地方因市町村合并又出现临时性财政和人员的剩余。

其次,随着时代的发展,自治体的工作人员数量呈现出减少趋势,而与之相反的是居民需求的不断多样化发展,其结果是自治体工作量的不断增加,为填补两者之间的落差,势必需要进一步提升自治体的工作效率和政策制定能力,而设立自治体智库便是有效解决途径之一。

最后是自治体的企划部门(政策制定部门)出现了制度疲劳。20世纪60年代后期,自治体由于自身组织结构较为松散,欠缺综合性的应对能力,因此设立了新部门负责制定长期发展战略和综合规划,很多自治体的政策企划部门都诞生于这一时期。经过近30年的发展,自治体行政机构内部原有的企划部门(政策制定部门)出现了制度疲劳,不能充分发挥其调查研究的职能,在机构改组之际,有必要将调查研究业务从企划部门之中剥离出来,以全新的组织取代旧有的企划部门。在几方面因素相互结合、共同作用之下,便促成了自治体将优秀人才配置到政策研究方面,成立自己的智库机构。

第三次智库发展潮期间,以自治体为主导所设立的智库在组织形式上多种多样,包括在自治体外部单独设立的独立组织、在自治体内部设立的承担智库职能的组织部门以及直接在自治体的组织内部附加智库功能等。这一时期新设的自治体智库的代表有1991年名古屋市设立的"财团法人名古屋都市中心"(2010年与"财团法人名古屋城市建设公社"合并后,纳入到"名古屋城市建设公社"名下,后变更为现在的"公益财团法人名古屋城市建设公社名古屋都市中心");1992年高知县设立的"财团法人高知县政策综合研究所"(2005年3月废止)和堺市设立的"财团法人堺都市政策研究所"(2012年5月变更为公益财团法人);1993年宫城县设立的"财团法人宫城县地域振兴中心"(2009年3月解散,相关智库职能并入宫城大学);1995年福岛县磐城市设立的"磐城未来建设中心"(任意团体,2012年2月停止活动),兵库县宝塚市设立的"宝塚城市建设研究所"(2006年3月停止活动),宫城县仙台市设立的"仙台都市综合研究机构"（2007年3月废止）。

与第二次智库发展潮下诞生的民间智库相比，自治体智库基于自身特色发挥着不可替代的作用。第一，自治体智库具有一般民间智库所缺乏的政策应用的"现场感"，不但能够获取基于现场发生的真实情况，也能够及时将调查研究成果反映到政策之中。第二，自治体智库可以直接结合决策部门的意愿开展相关政策研究，其成果能够直达政策制定部门。由此而言，自治体智库的研究人员在工作上更具有成就感。第三，自治体智库开展相关调查研究以政策的最终实行为目的，面向地方议会直接提出政策建议，因此对自治体智库的政策研究及咨政建言能力的要求也相应更高。第四，自治体智库开展相关政策研究活动更具责任感，对于调查研究活动自始至终都要承担相应的责任，即使是在智库活动结束之后，其担负的责任依然继续存在。

自治体智库在提倡理论与实践相结合的基础上，更加注重研究成果在政策制定中的反映，以实际应用于地方自治工作为目的，作为非营利性智库的一种，为强化地方自治体的政策企划职能做出了贡献。

而另一方面，在第二次智库发展潮中得到迅速扩张的营利法人智库虽然已逐渐成为当时日本智库的另一主流，但是重要智库高度集中在东京地区，整体欠缺规模化。而且，发展到20世纪90年代前期，营利法人智库由于受到资金面的影响和限制，单纯依靠研究活动的收入难以维持组织机构的运营，因此智库对于所属母公司或上层组织机构的依赖性加大，独立性弱化。为此，这一时期的营利法人智库的研究活动多集中于研究周期短且有资金来源的项目，受此影响，研究成果的非公开性强，公益性差，研究内容缺乏国际性和专业性，对于政策形成的影响力弱化。

第六节 第四次智库发展潮（20世纪90年代后期）

在经济全球化迅猛发展的同时，日本国内经济呈现长期持续下滑的态势，自20世纪90年代初泡沫经济崩溃后，日本陷入了经济低迷。悲观的经济现实让人们迅速冷静下来，加之日本社会日趋成熟与理性化，社会各界进一步认识到曾经支撑日本经济实现高速增长的、官僚主导的社会运营模式中存在着诸多问题和制度缺陷，进而开始关注非营利组织（后文简称"NPO"）和非政府组织（后文简称"NGO"），并且开始重视市民在社会中所发挥的作用。特别是1995年1月"阪神淡路大地震"

发生后，在灾后重建过程中，社会各界的志愿者活动以及地区市民的各种援助活动为受灾地区的复兴做出了巨大的贡献，也大幅提升了日本社会对于 NPO 和 NGO 的关注度与重视度，更进一步带动了 NPO 和 NGO 在日本的发展。

从 20 世纪 90 年代后半期开始，公害等环境问题备受社会各界关注，《环境影响评价法》(『環境影響評価法』，1997 年法律第 81 号)、《地球温暖化对策推进法》(『地球温暖化対策の推進に関する法律』，1998 年法律第 117 号)、《京都议定书》(『京都議定書』，1997 年 12 月) 等一系列环境相关法案于 1997 年相继制定出台。在此社会背景下，"特定非营利活动法人气候网络"（1998 年设立，1999 年变更为特定非营利活动法人）、"特定非营利活动法人环境自治体会议环境政策研究所"（1999 年 8 月设立，2000 年变更为特定非营利活动法人）、"特定非营利活动法人环境能源政策研究所"（2000 年）等专门定位于环境问题的研究机构相继设立。其后，《特定非营利活动促进法》(『特定非営利活動促進法』，1998 年法律第 7 号，也被称为"NPO 法"）从 1998 年 12 月开始实施。受到该法案的影响，除上述机构外，又新增设立了"特定非营利活动法人市民活动信息中心"（1995 年设立，2003 年 3 月取得特定非营利活动法人资格）、"特定非营利活动法人 NPO 群马"（1999 年）、"特定非营利活动法人政策过程研究机构"（2001 年）等以政策研究和政策建议为主要业务的 NPO 法人组织。

在此社会大背景下，日本迎来了"第四次智库发展潮"。如上所述，日本社会对民间非营利活动的关注度高涨，加之民间对参与社会公共活动的必要性的认知不断提升，两者联动作用下，这一时期新成立的智库多以民间的非营利性机构为主，因此第四次智库发展潮也被称为"非营利智库发展潮"。具有代表性的智库包括"国际研究奖学财团""21 世纪政策研究所""市民立法机构""社团法人构想日本""21 世纪政策构想论坛""藤田未来经营研究所"等，都是集中在 1997 年成立的新型智库，而 1997 年也因此被称作"民间非营利独立智库元年"[①]。

然而，日本的民间非营利智库的创设之途并不平坦。长期以来，官僚主导的行政体制造成了日本在政策形成方面的相关政策研究与政策信息的脆弱性和浅薄性。在意识到行政中心模式的政策形成机制存在的问题后，日本开始学习美国的智库模式，尝试在民间一侧创设能够独立自主开展政

---

① 程永明：《日本智库的发展现状、特点及其启示》，《东北亚学刊》2015 年第 2 期。

策研究并提出政策建议的新型智库，力求重塑日本的政策形成机制，摸索建立以多元化的信息来源作为支撑数据、更加开放、更具创造性的新型体制。

笹川和平财团曾经为了在日本创设美国模式的民间非营利智库而专门立项开展研究。1991年，在美国著名智库"城市研究所"（Urban Institute）的协助下，作为该研究项目的一环，笹川和平财团对全球16个国家超过100家智库进行了实地调研。

但是，日美两国之间在社会环境和政治体制等很多方面都存在着较大的差异，这使得美国模式的民间非营利独立智库即使能得到日本社会的理解与认同，在实际操作方面也存在着资金不足等诸多现实困难。

与此同时，日本第一家拥有民间独立智库活动部门的财团法人智库"国际研究奖学财团"，在日本财团的资助下，于1997年成立，1999年更名为"东京财团"。东京财团拥有多领域的研究人员，其外聘专家团队中不乏在日本国内颇具影响力的著名学者和前政府要员，例如外交和环境领域有曾历任外务大臣、环境大臣的川口顺子，联合国相关问题领域有曾任联合国代表部次席大使的北冈伸一，中国问题方面有曾在日本驻华大使馆和香港总领事馆任专门调查员的高原明生，等等。东京财团因其经济实力雄厚，人才充裕，与政府保持着紧密的关系，故而在日本的内政外交等诸多方面都曾具有较强的话语权和影响力，曾提出过众多的政策建议，每年都坚持举办多场国际会议和多个峰会。2018年3月26日在该智库成立20周年之际，为进一步强化其智库功能而进行机构改组，剥离部分非智库功能的业务之后，更名为"公益财团法人东京财团政策研究所"。

这一时期除东京财团外，还涌现了其他很多具有代表性的智库。如"21世纪政策研究所"作为经济团体联合会的公共政策智库而设立，旨在基于商界的视角开展政策研究活动并独立提出政策建议，发表了大量的论文和研究报告。经济团体联合会的前身是成立于1946年的经济团体联合委员会，作为日本最大的综合性经济团体，对日本的政治、经济发展具有举足轻重的影响。21世纪政策研究所隶属于经济团体联合会，就经济、产业及劳动等领域面临的重要课题，与政界、行政、工会、市民等相关人士进行对话，征求经济界的意见与建议，并迅速提出对策，同时通过与各国政府、经济团体等国际机构间的对话交流，参与解决国际问题，加强日本与各国经济界间的密切关系。在1997年成功转型为"开放型智库"后，国内外的学者和研究人员、政治家等多元素主体积极参与，对于各种新政展开独立自由的讨论，并将其成果广为传播，使智库的活动得到了国内外的广泛关注，不仅在日本国内，而且在国际上也有较强的影响力。

"构想日本"是由原大藏省职员加藤秀树辞去官职后，本着从"民间"的立场出发制定政策以改变社会的理念而发起设立的政策研究智库，1997年成立时为任意团体（即无法人资格团体），2015年变更为一般社团法人。作为日本"民间非营利独立政策智库"的先行者，构想日本虽由出身官僚的前政府官员创建并出任代表，但秉承"不满足于政策建议，更要着眼于如何实现政策"的活动宗旨，致力于废除"官僚主导"的政策形成体制，并为此积极参与中央省厅的机构设置法的修订工作。构想日本由实务经验丰富的专家组成研究项目团队，承担中央政府部门与地方自治体委托的关于资产负债表导入、道路公团民营化、年金制度、医疗制度、公益法人制度、教育制度、地域金融、政党治理、行政等的重要课题，并提出了大量的政策建议。构想日本的商业模式是既不依赖于将会员所缴纳的会费充抵经费，也不承接商业性或政党等的委托研究项目，正因如此，才可以真正做到确保不受任何政党、政治家、企业等的影响，从正面对日本社会的现状和未来做出客观务实的探讨与谏言。

"市民立法机构"顾名思义是以市民亲自参与咨政活动、提出政策建议，并将提案建议转化为具体法案为目的的团体，堪称"从市民运动中发展而来的草根政策建议机构"。市民立法机构致力于通过在"官僚"一元化政策决策体系中加入"市民"的参与从而实现多元化，在政策民主制中导入竞争机制，该机构以此为目的搭建市民相互对话与开展合作的必要平台。

"21世纪政策构想论坛"属于特定非营利活动法人，旨在以革新派学者和新闻工作者为中心搭建的社交网络为基础，开展政策研究活动，该机构的活动曾对《借地借家法》（『借地借家法』，1991年10月4日法律第90号）的修订产生过直接影响。

第四次智库发展潮时期的智库在资金来源、规模、组织构成等多方面都与此前的日本智库有所不同，是以独立于行政机构和企业之外的组织形式，开展政策研究等各种与公共政策相关的活动，为促进多样化主体在独立、平等、自由、民主参与下的政策建言活动的开展以及研究成果的公开转化，乃至日本多元化政策形成体系的构建做出了很大的贡献，更为日本智库的发展史拉开了新的历史序幕，具有划时代的深远意义。

第七节 转型重组期（2000年以后）

进入21世纪后，随着中国的崛起，亚洲乃至世界的格局发生了巨大变化，在激变的国际大环境下，日本国内的政治经济环境也在随之转变，而日本智库也由此步入了"转型重组期"。这一时期，日本智库的特点可概括为"破"与"立"。

始于1970年的日本智库创设浪潮在延续到2000年以后，逐渐呈现出收缩之势，"智库"应时代的需要而诞生，在完成其特定历史使命后落幕退场。在解散或废止的智库中，不乏拥有30年以上历史的知名机构，同时也有在第四次智库发展潮中刚刚登上历史舞台、曾对日本的政策形成产生过一时影响、并为政策形成机制的多元化发展做出过贡献的民间非营利智库。这些智库部分相继解散，或在实质上停止活动；部分智库或缩小规模，或改变机构性质，或改组整合进行转型；此外还有部分智库通过合并重组改变组织形式或业态，进而撤出智库行业。

这些智库解散或转型的理由多种多样，包括其赖以生存的社会环境恶化、财政基础动摇以及机构运营体制出现问题等诸多因素，但其中资金面的困境影响最为显著。例如，"财团法人粮食农业政策研究中心"作为农业政策方面的专业智库在历经40年的发展后，因国库下拨的补助金被急剧削减导致资金短缺而被迫解散；"财团法人亚洲太平洋研究会"以经济同友会为中心成立，1974年改为外务省所属的财团法人，是日本外交领域智库的先行者，于2005年9月解散，在其所列举的解散理由中也包括了资金不足。

2003年解散的"财团法人自由时间设计协会"（1972年，原"财团法人闲暇开发中心"）曾是日本国内关于闲暇的唯一调查研究机构，而"株式会社社会工学研究所"（1969年）曾在环境、能源、产业振兴和信息化、国际化等广泛领域创下业绩。以时间排序来看，其后相继被解散的智库包括，2004年解散的"财团法人国民经济研究协会"（1945年）；2005年解散的"财团法人熊本开发研究中心"（1971年）、"财团法人亚洲太平洋研究会"（1974年）、"株式会社住友生命综合研究所"（1987年）、"财团法人栃木综合研究机构"、"财团法人粮食农业政策研究中心"；2006年解散的"社团法人北陆经济调查会"（1963年）、"财团法人滋贺综合研究所"（1978年）、"株式会社鹿儿岛综合研究所"（1989年，原"株式会社 MBC 综合研究所");2007 年解散的"财团法人产业创造研究所"(1959 年,原"财团法人工业开发研究所")、"财团法人北九州都市协会"(1977 年)等。此外,"财团法人三重社会经济研究中心"(1974 年)于 2002 年 3 月和"财团法人高知县政策综合研究所"(1992年)于 2005 年 3 月属于在法律上被废止。

在上述中止活动的智库里,也有将智库的研究机能加以保留、移交并入大学的情况。例如,"财团法人滋贺综合研究所"(1978 年)于 2006 年 3 月解散时将其政策研究职能移交给了"滋贺县立大学地域建设调查研究中心","财团法人北九州都市协会"(1977 年)于 2007 年 3 月解散时将其政策研究职能移交给了"北九州市立大学都市政策研究所"。同时,这些智库所拥有的研究人员在智库解散后,很多都转入当地的大学继续开展新的活动,形成了从智库到大学的人才资源的有效流动,而很多大学也受此影响而新开设了公共政策的相关学科。

虽然在第四次智库发展潮中,以东京财团为代表的民间非营利智库得以创设,但是日本社会对于智库本来应有的社会作用和意义尚未形成普遍而充分的认知与理解,造成这些智库在运营方面困难重重,而且几乎没有支持民间非营利智库开展活动的民间出资。因此,民间非营利智库在诞生后不久就陷入了运营困境,更在进入转型重组期后发生了很大变化。成立于 1997 年的"21 世纪政策构想论坛"因为失去了赞助商的支持而陷入了活动停滞状态;"21 世纪政策研究所"将研究业务转为以项目外包形式为主而致使自主研究能力不断弱化;"藤田未来经营研究所"则因母公司的改制和经营恶化而关闭;"东京财团"虽然还在继续从事政策研究和建言活动,但是从整体而言,转化研究成果推动社会变革的智库气势已大为削弱;"构想日本"也从最初开展政策研究的组织,转变为进行政策建议的组织。从这个意义上而言,以独立形式进行政策研究活动,并以此为基础提出政策建言,在政策形成过程中注入多元化要素的民间非营利智库在 2004 年 3 月以后,一时间几乎从日本绝迹,仅剩下东京财团相对而言依然坚守初衷,继续开展着智库活动。

21 世纪初,日本智库产业的格局发生激变,随着一批智库陆续退出历史舞台,日本智库进入了重组发展阶段,与此同时,一批新型智库相伴孕育而生,政党智库便是在这一时期兴起的最具代表性的智库类型。

早在 20 世纪 90 年代泡沫经济崩溃后的经济低迷时期,日本在政治上就形成了长期维持执政的自由民主党与在野党日本社会党的两党对峙格局,同时官僚主导下的政策形成机制已经面临制度疲劳。要扭转以官僚为中心的政策形成体制无法有效发挥职能的局面，唯有从根本上变更政治体制，构建让立法、议会和政党等都能各自有效发挥职能的、以政治为主导的创造性政策形成体制。为此，以超党派的议员和有识之士为中心，在2002年5月创办的"智库研究会"专门围绕智库举办相关研讨会，希望借此摸索创办新型智库的可能性。但是面对资金等诸多现实问题，最终参会议员得出了各政党自行设立智库的结论。

2004年开始，自由民主党和民主党都意识到只依赖于官僚的政策信息无法实现政治主导下的政策立案这一现实问题，对于各种制度疲劳更是产生了危机感。在将长久以来固有的"以官僚为中心的政策形成体制"转变为"以政治为主导的政策形成体制"的体制改革和政党的组织机构改革的双重推动下，政党智库纷纷成立。在政权交替之际，为了能够平稳地实现政党轮换的大变革，坚实的政策研究和人才储备是不可或缺的基础。民主党为了实现不依赖于官僚机构而独立自主进行政策立案，花费近一年的时间进行准备，于2005年11月设立了政党智库"有限责任中间法人公共政策平台"（后文简称"公共政策平台"）。与此同时，自由民主党为了加快政策形成速度、强化和提升政策决策能力以及政策的国际竞争力，致力于构建不依赖于官僚的、全新的政策形成体制，进而建立与国民之间的信赖关系，在2006年3月设立了"有限责任中间法人智库2005[①]·日本"（后文简称"智库2005·日本"）。

政党智库的诞生不仅有其政治上的必然性，而且与民间非营利智库相比，由政党设立和运营的智库在将研究成果实际运用于政策形成方面，无疑具有更强的现实性和转化执行的可能性。然而，另一方面，政党智库与生俱来的弊端导致其发展艰难，未等进一步发展壮大，便已早早夭折。"智库2005·日本"自设立之初开始，便遭到了自由民主党党内的各种反对和抵制，又恰逢2005年的邮政民营化改革和总选举等政治事件，经过一番波折才最终在2006年3月取得了法人资格正式设立。但是，设立后依旧面临诸多问题，而且对该智库的社会评价也并不理想。虽然作为政党智库，智库2005·日本曾做出过新的尝试，并对政策的形成产生过实际影响，但是面对现实存在的各种阻碍，特别是在自由民主党下野后，运营变得更加艰难，最终在2011年2月正式解散。而民主党的智库"公共政

---

① "2005"这一数字蕴含的历史意义是，象征着1905年"日俄战争"结束100周年，1945年"战后民主主义"确立60周年，1955年"55年体制"确立50周年，同时也喻意小泉内阁所进行的2005年总选举改变了日本的政治。

策平台"为各政党的议员等提供了讲演、举办研讨会、与学者专家进行交流的平台,但最终也因民主党执行部的更替以及资金问题,自 2009 年以后便处于休眠状态。

除政党智库外,在"立"的方面,从 2007 年前后开始相继创办的智库类型比较多样化,既有隶属于政府相关部门或由政府资助设立的智库,也有大型企业出资创办的智库,既有地方公共团体智库,也有独立法人智库,显示出日本智库产业不断探索尝试建设各种新型智库的趋势。

例如,在 2007 年,由地方公共团体相继设立的智库包括"中野区政策研究机构"(东京都中野区,2010 年 3 月解散)、"新潟市都市政策研究所"(新潟市,2014 年 3 月解散)、"世田谷区自治政策研究所"(东京都世田谷区)等。小泉纯一郎在 2007 年 3 月卸任内阁总理大臣后参与设立并出任顾问的"国际公共政策研究中心"又被称为"小泉智库",与同年在自由民主党支持下设立的、以保守派为核心的"国家基本问题研究所"(2011 年变更为公益财团法人),均带有浓厚的党派色彩。由企业集团出资设立的智库,例如 2008 年 12 月佳能株式会社设立了研究全球政策的"一般财团法人佳能全球战略研究所",2010 年 4 月理光集团为探求企业在社会发展中的可能性而设立了"理光经济社会研究所"。此外,2011 年 12 月设立的"一般财团法人亚洲太平洋研究所"的独到之处在于其研究活动和运营主要依赖于众多会员企业的支持,所以能够做到在不受政府和特定企业集团的影响下,独立自主地开展研究活动。另一方面,还有原政府官员引退后通过创办智库继续开展公共政策相关活动的方式,例如"株式会社政策工房"(2009 年)、"青山社中株式会社"(2010 年)和"宫本亚洲研究所"(2010 年)等。这些都显示出日本在摸索多渠道、多样化建设新型智库可能性方面的动向。

与其他类型的智库相比,民间智库与生俱来的灵活性造就了其创新性,为更有效地应对公共政策需求而不断尝试改革创新。成立于 2001 年的"特定非营利活动法人言论 NPO"(后文简称"言论 NPO")就是日本新型智库的代表之一。言论 NPO 是以"健全的社会应该拥有具有主人公意识的人们参与的、面向未来的认真讨论,并为此讨论提供平台"[①] 为理念,以保持中立和独立为原则的平台型智库,为日本国内外、产官学、社会公众等各界人士参与讨论日本面临的政策课题以及日本的未来而搭建

---

① 资料来源:『言論 NPO パンフレット』,特定非营利活动法人言论 NPO,2020 年版,2020 年 3 月 25 日,http://www.genron-npo.net/about/2020new.pdf。

"参加型讨论舞台"。言论 NPO 在日本国内除定期开展"政府政策执行情况评估"外，还跟踪分析政党在选举时发表的竞选承诺及其执行情况，并向选民公开相关研究结果。言论 NPO 作为网络智库，加强构建与各方面之间的人际关系网络，进行资源整合；作为媒体智库，关注舆论力量、开展民意调查；作为民间智库，在政府间外交无法正常发挥作用之时，助推公共外交。例如，言论 NPO 每年与中国、韩国的相关机构合作实施"民间舆论调查"，并举办中日、韩日两国间的对话论坛，建立两国间的新型民间对话机制，为建言献策提供平台，增进国民间的相互理解，发挥智库的"二轨外交"功能。

在"一带一路"倡议的相关研究方面，日本的民间智库也更为活跃。例如，"一带一路日本研究中心"是出于对"一带一路"倡议可能无法得到日本政府的及时响应的担忧，和对开展"一带一路"相关研究必要性的认知，以举行"中日邦交正常化 45 周年纪念会"为契机，于 2017 年 11 月成立的日本首个以推进"一带一路"合作为主要研究目标的专业智库。一带一路日本研究中心以增进日本各界对"一带一路"倡议的认识，促进相关智库交流与合作以及"一带一路"国家共同发展为宗旨。该中心现已正式加入中共中央对外联络部当代世界研究中心出任秘书处的"一带一路"智库合作联盟。该智库是由日本学者与旅日华人学者为主体共同创立，其事务局设在以"国际亚洲共同体学会"为母体的"一般社团法人亚洲联合大学院"机构内，以国际亚洲共同体学会创立十余年来积累的广泛合作关系网络和丰富的研究成果为基础，立志要担负起作为日本首个"一带一路"专业智库的主要责任。不过，作为民间智库，一带一路日本研究中心仍存在一定的局限性，例如该组织的成立乃至具体研究和交流活动的实施，主要依靠其创始人筑波大学名誉教授进藤荣一的主动推进。

为了应对激烈的国际竞争，发达各国都积极投入力量加强建设本国的智库体系，很多国家都已拥有了一批具备强大的信息处理能力和政策形成影响力的综合性研究机构。纵观日本智库的发展历程，从官僚主导下的智库热潮到政治主导下的民间非营利智库的崛起，无不体现出日本智库产业的发展与政治制度以及经济发展状况之间极为密切的关联。日本智库深受以官僚为中心的政策形成体制的影响，随着日本国内政党政权的几度交替，在"摆脱官僚、政治主导"运动的推动下，民间非营利智库和政党智库的诞生促使日本的智库文化发生了很大的变化。从日本智库的发展史不难看出，在日本的经济社会发展进程中，智库通过其理论研究与实证分析为公共政策的制定贡献了很多创新性的理念与思路，对政策形成产生了实质性的影响，同时，也体现了智库背后不同政党、利益集团、专家学者以及各种民间团体与社会组织的政治诉求和价值取向。曾经拥有辉煌发展史的日本智库，就现状而言，能承接国家级大型项目的综合智库数量较为有限，而且智库规模普遍较小。近20年来，日本呈现出国策混乱、政党间交替掌权，进而导致长期战略政策难以确定和实施的局面，为此，重新确立能够制定切实有效国策的机构成为了当下的迫切要求。也正因如此，智库作为旨在为公共政策决策建言献策的综合性信息处理机构被寄予厚望。今后，日本智库为顺应时代发展的大潮，切实有效地满足日本政府的国策需求，必将进一步整合资源、优化结构、强化机能，迎来新的发展。

表 2-1　　　　　　　　　　日本智库发展沿革

发展阶段	年代	代表智库 （成立时名称、成立时间）	备注
萌芽期	二战前— 二战结束	满铁调查部（1907年） 财团法人大原社会问题研究所（1919年） 财团法人东京市政调查会（1922年） 财团法人三菱经济研究所（1932年）	
初创期	1945— 1965年	财团法人国民经济研究协会（1945年） 财团法人日本经济研究所（1946年） 财团法人九州经济调查协会（1946年） 株式会社PHP综合研究所（1946年） 财团法人政治经济研究所（1946年） 中国地方综合调查所（1948年） 财团法人日本国际问题研究所（1959年） 财团法人工业开发研究所（1959年） 财团法人东北经济开发中心（1961年） 社团法人劳动调查研究所（1961年） 社团法人日本经济调查协议会（1962年） 财团法人静冈经济研究所（1963年） 社团法人北陆经济调查会（1963年） 社团法人日本经济研究中心（1963年） 财团法人关西经济研究中心（1964年） 社团法人中部开发中心（1966年）	战后经济复兴期到经济高速增长转型期。

续表

发展阶段	年代	代表智库 （成立时名称、成立时间）	备注
第一次智库发展潮	1965—1975年	株式会社野村综合研究所（1965年） 财团法人日本能源经济研究所（1966年） 株式会社计算机系统服务（1967年） 日本信息服务株式会社（1969年） 株式会社社会工学研究所（1969年） 株式会社三菱综合研究所（1970年） 株式会社芙蓉信息中心（1970年） 株式会社住友商事咨询（1971年） 财团法人未来工学研究所（1971年） 财团法人政策科学研究所（1971年） 财团法人熊本开发研究中心（1971年） 财团法人闲暇开发中心（1972年） 现代综合研究集团（1972年） 财团法人社会开发综合研究所（1973年） 综合研究开发机构（1974年） 财团法人亚洲太平洋研究会（1974年） 财团法人山口经济研究所（1974年） 财团法人三重社会经济研究中心（1974年） 财团法人神户都市问题研究所（1975年） 政策构想论坛（1975年） 财团法人北九州都市协会（1977年） 财团法人滋贺综合研究所（1978年）	1970年被称为"日本智库元年"。 1971年"日本智库协议会"成立。
第二次智库发展潮	20世纪80年代中期—80年代末期	银行系统： 株式会社长银经营研究所（1983年） 株式会社三和综合研究所（1985年） 株式会社三井银综合研究所（1986年） 株式会社大和银综合研究所（1987年） 株式会社第一劝银综合研究所（1987年） 株式会社滨银综合研究所（1988年） 株式会社富士综合研究所（1988年）	银行、保险、证券、制造厂商等资本体系内智库相继成立。

续表

发展阶段	年代	代表智库 （成立时名称、成立时间）	备注
第二次智库发展潮	20世纪80年代中期—80年代末期	保险系统： 株式会社安田综合研究所（1987年） 株式会社住友生命综合研究所（1987年） 株式会社三井海上基础研究所（1987年） 株式会社NLI基础研究所（1988年） 证券系统： 株式会社大和综研（1989年）	20世纪70年代后期到80年代中期，掀起了地方智库的创设风潮。 1985年"地方智库协议会"成立。
第三次智库发展潮	20世纪90年代前期	财团法人名古屋都市中心（1991年） 财团法人高知县政策综合研究所（1992年） 财团法人堺都市政策研究所（1992年） 财团法人宫城县地域振兴中心（1993年） 磐城未来建设中心（1995年） 宝塚城市建设研究所（1995年） 仙台都市综合研究机构（1995年）	自治体智库时代。
第四次智库发展潮	20世纪90年代后期	环境领域专业智库： 特定非营利活动法人气候网络（1998年） 特定非营利活动法人环境自治体会议环境政策研究所（1999年） 特定非营利活动法人环境能源政策研究所（2000年） NPO智库： 特定非营利活动法人市民活动信息中心（1995年） 特定非营利活动法人NPO群马（1999年） 特定非营利活动法人政策过程研究机构（2001年） 民间非营利智库： 国际研究奖学财团（1997年） 21世纪政策研究所（1997年） 市民立法机构（1997年） 社团法人构想日本（1997年） 21世纪政策构想论坛（1997年） 藤田未来经营研究所（1997年）	新成立的智库多以民间的非营利性机构为主，因此也被称为"非营利智库发展潮"。 1997年被称作"民间非营利独立智库元年"。

续表

发展阶段	年代	代表智库 （成立时名称、成立时间）	备注
转型 重组期	2000年 以后	政党智库： 有限责任中间法人公共政策平台（2005年） 有限责任中间法人智库2005·日本（2006年） 地方公共团体智库： 中野区政策研究机构（2007年） 新潟市都市政策研究所（2007年） 世田谷区自治政策研究所（2007年） 党派性质智库： 国际公共政策研究中心（2007年） 国家基本问题研究所（2007年） 企业集团智库： 一般财团法人佳能全球战略研究所（2008年） 理光经济社会研究所（2010年） 民间智库： 特定非营利活动法人言论NPO（2001年） 株式会社政策工房（2009年） 青山社中株式会社（2010年） 宫本亚洲研究所（2010年） 一般财团法人亚洲太平洋研究所（2011年） 一带一路日本研究中心（2017年）	

资料来源：笔者整理编制。

第三章 日本智库的发展现状

历经七个阶段的历史演变发展至今，日本已逐渐拥有了一批活跃在日本国内和国际社会的政治、经济、社会、文化、科技等各个领域的颇具规模实力和影响力的智库。它们在组织形式、地区分布、资金来源、人员构成等多个方面都呈现出有别于欧美智库的鲜明日本特色。

公益财团法人 NIRA 综合研究开发机构是日本国内唯一的一家针对日本智库发展状况开展调查研究的机构。为了全面掌握日本智库产业的发展现状及动态，NIRA 综研自 1974 年设立以来至 2014 年为止，每年以发放调查问卷的形式，针对日本智库的概要以及截至该年度的研究成果实施"智库信息调查"并发布调研报告《智库信息》（2008 年度以前为《智库年报》），对智库在政策科学、人文社会科学等领域的政策研究成果进行调研，并对所回收的有效问卷的数据加以统计分析。在 1979 年度至 2008 年度期间，NIRA 综研还实施了"智库动向调查"，基于调查汇总的数据，对日本智库的发展动向加以分析和研究。鉴于日本智库已日趋发展成熟，且对日本全国智库开展普查统计的必要性不断弱化，NIRA 综研自 2014 年度（2014 年 4 月—2015 年 3 月）起终止了该项统计调查工作的实施以及《智库信息》的发布（2014 年 3 月最后一次发布《智库信息》）。

鉴于 NIRA 综研所实施的跟踪调查和统计数据分析的重要性与不可替代性，本章将以 NIRA 综研发布的智库研究系列报告及其相关数据为基础，结合笔者自行实施的实地调研、问卷调查、访谈、互联网信息采集及文献资料等，对日本智库的发展现状进行多角度、多层面的解析。

第一节 规模数量

如前所述，日本智库在进入 21 世纪后，为顺应时代发展的需要而步入了"转型重组期"。在一批新型智库出现的同时，很多老牌智库因解散、合并、改组等而发生机构变动,抑或是因业务内容发生改变而不再从事与公共政策相关的智库研究活动,从整体上看,如图3-1所示,呈现出智库总量逐年递减的趋势。

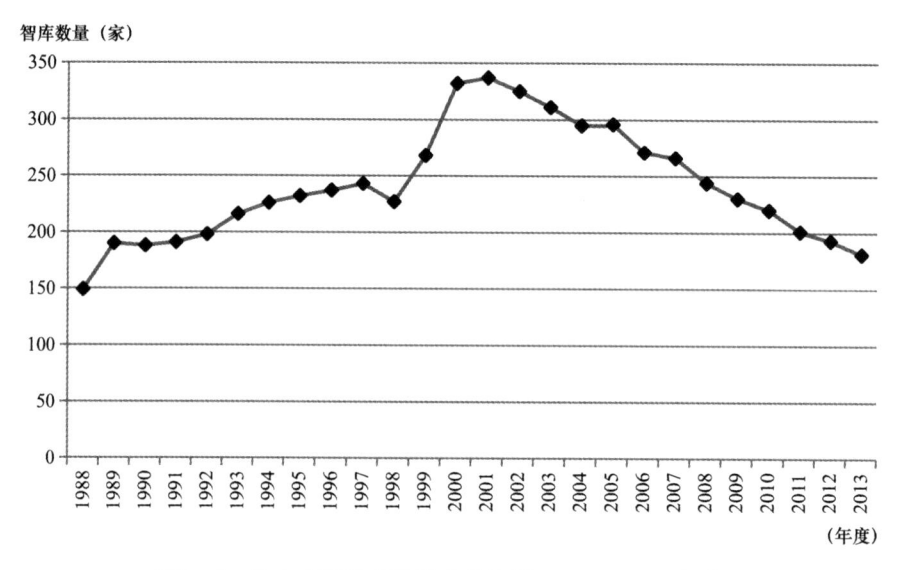

图3-1 日本主要智库数量变化情况(1988—2013年度)

资料来源:根据NIRA综合研究开发机构发布的『シンクタンクの動向』(2002—2008)以及『シンクタンク情報』(2009—2014)各年度相关数据整理绘制。

截至2013年度,NIRA综研针对日本国内的智库以问卷调查形式开展每年一次的统计调研(参见表3-1)。如前文第一章所述,NIRA综研在实施智库调查项目中,将"在政策科学、社会人文科学等领域从事政策研究、原则上具有日本法人资格的机构"视为"智库",因此,在NIRA综研发布的《智库信息》报告中也使用了"政策研究机构"的表述。以《智库信息2014》①为例,NIRA综研共向约300家政策研究机构发出了调查问卷,基于有效作答数据统计得出,截至2013年3月日本共有214家智库,与峰值期2001年的337家相比减少了123家。这214家机构的信

---

① NIRA综合研究开发机构的智库信息调查是把调查实施年度的上一年度已经结题的研究成果作为调查对象,并在该调查实施年度末公布统计结果。日本原则上使用"会计年度"作为通常意义上的"年度",即调查实施年度"2013年度"是指从2013年4月开始,到2014年3月结束。如《智库信息2014》是把截至2012年已经结题的研究成果作为调查对象,在2013年度实施调查,于年度末2014年3月公布调查统计结果。2014年3月后,再无《智库信息》发布。

息构成了这份报告中的"机构概要"数据库。并且,这214家机构之中,共有181家机构提交了研究成果的相关信息(截至2012年度末已经结题的成果),以此构成了这份报告中的"研究成果"数据库。因为NIRA综研以其自建数据库中的智库作为调查问卷发放对象,且《智库信息2014》发布的日本智库数量是依据有效作答问卷的统计结果,由此可知,2013年度日本智库的实际数量相对于该机构所公布的214家智库数量而言应只多不少。

表3-1 NIRA综合研究开发机构智库数量统计情况(2001—2013年度)

	发放调查问卷机构数	有效作答机构数	调查样本机构数
《智库信息2014》	约300家	214家	181家[※1]
《智库信息2013》	约300家	227家	193家[※1]
《智库信息2012》	约300家[※3]	225家	201家[※2]
《智库信息2011》	约300家[※3]	245家	220家[※2]
《智库信息2010》	约310家[※3]	259家	230家[※2]
《智库信息2009》	约330家[※3]	275家	244家[※2]
《智库信息2008》	约350家[※3]	266家	266家[※2]
《智库动向2007》	约350家	271家	271家[※4]
《智库动向2006》	约400家	296家	296家[※5]
《智库动向2005》	约400家[※6]	295家	295家[※7]
《智库动向2004》	约400家[※6]	311家	311家[※8]
《智库动向2003》	约400家[※6]	325家	325家[※9]
《智库动向2002》	约390家[※6]	337家	337家[※10]

注:
※1 回答调查问卷并提交了研究成果信息的机构。
※2 从回答了调查问卷的机构之中剔除大学附设政策研究机构和地方公共团体内政策研究机构。
※3 包含大学附设、地方自治体内的政策研究机构。
※4 从回答了调查问卷的机构之中剔除大学附设政策研究机构和地方公共团体内政策研究机构。
在271家机构中,对于定点观测调查有219家机构作答,对于特定课题调查有202家机构作答。
该年度另外公开了34家大学附设政策研究机构和地方公共团体内政策研究机构的信息。
※5 从回答了调查问卷的机构之中剔除大学附设政策研究机构和地方公共团体内政策研究机构。
该年度另外公开了32家大学附设政策研究机构和地方公共团体内政策研究机构的信息。
※6 以"从事公益性调查研究,且公开其研究成果的政策指向性研究机构"为对象,从

NIRA 综合研究开发机构所保有的机构清单中选取调查问卷发放对象。

※7 从回答了调查问卷的机构之中剔除大学附设政策研究机构和地方公共团体内政策研究机构。

在 295 家机构中，对于定点观测调查有 267 家机构作答，对于特定课题调查有 244 家机构作答。

※8 从回答了调查问卷的机构之中剔除大学附设政策研究机构和地方公共团体内政策研究机构。

在 311 家机构中，对于定点观测调查有 265 家机构作答，对于特定课题调查有 244 家机构作答。

※9 除 NIRA 综合研究开发机构以外。

在 325 家机构中，对于定点观测调查有 287 家机构作答，对于特定课题调查有 264 家机构作答。

※10 在 337 家机构中，对于定点观测调查有 288 家机构作答，对于特定课题调查有 267 家机构作答。

资料来源：根据 NIRA 综合研究开发机構发布的『シンクタンクの動向』（2002—2008）以及『シンクタンク情報』（2009—2014）各年度相关数据整理编制。

美国宾夕法尼亚大学"智库与市民社会项目"（Think Tanks and Civil Societies Program，简称"TTCSP"）课题组编写的《全球智库报告》（*Global Go To Think Tank Index Report*）[1] 由宾夕法尼亚大学劳德学院国际学研究方向的高级讲师、TTCSP 项目主任、宾夕法尼亚大学菲尔斯政府研究所高级研究员詹姆斯·麦甘[2]（James McGann）博士主持，截至 2020 年 1 月《全球智库报告 2019》发布，该报告已连续 12 年对全球智库的发展情况做出评价与排名。基于《全球智库报告》的统计数据可知，中国、美国、英国、德国的智库数量总体趋于增长，到 2017 年达到峰值后，2018 年呈现出不同程度的减少，2019 年总体与上一年持平。与之相比，日本的智库数量保持在 100 余家，总体而言发展稳定，且保持微弱的上升趋势，其中从 2017 年开始增幅明显。仅就日本智库的数量而言，《全球智库报告》中记载的数量一直少于 NIRA 综研的日本国内统计数量，以 2013 年为例，NIRA 综研发布的《智库信息 2014》仅统计调查问卷中有效作答的日本智库数量为 214 家，这已远远多于《全球智库报告 2013》中所记载的日本 108 家智库的总量。由此可见，不论是在日本智库的总量规模上，还是在发展态势上，美国的《全球智库报告》都呈现出与 NIRA 综研的《智库信息》存在明显的差异。

---

[1] James G. McGann，*Global Go To Think Tank Index Report*（1st – 12th edition），Think Tanks and Civil Societies Program，University of Pennsylvania，2008 – 2019［2020 – 02 – 08］.

[2] 资料来源：TTCSP，2020 年 2 月 8 日，https：//www.gotothinktank.com/meet-the-director/。

第二节　组织形式

从组织形式来看，日本智库具有多样化的特色，以营利法人、公益财团法人、一般社团法人为主，此外还有一般财团法人、公益社团法人、独立行政法人和特定非营利活动法人以及任意团体等多种形式。① 以 NIRA 综研 2014 年 3 月发布的《智库信息 2014》（调查实施期间为 2013 年 4 月至 2014 年 3 月）的相关调查数据为例，如图 3-2 所示，在作为样本的

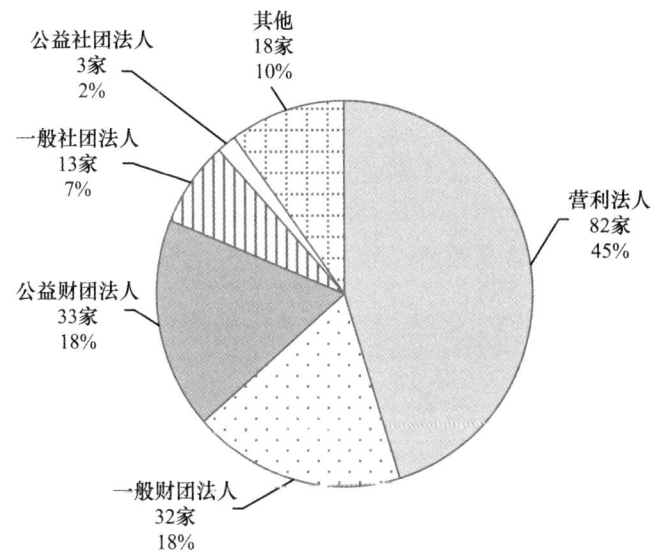

图 3-2　日本主要智库组织形式（2013 年度）
（上行为智库数量，下行为占比）

资料来源：根据 NIRA 综合研究开发机构发布的『シンクタンク情報 2014』相关数据绘制。

---

① 《民法》（『民法』，1896 年法律第 89 号）第 33 条第 1 款规定"法人必须依据本法或其他法律的规定设立"，而依据该条第 2 款的规定，法人可分为"以学术、艺术、慈善、宗教及其他公益事业为目的"的法人，和"以营利事业为目的"的法人，即公益法人和营利法人。在此基础之上，以人的集合体取得法人资格的为"社团法人"，以财产的集合体取得法人资格的为"财团法人"。在 2008 年 12 月 1 日公益法人制度改革实施以后，依据《关于公益社团法人和公益财团法人的认定等的相关法律》，将确认具有公益性的法人从一般社团法人和一般财团法人中细分为公益社团法人和公益财团法人，并暂定 2008 年 12 月 1 日到 2013 年 11 月 30 日的 5 年为改革过渡期。考察日本智库的发展沿革不难发现，很多智库都是在公益法人制度改革后陆续登记变更为公益社团法人或公益财团法人。

181家智库中，营利法人智库为82家，占总体的45%；财团法人智库包括32家一般财团法人智库和33家公益财团法人智库，占比均为18%；社团法人智库包括13家一般社团法人智库和3家公益社团法人智库，占比分别为7%和2%；此外，其他形式智库包括特定非营利活动法人、学校法人等共计18家，占比为10%。

另一方面，笔者基于对日本智库的综合测评选出了54家来源智库作为日本有代表性的重要智库，从2014年12月到2015年4月有针对性地进行了问卷及电话调查，并对所收集的相关数据进行了汇总分析。如图3-3所示，在日本54家重要智库中，营利法人形式的智库为16家，占比30%，是各类智库组织形式中占比最大的，且全部都是股份制公司。公益财团法人形式的智库紧随其后，以11家位居第二，占比20%，这与NIRA综研的调研结果保持一致。独立行政法人（包括国立大学和公立大学）智库为7家，占比13%。其后分别是一般财团法人形式的智库为5家，占比9%；一般社团法人和特定非营利活动法人形式的智库均为3家，占比6%。公益社团法人和学校法人（私立大学）形式的智库均为1家，占比2%。虽然后几类组织形式的智库占比很小，但也充分体现出

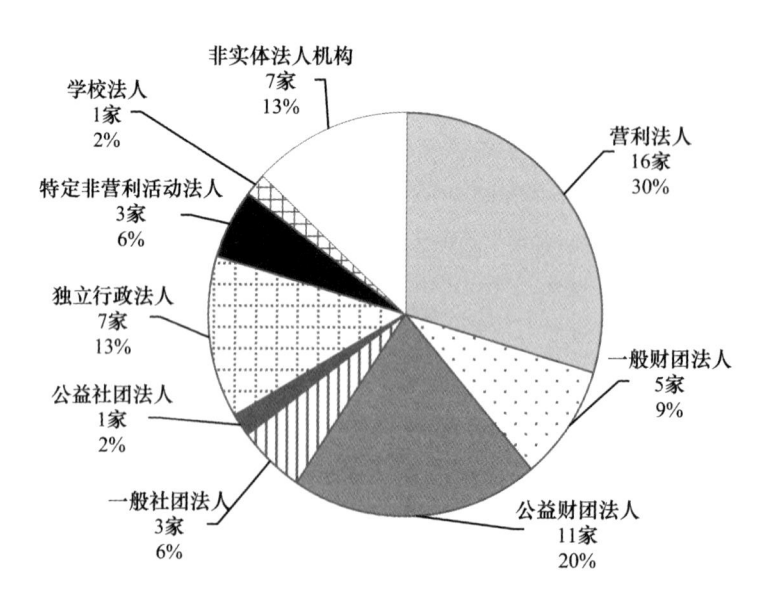

图3-3 日本重要智库组织形式（2014年度）
（上行为智库数量，下行为占比）

资料来源：根据笔者2015年对日本54家重要智库的调查数据整理绘制。

日本智库在组织形式上的多样性。笔者还特别划分出了非实体法人的智库机构，例如防卫研究所、财务综合政策研究所、国立教育政策研究所等，这些非实体法人机构基本上都是隶属于某一政府部门的内设研究机构，但是就智库功能而言，其对公共政策形成的影响不容忽视。

虽然两项调查在调查目的以及所选取的来源智库方面存在差异，但是如表3-2所示，通过汇总NIRA综研和笔者关于日本智库组织形式的相关调研结果，我们不难发现无论是对日本智库的一般性调查，还是针对有代表性的重要智库的定向调查，营利法人智库始终占比最大，并多以股份制公司的形式运营，此类智库大多母体为企业集团或金融机构。基于NIRA综研的历年调查结果来看，营利法人智库在日本智库产业中的整体占比虽始终保持在50%上下，但近年来呈现出逐渐递减的趋势。另一方面，笔者的调查结果则显示在更具影响力的日本重要智库中，营利法人智库的占比相对较小，仅为41%，非营利法人智库构成了重要智库的主要组成部分。

表3-2　　　日本主要/重要智库组织形式历年情况　　　（单位：家）

数据来源	发布年份	调查样本智库总数	营利法人 数量	营利法人 占比	非营利法人 财团法人 数量	非营利法人 财团法人 占比	非营利法人 社团法人 数量	非营利法人 社团法人 占比	非营利法人 特定非营利活动法人 数量	非营利法人 特定非营利活动法人 占比
NIRA	2009年	239	120	50.21%	92	38.49%	22	9.21%	5	2.09%
NIRA	2010年	225	117	52.00%	83	36.89%	22	9.78%	3	1.33%
NIRA	2011年	215	113	52.56%	77	35.81%	20	9.30%	5	2.33%
NIRA	2012年	197	99	50.25%	77	39.09%	19	9.64%	2	1.02%
NIRA	2013年	176	88	50.00%	69	39.20%	16	9.09%	3	1.70%
NIRA	2014年	163	82	50.31%	65	39.88%	16	9.82%		
笔者	2015年	39	16	41.03%	16	41.03%	4	10.26%	3	7.69%

资料来源：根据NIRA总合研究开发机构发布的『シンクタンク情报』（2009—2014）各年度数据，以及笔者2015年对日本54家重要智库的调查数据整理编制。

第三节 地区分布

日本智库在地区分布上高度集中于东京都，其他各地分布则相对较为平均。具体而言，NIRA 综研在 2008 年至 2013 年之间对日本国内智库所进行的问卷调查结果显示，设在东京都内的智库始终保持在智库总量的一半以上，而其他各地区的智库分布数量基本上与该地区的经济发展水平、政治活跃程度等要素成正相关。从 2008 年到 2013 年，调查样本智库的总量呈现出减少态势，但主要反映于东京都内智库数量的减少，而其他各地的智库数量基本上持平，或变动较小（参见表 3-3 和图 3-4）。

表 3-3　　　　日本主要智库地区分布历年情况[①]　　　（单位：家）

主要地区 \ 统计年份	NIRA 综研调研数据						笔者调研数据
	2008 年	2009 年	2010 年	2011 年	2012 年	2013 年	2014 年
合计	244	230	220	201	193	181	54
北海道	8	7	8	5	6	5	0
东北地区（6 县）	8	7	7	6	6	5	1
宫城县	1	1	1	1	2	2	1
关东地区（6 县，不含东京都）	12	11	12	11	16	16	2
神奈川县	4	4	4	4	7	7	1
千叶县	3	3	3	3	3	3	1
中部地区（9 县）	23	20	21	19	17	16	0

---

① 日本共有 47 个都道府县，由 1 都即东京都、1 道即北海道、2 府即京都府和大阪府以及 43 个县组成。其中，东京都包括 23 个特别区。日本的"县"相当于中国的省。东北地区 6 县，包括青森县、岩手县、秋田县、宫城县、山形县、福岛县；关东地区（不含东京都）6 县，包括茨城县、栃木县、群马县、埼玉县、千叶县、神奈川县；中部地区 9 县，包括新潟县、长野县、富山县、静冈县、石川县、岐阜县、爱知县、福井县、山梨县；近畿地区 2 府、5 县，包括大阪府、京都府、奈良县、滋贺县、和歌山县、兵库县、三重县；中国地区 5 县，包括鸟取县、岛根县、冈山县、山口县、广岛县；四国地区 4 县，包括德岛县、香川县、爱媛县、高知县；九州和冲绳地区 8 县，包括福冈县、佐贺县、长崎县、熊本县、大分县、宫崎县、鹿儿岛县、冲绳县。

续表

主要地区 \ 统计年份	NIRA综研调研数据						笔者调研数据
	2008年	2009年	2010年	2011年	2012年	2013年	2014年
近畿地区（2府，5县）	31	31	29	27	27	22	3
京都府	7	7	6	6	5	5	2
大阪府	17	17	16	15	16	13	1
中国地区（5县）	6	5	4	5	5	4	1
广岛县	3	2	2	2	4	3	1
四国地区（4县）	5	5	5	4	5	5	0
九州·冲绳地区（8县）	14	12	13	11	12	11	0
东京都（23个特别区）	137	132	121	113	99	97	47
东京都内智库占总体比例	56%	57%	55%	56%	51%	54%	87%
千代田区							23
港区							11
中央区							4
新宿区							3
品川区							2
江东区							2
涉谷区							1
目黑区							1

资料来源：根据NIRA总合研究开发机构发布的『シンクタンク情报』（2009—2014）各年度数据，以及笔者2015年对日本54家重要智库的调查数据整理编制。

另一方面，表3-3所列数据显示，笔者对日本54家重要智库的调查统计数据更进一步验证了日本智库在地区分布上存在向政治、经济、文化中心高度聚拢的特性，且越是知名的高端智库越是将其总部尽可能设于离

智库数量（家）

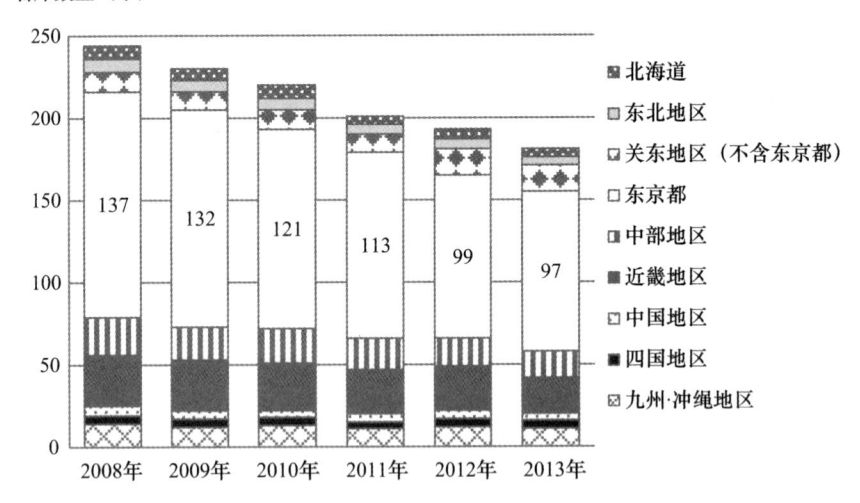

图 3-4　日本主要智库地区分布情况（2008—2013 年）

资料来源：根据 NIRA 综合研究开发机构发布的『シンクタンク情報』（2009—2014）各年度相关数据整理绘制。

政府行政中心相对更近的地方。笔者所调研的 54 家重要智库之中，有 47 家智库的总部设在东京都内，占比高达 87%，且均位于东京都的核心地区，即东京都 23 个特别区。而这 47 家智库中又有近一半的 23 家智库位于政治中心千代田区①，且多为官方或半官方智库，如内阁府的经济社会综合研究所、财务省的财务综合政策研究所、经济产业省的经济产业研究所等，以及成立较早或具有国际影响力的著名智库，如日本国际问题研究所、亚洲开发银行研究所、三菱综合研究所等。这一分布状况既与千代田区的特殊行政地位密不可分，也从一个侧面反映了日本智库早期的官僚主导发展特征。而这也正是旨在研究公共政策和战略问题、为决策层建言献策、提供政策建议的智库汇聚于千代田区的客观原因所在。与此同时，该地区的政治、经济特殊性也决定了只有那些综合实力强的智库才可能跻身进入并立足于此。

---

① 千代田区是汇集了皇居、国会、最高裁判所（即最高法院）以及众多中央省厅（即中央行政单位）、著名企业集团总部等在内的日本政治经济中心。千代田区的"霞关"一地是日本历史悠久的政治中枢，因在该地区密集地汇聚了内阁府、财务省、外务省、经济产业省、法务省、文部科学省、农林水产省、厚生劳动省、国土交通省、金融厅、国税厅、最高检察厅、警视厅等诸多日本中央行政机关的总部，故而"霞关"在日本成为了"官僚"和"行政"的代名词。

第四节 资金来源

本节旨在研究分析日本智库获取资金的主要渠道以及相应的资金充裕度情况。鉴于各家智库在财务数据披露上存在时间差异,为便于对不同模式下的各家智库的资金情况加以对比分析,本节原则上以笔者在2015年对日本54家重要智库进行问卷和电话调查以及官方网站采集获取的2013年度的财务相关报告数据为基础加以研究分析,根据书中内容需要,相应选取标注更新数据。

智库的资金来源通常都会受到其组织形式的影响和制约。日本智库通过拓展经费来源、增加收入类型等方式,试图打破财务因素对智库发展规模和研究项目的制约,以多元的经费来源渠道避免对单一资金的依赖。因此,不仅存在资金获取模式相异的多类智库,而且同一家智库的资金获取渠道和类型也日趋多元化。就目前日本智库获取资金的主要渠道而言,大致可分为九种模式。

模式一,资金全部或绝大部分来源于政府财政预算拨款。这种模式具体包括直接隶属于政府或某个政府部门的官方智库以及政府主导或支持下的独立行政法人形式的半官方智库。其中,官方智库属于日本政府直属的研究机构,其经费全部来自政府的财政预算拨款,因此相对较为充足,例如文部科学省的国立教育政策研究所、防卫省的防卫研究所等。

以"国立教育政策研究所"为例,该机构2013年度(2013年4月—2014年3月)经费总额高达34.34亿日元,[①] 这相当于普通民间智库年度经费预算的十几倍甚至几十倍。最新数据为其官方网站公布的2019年度的经费预算情况,相比2013年度和2018年度而言,资金总额虽呈现出递减趋势,但仍超过30亿日元,其中各项经费支出的占比基本保持不变(参见表3-4)。

与之相比,著名的亚洲开发银行研究所的情况比较特殊。该机构2013年度(2013年4月—2014年3月)的研究开发经费合计7.99亿日元,经费100%全部由政府提供,但资金提供方不局限于日本政府,而是由成员国政府共同分担。[②]

[①] 资料来源:笔者2015年对日本54家重要智库的调查数据。
[②] 资料来源:笔者2015年对日本54家重要智库的调查数据。

表3-4　　文部科学省国立教育政策研究所2018年度和2019年度
经费预算表

项目	2018年度		2019年度	
	金额（单位：日元）	占比	金额（单位：日元）	占比
调查研究和事业经费	1518504000	47%	1492080000	47%
人员费用	1434663000	45%	1406497000	45%
管理运营经费	241576000	8%	240793000	8%
合计	3194743000		3139370000	

资料来源：根据文部科学省国立教育政策研究所『文部科学省国立教育政策研究所（平成30年度）』相关数据整理编制，2019年4月10日实地调研获取。

半官方智库主要是指独立行政法人性质的智库，其经费绝大部分来自政府财政预算范围内的拨款，列入国家预算，接受主管部门的审计核查。政府主要提供两种形式的资金，即主要用于机构人员和业务开支的运营费交付金，以及主要用于资助研究人员的科研活动的竞争性研究资金。以"独立行政法人经济产业研究所"为例，该机构2013年度（2013年4月—2014年3月）的决算报告书①显示，来自政府财政预算拨付的运营费交付金为17.52亿日元，占比超过其预算总额的99.2%。但与此同时，独立行政法人性质的研究机构并不只依赖于政府的财政拨款，还广泛吸收来自企业、大学、非营利团体、其他研究机构乃至国外的资金。经济产业研究所2013年度的其他收入合计占比仅为0.8%左右（预算占比为0.77%，决算占比为0.8%），按预算占比降序排列依次为委托研究收入占比0.45%、科学研究费收入占比0.17%、捐款收入占比0.11%、普及业务相关收入占比0.03%、利息及其他收入占比0.01%，其中委托研究收入在决算中增加了0.03%。

作为日本国内最大规模的官方研究机构，"国立研究开发法人产业技术综合研究所"2013年度的收入决算总额为940亿日元，其中主体是来源于其上级主管部门经济产业省所拨付的总计582亿日元（占比61.9%）的运营费交付金。与此同时，为了充实该机构的资产基础，经济产业省还另行拨付了114亿日元（占比12.1%）的设施整备补助金。该机构的资金来源虽然高度依赖于经济产业省的拨款，但并不局限于政府的财政资金，还有其他多种收入来源，包括委托研究收入、资金提供型合作研究收入、计量

---

① 资料来源：『平成25年度财务诸表』，独立行政法人経済産業研究所，2015年5月7日，http://www.rieti.go.jp/jp/about/25zaimu.pdf。

相关收入和知识产权收入等在内的共计235亿日元（占比25.0%）。①

除了上述官方和半官方智库外，还存在"公益财团法人日本国际问题研究所"这类比较特殊的情况。日本国际问题研究所创建初期被认定为日本外务省直接主管的财团法人智库，在公益法人制度改革中，于2012年变更为公益财团法人。尽管日本国际问题研究所属于公益财团法人，但由于该智库与日本政府，特别是外务省有着密切而深厚的关系，因此该智库依据《补助金合理化法》，获取由日本政府提供的补助金作为其部分经费。基于对日本国际问题研究所的实地调研以及其官方网站所披露的决算报告②等财务报表来看，该智库2013年度（2013年4月—2014年3月）获得来自政府的"国库补助金"共计2.04亿日元，占该智库经常性收入总额的29.4%，与2012年度的总额3.08亿日元和占比50.9%相比，大幅缩减了三分之一。国库补助金的占比虽然从第一位下降至了第二位，但仍是该智库的重要经费来源。此外，2013年度的资金来源中，占比最大的项目是委托研究收入为59.8%，其次是法人会员、个人会员和图书馆会员的会费收入，合计占比7.1%，各种捐助金合计占比3.2%，另外还有利息收入等多种经费来源。2013年度的相关补助金和捐助金的明细如表3-5所示。

表3-5　日本国际问题研究所2013年度补助金明细表

期间：2013年4月1日—2014年3月31日　　（单位：日元）

	经费项目名称	拨付方	上期期末余额	当期增加额	当期减少额	当期期末余额
补助金	外交与安全保障调查研究事业经费补助金（综合事业）	外务省	0	187016895	187016895	0
	外交与安全保障调查研究事业经费补助金（调查研究事业）	外务省	0	18077589	17896178	181411

---

① 资料来源：『平成25年度财务诸表等』，国立研究开发法人产业技术综合研究所，2015年5月27日，https://unit.aist.go.jp/fad/ci/zaimusyohyo/H25kakutei.pdf。

② 资料来源：『平成25年度决算报告书』，公益财团法人日本国际问题研究所，2015年5月7日，http://www2.jiia.or.jp/pdf/jyouhou/h25/h25-kessan.pdf。

续表

	经费项目名称	拨付方	上期期末余额	当期增加额	当期减少额	当期期末余额
补助金	调查研究机构之间对话与交流促进事业经费等补助金	外务省	7819548	0	7819548	0
	国际问题调查研究机构运营支援补助金	外务省	636	0	636	0
捐助金		独立行政法人国际交流基金等	0	6887129	6887129	0
合计			7820184	211981613	219620386	181411

资料来源：根据公益财团法人日本国际问题研究所『平成 25 年度决算报告书』相关数据整理编制，2015 年 5 月 7 日，http：//www2.jiia.or.jp/pdf/jyouhou/h25/h25-kessan.pdf。

模式二，资金全部或大部分来源于企业出资。此种模式以企业智库为主，基于企业智库的具体运作模式，可对其资金来源再加以细分。首先，企业集团或金融机构附设智库相对实力更为雄厚，其特点在于智库机构多为企业集团的成员之一，或由多家企业作为智库机构的股东，实行市场化经营，企业化运作。作为企业运营的智库势必涉及营利问题，日本的企业智库通常根据具体的业务内容，在组织架构中划分出从事公共政策研究的智库部门和面向商业客户的咨询部门。智库部门作为纯成本部门运作，即使在具体业务中可能获得盈利支持，但原则上并不以营利为目的，资金来源主要依赖于其他相关部门或关联公司的盈利，因此也会根据业务相关部门或关联公司的要求，为其商业客户提供相应的服务支持。[1] 例如，大和证券集团的"株式会社大和综研"具有智库功能的调查研究部门只有80—100 人的规模，其自主研究占比高达 99%，资金来源于公司下属系统研发部门的创收，该公司从事系统研发的人员规模多达 3000 人。[2]

与之相似的还有瑞穗金融集团的"瑞穗综合研究所株式会社"，其智

---

[1] 资料来源：笔者对株式会社三菱综合研究所、株式会社大和综研的实地调研访谈，2019 年 4 月 11 日和 12 日。

[2] 资料来源：笔者对株式会社大和综研的实地调研访谈，2019 年 4 月 12 日。

库研究活动以及运营经费等几乎全部来源于其所属集团公司的资金支持。"株式会社旭调查研究中心"于1974年作为旭化成株式会社的调查研究机构设立，是旭化成株式会社全额出资设立的智库。

与之相异的是野村证券集团的"株式会社野村综合研究所"，作为上市公司独立运营，并不依赖于所属集团，除公共政策研究以外，其咨询业务和系统研发业务都帮助该智库实现了自身盈利。

日本的企业智库中，还有一种变相接受政府资助的特殊情况，例如"株式会社日本Intelligent Trust"在2008年获得"株式会社日本政策投资银行"的投资之后，更名为"株式会社日本经济研究所"，由日本政策投资银行全额出资，可以视为是日本政策投资银行的智库。而"株式会社日本政策投资银行"（Development Bank of Japan）是根据《日本开发银行法》（『日本開発銀行法』，2007年法律第85号）在2008年10月1日注册成立的由日本政府通过财务省进行独资经营的日本公司，相当于中国的国家开发银行。

模式三，以委托研究、调查研究等研究活动的相关收入作为主要资金来源。此类智库通过承接委托研究，开展自主研究和调查研究等形式获取收入。委托研究收入一直都是大部分智库的重要经费来源，只是基于智库属性和业务构成的不同，委托研究业务及收入的占比存在差异。例如，三井住友信托集团的"株式会社三井住友信托基础研究所"的经费就100%来源于委托研究收入。[①] 与之相比，作为独立行政法人运营的半官方智库"独立行政法人经济产业研究所"和"国立研究开发法人产业技术综合研究所"因为有来自政府的运营费交付金作为最主要的资金来源，所以委托研究业务只是作为其智库业务构成的一种形式而已，委托研究收入在法人总收入中的占比很低，例如2013年度两家智库的委托研究收入占比分别只有0.48%[②]和14%[③]。

模式四，以捐款或会费作为主要收入来源。很多特定非营利活动法人（即NPO）类型智库的收入主要来源于社会各界的捐款，而实行会员制的智库则以会费收入作为其主要收入来源。也有一些智库，例如公益法人或一般财团法人形式的智库虽不实行会员制，但也会把来自社会各界的捐款

---

① 资料来源：笔者2015年对日本54家重要智库的调查数据。
② 资料来源：『平成25年度決算報告書』，独立行政法人经济产业研究所，2015年5月7日，https://www.rieti.go.jp/jp/about/25kessan.pdf。
③ 资料来源：『平成25年度財務諸表等』，国立研究开发法人产业技术综合研究所，2015年5月27日，https://unit.aist.go.jp/fad/ci/zaimusyohyo/H25kakutei.pdf。

或会费收入作为其资金的主要来源。就日本智库的普遍情况来看，以捐款或会费收入作为智库的主要资金来源时，这两项财源通常会并存于同一家机构，只是在主次之分上有所不同。具体而言，有以下几个具有代表性的实例。

"一般财团法人电力中央研究所"是日本电力行业研究机构的引领者，1951年由当时的各家电力公司和公益事业委员会共同发起，以日本发电株式会社的资产为基础而成立，依靠各家电力公司的补贴捐款进行运营，围绕电力事业的共同课题开展自由、独立的研究开发活动。2018年度的决算报告书①显示，该机构的经常性收益为292.88亿日元，其中包括经常性补贴捐款为250.74亿日元（占比85.6%）、委托研究事业收益39.06亿日元（占比13.3%），其他收益的占比仅为1.1%。由此可见，电力中央研究所虽资金充裕，但资金来源种类相对单一，补贴捐款占据了绝对优势，且全部来自电力行业的相关公司，依存度较高，在财团法人类智库中采用这种模式的并不多见。

"特定非营利活动法人日本医疗政策机构"作为非营利智库，其资金来源以捐款收入为主，且更加多元化。2013年度该智库的研究经费大约为1亿日元，其中机构和个人的捐款合计占比达到70%，委托研究收入占比为20%，通过竞争获得的课题收入占比为10%。②并且，从2005—2008年度的经常性收入的累计使用情况来看，该机构在各项收入构成上基本保持不变，即平均而言，捐款收入占比为66%，会费收入占比为10%，事业性收入及其他占比为24%。其中捐款收入从构成上还可细分为企业及团体捐款占比为54%，财团捐款占比为23%，国家及地方自治体捐款占比为22%，个人捐款占比为1%。③从2013年度向该智库提供捐款并同意公开披露信息的捐款机构名单来看，其中包括32家企业和团体以及7大财团，并且基本上都是制药厂商等与医疗相关的大型公司。为此，该智库作为非营利、中立、超党派的民间智库，在接受捐款时，严格要求捐款方必须遵守"赞同该机构使命的前提下，确保该机构政治上的中立性、事业计划和实施的独立性、资金来源的多样性，禁止促销等商业活动，并以书面形式表示同意"的活动方针和基本原则。

---

① 资料来源：『2018年度事业报告书・决算书』，一般财団法人電力中央研究所，2019年8月5日，https：//criepi. denken. or. jp/intro/info/2018annual_report. pdf。
② 资料来源：笔者2015年对日本54家重要智库的调查数据。
③ 资料来源：特定非营利活动法人日本医療政策機構，2017年1月31日，http：//www. hgpi. org/organize. html#finance。

"公益财团法人日本国际关系论坛"属于依赖于会费收入的论坛模式智库,以美国的外交关系协会为范本而创办,是一个由企业、有识之士、行政人员、议员、媒体等共同参与的平台型智库。该智库以企业会员的会费收入作为主要资金来源,以个人会员的会费收入为补充进行运营。企业作为法人会员在提供资金的同时,与理事和评议员一起共同出任政策委员会的委员,并且也参与智库的调查研究等活动。由核心会员企业组成财务委员会,负责招揽吸纳新的企业会员加入并确保资金来源等。该智库以前只设有研讨会和政策委员会,并编写政策建议,但随着社会发展的需要,也在不断增加专职研究人员,其研究对象主要集中在与国际关系相关的广义的政治和经济两大领域。此外,作为日本国际关系论坛的姐妹团体,"日本全球论坛"和"东亚共同体评议会"也都是立足于民间独立立场的、非营利、无党派智库,是由产官学各界共同参与的会员制任意团体,专门研究公共政策和国际关系,其经费依赖于企业会员的会费收入和财团的援助金等。

实行会员制的各智库依据提供给会员的具体服务内容等制定各自的会费标准。例如,"公益财团法人日本国际关系论坛"的会费标准以每年每个户头为单位,法人正会员100万日元,法人准会员10万日元,个人正会员1万日元,个人准会员3000日元。"一般财团法人和平安全保障研究所"的会费标准以每年每个户头为单位,法人会员10万日元,个人会员1万日元,学生会员7000日元。"公益社团法人日本经济研究中心"的会员主要来自企业、大学、团体等,以法人为单位入会,会费包括入会金10万日元(不含税价格)和年会费。其中,年会费根据法人的性质分为两类,一类是大学、自治体和大使馆等"学术会员",每个团体会员的年会费为30万日元(不含税价格),可登记二人。另一类是企业等"法人普通会员",每个企业会员的年会费分三档可选,分别为一个团体会员资格90万日元(不含税价格),可登记五人;两个团体会员资格114万日元(不含税价格),可登记七人;三个团体会员资格150万日元(不含税价格),可登记十人。日本经济研究中心为其会员提供讲座、政策交流会、早餐会等各种交流学习的机会,分享该中心的各种经济预测、研究报告和分析数据等研究成果。

此外,"一般社团法人构想日本"被认为是关系网络型的政策建议智库,相较于对自主开展调查研究的重视而言,该机构更多是采用政策建议的加工模式,积极利用并擅长于发挥媒体效应。构想日本的运营经费主要依赖于核心成员的资金支持和会费收入,其个人会员多达五六百人,会费标准为每人每年 1 万日元。

从 2011 年 6 月开始，为了培养捐赠文化，日本政府对个人向公益社团法人和公益财团法人的捐款实行"税额扣除制度"，规定不论捐款人所适用的所得税税率为多少，都可从税额中扣除以捐款金额为基础计算出的扣除额（参见表 3-6）。然而，公益社团法人或公益财团法人要成为税额扣除对象须满足 PST 必要条件①，取得行政厅出具的证明。

表 3-6　　　税额扣除对象法人的捐赠收入状况　　（单位：日元）

年度	2008	2009	2010	2011	2012
捐款收入总额	84915	85576	88431	124997	136932
其中个人捐款收入	14275	9145	16008	37913	39446
其中法人捐款收入	53194	56871	56353	80909	97128
总收入	744387	703577	770778	789053	933258
捐款收入占比	11.41%	12.16%	11.47%	15.84%	14.67%

注：因为存在只标注捐款收入总额，而未区分个人或法人捐款收入金额的情况，所以表内的个人捐款收入和法人捐款收入的合计小于捐款收入总额。

资料来源：根据内阁府『公益社団法人及び公益財団法人の寄附金収入に関する実態調査』相关数据整理编制，2017 年 2 月 21 日，https://www.koeki-info.go.jp/pictis_portal/other/pdf/01_KouhyoSiryo.pdf。

模式五，以相关研究出版物的收益作为主要资金来源。最具代表性的是"政策智库 PHP 综研"（后文简称"PHP 综研"），是由松下幸之助所创设的民间政策智库，研究活动涉及政治、行政、安全保障、福祉、教育和经济等广泛领域，被誉为"小而精的小型百货店型"② 智库。作为日本具有代表性的著名民间独立智库，PHP 综研以公司组织形式设立，是为了能够更好地建设运营，PHP 综研并没有政策性资金的支持，其全部研

---

① PST（Public Support Test）要件是指公益社团法人和公益财团法人作为税额扣除对象法人从行政厅取得证明时，所必须满足的要件，即为了成为税额扣除对象法人，在业绩判定期间内，必须至少满足以下两个要件中的其中之一。业绩判定期间是指在最近结束的事业年度的结束日之前的 5 年以内的各事业年度中，从第一个事业年度开始之日起到最近结束的事业年度结束日为止的期间。2013 年内申请的情况，可将"5 年以内"改为"2 年以内"。要件一，支出 3000 日元以上捐款金额的人年平均达到 100 人以上。要件二，捐款等收入占经常性收入的比例达到 1/5 以上。PST 要件也被作为 NPO 法人等的活动是否得到广大市民支持的判断基准。

② 鈴木崇弘「日本になぜ（米国型）シンクタンクが育たなかったのか？」、『季刊政策・経営研究』2011 年第 2 期。

究和相关活动的经费90%都来源于该机构的出版收入，仅有10%是来自委托研究项目的收入。这种收入模式也充分体现在其人员构成上，PHP综研的智库功能实际上仅由一个部门来肩负。在2014年12月的调查时点，PHP综研共拥有职员350名，其研究部门共有职员（不含客座研究人员）为30名，其中专职行政人员为16名，专职研究人员仅为11名，剩余320名均为从事出版相关业务的职员。PHP综研的这种以出版收益作为经费主要来源的模式被认为是确保收益型模式之一。PHP综研在庞大的出版事业收入的资金支持下，开展专职研究人员的自主研究活动，提出政策建议，举办研讨会等。此外，很多议员也参与PHP综研的研讨会等活动，还有议员以个人名义进行委托研究的案例。

模式六，以基金、有价证券的运营投资收益作为主要资金来源的模式。"公益财团法人东京财团政策研究所"以政策研究和人才培养作为两大支柱事业，为了确保能够开展独立自主的研究活动，东京财团政策研究所自设立之初开始，便逐步积累建立起相应规模的基金作为其独立资金来源的支撑。东京财团政策研究所旗下目前运营着两个世界规模的基金，分别是设立于1987年的"笹川良一优秀青年奖学基金"（后文简称"Sylff"）和设立于1994年的"日语教育基金"（后文简称"NF-JLEP"），这两个基金都是由日本财团提供资金创设、东京财团政策研究所负责具体运营的全球规模人才培养项目。Sylff向包括中国、日本在内的全世界44个国家的69所大学及大学联合会分别捐赠了100万美元的基金[①]，NF-JLEP也向全世界6个国家的11所大学分别捐赠了150万美元的基金[②]。通过这两个世界规模的奖学金项目，不仅培养了大量的国际化优秀人才，促进了大学之间的交流，增进了世界各国对日本的了解与关注，还强化了智库的人才关系网络构建。这种模式下，东京财团以对基金的运营收益作为研究活动和调研经费的主要来源。[③]

此外，"一般财团法人地球产业文化研究所"也是这种模式的代表之一。该智库的业务主要分为两大部分，一部分是包括调查研究、政策建议、合作研究、举办研讨会和发布信息等在内的调查研究事业；另一部分

---

① 资料来源：公益財団法人東京財団政策研究所，2020年3月6日，https：//www.sylff.org/about/。
② 资料来源：公益財団法人東京財団政策研究所，2020年3月6日，https：//www.nf-jlep.org/。
③ 资料来源：『東京財団パンフレット』，公益財団法人東京財団政策研究所，2019年7月29日，http：//www.tokyofoundation.org。

是在 2005 年爱知世界博览会结束后，对"爱·地球博事业基金"等爱知世博会理念的继承及发展事业。与之相应，该智库的经常性收益由特定资产运营收益（即"爱·地球博事业基金"的运营收益）、一般性资产的固定资产运营收益、会费收入、委托研究收入、"爱·地球博"管理业务收入、捐助金及其他收入组成。其中，"爱·地球博事业基金"的运营收益是该智库的主要资金收益来源，以 2013 年度为例，该基金的投资收益和利息收益合计约为 41.5 亿日元，占该年度资产总额的 72.6%。[1]

如模式四中的记述，"公益社团法人日本经济研究中心"是会员制智库的典范，但智库的会费收入存在不确定因素，易受到社会整体经济大环境以及会员数量增减的影响而发生波动，因此不能作为智库唯一稳定且可持续的资金来源。例如，2017 年度（2017 年 4 月 1 日—2018 年 3 月 31 日）的决算报告书[2]显示，日本经济研究中心在 2017 年度末共有 334 家企业和团体会员，年度内有 4 家新入会会员，但同时也有 9 家会员退会，因此该年度的会费收入总计 289755 千日元，比上一年减少了 2264 千日元。鉴于会费收入的不稳定性，日本经济研究中心除会费收入、委托研究收入、出版收入、捐款等多种收入来源外，还在固定资产运营中配置了有价证券投资，以充实财政基础。该中心 2017 年度固定资产合计 2836751 千日元，其中 95% 用于投资国债、政府债、企业债、股票等有价证券，金额最多的分别是股票 1133824 千日元和国债 1055749 千日元，针对有价证券投资部分，明确规定了使用目的，"作为公益目的保有资产，其运营收益用于公益目的事业的资金来源"。与之相比，该智库的流动资产中的各项活期存款和定期存款则明确规定用于机构的运转资金。

这种资金来源模式的优点在于，可以不受委托方的影响而独立自主开展研究活动，但其缺点在于，一旦拥有了基金作为资金后盾，便会大大降低争取委托研究等项目的积极性和主动性，从而丧失获得社会评价与周知认可的机会，同时还会存在因进行无规划运营和无意义研究带来的风险。

模式七，以不动产收益作为主要资金来源。这种模式中，"公益财团法人后藤·安田纪念东京都市研究所"最具代表性。该智库在 1922 年创立之时，以银行家安田善次郎所提供的 350 万日元的巨额捐款作为启动资金。其后于 1929 年 10 月竣工完成的"市政会馆"不但是该机构的活动

---

[1] 资料来源：『平成 25 年度决算报告书』，一般财团法人地球产业文化研究所，2015 年 8 月 4 日，http://www.gispri.or.jp/disc/pdf/H25_kessanhoukoku.pdf.

[2] 资料来源：『2017 年度（平成 29 年度）事业报告ならびに决算』，公益社团法人日本经济研究センター，2019 年 7 月 29 日，https://www.jcer.or.jp/center/pdf/hokoku17.pdf.

场所,更是重要的资金来源的根基所在,该机构的研究经费几乎全部来自于市政会馆的租金等相关收益,占各年度机构总收入的比例基本上都维持在94%的程度。[1] 后藤·安田纪念东京都市研究所正是通过出租其所拥有的写字楼、房屋和会场等不动产的收入来稳固财政基础,为开展研究活动提供了充足的经费。因此,这种模式也被认为是确保收益型模式之一。[2]

模式八,以所属高校的拨付款作为主要资金来源。如"东北大学东北亚研究中心"的经费来源中有74.5%来自东北大学的整体预算,其次是通过竞争所获得的项目收入,占比为21.3%,机构和个人的捐助占比为4.2%。[3] 然而,即使同样都是高校附设智库,因其所属大学性质的不同,其经费来源也各有不同,要根据不同情况加以区分对待,如"广岛市立大学广岛和平研究所"的经费则主要来源于地方政府,占比为59.5%,其余是通过竞争所获得的项目收入,占比为40.5%。[4]

模式九,政党团体附设模式下的智库,以所属上级机构的资金支持作为主要经费来源。如"21世纪政策研究所"是经济团体联合会附设的公共政策智库。经济团体联合会作为日本三大经济团体之一,以东京证券交易所部分上市企业为中心构成,日本各大企业、商社的董事长或总经理几乎都加入该会并担任各种领导职务。21世纪政策研究所的资金主要来自经济团体联合会,所以经费较为充足,该智库虽然被视为经济团体联合会所属的一个部门,但仍保持了其相对的独立性,只是在与组织整体的关系处理方面存在一定的困难。此智库还下设由大学教员为骨干的研究委托中心。

除上述九种资金来源模式外,还有一项资金对日本智库具有非常重要且特殊的意义,就是凭借研究实力通过竞争获取文部科学省的"科学研究费"(通常简称"科研费")。科学研究费资助事业包括"学术研究资助基金资助金"和"科学研究费补助金",是日本国内最大规模的研究资助制度,以涵盖人文社会科学和自然科学的所有领域、包括基础研究和应用研究在内的、基于研究人员的自由构思的"学术研究"为支持对象的唯一的"竞争性资金",鼓励具有独创性、前瞻性的研究成果,其前身是

---

[1] 资料来源:『財務諸表』(2012—2014年度),公益財団法人後藤·安田記念東京都市研究所,2015年5月25日,http://www.timr.or.jp/about/disclosure02.html。
[2] 鈴木崇弘「日本になぜ(米国型)シンクタンクが育たなかったのか?」、『季刊政策·経営研究』2011年第2期。
[3] 资料来源:笔者2015年对日本54家重要智库的调查数据。
[4] 资料来源:笔者2015年对日本54家重要智库的调查数据。

创设于大正7年（1918年）的"科学奖励金"。科学研究费也是日本国内最大规模的竞争性资金制度，占日本政府全部竞争性资金总额的一半以上，2019年度（2019年4月1日—2020年3月31日）的预算总额为2372亿日元。科学研究费资助事业包括"特别推进研究""新学术领域研究（研究领域提案型）""基础研究""挑战性萌芽研究""挑战性研究""青年研究"等多个科目，仅就主要科目而言，2018年度就收到了10.4万件申请，其中约2.6万件获批立项，包括此前已经获批立项以及数年持续在研的研究课题在内，约7.5万件研究课题正在获得资助支持。[1]

日本的科学研究费资助事业相当于中国的国家社会科学基金和国家自然科学基金项目，其申报者以大学所属研究人员为主，此外国立和公立的实验研究机构、公益法人、企业等的研究所作为文部科学大臣认定的"研究机构"，其所属研究人员也可以申报。日本很多智库都把通过竞争获得科学研究费资助项目的情况视为衡量研究能力的重要评价指标。例如，"独立行政法人亚洲经济研究所"就在机构简介的业绩成果中罗列了科学研究费资助项目的获得情况[2]，2018年度科研费各资助科目综合计算下，智库研究人员主持项目共55件、智库研究人员参与项目共65件、环境省科学研究费项目1件获批立项。"独立行政法人经济产业研究所"2018年度的科学研究费收入为5823833日元，占全部法人收入的0.36%。[3]"文部科学省国立教育政策研究所"从2012年度到2018年度，每年新立项目和延续项目合计均在40件以上，金额合计最高为2014年度接近1.2亿日元，最低为2018年度不足7000万日元。[4]

在日本智库中，以上第四种至第九种模式被评价为"在维持智库运营的前提下，发挥了很好的社会影响力"[5]。不论是何种类型的智库，要实现长远的可持续发展，最关键且不可或缺的便是资金。概观日本智库的

---

[1] 资料来源：『科研费パンフレット2019』，日本学术振兴会，2020年3月22日，https://www.jsps.go.jp/j-grantsinaid/24_pamph/data/kakenhi2019.pdf。
[2] 资料来源：『独立行政法人日本貿易振興機構アジア経済研究所パンフレット』，独立行政法人日本貿易振興機構アジア経済研究所，2018年4月印制，2019年4月9日实地调研获取。
[3] 资料来源：『平成30年度决算报告书』，独立行政法人经济产业研究所，2019年7月30日，https://www.rieti.go.jp/jp/about/30kessan.pdf。
[4] 资料来源：『文部科学省国立教育政策研究所（平成30年度）』，文部科学省国立教育政策研究所，2019年4月10日实地调研获取。
[5] 铃木崇弘「日本になぜ（米国型）シンクタンクが育たなかったのか？」，『季刊政策・経営研究』2011年第2期。

资金状况，总体而言财政基础较为薄弱，除官方和半官方的智库以及极个别的民间智库会得到不同程度的财政资金拨款外，大多数日本智库都缺乏财政资金方面的支持。民间智库如果不具备独立的资金来源，又没有获得政府的研究补助金，或来自财团的资金支持，通常很难独自开展政策性研究。这在很大程度上限制了公益、福祉、外交、国际关系等方面的智库做大做强，而且这些领域的研究课题通常都与企业经营没有直接关系，因此很难获得企业等经济团体的资金支持，如果不能取得政府的研究补助金等财政援助，则很难开展长期性或大型的研究项目。与此同时，针对中央政府或地方政府的委托研究收入而言，还需要智库保持与政府之间的一定距离，协调两者之间适当的依存度。

会费收入、捐款、自有资产运营等智库可自主支配的自有资金的充裕度不仅直接影响智库独立自主开展研究的程度，而且还会影响智库在开展研究活动中的独立性，乃至智库的发展规模和影响力，很多智库同样会因资金短缺而缩减科研项目。

概括而言，日本智库虽具有资金来源多元化的特色，但同时在经费问题上也呈现出以下特点，即营利性智库仅靠调查研究收入难以维持自身的生存和发展；对于母体的依赖性过大导致智库缺乏资金来源和研究活动的独立性；资金来源制约智库的发展规模和研究项目；受资金来源的限制导致智库研究缺乏公益性；资金来源限制或降低了研究成果的公开度。

第五节　人员构成

日本智库在人员构成方面，总体而言呈现出规模小、女性员工占比低、中青年为主力军的多学科、多领域、多层次的特点，重视多学科交叉、文理相结合，社会科学与自然科学相结合，提升智库的综合研究实力。日本在智库建设上，讲求的不是人数的多少，而是更加追求研究成果的高质量，除为数极少的大型智库拥有较为庞大的团队外，大多数的日本智库沿用少而精的模式，人员规模总体上都并不大，少数智库的专职工作人员总数甚至不足 5 人。日本 54 家重要智库所提供的数据信息从一个侧面反映了日本智库在人员构成方面的特点。

第一，专职研究人员与行政人员的配置以中小规模为主。在笔者所调查的 54 家重要智库中，专职技术人员的人数配置在各区间的分布相对较为均匀，其中最为集中的区间是 10—19 人，占比为 30.4%（参见表 3－7）。

此外，还出现了专职技术人员零配置的智库，如"特定非营利活动法人亚洲太平洋资料中心"。"文部科学省国立教育政策研究所"对其工作人员又加以细分定位，全员140人中，所长1人、研究人员55人、调查人员55人、事务职员29人，① 从人员构成方面体现出该机构对调查与研究的同等重视。

专职行政人员配置在1—5人区间的占比最大接近40%，6—9人和10—19人区间的占比均为17.4%，三个区间的合计占比高达74%（参见表3—7）。总体而言，日本智库在人员配置方面，特别是在专职行政人员的配置上非常精简。高校附设智库的专职行政人员通常都是由高校职员兼任，例如"明治学院大学国际和平研究所"的专职行政人员为1人，"东北大学东北亚研究中心"和"广岛市立大学广岛和平研究所"的专职行政人员均为4人。专职行政人员配置超过50人的智库仅有五家，分别是"公益财团法人地球环境战略研究机构"75人，"独立行政法人日本贸易振兴机构亚洲经济研究所"78人，"株式会社三菱综合研究所"85人，"三菱UFJ调查研究与咨询株式会社"265人，"国立研究开发法人产业技术综合研究所"657人，这五家日本代表性智库中，两家是以股份制公司模式运营的企业智库，两家为独立行政法人智库，一家为公益财团法人智库。

另一方面，NIRA综研对日本智库进行的跟踪调查结果显示，从1994—2007年的14年间，研究人员总量基本持平，变动幅度在1000人上下，而与之相比行政人员的变动幅度则很大，呈现出明显的逐年下降趋势，从1994年的18000人减少到2006年的7169人，变动幅度超过10000人。包括行政人员和研究人员在内的专职工作人员的精简，在很大程度上为日本智库控制并减少人工成本做出了贡献。

第二，大量聘用兼职人员，合理配置人员结构。为了谋求智库自身的更大发展，应对科研任务的实际需求，很多日本智库都在努力提高专职工作人员的工作效能的同时，采取灵活运用兼职人员的方法加以弥补配合。日本智库在专职研究人员和兼职研究人员的配置比例上，还出现了反向配比的情况，即兼职研究人员总数超过专职研究人员总数，这虽非普遍现象，但也具有一定的代表性。例如，日本的代表性半官方智库"独立行

---

① 资料来源：『文部科学省国立教育政策研究所（平成30年度）』，文部科学省国立教育政策研究所，2019年4月10日实地调研获取。

表 3-7　日本重要智库人员规模分项统计表（2013 年度）

（单位：家）

智库人员构成	专职行政人员 机构数	专职行政人员 占比	专职研究人员 机构数	专职研究人员 占比	兼职研究人员 机构数	兼职研究人员 占比	女性研究人员 机构数	女性研究人员 占比	客座研究人员 机构数	客座研究人员 占比	外籍研究人员 机构数	外籍研究人员 占比	工作人员总数 机构数	工作人员总数 占比
0 人	0	0.0%	1	4.3%	8	42.1%	0	0.0%	5	22.7%	6	33.3%	0	0.0%
1—5 人	9	39.1%	4	17.4%	6	31.6%	11	52.4%	8	36.4%	6	33.3%	0	0.0%
6—9 人	4	17.4%	1	4.3%	0	0.0%	4	19.0%	3	13.6%	3	16.7%	2	8.3%
10—19 人	4	17.4%	7	30.4%	1	5.3%	2	9.5%	2	9.1%	1	5.6%	4	16.7%
20—29 人	0	0.0%	3	13.0%	2	10.5%	0	0.0%	2	9.1%	0	0.0%	2	8.3%
30—49 人	1	4.3%	0	0.0%	1	5.3%	2	9.5%	2	9.1%	1	5.6%	3	12.5%
50—99 人	3	13.0%	2	8.7%	0	0.0%	1	4.8%	0	0.0%	1	5.6%	6	25.0%
100—199 人	0	0.0%	2	8.7%	1	5.3%	1	4.8%	0	0.0%	0	0.0%	3	12.5%
200—299 人	1	4.3%	0	0.0%	0	0.0%	0	0.0%	0	0.0%	0	0.0%	1	4.2%
300—999 人	1	4.3%	2	8.7%	0	0.0%	0	0.0%	0	0.0%	0	0.0%	2	8.3%
1000 人以上	0	0.0%	1	4.3%	0	0.0%	0	0.0%	0	0.0%	0	0.0%	1	4.2%
机构总数	23	100.0%	23	100.0%	19	100.0%	21	100.0%	22	100.0%	18	100.0%	24	100.0%

资料来源：根据笔者 2015 年对日本 54 家重要智库的调查数据整理编制。

政法人经济产业研究所"、颇具影响力的"公益财团法人东京财团政策研究所"和"公益财团法人未来工学研究所",以及高校附设型智库"明治学院大学国际和平研究所"等。

其中,颇具特色的实例是经济产业省主管的半官方智库——"独立行政法人经济产业研究所"。自2001年作为非公务员型独立行政法人成立以来,该智库开展了大量国际范围的调查分析、政策研究和政策建议活动,在经济政策领域受到日本国内外各界的高度评价。经济产业研究所的研究团队除少数的专职研究人员以外,更多地依赖于外部的高校、政府机关、企业、相关研究机构所属的研究人员、教职人员、顾问研究员、客座研究员等。根据其官方网站数据显示[1],在2011年3月底,研究所共有职员64名,其中采取定期聘用、兼职等流动性较大的雇用形式的职员为55名。而2014年12月对研究所进行的问卷调查结果显示,研究所的专职研究人员只有13名。经济产业研究所的现任所长矢野诚是京都大学经济研究所的教授,所内研究人员有来自东京大学、一桥大学、庆应义塾大学等多所著名高校的教授以及高校下属研究机构的研究人员,也有来自财务综合政策研究所、日本政策投资银行设备投资研究所、野村综合研究所、国立环境研究所、公益财团法人中曾根康弘世界和平研究所、佳能全球战略研究所等智库机构的研究人员,以及来自内阁府、经济产业省、通商政策局、制造产业局等相关政府部门的人员,此外还有国际货币基金组织、世界贸易机构、日本贸易振兴机构等国际机构、团体组织的研究人员。客座研究员中有来自清华大学的中国青年研究员,也有在纽约、芝加哥等大学任教的日本研究员,还有美国等其他国家的研究人员。[2]经济产业研究所的优势就在于其研究团队综合实力强,根据不同课题项目自由组合,灵活性强、协调度高,大大降低了智库自身在维持研究人员团队建设方面的固定成本支出。与此同时,以经济产业研究所为平台,来自不同组织机构的多领域研究人员通过合作实施研究项目,进一步推动了研究人员之间的交流,在培养年轻人才的同时,也促进了不同机构之间的交流与合作。此外,由于这些外聘的兼职研究人员都具有高校教师、关联机构或政府部门职员等多重身份,因此更利于这些研究人员以不同的身份和渠道收集更为广泛的信息并发表各自的观点和成果。

---

[1] 资料来源:独立行政法人经济产业研究所,2015年5月5日,https://www.rieti.go.jp/jp/fellows/past_index.html。

[2] 资料来源:独立行政法人经济产业研究所,2019年8月4日,https://www.rieti.go.jp/jp/fellows/title_index.html。

第三，对于外籍研究人员的聘用，与各家智库的研究定位以及运营体制有一定的相关性。从外籍研究人员相对于研究人员总数的占比情况来看，平均值为4.7%（参见表3-8），但各家智库之间存在很大的差异。一部分实行国际化运作或研究内容涉及国际问题的智库积极聘请外国专家参与研究活动，如"公益财团法人日本国际问题研究所"该项占比最高达到64%，"公益财团法人地球环境战略研究机构"该项占比为60%。[1]就"国立研究开发法人产业技术综合研究所"的人员构成情况而言，研究人员和行政人员中均存在外籍工作人员，且还有增加趋势。产业技术综合研究所在2015年4月1日时点共有研究人员2258人，其中外籍研究人员96人；行政人员675人，其中外籍行政人员1人。与之相比，研究所在2018年7月1日时点共有研究人员2331人，其中外籍研究人员139人。[2]

表3-8　　日本重要智库人员构成分项统计表（2013年度）

	总人数	占工作人员总数的比例	占研究人员总数的比例
专职行政人员	1306	20.8%	
专职研究人员	4128	65.7%	
兼职研究人员	280		6.8%
女性研究人员	358		8.7%
客座研究人员	176		4.3%
外籍研究人员	192		4.7%
工作人员总数	6285		

资料来源：根据笔者2015年对日本54家重要智库的调查数据整理编制。

与之相反，诸如"特定非营利活动法人日本医疗政策机构""特定非营利活动法人亚洲太平洋资料中心""公益财团法人国际通货研究所""公益财团法人未来工学研究所"等没有聘用外籍专家的智库也并不在少数。[3]

除在日本国内聘用外籍研究人员的方式外，智库还可以通过在海外设置分支机构现地聘用外籍研究人员。"独立行政法人日本贸易振兴机构亚

---

[1] 资料来源：笔者2015年对日本54家重要智库进行的调查数据。

[2] 资料来源：国立研究开发法人产业技术综合研究所，2019年7月14日，https://www.aist.go.jp/aist_j/information/affairs/index.html。

[3] 资料来源：笔者2015年对日本54家重要智库进行的调查数据。

洲经济研究所"共有研究人员 114 人、事务管理人员 73 人,其研究人员按地域和领域进行划分,占比分别为东亚地区 16%、东南亚地区 27%、南亚地区 7%、中东地区 10%、非洲地区 10%、中南美洲 6% 和理论开发 24%。其上级机构"独立行政法人日本贸易振兴机构"拥有 74 家海外事务所,总计 1788 名工作人员中,有 741 名员工身在海外,这些海外事务所及其工作人员都为亚洲经济研究所的海外现地调查与研究工作提供了协助与支持。①

第四,关于研究人员的性别构成,如表 3 - 7 和 3 - 8 所示,基于笔者 2015 年的调查数据,日本重要智库在女性研究人员的配置方面占比较低,仅为专职研究人员总数的 8.7%。对比 NIRA 综研发布的《智库动向 2008》② 的相关统计数据,后者显示,所调查的 216 家智库在 2007 年合计 8155 名行政人员中,男性占比为 75.4%,女性占比为 24.6%;5908 名研究人员中,男性占比为 82.8%,女性占比为 17.2%。虽然两项调查在统计口径及数据获取渠道上存在一定的差异,但从日本智库的整体发展情况而言,存在女性研究人员占比下降的趋势。

第五,关于智库工作人员的知识层次构成,如表 3 - 9 所示,根据笔者 2015 年的调查数据,16 家智库包括行政人员和研究人员在内共计 2297 名工作人员的 90% 都拥有学士学位,其中研究人员共计 1469 名, 88% 的研究人员拥有硕士及以上学位,拥有博士学位的研究人员占比达到 20%。

表 3 - 9 日本重要智库工作人员知识层次构成表(2013 年度)

智库机构数	16
研究人员总数	1469
工作人员总数	2297
拥有博士学位的研究人员数量	290
拥有博士学位的研究人员数量占研究人员总数的比例	20%

① 资料来源:『独立行政法人日本貿易振興機構アジア経済研究所パンフレット』,独立行政法人日本貿易振興機構アジア経済研究所,2018 年 4 月印制,2019 年 4 月 9 日实地调研获取。
② 资料来源:『シンクタンクの動向 2008』,公益財団法人 NIRA 総合研究開発機構,2015 年 1 月 7 日,https://www.nira.or.jp/pdf/doukou2008.pdf。

续表

最高学位为硕士的研究人员数量	998
拥有硕士及以上学位的研究人员数量占研究人员总数的比例	88%
拥有学士学位的工作人员数量	785
拥有学士学位的工作人员数量占工作人员总数的比例	90%

资料来源：根据笔者2015年对日本54家重要智库的调查数据整理编制。

第六，日本智库非常注重年轻人才的培养和储备，大多数日本智库都以三四十岁年龄段的中青年工作人员作为主力。笔者对日本54家重要智库的工作人员年龄结构的调查数据显示，30—50岁年龄段的工作人员占全体工作人员的平均比例为61%，其中占比最高为81%，占比最低为18%，一半以上的智库占比超过了50%。[1] NIRA综研在较早期实施的跟踪调查结果显示，从1994年到2007年的14年间，研究人员的年龄段分布呈现出20岁年龄段的研究人员不断减少，40岁和50岁年龄段的研究人员占比逐渐增加，研究人员的整体平均年龄趋于上升的态势。但就研究人员的年龄段分布情况而言，NIRA综研在《智库动向2008》[2]里所发布的跟踪调查数据显示，其所调查的215家智库机构合计5728名研究人员中，30岁年龄段的研究人员占比最多为36.4%，其后依次为40岁年龄段占比为29.2%、50岁年龄段占比为17.9%、20岁年龄段占比为11.9%和60岁年龄段占比为4.6%，笔者和NIRA综研的两项调查在统计口径上虽有所不同，但结论却相互吻合。

第七，广泛引进人才，打造跨学科、跨领域、多层次、多元化、梯队化、国际化的智库研究团队，提升综合研究实力。半官方智库的代表"国立研究开发法人产业技术综合研究所"基于产官学联合制度，广泛吸纳具有不同工作背景和职业经历的研究人员，截至2017年度合计研究人员中共有来自企业1867人、大学2446人、独立行政法人和国立公立实验室等相关机构1043人。该机构在2018年7月1日时点，共有工作人员总计3030人，其中研究人员2331人，根据业务需要涵盖多个领域，且各领域间配比较为均匀，具体构成比例为能源环境领域17%、生命工学领域

---

[1] 资料来源：笔者2015年对日本54家重要智库的调查数据。
[2] 资料来源：『シンクタンクの動向2008』，公益財団法人NIRA総合研究開発機構，2015年1月7日，https://www.nira.or.jp/pdf/doukou2008.pdf。

13%、情报与人类工学领域14%、材料与化学领域17%、电子工学与制造领域15%、地质调查综合领域10%、计量标准综合领域14%。①

创立于1951年的"一般财团法人电力中央研究所"是日本电力行业的代表智库，拥有多学科、多领域的高学历人才，运用长年培养的研究能力，联合工学、理学、社会科学等广泛领域的专家，开展电力行业的相关研究、调查、试验、开发等业务。电力中央研究所2019年度的事业规模为296亿日元，人员规模为762人，其中行政事务人员87人、研究人员675人，拥有博士学位的人员为388人。工作人员按专业领域划分，具体构成比例为电力领域107人、土木建筑领域123人、机械领域92人、化学领域43人、生物领域34人、核能领域52人、环境领域50人、信息通信领域34人、经济社会领域37人，以及科研管理与辅助人员103人、行政事务人员87人，相比2018年度各领域人员规模基本持平或略有增加。②就该智库近十年间的人员结构而言（参见表3-10），在人员规模总体趋于缩减的态势下，取得博士学位的高学历人才占比不断增加，科研管理与辅助人员的占比明显下降，行政事务人员的占比始终保持在11%—12%之间（参见图3-5），其他各专业领域的研究人员配比基本保持不变，业务相对稳定。

作为老牌企业智库的代表，成立于1970年的"株式会社三菱综合研究所"高度重视多样化的高端专业人才，凭借其高度专业化的研究团队，不仅具备专业领域的较高技能和见解，而且还能够在综合各领域专业知识的基础上加以整合，开展跨领域、跨专业的研究分析，并从统揽社会与技术发展动向的高度和广度出发提出解决方案。在2018年9月30日时点上，三菱综合研究所共有工作人员总计891人，其中研究人员761人涵盖社会科学和自然科学的多个学科领域（参见表3-11）。与此同时，三菱综合研究所的下属系统子公司"三菱综研DCS株式会社"在信息系统和项目运营管理方面具备经验丰富的专业人才，特别是在情报信息处理方面拥有大量专业技术人才，能够提供多样化的解决方案。三菱综合研究所凭借庞大的科研技术团队在医疗、看护、福祉、地域振兴、环境与能源、防灾与安全、太空科学与尖端科技、信息通信与大数据等各个研究领域开展跨学科的研究活动。

---

① 资料来源：国立研究开发法人产业技术总合研究所，2019年7月14日，https：//www.aist.go.jp/aist_j/information/affairs/index.html。
② 资料来源：『一般財団法人電力中央研究所のご案内』，一般財団法人電力中央研究所，2019年8月5日，https：//criepi.denken.or.jp/intro/pamphlet/criepi.pdf? 201907。

第三章　日本智库的发展现状　81

表3-10　一般财团法人电力中央研究所人员构成情况

	领域	2009年度 人数	2009年度 占比	2010年度 人数	2010年度 占比	2011年度 人数	2011年度 占比	2012年度 人数	2012年度 占比	2013年度 人数	2013年度 占比	2014年度 人数	2014年度 占比	2015年度 人数	2015年度 占比	2016年度 人数	2016年度 占比	2017年度 人数	2017年度 占比	2018年度 人数	2018年度 占比	2019年度 人数	2019年度 占比
研究人员	电力	724	15%	735	16%	736	16%	726	16%	722	15%	697	15%	682	14%	642	14%	653	14%	661	14%	675	14%
	土木建筑		13%		12%		13%		13%		14%		14%		14%		16%		16%		16%		16%
	机械		12%		13%		14%		13%		14%		13%		13%		12%		12%		12%		12%
	化学		10%		10%		10%		9%		9%		10%		6%		6%		6%		6%		6%
	生物		9%		9%		8%		8%		8%		8%		5%		5%		5%		5%		4%
	核能		7%		7%		6%		6%		7%		8%		7%		7%		7%		7%		7%
	环境		6%		6%		6%		6%		5%		6%		7%		7%		7%		7%		7%
	信息通信		5%		6%		6%		6%		5%		5%		5%		5%		5%		4%		4%
	经济社会		6%		6%		6%		6%		7%		6%		5%		5%		5%		5%		5%
	科研管理与辅助		17%		15%		15%		16%		16%		15%		12%		12%		12%		12%		14%
行政事务人员		101	12%	100	12%	99	12%	99	12%	98	12%	99	12%	96	12%	83	11%	86	11%	87	12%	87	11%
总人数（博士学位人数）		825 (361)		835 (366)		835 (366)		825 (380)		820 (409)		796 (401)		778 (400)		725 (396)		739 (393)		748 (388)		762 (388)	

资料来源：根据一般财团法人电力中央研究所「年度事業報告書」(2009—2018年度)和『2019年度事業計画書・収支予算書』各年度相关数据整理编制，2019年8月4日，https://criepi.denken.or.jp/intro/info/index.html。

82 研究篇

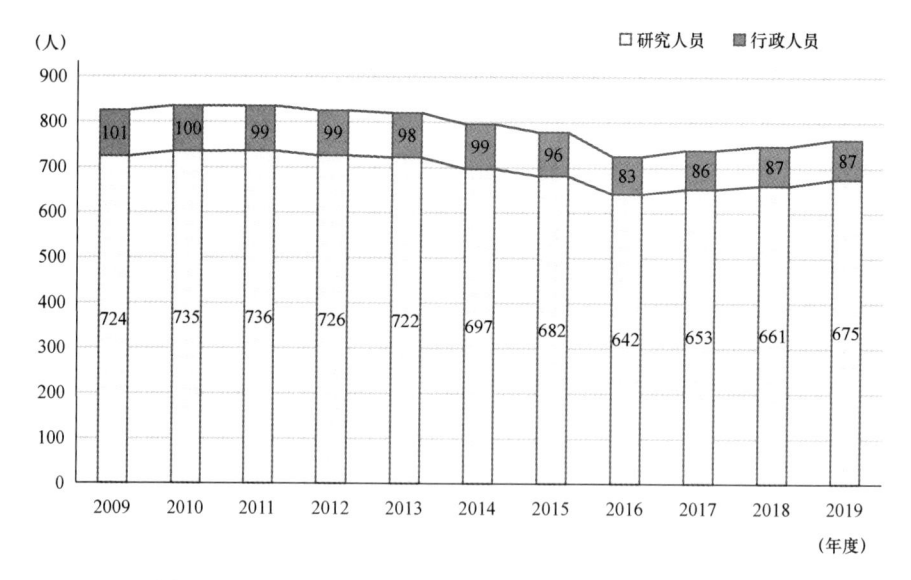

图 3-5　一般财团法人电力中央研究所人员规模变动情况

年度	2009	2010	2011	2012	2013	2014	2015	2016	2017	2018	2019
研究人员	724	735	736	726	722	697	682	642	653	661	675
行政人员	101	100	99	99	98	99	96	83	86	87	87

资料来源：根据一般财团法人电力中央研究所『年度事业报告书・决算书』（2009—2019年度）和『2019年度事业计画书・收支予算书』各年度相关数据整理绘制，2019年8月4日，https：//criepi. denken. or. jp/intro/info/index. html。

表 3-11　株式会社三菱综合研究所各专业领域研究人员构成情况

工作人员共计 891 人，其中研究人员合计 761 人
（三菱综合研究所单体在 2018 年 9 月 30 日时点的统计数据，单位：人）

自然科学		社会科学	
机械、航空宇宙	49	经济	45
电器、电子、通信	32	经营、商学	33
情报、系统科学	53	法律、政治、政策	60
建筑、土木、城市工学	78	社会、教育	34
能源、核能、物理	85	其他	35
化学、生物、农林、地质学	63		
数理工学、数学	25		
管理工学、经营工学	41		
资源、材料、金属	18		
环境工学、环境学	72		
其他	38		
合计	554	合计	207

资料来源：根据株式会社三菱综合研究所『株式会社三菱综合研究所会社案内』（2019年版）相关内容编制，2019年4月11日实地调研获取。

第四章 日本智库的研究及产出状况

研究成果的数量与质量是对一国智库进行评价的重要依据,它们不仅在很大程度上说明了该国智库的研究实力,也是反映智库政策影响力和社会影响力的主要指标。与此同时,智库研究成果的数量与质量不仅取决于智库的研究实力与研究偏好,还受到政府导向、国内外局势、社会研究需求等多种要素的影响。在日本智库研究成果的领域分布及其他特征中,我们可以清晰地看到它们与智库组织形式、项目来源、委托方类型等内外部因素的关联。

第一节 研究领域

一 研究兴趣领域分布

从 NIRA 综研 2007—2013 年度的统计数据来看,日本智库最重视的研究领域在类别上几乎没有变化。总体而言,日本智库关注的首选研究领域一直都集中在经济、国土开发利用和产业方面。如图 4-1 所示,2013 年度181 家日本智库首选研究领域依次为经济(占比 18.8%)、综合[①](占比17.1%)、国土开发利用(占比 15.5%)、产业(占比 11.0%)、政治行政(占比 6.6%)、环境问题(占比 5.5%)、交通(占比 5.5%)、国际问题(占比 3.9%)、国民生活(占比 3.9%)、资源能源(占比 3.3%)、福祉医疗教育(占比 2.8%)、文化艺术(占比 2.8%)、科学技术(占比1.7%)、通信信息(占比 1.7%)等。但随着智库的综合化和国际化发展,以及世界各国间经济竞争的不断加剧、政治局势的动荡激变等外界环境的发展变化,日本智库也在及时调整着所关注的研究领域。2007—2013

---

① "综合"是指同时具备三个及以上的研究领域。当智库选择"综合"时,则对该智库只按"综合"一项进行统计。

年度的统计数据显示，在日本智库首选研究领域排行中，经济、综合、政治行政和国际问题等领域的排名呈现出上升趋势，占比不断增加，与此同时，国土开发利用和产业领域的排名相应下降（参见表4-1）。

这一结果表明近年来日本智库越发重视经济、综合和国际问题领域的研究，从研究领域这一侧面体现出国内外政治局势、社会变动和法律制度等因素对智库研究活动的影响。相对而言，专业局限性较强的环境问题、国民生活、交通等领域的研究伴随各时期社会整体需求的变化略有浮动，但从整体来看，均变动不大。同理，资源能源、福祉医疗教育、通信信息、科学技术和文化艺术等专业领域的研究在各年度的分布情况基本上持平，几乎没有变化。

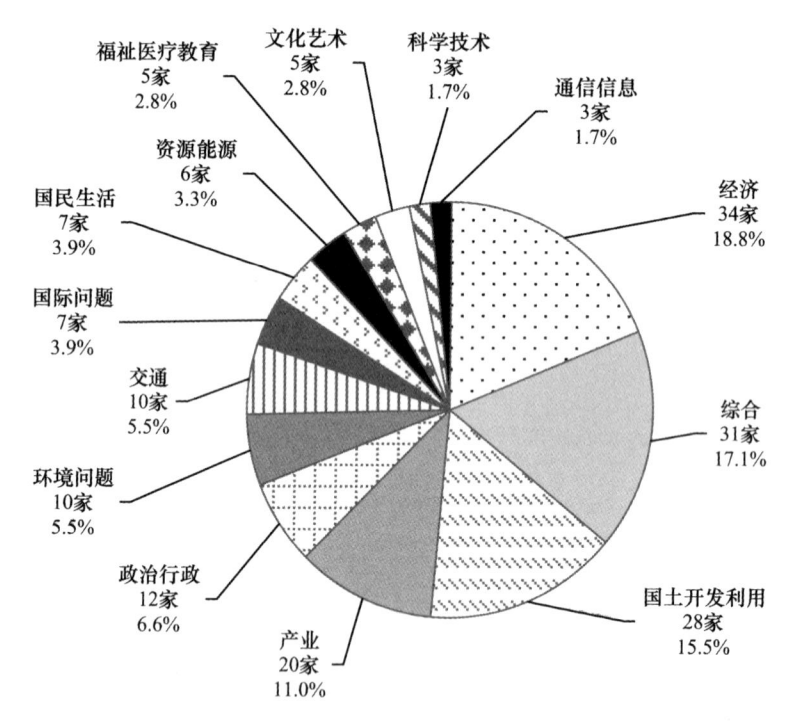

图4-1 日本主要智库的首选研究领域分布（2013年度）
（上行为智库数量，下行为占比）

资料来源：根据NIRA综合研究开发机构发布的『シンクタンク情報2014』相关数据绘制。

表4-1 日本主要智库首选研究领域分布情况（2007—2013年度）

排名	2007年度 研究领域	占比	2008年度 研究领域	占比	2009年度 研究领域	占比	2010年度 研究领域	占比	2012年度 研究领域	占比	2013年度 研究领域	占比
1	国土开发利用	19.3%	国土开发利用	18.3%	经济	18.0%	经济	18.0%	经济	22.8%	经济	18.8%
2	经济	18.0%	经济	18.0%	国土开发利用	16.4%	国土开发利用	17.9%	国土开发利用	15.0%	综合	17.1%
3	产业	11.9%	产业	13.0%	产业	13.2%	产业	11.9%	综合	13.5%	国土开发利用	15.5%
4	综合	11.9%	综合	12.2%	综合	12.7%	综合	10.9%	产业	11.4%	产业	11.0%
5	交通	6.6%	交通	6.5%	交通	6.8%	交通	6.0%	政治行政	6.7%	政治行政	6.6%
6	环境问题	6.1%	政治行政	5.7%	环境问题	6.4%	环境问题	6.0%	交通	6.2%	环境问题	5.5%
7	政治行政	6.1%	环境问题	5.2%	政治行政	5.0%	政治行政	5.5%	环境问题	4.7%	交通	5.5%
8	国民生活	4.5%	国民生活	5.2%	国民生活	4.1%	国民生活	4.0%	国际问题	4.1%	国际问题	3.9%
9	国际问题	3.7%	资源能源	3.5%	国际问题	3.2%	国际问题	3.5%	国民生活	4.1%	国民生活	3.9%
10	资源能源	3.7%	国际问题	3.0%	资源能源	3.2%	资源能源	3.0%	福祉医疗教育	3.1%	资源能源	3.3%
11	福祉医疗教育	2.9%	福祉医疗教育	2.6%	福祉医疗教育	2.7%	福祉医疗教育	2.5%	资源能源	2.6%	福祉医疗教育	2.8%
12	通信信息	2.0%	通信信息	2.6%	文化艺术	2.3%	文化艺术	2.5%	文化艺术	2.6%	文化艺术	2.8%
13	文化艺术	1.6%	文化艺术	1.7%	通信信息	2.3%	通信信息	2.5%	通信信息	2.1%	科学技术	1.7%
14	科学技术	1.2%	科学技术	1.3%	科学技术	0.9%	科学技术	1.5%	科学技术	1.0%	通信信息	1.7%

注：「シンクタンク情報2012」反映此前1年的数据统计结果，即「シンクタンク情報2012」刊载该年度前2年的数据统计结果，「シンクタンク情報2013」和「シンクタンク情報2014」刊载该年度前1年的数据统计结果。即「シンクタンク情報2012」刊载的是2010年度占比数据，「シンクタンク情報2013」刊载的是2012年度占比数据。

资料来源：根据NIRA综合研究开发机构发布的「シンクタンク情報」（2009—2014）各年度相关数据整理编制。

86 研 究 篇

此外，基于 NIRA 综研对 181 家日本智库的三大主要研究领域的统计数据，笔者发现这些智库最主要或最擅长的研究领域在三项以内的多选情况下，其合计排名与上述首选研究领域的单选排名结果略有不同。如图 4-2 所示，降序排列依次为产业（占比 15.6%）、经济（占比 15.4%）、国土开发利用（占比 11.9%）、环境问题（占比 10.2%）、国民生活（占比 9.5%）、政治行政（占比 7.4%）、综合（占比 6.9%）、交通（占比 5.0%）、福祉医疗教育（占比 4.5%）、国际问题（占比 4.1%）、资源能源（占比 3.0%）、科学技术（占比 2.4%）、通信信息（占比 2.4%）、文化艺术（占比 1.7%）。对比日本智库的首选研究领域与主要三大研究领域的排名情况可知，日本智库在首选研究领域的基础上，将产业、经济和国土开发利用列为了智库的主要三大研究领域，基本覆盖了支持公共政策决策所需要的基础信息领域（参见表 4-2）。

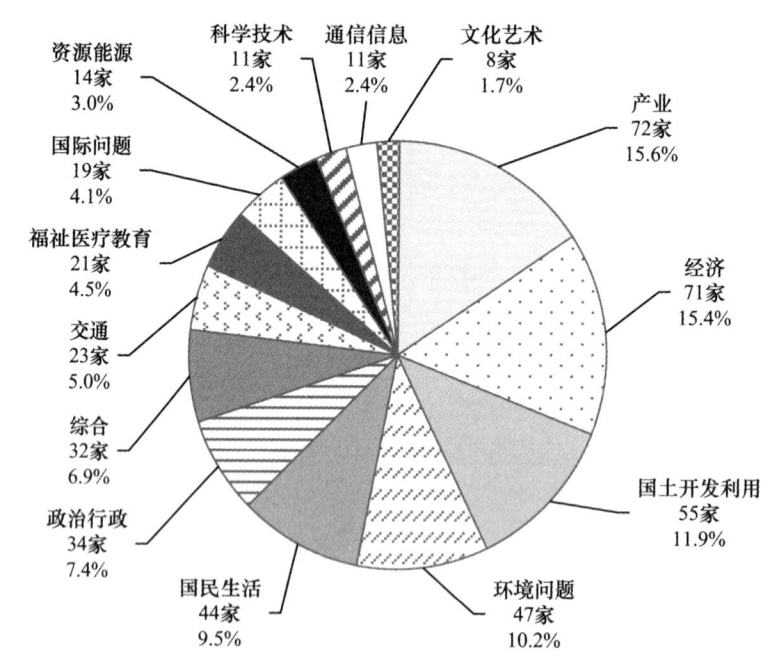

图 4-2　日本主要智库的主要三大研究领域分布（2013 年度）
（上行为智库数量，下行为占比）

注：181 家智库各自最主要或最擅长的研究领域，按照最多三项以内多选结果统计，但如果选择了"综合"一项，则对该智库只按"综合"一项进行统计。

资料来源：根据 NIRA 综合研究开发机构发布的『シンクタンク情報 2014』相关数据绘制。

表4-2 日本主要智库的首选研究领域与主要三大研究领域的排名对比（2013年度）

排名	首选研究领域	占比	主要三大研究领域	占比
1	经济	18.8%	产业	15.6%
2	综合	17.1%	经济	15.4%
3	国土开发利用	15.5%	国土开发利用	11.9%
4	产业	11.0%	环境问题	10.2%
5	政治行政	6.6%	国民生活	9.5%
6	环境问题	5.5%	政治行政	7.4%
7	交通	5.5%	综合	6.9%
8	国际问题	3.9%	交通	5.0%
9	国民生活	3.9%	福祉医疗教育	4.5%
10	资源能源	3.3%	国际问题	4.1%
11	福祉医疗教育	2.8%	资源能源	3.0%
12	文化艺术	2.8%	科学技术	2.4%
13	科学技术	1.7%	通信信息	2.4%
14	通信信息	1.7%	文化艺术	1.7%

资料来源：根据NIRA総合研究開発機構发布的『シンクタンク情報2014』相关数据整理编制。

针对日本智库在主要三大研究领域方面的变动，进一步对比分析2007—2013年度的占比推移情况可以发现，如表4-3所示，排名前三位的始终是产业、经济和国土开发利用领域，各年度的占比基本上持平，且占比排名次序一直没有发生变化，以实际数据直观反映出日本智库对于这三大领域的长期重视和持续性关注。相对而言，智库在其他领域方面，则根据各时期的政策研究需求而有所调整，例如福祉医疗教育领域的研究从2007年度的第6位下降至2013年度的第9位，呈现出逐年下降的趋势，这与日本在该领域的相关制度日渐成熟密不可分。与之相反，科学技术领域的研究从2007年度的最后一位（第14位）逐年上升至2013年度的第12位，体现出科学技术在当今社会发展中的重要性。另一方面，国际问题领域的研究在2007年度到2013年度之间，始终排名第10位，也是除排名前三位的研究领域以外，唯一排名没有发生变动的领域。日本的一部分智库长年致力于持续性地关注国际经济、国际关系和外交、国际交流等国际领域的研究，充分体现出日本政府和智库对于日本在国际社会中的地

88　研究篇

表4-3　日本主要智库的主要三大研究领域及其占比（2007—2013年度）

排名	2007年度 研究领域	占比	2008年度 研究领域	占比	2009年度 研究领域	占比	2010年度 研究领域	占比	2012年度 研究领域	占比	2013年度 研究领域	占比
1	产业	16.0%	产业	16.3%	产业	17.2%	产业	16.6%	产业	16.8%	产业	15.6%
2	经济	15.5%	经济	15.4%	经济	16.0%	经济	16.6%	经济	16.0%	经济	15.4%
3	国土开发利用	14.1%	国土开发利用	14.0%	国土开发利用	13.4%	国土开发利用	13.5%	国土开发利用	12.6%	国土开发利用	11.9%
4	环境问题	9.6%	国民生活	9.7%	环境问题	9.8%	环境问题	10.1%	环境问题	9.4%	环境问题	10.2%
5	国民生活	9.0%	环境问题	9.4%	国民生活	8.8%	国民生活	8.8%	国民生活	9.0%	国民生活	9.5%
6	福利医疗教育	6.7%	政治行政	6.1%	政治行政	5.9%	政治行政	6.5%	政治行政	8.2%	政治行政	7.4%
7	政治行政	6.1%	福利医疗教育	6.1%	福利医疗教育	5.5%	福利医疗教育	5.2%	综合	5.4%	综合	6.9%
8	交通	5.3%	交通	4.9%	交通	5.0%	交通	4.9%	交通	5.2%	交通	5.0%
9	综合	4.5%	综合	4.6%	综合	4.8%	综合	4.1%	福利医疗教育	4.6%	福利医疗教育	4.5%
10	国际问题	3.9%	国际问题	3.8%	国际问题	3.6%	国际问题	3.9%	国际问题	4.2%	国际问题	4.1%
11	资源能源	3.3%	通信信息	3.4%	通信信息	3.3%	资源能源	3.0%	资源能源	2.8%	资源能源	3.0%
12	通信信息	3.0%	资源能源	3.0%	资源能源	3.1%	通信信息	2.8%	通信信息	2.2%	科学技术	2.4%
13	文化艺术	1.9%	科学技术	2.3%	科学技术	2.2%	科学技术	2.6%	科学技术	2.0%	通信信息	2.4%
14	科学技术	1.2%	文化艺术	1.1%	文化艺术	1.2%	文化艺术	1.3%	文化艺术	1.8%	文化艺术	1.7%

注：「シンクタンク情報2012」及此前的年度报告刊载该年度前2年的数据统计结果，「シンクタンク情報2012」和「シンクタンク情報2014」刊载该年度前1年的数据统计结果，即「シンクタンク情報2012」刊载的是2010年度占比数据，「シンクタンク情報2013」刊载的是2012年度占比数据。

资料来源：根据NIRA总合研究开发机构发布的「シンクタンク情報」（2009—2014）各年度数据整理编制。

位和影响力的高度重视。然而，与此同时，智库在国际问题领域的研究，需要依赖于特定的人脉渠道以及长期的跟踪积淀才能对一国的政策决策发挥更大的影响力，因此国际问题领域的研究仍属小众，在日本智库中不具有普遍性。

二 研究成果领域分布

日本智库在研究成果的领域分布上，与前文所列智库的首选研究领域以及主要从事的三大研究领域的排名结果略有差异。2013 年度（2013 年 4 月 1 日—2014 年 3 月 31 日）对前文 181 家日本智库的调查结果显示，截至 2013 年 3 月 31 日，181 家智库在 2012 年度（2012 年 4 月 1 日—2013 年 3 月 31 日）所完成的研究成果共计 2726 件，其中经济领域的研究成果数量最多为 731 件（占比 26.8%），是排名第二位的国土开发利用领域 332 件（占比 12.2%）的 2.2 倍，是排名第三位的产业领域 297 件（占比 10.9%）的近 2.5 倍（参见表 4-4）。对研究成果所属领域进一步加以细化分析可知，经济领域中研究成果数量排序依次为经济一般问题 273 件、地域经济 179 件、劳动就业 147 件。就研究成果在各个子领域项下的数量分布情况来看，基本上在各领域内保持一定的平衡，反差最为明显的当属国际问题领域。国际问题领域内研究成果数量最为突出的是国际经济子领域 132 件，和其余两个子领域国际交流（23 件）以及国际关系与外交（21 件）之间形成了强烈的对比，国际问题领域的这一特征在 2007—2012 年度的研究成果上体现出一致性。从总体而言，日本智库在经济相关领域的研究成果产出始终占比居前，足见日本智库对于各领域与经济相关问题的高度重视与大力投入。

表 4-4　　日本主要智库研究成果领域分布（2013 年度）　　（单位：件）

领域分类	领域细分	研究成果数量	合计
经济	劳动就业	147	731
	企业经营	116	
	人口问题	16	
	地域经济	179	
	经济一般问题	273	

续表

领域分类	领域细分	研究成果数量	合计
国土开发利用	国土规划、地方规划	89	332
	地域开发建设	139	
	城市开发建设	104	
产业	产业技术	33	297
	商业（含服务业）、流通	41	
	矿业、工业、建筑业	21	
	农林水产业	87	
	产业一般问题	115	
环境问题	气象	0	230
	灾害、防灾	62	
	废弃物	32	
	公害	3	
	环境一般问题	133	
国际问题	国际交流	23	176
	国际经济	132	
	国际关系、外交	21	
政治行政	法律政策	14	173
	地方自治、地方行政财政	108	
	政治行政一般问题	51	
福祉医疗教育	教育	28	167
	医疗保健	68	
	福祉	71	
国民生活	居民参与活动、居民运动	29	165
	业余休闲娱乐	52	
	家庭经济、消费	26	
	国民生活一般问题	58	
交通	铁道、机场	32	161
	港湾	5	
	道路	24	
	交通、物流	100	
资源能源	新型能源	59	153
	资源、能源一般问题	94	

续表

领域分类	领域细分	研究成果数量	合计
文化艺术	艺术	3	59
	文化行政、文化政策	27	
	文化一般问题	29	
通信信息	信息	18	53
	通信	35	
科学技术	科学技术政策	11	29
	科学技术一般问题	18	
合计			2726

资料来源：根据 NIRA 总合研究开发机构发布的『シンクタンク情报 2014』相关数据整理编制。

基于上述统计数据可知，智库的研究成果产出情况总体上与其最为重视或主推的研究领域正相关，前后排位变动并不大（参见表 4-5）。与此同时，智库的研究成果数量在很大程度上还受到所处时期的国内社会发展需要，以及国内外社会局势动向的影响。

表 4-5 日本主要智库的首选研究领域、主要三大研究领域、研究成果领域排名对比（2013 年度）

排名	首选研究领域	占比	主要三大研究领域	占比	研究成果领域	占比
1	经济	18.8%	产业	15.6%	经济	26.8%
2	综合	17.1%	经济	15.4%	国土开发利用	12.2%
3	国土开发利用	15.5%	国土开发利用	11.9%	产业	10.9%
4	产业	11.0%	环境问题	10.2%	环境问题	8.4%
5	政治行政	6.6%	国民生活	9.5%	国际问题	6.5%
6	环境问题	5.5%	政治行政	7.4%	政治行政	6.3%
7	交通	5.5%	综合	6.9%	福祉医疗教育	6.1%
8	国际问题	3.9%	交通	5.0%	国民生活	6.1%
9	国民生活	3.9%	福祉医疗教育	4.5%	交通	5.9%
10	资源能源	3.3%	国际问题	4.1%	资源能源	5.6%
11	福祉医疗教育	2.8%	资源能源	3.0%	文化艺术	2.2%
12	文化艺术	2.8%	科学技术	2.4%	通信信息	1.9%

续表

排名	首选研究领域	占比	主要三大研究领域	占比	研究成果领域	占比
13	科学技术	1.7%	通信信息	2.4%	科学技术	1.1%
14	通信信息	1.7%	文化艺术	1.7%		

资料来源：根据 NIRA 综合研究开发机构发布的『シンクタンク情報 2014』相关数据整理编制。

三 研究成果数量

从研究成果数量的绝对值上来看，日本智库的研究成果数量在1999年度达到峰值，该年度所完成的研究成果数量为5631件，并以该年度为转折点，在1999年度之前，日本智库的研究成果数量总体处于每年不断递增的态势，而在1999年度之后，则呈现出逐年减少的趋势。与日本智库的机构数量联系起来看，不难发现至少在最近20年间，日本智库所完成的研究成果总量与智库机构数量在总体上保持了正相关（参见图4-3）。但从平均值来看，则表现为20世纪90年代的日本智库的研究成果平均产出率更高，研究能力更强（参见表4-6）。而这也从一个侧面验证了近年来日本智库所呈现出的机构数量减少、经费短缺、研究实力衰退等迹象。

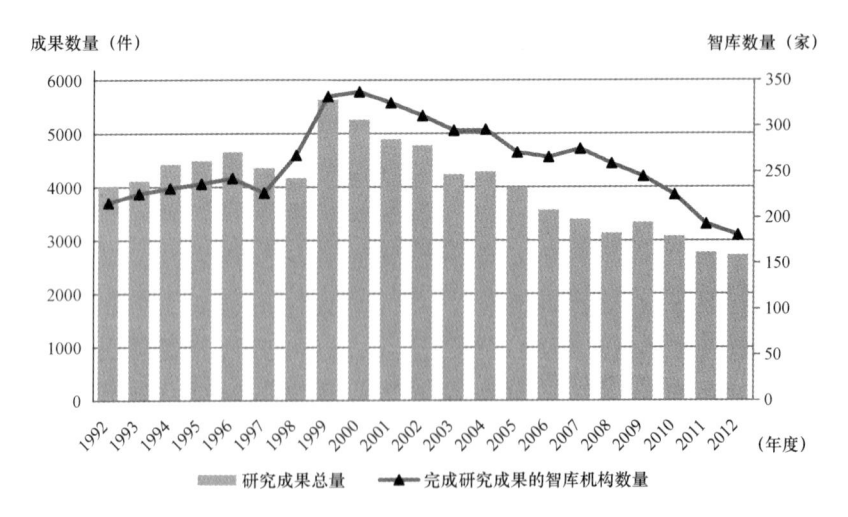

图4-3 日本主要智库研究成果总量与智库机构数量对比变化
(1992—2012年度)

资料来源：根据 NIRA 综合研究开发机构发布的『シンクタンクの動向』（2002—2008）以及『シンクタンク情報』（2009—2014）各年度相关数据整理绘制。

表4-6　日本主要智库历年研究成果数量（1992—2012年度）

（单位：件）

发布年份	调查实施年度	研究完成年度	研究成果数量	完成研究成果智库数量	平均一家智库完成研究成果数量
1994	1993	1992	4024	216	18.6
1995	1994	1993	4116	226	18.2
1996	1995	1994	4425	232	19.1
1997	1996	1995	4490	237	18.9
1998	1997	1996	4655	243	19.2
1999	1998	1997	4356	227	19.2
2000	1999	1998	4173	268	15.6
2001	2000	1999	5631	332	17.0
2002	2001	2000	5255	337	15.6
2003	2002	2001	4894	325	15.1
2004	2003	2002	4775	311	15.4
2005	2004	2003	4237	295	14.4
2006	2005	2004	4285	296	14.5
2007	2006	2005	3993	271	14.7
2008	2007	2006	3569	266	13.4
2009	2008	2007	3398	275	12.4
2010	2009	2008	3138	259	12.1
2011	2010	2009	3338	245	13.6
2012	2011	2010	3078	225	13.7
2013	2012	2011	2775	193	14.4
2014	2013	2012	2726	181	15.1

注：表格中研究成果数量为年度值。以《智库信息2014》为例，调查实施期间为2013年度（2013年4月—2014年3月），调查统计对象为2012年度（2012年4月—2013年3月）所完成的研究成果总数，调查结果于2014年3月公布。

资料来源：根据NIRA综合研究开发机構发布的『シンクタンクの動向』（2002—2008）以及『シンクタンク情报』（2009—2014）各年度相关数据整理编制。

第二节　研究项目来源

一　研究项目来源分类及其占比

日本智库的研究项目来源大致可分为三类，即自主研究、委托研究和资助研究。以前述181家日本智库在2012年度（2012年4月1日—2013年3月31日）所完成的2726件研究成果为例，对智库的研究项目来源加以具体细分，其中1067件研究成果出自"自主研究"（占研究成果总量的39.1%），1610件研究成果出自"委托研究"（占研究成果总量的59.1%），其余49件研究成果出自"资助研究"（占研究成果总量的1.8%）。

图4-4为1997—2012年度期间各年度所完成的研究成果总量，以及其中自主研究与委托研究的成果数量的分别占比情况。如图所示，自主研究相对于研究成果总量的占比在1997—2001年度之间，基本处在17%—18%的水平，其后以2001年度为转折点开始逐年递增，并在2012年度达到了39.1%。与之相对，委托研究一直以来都占据了日本智库研究活动

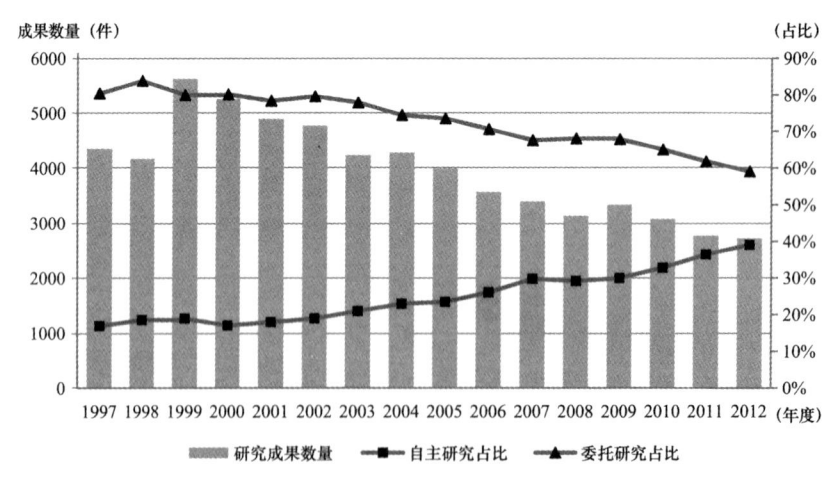

**图4-4　日本主要智库的研究成果总量与自主研究及委托研究成果
数量占比（1997—2012年度）**

资料来源：根据NIRA综合研究开发机构发布的『シンクタンクの動向』（2002—2008）以及『シンクタンク情報』（2009—2014）各年度相关数据整理绘制。

的主体，1998年度之前，委托研究的占比表现出不断增加的势头，但在1998年度达到峰值83.9%的占比之后，开始呈现出逐年微量递减的趋势，1999—2002年度之间委托研究的占比基本稳定在80%的水平，2003年度下降至77.9%后，降幅开始加大，2004—2005年度虽然占比大致维持在75%的水平，但此后一路下滑，2007年度跌破70%，5年后的2012年度更跌破了60%，委托研究成果数量首次缩减至自主研究成果数量的1.5倍。

自主研究与委托研究的占比变动情况事实上与日本智库的研究领域分布、组织形式、委托方构成情况和研究时长等诸多要素都密切相关，因此，以下将围绕研究项目来源与这些相关影响要素之间的关联情况加以具体分析。

二 研究项目来源与研究领域的关联情况

结合研究领域来看，2012年度所完成的1067件自主研究成果中，占比最多的三大领域依次分别为经济领域560件（占自主研究的52.5%），国际问题领域118件（占自主研究的11.1%），产业领域94件（占自主研究的8.8%）。委托研究的1610件研究成果中，占比最多的三大领域依次分别为国土开发利用领域289件（占委托研究总量的18.0%），环境问题领域205件（占委托研究总量的12.7%），产业领域202件（占委托研究总量的12.5%）。资助研究的49件研究成果中，占比最多的是福祉医疗教育领域，共有12件研究成果，占资助研究总量的24.5%（参见图4-5）。

从统计数据来看，自主研究形式的成果产出主要集中在经济领域，超过了自主研究总量的一半以上。究其原因，一方面是因为日本智库的研究领域大多会涉及经济问题，这一点在日本智库的首选研究领域（经济排名第一）和主要从事的三大研究领域（经济排名第二）统计中已经得到了充分体现。另一方面，是因为经济领域研究成果的社会需求度和成果转化度都相对较高，智库有自主开展研究的动力和较好的收益预期。委托研究从整体而言，始终占据了日本智库研究项目来源的主体，对照研究成果的所属研究领域来看，主要以国土开发利用、环境问题和产业领域为主。资助研究在总体上所占比重很小，这与研究领域的特殊性密不可分，一般而言都是公益性强的非营利性研究项目，例如资助研究项目中占比最大的就是福祉医疗教育领域。

96　研 究 篇

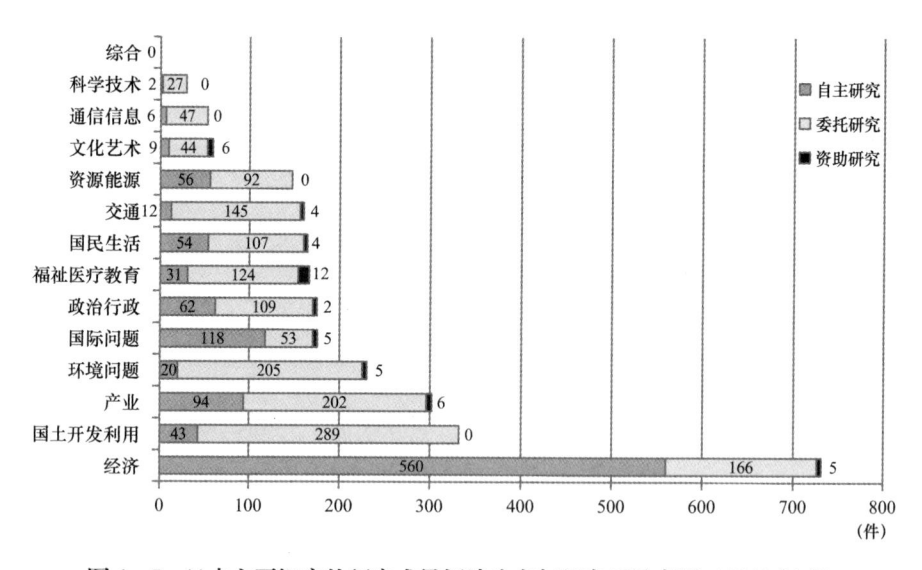

领域	自主研究	委托研究	资助研究
综合	0		
科学技术	2	27	0
通信信息	6	47	0
文化艺术	9	44	6
资源能源	56	92	0
交通	12	145	4
国民生活	54	107	4
福祉医疗教育	31	124	12
政治行政	62	109	2
国际问题	118	53	5
环境问题	20	205	5
产业	94	202	6
国土开发利用	43	289	0
经济	560	166	5

图4-5　日本主要智库的研究成果领域分布与研究项目来源（2012年度）

资料来源：根据NIRA総合研究開発機構发布的『シンクタンク情報2014』相关数据绘制。

三　智库组织形式与自主研究的关联情况

如图4-6所示，这里笔者将日本智库从组织形式上划分为非营利组织和营利法人两大类，对其研究成果产出情况加以对比分析。在作为数据来源的非营利组织和营利法人两类智库的机构数量基本持平的前提下，纵观2000—2012年度的统计数据，营利法人智库的研究成果数量始终多于非营利组织形式智库，但两者之间在数量上的差距呈现出逐渐缩小的趋势，从一定程度上可以说明非营利组织形式智库在机构数量、研究实力和研究成果产出数量方面均有所提升。另一方面，就自主研究的占比情况来看，自主研究在非营利组织形式智库的研究项目来源中的占比远远超过营利法人，并且呈现出大幅上升的趋势，而营利法人智库的自主研究占比虽也有不断增加的趋势，但是增幅非常有限，并在2012年度出现了不增反降的现象。基于统计数据而言，在日本智库中，营利法人智库更多地依赖所取得的委托研究项目实现盈利，导致其自主研究的规模难以有大幅的扩大，与之相比，非营利组织形式智库因不以营利为目的，相对而言，受研究项目来源和经费来源的限制较少，可更为独立地按照智库自身的研究领域及研究规划开展自主研究。

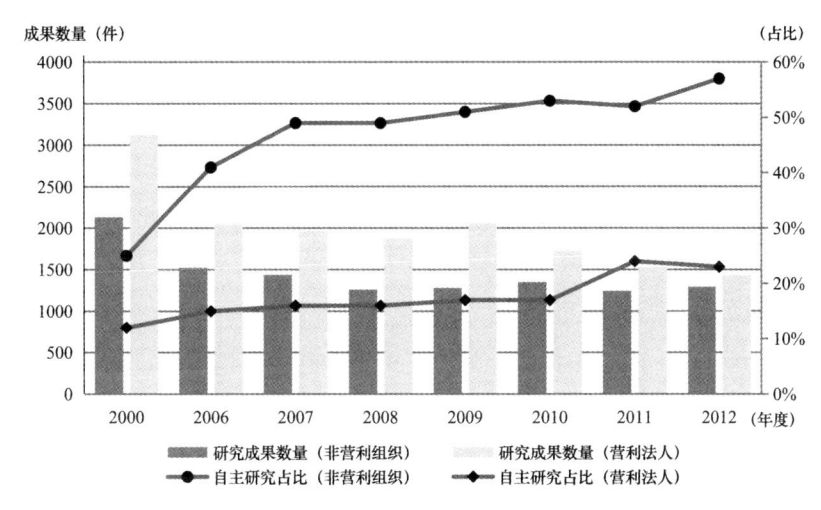

图 4-6　日本主要智库不同组织形式间研究成果数量及其自主研究占比（2000 年度及 2006—2012 年度）

资料来源：根据 NIRA 综合研究开发机构发布的『シンクタンクの動向』（2002—2008）以及『シンクタンク情報』（2009—2014）各年度相关数据整理绘制。

如图 4-6 所示，进入 21 世纪之初，不论是营利法人智库，还是非营利组织形式智库，其自主研究的占比都是非常低的，以 2006 年为拐点，自主研究占比开始逐步上升，这与当时日本经济的不明朗发展状况相一致，也与日本智库的发展阶段相吻合。2000 年以后，日本智库进入了发展转型重组期，一批智库在完成创建使命之后陆续退出了历史舞台，这些智库解散的原因从社会大环境到机构自身运营状况等各有不同，在诸多因素中，财政资金面的困境被认为是影响最大的因素，而此后的一批新智库的崛起正好是在 2006 年之后。日本智库产业的发展历程与智库内部研究活动的发展状况在统计数据上显示出一致性。

智库对于自主研究与委托研究的配置比例在很大程度上还会受到资金来源的影响。从对日本各类智库进行的调研结果来看，智库虽有扩大自主研究占比的愿望，但前提是必须要确保除委托研究以外的资金来源。而事实上，日本智库的资金来源并不充足，特别是很多公益法人形式的智库，由于不具备委托研究以外的稳定收入来源，再加上低利息下资产运营收益的微薄，不得不将资金来源寄托于委托研究项目。与此同时，在经费不足的困境下，委托研究项目又占用了研究人力和时间，直接导致智库很难将自主研究作为其主要业务。并且，在政府和地方公共团体的委托调查预算不断缩减的同时，相对于调查经费而言，工作量却明显增大，而且很多研究都过度集中于某些特定的研究人员，造成研究的委托时期过于集中，智库完成研究的时间不够充分。再加上研究经费的不足还会直接影响到研究人力的短缺，造成智库在确保必需的研究人才方面面临窘境。另一方面，对于营利法人智库而言，还存在对于知识劳动成果的高度评价与现实对价过低之间的落差，从企业经营的视角出发，则很难具有开展研究投资的积极性。这些客观存在的问题都促使智库不得不拓展更为多元化的资金来源，以获取其开展调查研究所必需的资金支持。

四　委托研究与委托方类别的关联情况

如前所述，委托研究始终占据日本智库研究项目来源的主体，为此针对委托研究中的委托方加以进一步的细分，大致可划分为中央省厅、地方公共团体、政府机构和公益法人、营利法人及其他共五大类。图4-7汇总了日本智库在2000年度以及2007—2012年度所承接的委托研究的项目数量，并对各类委托方所委托的研究项目数量进行了细分。从总体来看，各类委托方的委托研究项目数量呈现出下降趋势，智库承接的委托研究项目数量逐年递减，智库研究成果总量也随之逐年减少。

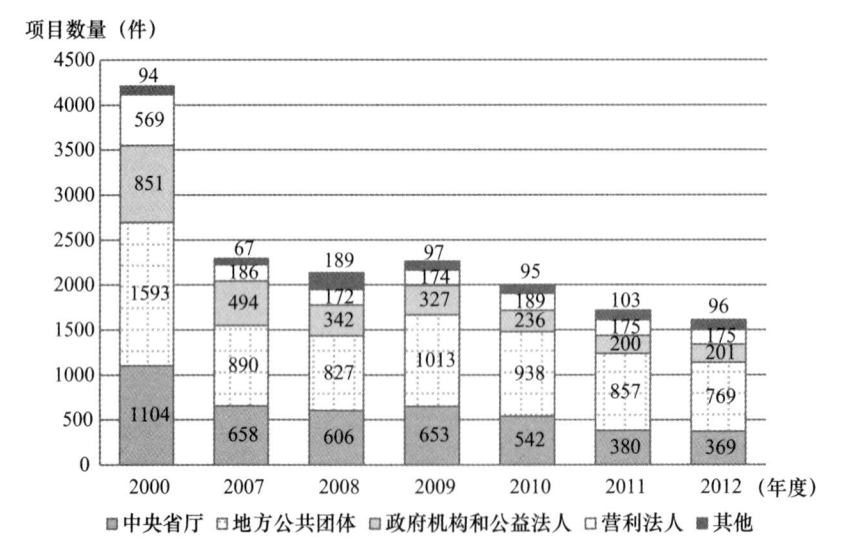

图4-7　日本主要智库承接委托研究项目数量与各类委托方委托项目数量（2000年度及2007—2012年度）

资料来源：根据NIRA综合研究开発机构发布的『シンクタンクの動向』（2002—2008）以及『シンクタンク情報』（2009—2014）各年度相关数据整理绘制。

但具体到各年度的委托研究总量与各委托方的占比推移情况，如图 4-8 所示，在五大类委托方中，中央省厅以及政府机构和公益法人的委托研究占比总体表现为下降。其中，中央省厅所委托的研究项目占比在 2007—2010 年度之间一直稳定在 28% 左右，以 2009 年度为转折点开始逐年递减，在 2010 年度后降幅加大，2011 年度开始稳定在 22% 的水平上，总体而言下降幅度较为平缓。与之相比，政府机构和公益法人的委托研究的占比从 2007 年度开始大幅下降，但在 2012 年度有所回升，后续还有待观察。相形之下，地方公共团体的委托研究占比从 2000 年度到 2011 年度一直稳步上升，但 2012 年度有小幅下降，且最高值和最低值之间的变动幅度相对最大为 12.2 个百分点。营利法人受市场波动影响较大，体现在委托研究占比方面，上下变动明显，在 2008 年度出现下降之后，从 2011 年度开始有所回升。总体而言，各类委托方特别是中央省厅在 2008 年度以及 2011 年度之后，委托研究的项目数量都曾出现过波动，这在很大程度上是源于 2008 年的国际金融危机和 2011 年的东日本大地震对智库的研究内容和项目需求的影响。

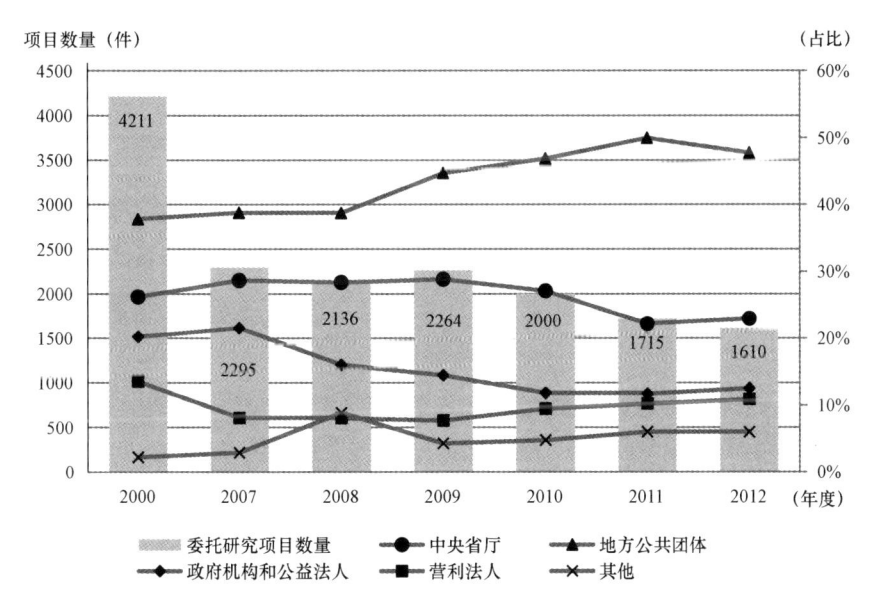

图 4-8 日本主要智库承接委托研究项目数量与各类委托方占比
(2000 年度及 2007—2012 年度)

资料来源：根据 NIRA 总合研究开发机构发布的『シンクタンクの動向』(2002—2008) 以及『シンクタンク情報』(2009—2014) 各年度相关数据整理绘制。

五 智库组织形式与委托研究的关联情况

基于智库的组织形式,笔者从委托方和受托方两个方面,针对智库组织形式与委托研究的关联情况,做了进一步的数据统计分析。将作为受托方的智库在组织形式上划分为非营利组织和营利法人两大类,如图4-9所示,在2000年度以及2007—2012年度的委托研究项目总量中,营利法人智库所承接的委托研究项目在数量上,各年度都远远多于非营利组织形式智库。其中,两者的差距在2000年度最小,营利法人智库为非营利组织形式智库的1.9倍,此后两者的差距开始不断加大,2009年度达到了最大值,为非营利组织形式智库的3倍,2011年度差距逐步缩小,2012年度回落至非营利组织形式智库的2.1倍。

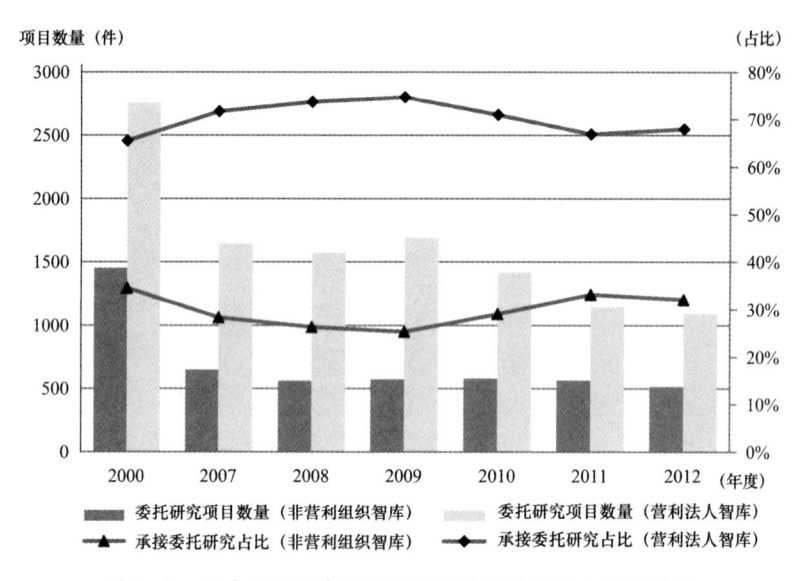

图4-9 日本主要智库不同组织形式间委托研究项目数量及其占比(2000年度及2007—2012年度)

资料来源:根据NIRA综合研究开发机构发布的『シンクタンクの動向』(2002—2008)以及『シンクタンク情報』(2009—2014)各年度相关数据整理绘制。

在此基础上,针对非营利组织形式智库和营利法人智库所承接完成的委托研究中各类委托方所委托的研究项目数量的推移情况,汇总了2000年度以及2007—2012年度的委托研究细分数据,分别绘制了图4-10和图4-11,并依此对各类委托方的委托占比情况分别绘制了占比推移图4-12和图4-13。

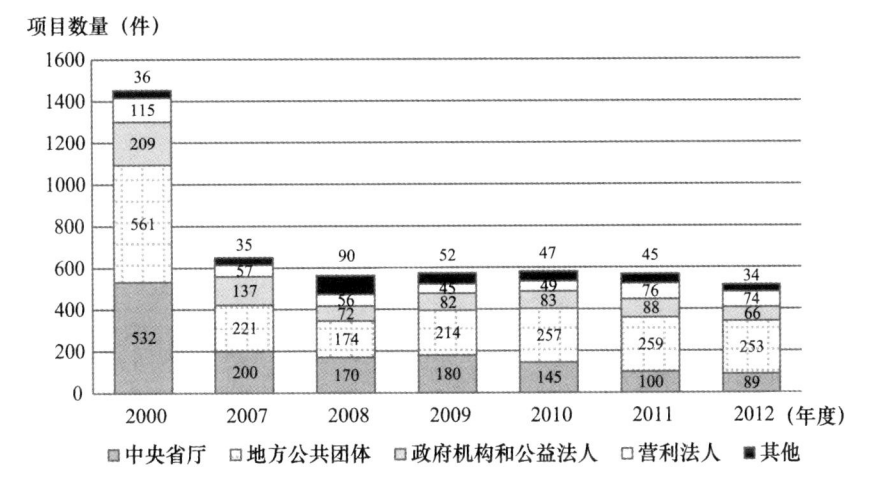

图4-10 非营利组织形式智库完成的委托研究项目中委托方结构
(2000年度及2007—2012年度)

资料来源：根据NIRA总合研究开发机构发布的『シンクタンクの動向』(2002—2008)以及『シンクタンク情報』(2009—2014)各年度相关数据整理绘制。

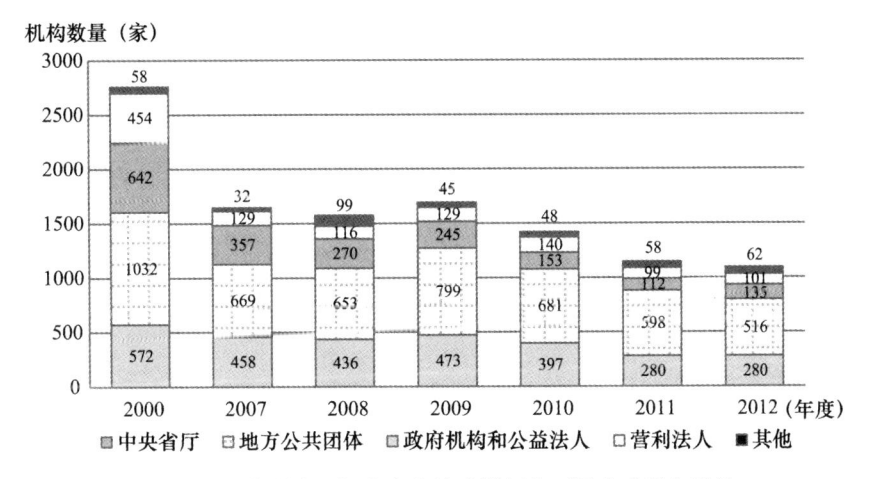

图4-11 营利法人智库完成的委托研究项目中委托方结构
(2000年度及2007—2012年度)

数据来源：根据NIRA总合研究开发机构发布的『シンクタンクの動向』(2002—2008)以及『シンクタンク情報』(2009—2014)各年度相关数据整理绘制。

102　研究篇

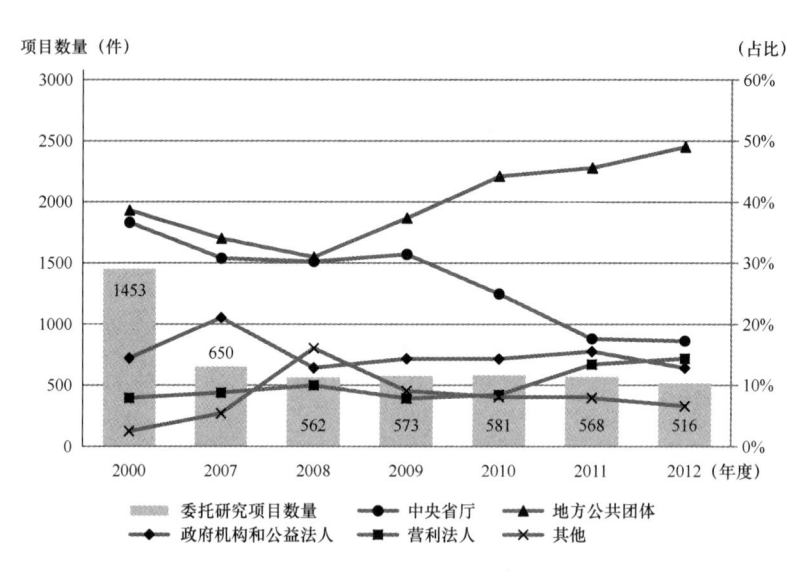

图 4-12　非营利组织形式智库完成的委托研究项目数量与各类委托方占比（2000 年度及 2007—2012 年度）

资料来源：根据 NIRA 综合研究开発机构发布的『シンクタンクの動向』（2002—2008）以及『シンクタンク情報』（2009—2014）各年度相关数据整理绘制。

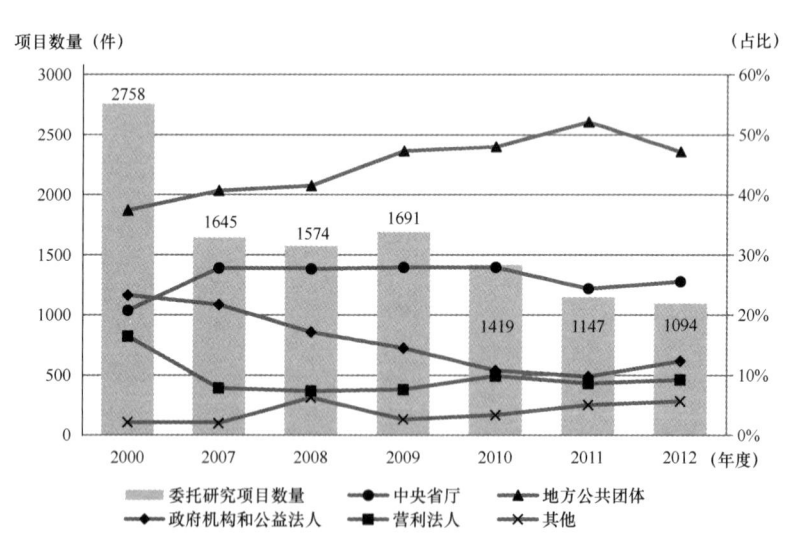

图 4-13　营利法人智库完成的委托研究项目数量与各类委托方占比（2000 年度及 2007—2012 年度）

资料来源：根据 NIRA 综合研究开発机构发布的『シンクタンクの動向』（2002—2008）以及『シンクタンク情報』（2009—2014）各年度相关数据整理绘制。

如图 4-10 和图 4-11 所示，不论是非营利组织形式智库，还是营利法人智库，在所承接的委托研究项目中，占比最大的委托方始终都是地方公共团体，紧随其后的是中央省厅。非营利组织形式智库所承接的委托研究项目中，地方公共团体与中央省厅之间的占比差距的变动幅度相对较大，两者之间差距的最小值为 0.7%，最大值为 31.8%。而营利法人智库所承接的委托研究项目中，地方公共团体与中央省厅之间的占比差距的变动则相对较为稳定，两者之间差距的最小值为 12.8%，最大值为 27.7%。其后，按占比从大到小依次为政府机构和公益法人、营利法人、其他，个别年度存在逆袭的情况。

在排除其他类型委托方的前提下，纵观各年度的总体情况，如图 4-12 所示，非营利组织形式智库所承接的来自中央省厅的委托研究项目占比的变动幅度最大为 19.4%，而非营利组织形式智库所承接的来自营利法人的委托研究项目占比的变动幅度最小为 8.3%。相对而言，非营利组织形式智库在承接委托研究方面，受委托方的各种变动因素的影响要大于营利法人智库。以 2012 年度的数据为基准对比此前历年数据可见，在非营利组织形式智库所承接的委托研究项目中，中央省厅、政府机构和公益法人所委托的研究项目占比有所下降，而地方公共团体、营利法人所委托的研究项目占比则小幅增加。

另一方面，营利法人智库所承接的委托研究中，如图 4-13 所示，中央省厅、政府机构和公益法人、营利法人的委托占比都相对有所增加，只有地方公共团体所委托的研究项目占比有所下降。数据显示，中央省厅的研究项目所委托的对象有从非营利组织形式智库转向营利法人智库的趋势，与之相对，地方公共团体则将研究项目的委托对象从营利法人智库转向了非营利组织形式智库，政府机构和公益法人、营利法人的委托对象总体上较为稳定。

综上所述，通过对日本智库项目来源以及与智库研究领域、组织形式、委托方类别等要素的关联分析，我们可以得出以下结论。日本智库的项目来源及各类间的占比变动虽受到智库内外部诸多因素的影响，且各类型智库间也存在个体差异，但就日本智库的整体情况而言，委托研究始终占据智库项目来源的主体。在受到智库资金来源渠道及资金充裕度影响的同时，这也造成了智库过度依赖委托研究的困境。特别是营利法人智库，因为存在需要盈利维持运营的压力，对各类型委托研究项目的依赖更大，自主研究规模相应缩小。与之相对，非营利组织形式智库虽然资金来源及充裕度相对不稳定，但受研究项目来源和资金来源的限制也相对更少，相应地更为主动推进自主研究。具体到委托研究的项目情况而言，不论委托研究项目的总量如何变化，也不论承接方是非营利组织形式智库还是营利法人智库，中央省厅和地方公共团体始终是最主要的项目委托方，并且在所完成的委托研究项目中，占比最大的委托方始终都是地方公共团体，这不仅从一个侧面充分说明了日本智库的主要服务对象一直都是公共政策的制定者和实施者，而且更加体现了日本智库立足地方、服务地方的宗旨。

第三节　研究周期

研究周期是智库研究活动的另一重要特征，受到研究内容、研究资源的投入与研究项目来源等多种因素的影响。笔者按照日本智库的研究活动的周期长度，将研究周期划分为不满3个月、3—6个月、6—12个月、12个月以上及周期不明五类，以此为标准，对日本智库2012年度共计2726件研究成果的研究周期分别加以细分统计。如图4-14所示，2012年度日本智库在自主研究方面，1067件研究成果的研究周期分布较为均匀，其中占比最大的依次是研究周期在12个月以上的项目（273件，占比25.6%）和研究周期为3—6个月的项目（271件，占比25.4%）。

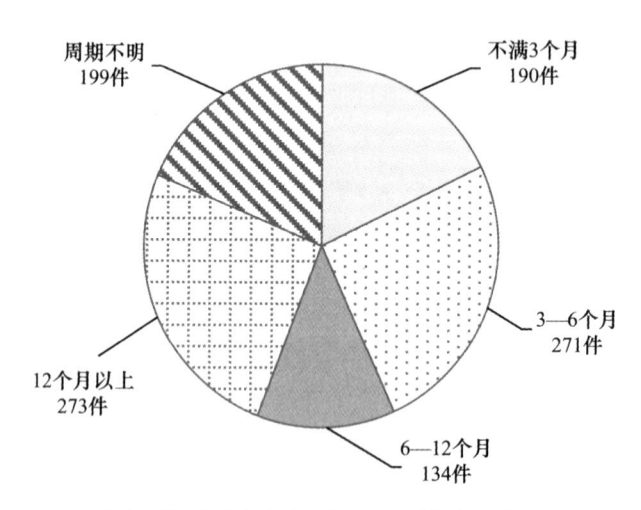

图4-14　日本主要智库自主研究项目研究周期类型占比（2012年度）
资料来源：根据NIRA综合研究开发机构发布的『シンクタンク情報2014』相关数据绘制。

与之相比，如图4-15所示，1610件委托研究项目的研究周期分布则呈现出明显的差异化，6—12个月的研究项目最多，达到829件，占比51.5%，超过总量的一半；其后依次是第二位研究周期3—6个月的研究项目为450件，占比28%；第三位研究周期在12个月以上的研究项目为183件，占比11.4%。三者之间在研究成果数量的绝对值上都有一倍左右的差距。

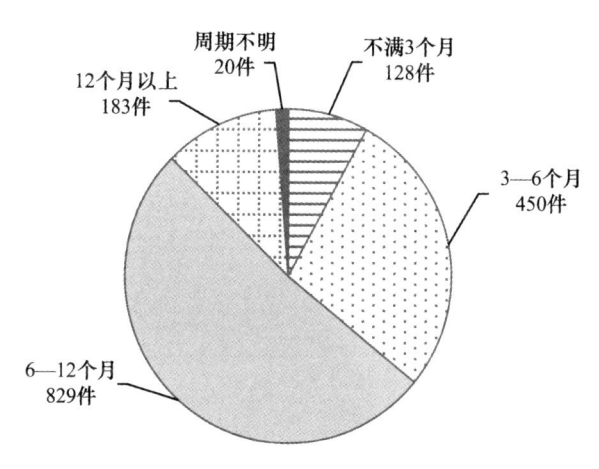

4-15 日本主要智库委托研究项目研究周期类型占比（2012年度）

资料来源：根据NIRA総合研究開発機構发布的『シンクタンク情報2014』相关数据绘制。

通过对委托研究项目的立项和结项时间加以细分统计发现，日本智库在2012年度（2012年4月1日—2013年3月31日）所完成的委托研究项目的立项时间主要集中在会计年度之初，即2012年4月，此后逐月递减，而结项时间则基本上都集中于会计年度末，即2013年3月。委托研究项目在2012年度各月的立项数量分布相对而言较为均匀。与之相比，委托研究项目各月的结项数量除年度末外，都相对较少，且差异不大，会计年度末的前一个月2013年2月有明显增加之后，2013年3月呈现爆发式增长，存在集中结项的情况（参见表4-7）。日本智库所采用的会计制度充分反映在了委托研究项目的立项和结项时间的分布特征上。

106　研究篇

表 4-7　日本主要智库委托研究项目研究周期分布（2012 年度）

（单位：件）

立项＼结项	2013 年 3 月前	2012 年 4 月	2012 年 5 月	2012 年 6 月	2012 年 7 月	2012 年 8 月	2012 年 9 月	2012 年 10 月	2012 年 11 月	2012 年 12 月	2013 年 1 月	2013 年 2 月	2013 年 3 月	合计
2012 年 4 月	5	0												5
2012 年 5 月	2	5	1											8
2012 年 6 月	6	6	7	0										19
2012 年 7 月	4	7	4	2	0									17
2012 年 8 月	7	2	11	1	3	1								25
2012 年 9 月	3	10	6	11	4	4	0							38
2012 年 10 月	2	5	6	11	13	7	2	0						46
2012 年 11 月	3	5	0	7	5	8	3	2	2					35
2012 年 12 月	2	9	8	11	16	13	3	8	5	1				76
2013 年 1 月	1	5	5	5	4	5	5	7	9	3	2			51
2013 年 2 月	3	8	14	17	20	22	25	23	12	12	4	2		162
2013 年 3 月	34	188	108	117	123	118	81	91	75	90	58	35	10	1128
合计	72	250	170	182	188	178	119	131	103	106	64	37	10	1610

资料来源：根据 NIRA 総合研究開発機構发布的「シンクタンク情報 2014」相关数据编制。

第四节 研究成果公开

一 研究成果公开情况

从日本智库 2012 年度（2012 年 4 月 1 日—2013 年 3 月 31 日）所完成的研究成果的公开情况来看，在共计 1067 件的自主研究成果中，通过研究报告等方式无偿加以公开的成果数量为 648 件，占比高达 60.7%，这是自主研究成果的主要公开方式。而另一方面，通过研究报告等方式有偿加以公开的成果数量为 332 件，占比为 31.1%，大约是无偿公开的一半（参见图 4-16）。

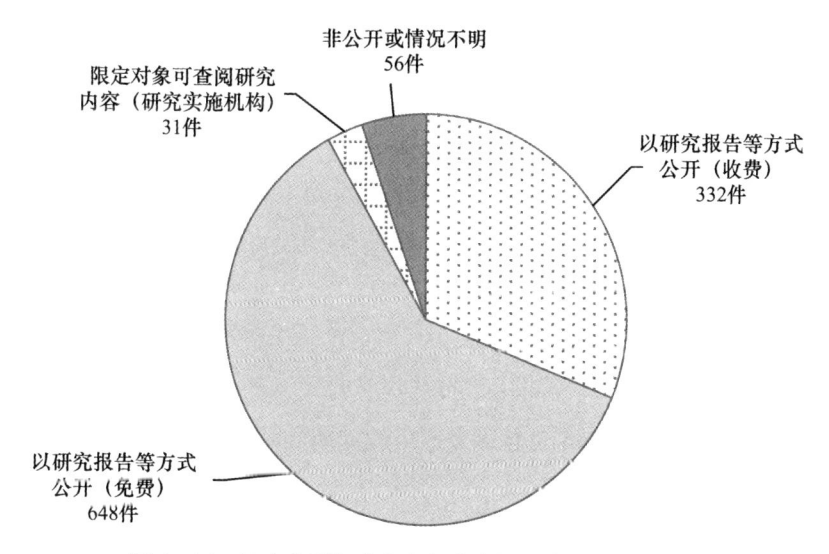

图 4-16　日本主要智库自主研究成果的公开方式及占比（2012 年度）

资料来源：根据 NIRA 総合研究開発機構发布的『シンクタンク情報 2014』相关数据绘制。

委托研究在成果公开方面，与自主研究形成了鲜明对比。委托研究成果共计 1610 件，其中通过研究报告等方式无偿加以公开的成果数量为 304 件，占比为 18.9%，通过研究报告等方式有偿加以公开的成果数量则更少，仅为 45 件，占比为 2.8%。这主要是因为委托研究成果受到委托方的限制较多，大部分都是非公开或公开情况不明的研究成果，共计676件，占比42%（参见图4-17）。此外，除了"限定研究实施机构可以查阅研究内容"（153件，占比9.5%）的情况外，还增加了"委托方和资助方可以查阅研究内容"（432件，占比26.8%）的成果公开方式。

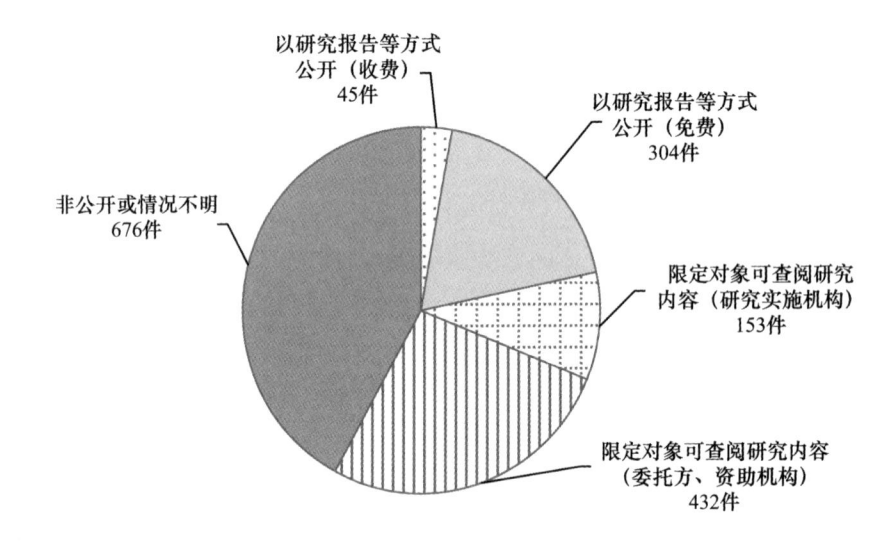

图4-17　日本主要智库委托研究成果的公开方式及占比（2012年度）

资料来源：根据NIRA综合研究开发机构发布的『シンクタンク情報2014』相关数据绘制。

二　智库公开研究成果的动因与政策导向

正如上述统计数据所示，日本智库对于自主研究成果会通过官方网站、邮件、刊物等方式积极宣传推广，而对于委托研究成果，通常因受限于委托方的各种规定而不会对一般社会公众完全开放，但需要留意其中的特殊情况。

首先，委托研究中，如果委托方为中央省厅、地方公共团体、政府机构等公共机构，委托研究经费源自财政预算拨款，且依据中央或地方的相关规定，委托研究项目的经费总额达到规定额度时，必须通过竞标形式决定项目的受托方，该项目的招投标情况及研究成果等相关内容都要在指定网站上进行公示，智库也通常会在自己的官方网站上公开相关信息及研究成果。在研究成果公开及数据信息开放方面，半官方智库和民间非营利智库表现比较突出，而企业智库因商业委托项目占比较大，且涉及经济利益或商业秘密，所以研究成果公开程度相对较低。事实上，企业智库对于旗下的公共政策研究等咨政业务和商业咨询业务有明确的划分界定，从部门架构到人员配置，从资金来源到研究成果的公开与转化应用都有所差异。

其次，民间非营利智库为吸引更多的项目和资金，通常会主动公开其研究业绩成果及数据信息。但会员制运营的智库，则会对研究成果的公开方式、内容、时间等加以细分和限制，例如对其会员优先、及时、全部公开，而对于非会员则有时间延迟、部分公开等区别设置，以此维护其会员权利，凸显会员服务的价值。

智库对研究成果是否公开、如何公开，一方面与该智库的属性、定位、价值观、项目来源等诸多因素间存在着关联，另一方面也隐含着日本智库的一种咨政方式与途径。大部分日本智库，特别是民间非营利智库通常并不具有直达中央政府机关或决策核心层的咨政渠道和上报途径，并且很多民间智库认为其咨政建言的价值就在于对政府政策的批评，因此日本智库非常看重对社会公众的宣介，通过加强社会影响力和舆论引导，进而引起政府关注与重视，反推公共政策的制定与实施。在实地调研访谈中，有多家智库的研究人员都谈到，确实存在中央政府机关的人员在看到智库研究人员发表的论文、演讲或媒体报道后，主动找到该智库和相关人员进行咨询，或进而委托相关研究，或邀请智库研究人员作为咨询专家参与政策制定研讨等情况，通过大量的实例说明了日本智库的成果公开对其咨政的有效性。[1]

为了促进研究成果的公开和转化，进一步扩大其社会效益，日本文部科学省规定在科学研究费资助项目中，除资助研究人员开展基础研究、新学术领域研究等研究活动所需研究经费的"科学研究费"（通称"科研费"）以及"特别研究促进费""特别研究人员奖励费""国际共同研究加速基金""特设领域研究基金"外，并行设置一项"研究成果公开促进费"。[2] 研究成果公开促进费专项用于资助研究成果的公开发表、国际信息传播的强化、学术图书的刊发、数据库建设等，即通过资助研究成果的公开发表、重要学术研究成果的发布宣传以及数据库的建设和开放，从而振兴和普及日本的学术研究，并推进学术方面的国际交流，以此促进高质

---

[1] 资料来源：笔者 2019 年 4 月 7—13 日对日本智库进行的实地调研访谈。
[2] 资料来源：『科研費パンフレット2019』，日本学術振興会，2020 年 3 月 22 日，https：//www.jsps.go.jp/j-grantsinaid/24_pamph/data/kakenhi2019.pdf。

量研究成果的公开及传播。

例如,"公益财团法人日本国际关系论坛"等诸多国际知名智库的政策建议在以日文编写的同时,还以英文对外发布,在海外也获得很高的评价。对于调查研究的成果,智库通常会在综合考虑其必要性与可行性以及可能造成的影响和实际推广时机的基础上,最终归纳形成研究报告,并汇总提出政策建议。对于研究成果的具体内容,则要经过研究人员相互间的智库内部评审以及外部专家的客观评价等第三方评估审议之后才会面向社会公众发布。日本智库还通过定期举办内部学习班和外部互访交流活动、聘请国内外专家进行讲学与客座研究、举办各种学术研讨会、深入民间组织和社区举办政策宣讲会或提供咨询服务,以及利用互联网、报纸杂志、电视广播等媒体进行宣传等方式,将其研究成果更为有效地加以转化和普及。

第五章 日本智库的运营管理

由于外部制度与文化环境的差异，日本智库不仅在形式上与欧美有所不同，而且，在其运营管理上也有其独特之处。一方面，尽管由于智库类型本身的多样性，日本智库的运营管理难以一概而论，但是在组织结构、工作体系等方面，还是能够看到与日本企业管理一脉相承的细致、严谨、务实的特点。另一方面，智库毕竟与企业不同，其业绩不能够仅仅用利润来加以衡量，这也给智库管理绩效的评价带来了难题，日本智库在运营中如何解决这一问题也是值得关注的重要方面。

第一节 组织结构

日本智库由于类型的多样性，其组织结构也存在很大差异。例如，未被收录在日本七大代表性智库类型之中的一个类型是围绕某个著名学者或社会活动家而组建的"个人智库"，如"株式会社冈本组合""宫本亚洲研究所"等，其组织结构非常简单，有影响力却无规模，异于传统的智库类型。

一般而言，智库的组织结构与其功能和资源状况，尤其是研究力量，有着密切联系。现代经济与社会议题往往牵涉多个领域，需要各方面专家的合作研究，而能否基于自身的理论研究独立开展某一领域的课题研究，常常成为决定智库组织形式的重要因素。从这个角度来看，日本的智库可以划分为三种类型。第一种是"自主研究型"智库，其理论研究实力较强，研究人员配备齐全，通常不需要外部研究力量的配合就可以在某些领域展开研究，其典型例子是亚洲经济研究所、野村综合研究所和三菱综合研究所等。第二种是"合作外聘型"智库。这类智库有一定研究力量，但是不足以支撑独立在某些领域进行研究，需要聘请外部专家进行合作。如 JICA 研究所的研究部门在 2019 年 3 月时点有 22 名专职研究人员和 22

名兼职研究人员，2018 年度共实施了 27 个研究项目，其中 4 件是和海外研究机构等的合作项目，合计邀请了 173 人次的外部研究人员（包括日本国内 49 个机构的 91 人次、海外 47 个机构的 82 人次）参与，[①] 所有研究项目均由国内外的研究人员共同实施完成。这类智库通常围绕着研究人员而不是研究领域来进行结构组织。第三种是"协调委托型"智库。这类智库的研究力量薄弱，甚至没有专职研究人员，主要借助外部力量来开展研究，自己更多地发挥组织、协调功能。如神户都市问题研究所不设专职研究人员，只有数名职员维持日常事务工作，其研究课题由关西地方的专家学者和市政府的职员临时组成研究组来开展完成。[②] 这类智库也就很难设置独立的研究部门。

对于拥有自主研究力量的智库，大多数都采用了"研究部门＋行政部门"的典型结构。以亚洲经济研究所为例，在研究所下属部门中，研究计划部、研究支援部、图书馆等行政事务部门和国际交流研修室以及三个研究部门并列，而在此之外，机构总部还有自己的行政部门和其他事业部门（参见图 5－1）。

类似地，JICA 研究所也采用了研究部门和行政部门的职能划分，由研究所的次长分别负责行政部门和各类研究人员的管理，其中行政部门则又划分为负责后勤的总务科和负责研究计划的企划科（参见图 5－2）。不过与亚洲经济研究所相比，JICA 研究所的研究部门并没有基于研究领域进行更细致的分工，而是更多地围绕研究人员来展开工作，这是由其研究力量、工作状况和促进国际协作的主要职能定位所决定的。

"特定非营利活动法人言论 NPO"（后文简称"言论 NPO"）则又代表着另一类智库组织结构类型。言论 NPO 属于"平台型智库"，该机构也自称为"网络型智库"，智库本身并不拥有专职研究人员，原则上也不自行撰写研究报告，而是通过组织论坛，汇总各领域专家的意见并加以发布的方式来实现其智库功能，因此其组织结构中也就没有研究部门的设置，相应地，编辑部门则占有重要位置（参见图 5－3）。

[①] 资料来源：『2018 年度 JICA 研究所活动报告』，独立行政法人国际协力机构研究所，2020 年 2 月 29 日，https：//www.jica.go.jp/jica-ri/ja/research/annual/jrft3q000000367v-att/report_2018.pdf。

[②] 李光：《日本思想库组织形式浅析》，《科学管理研究》1985 年第 3 卷第 4 期。

第五章 日本智库的运营管理

亚洲经济研究所的组织结构

日本贸易振兴机构
员工总数：1788 名
- 国内 1047 名
- 海外 741 名

组织架构：
- 理事长 / 副理事长 / 理事 / 监事 / 监察室
- 总部
- 大阪总部
- ERIA 支援室
- 亚洲经济研究所
  - 研究人员 114 名
  - 管理人员 73 名
- 国内事务所（贸易信息中心）
  - 35 个都道府县
  - 47 个事务所
- 海外事务所
  - 55 个国家
  - 74 个事务所

亚洲经济研究所下设部门及职能：

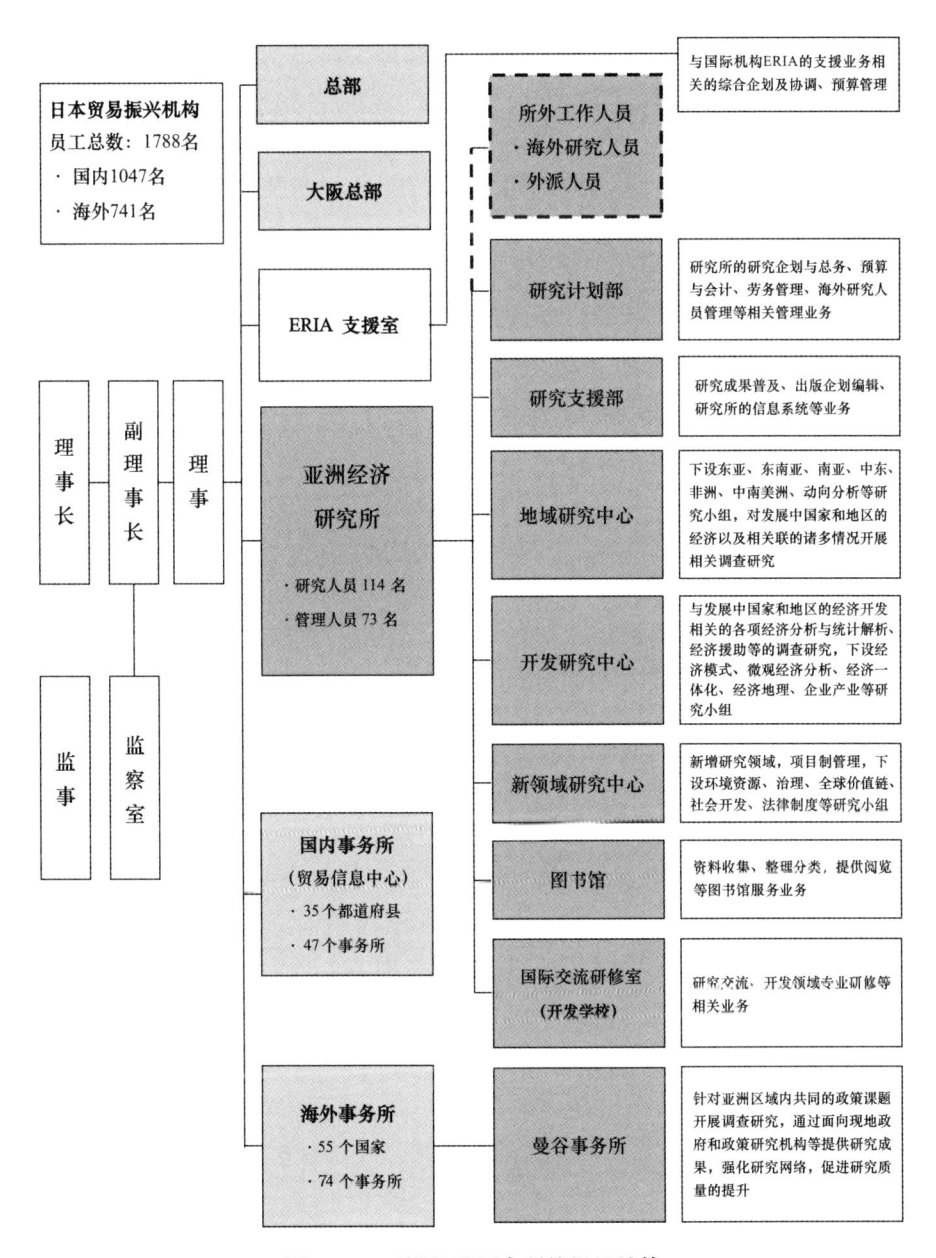

所外工作人员（海外研究人员、外派人员）	与国际机构ERIA的支援业务相关的综合企划及协调、预算管理
研究计划部	研究所的研究企划与总务、预算与会计、劳务管理、海外研究人员管理等相关管理业务
研究支援部	研究成果普及、出版企划编辑、研究所的信息系统等业务
地域研究中心	下设东亚、东南亚、南亚、中东、非洲、中南美洲、动向分析等研究小组，对发展中国家和地区的经济以及相关联的诸多情况开展相关调查研究
开发研究中心	与发展中国家和地区的经济开发相关的各项经济分析与统计解析、经济援助等的调查研究，下设经济模式、微观经济分析、经济一体化、经济地理、企业产业等研究小组
新领域研究中心	新增研究领域，项目制管理，下设环境资源、治理、全球价值链、社会开发、法律制度等研究小组
图书馆	资料收集、整理分类、提供阅览等图书馆服务业务
国际交流研修室（开发学校）	研究交流、开发领域专业研修等相关业务
曼谷事务所	针对亚洲区域内共同的政策课题开展调查研究，通过面向当地政府和政策研究机构等提供研究成果，强化研究网络，促进研究质量的提升

图 5-1　亚洲经济研究所的组织结构

资料来源：根据独立行政法人日本贸易振興機構アジア経済研究所『独立行政法人日本贸易振興機構アジア経済研究所パンフレット』（2018 年 4 月印制）相关内容绘制，2019 年 4 月 9 日实地调研获取。

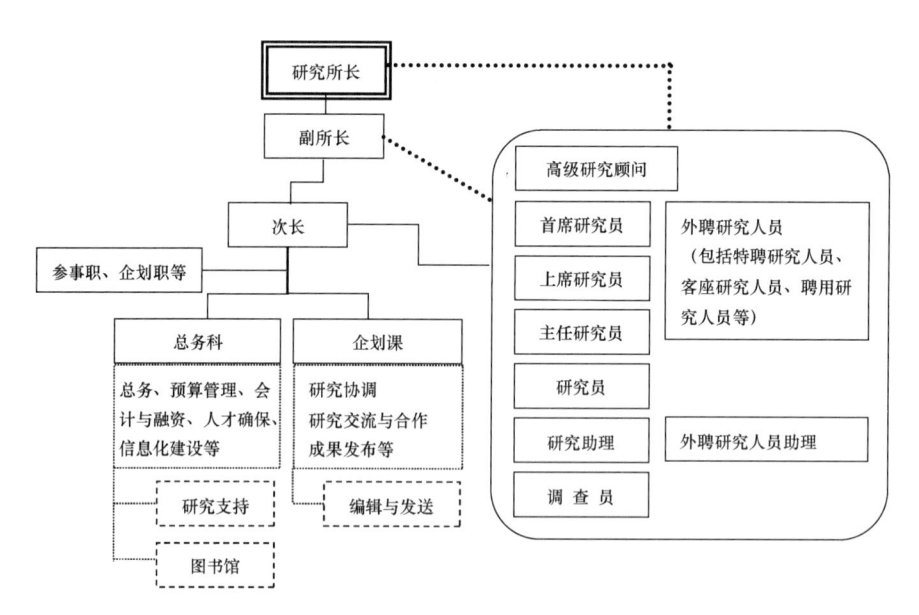

图 5-2　JICA 研究所的组织结构

资料来源：根据独立行政法人国际协力机构研究所『2018 年度 JICA 研究所活动报告』相关内容绘制，2020 年 2 月 29 日，https://www.jica.go.jp/jica-ri/ja/research/annual/jrft3q000000367v-att/report_2018.pdf。

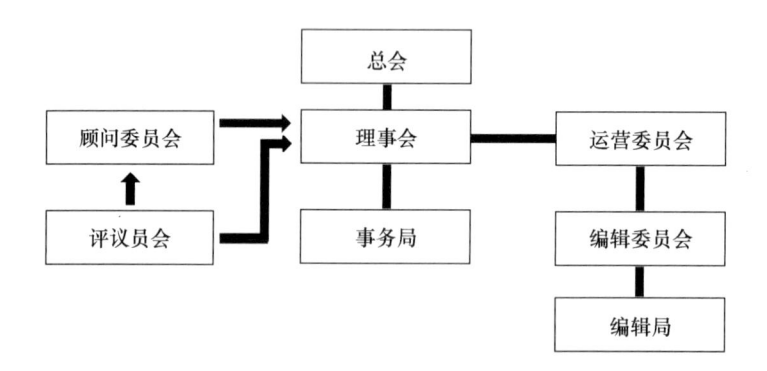

图 5-3　言论 NPO 的组织结构

资料来源：根据特定非营利活动法人言论 NPO 官方网站机构简介相关内容绘制，2017 年 2 月 24 日，http://www.genron-npo.net/about/。

第二节 财务状况

如同前文所述，日本智库的资金来源非常多元化，且与智库类型高度相关。以言论NPO为例，该机构的组织性质决定了其收入主要来自于捐款和会费。如表5-1所示，捐款和会费在2014年度（平成26年度）的占比分别为43.2%和19.2%，与2013年度相比，分别增加了36.0%和48.1%。值得注意的是，来自于政府的补贴（即"外务省外交安保研究事业补助金"）在言论NPO的收入中也占有重要地位，其比例甚至大大超过了会员会费，在2014年度的占比为35.6%，与2013年度相比，基本持平，略有减少，而且该项收入的金额在此前各年度相对较为稳定。与前三项主要收入相比，论坛、杂志和其他收入的比重合计不足2%，其变化对智库的财务状况的影响很小。

表5-1　言论NPO 2013年度和2014年度收入明细对比表

（单位：千日元）

	2013年度 (2013年4月—2014年3月)		2014年度 (2014年4月—2015年3月)		2014年度相比2013年度的金额变化
	金额	占比	金额	占比	
会员会费	20563	15.6%	30452	19.2%	48.1%
捐款收入 （含民间团体资助金）	50307	38.1%	68398	43.2%	36.0%
论坛收入	844	0.6%	1772	1.1%	110.0%
杂志销售收入	230	0.2%	218	0.1%	-5.3%
外务省外交安保研究事业补助金	56882	43.0%	56390	35.6%	-0.9%
其他收入	3348	2.5%	1076	0.7%	-67.9%
合计	132174	100.0%	15306	100.0%	19.8%

资料来源：根据特定非营利活动法人言论NPO『平成26年度收支计算书/贷借对照表』相关数据整理编制，2017年2月24日，http://www.genron-npo.net/about/26.html。

然而，言论NPO的收入结构在2015年度发生了明显变化。通过汇总 2013—2017 年度的财务报告①加以对比分析可知，如表 5-2 所示，首先，从收入构成科目来看，增加了"委托业务收入"。其次，从各项收入的金额及占比情况来看，出现了明显的增减变化。具体而言，如图 5-4 所示，会员会费收入显著减少，从 2014 年度的 30452 千日元、占比 19.2%，下降至 2017 年度的 341 千日元、占比 0.2%；与之相对，外务省的"外交安保调查研究事业补助金"（科目名称略有变化）呈现逐年递增趋势；捐款收入相对变化幅度较小，但也从 2014 年度的占比 43.2% 逐年减少到 2017 年度的占比 24.5%；论坛收入从 2015 年度开始明显增加，相对于 2014 年度的 1772 千日元、占比 1.1%，2015 年度大幅增加到 14193 千日元、占比 8.0%，此后的 2016 年度和 2017 年度的占比分别为 9.3% 和 5.9%；杂志销售收入呈现逐年减少趋势，其他收入增减变化不一，但两项收入的资金绝对值都较低，对收入整体的影响可忽略不计。最后，从言论 NPO 的全部收入总额来看，2013—2017 年度呈现逐年递增趋势。

表 5-2　　言论 NPO 收入明细表（2013—2017 年度）　　（单位：千日元）

收入科目	2013 年度 金额	占比	2014 年度 金额	占比	2015 年度 金额	占比	2016 年度 金额	占比	2017 年度 金额	占比
会员会费	20563	15.6%	30452	19.2%	2736	1.5%	1342	0.7%	341	0.2%
捐款收入（含民间团体资助金）	50307	38.1%	68398	43.2%	60188	33.8%	70209	37.3%	51449	24.5%
论坛收入	844	0.6%	1772	1.1%	14193	8.0%	17555	9.3%	12283	5.9%
杂志销售收入	230	0.2%	218	0.1%	55	0.0%	53	0.0%	33	0.0%
外交安保调查研究事业补助金	56882	43.0%	56390	35.6%	88821	49.9%	99040	52.6%	144476	68.9%
委托业务收入					11950	6.7%	—			
其他收入	3348	2.5%	1076	0.7%	37	0.0%	184	0.1%	1152	0.5%
合计	132174	100.0%	158306	100.0%	177982	100.0%	188383	100.0%	209734	100.0%

资料来源：根据特定非营利活动法人言论 NPO『収支計算書/貸借対照表』（2013—2017 年度）相关数据整理编制，2019 年 7 月 30 日，http://www.genron-npo.net/about/post-8.html。

---

① 资料来源：『収支計算書/貸借対照表』（2013—2017 年度），特定非営利活動法人言論 NPO，2019 年 7 月 30 日，http://www.genron-npo.net/about/post-8.html。

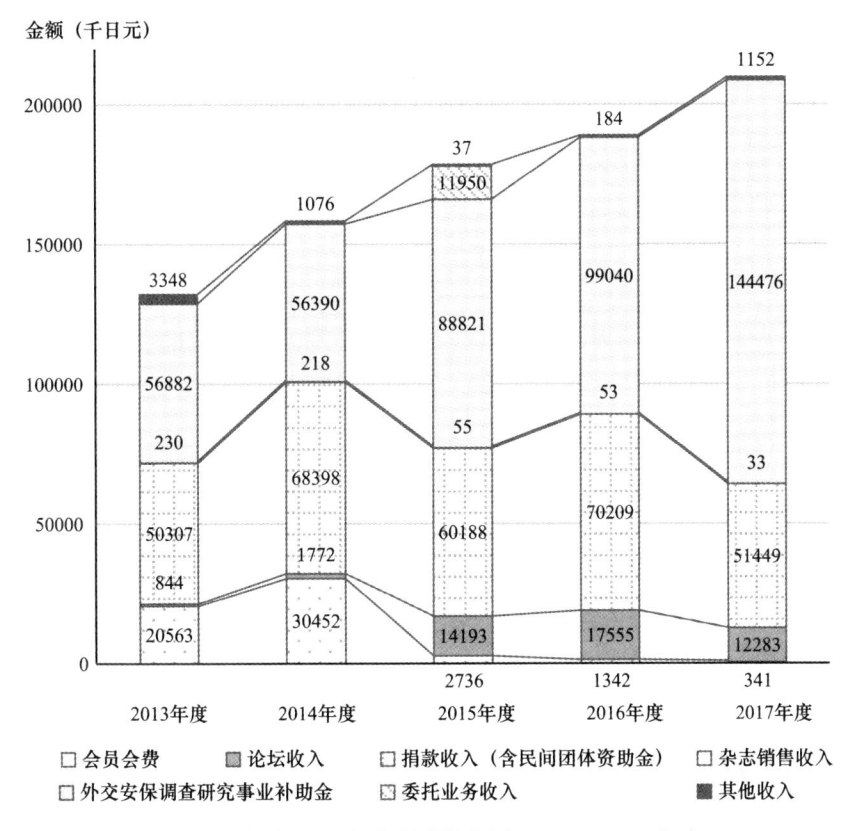

第五章 日本智库的运营管理 117

图 5-4 言论 NPO 收入增减推移图（2013—2017 年度）

资料来源：根据特定非营利活动法人言论 NPO『収支計算書/貸借対照表』（2013—2017 年度）相关数据整理绘制，2019 年 7 月 30 日，http：//www.genron-npo.net/about/post-8.html。

言论 NPO 的资金来源项目及其金额、占比的变化背后，实则是其业务结构的调整，乃至智库运营模式和发展战略的变化。从言论 NPO 的财务状况的变化可知以 2015 年度为拐点，智库业务布局更加侧重"日本的民主主义建设"和"外交安保"两个方面，不断强化与外务省的业务合作，提升智库自身的国际议题参与度和国际影响力，智库的顶层设计和定位格局均有所提升。2013—2017 年度言论 NPO 的财务支出明细直接体现了上述变化。

从支出科目的具体项目及金额、占比来看，如表 5-3 所示，言论 NPO 在 2013 年度和 2014 年度的最大支出项都是"连接世界言论项目"，占比分别为 61.5% 和 70.9%，这也是其发挥"言论外交"功能的主要平台。其次是"NPO 项目运营管理费用"，在 2013 年度和 2014 年度的占比分别为 24.0% 和 20.8%，而相应年度的"市民社会言论项目"和"政策建言项目"的占比则分别为 3.5% 和 0.5% 以及 6.2% 和 0.6%。综合收支情况来看,言论 NPO 的财务基本平衡,收入较支出增长稍快。

表 5 – 3　　　　言论 NPO 2013 年度和 2014 年度支出明细对比表　　　　（单位：千日元）

支出科目	2013 年度 金额	2013 年度 占比	2014 年度 金额	2014 年度 占比	2014 年度相比 2013 年度的金额变化
网站讨论活动	13271	9.1%	2403	1.5%	-81.9%
宣传业务	3297	2.2%	103	0.1%	-96.9%
WEB 运营业务	9974	6.8%	2299	1.5%	-76.9%
政策建言活动	2891	2.0%	982	0.6%	-66.0%
政策建言项目	790	0.5%	881	0.6%	11.5%
启蒙与普及项目	2101	1.4%	101	0.1%	-95.2%
连接世界言论项目	90143	61.5%	111268	70.9%	23.4%
国际交流推进项目	90143	61.5%	111268	70.9%	23.4%
市民社会言论项目	5080	3.5%	9690	6.2%	90.7%
市民社会言论项目	5080	3.5%	9690	6.2%	90.7%
NPO 项目	35192	24.0%	32660	20.8%	-7.2%
运营管理费	35192	24.0%	32660	20.8%	-7.2%
合计	146577	100.0%	157003	100.0%	7.1%

资料来源：根据特定非营利活动法人言論 NPO『平成 26 年度収支計算書/貸借対照表』相关数据整理编制，2017 年 2 月 24 日，http：//www.genron-npo.net/about/26.html。

言论 NPO 在其后的 2015 年度和 2017 年度两次调整了支出科目的项目设置，如表 5 – 4 所示，除网站运营费和机构运营管理费作为基本支出科目始终保持不变外，其他支出科目的设项均有所改变，[①] 从一个侧面反映了智库业务的变化。具体而言，一贯重视国际化发展的言论 NPO，将"搭建全球问题跨领域平台"作为"连接世界言论项目"的延续，经费支出占比依旧保持最大。其次是"推进言论外交"，该项目在 2017 年度变更为"亚洲和平推进项目"。而"市民社会言论项目"则在 2015 年度变更为"重建日本民主主义"，2017 年度再次变更为"民主主义建设项目"。"宣传业务"和"启蒙与普及项目"两项的经费支出更加具象化为

[①] 数据来源：『収支計算書/貸借対照表』（2013—2017 年度），特定非営利活動法人言論 NPO，2019 年 7 月 30 日，http：//www.genron-npo.net/about/post-8.html。

"书籍和杂志经营费用"。言论 NPO 将"政策建言项目"支出融入到了日本未来发展、外交安保、民主主义建设、和平事业等具体项目之中,强调全方位发挥智库功能。

表 5–4　　　言论 NPO 2015 年度至 2017 年度支出明细对比表

(单位:千日元)

支出科目	2015 年度 金额	占比	2016 年度 金额	占比	支出科目	2017 年度 金额	占比
建言日本未来发展	782	0.4%	293	0.1%	亚洲和平推进项目	94163	41.4%
推进言论外交	48345	27.1%	59259	31.1%			
重建日本民主主义	13793	7.7%	6204	3.3%	民主主义建设项目	7207	3.2%
搭建全球问题跨领域平台	91398	51.2%	90026	47.2%	搭建全球问题跨领域平台	106342	46.7%
优秀 NPO 大奖相关费用	51	0.0%	2286	1.2%	优秀 NPO 大奖相关费用	3141	1.4%
书籍和杂志经营费用	97	0.1%	13	0.0%	书籍和杂志经营费用	227	0.1%
网站运营费	2221	1.2%	1835	1.0%	网站运营费	60	0.0%
早餐研讨会、会员交流会等论坛运营费	2243	1.3%	2960	1.6%	早餐研讨会、会员交流会等论坛运营费	236	0.1%
运营管理费	19416	10.9%	27656	14.5%	运营管理费	16090	7.1%
合计	178346	100.0%	190532	100.0%	小计	227466	100.0%

资料来源:根据特定非営利活動法人言論 NPO『収支計算書/貸借対照表』(2015—2017 年度)相关数据整理编制,2019 年 7 月 30 日,http://www.genron-npo.net/about/post-8.html。

资产负债表也是反映智库财务状况的重要工具。由表 5–5 可以看到,言论 NPO 的资产绝大部分配置为流动资产,其中现金存款在各年度的占比都始终居高,个别年度的现金存款占比接近甚至超过了资产总额的一半,[①] 其次为库存资产和应收款。相应地,其负债主要为应付款和预收款等流动负债,除 2017 年度末有 20407 千日元的短期贷款记账外,其他各年度末

---

① 资料来源:『収支計算書/貸借対照表』(2013—2017 年度),特定非営利活動法人言論 NPO,2019 年 7 月 30 日,http://www.genron-npo.net/about/post-8.html。

均没有短期贷款。这种资产负债结构反映了作为"协调委托型"智库的言论 NPO 的"轻资产"运营模式。

表 5–5　　言论 NPO 2012 年度至 2017 年度资产负债对比表　　（单位：千日元）

	2013 年 3 月 31 日	2014 年 3 月 31 日	2015 年 3 月 31 日	2016 年 3 月 31 日	2017 年 3 月 31 日	2018 年 3 月 31 日
资产						
A - 固定资产合计	16	11	7	443	9143	9048
B - 流动资产合计	66984	38316	35801	51728	31287	40211
现金存款	21987	13599	17009	25020	12193	28605
库存资产	18777	11780	10321	10318	8251	8229
应收款	25210	12286	6240	13907	6609	231
其他	1010	651	2231	2483	4234	3146
资产合计（A + B）	67000	38327	35808	52171	40430	49259
负债和净资产						
C - 负债合计	18528	11261	8901	25629	12696	39649
C - 1 流动负债小计	18528	11261	8901	25629	12696	39649
短期贷款	0	0	0	0	0	20407
应付款	16762	9413	6986	23653	11851	18067
预收款	1215	1212	1212	1212	50	50
其他	551	636	703	764	795	1125
C - 2 固定负债小计	0	0	0	0	0	0
长期贷款	0	0	0	0	0	0
D - 净资产合计	48472	27066	26907	26542	27734	9610
年初净资产	43499	48472	27066	26907	26542	27734
当期净资产增加额	4973	-21406	-159	-365	1192	-18124
负债和净资产合计（C + D）	67000	38327	35808	52171	40430	49259

资料来源：根据特定非営利活動法人言論 NPO『収支計算書/貸借対照表』（2015—2017 年度）相关数据整理编制，2019 年 7 月 30 日，http：//www.genron-npo.net/about/post-8.html。

相形之下，作为公益财团法人的东京财团在资产负债结构上则与言论 NPO 有很大差异。如表 5–6 所示，在东京财团的资产当中，固定资产占据绝对主导地位，而在其中，基本财产占了一半以上，① 另一半主要是"人才培养事业资金"和"社会变革促进活动资金"，体现了政策研究和人才培育在智库业务中的支柱地位。在东京财团的负债侧，固定负债也占有重要比例，且绝对规模较为稳定，而其净资产绝大部分为捐款。

表 5-6　东京财团 2016 年度和 2017 年度资产负债表　（单位：日元）

科目	2016 年度 （2017 年 3 月 31 日）	2017 年度 （2018 年 3 月 31 日）
一、资产部分		
1. 流动资产		
现金存款	189635109	428878582
其他	196664524	179914429
流动资产合计	386299633	608793011
2. 固定资产		
（1）基本财产	36151054330	35807380918
（2）特定资产	18654002942	19864573392
人才培养事业资金	15670929445	15269974843
推进社会变革活动资金	1056086669	1035005179
Sylff 和 NF-JLEP 奖学金支付资金	560532264	2172001106
政策研究人才培养资金	91239764	114239764
押金和保证金	237482000	237482000
Sylff 学校运营代表人会议公积金	30000000	30000000
政策研究所资金	545000000	545000000
政策研究人才培养资金（特别费用）	252000000	252000000
其他	210732800	208870500
（3）其他固定资产	136607079	223078652
固定资产合计	54941664351	55895032962
资产合计	55327963984	56503825973

---

① 资料来源：『2017 年度财务诸表』，公益财团法人东京财团政策研究所，2019 年 8 月 20 日，https://www.tkfd.or.jp/files/about/financial_report/financial_report_2017.pdf。

续表

科目	2016 年度 （2017 年 3 月 31 日）	2017 年度 （2018 年 3 月 31 日）
二、负债部分		
1. 流动负债	57510752	62564757
2. 固定负债	134917056	131420581
负债合计	192427808	193985338
三、净资产部分		
1. 指定净资产		
民间资助金	889254028	2500722870
捐款	51138983775	50394355761
指定净资产合计	52028237803	52895078631
（其中，拨付给基本资产金额）	（35468054330）	（35124380918）
（其中，拨付给特定资产金额）	（16560183473）	（17770697713）
2. 一般净资产	3107298373	3414762004
（其中，拨付给基本资产金额）	（683000000）	（683000000）
（其中，拨付给特定资产金额）	（1963086669）	（1965005179）
净资产合计	55135536176	56309840635
负债及净资产合计	55327963984	56503825973

资料来源：根据公益财团法人東京财团政策研究所『2017 年度财务诸表』相关数据编制，2019 年 8 月 20 日，https：//www.tkfd.or.jp/files/about/financial_report/financial_report_2017.pdf。

　　对智库资金来源的种类及资金充裕度加以分析，可以从财务角度了解智库各项业务的发展状况及趋势。以"独立行政法人经济产业研究所"为例，作为半官方智库，其资金主要依靠政府财政预算拨付的运营费交付金，与此同时，独立行政法人性质的研究机构并不只依赖于政府的财政拨款，还广泛吸收来自企业、大学、非营利组织、其他研究机构乃至国外的资金。2018 年度（2018 年 4 月—2019 年 3 月）的决算报告书[1]显示，经济产业研究所的法人收入预算总额为 16.21 亿日元，其中来自政府财政预算拨付的运营费交付金为 14.53 亿日元，占比接近预算总额的 90%，相较于 2013 年度的 99.2% 的占比有所下降。从经济产业研究所 2018 年度的决算金额来看，总收入中包括了上一年度的结转资金 1.54 亿日元，其他

---

[1] 资料来源：『平成 30 年度决算报告书』，独立行政法人经济产业研究所，2019 年 7 月 30 日，http：//www.rieti.go.jp/jp/about/30zaimu.pdf。

收入合计占比在1%左右,按预算占比降序排列,依次为委托研究收入占比0.47%、科学研究费收入占比0.36%、捐款收入占比0.12%、普及业务相关收入占比0.04%、利息及其他收入占比不足0.01%,其中委托研究收入在决算中相比预算时有所增加。

如表5-7所示,对比经济产业研究所2013年度以及2016—2018年度的法人整体收入[①]情况可知,仅就法人收入的年度总额和分项收入的占比情况而言,运营费交付金作为主体资金来源,近三年的金额相对于2013年度而言虽略有下调,但各年度总体持平;捐款收入为固定金额;委托研究收入和科学研究费收入是影响各年度法人收入总额的最大因素。从2018年度决算报告书的业务分项统计来看,50%以上的运营费支付金、90%以上的委托研究收入和全部的捐款收入都属于"调查研究、政策建言、资料统计"业务。[②]

表5-7　独立行政法人经济产业研究所2013年度以及2016—2018年度法人收入对比表　　（单位：日元）

法人收入	2013年度 预算金额	2013年度 决算金额	2016年度 预算金额	2016年度 决算金额	2017年度 预算金额	2017年度 决算金额	2018年度 预算金额	2018年度 决算金额
运营费交付金	1752098729	1752098729	1437516000	1437516000	1415045000	1415045000	1453875000	1453875000
委托研究收入	7864477	8490168	17260462	16756351	5408000	5869018	4908000	7599596
普及业务相关收入	464380	464380	441805	501890	387992	607899	484881	633356
捐款收入	2000000	2000000	2000000	2000000	2000000	2000000	2000000	2000000
科学研究费收入	3045000	3045000	4157700	4157700	7287600	7287600	5823833	5823833
利息及其他收入	160197	212668	47415	70701	177875	199870	20000	29427
上一年度结转资金			0	0	88381549	88368019	154264746	154264746
合计	1765632783	1766310945	1461423382	1461002642	1518688016	1519377406	1621376460	1624225958

资料来源：根据独立行政法人经济产业研究所『决算报告书』（平成25年度、平成28—30年度）相关数据整理编制,2019年7月30日,https://www.rieti.go.jp/jp/about/financial.html。

[①] 资料来源：『决算报告书』（平成25年度、平成28—30年度）,独立行政法人经济产业研究所,2019年7月30日,https://www.rieti.go.jp/jp/about/financial.html。

[②] 资料来源：『平成30年度决算报告书』,独立行政法人经济产业研究所,2019年7月30日,http://www.rieti.go.jp/jp/about/30zaimu.pdf。

第三节　工作体系

智库存在的根本目的是为了影响公共政策，因此其工作内容也势必要围绕上述目标而进行。以东京财团为例，该智库将实现政策目标的过程划分为四个阶段的工作，分别是：发现课题，制定研究项目；调查研究；拟定政策，提出建议；普及活动（参见图5-5）。[①]

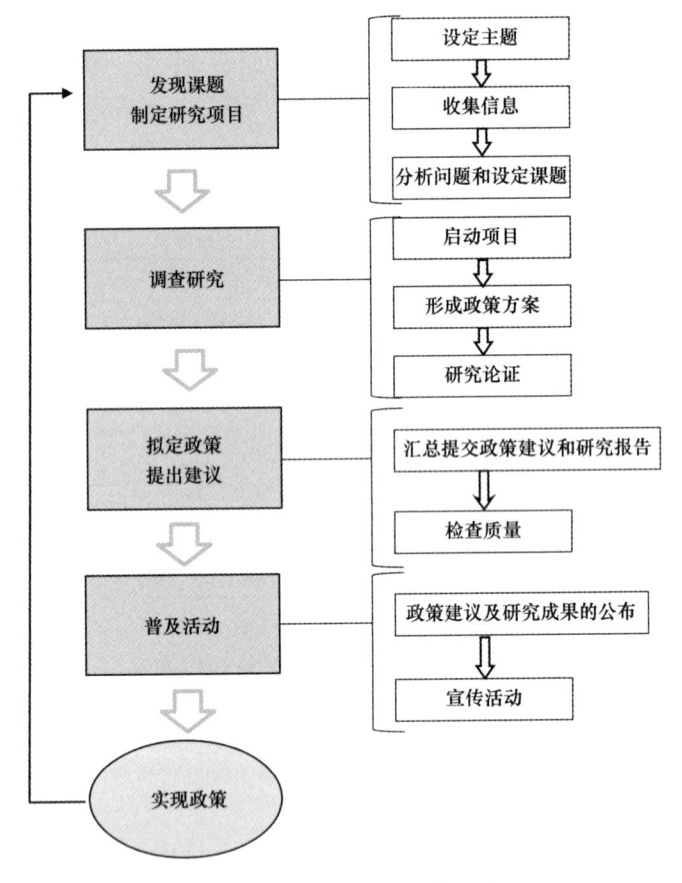

图5-5　东京财团的政策实现过程

资料来源：根据公益财团法人東京財団『東京財団プロフィール』（2016年8月版）相关内容绘制，2017年2月17日，www.tokyofoundation.org。

---

① 资料来源：『東京財団プロフィール』（2016年8月版），公益财团法人東京財団，2017年2月17日，www.tokyofoundation.org。

在"发现课题，制定研究项目"阶段，由精通各领域政策制定的人员，彻底调查现行政策的实施情况，并对现行政策的实施结果进行分析评估，找出需要研究政策改善的课题，进而制定政策（代替）的假设方案，预测实施这些政策（代替）时可能产生的效果和影响。

在"调查研究"阶段，以研究人员和政策制定人员为中心，与专家及有识之士组成研究小组，通过举办研究会、同现场负责实际业务的人员展开对话、收集信息并进行分析，对当初的假设进行验证，逐步加深并充实现行政策的内容。在项目实施过程中择时举办报告会，进一步对内容进行推敲研究，同时把握项目进展情况等，多角度地对研究质量进行管理。

在"拟定政策，提出建议"阶段，对于调查研究的成果，在综合考虑到其必要性、可行性、可能带来的影响以及实际推广的时机等要素基础上，归纳成政策建议及研究报告。其内容经过研究人员之间的相互评价和有识之士的第三方客观评估后公布于众。

在"普及活动"阶段，除了在网站上刊登文章等基础宣传活动外，还召开研究会及议员学习会，积极向报纸和杂志投稿，并通过电视或广播等多种媒体渠道进行报道，同时邀请活跃在相关领域的知名人士共同参与普及活动，促进内容不断深化，提升社会影响力。

在上述一系列的过程中，智库需通过自身的研究工作对公共政策加以影响和改变。但还有一些智库则并不满足于此，他们认为，智库的作用不应只局限于提出政策建议和提案，而是应该在咨政过程上向外延展，覆盖包括方案实施、试行检测和完善的全过程。即智库在完成并提交政策方案之后，还应对所提出的政策建议加以实践试行以此进行检验。并且，智库还应通过中期汇报等形式，阶段性地开展成果汇报和意见反馈，以边确认边推进的工作方式，在实践检验中，对建议方案不断加以完善矫正。智库的研究人员，也是政策建议方案的制定人员，只有亲自参与试行方案，才能更加切实充分地掌握方案的实际效果以及发现不足之处。同时，通过这种智库自行实践检测方案的工作方式，还可以促使智库的经验和智慧充分获得委托方和社会公众的信赖，有助于提高智库的社会认可度和政策影响力。此外，在智库实施建议方案时，通常都需要和政策研究的委托方以及最终的政策实施方共同合作完成，因此这也有助于促进和改善三方主体之间的沟通与协作关系，构建研究部门与实施部门的共同合作关系。从长远来看，还有助于改善现有的由政府立案、企划、委托研究并实施的政策形成的流程模式，使智库作为政策形成过程的实际参与者提前介入到政策形成流程之中，发挥智库的智慧、经验和技术优势。

三菱综合研究所就是上述思路的一个践行者。研究所定位于"Think & Act Tank",作为知行合一的智库,倡导将智库功能从过去单纯的"Think(构想)"转变为"Think & Act(构想加实施)",从计划开始到实施为止,给予全程支持,更为深刻和有效地影响社会。为此,三菱综合研究所分别设置了"政策公共部门"和"企业经营部门"两个事业部门,再加上承担全公司的事业拓展和研究开发、业务开发职能的"研究开发部门",共同发挥智库功能与提供咨询服务。其中"政策公共部门"以"公共政策"为出发点,包括制定具体化的对策与措施方案并支持实施等相关业务。"企业经营部门"以强大的数据分析能力为基础,为实现客户利益最大化提供服务,面向金融机构提供市场风险、信用风险等的计量评估以及风险监控系统。"研究开发部门"致力于社会、经济、市场、技术的趋势分析,基于对社会发展与事业战略的长期预测和展望及以未来预测为核心的技术研究等,发挥智库的前瞻性、战略性政策建议能力。在工作内容上,三菱综合研究所通过"Think & Act"模式,从政策建议开始展开其知识的价值链,再通过知识价值链(参见图5-6)综合解决社会问题以及客户的课题,并最终实现未来社会的理想愿景,致力于通过各种事业活动为社会做贡献。

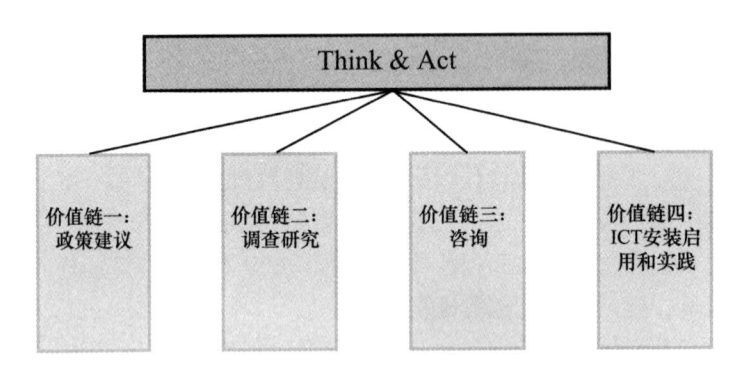

图5-6 三菱综合研究所的价值链

资料来源:根据株式会社三菱综合研究所『株式会社三菱综合研究所会社案内』(2016年版)相关内容绘制,2017年1月15日,https://www.mri.co.jp/company/info/i6sdu6000001dmdd-att/pamph201612.pdf。

价值链1:政策建议

基于三菱综合研究所的丰富专业知识和经验及其独有的数据库信息(消费者市场预测系统等),以需要解决的社会课题为起点,针对旨在实现未来社会构想的着眼点、方法、政策等，通过各种方式和渠道建言献策。汇总的政策建议通过学术研讨会、论坛、定期出版物、媒体、互联网等多种形式加以发表，并广泛向社会进行传播。

价值链2：调查研究

三菱综合研究所的调查研究活动不仅来自于客户委托，也经常以自己提出的政策建议为契机而延伸展开。例如，三菱综合研究所的"白金社会研究会"自2010年成立以来，开展了大量的建言献策活动，其中"日本版CCRC（Continuing Care Retirement Community）构想"在2014年底被定位为国家政策，此后中央政府和地方自治体的各种调查与研讨均被提上日程，正式启动实施。三菱综合研究所的调查研究方法非常多样化，特别是作为综合性智库长年积累的科学研究方法是其强项所在。调查研究的成果通过官民客户加以具体转化、落实到法律和条例等的制定、新政策的提案制定之中，以及新商品、新服务等方面。

价值链3：咨询

作为综合性智库，三菱综合研究所以长年开展调查研究积累的专业知识和经验为基础，通过各种咨询的手法和技巧，为帮助客户解决课题提供实践支援等咨询服务。三菱综合研究所的强项包括开展基于数据的理论性分析和立案，稳步切实确保大型项目取得成功的项目管理PMO（Project Management Office）业务，以及面向复杂且高度系统化的基础完善的咨询业务等。

价值链4：ICT安装启用和实践

从调查研究到咨询服务，充分运用ICT（Information and Communications Technology，信息与通信技术）丰富的业绩成果和知识经验，更进一步延展到实践之中，直接面对现实的课题，并加以实施解决。在这个过程中，不断积累并进一步深化对问题的见解，以期提高今后调查研究和咨询服务的质量。三菱综合研究所还积极拓展外部合作，与基于微软公司的产品和服务构建并运用情报信息基础设施的日本Business-systems公司（JBS、2014年）以及人事工资业务的大型对外委托企业HR One（2015年）进行资本及业务的合作，更进一步拓展实践性的IT服务业务。

第四节 研究选题

由于资金原因，日本智库的研究课题很大部分是来自于客户委托，但除此之外，也有不少研究课题是智库自主选择的结果。通过对这些研究选题加以分析，可以在相当程度上透视日本智库乃至于日本社会所关注的问题。

智库的研究选题首先取决于其关注的研究领域。一家高质量的智库，其研究领域不仅要反映出时代发展的趋势，与其研究力量相符，而且应该具有一定的系统性或具有协同效应。以东京财团为例，作为综合性智库，它的研究领域包括"文化·文明""经济·金融·财政""外交·安全保障""政治·行政"和"制度研究"五个方面。[①] 在这其中，"文化·文明"领域内的研究主要是对日本文化和社会变迁的深层思考；"经济·金融·财政"研究旨在从长期和短期的观点，多方位地围绕日本式金融和经济体系的新模式提出建议；"外交·安全保障"针对国际恐怖活动、传染病、气候变化等超越国境的新威胁和世界政治格局的变化，对日本的外交政策和国家形态进行探讨；"政治·行政"研究以至今为止近代日本政党政治的发展，以及当时国际社会的势力均衡关系为切入口，探索未来日本政治应有的形态；"制度研究"则针对"世界动向"有着共识的社会规范、文化及道德的广义的"制度"内容，与在社会、人文、自然科学领域的研究人员以及活跃在政策制定领域的专家围绕先进的研究成果和看法进行交流。从东京财团开展的具体研究项目中，我们可以了解该智库在每个领域中的关注点（参见表5-8）。

表5-8　东京财团开展的部分研究项目一览（截至2016年8月）

研究领域	研究项目
文化·文明	《土地的"所有者不明"——自治体问卷调查揭示的问题真实情况》（2016.3） 《生命伦理写入公共政策——沙龙活动四年间的成果与课题》（2015.6） 《国土的情况不详与藏而不用的危机——失去的国土Ⅲ》（2014.3） 《针对空洞化与不明化不断严峻的国土采取相适宜的强硬对策——失去的国土Ⅱ》（2013.2） 《日本的资源能源政策再构建的优先课题——针对从制约条件导入的能源构想与应努力研究的中长期课题的建议》（2012.5） 《失去的国土——开展符合全球化时代的"土地·水·森林"制度改革》（2012.1）

[①] 资料来源：『東京財団プロフィール』（2016年8月版），公益財団法人東京財団，2017年2月17日，www.tokyofoundation.org。

续表

研究领域	研究项目
文化·文明	《彻底改革日本的高等教育》（2011.9） 《实施适应全球化时代的土地改革——日本的水源涵养林面临危机Ⅲ》（2011.1） 《奠定生命伦理的基础——研究项目最终报告》（2010.7） 《有关推动停滞不前的生育补助医疗制度的探讨——是否容许代理怀孕》（2010.2） 《全球化国土资源（土地、植被、水源）和土地制度的盲点——日本的水源涵养林面临危机Ⅱ》（2010.1） 《永久性地确保专业人才，有效利用地方重建人才》 《生命科学研究的自由和伦理》（2009.4） 《日本的水源涵养林面临危机——从全球资本的加入到守护"森林与水的循环"》（2009.1） 《饮食领域知识体系系统化设想——关于建立"饮食文化研究生院"的必要性》
经济·金融·财政	《税与社会保障的宏大构想》（2016.6） 《对于处在转换期的日本的能源混合构建的必要观点——基于应对电力自由化、COP21、原油降价和国内外变化的观点》（2016.5） 《东京财团版长期财政推算模式（β版）》（2016.5） 《CSR白皮书2014·2015》（2014.7/2015.7） 《日本的能源政策再构建——构建电力集成体制、实现能源的多元化》（2014.9） 《何为岗位社会保障与税的一体化改革的税制》（2014.5） 《乌拉圭回合与农业政策——从过去的经验学习借鉴》（2014.2） 《关于在国会设立独立推算机关的建议》（2013.11） 《财政危机时的政府应对方案》（2013.7） 《农业结构性改革的潜在课题——变化的农村与遗留的农业行政问题》（2013.3） 《解明TPP争论中的误解——及时决断参加交涉》（2013.1） 《实现医疗和护理结合》 《医疗和护理制度改革的基本观点——旨在实现真正的国民讨论》（2012.10） 《对残障人员高等教育的政策建议——以实现可自由选择升学的社会为目标》（2012.8） 《社会保障和税制的一体化改革——依据适当的规模完善社会保障体系》（2012.3） 《未来日本经济财政社会保障的课题与未来展望》（2012.1） 《日本农业的长期展望——实现稳定的农业政策》

续表

研究领域	研究项目
经济·金融·财政	《关于日本应对 IFRS（国际财务报告准则）的提案》（2010.12） 《日本的农政改革——负起责任的农政》 《日本的农政改革——基于基层视角的农业政策转换》（2010.9） 《对建立补贴性质的税前扣除制度的建议》（2010.8） 《对重新构建信用市场的政策提议——实现分期付款销售制度，促进正当的消费经济》 《健全零售金融市场的政策提议》（2010.4） 《新时代日本的雇用政策——实现世界最高质量的劳动》（2010.3） 《完善中小企业无担保融资环境》（2009.9） 《防止发生"住房难民"，建议创设收购住宅制度》 《从纳税者的角度出发，导入纳税者编码制度》（2009.6） 《关于雇用政策的提议（二）：建立促进就业的机制，改进劳动供求结构》 《金融、经济危机与今后的行政监督体制》（2009.3） 《在住宅市场引入"质量竞争"——建筑标准法的本质性缺陷与修改建议》 《关于雇用政策的提议（一）：提前支付一万亿日元的紧急雇用措施费》 《税制与社会保障的一体化研究——导入补助性质的税前扣除制度》（2008.4） 《株式会社的本质与恶意收购——东京财团关于恶意收购规则的提案》（2008.2）
外交·安全保障	《Views on China Ⅰ·Ⅱ·Ⅲ·Ⅳ·Ⅴ》（2013/2014/2015/2016） 《2014 年美国中期选举 UPDATE》（2015.3） 《基于安全保障视角对 ODA 大纲修订的建议》（2014.10） 《海洋安全保障与和平时期的自卫权——对安全保障战略与防卫大纲修订的建议》（2013.11） 《对于安倍外交的十五个视点——相较于民族主义更追求现实主义》（2013.8） 《理解现代中国的九个视点》（2013.8） 《美国总统大选 UPDATE Ⅰ·Ⅱ》（2012.6/2013.2） 《重新构筑日本的资源能源政策的优先课题》 《要求实现新大纲的五项建议》 《日本对华安全保障战略》（2011.6） 《联合国改革和日本的联合国外交的战略性推进》 《日美同盟与自由开放的国际秩序》（2010.10） 《亚太地区安全保障构架——区域安全保障的多层结构》（2010.8） 《奥巴马政权主要高级官员人事分析》（2010.7） 《日本的资源、能源外交的优先课题Ⅱ——以环境、能源技术为途径对于东亚战略的两个提议》（2010.4）

续表

研究领域	研究项目
外交・安全保障	《日本的安全保障——给鸠山新政权的十项建议》（2009.10） 《中华人民共和国第五代领导人的特征》（2009.3） 《日本的资源、能源外交的优先课题——美俄的核能和中国的稀土》（2009.1） 《亚洲的非传统性安全保障与区域合作》（2008.12） 《现实性国家论序——论述国家的交通整理》 《新日本安全保障战略——多层协调的安全保障战略》（2008.10） 《美国总统候选人人际关系研究》 《北京奥运后的中日关系——八项建议》 《2008年美国总统大选主要候选人的选举总部、政策顾问名录》
政治・行政	《对医疗保险制度改革的建议——地区一元化与居民自治的充实》（2015.6） 《议会基本条例"东京财团模式"的普及度验证》（2011.3） 《应该怎样理解竞选宣言》（2010.6） 《充分利用振兴地区经济建立综合特区制度的十项紧急建议》（2010.9） 《彻底改革作为科学技术政策指挥塔的综合科学技术会议》（2010.6） 《地方议会改革为了谁？——市民的作用和议会的责任》（2010.5） 《邮政改革试行方案——与国民需求相符的邮政服务》 《新时代的地区重建政策（中期报告）——以"地域交流的重建"和"地域内循环型经济的形成"为目标》（2010.3） 《邮政改革试行方案（中期报告）——由居民决定的普遍服务》 《创建市民参与和信息公开的框架》（2010.5） 《梳理邮政民营化的论点》 《分权时代的地方议会改革——来自改革派领导的政策建议》（2008.7）

注．时间倒序，括号内为课题开展的时间。

资料来源：根据公益财团法人東京財団『東京財団プロフィール』（2016年8月版）和《东京财团简介（中文版）》（2013年4月发行）相关内容整理编制，2017年2月17日，www.tokyofoundation.org。

值得注意的是，东京财团的上述研究领域并不是简单的并列关系，而是有着内在的逻辑联系（参见图5-7）。其中"文化・文明"是所有研究问题的根本出发点，具有很强的开放性，"经济・金融・财政""外交・安全保障""政治・行政"是在这一开放思考下的三个具体领域，而"制度研究"则着眼于文化、经济与社会发展的一般性规范以及考察上述问题的综合性视角，具有方法论的性质。

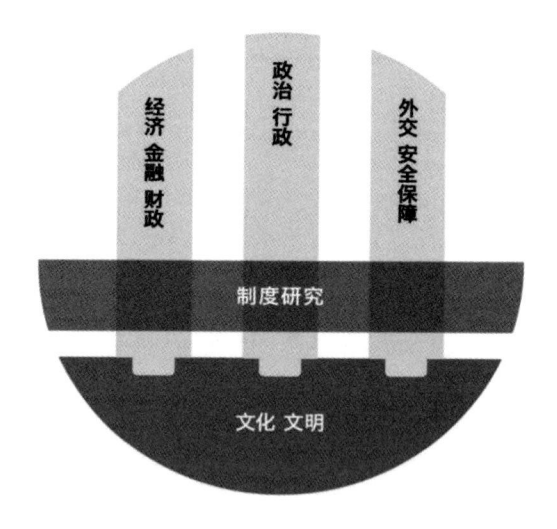

图 5-7　东京财团的研究领域

资料来源：根据公益财团法人東京財団『東京財団プロフィール』（2016 年 8 月版）相关内容绘制，2017 年 2 月 17 日，www.tokyofoundation.org。

第五节　国际合作

由于日本特殊的政治、经济、地缘条件，使其对国际关系研究给予了极高的重视。在日本不仅有许多智库专注于国际关系与国际合作，而且即使是那些非专门从事国际研究的智库，也将国际交流与合作视为其工作的一项重要内容。

就前者而言，亚洲经济研究所是颇具代表性的范例。亚洲经济研究所属于独立行政法人形式的半官方智库，其前身为 1958 年 12 月 26 日设立的"财团法人亚洲经济研究所"，1960 年 7 月 1 日依据《亚洲经济研究所法》（『アジア経済研究所法』，1960 年法律第 51 号）设立为通商产业省所主管的特殊法人。1998 年 7 月，亚洲经济研究所与日本贸易振兴会合并。其后，伴随日本贸易振兴会的独立法人化改革，该机构于 2003 年 10 月 1 日正式改组为"独立行政法人日本贸易振兴机构亚洲经济研究所"。作为日本研究发展中国家和地区的基地，亚洲经济研究所自设立以来，主要围绕发展中国家和地区的经济、政治、社会等领域开展广泛的基础性、综合性的研究活动，以亚洲、中东、非洲、拉丁美洲、大洋洲、东欧各国等所有发展中国家和地区为对象，已在全球 55 个国家设置了 73 个海外事务所。其中，亚洲地区除在中国香港设有研究中心外，还在泰国首都设立了曼谷研究中心，负责实施与亚洲区域内共通的政策课题相关的调查研究，通过面向当地政府和政策研究机构等提供研究成果，不断构建并强化研究网络，提高研究质量。亚洲经济研究所为促进与海外的研究机构、智库以及大学等机构之间的研究交流，实现相互间研究活动与研究水准的提升，积极推进与海外的研究机构、智库以及大学等机构之间缔结研究合作协议书（参见表5-9）。此外，亚洲经济研究所还借助日本贸易振兴机构遍布日本国内各地以及海外的事务所，面向日本国内及海外发布其调查研究成果，并为传播信息而举办各种公开讲座和研讨会等。

表5-9　亚洲经济研究所与中国研究机构之间缔结合作协议的情况

合作方名称	协议签署时间	协议主要内容
"中央研究院"社会学研究所（中国台湾）	2011年11月1日	参与或合作实施研究项目，举办演讲和研究班，研究人员的交换以及对访问研究人员的学术援助，学术信息和出版物的交换，合作研究成果的合作出版。
上海社会科学院（SASS）（中国大陆）	2013年11月28日	参与或合作实施研究项目，举办演讲和研究班，对访问研究人员的学术援助，研究人员的相互交流，学术信息和出版物的交换，基于合作出版及合作项目的成果普及。
中国农业科学院农业经济与发展研究所（CAAS）（中国大陆）	2014年9月1日	参与或合作实施研究项目，研究人员的相互交流，举办会议、演讲、专题讨论会、研究班，对访问研究人员的学术援助，学术信息和出版物的交换，基于合作出版及合作项目的成果普及。
对外经济贸易大学（UIBE）（中国大陆）	2015年1月12日	实施合作研究，共同举办演讲、研究班、专题讨论会和研习班等，学术信息和出版物的交换，研究组织的设立援助（特别是全球价值链相关研究领域）。
商业发展研究院（CDRI）（中国台湾）	2015年10月22日	实施合作研究，共同举办研究班和研讨会等活动，举办意见交流会，合作出版，开展人才交流。

资料来源：根据独立行政法人日本贸易振兴机構アジア経済研究所『年次報告書』相关内容整理编制，2017年2月5日，https://www.ide.go.jp/Japanese/Info/Profile/Nenpo.html。

为了便于国际人才交流和创造国际化的研究氛围，许多日本智库的学术基础设施都非常国际化，形成了吸引国际研究者的一个重要优势。例如，亚洲经济研究所在广泛收集并提供发展中国家和地区的相关资料情报信息以及各研究领域的相关数据资料的同时，为了更好地对外提供信息、公开资料，还特别建设并管理运营了专业图书馆。亚洲经济研究所的图书馆收藏了学术著作、统计书籍等各国政府的出版物，报纸和杂志，地图以及国际机构的研究报告等，除日语和英语外，还包括汉语、韩语、阿拉伯语等多语言版本，并在不断扩充之中。该图书馆面向公众开放，任何人都可以免费利用。同时，该图书馆为了提高图书馆远程利用者的使用便利性，提供藏书检索、资料复印申请、资料查询等互联网服务，还在电子档案平台公开珍贵资料，不断完善并扩充通过互联网络提供珍贵资料的电子版本和研究成果数据库的内容，以及按照所选地区和领域定期发送最新文献信息的邮件服务。

智库国际交流与合作方面的另一个例子是野村综合研究所。研究所在创立之初就确立了向海外发展的社训，经过几十年的积累和拓展，野村综合研究所已在中国大陆、台湾和香港，以及亚洲的韩国、新加坡、印度、印度尼西亚、泰国、菲律宾等国家，欧洲的俄罗斯、卢森堡、英国等国家均设有分支机构。野村综合研究所通过在这些中心城市成功开展业务，有效树立其自身的品牌形象，提升其全球影响力。此外，野村综合研究所的海外调查研究机构还具有很强的针对性，例如，野村综合研究所纽约办事处的主要工作是调查研究世界首强美国的经济、军事、政治等；伦敦办事处利用伦敦世界金融中心和情报中心的地位，收集欧洲和中东的政治、能源信息；野村综合研究所驻新加坡、中国香港和北京办事处的设立，反映了日本对中国以及东南亚地区崛起的关注；野村综合研究所莫斯科办事处则是针对日本参与俄罗斯能源开发而设立。

人员交流是智库合作的一个重要方面，许多日本智库都积极引进国际化研究人才，以拓展国际化视野，建立国际合作网络，提高研究质量。例如 JICA 研究所聘用了包括孟加拉国、印度尼西亚等发展中国家在内的多位海外研究人员，2015 年度为 8 名[1]，2019 年度为 6 名[2]。亚洲经济研究所更是大量聘请从事地区研究和开发研究的国外高端专业人才作为海外客座研究人员和开发专家。按国籍划分，亚洲经济研究所的外国籍研究人员主要来自中国、韩国、菲律宾、马来西亚、越南、老挝、孟加拉、叙利亚等多个国家。

---

[1] 资料来源：独立行政法人国际协力机构研究所研究人员介绍，2017 年 2 月 24 日，https：//www.jica.go.jp/jica-ri/ja/experts/index.html。
[2] 资料来源：独立行政法人国际协力机构研究所研究人员介绍，2020 年 2 月 29 日，https：//www.jica.go.jp/jica-ri/ja/experts/index.html。

日本智库扩大国际影响的另一个重要手段是对国际化人才的培养。如亚洲经济研究所开设并运营"亚洲经济研究所开发学校"（IDE Advanced School），致力于培养高能力的开发专家，进而为经济开发和社会开发做出贡献。开发学校从日本国内及海外广泛招收学生，用英语教学，通过日本人研修生和外国人研修生两个项目，互补互进提升研修成果质量。开发学校的学生是大学本科毕业生，并以继续攻读研究生为前提，因此，日本人学生在修完课程后，原则上要继续到海外的大学攻读硕士研究生课程。现在，开发学校的毕业生正活跃在国际组织、国内外的国际合作机构和发展中国家的开发援助事业的第一线。

在设置专业课程的同时，亚洲经济研究所还通过著作和论文等研究成果的遴选与表彰来推动科研水平的提升。亚洲经济研究所于1980年创设了"发展中国家研究奖励"项目，通过评价和奖励针对发展中国家的社会科学以及周边领域开展调查研究形成的优秀成果，以期为提高该领域的研究水平做出贡献。该奖励的评选对象主要是通过调查并分析发展中国家的经济以及其他相关问题最终形成的著作，不区分个人研究与集体合作研究。同时，亚洲经济研究所定期举办地区研讨会，邀请获奖者就完成获奖作品的过程、研究上的试错、发现问题的经过、获奖后开展的研究活动等进行汇报分享，以资为今后研究活动的开展提供借鉴与启示。

类似地，东京财团专门设立了两个基金来向世界推广日语和培养世界各地的领导人才。其中"笹川良一优秀青年奖学基金"（The Ryoichi Sasakawa Young Leaders Fellowship Fund，简称"Sylff"）设立于1987年，其目的是培养承担世界未来重任的领导人才，迄今已经向包括日本在内的全球44个国家的69所大学及大学联合会分别捐赠了100万美元的基金，已发展成为无以类比的大规模奖学金项目，获得该奖学金的学生多达16000人，[1] 现在，他们中间有许多人活跃在社会第一线。"日语教育基金"（The Nippon Foundation Fund for Japanese Language Education Program，简称"NF-JLEP"）设立于1994年，旨在促进世界各国的日语教育，迄今已经向全球6个国家的11所大学分别捐赠了150万美元的基金，[2] 资助学习日语的学生与日语教师。

---

[1] 资料来源：公益财团法人東京財団政策研究所，2020年3月6日，https://www.sylff.org/about/。

[2] 资料来源：公益财团法人東京財団政策研究所，2020年3月6日，https://www.nf-jlep.org/。

第六节　评价考核

业绩评价考核是维持智库研究质量，促进智库产业健康发展的重要手段。日本智库的业绩评价考核基本可分为外部评价与内部评价两个方面。

在外部业绩评价上，一个重要的机制是对独立行政法人的评价制度。在2015年之前，"政策评价与独立行政法人评价委员会"是总务省下设的审议会，是整个政府的政策评价与独立行政法人评价的中枢机构，负责针对行政评价局做出的政策评价等相关重要事项开展调查审议，同时该委员会针对各府省的独立行政法人评价委员会做出的评价结果进行审议并阐述意见等。2015年4月1日，《独立行政法人通则法的部分改正法》（『独立行政法人通則法の一部を改正する法律案』，2014年法律第66号，后文简称"通则法"）开始实施，针对独立行政法人导入了新的目标和评价机制。新制度废除了此前为实施独立行政法人评价由各府省设立的独立行政法人评价委员会，从独立行政法人的目标制定到业务的评价与改善都由主管大臣统一负责。与此同时，总务省下设的独立行政法人评价制度委员会作为政府唯一的第三方机构，除对主管大臣的目标制定与业绩评价的执行情况进行检查外，在被认定为特别必要的情况下，还肩负面向内阁总理大臣直接汇报意见等重要职责（参见图5-8）。

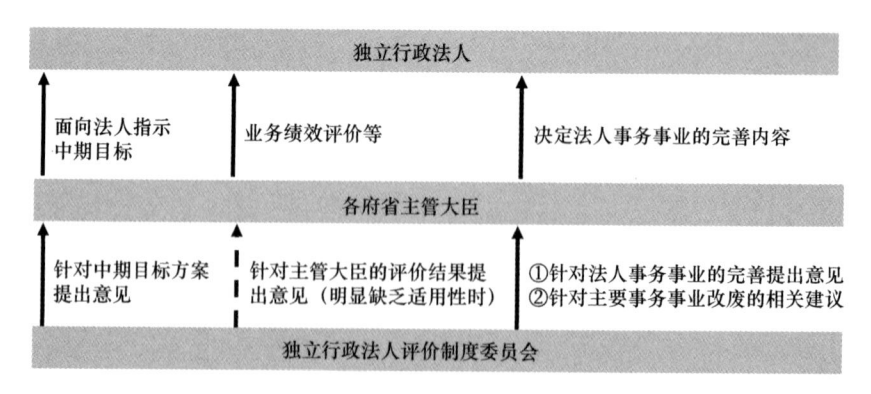

图5-8　针对独立行政法人的中期业绩评价机制

资料来源：根据总务省独立行政法人評価制度委员会相关内容绘制，2020年3月25日，http：//www.soumu.go.jp/main_sosiki/singi/dokuritugyousei/index.html。

独立行政法人评价制度委员会的主要审议事项包括：

·中（长）期目标期间的目标业绩评价的检查（通则法第32条第5项以及第35条之6第8项）；

·中（长）期目标期间结束时事务性业务完善内容的检查（通则法第35条第3项以及第35条之7第4项）；

·中（长）期目标方案的检查（通则法第29条第3项以及第35条之4第3项）；

·行政执行法人的效率评价的检查（通则法第35条之11第7项）等。

独立行政法人性质的智库会面临政府的业绩考核，而对于其他类型的日本智库而言，除了市场竞争压力之外，内部业绩评价则是保证研究质量和智库健康发展的重要内控制度。由于业务内容和组织形式的差异，智库内部业绩评价的形式和重点也不尽相同。那些享有较高社会声誉的智库往往会聘请外部专家来进行业绩评价，以保证评价结果的可靠性、客观性和公正性。

例如，亚洲经济研究所作为独立行政法人，在接受外部评价考核的同时，为了促进研究活动以及研究运营的活性化和效率化，自1993年开始，实施对研究所研究活动的业绩评价。亚洲经济研究所通过对自身的调查研究活动以及其他相关事业活动进行准确的评价，从而保持研究所的活力，更进一步提升研究所事业的透明度，实现对国民的说明责任，以此为目的，亚洲经济研究所依据《设置亚洲经济研究所业绩评价委员会的相关内部规定》开展各年度的业绩评价工作。

1993—2002年度期间，每年的评价体制及对象均有所不同，根据当年的调查研究重点加以调整。1996年度开始，每年都将调查研究事业作为评价对象之一，加以持续监测。2003、2004年度，对亚洲经济研究所的全部业务进行了综合评价，包括图书馆、成果普及、研究交流、人才培养、调查研究、研究支援业务。2005、2006年度，针对调查研究事业的最终成果和图书馆业务进行了综合评价。2007年度以后，仅针对调查研究事业的最终成果开展综合评价。

在2018年度，亚洲经济研究所对该年度结项的9个研究会的研究成果进行同行评议，每一个研究会配置两名外部专家（合计18名），从2019年1月至3月实施同行评审工作（参见图5-9）。评价实施方法为专家委员对调查研究事业的研究成果进行评价，按照评审表（参见表5-10）中的评价项目，分5级进行评价打分，在进行定量评价的同时，以自由记述加以批注的方式进行定性评价。2018年度的评审结果，即同行评审分数的平均值为4.5分（小数点第二位四舍五入），达到了成果目标"5分满分中3.5分以上"的目标。最终的评审结果，由事务局汇总报告书并进行公布。①

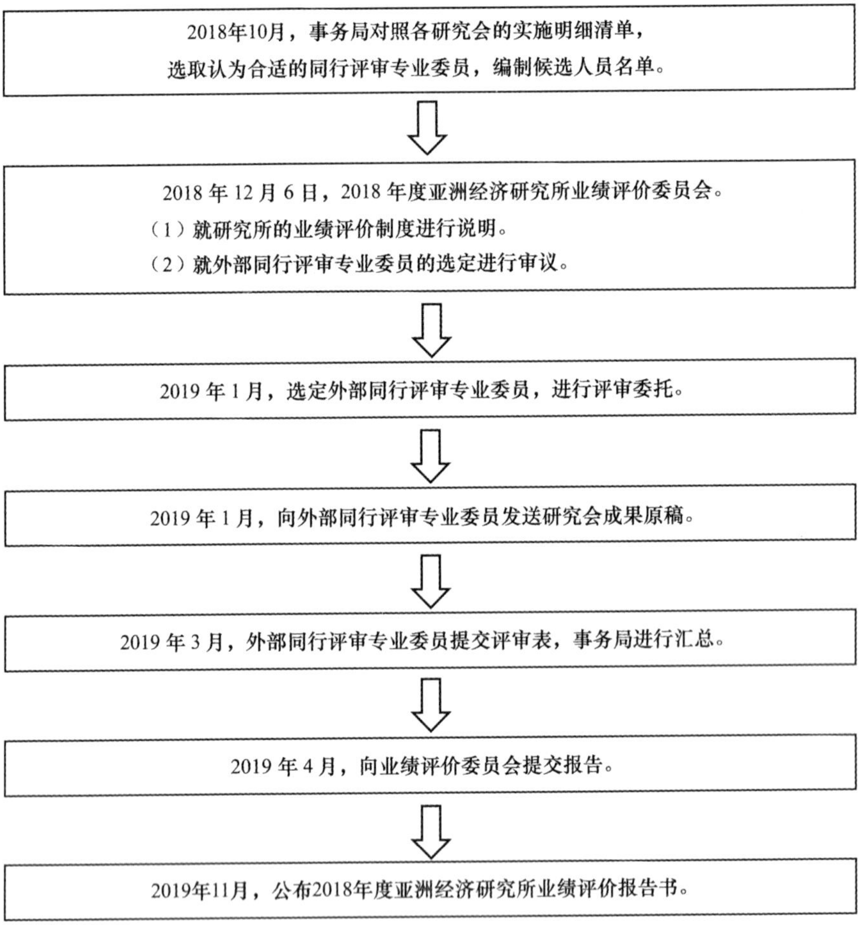

```
┌─────────────────────────────────────────────────────┐
│  2018年10月，事务局对照各研究会的实施明细清单，        │
│  选取认为合适的同行评审专业委员，编制候选人员名单。  │
└─────────────────────────────────────────────────────┘
                          ⇩
┌─────────────────────────────────────────────────────┐
│  2018年12月6日，2018年度亚洲经济研究所业绩评价委员会。│
│  （1）就研究所的业绩评价制度进行说明。               │
│  （2）就外部同行评审专业委员的选定进行审议。         │
└─────────────────────────────────────────────────────┘
                          ⇩
┌─────────────────────────────────────────────────────┐
│  2019年1月，选定外部同行评审专业委员，进行评审委托。 │
└─────────────────────────────────────────────────────┘
                          ⇩
┌─────────────────────────────────────────────────────┐
│  2019年1月，向外部同行评审专业委员发送研究会成果原稿。│
└─────────────────────────────────────────────────────┘
                          ⇩
┌─────────────────────────────────────────────────────┐
│  2019年3月，外部同行评审专业委员提交评审表，事务局进行汇总。│
└─────────────────────────────────────────────────────┘
                          ⇩
┌─────────────────────────────────────────────────────┐
│  2019年4月，向业绩评价委员会提交报告。               │
└─────────────────────────────────────────────────────┘
                          ⇩
┌─────────────────────────────────────────────────────┐
│  2019年11月，公布2018年度亚洲经济研究所业绩评价报告书。│
└─────────────────────────────────────────────────────┘
```

图5-9　亚洲经济研究所2015年度业绩评价流程

资料来源：根据独立行政法人日本贸易振興機構アジア経済研究所『2018（平成30）年度アジア経済研究所業績評価報告書』相关内容绘制，2020年3月25日，https：//www.ide.go.jp/library/Japanese/Info/Profile/Hyoka/pdf/2018.pdf。

---

① 资料来源：『2018（平成30）年度アジア経済研究所業績評価報告書』，独立行政法人日本貿易振興機構アジア経済研究所，2020年3月25日，https：//www.ide.go.jp/library/Japanese/Info/Profile/Hyoka/pdf/2018.pdf。

表 5-10　　　　　　　　亚洲经济研究所业绩评审表

审评对象	A		B		C		D		E	
	A-1	A-2	B-1	B-2	C-1	C-2	D-1	D-2	E-1	E-2
评价项目 ①借鉴"背景、妥当性"以及"目的"，审查研究成果的内容是否符合所定方向。										
②"方法论"是否恰当且明确。理论、实证、资料出示等是否确切且充分。										
③关于前期研究，是否准确恰当地提及，并且是否有能超越前期研究的新的研究成果被认可。										
④该项研究成果是否具有学术贡献，以及对政策决策的建言献策等社会贡献。										
⑤是否对论点进行了明确清楚的解释和论证，对内容加以归纳总结。										
综合评价										
平均分数										

资料来源：根据独立行政法人日本貿易振興機構アジア経済研究所『2018（平成30）年度アジア経済研究所業績評価報告書』相关内容编制，2020年3月25日，https://www.ide.go.jp/library/Japanese/Info/Profile/Hyoka/pdf/2018.pdf。

从亚洲经济研究所的业绩评价流程可以看出，它属于典型的学术成果同行评议制度，而在具体的评价标准里，它强调研究是否具有学术贡献，方法是否正确以及是否对前期研究有充分的了解和突破，这些维度也都符合学术评价体系的特征，因此，总体而言，它是一个学术导向的业绩评价体系。

亚洲经济研究所的业绩评价委员会制度不仅作为研究所自身建设完善措施的一环被加以推行实施，而且，其评价结果也被用于经济产业省独立行政法人评价委员会的评价之中，同时，也反映在研究所内部的资源再分配方面。

  类似地，JICA 研究所也每年聘请学术界专家进行业绩评价，但其评价范围更为综合，不仅是研究成果的质量，而且还包括智库的运营、人才培养、成果宣传、社会声誉等多个方面。JICA 研究所的评价过程不采用匿名评审方式，而是评价者与被评价者面对面直接交流。评价委员会就相关的评价内容进行评论与质询，JICA 研究所则要对于委员会的质询做出回应和说明，最后由委员长进行总结，此种评价中给出的意见也更为深入和具有建设性（参见表 5-11）。

表 5-11 JICA 研究所第三方评价委员会第九次业绩评审简况

时间	2019 年 7 月 23 日（周二）14：00—16：00
地点	JICA 研究所二层大会议室

出席人员	【第三方评价委员】
	  下泽 狱（静冈文化艺术大学文化政策学部，教授）
	  城山英明（东京大学公共政策大学院，教授）
	  西野桂子（关西学院大学，教授）
	  弓削昭子（法政大学法学部，教授）
	【JICA 研究所相关人员】
	  大野 泉（研究所所长）
	  藤田安男（研究所副所长）
	  伏见胜利（研究所次长）
	  各领域负责人 等

程序	开会致辞。
	  第一项议程，进行第三方评价委员会委员长的选举，基于其他委员的推荐，下泽狱委员被推选连任委员长。
	  第二项议程，JICA 研究所根据《2018 年度 JICA 研究所活动报告》进行说明和汇报后，由各委员提出问题与意见，再由 JICA 研究所一方做出相应的解答和补充说明，最后由委员长进行总结。
	  第三项议程，JICA 研究所所长大野泉对委员会的意见致辞感谢，并表示将以委员会的意见和建议为基础推进今后的研究活动。

内容	(1) 研究事业
	  A. 研究领域、研究题目、研究目标的设定和评价的方法
	  B. 个别研究项目的评价
	  C. 业绩评价
	  D. 智库排行成绩
	(2) 对 JICA 研究所的运营体制机制的评价

续表

内容	（3）研究所的品牌打造，研究成果的对外发布传播	
	（4）对事业的助推支持与反馈	
	（5）研究实施体制与人才培养	
	（6）与 NGO、市民社会之间的合作	
	（7）同行评审体制	

资料来源：根据独立行政法人国际协力机构研究所『JICA 研究所・第三者評価委員会（第9回）概要』相关内容整理编制，2020 年 3 月 25 日，https：//www.jica.go.jp/jica-ri/ja/about/jrft3q0000006jdt-att/2019_member_summary.pdf。

相对于亚洲经济研究所和 JICA 研究所等以研究为主导的智库，言论 NPO 这样的平台型智库在业绩评价中则更加注重其活动内容是否符合智库的宗旨（满足"公益性"）以及活动内容是否合规（满足"中立性"）。言论 NPO 所开展的 NPO 活动的出发点在于其机构自身倡导承担"公共（公）"性这一强烈的信念。其活动不仅要具有公益性，而且还必须对公众开放，取得社会支持。为此，言论 NPO 在公开各种活动相关信息的同时，还开展活动内容的自我评价，并公开自我评价的具体内容以及第三方（言论监事）的评价意见。（参见表 5 - 12、图 5 - 10）

表 5 - 12　　　　　言论 NPO 关于中立性的自我评价概要

评价目的	特定非营利活动法人为了充分满足作为捐款无税团体的公益性，其活动必须在不偏向特定的政治性和宗教性的立场下进行。开展"非政治性与非宗教性"的自我评价是为了检验言论 NPO 的活动是否满足"非政治性与非宗教性"的要求，为此对评价年度的全部活动开展自我评价。	
评价对象	A. 言论活动等（7 类）	（1）"建言日本未来"言论项目下实施的事业
		（2）"重建日本的民主主义"言论项目下实施的事业
		（3）"言论外交的挑战"项目下实施的事业
		（4）"挑战世界课题"言论项目下实施的事业
		（5）面向会员的讨论会
		（6）网站论坛与海外传播
		（7）出版与广告宣传
	B. 其他，对于"言论活动等"项目实施所必要的诸多活动	扩大会员规模、增加捐款收入以及言论 NPO 的组织运营等相关活动

续表

评价方法	首先，基于"负面清单"进行第一次评价，按相关条件判断是否满足"非政治性与非宗教性"，其后对于存疑的评价对象，依据"内容判定标准"进行再评价。通过对这两项评价标准的组合运用开展自我评价。	
	（1）基于"负面清单"评价	依据美国国内收入署（IRS）制定的指导方针，言论NPO编制了"负面清单"，以基于该负面清单的客观评价为基础，即确认是否符合为满足"非政治性与非宗教性"所必须达到的项目。 以言论NPO评价年度的全部事业为对象，按照负面清单的每一个项目进行评价，从外在直观上看，很明确其活动是满足"非政治性与非宗教性"的事业则标注为"○"，不满足"非政治性与非宗教性"的事业则标注为"×"。如果仅凭外在性的判断，是无法进行评价的事业，则标注为"△"。 负面清单的确认项目分为"禁止项目"和"需要注意项目"两部分。前者是为了满足"非政治性与非宗教性"所必须达到的项目，后者是指希望能满足其条件，但即使没有满足这些条件，也并不能够马上断言其是不满足"非政治性与非宗教性"的项目。 即使是被标注了"△"的事业，还需要依据追加确认项目再进一步对其详细内容加以研讨，如果满足了这些条件，则基于负面清单的对象事业评价结果可修正为"○"。
	（2）基于"内容判定标准"评价	在负面清单中，每一项事业经分别确认，项目评价结果全部为"○"的情况，则认为该评价年度言论NPO的活动完全满足"非政治性与非宗教性"。否则，即使是只有一项为"×"的情况，也会被判定为不满足"非政治性与非宗教性"（一票否决制）。 依据负面清单的条件进行判断，只要出现有一个"△"的情况，则针对该项事业需要依据"内容判定标准"进行再评价。基于"内容判定标准"的评价是指，按照5个客观标准对个别事业的形成过程进行评价。这5个客观标准包括：①目的的明确性；②立场的明确性；③目标对象的明确性；④涉及内容（事业）形成的方法论的明确性；⑤涉及决定方针的管理体制及透明性。针对依据负面清单未能完成评价的事业，依据"内容判定标准"进行再评价时，若能够判断各项事业的形成过程满足"非政治性与非宗教性"，则作为最终评价结果，即其事业内容自身也可以被视为满足"非政治性与非宗教性"。

续表

评价程序	以上评价，属于言论 NPO 采取的事后"自我评价"。每年度，自我评价结果要在理事会上进行表决，审议通过后提交给通常总会。在向通常总会提出时，言论监事要对这份自我评价进行判定，其结果也一并向通常总会进行汇报。 评价的结果通过互联网等渠道进行公布，公布内容包括自我评价结果和其依据的相关概要，以及言论监事所做出的判定。并且，在公布时，要明确说明对于评价结果如有疑问，可以申请公开评价依据的宗旨，对于社会大众提出的公开申请，会在机构官方网站上对评价结果的依据加以更为详细的公开。

资料来源：根据特定非营利活动法人言論 NPO『言論 NPOの「非政治性・非宗教性」に係る自己評価結果—2015 年度版』相关内容整理编制，2017 年 3 月 17 日，http://www.genron-npo.net/about//2015-html。

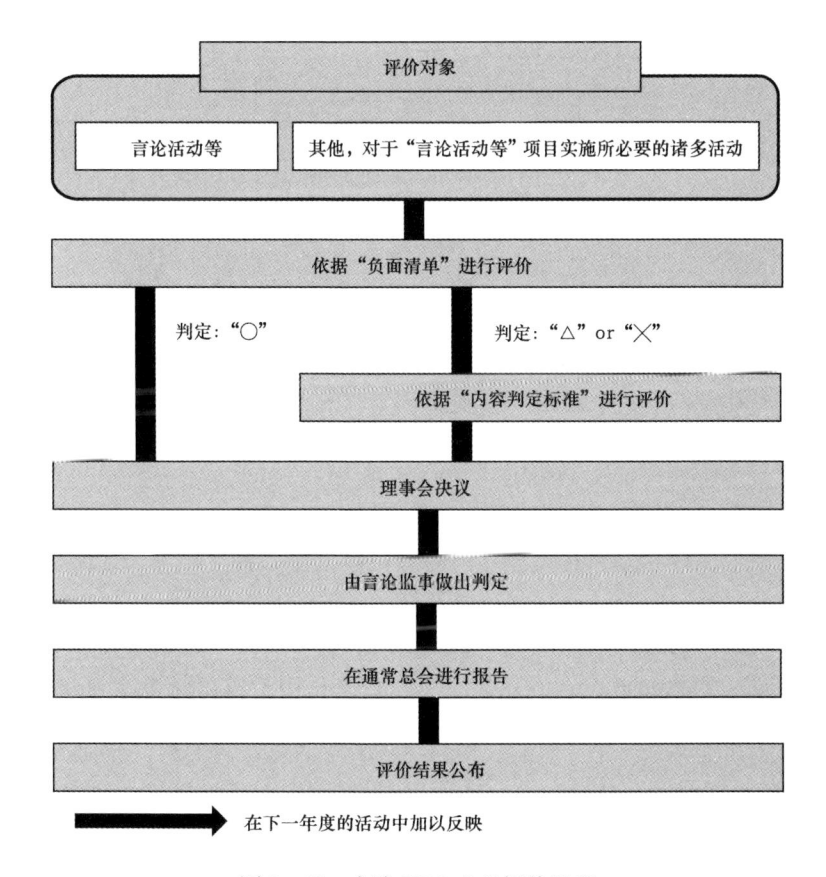

图 5-10 言论 NPO 自我评价流程

资料来源：根据特定非营利活动法人言論 NPO『言論 NPOパンフレット』（2020 年版）相关内容编制，2020 年 3 月 25 日，http://www.genron-npo.net/about/2020new.pdf。

第六章 日本智库的社会与政策影响力

无论是国际社会还是日本国内，在日本智库的评价上都存在着相当大的争议。一方面，正如许多文献所显示的，国际社会对于日本智库的专业水平印象深刻，日本的一些顶级智库也享有巨大的国际声誉。但另一方面，也有观点认为日本智库先天发育不足，导致其政策影响力有限，甚至有激进的意见认为日本不存在真正意义上的独立智库。① 这种巨大的分歧在很大程度上来源于日本的特殊社会治理体系，以及日本智库身份的模糊性，这也导致了在日本智库评价上的视角选择问题。与热衷于政治议题和意识形态的西方智库，尤其是美国智库相比，日本智库总体上显得更为低调和"务实"。很多日本智库不仅在研究选题方面更倾向于具体"技术性"问题和解决方案，也很少在公共媒体上发声，而是选择以内部渠道或专业报告的形式发布自己的研究成果；对于占据了接近"半壁江山"的企业智库，常常难以将它们所从事的商业性咨询业务与公共事务研究清晰地区分开来。例如，在 21 世纪初，日本智库体系中 81% 的职员和 70% 的研究人员都属于营利性智库，80% 的智库研究都是基于合同的委托项目，而委托方则主要是日本中央与地方政府和其他公共机构。② 这种与企业和政府的密切关系不仅限制了日本智库的活动空间，也在很大程度上塑造了其在社会治理体系中的特殊地位。21 世纪之前的日本智库很少开展独立的选题研究，并且所做的大部分研究也都不涉及公共政策议题，85% 的研究报告都不对外公开。相形之下，根据 NIRA 综研在 1999 年针对世界智库实施的调查结果，40% 的智库宣称其所有的政策报告都对公众开

---

① 在接受笔者访谈的日本学者和智库研究人员中，不少人持有这样的观点；小林陽太郎「代替の政策形成機関としてのシンクタンクの役割」、『シンクタンクの動向 2003』2003 年。

② Nakamura, M., "Think Tanks in a Changing Regional Environment", in Furukawa & Menju (ed.), *Japan's Road to Pluralism: Transforming Local Communities in the Global Era*, 111-132, Tokyo: Japan Center for International Exchange, 2003.

放，另 30% 的智库宣称其"绝大部分"政策报告都对公众开放。[①] 因此，从西方意义上的智库概念出发，难免会对日本智库的社会角色与绩效感到困惑。我们必须要在日本经济社会体制的具体背景之下，才能够更为准确地把握日本智库在其中的作用。

第一节 日本智库在社会治理体系中的地位

从社会治理的角度来看，智库的作用可以概括为五个方面，即思想孕育、人才培养与储备、决策咨询、政策沟通、对外交流。但是在不同的社会环境下，智库于上述功能的侧重可能有很大差异，从而影响对其绩效的评判。就日本智库而言，在二战结束之后相当长的时期里，由于官僚体系控制着政策决策过程，加上相对保守的政治氛围，智库的功能主要体现为官方智库与行业类智库在具体政策制定与执行的辅助工作上，思想孕育与政策沟通的功能非常有限，从而也影响了外界对于其社会贡献的认知。在冷战结束之后，随着日本政治体系的改变和民间智库的崛起，智库的思想孕育与政策沟通功能也逐渐显现，但是与欧美国家的智库相比仍然存在相当的距离。

一 官僚主导的公共决策体系与"依附型"的智库生态

官僚在日本的经济与社会治理中一直扮演着主导性的角色，其缘由可以追溯到日本长期的封建传统和明治维新以来为加速现代化进程而采取的政府主导模式。第二次世界大战结束后，日本的军国主义体制崩溃，但是政治体制却没有得到彻底清算，尤其是大多数文官都幸免于清洗，在占领军政府中继续效力，之后又被吉田茂内阁所吸收。[②] 随着战后经济复兴的进行和政治体制的保守化，官僚（尽管此时已经更名为"公务员"）再次获得了对于经济与社会的主导地位。与此密切相关的，则是日本在二战结束后长期的"超稳定"政治结构。在1955年自由、民主两个保守党合并成为自由民主党（简称"自民党"）并进入所谓"五五体制"之后，自民党开始了长达38年的一党执政时期，并且在国会长期占据着压倒优势，

[①] National Institute for Research Advancement, NIRA's World Directory of Think Tanks 1999, Tokyo: National Institute for Research Advancement, 1999.
[②] 宋益民：《试论战后日本政治体制及其演变》，《日本学刊》1990年第2期。

从而发展出了稳固的政党官僚合作架构。

根据日本宪法，在理论上国会是最高立法机关，内阁及其中的官僚只是政策的执行者。但实际上，由于作为国会议员的政治家任期有限，经常发生变动，而官僚的职务则相对稳定，加上经济、社会等领域的治理高度专业化，作为外行的政治家常常难以插手，导致政策决策权逐渐向官僚倾斜。以法案为例，在1960年12月至1983年1月期间，所有提交国会的法案当中，由文官立案的为3126件，其中2519件获得通过，比率高达80.6%；而由议员立案的1766件法案当中，只有319件获得通过，比率为18%。相应地，在此期间国会通过的全部2838件法案中，由议员立案的仅为1.2%，文官立案的则占8.8%。① 从上述数据中，不难看出官僚与国会在政策决策过程中的实力对比。

除了促进国会立法之外，官僚还采取各种手段绕过国会的审议过程以实现自己的政策意图。例如，为了避免日本国会的干预，1951年的《日美安全保障条约》是时任首相吉田茂以行政协定的方式签署的，而此后采用行政协定的方式处理国际事务也成为了官僚规避国会干预的常用手段。② 在各政府部门内部的事务上，官僚们更是几乎完全掌握了政策的决定权，可以控制从议题选择到政策实施的全过程。从实践效果来看，外务省、通商产业省等政府部门不仅获得了强大的政策话语权，也在很大程度上有效地实施了其政策构想，以至于很多研究者认为这些官僚机构才是日本最强大的智库。③ 官僚对于政策决策过程的垄断使得外部机构很难对相应的公共政策置喙，而对于公共政策讨论的另一个重要限制是，日本政府极少对公众披露政策决策的细节或其他信息。直至2001年4月1日日本《关于行政机关公开保有信息的法律》（『行政機関の保有する情報の公開に関する法律』，1999年法律第42号）④ 实施并迫使日本政府公开相关信息之前，政策信息基本都由中央政府部门所掌握，这也使得外部机构难以

---

① ［日］中邨章、竹下譲『日本の政策過程：自民党・野党・官僚』、梓出版社、1984年6月。
② 郭定平：《论战后日本政党在外交决策过程中的地位和作用》，《日本学刊》2003年第3期。
③ 如Akiko Imai, "The Evolving Role of Think Tanks in Japan", Japan Spotlight, January/February, 2013; Jessica Mackenzie, Arnaldo Pellini, Widya Sutiyo, "Establishing Government Think Tanks_An Overview of Comparative Models", The Knowledge Sector Initiative, Working Paper 4, 2015。
④ 《关于行政机关公开保有信息的法律》，简称"《行政机关信息公开法》"（『行政機関情報公開法』），1999年5月14日公布、2001年4月1日施行。

第六章　日本智库的社会与政策影响力　147

参与政策讨论。

在相当长的时期内，稳定的政治体制和官僚体系对于政府决策过程的主导使得传统意义上的民间独立智库活动空间非常狭窄。一方面，在自民党长期执政的背景下，日本智库不可能像西方政党智库那样依靠政党执政地位的更替来获得实现自己政策主张的机会，从而失去了"自上而下"发挥作用的渠道；另一方面，由于民众政治热情的缺乏和政策信息的封闭性，日本智库也难以通过激发公众对于政策的讨论来影响政府决策，从而失去了"自下而上"发挥作用的渠道。这种"两头被断"的政治环境显然极不利于独立智库的生存，也是日本民间智库至今力量孱弱的重要历史根源。[1] 依赖政府外包研究项目或者所属企业与政府有密切关系的智库则更接近于官僚的"技术型助手"的角色，即使具有相当高的专业研究能力，却缺乏欧美智库那样的宏观视野和鲜明的政见观点。

不过，尽管官僚体系在政策决策中的主导地位极大地挤压了民间独立智库的生存空间，但却给其他类型的智库提供了发挥作用的机会。政府部门雄心勃勃的政策构想意味着从规划到实施的大量烦琐工作，但政府官员的精力和时间则是有限的，因此必须借助其他力量来完成这些任务。为了实现这一目的，许多政府部门成立了自己的研究机构。如1958年成立的亚洲经济研究所，由通商产业省主管，不仅其会长、所长及监事都由通商产业大臣任命，年度调研计划、资金计划、预算也都由通商产业大臣审核批准。[2] 再如1959年成立的日本国际问题研究所，首任会长由时任首相吉田茂亲自担任，是外务省的外围机构。除了此类下设的研究机构之外，政府部门还经常将相关的研究任务交给所管辖企业的研究机构，而后者则将这类研究看作强化与政府关系以及在相关政策中体现自身利益的好机会。在企业社会责任之外，这种动机是许多企业智库承担公共事务课题的一个重要原因。例如，在政策制定过程中，日本政府部门极为重视国际经验的借鉴，而相应的研究支持通常由相关领域的智库来提供。这类研究不需要很高的原创性和理论深度，但是需要保证所提交信息的精确性和相关性，这正好是日本智库自"满铁调查部"以来的传统优势。[3] 但由于绝大多数此类研究都是"命题作文"，其成果很难体现智库自身的政治观点，而更多的是政策技术层面的内容。相应地，这些企业智库的地位也更类似

---

[1] 沈希：《日本智库需要更大发展空间——专访日本东京财团理事长秋山昌广》，《第三届全球智库峰会会刊》，2013年。
[2] 徐之先、徐光：《日本的脑库》，时事出版社1982年版，第29页。
[3] Ezra F. Vogel, *Japan as Number* 1, Harvard University Press, 1979, pp. 41–42.

于政府部门的"助手"或"承包商",而不是平等讨论的合作伙伴。

客观而言,日本政府并非不重视智库对于公共政策的作用,或者忽视来自政府之外的声音,相反,很多具有远见卓识的政治家和官僚都是智库建设的倡导者,这其中的典型例子就是吉田茂一手创立的日本国际问题研究所和1974年田中角荣内阁基于《综合研究开发机构法》① 建立的"综合研究开发机构"(简称"NIRA综研")。NIRA综研经常被称为日本智库的"总管"②,其成立的目的是为了更好地对智库活动加以协调,使之服务于日本的政府政策研究。因为其由政界、商界、学界和地方公共团体的知名人士共同发起,产官学共同出资设立的背景,NIRA综研得到了社会各界的认可,卓有成效地扮演了智库枢纽和政府与智库之间协调人的角色,围绕着政府关心的议题将诸多非官方智库组织在自己周围,并且强有力地影响甚至塑造着它们的发展空间。从NIRA综研成立直至日本经济政治形势发生剧变的20世纪90年代中期,日本智库的发展经历了几次浪潮,无论数量和成果都获得了大幅增长。根据NIRA综研的统计,从1976年到1996年,日本智库的数量达到237家,较1976年增长了4倍,智库研究成果为449项,较1976年增长了约6倍。不过,在这一繁荣景象的另一面,NIRA综研也承认了日本智库公益性、独立性不足的缺陷和政策影响力非常有限的现实。③ 总体来看,日本智库高度地依附于政府部门而运作,而在官僚主导的公共政策体系下,这是一个无法破解的格局。

二 新的政治格局下智库与政府关系的变化

20世纪90年代初,日本泡沫经济破灭,开始了"失去的二十年"。1993年,自民党在众议院选举中惨败,自1955年以来首次失去执政党地位。经济与政治的巨大震荡不仅冲击着日本社会,也改变了日本智库的生存环境,在这其中,有三个因素尤为重要,那就是政官关系的变化、地方自治的推进和民间政治热情的兴起。

二战之后官僚一直在日本政官关系中占据着相对主导的地位,但是随着经济政治环境的变化,这种局面开始发生改变。泡沫经济的破灭和此后的经济困境使人们开始反思政府在经济运行中的作用,僵化的决策体制和对于经济的过度干预被认为是导致当前问题的根源,官僚也因此背负巨大

---

① 《综合研究开发机构法》,『総合研究開発機構法』,1973年法律第51号。
② 徐之先、徐光:《日本的脑库》,时事出版社1982年版,第17页。
③ National Institute for Research Advancement, NIRA's World Directory of Think Tanks 1996, Tokyo: National Institute for Research Advancement.

压力，不得不在与政党的关系中做出让步。相应地，1996 年自民党以"中央省厅半减"为口号夺回政权后，时任首相桥本龙太郎开始基于"政治主导""小政府""地方分权""高行政效率""特殊公团法人独立化"等原则展开行政改革，削弱官僚体系的规模和权力。此后，小泉纯一郎继续沿此路线，以"小政府"和"官退民进"为方向推行政府结构改革。在此过程中，官僚对于企业的行政审批制度和行政指导制度被废除，特殊公团法人的民营化则进一步切断了官僚体系干预经济的途径，官僚体系的政治权力被大大削弱，不得不由政策制定者转向政策执行者的角色。[1] 尽管之后政党与官僚之间的关系仍有反复，民主党强化政党在公共决策中主导作用的改革也遭受了挫折，但官僚已经不可能享有过去垄断政策决策过程的地位。不仅原来由官僚体系所控制的官方和半官方智库纷纷独立出来[2]，外部的智库也因此有了更为深入地参与政策讨论的可能。

新时期日本政党所推行的行政改革中的一个重要方面就是深化地方自治。二战结束之后日本开始实行地方自治制度，其法律基础是 1947 年颁布的《地方自治法》（『地方自治法』，1947 年法律第 67 号）。在这一体制下，中央政府负责全国性的事务，地方政府则具有双重职能，即不仅负责本地居民的"固有事务"，还要处理中央的"委托事务"。[3] 20 世纪 60 年代，随着经济的高速增长，日本居民的权利意识与自治意识也不断增强。1969 年日本政府对《地方自治法》第 2 条第 4 项进行了修订，从而在法律形式上确认了自治体会议在地方发展规划中的参政地位。[4] 与此相应，这一时期地方智库也开始兴起，当时主要由中央政府部门设立，在 70 年代则更多地由地方政府和地区性银行设立，并在 80 年代形成了一个热潮。在 60 年代日本设立了 19 家地方智库，70 年代为 40 家，在 80 年代则新设立了 48 家。地方智库中有 56% 为非营利智库，超出了总体智库中 51% 的比例。[5] 这些非营利智库主要由县政府（相当于中国的省级政府）设立，也有一些由市政府或区域金融机构设立。地方智库在推动日本地区分权，影响区域政策，推动地方公共议题讨论等方面发挥了重要作用，但

---

[1] 赵铭：《当代日本政治中的官僚——以国家发展模式转换为视角》，《日本问题研究》2008 年第 2 期。

[2] 例如亚洲经济研究所、日本国际问题研究所、能源经济研究所、海洋产业研究会等原来由省厅主管的智库都在这一波改革浪潮中获得了独立身份。

[3] 周一川：《日本政治体制中的双重结构》，《世界历史》1988 年第 2 期。

[4] 今川晃：《日本地方自治的基本原则》，《政治学研究》2016 年第 1 期。

[5] 数据来源：『シンクタンク要覧 2000』，総合研究開発機構，2017 年 3 月 30 日，https://www.nira.or.jp/past/icj/tt-idxj/。

它与地方政府之间的关系却并未摆脱传统的官僚主导模式。地方政府经常并不把地方智库看作独立的政策研究机构，而通常是将其作为咨询公司甚至下属机构来使用。反过来，地方智库在资金和人事方面对于地方政府也有着很强的依赖，很多智库完全依靠地方政府的委托项目而生存。[①] 20世纪90年代泡沫经济破灭后，许多地方智库转型或加以重组，尤其是地区性银行设立的智库在母机构纷纷倒闭重组的背景下被撤销或并入新的母公司成为其下属机构。

随着1999年制定的《关于推进地方分权的关联法律的完善等相关法律》[②] 在2000年4月正式实施，日本地方分权进一步加深，国家、都道府县与市区町村的关系发生了巨大的变化，由原来的"上下"与"主从"的关系转变为"对等"与"合作"的关系，[③] 地方智库也迎来了新的发展机遇。各地区不仅需要设法自行处理由于中央权力的退出而产生的大量自治事务，而且还面临着"少子化"带来的区域人口竞争问题，这就催生了巨大的政策研究需求。而且与中央政府不同的是，地方的政治生态更为灵活，不仅管理者的选举更为直接，政党间的竞争也更为激烈，使得地方智库有可能扮演类似欧美智库那样的政党智囊角色。并且，由于地方的公共议题与民众更为息息相关，相应的探讨更为热烈深入，也给智库作为公共政策研究和宣传者提供了活动空间。另外，地方政府在信息披露等方面也更为积极和友好，许多地区在中央政府之前率先发布了信息公开法规，这也为创造区域性的"政策市场"提供了良好的条件。因此，尽管地方公共事务的议题不如国家层面那么宏大，却可以为智库的咨政功能发挥提供一条务实的路径。

三　民间独立智库的兴起与智库参政的新渠道

二战之后稳定的政治体制和官僚体系主导的一个伴生产物就是民众参政热情的不足。在这一时期，尽管也有由于环境、外交问题等引发的社会抗争，但总体上由于经济的高速增长，民众对于生活现状较为满意，不愿

[①] Nakamura, M., "Think Tanks in a Changing Regional Environment", in Furukawa & Menju (ed.), *Japan's Road to Pluralism: Transforming Local Communities in the Global Era*, 111–132, Tokyo: Japan Center for International Exchange, 2003.

[②] 《关于推进地方分权的关联法律的完善等相关法律》，『地方分権の推進を図るための関係法律の整備等に関する法律』，1999年法律第87号，通称"《地方分权一揽子法》"（『地方分権一括法』）。

[③] 董顺擘：《日本自治体智库的发展现状、运作机制、特点及其对中国的启示》，《情报杂志》2018年第8期。

发生激烈变动,①加上日本政治生活的封闭性,民间缺乏参政渠道,导致了民众对于参与政治缺乏热情。在这种情况下,尽管日本也曾尝试引入欧美的智库模式,②如日本财团与笹川和平财团1991年资助美国城市研究所（Urban Institute）组织国际论坛来推广西方智库的理念,却由于缺乏相关的制度环境而收效甚微。③随着政治生态与社会经济环境的改变,日本智库在20世纪90年代后期开始对长期以来官僚主导下的行政体制进行反思,在以"政治主导"代替"行政主导"的"脱官僚运动"推动下迎来了"第四次智库发展潮",其重要特征就是民间独立智库的迅速崛起。这一时期具有代表性的智库包括"国际研究奖学财团"（1999年更名为"东京财团",2018年更名为"东京财团政策研究所"）、"21世纪政策研究所""市民立法机构""社团法人构想日本""21世纪政策构想论坛""藤田未来经营研究所"等,都是集中在1997年成立的新型智库,而1997年也因此被称作"民间非营利独立智库元年"。④

民间独立智库通常采取非营利组织的形式,追求其政策观点的独立性,并且很多都有自己的意识形态属性,因此它们似乎更符合欧美意义上的典型智库形象。民间独立智库建立的动因多是民众关心的热点问题,如环境污染、气候变化、市民权利,因而拥有雄厚的群众基础,同时也由于它们的民间性质而缺乏传统智库与政府的密切联系,这就使得它们从一诞生就采用自己独特的方式来介入公共政策。除了开展研究和为政府的政策决策建言献策外,民间独立智库还利用各种媒介通过引导社会舆论、形成民意的方式间接影响政府决策和公共政策活动,从而使政策沟通、公众教育的社会功能得以发挥。民间独立智库通过举办定期的内部学习班和外部互访交流活动,聘请国内外专家进行讲学和客座研究,举办各种学术研讨会,深入到民间组织和社区开展宣讲会和咨询服务等方式,将智库研究成果更为有效地加以转化和普及。例如,东京财团就把"政策普及活动"定位为该机构的政策研究活动的一环,除了在网站上刊登文章、开展基础宣传活动外,还召开研究讨论会及议员学习会等,积极向报纸杂志投稿,

---

① 鲁义、刘星华:《日本的新中间阶层及其政治状况分析》,《日本学刊》1987年第5期。
② Struyk, R., "Learning from the U. S. and European Experience", in *A Japanese Think Tank: Exploring Alternative Models*, ed. R. J. Struyk, M. Ueno and T. Suzuki. Washington, DC: Urban Institute, 1993.
③ Telgarsky, J. and M. Ueno, "Introduction: Think Tanks in a Changing Japan", in *Think Tanks in a Democratic Society: An Alternative Voice*, ed. J. Telgarsky and M. Ueno. Washington, DC: Urban Institute, 1996.
④ 程永明:《日本智库的发展现状、特点及其启示》,《东北亚学刊》2015年第2期。

研究人员积极在电视和广播中发表观点言论，同时邀请活跃在相关领域的专家一起推动政策普及活动，促进政策内容的不断深化。

在民间独立智库的带动下，许多其他智库也开始摆脱传统的"闭门研究"的幕僚形象，更为积极地与民众沟通，了解大众的政策诉求，宣传自己的政策观点。公开出版物和研讨会成为日本智库引导舆论和影响政策的重要手段，例如言论 NPO 每年与中国、韩国的相关机构合作实施"民间舆论调查"，并举办日本与中韩之间的双边论坛。智库的这些公众交流活动也与政治家们通过公众舆论提高影响力的需求达成了一致，许多日本政要频繁出席智库组织的各种论坛，借助智库平台来提高曝光率和宣传自己的施政理念。例如日本前外相麻生太郎关于日本外交的"新基轴"观点就是 2006 年 11 月 30 日在日本国际问题研究所主办的专题讲座上通过题为《建立"自由与繁荣之弧"——拓宽的日本外交地平面》的演讲提出的。

不过，尽管日本民间独立智库已经拥有了自己的声音，却远没有构成其智库体系的主流，在实际运作上则依然受制于根深蒂固的传统政治体制和资金来源不足等问题。日本至今尚未制定出台类似于美国的税收减免政策等鼓励捐助的法律，日本税法中虽规定了"特定公益增进法人"制度，针对满足法定条件的捐助予以免税，但事实上能被认定为"特定公益增进法人"的智库却几乎都是官方体系的研究机构，民间独立智库几乎与此无缘。除了税收问题之外，日本智库资金来源上的困境也与其在社会治理体系中的尴尬地位密切相关。由于长期以来相对封闭的政治运行模式，日本罕有对于公共政策的公开辩论，从而难以体现智库的作用，缺乏内部"人脉"的"草根"智库要想真正影响政策也困难重重。在这种情况下，公众不仅缺乏通过智库参与公共事务的热情，更看不到资助智库对于改变政府决策的现实性，[1] 这迫使没有官方和企业背景的智库只能走营利生存的道路，而追求观点独立与财务独立的民间智库则因此陷入资金瓶颈。日本想要发展出真正自由竞争的"思想市场"，仍然有相当长的路要走。

第二节　日本智库的社会贡献

尽管各方观点在日本智库的社会角色这个问题上存在争议，但毋庸置

---

[1] 朱荣生：《民间智库对日本外交的影响——以东京财团为主要对象的分析》，《日本研究》2016 年第 2 期。

疑，作为社会与经济治理体系的一个重要组成部分，日本智库对日本的经济增长和社会治理做出了突出的贡献，它尤其体现在产业政策、国际交流和人才培养等方面。

一 经济与产业政策的制定与实施

产业政策被认为是日本战后复兴期经济高速增长的重要因素。对于一个"赶超"型的经济体，要在有限的资源约束下建立起具有国际竞争力的产业体系，常常需要对于复杂的企业网络进行协调，包括确定不同产业和企业建设的优先顺序，制定关键原料与产品的供应保障措施，通过财政、税收、金融、物价等手段引导企业运营，向企业提供关于国内外经济环境和产业竞争形势的情报信息等。制定上述复杂的经济政策涉及规模巨大且庞杂的信息搜集、处理、规划、写作任务，为此，除了政府部门下属的官方智库以及特设的临时智库之外，以通商产业省①为代表的相关政府部门还动员了大量的非官方智库来参与政策规划，并通过它们来获取中央政府的支持和企业部门的配合。在经济高速增长期结束之后，尽管日本政府部门对于经济的干预相对有所放松，但产业政策仍然发挥着重要的作用，而智库也依然深度参与到产业政策的制定与实施当中。

日本智库对于经济与产业政策最为重要的贡献之一是信息的搜集和筛选。在产业政策的制定过程中，日本政府部门更多依赖于相关领域或行业的专业智库，通过委托研究的形式，获取相应的研究支持，特别是对国际经验的借鉴，相较于对理论研究的原创性和学理性的追求，更要求对采集提供信息的精准度和分析的专业性，而这也正是日本智库自"满铁调查部"以来对基于实地调研的数据采集与应用分析研究的特色建设和优势所在。日本智库还常常直接参与产业政策的制定，甚至相关政策方案的起草。这类情况对于与政府部门保持着密切联系的半官方智库或企业智库更为普遍。与此同时，日本智库关于国内外经济情况的调查和对于未来经济走势的预测也为政府的经济与产业政策提供了重要支撑。例如，日本经济研究中心从1967年开始发布季度短期经济预测，1973年开始发布五年期的中期经济预测，并且受总理府、NIRA综研和日本经济新闻社委托创立了不同领域的经济预测模型，其成果是政府经济规划的重要依据。②

---

① 有些学者认为通商产业省本身就是一个官方智库，如 Jessica Mackenzie, Arnaldo Pellini, Widya Sutiyo, "Establishing Government Think Tanks_An Overview of Comparative Models", The Knowledge Sector Initiative, Working Paper 4, 2015.

② 徐之先、徐光：《日本的脑库》，时事出版社1982年版，第46—47页。

日本智库参与经济和产业政策决策的另一条重要途径是审议会制度。审议会是由总理府和各省厅及地方政府根据《国家行政组织法》(『国家行政組織法』,1948年法律第120号)、各省厅设置法和审议会设置法设立的,就某事项进行调查审议的合议制机关,[①] 其实质是政府的正式咨询机构。审议会的规模差异很大,从数人到数百人不等,其基本功能是进行政策研讨、利益协调和情报交流。以"通商产业省产业结构审议会"为例,它是在1964年作为通商产业大臣咨询机构设置的,内部结构与通商产业省的各个局相对应,人员规模超过500人,其中20%以上为行业协会代表。[②] 日本的重大经济与产业政策几乎都要通过审议会的评议,而在这一过程中,智库除了直接参与政策讨论之外,还会通过向相关参与者提供研究支持的方式来影响决策。另外,审议会也会通过自己的研究,直接向政府首脑提出政策建议。例如1995年11月,经济审议会向当时的村山富市首相提交了《结构改革经济社会计划》(『構造改革のための経済社会計画』),就与1993年12月前首相细川护熙的私人咨询机构"经济改革研究会"(「経済改革研究会」)的《平岩报告》(『平岩リポート』)相结合,提出了改革物流、能源、流通等十大领域的成本机构,推进行政、财政改革等政策措施。[③]

在日本经济与产业政策制定的过程中,政府经常通过审议会或其他方式与行业协会沟通,寻求后者的支持与配合,这就为企业智库创造了巨大的活动空间。在产业政策制定过程中,实力强大的企业智库常常能够在其中发挥主导作用,甚至凭借自身的社会影响力,左右在本行业之外的政策规划。例如,电力中央研究所依托日本电力行业的政策协调平台"产业计划会议"在1956—1968年期间提出了国营铁路的民营化、高速道路的整修、东京湾横跨堤坝等16项政策建议,之后几乎全部得以实现。

二 国际事务与国际交流

国际事务是日本智库非常活跃的一个领域。日本智库得以在其中发挥重大作用,一个重要原因是这一领域的特殊性。由于国际关系和外交的敏感性,许多对外交往活动不便于由政府直接出面,这时智库就可以走向前台进行操作。另一个重要原因则是国际经贸关系对于日本的特殊意义。日

[①] 邹钧:《日本行政体制和管理现代化》,法律出版社1994年版,第208页。
[②] [日]冈崎哲二、张承耀:《日本行业协会和审议会体系的形成》,《中国工业经济研究》1993年第9期。
[③] 殷立春:《战后日本的经济计划》,《经济视角》1996年第5期。

本是一个岛国，资源有限，必须依靠国际贸易加入世界产业链方能维持经济发展，为此就需要维护稳定的经贸关系。在日本经济高速增长的20世纪60和70年代，也是日本致力于和亚洲国家实现关系正常化并且扩大在亚洲和世界政治与经济影响力的时期，亟需根据新的国内外形势制定可靠的国际政策，而日本智库则通过大量的国际问题研究为此提供了情报与策略支持。在这当中，日本国际问题研究所关于苏联的系统性研究、亚洲经济研究所关于中国和东南亚国家的综合性研究不仅对于日本的相关政策制定极为关键，并且在国际上也产生了重要的影响。

在政策研究之外，日本智库长年来以非官方身份执行外交任务，对日本政府缓解外交危机、构筑国际合作关系等发挥了积极的促进作用。[1] 例如，日本国际问题研究所与日本经济研究中心等智库从20世纪70年代开始多次主办太平洋贸易与发展会议（Pacific Trade and Development Conference），并且与布鲁金斯学会等海外智库共同举办了多种国际会议，讨论区域军备控制等敏感问题。冷战结束后，日本进行对外战略转型，谋求大国地位，外交领域的官方智库也对自己的定位进行了调整，将活动范围从配合政府外交政策扩展到更为广阔的国际事务，无论研究的议题还是参与国际活动的密集程度都大大增加。与此同时，"财团法人东京财团""社团法人构想日本"等致力于国际事务的民间智库也纷纷成立，并且迅速成为这一领域的活跃力量。也正是在这一时期，日本智库开始真正发挥"二轨外交"的功能，成为国际舞台的重要角色。日本国际问题研究所积极参与了1993年"亚太安全合作理事会"（Council for Security Cooperation in the Asia Pacific，CSCAP）的组建，并就各类热点议题创建和参与国际对话机制。东京财团等民间智库也与各国智库建立伙伴关系，举办各种形式的国际论坛与其他交流活动。这些活动不仅扩展了日本的国际活动空间，也拓宽了影响日本国际政策的渠道，并且大大提升了日本智库的国际知名度。

在日本的国际政策方面，审议会同样也是智库发挥作用的重要途径。日本首相安倍晋三于2015年8月14日所发表的"战后70周年安倍谈话"就是以"21世纪构想恳谈会"所起草提交的报告为基调编写的。该恳谈会共由16名成员组成，以日本著名智库研究人员为主体，几乎每位成员都身兼数职，涵盖了政治、外交、军事、国家安全、经济等多个专业领

---

[1] 中山俊宏「日本の外交・安全保障シンクタンクを活性化させるためには」（2012年8月16日），2019年6月13日，https://www.nippon.com/ja/currents/d00049/。

域，覆盖中、美、非、东南亚等多国别的研究范围。这些成员中多位都具有政治外交方面的工作经历和背景，虽然他们的政治立场、所属派系、学术观点各异，但在各自的领域都是颇具活力的人物。从 16 名成员的具体构成来看，其中 8 名成员（占比 50%）来自日本的知名智库，其中 4 名是智库的现任负责人，4 名为智库的专职或兼职研究人员；9 名成员（占比 56.3%）是东京大学等日本著名高校的校长或教授；2 名成员（占比 12.5%）为日本商界著名集团公司的掌门人；2 名成员（占比 12.5%）为知名纸媒的部门负责人。

除了国际政治议题之外，日本很多专业智库在各自的领域内，积极参与国际规则和国际行业标准的制定，[①] 通过与国外智库的交流及合作，为日本的国际政治与经济战略服务，也为日本企业的技术和资本输出铺路。[②] 例如，日兴研究中心受 NIRA 综研委托而开展的《关于日本企业海外活动中各种问题的研究》，着重针对日本企业在泰国和菲律宾的投资活动，从经济、社会、经营等多层面进行了详细的调查和分析。[③] 再如，"一般财团法人节能中心"作为日本国内节能领域的引领者，以亚洲的发展中国家和能源国为中心，积极协助节能技术的普及和节能政策的制定，为了推进节能设备在东盟地区的普及，针对建立并实施能效标识制度等提供有参考价值的信息。同时，该中心积极与欧美、中国等国家开展合作，参与并联合主办各种普及节能技术的国际活动，将日本的节能技术优秀案例推广到海外。此外，节能中心作为联合国"人人享有可持续能源"倡议（SE4ALL）的国际化机构举办了"国际城市合作论坛"。该中心更与官民一体化设立的"世界节能等商务推进协议会"（JASE-World）合作，积极宣传推行日本的先进节能技术等，为推进相关产业的国际商贸提供支持。

在参与国际规则制定方面，日本智库中的一个案例是"株式会社 EX 都市研究所"。它成立于 1971 年，是以"城市与地区社会"和"环境"作为两大核心课题，践行"知与行"的专业智库，为解决日本和亚洲的地区、城市及环境问题，建设可持续发展型社会，从事政策研究，提出政策建议，编制城市发展规划，并全程参与项目的企划到实施完成。EX 都市研究所积极拓展国际业务，提供专业化的国际咨询业务，以 ODA 相关业务为中心，面向发展中国家和地区提供环境问题解决方案。同时，在国

---

① 张勇：《日本战略转型中的对外政策智库》，《外交评论》2015 年第 6 期。
② 吴寄南：《浅析智库在日本外交决策中的作用》，《日本学刊》2008 年第 3 期。
③ 徐之先、徐光：《日本的脑库》，时事出版社 1982 年版，第 58 页。

际环境政策领域，EX 都市研究所积极参与环境相关条约的制定，并为此针对国际谈判以及日本国内的担保措施的研讨提供支持，面向该条约实施中的相关机构提供援助。与此同时，该研究所还大力支持日本的环境相关技术的国际推广，针对发展中国家的有害重金属和化学物质等的管理状况实施基础性调查研究。

在日本对外政策中的重要角色也使得这一领域的日本智库获得了良好的国际声誉。例如，在《全球智库报告 2019》（*2019 Global Go To Think Tank Index Report*）包含美国在内的世界智库排名（Top176）里，公益财团法人日本国际问题研究所（JIIA）排名第 13 位，是排名最高的亚洲智库，亚洲开发银行研究所（ADBI）排名第 24 位，公益财团法人中曾根康弘世界和平研究所（IIPS）排名第 117 位，防卫研究所（NIDS）排名第 138 位。[①]

三 政策领域的人才培养

日本智库对经济与社会发展的一个重要贡献就是成为政策领域人才培养的基地和人才储备的蓄水池。日本智库设有完备的人才培养机制，特别是针对青年研究人员投注大量的时间和经费加以长期性培养。如野村综合研究所的职员当中，近三分之一有国外留学经历，或者曾在国外研究机构进修。

很多智库针对青年人才都设有定期轮换和外派的研修制度，即智库将所属研究人员派往政府部门、关联企业以及其他相关研究机构工作，通常时长为 1—3 年不等，工作期满后必须返回原单位，与之相应，智库一方也会基于这种合作关系接收上述相关机构的研究人员在智库从事研修工作。智库工作人员的定期流动机制，不仅有利于强化拓宽人际关系网，同时更可以促进研究人员以独立客观的立场发表各自的观点。例如"株式会社大和综研"的研究人员不仅有机会被派往财务省、经济产业省等政府部门或研究机构从事一定时间的实务工作，还有机会借助国际合作研究项目等派往海外的研究机构从事短期或长期研究活动，其中每年都有研究人员被派往中国社会科学院等相关研究机构从事客座研究。这些制度化的人才交流和人才培育机制为青年研究人员提供了学习与实践的机会，让青年研究人员立足于社会发展和政策需求的第一线，掌握国内外的最新动态和知识信息，直观而全面地了解并掌握政策制定部门的运作机制和政策决

---

① James G. McGann, *2019 Global Go To Think Tank Index Report*, Think Tanks and Civil Societies Program, University of Pennsylvania, 2020.

策流程，做到理论与实践相结合。

通过政府、学界、实业界之间的人才交流互访制度，日本智库为政府和企业培养了众多的优秀人才。从智库研究人员跃升成为政府官员的最成功案例当属东京财团的竹中平藏，他以学者身份步入政坛，从2001年到2006年，在小泉内阁中先后担任了主管宏观经济运行和改革的经济财政大臣、金融大臣、内阁府特命大臣、总务大臣、邮政民营化大臣等要职，被誉为"小泉改革的总设计师"和邮政民营化改革的"前线总指挥"，身为小泉经济改革的重要推动者，对当时日本政府的很多重要政策都产生了直接影响。

与此同时，日本智库还通过各种培训项目为日本的发展培养人才，尤其是政策制定与执行方面的人才。例如东京财团自2004年起，以全国市区町村级政府职员为对象展开了培训项目，2009年又刷新内容，开办了"东京财团周末学校"，以便于更多的市区町村级政府职员前来参加。这个项目基于东京财团的社会网络，在吸取原地方政府领导、活跃在地方的基层人员的经验和知识的基础上，通过培训与指导，让学员理解地方自治的本质，思考今后地方社会的应有形态。学员在培训结束后，仍可利用遍布全国的网络，共享信息、交换意见，相互切磋、不断提高，从而更好地承担日本地区建设的责任。

东京财团在改组更名为"东京财团政策研究所"后开设了培养引领日本政策研究的优秀政策研究者项目，面向志在政策研究的青年研究人员给予每月40万日元的资助和每年20万日元的研究经费，共支付5年，额外还提供打磨政策研究基础能力的实践锻炼机会，研究人员统一加入研究所的健康保险（医疗保险）、厚生年金保险（养老保险）、雇佣保险（失业保险）、劳动灾害保险（工伤保险）。研究人员在推进自己的研究工作的同时，须参与东京财团政策研究所的内部及外部研究人员和政府相关人员等的共同合作研究活动，研究人员个人的自主研究占比上限为50%，研究所还在研讨制订未来面向海外重要智库等机构的研究人员派遣计划。该人才培养项目的招募对象是和东京财团政策研究所的政策研究紧密相关的经济学、政治学、社会心理学、统计学、社会学等社会科学领域以及大数据的分析和运用等与数据科学相关的情报学专业领域的研究人员。该项目规定的申请资格为青年研究人员需要具有日本国籍或拥有日本永久居留权的外国人，并符合取得博士学位不满三年的要求。该项目为期五年，在资助计划执行到第三年时，研究所将对研究人员能否继续获得资助进行考核和审查。

与此类似的还有日本经济研究中心的"委托研修制度"。该制度接收会员企业的青年工作人员和骨干人员进行研修，其中多为企业的调查部和经营部的分析人员，通过经济预测等实践训练，培养同时精通研究与实务操作的优秀人才。研修生在为期1—2年的培训期间内参与该中心的研究项目，须合作完成并发表研究报告，培养费用由会员企业单位负担。

第三节　案例分析

在本节，我们将通过具有代表性的日本智库的发展过程与研究活动以及对于"一带一路"的研究进行详细的分析，以期展现不同时期日本智库参与公共政策决策过程的方式及其社会影响。

一　一般财团法人电力中央研究所

"一般财团法人电力中央研究所"（后文简称"电力中央研究所"）创建于1951年，是日本电力事业的核心研究机构和智库，为解决能源、环境、经济问题而不懈努力，为日本电力事业和社会发展积极做贡献。该智库六十余年的发展史记录了日本电力行业的改革与崛起历程，也从一个侧面反映了日本智库对社会与政策的影响。

（一）创立和发展过程[①]

电力中央研究所由日本电力行业的著名企业家松永安左卫门创建。第二次世界大战前，松永因不愿纳入军部领导下的电力国家管理系统而退隐十年，是日本战时与军部没有关联往来的极少数电力相关人员。战后已74岁高龄的松永因精通电力事业，并且其反对战争、坚持自由主义的理念与联合国最高司令官总司令部（GHQ）主导的电力事业民营化方针相符合，所以松永复出担任了吉田茂内阁于1949年设置的五人组"电气事业改组审议会"的委员长。松永认为，研究开发和培养专家是日本战后电力事业发展必不可少的要素。基于这一理念，以松永为中心的各电力公司和公益事业委员会以日本发电公司的资产为基础，在新电力公司成立半年之后的1951年11月7日设立了"财团法人电力技术研究所"，第一任理事长由日本发电株式会社的总裁大西荣一出任，当时的人员规模为136人。

[①] 资料来源：『一般財団法人電力中央研究所——人と技術の50年』，一般財団法人電力中央研究所，2019年5月2日，https://criepi.denken.or.jp/intro/matsunaga/fifty_years.pdf。

1953年4月，松永出任电力技术研究所的第二任理事长，并将研究所的业务范围拓展到电力经济领域。电力技术研究所于1952年7月增设电力经济相关研究业务，并更名为"电力中央研究所"，资金来源为各家电力公司的捐款。作为财团法人，采用这种运营体制在日本是极少的特例，电力中央研究所是第一个尝试者。1956年3月，松永主导成立了"产业计划会议"以汇聚整合民间的力量，审议产业计划、提出政策建议。产业计划会议的事务局设在电力中央研究所内部，以研究所员工为中心开展工作，并与外部专家学者合作开展各种调查研究活动。

电力中央研究所第三任理事长由中部电力株式会社的会长横山通夫出任。此时的日本已从长期的经济高速增长转向面临进口和成本通胀带来的物价上涨、公害问题和贸易摩擦问题。横山在任期间，经历了两次石油危机，电力行业面临史无前例的重大转型。电力中央研究所顺应社会对核能与环境问题的关注开展相关研究，积极向海外交流学习，1976年与美国的电力研究所EPRI签订了研究合作协议，这也是日本第一次与世界顶级的电力专门研究机构开展正式的实质性技术合作。1977年3月电力中央研究所举全所之力，设置了"长期电力供需问题研究会"，推进以2000年为目标的综合研究计划的实施。在取得《大电力输送构想的相关第一次报告》等阶段性成果后，1981年电力中央研究所再次将视野拓展到了2030年，并为此成立了"超长期能源战略研究会"，1984年完成了中期研究报告《能源与电力需求的长期展望》。这项研究也成为了从1981年开始每年举办的"能源未来技术论坛"的创办契机。

20世纪80年代，日本经济进入稳定增长时期，但电力中央研究所则面临工会运动的不断激化，体制改革呼声高涨。在这样的背景下，第四任理事长成田浩于1980年就任。成田以电力中央研究所的组织运营和职员意识改革为目标，在上任2个月后提出了《业务运营基本方针》，明确了电力中央研究所今后的工作方针和行动目标，即第一是对电力事业的贡献和对社会的奉献；第二是发挥研究的前瞻性和创造性；第三是提高活力并建设明快愉悦的职场。其后，成田还相继制定并推出了研究三目标、研究理想、人才理想，并导入了职业资格制度和专职人员制度、业务表彰等政策。除了组织改革和研究创新以外，成田还将民间企业的公共关系和营销手法导入了研究所，1981年在研究所新设了广告宣传部，开始举办"能源未来技术论坛"，并将"开拓能源未来的电中研"设定为研究所标语。他主张电力中央研究所的研究必须得到更为广泛的一般民众的理解，为此，他创办并刊发了《电中研通讯》，明确要求刊物内容必须确保让小学生能读懂。从 1981 年开始，电力中央研究所每年都面向地区民众举办"研究所开放日"等活动。

从昭和跨入平成时代，世界发生了巨大变化，也迎来了重大转折点。东京电力公司副社长依田直就任电力中央研究所的第五任理事长。依田认为在时代变化之中，应重新思考和定位作为肩负公益性责任使命的研究机构的存在理由，为此，他提出"Center of Excellence"（通称"COE"，即"卓越中心"）作为电力中央研究所的全新理念，即以建设世界顶级研究所为目标，并且今后的电力中央研究所重要的是不仅研究水平理所应当是世界一流，而且研究人员的问题意识也必须是世界顶级，打造有梦想的研究所，激发研究人员在专业领域开展高水平竞争，从而实现达到世界一流研究水平的目标。依田基于卓越中心的理念，制定并实施了各种措施，在传统的基础研究之上，新增了作为尖端基础研究的生物科学、材料科学、计算科学三个领域进行重点投入，推进了大量世界最尖端的研究开发。电力中央研究所在提升研究设备和设施等硬件水平的同时，进一步强化与国外研究机构和大学的合作，与美国、英国、加拿大等多国的著名研究机构和大学签订了研究合作协议，积极促进人文交流和共同研究。

依田认为电力中央研究所作为囊括经济、资源、环境等各专业领域的基础能源研究机构就应挑战长期性课题，其上任伊始就提出了"有识之士会议"的构想，经过一年的研讨筹备后，开始了实质性的活动。"有识之士会议"是由来自产业界和学界的 30 位专家组成的"委员会"，以及在此基础上为研讨特定课题由青年学者与研究人员组成的"研究团队"共同构成。研究所还成立了"情报通信研究中心"，以建设 21 世纪的高度信息化社会为目标，推进信息通信和信息处理技术的研究开发，同时为充实与电力公司间的技术交流，设置了"研究开发促进会议"，推进"电中研技术网络"应用等技术信息的共享。

依田在任期间，以"卓越中心"为目标，切实巩固了电力中央研究所获得国际认可的研究机构的地位。作为日本电力行业的代表智库，电力中央研究所发展至 2019 年，其事业规模已达 296 亿日元，人员规模达到 762 人，其中一半工作人员拥有博士学位。[1]

（二）研究成果

如前所述，日本智库整体而言受到资金来源、社会需求、政府关系等

---

[1] 资料来源:『一般財団法人電力中央研究所のご案内』，一般財団法人電力中央研究所，2019 年 8 月 5 日, https://criepi.denken.or.jp/intro/pamphlet/criepi.pdf? 201907。

外部因素的影响，自进入 21 世纪以来，研究成果在产出数量方面，呈现出逐年减少的趋势。与之相比，电力中央研究所在 2009—2018 年度十年间的业绩成果如图 6-1 所示，不论是研究报告，还是在学术期刊、学会刊物、学术会议上发表的论文，从绝对数量来看，总量变动幅度不大，相对于论文而言，研究报告的数量增减变化较为明显，总体符合日本智库发展的大趋势。需要说明的是，电力中央研究所因其研究内容和专业领域的关系，其研究报告和论文涵盖了社会科学和自然科学的多个专业领域，既包括智库应用研究成果，也包括基础理论研究成果，此处仅对比数量变化，不做内容区分。

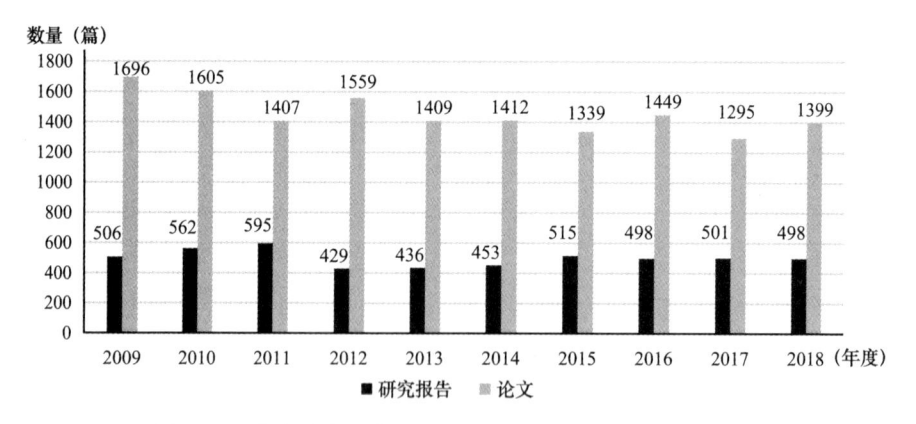

图 6-1　电力中央研究所 2009—2018 年度研究成果产出量

资料来源：根据一般财团法人電力中央研究所『年度事業報告書・決算書』（2009—2018 年度）各年度相关数据整理绘制，2019 年 8 月 4 日，https：//criepi. denken. or. jp/intro/info/index. html。

电力中央研究所虽然在研究成果的产出数量变化趋势上，与日本智库的整体态势有相似之处，但在委托研究占比和成果公开等方面又有着自身特点。日本智库研究活动的一大特点就是委托研究一直占据优势，自主研究尚有不足，且委托研究成果的公开数量明显低于自主研究成果。与之相比，电力中央研究所在 2009—2018 年度完成的研究报告从总体而言以自主研究为主，从趋势来看，委托研究成果数量有所增加，但除个别年度外，自主研究成果数量始终多于委托研究成果数量（参见图 6-2），而这也从实践层面反映了该智库创建人松永提出的开展自由、独立研究活动的要求。

图 6-2　电力中央研究所 2009—2018 年度研究报告数量

资料来源：根据一般财团法人電力中央研究所『年度事業報告書・決算書』（2009—2018 年度）各年度相关数据整理绘制，2019 年 8 月 4 日，https：//criepi.denken.or.jp/intro/info/index.html。

另一方面，从 2009—2018 年度的十年间电力中央研究所发表的论文构成情况来看，如图 6-3 所示，刊登在同行评议学术期刊的论文数量占比始终保持在 30%—40% 之间，相比之下，论文更多是在学会的会刊和会议上进行发表，这符合日本重视学会权威性的学术惯例。

图 6-3　电力中央研究所 2009—2018 年度论文发表数量

资料来源：根据一般财团法人電力中央研究所『年度事業報告書・決算書』（2009—2018 年度）各年度相关数据整理绘制，2019 年 8 月 4 日，https：//criepi.denken.or.jp/intro/info/index.html。

其次，不论是通过《电力中央研究所报告》等形式发表的研究报告，还是在学术期刊和学会会刊及会议上发表的论文都可以从电力中央研究所的官方网站下载，研究报告的公开时间会根据项目的具体情况略有差异，但总体而言，电力中央研究所的研究成果公开程度已远超日本智库的平均水平。

此外，电力中央研究所与大学、国家研究机构和团体、制造厂商、电力行业、海外机构等相关机构之间开展广泛的合作研究。如图6-4所示，从合作方数量占比情况来看，大学始终是最主要的合作研究伙伴，其次是海外机构，且两者都较为稳定，数量增减变动不大，国家研究机构下降明显，电力行业和制造厂商都有所增加。

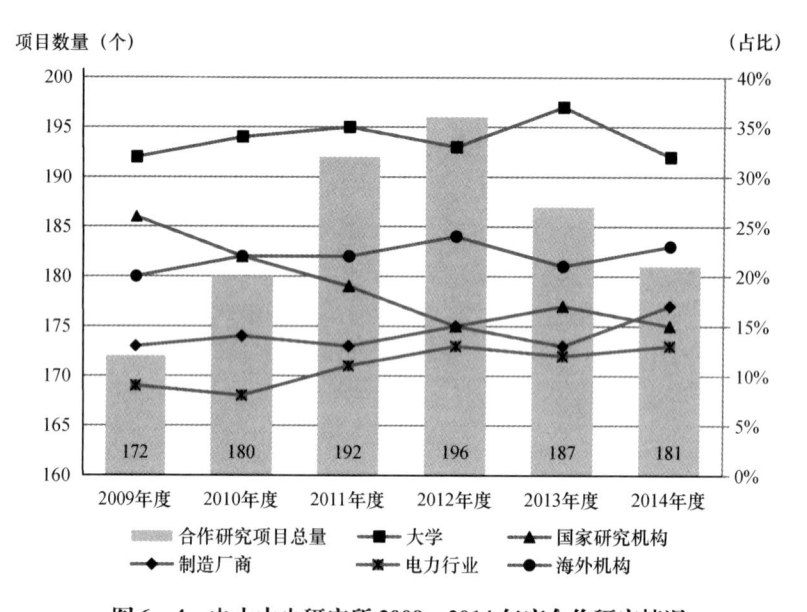

图6-4 电力中央研究所2009—2014年度合作研究情况

资料来源：根据一般财团法人電力中央研究所『年度事業報告書・決算書』（2009—2018年度）各年度相关数据整理绘制，2019年8月4日，https://criepi.denken.or.jp/intro/info/index.html。

在国际交流合作方面，电力中央研究所一直都非常积极。2009年度以来的年报显示，近十年间，电力中央研究所长年保持与遍布五大洲十余个国家的二十余家研究机构签有研究合作协议，三四十家机构实施合作研究项目，加入了五个以上的国际组织，大力推进国际合作研究、信息交换以及人员交流。

同时，电力中央研究所还拥有大量的知识产权成果，截至2018年度末注册的知识产权达到763件，这个数据还在以每年几十件的速度不断更新，2018年度新申请项目82件，新注册项目56件，此外新开发软件103件。①

电力中央研究所通过广泛参与"一般社团法人日本核能学会""公益社团法人土木学会""一般财团法人日本规格协会""国际电力标准会议""日本保健物理学会"等日本国内行业组织，环境省、国土交通省、经济产业省等日本政府机构，以及"国际标准化机构"等国际组织实施的跨领域的众多行业及国际规格、标准、技术规范等的制定，在日本国内及海外的专业领域内积极发声，不断增强国际影响力和话语权。

在社会影响力方面，电力中央研究所通过举办研究报告会、学术研讨会和出版刊物等形式面向社会广大公众积极传播其研究成果和研究活动，通过官方网站、报刊、电视广播等多种媒体渠道进行宣传报道，通过YouTube短视频等方式介绍研究人员和研究设施，通过Facebook等社交媒体发布活动信息，通过"研究所开放日"等活动让社会公众走进研究所。电力中央研究所以全方位开放的姿态，及时、全面发布信息，提升了社会公众的认知度和关注度。

二 一般社团法人海洋产业研究会

"一般社团法人海洋产业研究会"（后文简称"海洋产业研究会"）由产业界和商界共同发起，于1970年作为社团法人成立，2012年变更为一般社团法人。该智库成立之初，是由文部科学省、农林水产省、经济产业省和国土交通省共同主管，2007年《海洋基本法》（『海洋基本法』，2007年4月27日法律第33号）制定后，开始与"内阁官房综合海洋政策本部事务局"（即现在的"内阁府综合海洋政策促进事务局"）保持深度的交流合作。作为多个政府部门共同主管下的跨行业、跨领域的具备智库功能的海洋产业团体，海洋产业研究会从事与海洋产业相关的产业经济以及科学技术的调查研究、情报信息服务等业务，致力于通过其成果的应用和普及，进而为确立海洋产业体制做贡献。

---

① 资料来源：『2018年度事业报告书・决算书』，一般财团法人電力中央研究所，2019年8月5日，https：//criepi.denken.or.jp/intro/info/2018annual_report.pdf。

（一）智库特征①

作为特色化专业智库，海洋产业研究会具有以下四个特征（参见图6-5）。首先，从机构属性而言，海洋产业研究会由产业界和商界共同提议设立，而并非由特定官厅等政府部门倡导设立，该智库从创办之初就与政府部门之间保持着适度距离，在力图保证其研究不受政府部门干预的同时，其历任会长皆为产业界的意见领袖人物（参见表6-1）。

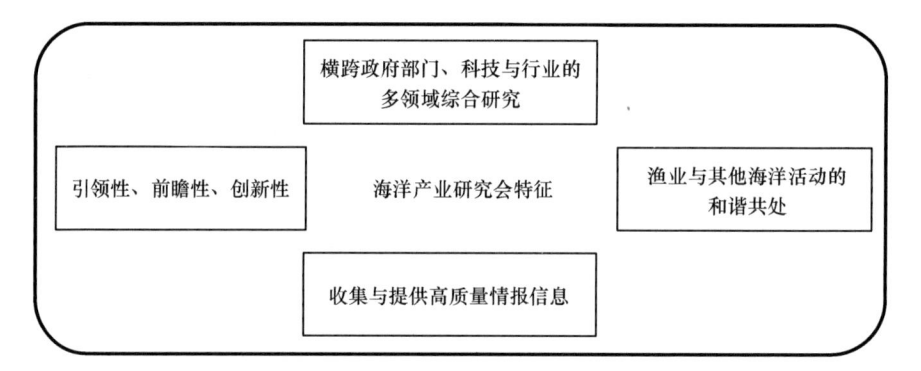

图6-5　一般社团法人海洋产业研究会智库特征

资料来源：根据一般社团法人海洋産業研究会『一般社団法人海洋産業研究会のご紹介』相关内容绘制，2019年5月4日，http://www.rioe.or.jp/。

表6-1　　　　一般社团法人海洋产业研究会历任会长

任期	姓名	在任时间	所在单位及职务
第一任会长	大屋　敦	1970年4月—1970年8月	日本银行政策委员、日本核能产业会议副会长 社团法人经济团体联合会宇宙开发促进会议会长
第二任会长	三村起一	1970年12月—1972年1月	社团法人经济团体联合会理事、石油矿业联盟会长 石油开发公团总裁、石油资源开发株式会社会长
第三任会长	水上达三	1972年2月—1980年4月	三井物产株式会社董事长 产业构造审议会委员、财政制度审议委员

---

① 资料来源：『一般社団法人海洋産業研究会のご紹介』，一般社団法人海洋産業研究会，2019年5月4日，http://www.rioe.or.jp/。

续表

任期	姓名	在任时间	所在单位及职务
第四任会长	山下 勇	1980年4月—1984年5月	三井造船株式会社董事长 海洋科学技术中心会长 社团法人经济团体联合会海洋开发促进委员长
第五任会长	石川六郎	1984年5月—1988年1月	鹿岛建设株式会社董事长
第六任会长	稻叶兴作	1988年1月—1993年5月	石川岛播磨重工业株式会社社长 海洋科学技术中心会长 社团法人经济团体联合会海洋开发促进委员长
第七任会长	吉野照藏	1993年5月—1993年10月	清水建设株式会社董事长 社团法人日本建设行业团体联合会会长
第八任会长	星野儿郎	1993年11月—1998年6月	三井造船株式会社社长
第九任会长	大庭 浩	1998年6月—2002年5月	川崎重工业株式会社董事长 海洋科学技术中心会长 社团法人经济团体联合会海洋开发促进委员长
第十任会长	武井俊文	2002年5月—2014年5月	株式会社IHI顾问 海洋科学技术中心会长 社团法人日本经济团休联合会海洋开发促进委员长
第十一任会长	佃 和夫	2014年5月至今	三菱重工业株式会社顾问

资料来源：根据一般社团法人海洋産業研究会『一般社団法人海洋産業研究会のご紹介』相关内容整理编制，2019年5月4日，http：//www.rioe.or.jp/。

其次，海洋产业研究会是多学科、多领域的交叉型智库，横跨多个政府部门、专业领域和行业，构建了庞大的产官学关系网络，以统揽海洋产业全局的高度站位和宏观视角开展智库活动。再者，海洋产业研究会的事务局具有中立性，其专职工作人员，特别是高层管理人员，均为研究会直接聘用，而非关联政府部门的离退人员或企业的外派人员。最后，发挥产业政策智库功能，不断拓展并充实日本国内外的海洋产业、政策、科学技术等的情报信息网络，提供高质量的情报信息，发掘新项目，开展引领性、前瞻性、创新性研究，发挥咨政建言的智库作用。

(二) 研究活动及成果产出

海洋产业研究会自成立以来，长期专注于海洋产业，开展与海洋产业相关的跨领域综合性调查研究（参见表6-2），并取得了大量研究成果。海洋产业研究会的研究形式较为多样化，按项目来源可划分为，委托研究、政府补助研究、资助研究、协作研究、合作研究、自主研究以及事务局自主研究七种。

表6-2　一般社团法人海洋产业研究会调查研究项目主要领域分布（1971—2017年度）　　（单位：件）

	项目数量				合计	构成比
	委托研究	补助、资助研究	自主研究	合作、协作研究		
海洋政策与制度	38	4	9	0	51	7.6%
产业振兴	31	2	42	1	76	11.3%
科学研究与教育	42	1	5	0	48	7.1%
海洋情报信息	15	0	6	0	21	3.1%
海洋深层水	33	0	14	2	49	7.3%
海洋能源与矿产资源	63	9	29	0	101	15.0%
海洋空间利用	54	4	49	0	107	15.9%
海洋构造物与机器	25	17	22	3	67	10.0%
海洋水产资源	36	3	28	0	67	10.0%
环境保护与净化	14	6	10	2	32	4.8%
安全与防灾	14	11	8	0	33	4.9%
海洋娱乐	11	0	10	0	21	3.1%
合计	376	57	232	8	673	

资料来源：根据一般社団法人海洋産業研究会『一般社団法人海洋産業研究会のご紹介』相关数据整理编制，2019年5月4日，http://www.rioe.or.jp/。

概观1971—2017年度的调查研究业务情况，海洋产业研究会的委托研究项目始终占比最大，自主研究项目位居第二。在20世纪80年代中后期到90年代之间，自主研究项目数量明显攀升，最多时达到年度11件，而且个别年度的自主研究项目数量占比曾一度与委托研究项目数量持平或略有超越，但进入21世纪后，自主研究项目数量骤减，平均而言，年度最少为2件，最多不超过4件。各年度开展调查研究的形式不尽相同，项目来源及数量情况各异,除委托研究和自主研究以外,其他研究形式仅为补充,年度完成的调查研究项目的研究形式最多时共有五种。如表6-3所示,委托调查研究项目的委托方占比最大的是以中央省厅旗下的团体为主体、含民间企业构成的海洋产业相关团体,此外委托方还包括中央政府部门和地方自治体。

表6-3　　　一般社团法人海洋产业研究会调查研究项目构成情况(1971—2017年度)　　（单位：件）

分类	项目数量	构成比	备注
委托研究	376	55.9%	
1. 中央省厅	(79)	(11.7%)	
(1) 文部科学省	4		
(2) 农林水产省	18		
(3) 经济产业省	11		
(4) 国土交通省	39		
(5) 内阁官房、内阁府	7		
2. 地方自治体	(79)	(11.7%)	含第三部门等
3. 海洋产业相关团体	(218)	(32.4%)	主要是中央省厅旗下团体,含民间企业
补助、资助研究	57	8.5%	
自主研究	232	34.5%	
合作、协作研究	8	1.2%	
合计	673		

资料来源：根据一般社团法人海洋产业研究会『一般社团法人海洋产业研究会のご紹介』相关内容编制,2019年5月4日,http://www.rioe.or.jp/。

(三) 政策建言成果

海洋产业研究会以海洋可再生能源、洋面浮体应用项目、海洋矿产资源的探查与开发、远距离离岛及周边海域综合管理措施、市场构造调查等作为主要课题展开研究,并以理论研究成果为基础提出政策建议,践行咨政建言的智库使命。

例如,在海洋基本计划修订方面,海洋产业研究会针对预定从2018年度开始实施的第三期海洋基本计划,先行听取并汇总会员企业的意见与要求,经反复研讨审议后,于2017年3月提交了《关于第三期海洋基本计划制定的建议》，以"海洋产业的健全发展"为理念，为制定比现行基本计划更能体现"振兴海洋产业和强化国际竞争力"这一基本措施的内容，从海底资源开发的促进、海上风力发电及海洋可再生能源利用的切实推进、海洋产业振兴的基础完善等五大方面分别提出了具体措施与建议。

此外，针对有关海上风力发电等渔业协调合作的现状与愿景，先后于2013年5月和2015年6月提交了两版建议方案，从理论和技术两个层面的综合分析到政策研究建议均有详尽阐述。2016年6月，海洋产业研究会面向2020年东京奥运会和残奥会，提交了《有关台场浮体式海域净化设施的提案》。

（四）交流合作

海洋产业研究会的跨部门、跨领域、跨行业的交叉型智库特征的另一个直接体现是该研究会每年6月例行举办的联谊会。该联谊会已经成为日本海洋界要人汇聚一堂进行交流的重要场所，相互效应下也大大提高了研究会的知名度。海洋产业研究会举办的联谊会每年保持在约350人的规模，除会员等产业界人士外，还汇聚了主管海洋政策的大臣及政务官、国会议员、内阁府综合海洋政策促进事务局、文部科学省、农林水产省、经济产业省、国土交通省等相关政府部门人员；水产研究与教育机构、海上技术研究所、港湾技术研究所、航空技术研究所等相关研究机构人员；以及来自大学、学术界、海洋关联团体、地方自治体等活跃在第一线的各方人士。

三 日本智库的"一带一路"研究

日本作为世界第三大经济体，同时也是中国的重要邻国，其战略布局与政策抉择都对我国的经济、外交等诸多方面产生直接且重大的影响，对亚洲乃至世界的格局变动都具有不可忽视的战略意义。自中国面向世界提出"一带一路"倡议以来，日本对"一带一路"倡议的认知与解读、立场与态度不断发生变化，从最初的质疑排斥到对抗竞争再到正面参与，日本虽非"一带一路"的合作国，但日本因素已成为"一带一路"推进过程中一个不可忽视的重要影响变量。[①]

（一）日本对"一带一路"倡议的态度转变及其动因分析

日本对"一带一路"倡议的态度及其转变，是在日本国内外的多方

---

① 杨伯江、刘瑞主编：《"一带一路"推进过程中的日本因素》，中国社会科学出版社2016年版。

面复杂因素共同作用下的结果,应从日本政界、商界、学界、媒体界等不同主体层面加以区别分析。

首先,日本政府对"一带一路"倡议的态度转变及其采取的相应政策措施,其背后是日本政府对华关系与对华政策的投射。日本政府最初对"一带一路"倡议的消极否定,虽有研究不足、歪曲误读的干扰影响,但更为主要的原因是对中国迅速发展的担忧警觉,其间也不乏地缘政治因素的干扰。其后,以自民党干事长二阶俊博率团访华,出席2017年5月在北京举办的"一带一路"国际合作高峰论坛,并向习近平主席递交了安倍首相表达围绕"一带一路"建设期待与中方深入对话与合作愿望的亲笔信为标志,日本政府与执政党核心层对"一带一路"倡议的态度发生了积极转变。[①] 2017年11月14日,安倍首相首次对外正式表态,对于在第三国的经济合作,在建立自由开放的双赢关系基础上,愿寻求对两国企业及对象国发展有益的合作方式。[②]

日本政府对参与"一带一路"建设的态度转变源于多方面因素。从"国家利益"的角度来看,日美关系和朝核问题虽是不容忽视的影响因素,但导致日本政府态度转变最直接的动因是日本国内在政治、经济和外交上的现实需求,这也是目前研究日本问题的中国学者间普遍的共识。

日本的经济界被认为是推动日本参与"一带一路"框架下合作的重要力量,自"一带一路"倡议提出之际,便给予了较多关注,从警惕到参与,在矛盾纠结中,谋求日本经济利益的最大化发展。日本早在20世纪60年代便开始涉足东南亚地区[③],多年的经营与大量的投入,为日本在东南亚、中亚等地区打造出了具有竞争优势的市场,因此"一带一路"倡议的提出,直接激发了日本经济界对日本既得利益受损的担忧。在日本政府对"一带一路"倡议的抵触情绪,以及官方对民间"不鼓励参与合作"的导向下,日本企业界也并不看好"一带一路"倡议的发展前景。其后,"一带一路"建设的稳步推进让日本经济界人士不仅获得了信心,更给一些先知先觉的企业带来了实际收益,在更多商机面前,日本企业界

---

① 杨伯江、张晓磊:《日本参与"一带一路"合作:转变动因与前景分析》,《东北亚学刊》2018年第3期。
② 张季风:《日本对参与"一带一路"建设的认知变化、原因及走向》,《东北亚学刊》2018年第5期。
③ 陈言:《日本对"一带一路"倡议的态度——从无视变为不即不离》,《东北亚学刊》2018年第5期。

更希望能够搭上"一带一路"建设的顺风车。① 在经济利益的驱动下，日本经济界不仅在日本国内向政府施加压力，敦促政府加快推进与中国磋商在"一带一路"框架下的合作，更采取实际行动，日中经济协会、经济团体联合会、日本国际贸易促进会三大团体组织的日本企业家访华代表团的规模不断扩大，并自2015年以后每次访华之际都必提及"一带一路"建设中的中日合作问题。与此同时，为满足日本企业的实际需求，日本贸易振兴机构、日中经济协会、中国日本商会、瑞穗银行等日本在华分支机构、行业协会、银行等各类机构已经开始帮助日本企业对接"一带一路"建设项目的中国合作方。2017年12月，中日经济界在东京举办了"一带一路"相关问题论坛。论坛上，日方提出了"项目合作"论，即在"一带一路"沿线第三方市场开展项目合作。日本政府就中日双方在"一带一路"建设中开展合作的首度表态为日本企业界打了一剂强心针。

然而，日本政府官员、商界人士、社会公众在搜寻"一带一路"相关文章和书籍时，才发现日本社会上对"一带一路"加以介绍的相关文献较为有限，且相关内容都并不完整，更没有全面系统的理论论述，日本民众更是缺乏渠道获取关于"一带一路"的客观报道信息。究其原因，一方面，虽然《产经新闻》《朝日新闻》《读卖新闻》《日本经济新闻》等日本主流媒体对"一带一路"倡议进行过报道，但报道的数量非常有限，且往往是由其他话题联想到"一带一路"，而很少针对"一带一路"倡议进行报道。就对"一带一路"倡议的态度来说，这些报道虽然以提供不夹杂或夹杂少量评论的新闻消息为主，很少对"一带一路"倡议进行大篇幅的评论或针对其发表社论，但它们对"一带一路"倡议的主观看法依然在字里行间中显而易见，即，虽然存在对"一带一路"的正面解读，但误读和消极解读占大多数，尤其是对"一带一路"倡议（1）能否适应沿线的自然与社会环境顺利施行，以及（2）是否会对地区及世界现有秩序构成威胁，表示出强烈的担忧。② 这些报道在无形中引导日本民众和社会舆论对"一带一路"倡议产生了一定的负面情绪和误解。随着日本政府对"一带一路"倡议的态度转向积极，特别是李克强总理访问日本以及中日签署《关于中日第三方市场合作的备忘录》之后，总体而

---

① 张季风：《日本对参与"一带一路"建设的认知变化、原因及走向》，《东北亚学刊》2018年第5期。
② 冯英子：《从〈朝日新闻〉和〈产经新闻〉对一带一路的报道看日本主流舆论对"一带一路"的倾向性》，学士学位论文，北京大学，2016年；赵连雪：《日本对"一带一路"倡议的认知变化研究》，硕士学位论文，吉林大学，2018年。

言，日本国内舆论界对于"一带一路"倡议的态度渐趋温和，媒体对"一带一路"建设的报道总量以及正面报道的数量都有明显增加，[1] 但报道中很少直接使用"一带一路"这一专有名词进行表述，更多的是用具体项目名称来代替。

另一方面，日本学界对"一带一路"倡议的态度虽更为理性，但鉴于日本政府的态度以及日本社会的大环境，在"一带一路"倡议提出初期，日本学者对其关注度并不高，即使偶有相关研讨会[2]或媒体评论文章，也缺乏对"一带一路"的系统性论述。虽然河合正弘、江原规由、梅原直树、伊藤亚圣等少数知华派在定期出版物上发表过"一带一路"的相关文章，但其数量十分有限。[3] 在日本政府正面表态和企业界实际对接之后，日本学界特别是在日本的中国学者开始大力推进对"一带一路"倡议的学术研究，一些中日学者更自发成立了智库机构——"一带一路日本研究中心"，积极参与"一带一路"方面的国际交流与合作，促进日本智库对"一带一路"倡议的相关理论研究与政策咨询。

总体来看，中日两国在"一带一路"框架下的合作，基于安倍内阁改善中日两国关系的现实需求得以推进前行，但现阶段仍在合作领域上受到严格限制，包括不涉及安全保障等特殊方面的合作，尚停留在遵守国际规则与国际标准等"有条件"的第三方市场经济合作项目上，在具体合作中，日方通过设置多种限制以确保自身利益的最大化。[4] 中日两国在"一带一路"框架下的合作已经迈出了积极有益的第一步，但从长期而言，前路依然坎坷艰难，中方需要抓住战略机遇期和重要时间窗口，加强与日本商界、学界、媒体、智库和民间组织的交流合作，进一步强化宣传、释疑增信、寻求共识，夯实经济基础和民意基础，推动中日在"一带一路"框架下合作的不断创新与深化。

---

[1] 张季风：《日本对参与"一带一路"建设的认知变化、原因及走向》，《东北亚学刊》2018年第5期；赵连雪：《日本对"一带一路"倡议的认知变化研究》，硕士学位论文，吉林大学，2018年。

[2] 2017年11月30日，日本亚洲共同体学会主办的"一带一路"亚洲环境能源合作国际研讨会，12月4日召开的"日中CEO峰会"，等等。

[3] 苗吉：《多元中的演进：日本视野中的"一带一路"倡议》，《辽宁大学学报》2018年第1期。顾鸿雁：《日本智库对"一带一路"倡议的认知及其影响研究》，《国外社会科学》2018年第4期。

[4] 卢昊：《日本对"一带一路"倡议的政策：变化、特征与动因分析》，《日本学刊》2018年第3期。

(二) 日本智库对"一带一路"的相关研究及其动因分析

日本政府对"一带一路"倡议的态度转变，正是其对华关系在政策层面上的投射，① 是对华政策的实例展现。如果说"日本因素"是"一带一路"建设过程中不容忽视的要因，那么研究公共政策并开展咨政建言的"日本智库"在其间发挥的作用同样值得剖析。

产官学各界共同推动下建设发展而来的日本智库对"一带一路"的相关研究首先基于日本大环境下的公共政策研究需求，与此同时，各类智库因其机构属性、资金来源、智库成果、需求方等多方面综合因素的不同而呈现出差异性。

1. 研究主体：民间为主力

日本智库作为政府之外的国内政治行为体，在现有的日本政策形成体制下，日本智库更多是作为信息提供方，通过提供信息或参与政府的政策决策过程进而影响国家政策的形成，或直接影响社会公众和舆论进而通过民主体制影响选举结果或政策导向，反推国家政策的形成。

可以说，日本智库目前对于"一带一路"的相关研究，还停留在服务委托方需求的层面，自主研究开始出现但成果较为有限。在"一带一路"倡议提出之初，由于日本并非"一带一路"合作国，且日本政府态度消极，表态暧昧，媒体不看好，民众不关心，日本学界和研究机构也并不关注相关研究，日本智库的实质性介入也相对较晚，主要是在日本政府、经济界等各方态度发生转变之后。

日本政府在各方利益权衡之下，虽表示愿意有限度地参与"一带一路"框架下的合作，但就目前的情况而言，主要还是集中于民间机构以项目合作方式在第三方市场开展的经贸合作。在这样的背景下，基于政府财政拨款运营的官方智库很难大张旗鼓地开展"一带一路"相关研究，也可以说日本政府对"一带一路"倡议的态度在很大程度上限制了日本智库对于"一带一路"相关研究的开展。

与之相对的民间独立智库，因资金有限，在没有项目委托或研究资助的情况下，智库没有充足的动力开展"一带一路"的相关自主性研究。当然，这也和该智库的研究领域和定位相关，"一带一路"是一个相对较新的话题，与智库的原有研究领域还有待对接。例如，日本新型智库"特定非营利活动法人言论NPO"的代表工藤泰志就曾明确表示，"一带一路"是中国推动的项目，如果涉及世界和平与经济民生等符合该智库

---

① 蔡亮：《"一带一路"框架下日本对华合作的特征》，《东北亚学刊》2018年第4期。

第六章　日本智库的社会与政策影响力　175

理念的话题，则会给予关注和参与，否则该智库对"一带一路"并不关注。①

相对资金充裕的企业智库则是以客户需求为导向，其业务可划分为面向政府部门的咨政业务和面向社会部门的咨询业务。咨政业务，由于没有政府部门关于"一带一路"的相关委托研究，因此企业智库几乎没有涉足。咨询业务，主要是服务企业智库的一般社会客户，多以企业为主，因此"一带一路"相关业务也几乎局限于拥有中国相关业务或在第三方市场国家有相关业务需求的客户，并且是在客户提出相关需求或委托时，企业智库才会开展相应业务。例如，三菱综合研究所只在与中国有业务往来的客户提出关于第三方市场合作等相关咨询需求时，才有针对性地开展"一带一路"的相关研究。

梳理日本智库关于"一带一路"的研究成果，我们发现基于自主研究并公开发布的"一带一路"研究成果非常少。在这个过程中，民间经济团体和智库成为"一带一路"相关研究的主力，在一些关键议题上对日本政府政策决策产生了影响，② 最具代表性的智库包括亚洲经济研究所、公益财团法人国际通货研究所（后文简称"国际通货研究所"）、一带一路日本研究中心。

亚洲经济研究所是经济产业省主管下的半官方智库，经费几乎全部来源于财政拨款，其研究方向和内容在一定程度上受到经济产业省的影响。自2017年开始，该研究所虽然相继推出了"一带一路"相关研究成果，但数量有限，且截至2018年底均为内部报告，可以说从一个侧面呼应了日本政府的官方表态。事实上，推动亚洲经济研究所开展"一带一路"相关研究的关键性人物是长年从事中国研究的大西康雄研究员。亚洲经济研究所以大西康雄牵头，设立"一带一路"研究室，对"一带一路"经贸合作开展研究，并为第三方市场合作建言献策。

国际通货研究所是民间独立智库，其自主研究项目由该研究所的研究人员自行决定研究主题。目前该研究所的中国业务负责人梅原直树研究员牵头开展"一带一路"的相关研究，他基于对中国的长期关注与研究积累，并结合亚洲基础设施投资银行等相关内容对"一带一路"进行研究。

一带一路日本研究中心是日本首个以推进"一带一路"合作为主要

---

① 资料来源：笔者对特定非营利活动法人言论NPO的代表工藤泰志的实地调研访谈，2019年4月10日。
② 卢昊：《日本对"一带一路"倡议的政策：变化、特征与动因分析》，《日本学刊》2018年第3期。

研究目标的专业智库，成立于 2017 年 11 月，由日本国内学者与旅日华人学者为主体共同创立。该智库已正式加入中联部当代世界研究中心出任秘书处的"一带一路"智库合作联盟。一带一路日本研究中心以增进日本各界对"一带一路"倡议的认识，促进相关智库交流与合作及"一带一路"国家共同发展为宗旨。该智库的成立以及活动的实施，主要依靠其创始人筑波大学进藤荣一名誉教授的主动推进。

综上所述，日本智库对于"一带一路"相关研究的开展主要以民间力量为主体，特别需要关注这些智库中的关键性个人的引导与推动。这些智库对于"一带一路"倡议的关注当然有一定的官方态度作为背景，但是也反映了学者对于这一问题的认识。

2. 研究成果：学术成果为主

目前，日本智库对于"一带一路"的相关研究成果以学术成果为主，成果形式包括论文、著作、研究报告。论文方面，例如国际通货研究所的梅原直树于 2017 年 3 月发表于该机构通讯 *News Letter*（2017 年第 11 期）上的《中国"一带一路"构想的特征与今后展望》。

著作分为译著和专著。译著方面，截至 2018 年底只有日本侨报出版社引进并加以翻译出版的王义桅教授的《"一带一路"详说》和《"一带一路"沿线 65 个国家青年的心声》等。专著方面只有一带一路日本研究中心于 2019 年 4 月出版的《"一带一路"通向欧亚新世纪的道路》一书，面向日本的普通民众深入浅出地介绍了"一带一路"倡议，是非常好的社会宣传开端。该书也是日本国内关于"一带一路"的第一本正式出版发行的日语著作，其中文版将在中国翻译出版。该书作者涉及多个研究领域和多种职业背景，囊括了来自著名智库、大学、研究机构、社会组织和媒体的 48 位中日相关人员，其中包括河合正弘、江原规由、大西康雄、周玮生等日本国内从事"一带一路"相关研究的中日两国专家学者，以及日本前首相鸠山由纪夫、前驻联合国大使谷口诚、前法务大臣野泽太三、全国知事会前会长麻生渡、早稻田大学前校长西原春夫等知名人士。

研究报告方面，以亚洲经济研究所的大西康雄牵头完成的系列内部报告为代表，其中与上海社会科学院合作于 2017 年和 2018 年相继发布了《中国"一带一路"构想的展开与日本》《"一带一路"构想与中国经济》和《中国对外政策与"一带一路"构想》。

3. 研究领域：经济为主

基于以上研究不难发现，日本智库目前围绕"一带一路"的相关研究主要聚焦于经济领域，包括对第三方市场合作项目的相关研究，同时也对"一带一路"倡议提出前后的中国国内外政治经济背景、相关政策文件进行了一定的梳理，纵向与改革开放、新常态、结构性改革等加以关联分析，横向与 TPP、亚洲基础设施投资银行等加以对比分析，研究国家不局限于中国和日本，还包括了美国、俄罗斯以及非洲等合作国与地区。

4. 智库活动：论坛为主

日本智库围绕"一带一路"开展的相关智库活动还较为有限，日本国内的"一带一路"研究成果宣介活动较少，智库的国际活动以主办或参加"一带一路"相关论坛、研讨会为主，研究人员不定期开展相关实地调研工作或出席研讨会进行学术交流。例如，2018 年 9 月 13 日一带一路日本研究中心与中联部当代世界研究中心在北京共同举办了"中日'一带一路'合作专题研讨会"，来自一带一路日本研究中心、《国际开发》杂志、福井县立大学、法政大学、专修大学、拓殖大学、日本经济研究中心以及来自中国社会科学院、中国现代国际关系研究院、中国人民大学等单位的专家学者参加会议。[①] 2019 年 6 月 14 日，一带一路日本研究中心在东京主办了"首届'一带一路'东京论坛"，来自中日两国的智库机构代表及相关专家学者参会并发表了演讲，开展了有益的深入交流。

日本智库围绕"一带一路"倡议开展的国际互访调研以及学术交流活动等，不仅为增进日本对"一带一路"倡议的正确解读与深入了解起到了助推作用，同时，作为中日两国民间外交的载体，发挥了前期先导和有益补充的作用，为促进"一带一路"框架下中日外交的开展具有一定的积极意义。

基于以上对日本智库关于"一带一路"的相关研究及其动因的分析，可以看出日本智库参与"一带一路"相关研究工作的起点较晚，现阶段以民间研究机构为主力，因欠缺资金支持和成果市场需求，所以开展"一带一路"相关研究的智库以及相应的研究成果产出都较为有限，而且对日本政府的政策决策不具有直接的影响力，主要还是以影响日本社会公众为主。展望未来发展，只要日本政府对开展"一带一路"框架下的中日合作没有突破性的转变或取得实质性的进展，日本智库针对"一带一路"的相关研究也难有显著变化，或仍将有赖于个别人员的主观能动性与引领推动。

---

① 中联部当代世界研究中心：《当研中心与"一带一路"日本研究中心举办专题研讨会》，2019 年 7 月 6 日，http://www.cccws.org.cn/Detail.aspx? newsId = 4798&TId = 103。

第七章　对中国智库建设的启示

在我国建设发展中国特色新型智库体系的过程中，积极借鉴发达国家及国际智库的经验是非常必要的。不过正如我们在研究日本智库发展历程和特点时所认识到的，如何在学习世界各国先进经验的时候将智库体系建设的一般规律与我国实际条件相结合，是一个相当困难的问题。我国的智库建设必须以自己的国情为依据，而不能简单照搬、盲目模仿西方国家，而"具有中国特色的"智库体系究竟包括哪些要素，仍然是一个开放的问题。中日两国在政治体制、经济基础、社会发展阶段等各方面虽然都存在着诸多差异，但在政府主导、官办智库、项目来源等方面也不乏相似之处，在我国新型智库建设全面启动之际，无论日本智库建设的经验或教训，及其显现出来的问题，都为我国当前的中国特色新型智库建设提供了有益的参考。

第一节　从日本智库看不同社会经济治理体系中的智库角色

回溯日本智库的发展历程可以看到，对于其社会绩效评价的两极分化实际上体现了日本智库高度的专业技术能力与（西方视角下）社会角色之间的反差。正如我们在日本智库的定义部分所述及的，在西方理念中，独立性与非营利性是智库的核心特征，因此，卓越的智库应该具有从外部影响甚至制衡政府政策的能力，但是这种地位对于传统的日本智库而言既不可及，也不是它们所追求的目标。至少在20世纪90年代之前，绝大部分的日本智库都更类似于政府的"下属"或"助手"，而很少扮演外部批评者的角色。显然，这类智库即使拥有再精深的专业素养，也很难得到西方同行的高度评价。事实上，如果留意西方学者对于智库的实证研究也可以发现，他们明显地更偏爱那些具有意识形态倾向或者偏重社会活动的智库，而对于智库的实际研究能力和成果质量反而不是那么关注。[①]

关于智库社会角色的上述西方视角根植于其关于社会治理体系的理念，即直接面对公众的政策竞争。在这种社会治理体系中，智库作为政府之外的政策研究主体，为持有不同政策观点的政党或政客提供智力支持。这种语境下智库的"非营利性、公共性、独立性"是三位一体的。智库的非营利性通常被认为基于公共物品理论，即智库提供的公共政策研究是具有高度外部性的公共物品，因此无法通过边际定价原则进行交易以获得补偿，需要以其他方式获得财务资助。[②]但是这种观点的隐含前提就是智库的"公共性"，也即研究成果直接面向公众，因为公共政策是公共物品，并不意味着制定公共政策过程中涉及的所有研究活动也都是公共物品，正如政府有提供交通基础设施的义务并不影响施工队获取工程报酬。只有在智库研究成果直接面对公众发布的情况下，这些研究才构成严格意义上的公共物品，否则它们只是用于生产公共物品的中间产品。相应地，这里智库的"独立性"主要是相对于政府而言的，并不排斥智库与其他机构或团体之间可能具有的利益关联。

相形之下，二战之后相当长的时间里日本的社会经济治理模式则是"封闭型"的，即公共政策从思想孕育、制订计划、付诸实施到评估修正的全过程几乎都在政府内部完成，即使有类似审议会制度这样的机制引入外部专家或利益相关主体进行政策讨论，也是在政府主导下进行。在这种模式下，智库不可能成为与政府地位对等的政策研究主体，而更多地承担了人才培养与储备、决策咨询的功能，并且在某些不便政府直接出面的场合以"独立"的名义进行对外交流。在公共政策方面，日本智库研究成果的直接客户基本都是省厅或者作为利益相关者的企业与行业协会，而后者影响政策的途径仍然是政府。这种缺乏公共性与公众参与的政策形成机制显然与西方的社会治理理念大相径庭。正由于此，虽然在二战结束后日本是西方国家的政治盟友，但是却并没有在社会制度上被看作它们的同类。尽管有西方学者提出现代社会存在多种形式，但日本仍被看作"不

---

① 如 James G. McGann, "2019 Global Go To Think Tank Index Report", Think Tank and Civil Societies Program, International Relations Program, University of Pennsylvania, 2020; Jesper Dahl Kelstrup, "Quantitative Differences in Think Tank Dissemination Activities in Germany, Denmark and the UK", *Policy Sciences*, Vol. 50, No. 1, 2016, pp. 125-137.

② Diane Stone, "Think Tank Transnationalisation and Non-Profit Analysis, Advice and Advocacy", *Global Society*, Vol. 14, No. 2, 2000, pp. 153-172; 谭锐、尤成德：《基于经费收支视角的智库组织治理：中美比较》，《中国软科学》2016 年第 11 期。

成熟"的社会形态。① 西方国家一直对于日本"过于"稳定的政党格局和政府对于经济的强力干预颇有啧言，在日本经济高速增长时期，这类批评被其经济绩效所压制，而在泡沫破灭后，上述公共政策决策体制则被认为应该为错误负责，② 并且也顺带着抹去了日本智库在其中的贡献。

客观而言，日本政府对于经济与社会的强势干预确实存在很多弊端，也抑制了日本智库在某些方面的发展，典型的例子就是以"英国皇家国际事务研究所"为模板建立的日本国际问题研究所，在相当长的时间内为西方世界所知的却主要是其对于社会主义国家的情报搜集与研究工作。但是，这种社会经济治理机制上的差异并不能否定日本智库在公共政策上的贡献。一方面，日本与西方的智库角色并不像理论上那么泾渭分明。在日本不乏智库直接为政治家和公众提供决策支持的例子，如日本政策研究中心就与自民党关系密切，并且有着自己鲜明的意识形态立场，反过来，被作为日本智库重要特征的营利性导向和与政府的密切关系在西方国家也同样普遍存在。③ 另一方面，直接面向公众的政策决策机制的优越性也缺乏有力的理论与实证支持。由于现代社会经济议题的复杂性，普通公众很难理解相关的专业讨论，更难以对不同观点的可信度做出正确判断，在这种情况下，以公众为直接客户的"思想市场"的运作效率是相当可疑的，2020 年的新冠肺炎疫情下西方社会的糟糕应对就是一个例子。许多实证研究也显示，西方意识形态主导的智库对于公共政策的影响其实非常有限。④

值得注意的是，尽管在 20 世纪 90 年代之前日本智库的生存空间由于官僚对于公共政策的主导地位而受到很大挤压，但日本智库在经济社会政策方面贡献最为突出的却恰恰也是在这一时期，尤其是 20 世纪 60 至 80 年代。⑤ 这一时期日本智库的研究活动为日本的产业、经济和社会发展计划提供了有力的支撑，"环太平洋合作"构想、"技术立国"战略、"综合

---

① Volker Schmidt, "How Unique is East Asian Modernity?", *Asian Journal of Social Science*, Vol. 39, 2011, pp. 304 – 331.
② Peter Drucker, "In Defense of Japanese Bureaucracy", *Foreign Affairs*, Vol. 77, No. 5, 1998, pp. 68 – 80.
③ 如大部分德国智库依赖政府拨款生存，50% 的智库完全依靠公共资金，一般由联邦政府和州政府共同承担；25% 的智库依靠公共资金和私人资金；只有 25% 的智库完全依靠私人资金，参见刘潇潇《德国智库的运营机制及启示》，《中国社会科学评价》2017 年第 2 期。
④ Peter Leeson, Matt Ryan, Claudia Williamson, "Think Tanks", *Journal of Comparative Economics*, Vol. 40, No. 1, 2012, pp. 62 – 77.
⑤ 这也是笔者在对日本智库进行访谈时经常听到的观点。

安全保障"战略等都来自于这一时期的日本智库之手,这些战略不仅塑造了日本之后数十年的发展道路,而且产生了重要的国际影响。根据 NIRA 综研的统计,在 1975—1980 年期间,日本智库完成的研究报告达 1200 余件,覆盖了政治、经济、资源、文化等各个领域。① 在 20 世纪 90 年代之后,随着日本经济社会体制的变化,尽管在外交等领域日本智库仍有高光表现,② 但在国内政策上的影响力似乎反而减小了。究其根本原因,这种变化是日本政府的经济与社会控制力弱化的结果。在一个更为倾向自由市场机制的社会中,尽管智库可以得到更大的活动空间,但其政策贡献却可能显著低于"有为政府"积极发挥作用的体制,这也是不同社会经济治理模式下智库社会绩效的一个悖论。

第二节　中国视角下日本智库的"独特性"

从中国的视角出发,我们更为关心的是,日本智库相对于西方智库的"独特性"对于我国的智库乃至经济社会治理体系建设是否具有特殊的含义?带着这一问题回顾国内关于日本智库的研究,我们发现确实有很多学者意识到了日本智库的"独特性",不过这种"独特性"并不包含贬义,很多情况下还是正面的。在早期,国内学者对于日本智库的兴趣更多的是在其专业技术能力,尤其是情报收集能力和对于政府决策的支持上,③ 并没有从更为广泛的智库功能的角度来考察其特征。随着中国经济体制改革的进行和政策支持研究的兴起,一些学者开始从更为宽泛的视角来审视日本智库,兴趣点不仅在技术方面,还扩大到了智库在社会发展中的作用,④ 也有学者注意到了日本智库相对于西方智库在体制和社会功能上的特殊之处,包括其影响政策的途径、营利性和在经济与政治上作用的

---

① 徐之先、徐光:《日本的脑库》,时事出版社1982年版。
② 在《全球智库报告2019》(*2019 Global Go To Think Tank Index Report*)含美国世界智库排名(Top176)里,日本国际问题研究所(JIIA)排名第13位,是排名最高的亚洲智库,亚洲开发银行研究所(ADBI)排名第24位,公益财团法人中曾根康弘世界和平研究所(IIPS)排名第117位,防卫研究所(NIDS)排名第138位。
③ 如徐之先、徐光《日本的脑库》,时事出版社1982年版;马振国《日本科技情报工作及其对我国的借鉴》,《情报学刊》1984年第4期;杨子竞《从满铁调查部到野村综合研究所:日本脑库的演变》,《情报资料工作》1995年第4期。
④ 李光:《日本思想库组织形式浅析》,《科学管理研究》1985年第4期。

不平衡等。① 我国学者从现代意义智库功能角度出发对于日本智库进行研究，并且试图从社会体制环境上理解其特点则主要是在近十年之内，② 尤其是在2015年中央政府对于智库建设的倡导掀起智库研究热潮之后。

显然，对于日本智库"独特性"的认知过程不仅反映了我国学者对于智库功能理解的不断深入，也和中国经济与社会体制的转换密切相关。例如，在20世纪80年代，日本政府部门对于官方与半官方智库的严密控制并不构成"独特性"，因为体制内政策研究部门是当时我国的常态；相反，西方的"独立"智库对于我们则是完全陌生的。在相当长的时间内，国内学者对于日本智库存在问题的认知主要来自于日本智库自身的反思和总结，③ 但是其制度背景和对于我国的政策含义则并不清晰。直到我们对于"智库"这一概念背后的理念和各国的智库生态有了更为深入的了解，日本智库的"独特性"才在与西方智库的对比中凸显出来，并且在一定程度上成为了检视我国智库发展的一个参照系。

不过，在认识到日本智库"独特性"的同时，需要警惕的是我们可能会进入另一个误区，就是认为存在着"普适"的智库模式，并且以此为标准来发展我国的智库。然而正如在本书的讨论中所看到的，在每种智库模式的背后，实际上反映的是不同的社会经济治理体系，离开这一点来单纯讨论智库的特征或智库的社会绩效都是片面的，有时候甚至会产生严重的误导。既然由于体制差异，西方智库运行模式并非我国智库体系建设的目标，④ 那么日本智库的"独特性"也不意味着是需要避免的问题，我们更需要注意的，是这些"独特性"的形成机制和它们对于智库社会绩效和发展可持续性的影响，从而能够更好地理解智库与经济社会体制之间的互动关系，在我国的特定时代背景下，实现智库功能的优化和社会经济治理绩效的最大化。

---

① 丁敏：《日本头脑产业——Think Tank 研究》，社会科学文献出版社2004年版，第116页。
② 如刁榴、张青松《日本智库的发展现状及问题》，《国外社会科学》2013年第3期；张勇《日本战略转型中的对外政策智库》，《外交评论》2015年第6期。
③ 尹小平、禹森：《试论日本政策研究机构的困境与出路》，《现代日本经济》1999年第3期。
④ 如我国一些学者已经指出的，西方各国的智库运行模式本身存在很大差异，难以一概而论。

第三节　建立有中国特色的智库体系

习近平总书记在党的十九大报告中指出，中国特色社会主义道路、理论、制度、文化不断发展，拓展了发展中国家走向现代化的途径，给世界上那些既希望加快发展又希望保持自身独立性的国家和民族提供了全新选择，为解决人类问题贡献了中国智慧和中国方案。智库建设作为上层建筑的重要组成部分，也必定会体现出鲜明的中国特色。

一　脚踏实地的智库发展目标与实现路径

（一）中国智库发展的特殊环境与时代背景

中国特色新型智库的建设要以中国国情和时代背景为依托，它们不仅决定了我国智库体系的理想形态，而且也影响着智库建设的路径。这其中，有几点非常突出。

第一，中国是中国共产党领导下的社会主义国家，这是我国智库体系建设的最基本环境。我国的根本政治制度和基本国情决定了智库体系建设与发展的目标不同于西方国家，智库发挥功能的途径和方式也有自己的规范。我国的智库必须是中国共产党领导下的国家治理体系的有机组成部分，而不能游离于这一体系之外。这就决定了我国的智库体系不可能像西方国家那样以政治市场作为存在和发展的前提。

第二，正如习近平总书记在哲学社会科学工作座谈会的讲话指出，自古以来，我国知识分子就有"为天地立心，为生民立命，为往圣继绝学，为万世开太平"的志向和传统。在公共政策领域，我国知识分子的"家国情怀"更是源远流长。这种将国家与民族的发展与个人命运紧密结合，坚信知识应用于经世济民的知识分子传统在新中国成立之后得到了继承和进一步发扬，也构成了我们当前智库建设社会文化背景的重要组成部分。

第三，现代信息技术，尤其是互联网的广泛应用，已经成为一个重要的时代背景，也给哲学社会科学研究的方法和组织形式带来了巨大的冲击。信息技术的发展极大地降低了研究合作的交易成本，打破了以往的专业分工体系，使得跨学科交流和综合性研究更具吸引力。与此同时，互联网等信息技术也降低了普通民众获得政策信息和进行政策讨论的成本，使得民间政策研究机构获得了更大的影响力。这些趋势必然会对现代智库的形态和运营方式产生深刻的影响。

(二) 建立有限竞争的智库市场结构

尽管在我国智库是一个较新的概念，但政府决策的研究支持机构则一直存在。新中国成立伊始，我们就基于当时的政治经济环境设立了一整套的政策研究体系，包括政府内部的政策研究部门和半政府性质的社科院等。这与政党和政府没有自己的研究部门从而需要借助外部研究力量的美国等西方国家形成了鲜明对比。在构建中国特色新型智库的过程中，现有的政策研究体系，尤其是党政军内部的政策研究部门的角色转换及其如何与外部智库分工合作就成为必须加以仔细斟酌的问题。在这方面，日本智库的经验无疑可以为我们提供借鉴。

在民间智库的类型和资金来源方面，也可以实行多元化的结构，在保证合法性的基础上，允许"百花齐放"。另外，在智库的地区分布上，要积极引导各地立足地方实际情况，大力推进地方智库建设，避免出现类似日本智库过度集中于首都圈，进而导致地方政策研究活力与能力低下的状况。通过各类智库的公平竞争，最终形成符合中国国情的有效率的智库体系。

由于研究活动边际成本递减的特征，加上公共政策的特殊性，自由竞争的智库市场结构并非是最优的，政府可以通过提高决策透明度来引导对于智库研究的需求，并客观反映其研究成果的实际绩效。与此同时，在规范公共研究经费使用方式的基础上，政府可以通过有意识的课题招标条件设置以及利用研究领域的声誉效应，使智库市场处于有限竞争的状态，既让智库有提高研究质量的竞争压力，又避免市场门槛过低导致鱼龙混杂，乃至智库之间"吸引眼球"的恶性竞争导致极端意见泛滥。

专业的智库评价体系对于市场的健康发展非常重要。通过智库评价体系，政府和公众可以了解到智库在不同方面的水平状况，从而能够更好地对其观点的可信度和承担特定研究的能力做出判断。专业的智库评价体系还可以遏制智库过度地通过媒体来扩大影响力的倾向，避免在公众舆论市场出现"劣币驱逐良币"的局面。不过要有效地实现上述功能，智库评价体系本身的可信度是一个关键因素，它在很大程度上有赖于政府的规制。提高政府决策透明度也是保证智库评价体系有效性，促进智库市场健康发展的重要手段。应该由政府主导建设数据库及信息开放平台，适时、动态搜集并交互信息数据，构建庞大的信息源、关系网络，为智库开展调查研究提供不同权限的数据开放窗口，解决民间智库在研究活动中所面临的信息不对称问题，建立健全公平、公开、公正的智库市场。

（三）遵循稳妥渐进的发展路径

第一，绝对坚持在党的领导之下进行智库体系建设。习近平总书记指出，党政军民学，东西南北中，党是领导一切的。这是我国智库体系改革与发展过程中不可动摇的方针。各类智库也必须自觉地将实现我党治国理政的方针政策作为自己的目标，在这一前提之下寻求自己的定位和最优运行方式，实现自身发展与国家民族根本利益的统一。党对于智库体系建设的领导作用，既体现在思想和体系构建上的直接指导，也体现在通过对智库成果评价和运用进行的间接引导方面。

第二，遵循"增量改革"路径，实现体制内智库的角色转换。"增量改革"是我国经济转轨过程中的重要经验，它在尽可能发挥体制内要素积极性并适当尊重其既得利益的基础上，最大限度地化解了改革阻力，并且充分利用体制外要素来发掘特定历史条件赋予的机遇。类似地，在我国的社会化智库体系尚不成熟的情况下，政府内部政策研究部门仍然是为决策提供智力支持的主要力量。但是从长期发展来看，我们需要逐步培育起外部市场化的智库体系，使之能够满足决策支持的需要，并在这一过程中逐渐剥离体制内的智库机构，使其获得更大的独立性。与此同时，政府政策研究部门的功能也要逐步实现转型，除了承担某些不便于交给民间智库的研究课题之外，主要职责由具体的政策研究转为政策研究议题的确定、课题委托的智库遴选以及智库提出的政策方案与具体政策条文之间的对接和转换，实现政策研究中由"运动员"向"裁判员"的角色转换，并在这一过程中实现管理体制和人员构成的新陈代谢。

第三，疏通智库议政渠道，建立多层次政策项目研究机制。使各类智库有机会通过不同渠道获得政府的委托调查研究项目，或出任由政府组织的各种顾问委员会、政策咨询委员会、工作组的成员，以向政府输送智库人员、提交调研报告和政策建议等方式向政府决策层传递信息、推介自己的看法主张，为政府的政策决策提供参考。保持畅通的智库议政渠道不仅有利于政府部门充分吸纳智库的政策建议，获得及时的政策反馈，也可以增强政府对于各类智库的影响力和控制力，降低某些智库利用非正规渠道发布成果并影响公众舆论的风险。

二　优化智库的运营管理与功能建设

作为经济与社会组织，日本智库有着与日本企业一脉相承的特性，即在运营管理上的"精益性"和在技术与产出上的高质量。这些特征不仅使得日本智库高效完成了其任务，也为其赢得了国际声誉。但是另一方面，资金来源压力和过多的商业性课题则抑制了日本智库的社会绩效，并成为其可持续发展的重要障碍。这些经验与教训值得我们在具体的智库建设中加以重视。

（一）保持智库资金来源的多元化与平衡性

智库是智力的汇聚地，产出的是象征软实力的政策建议，而智库的自身运营和科研活动的开展都需要有巨额的资金作为支撑，如何确保在有充足的资金支持开展研究活动的同时，又能保证研究活动本身完全的独立性，一直以来都是日本乃至世界各国智库所同样面临的难题，而其解决途径之一就是拓展经费来源、增加经费类型，以多元化的经费来源渠道避免对单一化经费的依赖和受限。这其中最为直接的方式就是政府为智库创造市场需求，即通过课题委托等形式使智库获得业务收入。同时政府也可以通过财政补贴和税收优惠等方式来提高社会各方对智库进行资助的积极性，扩大后者的资金来源。

不过在智库建设的财务方面，除了增加资金供给之外，另一个重要方面是资金来源的多元化与平衡性。无论在国内或国外，来自企业或行业协会的资助都是智库的重要资金来源。但课题报偿形式的资助很容易导致智库在相关课题上的观点偏倚，出现"为钱说话"的情况，而长期地主要依赖于某些企业或组织的资助也会使智库被利益集团"俘获"。因此，政府可以通过财务和税收制度的设计，影响智库的资金来源结构，使其尽量多元化，弱化经费来源对于智库开展研究以及研究成果公开度的限制，并要求智库在发表研究成果时进行相关资金支持的信息披露，以便公众对其观点的客观性进行评判。

（二）建立智库人才培养的良性机制

对于旨在从事公共政策研究并影响政府政策决策的智库而言，人才即意味着知识和经验的集聚与运用，智库肩负着培养人才的重任，同时，更需要有全面的人才来支撑智库的生存与发展，人才是智库的核心力量和宝贵财富。特别是具有大量工作经验、丰富阅历和强大人脉关系网的成熟型专业技术人员一直都是各家智库关注和争夺的焦点。这些关键性的专家学者不仅能够带动提高智库自身的科研能力和工作效率，而且还可以借助发散性的人脉关系网来实现对政府政策决策的有效影响，提升智库的整体形象和影响力。

今后，在智库的人员结构上，既要有前高级政府官员、专职和兼职的资深专家提高影响力，又要严格选拔既有独立思维又有团队协作能力，既有基础性理论研究能力又有应用性分析解决问题能力，具有想象力和创新力的综合型高素质人才，注重学科、专业、年龄之间的合理调配，致力于打造一支学科与领域、行业与区域之间交叉配置的高端智库型专业化研究团队。通过与政府、企业以及高校之间的交流合作来实现人才流动，帮助研究人员快速成长。同时，研究人员的定期流动不仅可以不断强化拓宽人际关系网，更可以保证研究人员以独立的立场自由地发表各自的观点。研究人员如果一直都在同一个机构内工作，则该组织的各种相关要素就会自然而然地渗透到研究人员的意识中，从而影响甚至是束缚其自由言论。此外，政策本身即会成为利权，而官方智库或半官方智库如果有利权在握，则势必会受到此利权的束缚。基于上述情况而论，智库应采用任期制的人事管理制度，以确保人员能够定期地进行流动，尤其要多给年轻研究人员到政府和企业交流的机会，以拓宽其视野和未来职业发展的可能性。

不过在建设政府与智库之间人员交流机制时，也需要吸取日本"旋转门"机制蜕变的教训，防止其成为特定利益集团的寻租通道。如何在保持智库与政府部门人员交流，发挥退休官员在智库与政府之间的桥梁作用的同时，避免智库成为退休官员的"养老院"和官僚气息浓厚之地，切断利益输送渠道是"旋转门"机制有效运行的关键。政府可以对到智库任职的前政府官员的薪酬进行限制，不允许其获得与课题项目挂钩的商业性报偿或其他绩效奖励。同时智库与政府之间也可以开展非永久性的人员交流，如智库向政府派遣实习人员或政府官员到智库进行一段时期的调研等，以此来促进两者之间的相互了解。

（三）强化智库的"政策营销"功能与社会责任

智库与学术研究机构的区别之一就体现在智库的研究成果要对国家政策决策以及社会公众产生影响，而这也正是智库的功能所在。我们应该科学、客观、合理地借鉴日本乃至其他西方国家的智库发展经验，立足我国的现实情况与客观基础，探索适合我国国情的中国特色新型智库发展模式，不断提升我国智库咨政建言、服务发展大局的能力与水平，并进一步建立健全我国的决策咨询制度。

智库的作用不只局限于单方面地影响政府的公共政策，还兼具搭建政府与社会公众之间的桥梁职能。再好的政策如果得不到社会大众的理解与认可，那也是毫无意义可言的。因此，智库的另一个重要职能就是发挥旨在让政策得到社会大众理解的"政策营销"功能，也被称为"政策沟通"或"政策推介、公关、宣传"，对内面向社会公众宣讲解读政府政策，对外面向国际社会进行发声。相同的政策通过智慧而巧妙的表现手法，能够达到完全不同的效果，获得社会各界更多的赞同与支持。因此，可以说智库不仅仅是研究机构，还要在通过公开发表研究成果、定期发布研究成果快报、举办各种社会活动或学术论坛、媒体推介和高层公关等多种方式、多种渠道提升其自身知名度和品牌权威性的同时，积极参与社会事务，充分发挥其社会作用，在承担社会责任的同时，塑造公众形象，从而促进其自身的进一步发展。

三　提高智库国际交流与合作能力

中国智库要走向世界，先要融入世界，重塑中国智库的国际形象，才能进而提升中国智库整体的国际影响力和话语权。在借鉴日本智库的相关经验的基础上，今后可从以下几方面着力进一步推动我国智库的国际交流，强化国际合作。

（一）深化外事体制机制改革

智库的国际化建设需要制度先行。现阶段，中国智库对国际事务的参与度还较低，在外事工作方面尚经验不足，为此，完备的体制机制既是对智库合法合规开展业务工作的严格监管，同时也是对智库的有效保护。而另一方面，智库的管理与建设也需要不断创新，坚持放管结合、放管并举，在强化监管手段的同时，在体制机制和监管方式上，积极探索新模式，在着力提高外事工作效率的同时，制定切实符合智库运作规律与业务特点，具有可操作性的外事制度。具体而言，针对智库在开展国际交流与合作中的工作环节，可适度简化出国出境的审批手续，同时，改以出访后的申报流程取代部分事前审批环节，即合理简化事前审批手续，严格完善事后申报工作，以此确保智库人员及时参与重要的国际活动、出席国际会议，从而保证中国在重要的国际事件中不缺席、不迟到。走出去的同时，不忘请进来，相对应调整的还有邀请外国专家来华访问或出任客座研究人员的审批手续与财务经费限制等相关体制机制。

与外事审批工作相配套需要加以创新改革的还有智库在国际交流与合作方面的财务制度。人、财、物是智库发展的三大支柱。针对智库用于开展国际交流与合作方面的经费，进一步推进财务制度改革，在建立健全规范高效、公开透明、监管有力的资金管理机制的同时，明确智库外事经费的预算与决算制度，探索建立和完善符合智库工作特点与运行规律的经费管理制度，可设置专项经费，以项目为单位设置预决算，在项目的国际经费预算内，以效率优先为原则，不断简化报销程序，提高资金的使用效益，适度放宽出访人员在合理范畴内对航班、酒店、停留天数等方面的限制，优化选择，为智库开展国际交流与合作提供有力的支撑与保障，提升出访效率与效果。①

（二）强化国际化发展理念

智库的定位与布局、发展理念与战略规划，在很大程度上都依附于智库的创始人或实际运营者，智库建设是一把手工程，需要自上而下的整体规划，需要领航人重视，进而完善智库的顶层设计，强化国际化发展理念，提升智库运营者与研究人员整体的国际交往能力，才能有效提升智库的国际交流与合作成效。国际交往能力不应停留在会使用国际语言进行交流的表层，还应不断加以深化，要用国外对象听得懂、易理解的语言进行传播与交流，要掌握并能运用对方国家的礼仪与习俗进行沟通与交往，要在交流中加深理解、建立互信、达成有效合作。智库人员在国际交往中不断积累经验的同时，还要不断提升自身素养与能力，这既包括研究能力，也应包括管理运营能力，既包括智库研究人员，也应包括智库的外事管理人员和行政工作人员，所有人的合力才能搭建并维护好中国智库对外开展国际交流与合作的桥梁与渠道，提高自身的吸引力和管理力，才能发挥更加强大的国际影响力。②

（三）加强国际型智库人才培养

会外语，不等于会交流；懂语言，不等于懂文化。中国智库应更加关注并招揽具有海外学习与工作经验、具有国际视野与思维模式的智库型人才，同时积极且合理地聘请国外的专家学者到中国智库开展交流、访学，或聘用外籍研究人员开展合作研究等。中国智库在不断吸收和储备国际型智库人才的同时，还应积极培养新生研究力量，特别是借助这些具有海外经历的中国人才与外籍人员形成互补，营造国际化的工作环境，培养并组建智库的国际研究团队，定期派往海外进行交流和访学，出席国际会议、学术研讨会，积极参与国际议题的设置和讨论，并在国际舞台上积极发出中国声音。③

（四）构建国际合作网络

目前我国的许多国际交流活动都由我国政府部门或驻外使领馆组织或直接资助，这样虽然有助于对相关活动的引导和管理，却也容易给国外不友好势力以"政府干预"的口实。如中共十九大胜利召开之后，中国政府向非洲多地派出的政策宣讲团中，就包括了我国智库等非官方机构的代

---

① 胡薇：《中国高校智库的建设与发展研究》，《重庆大学学报》（社会科学版）2018 年第 5 期。
② 王文：《中国特色新型智库的国际影响力评估与构建》，《新闻与写作》2018 年第 6 期。
③ 胡薇：《日本智库的发展现状及启示》，《光明日报》2016 年 11 月 16 日第 16 版。

表，这既有利于外国政府和民众正确理解我国的方针政策，同时也有利于消除政府主导下的政治色彩，减少西方社会的疑虑，今后这些活动应该尽可能通过智库等民间智囊，尤其是所在国的企业与非营利组织来加以支持。[①]

中国智库要增强宣传能力，对外用世界语言讲好中国故事、讲好全球故事，擅于借助外力，特别是与海外有影响力的当地智库以及中国智库的海外机构建立合作机制，提升自身的国际影响力。与此同时，当地智库直接面向本国政府建言献策，直接与本国民众对话交流，不仅消除了语言、文化、习俗等壁垒，而且更具有权威性，也更易于为当地政府和民众所接受。为此，我们要鼓励智库开设海外分支机构，或与海外智库、研究机构、高等院校等联合建立合作机构；开展合作研究，联合举办国际会议，打造具有特色的智库品牌产品，面向国内及全球发布研究成果。与此同时，我国智库的海外分支、驻外使馆等机构要发挥现地信息采集与语言优势，对当地社会群体的意见反馈进行调研搜集，主动全面了解民众意愿，跟踪汇总当地媒体的相关报道。

---

① 张骥、方烔升：《中国外交安全智库国际话语权分析》，《国际展望》2018 年第 5 期。

参考文献

中文

蔡亮：《"一带一路"框架下日本对华合作的特征》，《东北亚学刊》2018年第4期。

陈言：《日本对"一带一路"倡议的态度——从无视变为不即不离》，《东北亚学刊》2018年第5期。

程永明：《日本智库的发展现状、特点及其启示》，《东北亚学刊》2015年第2期。

程永明：《日本智库经费来源渠道研究》，《人民论坛》2014年总第435期。

褚鸣：《美欧智库比较研究》，中国社会科学出版社2013年版。

刁榴、张青松：《日本智库的发展现状及问题》，《国外社会科学》2013年5月。

丁敏：《日本头脑产业——THINK TANK研究》，社会科学文献出版社2004年版。

董顺擘：《东京财团的政策研究及"现代中国"项目》，《决策探索》2017年第12期。

董顺擘：《日本自治体智库的发展现状、运作机制、特点及其对中国的启示》，《情报杂志》2018年第8期。

杜祥瑛：《日本主要软科学研究机构介绍（上）》，《预测》1989年第6期。

杜祥瑛：《日本主要软科学研究机构介绍（下）》，《预测》1990年第3期。

冯叔君等编著：《智库谋略：重大事件与智库贡献》，生活·读书·新知三联书店2012年版。

冯英子：《从〈朝日新闻〉和〈产经新闻〉对一带一路的报道看日本主流舆论对"一带一路"的倾向性》，学士学位论文，北京大学，2016年。

冈崎哲二、张承耀：《日本行业协会和审议会体系的形成》，《中国工业经济研究》1993年第9期。

顾鸿雁：《日本智库对"一带一路"倡议的认知及其影响研究》，《国外社会科学》2018 年第 4 期。

郭定平：《论战后日本政党在外交决策过程中的地位和作用》，《日本学刊》2003 年第 3 期。

何世耕、胡子祥、林江东：《活跃于日本社会的"脑库"》，《中国软科学》1988 年第 4 期。

何五星：《政府智库》，国家行政学院出版社 2013 年版。

胡薇：《从"智库"到"行库"》，《智慧中国》2016 年第 6 期。

胡薇：《立足国情体现特色建设新型智库》，《中国社会科学报》2017 年 10 月 19 日第 2 版。

胡薇、吴田、王彦超：《〈全球智库报告〉解析及评价》，《中国社会科学评价》2018 年第 3 期。

胡薇：《日本智库的发展现状及启示》，《光明日报》2016 年 11 月 16 日第 16 版。

胡薇：《摇摆在商业利益与公共责任之间的日本智库》，2015 年 7 月 8 日，中国网。

胡薇：《智库国际交流与合作的日本经验及对中国的启示》，《日本问题研究》2019 年第 5 期。

胡薇：《中国高校智库的建设与发展研究》，《重庆大学学报》（社会科学版）2018 年第 5 期。

今川晃：《日本地方自治的基本原则》，《政治学研究》2016 年第 1 期。

荆林波等：《全球智库评价报告（2015）》，中国社会科学出版社 2016 年版。

荆林波主编、胡薇副主编：《全球智库评价研究报告（2019）》，中国社会科学出版社 2020 年版。

李光：《日本思想库组织形式浅析》，《科学管理研究》1985 年第 3 卷第 4 期。

李凌主编：《智库产业：演化机理与发展趋势》，生活·读书·新知三联书店 2012 年版。

刘少东：《智库建设的日本经验》，《人民论坛》2013 年总第 426 期。

刘潇潇：《德国智库的运营机制及启示》，《中国社会科学评价》2017 年第 2 期。

卢昊：《日本对"一带一路"倡议的政策：变化、特征与动因分析》，《日本学刊》2018 年第 3 期。

鲁义、刘星华:《日本的新中间阶层及其政治状况分析》,《日本学刊》1987 年第 5 期。

苗吉:《多元中的演进:日本视野中的"一带一路"倡议》,《辽宁大学学报》2018 年第 1 期。

任晓:《第五种权力:论智库》,北京大学出版社 2015 年版。

沈希:《日本智库需要更大发展空间——专访日本东京财团理事长秋山昌广》,《第三届全球智库峰会会刊》2013 年 6 月 29 日。

宋益民:《试论战后日本政治体制及其演变》,《日本学刊》1990 年第 2 期。

谭锐、尤成德:《基于经费收支视角的智库组织治理:中美比较》,《中国软科学》2016 年第 11 期。

王辉耀、苗绿:《大国智库》,人民出版社 2014 年版。

王健主编:《智库转型:理论创新与实践探索》,生活·读书·新知三联书店 2012 年版。

王莉丽:《智力资本——中国智库核心竞争力》,中国人民大学出版社 2015 年版。

王玲:《浅析日本独立行政法人研究机构研究资金的来源和用途》,《世界科技研究与发展》2007 年第 29 卷第 4 期。

王玲:《浅析日本政府科技相关预算体制》,《世界科技研究与发展》2008 年第 30 卷第 4 期。

王佩亨、李国强等:《海外智库——世界主要国家智库考察报告》,中国财政经济出版社 2014 年版。

王文:《中国特色新型智库的国际影响力评估与构建》,《新闻与写作》2018 年第 6 期。

王晓博:《日本综合研究开发机构》,《中国社会科学报》2014 年 8 月 6 日第 B06 版。

王志章:《日本智库发展经验及其对我国打造高端新型智库的启示》,《思想战线》2014 年第 40 卷第 2 期。

吴寄南:《浅析智库在日本外交决策中的作用》,《日本学刊》2008 年第 3 期。

吴金希、[日]松野丰、孙蕊等:《借鉴与转型:中日产业政策比较研究》,清华大学出版社 2016 年版。

解学诗:《隔世遗思——评满铁调查部》,人民出版社 2003 年版。

解学诗:《满铁研究的现实意义和学术价值》,《中国社会科学院院报》

2008年9月11日第006版。

徐之先、徐淡：《日本的脑库》，时事出版社1982年版。

许共城：《欧美智库比较及对中国智库发展的启示》，《经济社会体制比较》2010年第2期。

杨伯江、刘瑞主编：《"一带一路"推进过程中的日本因素》，中国社会科学出版社2016年版。

杨伯江、张晓磊：《日本参与"一带一路"合作：转变动因与前景分析》，《东北亚学刊》2018年第3期。

殷立春：《战后日本的经济计划》，《经济视角》1996年第5期。

尹小平、禹森，《试论日本政策研究机构的困境与出路》，《现代日本经济》1999年第3期。

张季风：《日本对参与"一带一路"建设的认知变化、原因及走向》，《东北亚学刊》2018年第5期。

张骥、方炯升：《中国外交安全智库国际话语权分析》，《国际展望》2018年第5期。

张勇：《日本对外政策智库：挑战与选择》，《社会科学文摘》2016年第4期。

张勇：《日本战略转型中的对外政策智库》，《外交评论》2015年第6期。

赵连雪：《日本对"一带一路"倡议的认知变化研究》，硕士学位论文，吉林大学，2018年。

赵铭：《当代日本政治中的官僚——以国家发展模式转换为视角》，《日本问题研究》2008年第2期。

周一川：《日本政治体制中的双重结构》，《世界历史》1988年第2期。

朱利群：《日本智库对中国崛起的研究》，《日本问题研究》2010年第2期。

朱荣生：《民间智库对日本外交的影响——以东京财团为主要对象的分析》，《日本研究》2016年第2期。

邹钧：《日本行政体制和管理现代化》，法律出版社1994年12月第1版。

日文

21世紀構想懇談会「20世紀を振り返り21世紀の世界秩序と日本の役割を構想するための有識者懇談会」、2015年8月6日，http://www.kantei.go.jp/jp/singi/21c_koso/pdf/report.pdf［2015-08-13］。

James G. McGann『2014年世界有力シンクタンク評価報告書』（日本語

版）［2015‑01‑27］。
大阪市立大学大学院創造都市研究科『シンクタンク：政策提言機関のあり方を考える——シンクタンクは関西の頭脳たりえるか』、大阪都市経済調査会、2003年12月11日。
福川伸次「政策形成過程における日本のシンクタンクの役割」、『シンクタンクの動向2002』2002年。
岡野貞彦「政策本位の政治の確立に向けたシンクタンクの役割」、『季刊政策・経営研究』2011年第2期。
公益財団法人 NIRA 総合研究開発機構『シンクタンク動向』2002—2008年。
公益財団法人 NIRA 総合研究開発機構『シンクタンク情報』2009—2014年。
鈴木崇弘「日本になぜ（米国型）シンクタンクが育たなかったのか?」、『季刊政策・経営研究』2011年第2期。
山中通崇「商社シンクタンク調査部門トップが読み解く2012年世界経済と日本の対外通商経済関係の展望」、『日本貿易会月報』2012年1月第1号。
石井宏典「シンクタンクと公共哲学」、『千葉大学人文社会科学研究』2010年9月第21号。
外交・安全保障関係シンクタンクのあり方に関する有識者懇談会『日本における外交・安全保障関係シンクタンクのあり方について——外交力を強化する「日本型シンクタンク」の構築』，2012年8月7日，http：//www.mofa.go.jp/mofaj/press/release/24/8/pdfs/0807_06_02.pdf ［2015‑02‑03］。
武藤敏郎、翁白合、岩田一政「政権交代時代のシンクタンク」、『日本経済研究センター会報』2011年2月。
小池洋次「政策形成とシンクタンク—日米比較を中心に—」、『シンクタンクの動向2002』2002年。
小林陽太郎「代替的政策形成機関としてのシンクタンクの役割」、『シンクタンクの動向2003』2003年。
小林英夫、福井紳一『満鉄調査部事件の真相——新発見史料が語る「知の集団」の見果てぬ夢』、小学館、2004年12月。
小林英夫『満鉄——「知の集団」の誕生と死』、吉川弘文館、1996年9月。

小林英夫『満鉄調査部の軌跡：1907—1945』、藤原書店、2006年11月。

小林英夫『満州と自民党』、新潮社、2005年11月。

中山俊宏『日本の外交安全保障シンクタンクを活性化させるためには』

中邨章、竹下譲『日本の政策過程：自民党・野党・官僚』、梓出版社、1984年6月。

中野区区長室調査研究担当『自治体シンクタンクに関する調査研究報告書』、2006年10月。

英文

Abb, P., and P. Koellner, "Foreign Policy Think Tanks in China and Japan: Characteristics, Current Profile, and the Case of Collective Self-defence", *International Journal: Canada's Journal of Global Policy Analysis*, Vol. 70, No. 4, 2015. doi: 10.1177/0020702015592119.

Drucker, P., "In Defense of Japanese Bureaucracy", *Foreign Affairs*, Vol. 77, No. 5, 1998.

Imai, A., "The Evolving Role of Think Tanks in Japan", *Japan Spotlight*, January/February, 2013.

Kelstrup, J., "Quantitative Differences in Think Tank Dissemination Activities in Germany, Denmark and the UK", *Policy Sciences*, Vol. 50, No. 1, 2016.

Mackenzie, J., A. Pellini, W. Sutiyo, "Establishing Government Think Tanks _An Overview of Comparative Models", *The Knowledge Sector Initiative*, Working Paper 4, 2015.

McGann, J., *"2018 Global Go To Think Tank Index Report"*, TTCSP Global Go to Think Tank Index Reports, University of Pennsylvania: Philadelphiam, 2019.

McGann, J., *"2019 Global Go To Think Tank Index Report"*, TTCSP Global Go to Think Tank Index Reports, University of Pennsylvania: Philadelphia, 2020.

Nakamura, M., "Think Tanks in a Changing Regional Environment", in Furukawa & Menju (ed.) *Japan's Road to Pluralism: Transforming Local Communities in the Global Era*, 111 – 132, Tokyo: Japan Center for International Exchange, 2003.

National Institute for Research Advancement, NIRA's World Directory of Think Tanks 1999, Tokyo: National Institute for Research Advancement, 1999.

Schmidt, V., "How Unique is East Asian Modernity?", *Asian Journal of Social*

Science, Vol. 39, 2011.

Stone, D., "Think Tank Transnationalisation and Non-Profit Analysis, Advice and Advocacy", *Global Society*, Vol. 14, No. 2, 2000.

Struyk, R., "Learning from the U. S. and European Experience", in R. J. Struyk, M. Ueno and T. Suzuki (eds.), *A Japanese Think Tank: Exploring Alternative Models*, Washington, DC: Urban Institute, 1993.

Telgarsky, J. and M. Ueno, "Introduction: Think Tanks in a Changing Japan", in Telgarsky, J. and M. Ueno (eds.), *Think Tanks in a Democratic Society: An Alternative Voice*, Washington, DC: Urban Institute, 1996.

Vogel, E., *Japan as Number 1*, Harvard University Press, 1979.

资料篇

第一部分　日本主要智库年表（1912—2007 年）[①]

年份	主要智库	重要事件
示例	●政策研究机构 ▼大学、地方公共团体内政策研究机构 ◆解散、废止等 ★合并、重组等 （财）：财团法人 （公财）：公益财团法人 （一财）：一般财团法人 （社）：社团法人 （公社）：公益社团法人 （一社）：一般社团法人 （株）：株式会社 （独）：独立行政法人 （有）：有限责任公司 （特非）：特定非营利活动法人 （协）：协同组合	【日本】：与日本相关的国内外重要事件 【国际】：日本以外其他国家发生的重要事件

---

① 数据来源：基于公益财团法人 NIRA 综合研究开发机构发布的《智库动向》（2002—2008）的智库调查统计数据，以及笔者 2015 年实施的日本重要智库调查研究项目的来源智库数据进行整理收录。

续表

年份	主要智库	重要事件
1912	● Japan Tourist Bureau⇒（财）日本交通公社⇒（公财）日本交通公社	【日本】 签署日俄密约。 明治天皇逝世。 第二次西园寺公望内阁（1911年8月30日—1912年12月21日）全体辞职，第三次桂太郎内阁（1912年12月21日—1913年2月20日）成立。
1919	●（财）大原社会问题研究所◆⇒▼法政大学大原社会问题研究所★	【日本】 第一次世界大战中因进口短缺而价格暴涨的商品在停战后价格暴跌。 股票市场和商品市场的投机风潮激化。 出现土地投机热潮。
1921	● 仓敷劳动科学研究所⇒（财）劳动科学研究所⇒（公财）劳动科学研究所⇒（公财）大原纪念劳动科学研究所	【日本】 大米骚动。 足尾铜山争议。 排斥知识分子运动。 经济恐慌开始。 原敬（1856年3月15日—1921年11月4日）首相遇刺，原敬内阁（1918年9月29日—1921年11月13日）全体辞职，高桥是清内阁（1921年11月13日—1922年6月12日）成立。 【国际】 中国共产党成立。
1922	●（财）东京市政调查会⇒（公财）后藤·安田纪念东京都市研究所	【日本】 华盛顿海军裁军会议。 修改《农会法》，颁布《租地租房调停法》《修改治安警察法》《健康保险法》。 高桥是清内阁全体辞职，加藤友三郎内阁（1922年6月12日—1923年9月2日）成立。 【国际】 苏维埃社会主义共和国联盟成立。

第一部分　日本主要智库年表(1912—2007年)　203

续表

年份	主要智库	重要事件
1932	●（财）三菱经济研究所⇒（公财）三菱经济研究所	【日本】 "1·28事变"爆发。 血盟团事件。 因"5·15事件"犬养毅内阁（1931年12月13日—1932年5月26日）全体辞职，齐藤实内阁（1932年5月26日—1934年7月8日）成立。
1933	●（财）损害保险事业研究所⇒（财）损害保险事业综合研究所⇒（公财）损害保险事业综合研究所	【日本】 三陆地震。 退出国际联盟。 泷川事件。 大阪市营地铁御堂筋线开通。 山形市高温达40.8度创历史纪录。 【国际】 希特勒就任德国首相。 罗斯福就任第32任美国总统，推行"罗斯福新政"。 德国退出国际联盟。
1942	▼东京商科大学东亚经济研究所⇒东京商科大学经济研究所⇒一桥大学经济研究所 ●（财）东亚农业研究所⇒（财）日本农业研究所⇒（公财）日本农业研究所	【日本】 东条英机内阁（1941年10月18日—1944年7月22日）成立。 日美中途岛海战。 【国际】 1941年12月太平洋战争爆发。
1945	●（财）国民经济研究协会【2004年解散】◆	【日本】 小矶国昭内阁（1944年7月22日—1945年4月7日）、铃木贯太郎内阁（1945年4月7日—1945年8月17日）、东久迩宫内阁（1945年8月17日—1945年10月9日）、币原喜重郎内阁（1945年10月9日—1946年5月22日）。 广岛和长崎被原子弹轰炸。 波茨坦公告。 8月15日日本天皇裕仁发表《终战诏书》，宣布无条件投降。

续表

年份	主要智库	重要事件
1946	●（财）日本经济研究所⇒（一财）日本经济研究所【2009年4月，委托调查相关业务移交给（株）日本经济研究所】 ▼东京大学社会科学研究所 ●（财）政治经济研究所⇒（公财）政治经济研究所 ●（财）九州经济调查协会⇒（公财）九州经济调查协会 ●（株）PHP综合研究所⇒政策智库PHP综研 ●（财）地方自治协会【解散】◆	【日本】 1946年元旦，昭和天皇裕仁发表《人间宣言》，否定了天皇的神圣地位，承认自己与平民百姓一样。 驻日盟军司令部下令整肃军国主义者，并解散27个右翼团体。 金融团体协议会成立。 远东国际军事法庭在东京开庭。 施行《金融紧急措施令》（发行新日元、封锁旧日元）和《食品紧急措施令》。 公布施行《物价统制令》。 政府发布《宪法修改草案纲要》。 币原喜重郎内阁全体辞职，第一次吉田茂内阁（1946年5月22日—1947年5月24日）成立。 第二次农地改革。 颁布《日本国宪法》。 经济团体联合会成立。
1947	●（财）统计研究会⇒（一财）统计研究会【2018年3月解散】◆ ●（社）自由人权协会⇒（公社）自由人权协会 ●（财）财政经济协会	【日本】 第一次农地收购。 颁布《教育基本法》《财政法》《反垄断法》《地方自治法》等。 《日本国宪法》施行。 驻日盟军司令部宣布从8月15日起重开民间贸易。 政府首次发布《经济白皮书》。 第一次吉田茂内阁全体辞职，片山哲内阁（1947年5月24日—1948年3月10日）成立。 各地工会相继组成。

续表

年份	主要智库	重要事件
1948	● 中国地方综合调查所⇒（社）中国地方综合调查会⇒（社）中国地方综合研究中心⇒（公社）中国地方综合研究中心⇒（公财）中国地域创造研究中心★ ● 关西劳动调查会议⇒（社）劳动调查研究所⇒（社）国际经济劳动研究所⇒（公社）国际经济劳动研究所	【日本】 美国陆军部长罗亚尔在旧金山发表演说，要使日本成为"远东的工厂"和防止共产主义的"屏障"。这标志着美占领政策转变的开始。 远东委员会通过《关于日本早日完成非武装化的指令》。 帝银事件。 昭和电工事件。 自由党成立，时任总裁为吉田茂。 片山哲内阁全体辞职，芦田均内阁（1948年3月10日—1948年10月15日）成立、全体辞职，第二次吉田茂内阁（1948年10月15日—1949年2月16日）成立。
1949	● 国立教育政策研究所	【日本】 法隆寺金堂被烧毁事件。 第24回众议院议员选举，民主自由党取得压倒性胜利，第三次吉田茂内阁（1949年2月16日—1952年10月30日）成立。 因第二次世界大战暂停交易的东京、大阪、名古屋三大证券交易所重新开始交易，"东京股票交易所"基于1949年制定的《证券交易法》更名为"东京证券交易所"。 通商产业省成立。 日本国有铁道公司从运输省独立。 制定《工业标准化法》对日本的工业规格进行规定。 【国际】 北大西洋公约组织（NATO）成立。 5月23日德意志联邦德国（简称"联邦德国"，通称"西德"）成立联邦制共和国，10月7日德意志民主德国（简称"民主德国"，通称"东德"）

续表

年份	主要智库	重要事件
1949	●国立教育政策研究所	成立民主制共和国。 苏联成功试爆第一颗原子弹（RDS-1），成为世界上第二个拥有核武器的国家。 匈牙利人民共和国正式成立民主制共和国。 中华人民共和国成立。 中国人民政治协商会议第一届全国委员会第一次会议在北京举行。
1951	▼大阪市政研究所【2012年3月废止】◆ ●太平洋咨询（株） ●（财）电力技术研究所⇒（财）电力中央研究所⇒（一财）电力中央研究所	【日本】 麦克阿瑟在新年致辞中强调重新武装日本的必要性。 周恩来总理发表声明，谴责对日和约草案，强调无中国参加的对日媾和是非法的、无效的。 社会民主党成立，时任委员长为平野力三。 颁布《日本开发银行法》。 加入国际劳工组织（ILO）和联合国教科文组织（UNESCO）。 签订《旧金山对日和平条约》《日本国和美利坚合众国之间的安全保障条约》（简称"《日美安保条约》"）。
1952	●防卫研究所	【日本】 国会直播放送开始。 日本选手首次使用海绵拍参加第19届世界乒乓球锦标赛，取得优异成绩。 改进党成立。 2月28日，日美两国根据《日美安保条约》的规定，在东京签订了《日美行政协定》，同年4月28日，行政协定与《旧金山对日和平条约》《日美安保条约》同时生效。 日本加入世界银行和国际货币基金组织（IMF）。 天皇和皇后战后首次参拜靖国神社。

续表

年份	主要智库	重要事件
1952	●防卫研究所	第四次吉田茂内阁（1952年10月30日—1953年5月21日）成立。 【国际】 5月8日，盟国在朝鲜战争中发动了最大规模的空袭。 美、英、法三国与西德签订了《波恩条约》。 法、西德、比、荷、意、卢六国外交部长在巴黎签署《欧洲防务集团条约》，又称《欧洲军条约》。 美国建造出世界第一艘原子动力潜艇"鹦鹉螺"号。 第15届夏季奥林匹克运动会在芬兰赫尔辛基举行，日本二战后第一次参加。 埃及"自由军官组织"发动"七月革命"。 8月17日，周恩来总理率政府代表团访问苏联。 美国第一颗氢弹爆炸成功。
1955	●（财）日本生产性本部⇒（财）社会经济生产性本部★⇒（财）日本生产性本部⇒（公财）日本生产性本部	【日本】 1954年第五次吉田茂内阁（1953年5月21日—1954年12月10日）全体辞职，第一次鸠山一郎内阁（1954年12月10日—1955年3月19日）成立。 加入《关税及贸易总协定》（GATT）。 签署《日美核能合作协定》。 自由民主党成立。 颁布《核能基本法》。 1955年下半年开始出现"神武景气"。 三菱重工业公司制造的战后日本第一艘军舰下水。

续表

年份	主要智库	重要事件
1957	▼高崎经济大学产业研究所 ▼北海学园大学开发研究所	【日本】 南极越冬队第一次登上南极大陆。 茨城县东海村的日本核能研究所第1号核反应堆达到临界点。 第一次岸信介内阁（1957年2月25日—1958年6月12日）成立。 【国际】 苏联成功发射人造卫星"斯帕特尼克"1号。
1958	▼关西大学经济政治研究所 ●（财）亚洲经济研究所⇒特殊法人亚洲经济研究所⇒特殊法人日本贸易振兴会亚洲经济研究所⇒（独）日本贸易振兴机构亚洲经济研究所★	【日本】 关门隧道开通。 特快列车"Kodama"号在东海道本线东京和大阪之间开始运行。 狩野川台风。 熊本县阿苏山火山突然喷发，降下大量火山灰，12人死亡。 发行1万日元纸币。 东京塔竣工。 颁布《国民健康保险法》。 【国际】 美国发射第一颗人造卫星"探险者"1号。
1959	●（财）日本都市中心⇒（公财）日本都市中心 ●（财）工业开发研究所⇒（财）产业创造研究所【2007年4月解散】 ●（财）日本不动产研究所⇒（一财）日本不动产研究所 ▼北九州大学北九州产业社会研究所⇒北九州市立大学都市政策研究所⇒北九州市立大学地域战略研究所 ▼神奈川县自治综合研究中心 ▼庆应义塾大学产业研究所 ●（财）日本国际问题研究所⇒（公财）日本国际问题研究所	【日本】 前首相石桥湛山在北京与周恩来总理发表联合声明，主张在中日关系上政治经济不可分离。 三池争议开始。 贸易自由化开始。 皇太子明仁结婚。 伊势湾台风。 渔民因水俣病闯入新日窒肥料公司工厂示威抗议。 1959年下半年开始出现"岩户景气"。 日本贸易振兴会发布《海外市场白皮书》。 【国际】 苏联航天器在人类历史上首次在月球表面成功降落。

续表

年份	主要智库	重要事件
1960	● （株）社会调查研究所⇒（株）INTAGE ● 北海道开发咨询（株）⇒（株）DOCON ● （株）日本调查研究中心 ● 特殊法人亚洲经济研究所⇒特殊法人日本贸易振兴会亚洲经济研究所⇒（独）日本贸易振兴机构亚洲经济研究所★	【日本】 签署日美新安保条约·行政协定。 民主社会党成立，时任委员长为西尾末广。 1960年安保斗争。 日美双方互换《新日美安全条约》批准书，条约生效。 岸信介表明辞职意向。 第二次岸信介内阁（1958年6月12日—1960年7月19日）全体辞职，第一次池田勇人内阁（1960年7月19日—1960年12月8日）成立。 浅沼社会党委员长遇刺。 内阁会议发布收入倍增计划。 日本加入国际开发银行协会。 彩色电视信号首播开始。 【国际】 西方20个国家签署《经济合作与发展组织公约》，决定成立经济合作与发展组织（OECD）。
1961	● （株）日通综合研究所 ● （财）东北经济开发中心⇒（财）东北开发研究中心⇒（公财）东北活性化研究中心★ ● （株）西日本销售中心⇒（株）日本统计中心 ● （社）劳动调查研究所⇒（公社）国际经济劳动研究所★ ● （财）日本证券经济研究所⇒（公财）日本证券经济研究所	【日本】 四日市哮喘事件。 颁布《农业基本法》。 颁布《欠开发地区工业开发促进法》《水资源开发促进法》及《水资源开发公团法》。 日中友协访华团和中国人民对外文化协会在北京发表联合声明。声明内容主要有坚持政治三原则，加强文化交流，根据贸易三项原则激发经济交流等。 池田勇人首相出访东南亚四国。 【国际】 东德政府修建柏林墙作为东西柏林之间的界限。

续表

年份	主要智库	重要事件
1962	● （财）日本立地中心⇒（一财）日本立地中心 ● 日本经济调查协议会⇒（社）日本经济调查协议会⇒（一社）日本经济调查协议会 ● IRM（株）⇒IRM合同会社	【日本】 公明党成立。 东京都的常住人口突破1000万人。 颁布《新产业都市建设促进法》。 内阁会议通过《全国综合开发计划》。 停止酞胺哌啶酮安眠药的市场供应。 颁布《煤烟排放限制法》，东京的雾霾问题日益严重。 廖承志与高崎达之助在北京签订《中日综合贸易备忘录》，"LT贸易"开始。
1963	● （财）静冈经济研究所⇒（一财）静冈经济研究所 ● 建设技研（株）⇒（株）建设技术研究所 ● （株）AAP ● （社）北陆经济调查会【2006年3月解散】◆ ● （社）日本经济研究中心⇒（公社）日本经济研究中心 ● 东京都市町村联络协议会⇒东京市町村协议会【1986年10月解散】⇒（财）东京市町村自治调查会⇒（公财）东京市町村自治调查会	【日本】 黑四水库竣工。 内阁会议批准了新产业都市13处、工业整备特别地域6处。 颁布《观光基本法》《老人福祉法》。 颁布《商品贸易以外的对外贸易交易管理令》，促进外贸、外汇的自由化。 经济合作与发展组织（OECD）理事会决定邀请日本加盟。 开始进行日美两国间太空电视信号中转实验。 【国际】 美国总统肯尼迪遇刺。
1964	● （株）国土开发中心 ● （财）日本地域开发中心⇒（一财）日本地域开发中心 ● （株）不动产经济研究所 ● （财）都市经济研究所 ● （财）计量规划研究所⇒（一财）计量规划研究所 ● （财）地域开发研究所⇒（一财）地域开发研究所 ● （财）机械振兴协会经济研究所 ● （财）关西经济研究中心⇒（财）关西社会经济研究所★⇒（一财）亚洲太平洋研究所★	【日本】 正式接受国际货币基金组织（IMF）的第八条款。 正式加入经济合作与发展组织（OECD）。 中日交换新闻记者，分别进入东京、北京。 第三次池田勇人内阁（1963年12月9日—1964年11月9日）全体辞职，第一次佐藤荣作内阁（1964年11月9日—1967年2月17日）成立。 东海道新干线开通运行。 第18届夏季奥林匹克运动会在东京举办。

第一部分　日本主要智库年表(1912—2007 年)　211

续表

年份	主要智库	重要事件
1965	● (财) 广岛经营服务中心⇒(财) 广岛经济经营服务中心⇒(财) 广岛银行经济研究所⇒(一财) 广岛银行经济研究所 ● (株) 野村综合研究所 ● (株) 环境绿地设计研究所 ▼ 京都大学东南亚研究中心⇒京都大学东南亚研究所⇒京都大学东南亚地域研究研究所★	【日本】 禁止原子弹氢弹爆炸日本国民会议(原水禁)成立。 国际劳工组织(ILO)《结社自由与保护组织权公约》(第 87 号公约)以及相关国内法获批通过。 家永三郎提起教科书检定的民事诉讼。 佐藤荣作作为首相战后首次到访冲绳。 批准《日本国与大韩民国基本关系相关条约》。 【国际】 巴勒斯坦解放组织"法塔赫"正式成立。 印度尼西亚发生政变,苏哈托接管政权。
1966	● (财) 日本能源经济研究所⇒(一财) 日本能源经济研究所 ● (财) 流通经济研究所⇒(公财) 流通经济研究所 ● (社) 科学技术与经济之会⇒(一社) 科学技术与经济之会 ● (社) 中部开发中心⇒(财) 中部产业与地区活性化中心★⇒(公财) 中部圈社会经济研究所	【日本】 毛泽东主席与日本共产党委员长宫本显治在北京举行会谈。 相继发生多起空难事故。 甲壳虫乐队来日公演。 政府决定将新东京国际机场选址于成田市三里塚。 日本总人口突破 1 亿人。

续表

年份	主要智库	重要事件
1967	● （社）苏联东欧贸易会⇒（社）俄罗斯东欧贸易会⇒（社）俄罗斯NIS贸易会⇒（一社）俄罗斯NIS贸易会 ● （株）地域规划建筑研究所 ● （社）食品供需研究中心⇒（一社）食品供需研究中心 ● （株）工业市场研究所 ● （株）计算机系统服务⇒三井信息开发（株）★⇒三井信息（株）★ ● （财）电气通信综合研究所⇒（财）电气通信政策综合研究所⇒（财）邮政国际协会电气通信政策综合研究所⇒（财）国际通信经济研究所⇒（财）多媒体通信振兴中心【2007年解散·合并】◆⇒（一财）多媒体通信振兴中心★ ● 第一劝银经营中心⇒（株）第一劝银综合研究所⇒瑞穗综合研究所（株）★	【日本】 社会党与共产党共同推荐的美浓部亮吉当选东京都知事。 日本国产人造卫星第1号发射失败。 颁布施行《公害对策基本法》。 发表《日美联合声明》。 【国际】 欧洲共同体（EC）正式成立。 东南亚国家联盟（ASEAN）成立。 第三次中东战争。
1968	● （财）神奈川经济研究所⇒（株）滨银综合研究所★ ● （株）西日本调查研究中心 ● （有）环境设计研究所⇒（株）环境设计研究所 ● （财）运输经济研究中心⇒（财）运输政策研究机构⇒（一财）运输政策研究机构⇒（一财）运输综合研究所	【日本】 美国核动力航空母舰"企业"号首次进入日本港口佐世保。 "伊奘诺景气""3C（汽车、空调、彩电）时代"开始。 富山县的"痛痛病"患者向三井金属矿业提出损害赔偿请求诉讼。 日美签署《归还小笠原群岛相关事宜的协定》。 颁布《大气污染防止法》和《限制噪音法》。 公布水俣病的原因是新日窒肥料公司水俣工厂排放的废水、阿贺野川的水银中毒的原因是昭和电工排放的废水所致。 三亿日元抢劫事件。 【国际】 阿拉伯石油输出国组织（OAPEC）成立。

续表

年份	主要智库	重要事件
1969	● 日本情报服务（株）⇒（株）日本综合研究所★ ● （财）常阳产业开发中心⇒（财）常阳地域研究中心⇒（一财）常阳地域研究中心【2019年3月31日解散】◆ ● （株）社会工学研究所【2003年12月24日解散】◆ ● （社）海洋产业研究会⇒（一社）海洋产业研究会 ● （株）国际计算机科学⇒（株）KCS ● （株）UG都市设计⇒（株）UG都市建筑★ ● （株）都市问题经营研究所	【日本】 解除对东大安田讲堂的封锁。 相关部门负责人向首相力陈《新全国综合开发计划》。 日本消费者联盟成立。 东名高速公路（东京—小松）开通运行。 颁布《都市再开发法》。 佐藤—尼克松会谈。 引入"大米自主流通制度"。 【国际】 阿波罗11号成功登陆月球。 "尼克松主义"（《关岛宣言》）出台。
1970	● （财）日本国际交流中心⇒（公财）日本国际交流中心 ● （株）地域开发咨询 ● 生驹商事（株）⇒CBRE（株） ● （株）日本机场咨询 ● （财）岐阜县中小企业设备贷与公社⇒（财）岐阜县中小企业振兴公社★⇒（财）岐阜县产业经济振兴中心★⇒（公财）岐阜县产业经济振兴中心 ● （株）三菱综合研究所 ● （株）芙蓉信息中心⇒（株）富士综合研究所⇒瑞穗信息综研（株）★ ● （财）关西信息中心⇒（财）关西信息产业活性化中心⇒（一财）关西信息中心 ● （株）都市环境研究所 ● （财）日本综合研究所⇒（一财）日本综合研究所 ● （财）日本系统开发研究所⇒（一财）日本系统开发研究所 ● （株）产业立地研究所 ● （株）CDI ● （株）开发规划研究所 ● （株）产业系统研究所⇒（株）日本电气经营系统综研⇒（株）NEC综研⇒（株）国际社会经济研究所【NEC综研的经营咨询等相关服务业务移交给NEC LEARNING株式会社】★	【日本】 "智库元年"。 东京大学宇航研究所成功发射日本第一颗人造卫星"大隅"号。 公害、环境、都市问题等受到社会关注热议。 八幡制铁株式会社与富士制铁株式会社两家公司合并，新日本制铁株式会社正式成立。 日本举办世界博览会（大阪世博）。 淀号劫机事件。 《日美安保条约》期满后自动延期。 产业构造审议会情报产业部会设立智库委员会。 东京都杉并区首次出现光化学烟雾，为日本全国首例。 第一份《防卫白皮书》发布。 【国际】 柬埔寨郎诺—施里玛达集团发动政变夺取政权，西哈努克亲王领导成立"柬埔寨民族统一战线"。

续表

年份	主要智库	重要事件
1971	●（财）国际开发中心⇒（一财）国际开发中心 ●（财）未来工学研究所⇒（公财）未来工学研究所 ●（株）住友商事咨询⇒（株）日本综合研究所★ ●（株）EX都市研究所 ●（财）农村开发企划委员会⇒（一财）农村开发企划委员会 ●（财）食品农业政策研究中心【2005年3月解散】◆ ●（株）都市环境规划研究所 ●（财）熊本开发研究中心【2005年7月解散】◆ ●（财）政策科学研究所【2008年3月解散】◆ ●（株）创建人间环境研究所⇒（株）创建 ●日本数据服务（株） ●（社）地域问题研究所⇒（一社）地域问题研究所	【日本】 成田机场强制执行事件。 签署冲绳归还协定。 成立环境厅。 发生"尼克松冲击"，转向浮动汇率制。 第一银行与日本劝业银行合并。 西方十国财政部长会议达成新的国际货币制度（史密斯协定）。 "日本智库协议会"成立。 【国际】 中国外交部声明冲绳协定中的归还区域包括钓鱼岛是侵犯中国主权。
1972	●（社）系统科学研究所⇒（一社）系统科学研究所 ●（株）京都设计中心⇒（株）GK京都 ●（财）闲暇开发中心⇒（财）自由时间设计协会【2003年解散】◆ ●东京都老人综合研究所⇒（财）东京都老人综合研究所⇒（财）东京都高龄者研究·福祉振兴财团东京都老人综合研究所★⇒地方独立行政法人东京都健康长寿医疗中心东京都健康长寿医疗中心研究所★ ●（财）社会系统研究所【1998年解散，业务移交给（财）21世纪兵库创造协会】◆ ●（财）日本开发构想研究所⇒（一财）日本开发构想研究所	【日本】 举办札幌冬奥会。 浅间山庄事件。 山阳新干线（新大阪—冈山）开通运行。 美国归还冲绳，县知事竞选中，革新派的屋良朝苗当选。 第三次佐藤荣作内阁（1970年1月14日—1972年7月7日）全体辞职，第一次田中角荣内阁（1972年7月7日—1972年12月22日）成立。 田中角荣发表《日本列岛改造论》。 中日两国实现邦交正常化。

年份	主要智库	重要事件
1972	● （财）关西物流近代化中心⇒（财）关西交通经济研究中心⇒（公财）关西交通经济研究中心 ● （财）21世纪兵库创造协会⇒（财）兵库县人文关怀研究机构⇒（公财）兵库震灾纪念21世纪研究机构★ ● （株）PREC研究所 ● 现代综合研究集团⇒（社）现代综合研究集团【2002年11月解散】◆	田中—尼克松会谈（发表维持日美安保条约、中日邦交正常化、日美贸易不平衡改革等联合声明）。 【国际】 罗马俱乐部发表研究报告《增长的极限》。 美国总统尼克松访问中国、苏联。 联合国在瑞典首都斯德哥尔摩召开了联合国人类环境会议。
1973	● （财）社会开发综合研究所⇒（财）社会开发研究中心★⇒（一财）社会开发研究中心 ● （株）居住环境规划研究所 ● （财）新潟经济社会研究中心⇒（一财）新潟经济社会研究中心 ● （株）日立综合计划研究所 ● （社）大阪自治体问题研究所⇒（一社）大阪自治体问题研究所 ● 亚洲太平洋资料中心⇒（特非）亚洲太平洋资料中心 ● （株）北海道环境保全工程中心⇒（株）ESSEC⇒（株）拓殖银行综合研究所⇒（株）北海道21世纪综合研究所 ● （财）地方行政综合研究中心 ● （株）城市规划研究所 ● （社）社会经济国民会议⇒（财）社会经济生产性本部【解散·合并】★⇒（财）日本生产性本部⇒（公财）日本生产性本部	【日本】 实行浮动汇率制，日元急剧升值。 第一次石油危机爆发，发生"狂乱物价"。 金大中绑架事件。 阿拉伯石油输出国组织（OAPEC）宣布日本为"友好国家"，并决定向日本供给必要消费量的石油。 颁布施行《国民生活安定紧急措施法》《石油供求合理化法》。 批发物价指数比前一个月上升了7.1%。 【国际】 《关于在越南结束战争、恢复和平的协议》（《关于越南问题的巴黎协定》）在巴黎签署。 苏联勃列日涅夫总书记访问美国。 第四次中东战争爆发。 石油输出国组织（OPEC）海湾六国决定上调OPEC基准原油的标价，从每桶3.011美元提高到5.119美元。这是产油国第一次抛开石油巨头，独立决定油价。

续表

年份	主要智库	重要事件
1974	● 综合研究开发机构⇒（财）综合研究开发机构★⇒（公财）综合研究开发机构⇒（公财）NIRA 综合研究开发机构 ● （财）岐阜县智库⇒（财）岐阜县产业经济研究中心⇒（财）岐阜县产业经济振兴中心★⇒（公财）岐阜县产业经济振兴中心 ● （株）山一证券经济研究所【1998 年 3 月解散】◆ ● （财）三重社会经济研究中心【2002 年 3 月废止】◆ ● 国立公害研究所⇒国立环境研究所⇒（独）国立环境研究所⇒国立研究开发法人国立环境研究所 ● 地方自治综合研究所⇒（财）地方自治综合研究所⇒（公财）地方自治综合研究所 ● （株）DAN 环境设计研究所 ● （社）地域社会规划中心⇒（社）JA 综合研究所★⇒（社）JC 综研★⇒（一社）JC 综研⇒（一社）日本协同组合连携机构 ● （株）立地评价研究所 ● （财）中东经济研究所⇒（财）日本能源经济研究所中东研究中心★⇒（一财）日本能源经济研究所中东研究中心 ● （财）山口经济研究所⇒（一财）山口经济研究所 ● （株）旭调查研究中心 ● （财）亚洲太平洋研究会【2005 年 9 月解散】◆ ● （株）西日本科学技术研究所	【日本】 进入经济萧条低增长时代。 国土厅成立。 三木武夫副首相和福田财务大臣因批判田中政权的金权政治、权钱交易而一起辞职。 日本总人口突破 1.1 亿人。 因田中角荣正式决定辞去自由民主党总裁和内阁总理大臣职务，第二次田中内阁（1972 年 12 月 22 日—1974 年 12 月 9 日）全体辞职，三木武夫内阁（1974 年 12 月 9 日—1976 年 12 月 24 日）成立。

年份	主要智库	重要事件
1975	● （株）JAS ● （株）区域规划团队协会 ● （财）神户都市问题研究所⇒（公财）神户都市问题研究所 ● （株）日本计划机构⇒（株）日本蓝色能源 ▼ 广岛大学和平科学研究中心⇒广岛大学和平中心 ● （社）北海道开发问题研究调查会⇒（一社）北海道综合研究调查会 ● （社）大分县中小企业情报中心⇒（社）大分县地域经济情报中心【解散·合并】◆⇒（财）大分县产业创造机构★⇒（公财）大分县产业创造机构 ● （社）农村生活综合研究中心⇒（一社）全国农业改良普及支援协会★ ● （财）日本造船振兴财团⇒（财）Ship and Ocean 财团⇒（财）海洋政策研究财团⇒（一财）Ship and Ocean 财团⇒（公财）笹川和平财团海洋政策研究所 ● 政策构想论坛	【日本】 8月15日，三木武夫首相以私人身份参拜靖国神社。这是战后日本现职首相首次参拜靖国神社。 山阳新干线（冈山—博多）开通运行。 举办冲绳国际海洋博览会。 包括日本在内西方七个发达国家在法国召开第一次首脑会议。 【国际】 越南战争结束。 印度吞并锡金。
1976	● （社）环境评估中心⇒（一社）环境创意研究中心 ● （社）地域振兴研究所⇒（一财）地域振兴研究所★ ● （株）日本海咨询 ● （财）爱媛县社会经济研究财团⇒（财）爱媛地域政策研究中心★⇒（公财）爱媛地域政策研究中心 ● （株）OSTRAND ● （社）北海道未来综合研究所⇒（一社）北海道未来综合研究所【2014年5月解散】◆⇒（株）道银地域综合研究所【吸收合并】★ ● （株）Dia Research⇒（株）Dia Research Martech⇒（株）三菱化学技术研究咨询⇒（株）三菱化学咨询 ● （财）关西机场调查会⇒（一财）关西机场调查会	【日本】 "狂乱物价"宣告结束。 资本自由化完成（除保留农林水产四大产业外，完成外资投资自由化过程）。 洛克希德贿赂案败露，前首相田中角荣因此被逮捕。 三木武夫内阁全体辞职，福田赳夫内阁（1976年12月24日—1978年12月7日）成立。 【国际】 越南社会主义共和国成立。

续表

年份	主要智库	重要事件
1977	● （财）生活环境问题研究所⇒（一财）生活环境问题研究所 ▼ 旭川大学地域研究所 ● （社）日本调查研究综合研究所⇒（一社）日本调查研究综合研究所 ● 神奈川县地方自治研究中心⇒（社）神奈川县地方自治研究中心⇒（公社）神奈川县地方自治研究中心 ● （株）MFTS研究所 ● （财）冈山经济研究所⇒（一财）冈山经济研究所 ● （财）行政管理研究中心⇒（一财）行政管理研究中心 ● （株）冲绳规划机构 ● （财）北九州都市协会【2007年3月解散，研究职能移交给北九州市立大学都市政策研究所】◆	【日本】 日元急速升值。 福田赳夫首相在马尼拉发表对东南亚外交三原则。 日本成功发射第一颗地球静止气象卫星"菊花2号"。 经济团体联合会发布《经济减速发展下的日本产业出路》。 实施《领海法》，确定12海里为领海、200海里为专属渔业水域。 内阁会议审议通过第三次全国综合开发计划（定住圈构想）。 【国际】 时任埃及总统穆罕默德·安瓦尔·萨达特访问以色列耶路撒冷。
1978	● （株）九州环境技术中心⇒（株）九州技术研究 ● （财）年金制度研究开发基金⇒（财）年金综合研究中心⇒（财）年金与老龄化综合研究机构★⇒（公财）年金与老龄化综合研究机构 ● （财）滋贺综合研究所【2006年3月解散，研究职能移交给滋贺县立大学地域建设调查研究中心】◆ ● （财）北陆经济研究所⇒（一财）北陆经济研究所 ● （财）能源综合工学研究所⇒（一财）能源综合工学研究所 ● （株）地域规划研究所 ● （社）北方圈中心⇒（公社）北海道国际交流合作综合中心 ● （株）Technova ● （财）青森地域社会研究所⇒（一财）青森地域社会研究所	【日本】 新东京国际机场（成田机场）开始通航。 农林水产省成立。 《中日和平友好条约》在北京签订。 中国国务院副总理邓小平于1978年10月22日抵达东京，对日本进行正式友好访问，这是中国国家领导人首次访问日本。 福田赳夫内阁全体辞职，第一次大平正芳内阁（1978年12月7日—1979年11月9日）成立。 12月22日，中日上海宝山钢铁厂合作建设协定签字，23日建设工程开工。 【国际】 联合国召开了第一届裁军特别大会。 越南入侵柬埔寨。

续表

年份	主要智库	重要事件
1978	● （财）日本野生生物研究中心⇒（财）自然环境研究中心⇒（一财）自然环境研究中心 ● （财）节约能源中心⇒（一财）节约能源中心 ● （财）和平安全保障研究所⇒（一财）和平安全保障研究所	
1979	● （财）岐阜县地域问题研究所⇒（财）岐阜县综合研究所⇒（财）岐阜综合研究所⇒（财）地域综合研究所 ● （财）城市防灾研究所⇒（一财）城市防灾研究所 ● （财）地方债协会⇒（一财）地方债协会 ● （财）秋田经济研究所⇒（一财）秋田经济研究所 ● 第一技研（株）⇒（株）生活构造研究所 ● （株）首都圈综合规划研究所 ● （株）若竹城市建设研究所 ● （株）RPI 地域规划综合研究所⇒（株）RPI ● （株）核心经营中心⇒（株）东海综合研究所⇒（株）UFJ 综合研究所⇒三菱 UFJ 调查研究与咨询（株）★	【日本】 颁布《节能法》。 大平正芳首相与来访美国总统吉米·卡特举行会谈。 第五次西方七国首脑会议在东京举行（东京峰会）。 【国际】 中美两国正式建立外交关系。 柬埔寨波尔布特政权垮台。 中国对越自卫反击战爆发。 埃及与以色列签署和平条约。 美国三里岛核电站发生核泄漏事故。 伊朗学生占领美国驻伊朗大使馆事件。 麦加大清真寺劫持事件。 阿富汗发生政变，苏联入侵阿富汗，阿富汗战争爆发。
1980	● （财）香川国际经济研究所⇒（财）香川经济研究所⇒（一财）百十四经济研究所	【日本】 大平正芳首相针对苏联入侵阿富汗而采取对苏措施。 日本拒绝参加第 22 届莫斯科奥运会。 日本内阁总理大臣大平正芳在任期间突然病逝于东京，第二次大平正芳内阁（1979 年 11 月 9 日—1980 年 7 月 17 日）全体辞职，铃木善幸内阁（1980 年 7 月 17 日—1982 年 11 月 27 日）成立。 【国际】 伊朗和伊拉克之间的"两伊战争"全面爆发。 石油输出国组织（OPEC）成员国决定提高世界原油价格。

续表

年份	主要智库	重要事件
1981	● （株）日本应用研究研究所 ● （财）佐贺经济调查协会 ● （株）博报堂生活综合研究所⇒（株）博报堂博报堂生活综合研究所 ● （财）和歌山社会经济研究所⇒（一财）和歌山社会经济研究所 ● （财）比较法研究中心⇒（一财）比较法研究中心 ● （株）补偿研究所⇒（株）UDI⇒（株）地域经济研究所	【日本】 第二届临时行政调查会（会长：土光敏夫）第一次会议。 铃木善幸首相作为在任首相首次访问了收复后的冲绳。 第二届临时行政调查会会长土光敏夫向铃木善幸首相提出了"不增税的行政改革和财政重建"目标。 【国际】 欧盟首脑会议讨论对日贸易摩擦问题。 关于柬埔寨问题国际会议通过《柬埔寨问题宣言》。 不结盟国家会议纪念不结盟运动诞生20周年。 美国核动力导弹潜艇"乔治·华盛顿"号与P-3C反潜巡逻机在日本佐世堡西南110海里外的中国东海海面进行演习时，与航经此海域的日本商船"日升丸"相撞，导致商船受损严重并沉没。 埃及总统萨达特遇刺身亡。 石油输出国组织（OPEC）第61届日内瓦临时大会决定下调成员国的标准原油价格。

续表

年份	主要智库	重要事件
1982	● （株）九州地域规划建筑研究所⇒（株）九州地域规划研究所⇒（株）Yokanet ● （株）大和证券经济研究所⇒（株）大和综研★ ● （财）亚洲人口开发协会⇒（公财）亚洲人口开发协会 ● （财）福岛经济研究所⇒（一财）东邦地域综合研究所 ● （株）道新体育⇒（株）北海道新闻HotMedia【2019年4月1日与（株）北海道新闻情报服务合并】★ ● （财）企业经营研究所⇒（一财）企业经营研究所 ● （株）情报科学研究中心 ● （株）关西计划技术研究所 ● （财）岩手经济研究所⇒（一财）岩手经济研究所 ● 日本银行金融研究所 ● 读卖新闻调查研究本部 ● 日本全球论坛	【日本】 发行500日元面值的硬币。 东北新干线（大宫—盛冈）开通运行。 日本政府"国防经费预算占GDP比例控制在1%以内"的方针被打破。 铃木善幸内阁全体辞职，第一次中曾根康弘内阁（1982年11月27日—1983年12月27日）成立。 上越新干线（大宫—新潟）开通运行。 【国际】 马尔维纳斯群岛纷争激化。英国和阿根廷为争夺马尔维纳斯群岛的主权而爆发战争。 以色列军队武装入侵黎巴嫩，轰炸了黎巴嫩首都贝鲁特。 美国总统里根提出"中东和平计划"。 阿拉伯国家首脑会议在非斯举行，通过了解决中东问题的八项原则。
1983	● （株）PADECO ● （财）兵库经济研究所⇒（一财）兵库经济研究所 ● （财）群马经济研究所⇒（一财）群马经济研究所 ● （社）东三河地域研究中心⇒（公社）东三河地域研究中心 ● （株）长银经营研究所⇒（株）长银综合研究所⇒（株）长银综研咨询 ● （株）价值综合研究所★ ● （株）综合规划机构 ● （株）综合环境研究所⇒（株）关西综合研究所 ● （财）森林与村落之会【2011年解散】◆	【日本】 中曾根康弘首相访问韩国，与韩国总统全斗焕在日韩首脑会议上发表"日韩新时代"声明。 中曾根康弘首相访问美国，与美国总统里根在日美首脑会议上发表"命运共同体"声明。 第二届临时行政调查会提出《不增税的行政改革和财政重建等的最终报告》。 国债发行余额首次突破100万亿日元。 洛克希德贿赂案审判中，法院判决原首相田中角荣有期徒刑4年，并追缴罚金5亿日元。 三宅岛上的雄山火山大爆发。

续表

年份	主要智库	重要事件
1983	● （社）和平经济计划会议⇒（社）生活经济政策研究所⇒（一社）生活经济政策研究所 ● （财）千里文化财团⇒（一财）千里文化财团 ● （财）大分县地域技术振兴财团⇒（公财）大分县产业创造机构★	
1984	● （财）南都经济中心⇒（一财）南都经济研究所 ● （株）滋贺银行经济文化中心 ● （财）长野经济研究所⇒（一财）长野经济研究所 ● （株）丹青综合研究所⇒（株）丹青研究所 ● （株）日本能率协会综合研究所 ● （财）北海道高龄者问题研究协会【2009年3月解散】◆ ● （株）IRS ● （株）产业社会研究中心 ● （株）DYNAX都市环境研究所 ● （社）软件经济研究中心【2005年6月停止活动，12月解散】◆ ● （财）静冈综合研究机构【2012年3月解散】◆ ● （财）金融情报系统中心⇒（公财）金融情报系统中心 ● （财）埼玉综合研究机构【1999年解散】◆ ● 日本政策研究中心	【日本】 首条由国家（或地方团体）与民间资本共同出资修建的铁路线"三陆铁道"开通运行。 自由民主党的安全保障调查会重新研讨"国防经费预算占GDP比例1%"的界限问题。 国有铁路再建监理委员会研究并提出"日本国有铁路分割民营化改革"建议。 日本银行发行面额为1000、5000、10000日元的三种新版纸币。

续表

年份	主要智库	重要事件
1985	● （财）德岛经济研究所⇒（公财）德岛经济研究所 ● （社）老龄化综合研究中心⇒（一社）老龄化综合研究中心 ● （财）地域环境研究所⇒（一财）地域环境研究所 ● 财政金融研究所⇒财务综合政策研究所 ● （株）信息通信综合研究所 ● （株）百五经济研究所⇒（株）百五综合研究所 ● RandMaritime（株）⇒（株）邮船海洋科学⇒（株）日本海洋科学 ● （株）山阴经济经营研究所 ● （社）尖端技术与 INS 研讨会⇒（社）尖端技术产业调查会⇒（社）尖端技术产业战略推进机构⇒（一社）尖端技术产业战略推进机构 ● （株）三和综合研究所⇒（株）UFJ 综合研究所★⇒三菱 UFJ 调查研究与咨询（株）★	【日本】 "地方智库协议会"成立。 经济团体联合会提出"自由贸易体制的重建与强化"建议，以促进市场开放。 东北地区上越新干线（上野—大宫）开通运行。 日本电信电话株式会社（NTT）、日本烟草产业株式会社成立。 日本举办"筑波国际科学技术博览会"。 第一届世界大城市峰会在东京召开。 颁布《男女雇佣机会均等法》。 制订新国防计划（国防经费预算占 GDP 的比例为 1.038%）。 美国、日本、联邦德国、法国以及英国的财政部长和中央银行行长在纽约举行会议，达成《广场协议》。 【国际】 戈尔巴乔夫当选苏共中央总书记。 美国总统里根和苏共中央总书记戈尔巴乔夫在日内瓦初次会晤，举行美苏两国首脑会谈。

续表

年份	主要智库	重要事件
1986	▼ 明治学院大学国际和平研究所 ● （株）CAD 计划研究所【1999 年 6 月解散，业务移交给（特非）NPO 群马】◆ ● （财）尼崎未来协会⇒（财）尼崎地域产业活性化机构★⇒（公财）尼崎地域产业活性化机构 ● （株）NORD⇒（株）NORD 社会环境研究所 ● （社）Fletcher 北海道项目中心⇒（社）北太平洋地域研究中心【2010 年 4 月解散，业务移交给（公社）北海道国际交流合作综合中心】◆ ● （株）富士通系统综研⇒（株）富士通综研 ● （株）东丽经营研究所 ● （株）三井银综合研究所⇒（株）太阳神户三井综合研究所⇒（株）樱花综合研究所⇒ SMBC 咨询（株）（三井住友银行集团）⇒（株）日本综合研究所★ ● 东京燃气（株）都市生活研究所 ● （财）家庭经济研究所⇒（公财）家庭经济研究所【2017 年 12 月 5 日解散】◆ ● （株）协和中小企业经营研究所⇒（株）协和琦玉综合研究所⇒（株）Asahi 银综合研究所⇒ Resona 综合研究所（株）★ ● （株）东急综合研究所 ● （财）铁道综合技术研究所⇒（公财）铁道综合技术研究所 ● （财）软件信息中心⇒（一财）软件信息中心 ● （财）商工综合研究所⇒（一财）商工综合研究所	【日本】 "国际协调下的经济结构调整研究会"发表了《国际协调下的经济结构调整研究会报告书》（《前川报告》）。 第 12 次西方七国首脑会议在东京举行（东京峰会）。 土井多贺子当选社会党委员长，成为日本第一位女党首。 伊豆七岛中大岛的最高峰三原山火山爆发。 【国际】 苏联切尔诺贝利核电站发生核泄漏事故。

第一部分　日本主要智库年表(1912—2007年)　225

续表

年份	主要智库	重要事件
1987	● （株）规划信息研究所 ● （财）长崎县地域经营中心⇒（财）长崎地域政策研究所⇒（公财）长崎地域政策研究所 ● （财）日本国际关系论坛⇒（公财）日本国际关系论坛 ● （株）京都综合经济研究所 ▼ 关西大学法学研究所 ● （株）生驹数据服务系统⇒CBRE综合研究所（株） ● （株）安田综合研究所⇒（株）损保Japan综合研究所⇒损保Japan日本兴亚综合研究所（株）⇒SOMPO未来研究所（株） ● （财）Trust 60⇒（公财）Trust 60⇒（公财）信托未来论坛 ● （株）大和银综合研究所⇒Resona综合研究所（株）★ ● （株）电通综研⇒（株）电通电通综研⇒（株）电通综研★ ● （社）国际海洋科学技术协会⇒（一社）国际海洋科学技术协会 ● （株）地域信息系统研究所 ● （株）住友生命综合研究所【2005年3月解散】◆ ● 联合综合生活开发研究所⇒（财）联合综合生活开发研究所⇒（公财）联合综合生活开发研究所 ● （株）都市未来综合研究所 ● （株）第一劝银综合研究所⇒瑞穗综合研究所（株）★ ● （株）大正海上基础研究所⇒（株）三井海上基础研究所＜←大正海上基础研究所＞★⇒（株）MSK基础研究所⇒MS&AD基础研究所（株）★⇒MS&AD InterRisk综研（株）	【日本】 美国、英国、法国、德国、日本、加拿大、意大利七国财政部长和中央银行行长会议（G7）召开。 达成"卢浮宫协议"。 据日本贸易振兴会分析，1986年日本对华贸易出超为41亿美元，比1985年减少18亿美元。通商产业省为应对日元升值，设立了对策本部，具体任务是：(1)分析日元升值对产业界的影响；(2)研究和实施中小企业职工就业政策；(3)采取稳定日元汇率对策，负责同各省厅进行联系。 日本国有铁路分割民营化正式施行。 颁布《综合保养地域整备法》（《旅游设施法》）。 受到纽约股票市场大跌的影响，日经指数暴跌。 中曾根康弘首相指定时任自由民主党干事长的竹下登为自由民主党第十二任总裁，竹下登内阁（1987年11月6日—1989年6月3日）成立。 竹下登首相在施政演说中强调"故乡创生论"（"日本列岛故乡论"）和"导入间接税"。 【国际】 苏联外交部长宣布驻阿富汗苏联军队的完全撤军计划。 联合国安理会通过了要求两伊战争双方立即停战的第598号决议。

续表

年份	主要智库	重要事件
1988	● （财）东北产业活性化中心⇒（财）东北活性化研究中心★⇒（公财）东北活性化研究中心 ● （株）UDI⇒（株）地域经济研究所⇒（株）智库宫崎【2004年5月解散，全部研究业务和部分研究人员移交给（株）地域经济研究所，以此为契机（株）地域经济研究所重新开始智库业务】◆ ● （株）伊予银行地域研究中心⇒（株）伊予银行地域经济研究中心 ● （株）设计综研广岛⇒（株）GK设计综研广岛 ● （财）Tochigi综合研究机构【2005年3月解散】◆ ▼ 日本福祉大学知多半岛综合研究所 ● （株）NTT数据系统科学研究所【2010年4月废止】◆ ● （株）Pia综合研究所⇒（株）文化科学研究所 ● （财）世界和平研究所⇒（公财）世界和平研究所⇒（公财）中曾根康弘世界和平研究所 ● （株）住信基础研究所⇒（株）三井住友信托基础研究所 ● （财）北海道地域综合振兴机构⇒（公财）HAMANASU财团 ● （株）NLI基础研究所 ● （株）滨银综合研究所 ● 科学技术政策研究所⇒文部科学省科学技术与学术政策研究所 ● （财）福冈都市科学研究所⇒（财）福冈亚洲都市研究所★⇒（公财）福冈亚洲都市研究所 ● （财）中部产业劳动政策研究会⇒（公财）中部产业劳动政策研究会 ● （株）PESCO	【日本】 废除小额储蓄非课税制度。 青函隧道开通。 濑户大桥开通。 自由民主党通过"税制根本性改革大纲"，决定导入税率3%的消费税。 实行牛肉、桔子进口自由化。 里库路特事件。 竹下登内阁打出"故乡创生事业"的口号，向全国各市区町村拨款1亿日元的"故乡创生资金"。 【国际】 巴勒斯坦全国委员会第19届会议在阿尔及尔闭幕，通过了《巴勒斯坦独立宣言》，宣布在巴勒斯坦土地上建立以耶路撒冷为首都的巴勒斯坦国。

续表

年份	主要智库	重要事件
1988	● （株）富士综合研究所⇒瑞穗信息综研（株）★ ● （财）下关21世纪协会⇒（一财）下关21世纪协会 ● （财）地球产业文化研究所⇒（一财）地球产业文化研究所	
1989	● （株）MBC综合研究所⇒（株）鹿儿岛综合研究所【2006年3月解散】◆ ● （财）地域流通经济研究所⇒（公财）地方经济综合研究所 ● （株）长崎经济研究所 ● （株）大和综研 ● 国际东亚研究中心⇒（财）国际东亚研究中心⇒（公财）国际东亚研究中心→（公财）亚洲增长研究所 ● （株）CIS规划研究所 ● （财）兵库县长寿社会研究机构→（财）兵库县人文关怀研究机构⇒（财）21世纪人文关怀研究机构→（公财）兵库震灾纪念21世纪研究机构★ ● 生活协同组合综合研究所⇒（财）生活协同组合综合研究所⇒（公财）生活协同组合综合研究所 ● 劳工运动综合研究所 ● （株）日本Intelligent Trust⇒（株）日本经济研究所★	【日本】 昭和天皇在东京病逝，皇太子明仁即位，成为第一百二十五代日本天皇，改年号为"平成"。 《消费税法》正式施行，税率为3%。 竹下登内阁全体辞职，宇野宗佑内阁（1989年6月3日—1989年8月10日）成立、全体辞职，第一次海部俊树内阁（1989年8月10日—1990年2月28日）成立。 "日本劳动组合总联合会""全国劳动组合总联合会"相继成立。 【国际】 "柏林墙"被迫开放。 罗马尼亚领导人齐奥塞斯库夫妇被枪决。

续表

年份	主要智库	重要事件
1990	● 日本劳动研究机构【2003年10月改组合并】◆⇒（独）劳动政策研究与研修机构★ ● （财）Telecom 高度利用促进中心⇒（财）多媒体通信振兴中心⇒（一财）多媒体通信振兴中心★ ● （株）千叶银行综合研究所 ● （财）国际开发高等教育机构⇒（一财）国际开发机构 ● （株）鹿儿岛地域经济研究所⇒（株）鹿儿岛经济研究所⇒（株）九州经济研究所 ● （株）农林中金综合研究所 ● （株）人类复兴研究所 ● （株）大分银行经济经营研究所 ● （有）地域振兴 PLANET⇒日本星想咨询股份公司★ ● （财）地球环境产业技术研究机构⇒（公财）地球环境产业技术研究机构 ● （株）KDD 综研⇒（株）KDDI 综研⇒（株）KDDI 综合研究所★ ● （株）ATHENA	【日本】 日本贸易振兴会公布1989年海外直接投资调查，日本对外直接投资额为441亿美元，居世界第一位。 三菱南大夕张煤矿封山，至此北海道夕张市内的煤矿已全部关闭。 厚生省成立"脑死亡及器官移植临时调查委员会（脑死临调）"，召开第一次会议。 大阪市举办 AI 类专业性"国际花与绿博览会"。 三井银行与太阳神户银行合并，成立太阳神户三井银行。 厚生省1990年发表的人口动态统计数字显示，1989年日本的总和生育率为1.57（即日本妇女一生之平均每人生育1.57个孩子），这是日本自1973年人口出生率下降以来最低的出生率。 实施全国人口普查（总人口约为1亿2361万人，东京都总人口约为1186万人）。 【国际】 戈尔巴乔夫当选苏联首任总统。 伊拉克军队入侵科威特。

第一部分　日本主要智库年表(1912—2007年)　229

续表

年份	主要智库	重要事件
1991	● (株)冈本组合 ● 社会经济调查(株)⇒(株)地域社会研究所 ● (财)丰田都市交通研究所⇒(公财)丰田都市交通研究所 ● (财)笹川体育财团⇒(公财)笹川体育财团 ● (社)农协共济综合研究所⇒(一社)JA共济综合研究所 ● (株)NTT数据经营研究所 ● (株)信息环境研究所 ● (协)Planning Network 东北 ● (株)明治生命 Finansurance 研究所⇒(株)明治安田生活福祉研究所⇒(株)明治安田综合研究所 ● (财)名古屋都市中心⇒(公财)名古屋城市建设公社名古屋都市中心【2010年4月与(财)名古屋城市建设公社合并，2012年4月名称变更】★ ● (株)第一劝银综合研究所⇒瑞穗综合研究所(株)★ ● (株)Method ● (株)冲绳地域工学研究所 ● (财)大阪湾岸地域开发促进机构⇒(一财)大阪湾岸地域开发促进机构	【日本】 日本政府正式决定为支援海湾战争，向多国部队追加90亿美元的资金援助，并派遣自卫队飞机运送难民。 戈尔巴乔夫作为苏联总统访问日本，这是苏联最高领导人首次访日。 海部俊树首相访蒙，这是日本首相首次出访蒙古，会谈中承诺日本对蒙古提供20亿日元的无偿援助。 长崎县云仙普贤岳火山喷发，火山口周边形成的熔岩坝于6月溃坝，发生了大规模火山碎屑流，灾害导致43人死亡或失踪。 第二次海部俊树内阁(1990年2月28日—1991年11月5日)全体辞职，宫泽喜一内阁(1991年11月5日—1993年8月9日)成立。 【国际】 1991年2月24日，以美国为首的、由34个国家组成的多国部队空袭伊拉克巴格达，发起"沙漠风暴"行动。海湾战争正式爆发。2月28日战争结束。 叶利钦在全民选举中当选为俄罗斯联邦第一任总统。 戈尔巴乔夫作为苏联总统发表辞职讲话，此举表明苏联的正式解体。

续表

年份	主要智库	重要事件
1992	● （株）北海道新闻情报研究所⇒（株）北海道新闻情报服务⇒（株）北海道新闻HotMedia【2019年4月1日与（株）道新体育合并】★ ● （有）流通研究所⇒（株）流通研究所★ ● （财）北海道东北地域经济综合研究所⇒（一财）北海道东北地域经济综合研究所 ● （株）GYOSEI综合研究所 ● （社）日本物流系统协会⇒（公社）日本物流系统协会 ● （财）高知县政策综合研究所【2005年3月废止】◆ ● （财）堺都市政策研究所⇒（公财）堺都市政策研究所 ● MRS International（株）⇒（株）INTAGE调查研究 ● （株）都市文化研究所	【日本】 日本首相宫泽喜一与来访的美国总统布什举行首脑会谈。 日本明仁天皇第一次访问中国。 《关于调整大型零售商店零售业务活动的法律》（简称"《大店法》"）第二次修订施行。 青森县六所村的民间铀浓缩工厂正式开始投入生产。 国土厅发布1992年全国地价标价公告，这是自"列岛改造"热潮之后经济萧条的1975年公开标价以来，时隔17年的首次地价下跌。 山形新干线（东京—山形）开通运行。 日本国会通过《协助联合国维持和平行动相关法案》（即"《PKO法案》"），从法律上确定自卫队可出国执行联合国主持的国际维和行动，这是二战后日本国会首次通过向海外派兵法案。同时，国会还通过了《国际紧急援助队派遣法修正案》。自此，日本向海外派遣自卫队成为可能。 日本政府派往柬埔寨的联合国维和部队出发，参加联合国维和任务，这是二战后日本首次向海外派兵。 佐川快递公司事件，自由民主党因其副总裁金丸信接受东京佐川快递公司5亿日元非法政治捐款事件等丑闻而形象严重受损。 【国际】 美国总统布什在《国情咨文》中宣布"在冷战中取得胜利"，削减国防预算。 《欧洲联盟条约》（即《马斯特里赫特条约》）签署。 波斯尼亚和黑塞哥维那共和国宣告独立。 联合国柬埔寨临时权力机构（UN-TAC）成立。 阿富汗内战结束。 联合国环境与发展大会（即"联合国地球环境高峰会议"）在巴西里约热内卢召开。

续表

年份	主要智库	重要事件
1993	●（社）亚洲论坛·日本⇒（一社）亚洲论坛·日本 ●（财）宫城县地域振兴中心【2009年3月解散，相关智库业务并入宫城大学】◆ ●（财）High-Life研究所⇒（公财）High-Life研究所 ●（株）长银综研咨询⇒（株）价值综合研究所 ●（财）新构想研究会【2003年3月解散】◆ ●（财）环日本海经济研究所⇒（公财）环日本海经济研究所	【日本】 第19次西方七国首脑会议在东京举行（东京峰会）。 宫泽喜一内阁全体辞职，细川护熙内阁（1993年8月9日—1994年4月28日）成立。 制定《环境基本法》。 日本政府决定接受包括部分开放大米市场在内的农业领域的调整方案，关税及贸易总协定（GATT）乌拉圭回合谈判最终达成协议。 首相私人咨询机构"经济改革研究会"发表了《平岩报告》。 日本前首相田中角荣去世。
1994	●（株）政策技术研究所 ●（财）北国综合研究所⇒（一财）北国综合研究所	【日本】 细川护熙内阁全体辞职，羽田孜内阁（1994年4月28日—1994年6月30日）成立、全体辞职，村山富市内阁（1994年6月30日—1996年1月11日）成立。 新关西国际机场完工启用。 《税制改革大纲》审议通过。 《农业对策大纲》审议通过。 国会通过年金改革相关法案以及有关税制改革的四项法案。 "行政改革委员会"成立。 【国际】 英法海底隧道通车。

续表

年份	主要智库	重要事件
1995	▼磐城未来建设中心【2012年2月停止活动】◆ ▼宝塚城市建设研究所【2006年3月停止活动】◆ ▼仙台都市综合研究机构【2007年3月废止】◆ ▼滋贺县立大学地域建设调查研究中心 ●（株）常阳产业研究所 ●（财）鸟取政策综合研究中心⇒（财）鸟取地域协作综合研究中心【2012年3月解散，研究业务并入公立鸟取环境大学】◆ ●市民活动信息中心⇒（特非）市民活动信息中心 ●（财）国际通货研究所⇒（公财）国际通货研究所	【日本】 阪神、淡路地区发生大地震。 8月15日村山富市首相在第50个终战纪念日上发表讲话，承认过去的战争为"侵略"，表示要进行反省和谢罪。 东京发生地铁沙林事件，导致10人死亡，此事件为奥姆真理教徒所为。 颁布《地方分权促进法》，确定了中央政府向地方自治体下放权限的大体框架。 制定《关于促进包装容器的分类回收及再商品化等的法律》（简称"《包装容器回收利用法》"）。 《产品责任法》（简称"《PL法》"）开始实施。依据该法规定，在没有确认企业存在过失责任的情况下，只要能证明产品存在缺陷，也可要求损害赔偿。 日本进行国情调查，即第16次大规模人口普查（总人口约12557万人，东京都人口约1177万人）。 《主要粮食的供求及价格稳定法》（简称"《新粮食法》"）实施。
1996	●户田纪念国际和平研究所 ●（财）地方自治研究机构⇒（一财）地方自治研究机构 ●（财）德岛地域政策研究所 ●三重银情报服务（株）⇒（株）三重银综研⇒（株）三十三综研 ▼东北大学东北亚研究中心 ●（株）OKB综研 ●（株）共立综合研究所 ●科学技术振兴事业团⇒（独）科学技术振兴机构⇒国立研究开发法人科学技术振兴机构 ●国立社会保障与人口问题研究所	【日本】 村山富市内阁全体辞职，第一次桥本龙太郎内阁（1996年1月11日—1996年11月7日）、第二次桥本龙太郎内阁（1996年11月7日—1998年7月30日）成立。 举行第41次众议院大选，这是首次实施小选举区和比例代表制并存的选举制度。 行政改革委员会行政信息公开部会提出《信息公开法纲要案》。 日本驻秘鲁大使官邸人质事件。

续表

年份	主要智库	重要事件
1997	● 构想日本⇒（一社）构想日本 ● （社）东京自治研究中心⇒（公社）东京自治研究中心 ● （株）第一生命经济研究所 ● （株）USRIC ● 市民立法机构 ● （特非）NPO政策研究所 ▼ 日本福祉大学福祉社会开发研究所 ▼ 丰中市政研究所⇒丰中都市创造研究所 ▼ 岸和田市都市政策研究所【2009年解散】◆ ● （株）社会安全研究所 ● （财）福岛自治研修中心智库福岛⇒（公财）福岛自治研修中心智库福岛 ● 国际研究奖学财团⇒（财）东京财团（公财）东京财团⇒（公财）东京财团政策研究所 ● 21世纪政策研究所 ● （财）阪神淡路大地震纪念协会⇒（公财）兵库震灾纪念21世纪研究机构★ ● 亚洲开发银行研究所	【日本】 消费税税率提高至5%。 制定《环境影响评价法》，以环境保全为优先原则，将人类活动限制在环境能够承受的限度内。 联合国在日本京都召开了"防止地球温暖化京都会议"（COP3），并通过了《联合国气候变化框架公约京都议定书》。 修改《废弃物处理法》。 制定《护理保险法》，并经众议院全体会议审议通过。 山一证券公司申请自行停业，成为二战后日本最大的公司倒闭事件。 【国际】 美国和英国空袭伊拉克。 亚洲金融危机爆发。
1998	● （财）地球环境战略研究机构⇒（公财）地球环境战略研究机构 ● （财）山梨综合研究所⇒（公财）山梨综合研究所 ▼ 广岛市立大学广岛和平研究所 ▼ 立命馆大学社会系统研究所 ● （株）荘银综合研究所⇒（株）FIDEA综合研究所★ ● 气候网络⇒（特非）气候网络 ● （株）Eco Assist ● （株）JR货运研究中心【2017年3月解散】◆ ▼ 青森公立大学地域合作中心	【日本】 制订"21世纪国土宏观规划"（即"第五个全国综合开发计划"）。 制定《特定非营利活动促进法》。 第二次桥本龙太郎内阁全体辞职，小渊惠三内阁（1998年7月30日—2000年4月5日）成立。 制定《地球温暖化对策推进法》。 刷新泡沫经济崩溃后的股票价格最低值。 北海道拓殖银行破产倒闭。 内阁会议通过大米进口的关税化管理。

续表

年份	主要智库	重要事件
1999	● (财) 大分县产业创造机构⇒(公财) 大分县产业创造机构<←(社) 大分县地域经济情报中心>★ ▼钏路公立大学地域经济研究中心 ● (特非) NPO 群马 ● 彩色王国埼玉人才建设广域联合 ● 环境自治体会议环境政策研究所⇒(特非) 环境自治体会议环境政策研究所 ● (株) 循环社会研究所 ● (株) 三井物产战略研究所	【日本】 自由民主党与自由党组成两党联合政权。 制定并颁布《关于行政机关公开保有信息的法律》(简称"《行政机关信息公开法》")。 制定《地方分权一揽子法》《中央省厅等改革相关法》。 小渊惠三首相访问中国。 自由民主党、自由党、公明党组成三党联合政权,小渊惠三改组内阁。 国会等迁移审议会向首相汇报首都功能迁移候选地。 【国际】 欧盟 (EU) 国家的统一货币"欧元"正式诞生。 全世界人口总数突破 60 亿大关,联合国确定 1999 年 10 月 12 日为"世界 60 亿人口日"。
2000	● (财) 爱媛地域政策研究中心⇒(公财) 爱媛地域政策研究中心<←(财) 爱媛县社会经济研究财团>★ ● (公财) 岐阜县产业经济振兴中心<(财) 岐阜县产业经济研究中心←(财) 岐阜县智库>★ ▼上越市创造行政研究所 ● (株) Recycle One⇒(株) RENOVA ● (株) 国际社会经济研究所 ● 环境能源政策研究所⇒(特非) 环境能源政策研究所 ▼京都橘大学文化政策研究中心【2012 年 4 月废止,研究职能移交给综合学术推进机构】◆	【日本】 东京都发生"营团地铁日比谷线事故",东京地铁日比谷线一列电车出轨,4 人死亡,33 人受伤。 护理保险制度开始实施。 小渊惠三首相突发疾病入院,小渊惠三内阁全体辞职,第一次森喜朗内阁 (2000 年 4 月 5 日—2000 年 7 月 4 日)、第二次森喜朗内阁 (2000 年 7 月 4 日—2001 年 4 月 26 日) 成立。 制定《推进循环型社会形成基本法》《食品循环利用法》,以及资源、废弃物等的分类回收进行再资源化、再利用的相关法律。 《大型零售商店选址法》(简称"《大店立地法》") 实施。

续表

年份	主要智库	重要事件
2000		金融厅成立，金融厅同时拥有金融监管权和金融政策制定权。 位于伊豆群岛的三宅岛上的火山雄山再次喷发。 日本进行国情调查，即第17次大规模人口普查（总人口约12692万人，东京都人口约1206万人）。 日本广播卫星（BS）的数字广播于2000年12月1日开始正式运行。 【国际】 俄罗斯总统普京在莫斯科克里姆林宫宣誓就职。 第一次朝韩首脑会谈，朝鲜领导人金正日和韩国总统金大中在平壤举行了历史性会晤，是自1945年朝鲜半岛分裂后，朝韩最高领导人的首次会晤，双方签署了《北南共同宣言》。 乔治·沃克·布什正式宣誓就任美国第54届总统。
2001	● 内阁府经济社会综合研究所 ● （独）经济产业研究所 ● （独）产业技术综合研究所⇒国立研究开发法人产业技术综合研究所 ● （独）通信综合研究所⇒（独）信息通信研究机构⇒国立研究开发法人信息通信研究机构 ● （株）旅游市场营销研究所⇒（株）JTB综合研究所 ▼ 青森县民政策网络 ● （株）森林能源研究所 ● （特非）言论NPO ● （特非）政策过程研究机构	【日本】 中央省厅改组，根据《中央省厅等改革基本法》实行机构改革，对中央省厅的职能与组织进行重新统筹整合。 爱媛县立宇和岛水产高中的实习船"爱媛丸"号被美国海军的"格林维尔"号核潜艇撞沉。 日本国会通过《协助联合国维持和平行动相关法案修正案》，解除了对自卫队参加联合国维和主体行动的限制。 "9·11"事件后，日本国会于10月29日通过《反恐特别措施法》，并相应修改《自卫队法》和《海上保安厅法》。 《关于行政机关公开保有信息的法律》自2001年4月1日起正式施行。

续表

年份	主要智库	重要事件
2001		自由民主党、公明党、保守党组成三党联合政权，小泉纯一郎内阁（2001年4月26日—2006年9月26日）成立。 日本国内出现首例感染疯牛病（即"牛海绵状脑病"）的病牛。 日本内阁批准以救助阿富汗难民为目的向海外派遣自卫队。 【国际】 美国发生"9·11恐怖袭击事件"。 阿富汗战争爆发。
2002	●（株）独立综合研究所 ▼东洋大学地域活性化研究所 ▼横须贺市都市政策研究所 ▼东洋大学现代社会综合研究所 ●（特非）冈崎研究所 ●（株）日本综合研究所＜←日本情报服务（株）＞★	【日本】 派出690名陆上自卫队员参加东帝汶维和行动。 小泉纯一郎首相访问朝鲜，与金正日总书记举行日朝首脑会谈，双方就解决日本"失踪人员"问题达成了共识，并签署了《日朝平壤宣言》。 小泉纯一郎首相咨询机构"对外关系工作组"提交了《21世纪日本外交基本战略报告》。 日韩两国共同举办第17届世界杯足球赛。 【国际】 俄罗斯发生"莫斯科剧院人质事件"。 印尼巴厘岛发生汽车炸弹爆炸恐怖事件。 联合国安理会通过关于伊拉克武器核查问题的第1441号决议。

续表

年份	主要智库	重要事件
2003	● 亚洲商业咨询（有） ● （特非）城市研究工房 ▼ 相模原市都市未来研究所 ▼ 法政大学地域研究中心 ▼ 三浦政策研究所 ● （独）劳动政策研究与研修机构＜←日本劳动研究机构＞★	【日本】 日本政府制定《个人信息保护法》《行政机关保存的个人信息保护法》等相关五部法律。 5月15日，日本国会众议院审议通过"有事法制三法案"，即《应对武力攻击事态法案》《自卫队法修正案》和《安全保障会议设置法修正案》，并于6月6日在国会参议院审议通过。 居民基本台账网络系统正式开始运行。 日本民主党和日本自由党合并。 东海道新干线品川站启用。同时，列车时刻表编制基准从列车"光号"改为列车"希望号"。 第43届众议院选举中，民主党大举跃进，一举获得177个议席，成为众议院内最大的在野党。 日本政府正式决定向伊拉克派遣自卫队。 【国际】 美国军队发动对伊拉克的军事行动，伊拉克战争爆发。
2004	● （株）冲绳银行经济研究所 ● （特非）东京尖端医疗政策中心⇒（特非）日本医疗政策机构 ● 东亚共同体评议会 ● （株）电通综研 ● 瑞穗信息综研（株）＜←（株）富士综合研究所＞★ ● JFE科技研究（株） ● （有）环境规划研究所⇒（株）环境规划研究所	【日本】 2月1日，日本政府为即将出征的自卫队举行有1500人参加的"激励大会"，首相小泉纯一郎、防卫厅长官石破茂等政要出席出征授旗仪式，千余名日本自卫队队员分批前往伊拉克，这是日本自卫队从1954年成立以来最大规模的向海外派兵，开创了二战后日本向处在战争状态的国家派遣武装力量的先例。 成田机场和营团地铁实行民营化改革。 《年金制度改革相关法案》审议通过。 第20届国会参议院选举，在改选议席中，自由民主党获得49个议席，民主党大举跃进，获得50个议席。

续表

年份	主要智库	重要事件
2004		一架美军直升机从普天间机场起飞后，坠落在普天间基地近旁的冲绳国际大学校园内，部分撞毁了一栋行政楼，起火引燃学校建筑物。 日本银行发行面额为1000、5000、10000日元的三种新版纸币。 【国际】 "别斯兰人质事件"，即车臣分离主义武装分子在俄罗斯南部的北奥塞梯共和国别斯兰市第一中学劫持学生、教师和家长共1200余名人质的恐怖事件。 乔治·沃克·布什竞选成功，当选美国第55届总统，获得连任。
2005	▼九州大学亚洲综合政策中心【2010年6月关闭】◆ ●有限责任中间法人公共政策平台【2009年以后处于休眠状态】◆	【日本】 日本政府向伊拉克派遣自卫队。 《联合国气候变化框架公约》第三次缔约方会议（COP3）审议通过的旨在遏制全球气候变暖的《京都议定书》正式生效。 "名古屋中部国际机场"正式开港启用。 "JR福知山线出轨事故"，西日本旅客铁道公司（JR西日本）福知山线的一列快速电车因为脱轨撞击到路旁的公寓大楼，造成107人死亡、562人受伤的重大铁路事故，在日本国内二战后铁路事故史上是第四严重的意外事故。 第44届众议院选举，联合执政的自由民主党和公明党分别获得296个议席和31个议席，执政党共获得327个议席，超过众议院总议席的2/3，取得了压倒性的胜利。 作为"小泉改革"重要内容的"日本道路公团"等四大道路公团正式启动民营化改革。

续表

年份	主要智库	重要事件
2005		【国际】 印度尼西亚苏门答腊岛附近海域发生里氏 8.5 级强烈地震。 天主教罗马教皇约翰·保罗二世因病在梵蒂冈去世。 飓风"卡特里娜"在美国登陆。
2006	● 有限责任中间法人智库 2005·日本【2011 年 2 月解散】◆ ▼ 滋贺县立大学地域共生中心	【日本】 "日本邮政株式会社"成立。 小泽一郎就任民主党第 10 任党代表。 秋筱宫文仁亲王和纪子妃诞下儿子悠仁。 小泉纯一郎内阁全体辞职，第一次安倍晋三内阁（2006 年 9 月 26 日—2007 年 9 月 26 日）成立。 【国际】 第 20 届冬季奥运会 2 月 10 日至 26 日在意大利都灵举办。 美国发生安然公司事件，美国安然公司因重大舞弊、会计信息失真而申请破产。 朝鲜试射弹道导弹，落入日本海。 印度尼西亚爪哇发生里氏 7.7 级地震。 热浪横扫欧洲各国。 泰国发生军事政变。
2007	▼ 中野区政策研究机构【2010 年 3 月解散】◆ ▼ 新潟市都市政策研究所【2014 年 3 月解散】◆ ▼ 世田谷自治政策研究所 ● 国际公共政策研究中心 ▼ 熊本大学政策创造研究教育中心 ● （特非）社会工学研究所 ● （公财）国家基本问题研究所	【日本】 1 月 14 日，第七次中日韩领导人会议在菲律宾中部城市宿务举行。中国国务院总理温家宝、日本首相安倍晋三和韩国总统卢武铉出席会议，三方发表《第七次中日韩领导人会议联合新闻声明》。

续表

年份	主要智库	重要事件
2007		在日本国会参议院议员选举中，执政的日本自由民主党遭到惨败，而最大的在野党民主党取得胜利，成为参议院第一大政党。参议院选举后，自由民主党的议席由选举前的110席减至83席，而民主党由81席增至109席。安倍晋三首相辞职，福田康夫就任第91任首相，福田康夫内阁（2007年9月26日—2008年9月24日）成立。 10月1日日本邮政公社正式实行民营化改革。 11月20日，第八次中日韩领导人会议在新加坡举行。中国国务院总理温家宝、日本首相福田康夫和韩国总统卢武铉出席会议，审议并通过了《2007年中日韩合作进展报告》。 【国际】 孟加拉人民共和国发生暴动，宣布进入紧急状态。 美国弗吉尼亚理工学院发生恶性校园枪击事件，这是美国历史上死亡人数最多的校园枪击案，也是美国建国200多年历史上最严重的枪击事件。 秘鲁发生大地震。 巴基斯坦发生爆炸袭击恐怖事件。

第二部分 日本主要智库名录[①]

机构名称（日文）	机构名称（英文）	机构名称（中文）	成立时间	所在地	研究领域
公益财团法人日本交通公社	Japan Travel Bureau Foundation	公益财团法人日本交通公社	1912年	东京都港区	经济 国土开发利用 国民生活

① 数据来源：基于公益财团法人 NIRA 综合研究开发机构实施的智库调查统计项目的来源智库，以及笔者 2015 年实施的日本重要智库研究项目的来源智库进行整理收录，按机构成立时间排序。机构信息以官方网站发布内容为准，信息更新截至 2019 年 5 月 1 日—9 月 30 日期间最后一次访问。

注 1："机构所在地"以机构总部所在地进行标注。日本全国分为 47 个都道府县，即 1 都（东京都），1 道（北海道），2 府（京都府、大阪府）和 43 县。除"东京都"标注到下属"区"外，其他均标注为"县"和下属"市"。

注 2："研究领域"分为：经济、国土开发利用、产业、国际问题（标注"国际"）、环境问题（标注"环境"）、政治行政、福祉医疗教育、国民生活、交通、资源能源、文化艺术、通信信息、科学技术、参见研究篇"第四章日本智库的研究及产出状况"、领域细分参见研究篇"表 4-4 日本主要智库研究成果领域分布（2013 年度）"。"综合"是指同时具备三个及以上的研究领域，标注"综合"时，则不再标注细分领域。

续表

机构名称（日文）	机构名称（英文）	机构名称（中文）	成立时间	所在地	研究领域
法政大学大原社会問題研究所	The Ohara Institute for Social Research, Hosei University	法政大学大原社会问题研究所	1919 年	东京都町田市	福祉医疗教育 国民生活 经济
公益財団法人大原記念労働科学研究所	The Ohara Memorial Institute for Science of Labour	公益财团法人大原纪念劳动科学研究所	1921 年	东京都涩谷区	福祉医疗教育 国民生活 产业
公益財団法人後藤・安田記念東京都市研究所	The Tokyo Institute for Municipal Research	公益财团法人后藤·安田纪念东京都市研究所	1922 年	东京都千代田区	政治行政 国民生活 国土开发利用
公益財団法人三菱経済研究所	The Mitsubishi Economic Research Institute	公益财团法人三菱经济研究所	1932 年	东京都文京区	经济
公益財団法人損害保険事業総合研究所	The General Insurance Institute of Japan	公益财团法人损害保险事业综合研究所	1933 年	东京都千代田区	经济
一橋大学経済研究所	Institute of Economic Research, Hitotsubashi University	一桥大学经济研究所	1942 年	东京都国立市	经济 国际

续表

机构名称（日文）	机构名称（英文）	机构名称（中文）	成立时间	所在地	研究领域
公益財団法人日本農業研究所	The Nippon Agricultural Research Institute	公益财团法人日本农业研究所	1942年	东京都千代田区	产业 政治行政 国际
一般財団法人日本経済研究所	The Japan Economic Research Institute	一般财团法人日本经济研究所	1946年	东京都千代田区	经济 国际 产业
東京大学社会科学研究所	Institute of Social Science, The University of Tokyo	东京大学社会科学研究所	1946年	东京都文京区	经济 政治行政 国际
公益財団法人政治経済研究所	The Institute of Politics and Economy	公益财团法人政治经济研究所	1946年	东京都江东区	政治行政 经济
公益財団法人九州経済調査協会	Kyushu Economic Research Center	公益财团法人九州经济调查协会	1946年	福冈县福冈市	经济 产业
政策シンクタンクPHP総研	PHP Institute, Inc.	政策智库PHP综研	1946年	东京都江东区	政治行政 国际 经济

续表

机构名称（日文）	机构名称（英文）	机构名称（中文）	成立时间	所在地	研究领域
一般財団法人統計研究会	The Institute of Statistical Research	一般财团法人统计研究会	1947年	东京都港区	经济 政治行政 国际
公益社団法人自由人権協会	Japan Civil Liberties Union	公益社团法人自由人权协会	1947年	东京都港区	政治行政 国际
公益財団法人中国地域創造研究センター	Chugoku Regional Innovation Research Center	公益财团法人中国地域创造研究中心	1948年	广岛县广岛市	国土开发利用 经济 产业
公益社団法人国際経済労働研究所	International Economy and Work Research Institute	公益社团法人国际经济劳动研究所	1948年	大阪府大阪市	经济 国际 国民生活
国立教育政策研究所	National Institute for Educational Policy Research	国立教育政策研究所	1949年	东京都千代田区	文化艺术 福利医疗教育
パシフィックコンサルタンツ株式会社	Pacific Consultants Co., Ltd.	太平洋咨询株式会社	1951年	东京都千代田区	国土开发利用 交通 资源能源

第二部分 日本主要智库名录 245

续表

机构名称（日文）	机构名称（英文）	机构名称（中文）	成立时间	所在地	研究领域
一般财团法人电力中央研究所	Central Research Institute of Electric Power Industry	一般财团法人电力中央研究所	1951 年	东京都千代田区	资源能源 环境 经济
防卫研究所	National Institute for Defense Studies, Ministry of Defense	防卫研究所	1952 年	东京都新宿区	政治行政 国际 国土开发利用
公益财团法人日本生产性本部	Japan Productivity Center	公益财团法人日本生产性本部	1955 年	东京都千代田区	产业 经济
高崎经济大学产业研究所	Institute for Research of Regional Economy, Takasaki City University of Economics	高崎经济大学产业研究所	1957 年	群马县高崎市	经济 产业
北海学园大学开发研究所	Center for Development Policy Studies, Hokkai-Gakuen University	北海学园大学开发研究所	1957 年	北海道札幌市	国土开发利用 经济 政治行政
关西大学经济·政治研究所	Institute of Economic and Political Studies, Kansai University	关西大学经济政治研究所	1958 年	大阪府吹田市	经济 政治行政 产业

续表

机构名称（日文）	机构名称（英文）	机构名称（中文）	成立时间	所在地	研究领域
独立行政法人日本貿易振興機構アジア経済研究所	Institute of Developing Economies, Japan External Trade Organization	独立行政法人日本贸易振兴机构亚洲经济研究所	1958 年	千叶县千叶市	国际经济政治行政
公益財団法人日本都市センター	Japan Municipal Research Center	公益财团法人日本都市中心	1959 年	东京都千代田区	政治行政国土开发利用国民生活
一般財団法人日本不動産研究所	Japan Real Estate Institute	一般财团法人日本不动产研究所	1959 年	东京都港区	国土开发利用经济环境
北九州市立大学地域戦略研究所	Institute for Regional Strategy, The University of Kitakyushu	北九州市立大学地域战略研究所	1959 年	福冈县北九州市	综合
慶應義塾大学産業研究所	Keio Economic Observatory	庆应义塾大学产业研究所	1959 年	东京都港区	经济政治行政科学技术
公益財団法人日本国際問題研究所	The Japan Institute of International Affairs	公益财团法人日本国际问题研究所	1959 年	东京都千代田区	国际政治行政经济

续表

机构名称（日文）	机构名称（英文）	机构名称（中文）	成立时间	所在地	研究领域
株式会社インテージ	INTAGE Inc.	株式会社 INTAGE	1960 年	东京都千代田区	经济 产业 国民生活
株式会社ドーコン	DOCON Co., Ltd.	株式会社 DOCON	1960 年	北海道札幌市	国土开发利用 交通 产业
株式会社日本リサーチセンター	Nippon Research Center, Ltd.	株式会社日本调查研究中心	1960 年	东京都墨田区	国民生活 经济 产业
株式会社日通総合研究所	Nittsu Research Institute and Consulting, Inc.	株式会社日通综合研究所	1961 年	东京都港区	交通 经济 产业
株式会社日本統計センター	Nippon Statistics Center Co., Ltd.	株式会社日本统计中心	1961 年	福冈县北九州市	经济 产业 国土开发利用
公益財団法人日本証券経済研究所	Japan Securities Research Institute	公益财团法人日本证券经济研究所	1961 年	东京都中央区	经济 国际 产业

续表

机构名称（日文）	机构名称（英文）	机构名称（中文）	成立时间	所在地	研究领域
一般財団法人日本立地センター	Japan Industrial Location Center	一般财团法人日本立地中心	1962年	东京都千代田区	国土开发利用产业资源能源
一般社団法人日本経済調査協議会	Japan Economic Research Institute	一般社团法人日本经济调查协议会	1962年	东京都港区	经济产业国际
アイアールエム合同会社	IRM LLC	IRM合同会社	1962年	东京都中野区	经济产业国际
一般財団法人静岡経済研究所	Shizuoka Economic Research Institute Ltd.	一般财团法人静冈经济研究所	1963年	静冈县静冈市	经济产业国土开发利用
株式会社建設技術研究所	CTI Engineering Co., Ltd.	株式会社建设技术研究所	1963年	东京都中央区	国土开发利用环境交通
公益社団法人日本経済研究センター	Japan Center for Economic Research	公益社团法人日本经济研究中心	1963年	东京都千代田区	经济国际产业

续表

机构名称（日文）	机构名称（英文）	机构名称（中文）	成立时间	所在地	研究领域
株式会社国土開発センター	National Land Development Center	株式会社国土开发中心	1964年	石川县金泽市	国土开发利用 交通 环境
一般財団法人日本地域開発センター	Japan Center for Area Development Research	一般财团法人日本地域开发中心	1964年	东京都港区	国土开发利用 环境 经济
株式会社不動産経済研究所	Real Estate Economic Institute Co., Ltd.	株式会社不动产经济研究所	1964年	东京都新宿区	产业 经济 国民生活
一般財団法人計量計画研究所	The Institute of Behavioral Sciences	一般财团法人计量规划研究所	1964年	东京都新宿区	国土开发利用 交通 经济
一般財団法人地域開発研究所	Institute For Areal Studies, Foundation	一般财团法人地域开发研究所	1964年	东京都文京区	国土开发利用 通信信息 环境
一般財団法人ひろぎん経済研究所	Hiroshima Bank Research Institute	一般财团法人广岛银行经济研究所	1965年	广岛县广岛市	经济 产业

续表

机构名称（日文）	机构名称（英文）	机构名称（中文）	成立时间	所在地	研究领域
株式会社野村総合研究所	Nomura Research Institute, Ltd.	株式会社野村综合研究所	1965 年	东京都千代田区	综合
株式会社環境緑地設計研究所	Environmental Landscape Design Office	株式会社环境绿地设计研究所	1965 年	兵库县神户市	国土开发利用 环境 国民生活
京都大学東南アジア地域研究研究所	Center for Southeast Asian Studies, Kyoto University	京都大学东南亚地域研究研究所	1965 年	京都市左京区	综合
一般財団法人日本エネルギー経済研究所	The Institute of Energy Economics, Japan	一般财团法人日本能源经济研究所	1966 年	东京都中央区	资源能源 环境 国际
公益財団法人流通経済研究所	The Distribution Economics Institute of Japan	公益财团法人流通经济研究所	1966 年	东京都千代田区	经济 产业
一般社団法人科学技術と経済の会	Japan Techno-Economics Society	一般社团法人科学技术与经济之会	1966 年	东京都千代田区	科学技术 产业 经济

第二部分 日本主要智库名录 251

续表

机构名称（日文）	机构名称（英文）	机构名称（中文）	成立时间	所在地	研究领域
公益財団法人中部圏社会経済研究所	Chubu Region Institute for Social and Economic Research	公益财团法人中部圈社会经济研究所	1966年	爱知县名古屋市	国土开发利用 产业 经济
一般社団法人ロシアNIS貿易会	Japan Association for Trade with Russia & NIS	一般社团法人俄罗斯NIS贸易会	1967年	东京都中央区	国际 经济 政治行政
株式会社地域計画建築研究所	Architec's Regional Planners & Associates・Kyoto	株式会社地域规划建筑研究所	1967年	京都府京都市	国土开发利用 国民生活 环境
一般社団法人食品需給研究センター	Food Marketing Research and Information Center	一般社团法人食品供需研究中心	1967年	东京都北区	产业 经济 国民生活
株式会社工業市場研究所	Industrial Marketing Consultants Co., Ltd.	株式会社工业市场研究所	1967年	东京都港区	产业 国土开发利用 经济
株式会社西日本リサーチ・センター	Nishi Nihon Research Center Co., Ltd.	株式会社西日本调查研究中心	1968年	福冈县福冈市	国民生活 福祉医疗教育 产业

续表

机构名称（日文）	机构名称（英文）	机构名称（中文）	成立时间	所在地	研究领域
株式会社環境デザイン研究所	Environment Design Institute	株式会社环境设计研究所	1968年	东京都港区	环境 国土开发利用 福祉医疗教育
一般財団法人運輸総合研究所	Japan Transport and Tourism Research Institute	一般财团法人运输综合研究所	1968年	东京都港区	交通 经济 国民生活
株式会社日本総合研究所	The Japan Research Institute, Limited	株式会社日本综合研究所	1969年	东京都品川区	经济 政治行政 环境
一般財団法人常陽地域研究センター	Joyo Area Research Center	一般财团法人常阳地域研究中心	1969年	茨城县水户市	产业 经济 国民生活
一般社団法人海洋産業研究会	Research Institute for Ocean Economics	一般社团法人海洋产业研究会	1969年	东京都港区	产业 资源能源 环境
株式会社ケー・シー・エス	KCS Co., Ltd.	株式会社KCS	1969年	东京都文京区	交通 环境 经济

续表

机构名称（日文）	机构名称（英文）	机构名称（中文）	成立时间	所在地	研究领域
株式会社 UG 都市建築	UG Toshi-Kenchiku Co., Ltd.	株式会社 UG 都市建筑	1969 年	东京都新宿区	国土开发利用
株式会社都市問題経営研究所	Research Institute of Urban Renewal and Management	株式会社都市问题经营研究所	1969 年	大阪府大阪市	国土开发利用 产业 经济
公益財団法人日本国際交流センター	Japan Center for International Exchange	公益财团法人日本国际交流中心	1970 年	东京都港区	国际 政治行政 福祉医疗教育
株式会社地域開発コンサルタンツ	Regional Planning Consultation Co., Ltd.	株式会社地域开发咨询	1970 年	东京都中野区	环境 国土开发利用 科学技术
シービーアールイー株式会社	CBRE	CBRE 株式会社	1970 年	东京都千代田区	经济 产业 国土开发利用
株式会社日本空港コンサルタンツ	Japan Airport Consultants, Inc.	株式会社日本机场咨询	1970 年	东京都中央区	交通 国土开发利用 经济

第二部分 日本主要智库名录 253

续表

机构名称（日文）	机构名称（英文）	机构名称（中文）	成立时间	所在地	研究领域
公益財団法人岐阜県産業経済振興センター	Gifu Economic and Industrial Promotion Center	公益财团法人岐阜县产业经济振兴中心	1970年	岐阜县岐阜市	产业经济
株式会社三菱総合研究所	Mitsubishi Research Institute, Inc.	株式会社三菱综合研究所	1970年	东京都千代田区	综合
一般財団法人関西情報センター	Kansai Institute of Information Systems	一般财团法人关西信息中心	1970年	大阪府大阪市	通信信息 经济 政治行政
株式会社都市環境研究所	Urban Design Institute Co., Ltd.	株式会社都市环境研究所	1970年	东京都文京区	国土开发利用 环境 国民生活
一般財団法人日本総合研究所	Japan Research Institute	一般财团法人日本综合研究所	1970年	东京都港区	综合
一般財団法人日本システム開発研究所	Systems Research & Development Institute of Japan	一般财团法人日本系统开发研究所	1970年	东京都新宿区	通信信息 政治行政 资源能源

续表

机构名称（日文）	机构名称（英文）	机构名称（中文）	成立时间	所在地	研究领域
株式会社産業立地研究所	Research Institute for Industrial Location Co., Ltd.	株式会社产业立地研究所	1970 年	东京都千代田区	产业 国土开发利用 资源能源
株式会社シィー・ディー・アイ	Communication Design Institute	株式会社 CDI	1970 年	京都府京都市	文化艺术 国土开发利用 国民生活
株式会社開発計画研究所	Development Planning Institute, Inc.	株式会社开发规划研究所	1970 年	东京都文京区	国土开发利用 产业 资源能源
一般財団法人国際開発センター	International Development Center of Japan Incorporated	一般财团法人国际开发中心	1971 年	东京都港区	综合
公益財団法人未来工学研究所	Institute for Future Engineering	公益财团法人未来工学研究所	1971 年	东京都江东区	科学技术 通信信息 环境
株式会社エックス都市研究所	EX Research Institute, Ltd.	株式会社 EX 都市研究所	1971 年	东京都丰岛区	国土开发利用 环境 交通

第二部分　日本主要智库名录　255

续表

机构名称（日文）	机构名称（英文）	机构名称（中文）	成立时间	所在地	研究领域
一般財団法人農村開発企画委員会	Rural Development Planning Commission	一般财团法人农村开发企划委员会	1971 年	东京都中央区	国土开发利用 产业 环境
株式会社都市環境計画研究所	Ecological City Organizer	株式会社都市环境规划研究所	1971 年	东京都千代田区	国土开发利用 国民生活 政治行政
株式会社創建	SOKEN, Inc.	株式会社创建	1971 年	东京都港区	国土开发利用 交通 环境
日本データーサービス株式会社	Nippon Data Service Co., Ltd.	日本数据服务株式会社	1971 年	北海道札幌市	国土开发利用 交通 环境
一般社団法人地域問題研究所	Research Institute for Regional Planning & Development	一般社团法人地域问题研究所	1971 年	爱知县名古屋市	综合
一般社団法人システム科学研究所	Institute of Systems Science Research	一般社团法人系统科学研究所	1971 年	京都府京都市	交通 国土开发利用 通信信息

第二部分　日本主要智库名录　257

续表

机构名称（日文）	机构名称（英文）	机构名称（中文）	成立时间	所在地	研究领域
株式会社ジイケイ京都	GK Kyoto Inc.	株式会社GK京都	1972年	京都府京都市	产业 经济 国土开发利用
地方独立行政法人東京都健康長寿医療センター東京都健康長寿医療センター研究所	Tokyo Metropolitan Institute of Gerontology	地方独立行政法人东京都健康长寿医疗中心东京都健康长寿医疗中心研究所	1972年	东京都板桥区	福祉医疗教育
一般財団法人日本開発構想研究所	Research Institute for Urban & Environmental Development, Japan	一般财团法人日本开发构想研究所	1972年	东京都港区	国土开发利用 国际 国民生活
公益財団法人関西交通経済研究センター	Kansai Transport Economy Research Center	公益财团法人关西交通经济研究中心	1972年	大阪府大阪市	交通 经济 国民生活
株式会社プレック研究所	PREC Institute Inc.	株式会社PREC研究所	1972年	东京都千代田区	环境 科学技术 文化
一般財団法人社会開発研究センター	The Social Development Research Center	一般财团法人社会开发研究中心	1973年	东京都港区	产业 国土开发利用 福祉医疗教育

续表

机构名称（日文）	机构名称（英文）	机构名称（中文）	成立时间	所在地	研究领域
株式会社住環境計画研究所	Jyukankyo Research Institute Inc.	株式会社住居环境规划研究所	1973 年	东京都千代田区	资源能源 环境 国民生活
一般財団法人新潟経済社会リサーチセンター	Research Center of Niigata	一般财团法人新潟经济社会研究中心	1973 年	新潟县新潟市	经济 产业 国民生活
株式会社日立総合計画研究所	Hitachi Research Institute	株式会社日立综合计划研究所	1973 年	东京都千代田区	经济 环境 产业
一般社団法人大阪自治体問題研究所	Osaka Institute of Local Governments, Inc.	一般社团法人大阪自治体问题研究所	1973 年	大阪府大阪市	综合
特定非営利活動法人アジア太平洋資料センター	Pacific Asia Resource Center	特定非营利活动法人亚洲太平洋资料中心	1973 年	东京都千代田区	经济 产业 国际
株式会社北海道21世紀総合研究所	Hokkaido Research Institute for the Twenty-first Century Co., Ltd.	株式会社北海道21世纪综合研究所	1973 年	北海道札幌市	经济 产业 环境

续表

机构名称（日文）	机构名称（英文）	机构名称（中文）	成立时间	所在地	研究领域
株式会社アーバン・プランニング研究所	Urban Planning Institute	株式会社城市规划研究所	1973 年	大阪府大阪市	国土开发利用 国民生活 福祉医疗教育
公益財団法人 NIRA 総合研究開発機構	Nippon Institute for Research Advancement	公益财团法人 NIRA 综合研究开发机构	1974 年	东京都涩谷区	综合
国立研究開発法人国立環境研究所	National Institute for Environmental Studies, Japan	国立研究开发法人国立环境研究所	1974 年	茨城县筑波市	环境
公益財団法人地方自治総合研究所	The Japan Research Institute for Local Government	公益财团法人地方自治综合研究所	1974 年	东京都千代田区	政治行政 经济 国土开发利用
株式会社ダン計画研究所	Dan Environmental Design Institute Co., Ltd.	株式会社 DAN 环境设计研究所	1974 年	大阪府大阪市	国土开发利用 产业 经济
一般社団法人日本協同組合連携機構	Japan Co-operative Alliance	一般社团法人日本协同组合连携机构	1974 年	东京都新宿区	产业 国民生活 国际

续表

机构名称（日文）	机构名称（英文）	机构名称（中文）	成立时间	所在地	研究领域
株式会社立地評価研究所	Rich Appraisal Institute Co., Ltd.	株式会社立地评价研究所	1974年	大阪府大阪市	国土开发利用 国民生活 经济
一般財団法人日本エネルギー経済研究所中東研究センター	JIME Center, the Institute of Energy Economics, Japan	一般财团法人日本能源经济研究所中东研究中心	1974年	东京都中央区	国际 资源能源 经济
一般財団法人山口経済研究所	Yamaguchi Economic Research Institute	一般财团法人山口经济研究所	1974年	山口县下关市	经济 产业 国际
株式会社旭リサーチセンター	Asahi Research Center Co., Ltd.	株式会社旭调查研究中心	1974年	东京都千代田区	产业 环境 科学技术
株式会社西日本科学技術研究所	Nishinihon Institute of Technology	株式会社西日本科学技术研究所	1974年	高知县高知市	环境 国土开发利用 产业
株式会社ジャス	JAS Associates	株式会社JAS	1975年	大阪府吹田市	国土开发利用 国民生活 环境

续表

机构名称（日文）	机构名称（英文）	机构名称（中文）	成立时间	所在地	研究领域
株式会社リジオナル・プランニング・チーム	Regional Planning Team Assoc., Inc.	株式会社区域规划团队协会	1975 年	东京都新宿区	国土开发利用 环境 资源能源
公益财团法人神户都市问题研究所	Kobe Institute of Urban Research	公益财团法人神户都市问题研究所	1975 年	兵库县神户市	政治行政 经济 福祉医疗教育
株式会社ジャパンブルーエナジー	Japan Blue Energy Co., Ltd.	株式会社日本蓝色能源	1975 年	东京都千代田区	资源能源 环境 产业
广岛大学和平センター	The Center for Peace, Hiroshima University	广岛大学和平中心	1975 年	广岛县广岛市	国际 政治行政
一般社团法人北海道综合研究调查会	Hokkaido Intellect Tank	一般社团法人北海道综合研究调查会	1975 年	北海道札幌市	产业 福祉医疗教育 经济
一般社团法人全国农业改良普及支援协会	Japan Agricultural Development And Extension Association	一般社团法人全国农业改良普及支援协会	1975 年	东京都港区	产业

续表

机构名称（日文）	机构名称（英文）	机构名称（中文）	成立时间	所在地	研究领域
公益財団法人笹川平和財団海洋政策研究所	Ocean Policy Research Institute, The Sasakawa Peace Foundation	公益财团法人笹川和平财团海洋政策研究所	1975 年	东京都港区	资源能源 环境 国际
政策構想フォーラム	The Forum for Policy Innovation	政策构想论坛	1975 年	东京都港区	政治行政 经济
一般社団法人環境創造研究センター	Center for Environmental Creative Studies	一般社团法人环境创意研究中心	1976 年	爱知县名古屋市	环境
一般財団法人地域振興研究所	Research Institute of Urban and Regional Planning	一般财团法人地域振兴研究所	1976 年	石川县白山市	国土开发利用 产业 交通
株式会社日本海コンサルタント	Nihonkai Consultant Co., Ltd.	株式会社日本海咨询	1976 年	石川县金泽市	国土开发利用 交通 环境
株式会社オストランド	OSTRAND Corporation	株式会社 OSTRAND	1976 年	东京都港区	资源能源 环境 科学技术

第二部分　日本主要智库名录　263

续表

机构名称（日文）	机构名称（英文）	机构名称（中文）	成立时间	所在地	研究领域
株式会社三菱ケミカルリサーチ	Mitsubishi Chemical Research Corporation	株式会社三菱化学咨询	1976年	东京都新宿区	科学技术 环境 资源能源
一般財団法人関西空港調査会	Kansai Airport Research Institute	一般财团法人关西机场调查会	1976年	大阪府大阪市	交通 国土开发利用 环境
一般財団法人生活環境問題研究所	Institute for Creating the Living Environment	一般财团法人生活环境问题研究所	1977年	大阪府吹田市	国土开发利用 环境 福祉医疗教育
旭川大学地域研究所	Asahikawa University Regional Research Institute	旭川大学地域研究所	1977年	北海道旭川市	经济 产业 福祉医疗教育
一般社団法人日本リサーチ総合研究所	Nippon Research Insitute	一般社团法人日本调查研究综合研究所	1977年	东京都千代田区	国民生活 经济 产业
公益社団法人神奈川県地方自治研究センター	Institute For Public Policy In Kanagawa Prefecture	公益社团法人神奈川县地方自治研究中心	1977年	神奈川县横滨市	政治行政 经济 福祉医疗教育

续表

机构名称（日文）	机构名称（英文）	机构名称（中文）	成立时间	所在地	研究领域
株式会社メッツ研究所	METS Research & Planning, Inc.	株式会社METS研究所	1977年	东京都新宿区	国土开发利用 交通 环境
一般財団法人岡山経済研究所	Okayama Economic Research Institute	一般财团法人冈山经济研究所	1977年	冈山县冈山市	经济 产业
一般財団法人行政管理研究センター	Institute of Administrative Management	一般财团法人行政管理研究中心	1977年	东京都文京区	政治行政
株式会社沖縄計画機構	Okinawa Planning Institute	株式会社冲绳规划机构	1977年	冲绳县那霸市	产业 环境 国民生活
公益財団法人年金シニアプラン総合研究機構	Research Institute for Policies on Pension & Aging	公益财团法人年金与老龄化综合研究机构	1978年	东京都港区	经济 政治行政 福祉医疗教育
一般財団法人北陸経済研究所	Hokuriku Economic Research Institute	一般财团法人北陆经济研究所	1978年	富山县富山市	经济 产业 国土开发利用

第二部分　日本主要智库名录　265

续表

机构名称（日文）	机构名称（英文）	机构名称（中文）	成立时间	所在地	研究领域
一般財団法人エネルギー総合工学研究所	The Institute of Applied Energy	一般财团法人能源综合工学研究所	1978年	东京都港区	资源能源 环境 科学技术
公益社団法人北海道国際交流・協力総合センター	Hokkaido International Exchange and Cooperation Center	公益社团法人北海道国际交流合作综合中心	1978年	北海道札幌市	经济 文化艺术 国际
株式会社テクノバ	Technova Inc.	株式会社Technova	1978年	东京都千代田区	资源能源 环境 交通
一般財団法人青森地域社会研究所	The Aomori Institute of Regional Studies	一般财团法人青森地域社会研究所	1978年	青森县青森市	经济 产业 国土开发利用
一般財団法人自然環境研究センター	Japan Wildlife Research Center	一般财团法人自然环境研究中心	1978年	东京都墨田区	环境 国土开发利用 科学技术
一般財団法人省エネルギーセンター	The Energy Conservation Center, Japan	一般财团法人节约能源中心	1978年	东京都港区	资源能源 环境 科学技术

续表

机构名称（日文）	机构名称（英文）	机构名称（中文）	成立时间	所在地	研究领域
一般財団法人平和・安全保障研究所	Research Institute for Peace and Security	一般财团法人和平安全保障研究所	1978年	东京都港区	国际政治行政
財団法人地域総合研究所	Regional Research Institute	财团法人地域综合研究所	1979年	岐阜县岐阜市	交通 国土开发利用 文化艺术
一般財団法人都市防災研究所	Urban Disaster Research Institute	一般财团法人城市防灾研究所	1979年	东京都千代田区	环境 通信信息 国土开发利用
一般財団法人地方債協会	Japan Local Government Bond Association	一般财团法人地方债协会	1979年	东京都千代田区	经济
一般財団法人秋田経済研究所	Akita Economic Research Institute	一般财团法人秋田经济研究所	1979年	秋田县秋田市	经济 产业 国民生活
株式会社生活構造研究所	Laboratory for Innovators of Quality of Life	株式会社生活构造研究所	1979年	东京都千代田区	国民生活 福祉医疗教育 通信信息

第二部分 日本主要智库名录 267

续表

机构名称（日文）	机构名称（英文）	机构名称（中文）	成立时间	所在地	研究领域
株式会社首都圏総合計画研究所	Capital Region Comprehensive Planning Institute Co., Ltd.	株式会社首都圏综合规划研究所	1979年	东京都千代田区	国土开发利用 国民生活 环境
株式会社若竹まちづくり研究所	无	株式会社若竹城市建设研究所	1979年	高知县高知市	国土开发利用 环境 国民生活
株式会社アール・ピー・アイ	Regional Planning Institute	株式会社RPI	1979年	东京都千代田区	国土开发利用 经济 产业
一般財団法人百十四経済研究所	Hyakujushi Economic Research Institute	一般财团法人百十四经济研究所	1980年	香川县高松市	经济 产业 国民生活
株式会社日本アプライドリサーチ研究所	Appliec Research Institute, Inc.	株式会社日本应用研究所	1981年	东京都千代田区	产业 经济 国民生活
株式会社博報堂博報堂生活総合研究所	Hakuhodo Institute of Life and Living, HAKUHODO, Inc.	株式会社博报堂博报堂生活综合研究所	1981年	东京都港区	国民生活

续表

机构名称（日文）	机构名称（英文）	机构名称（中文）	成立时间	所在地	研究领域
一般財団法人和歌山社会経済研究所	Wakayama Institute for Social & Economic Development	一般财团法人和歌山社会经济研究所	1981 年	和歌山县和歌山市	经济 政治行政 产业
一般財団法人比較法研究センター	Kyoto Comparative Law Center	一般财团法人比较法研究中心	1981 年	京都府京都市	政治行政 国际 国民生活
株式会社地域経済研究所	Institute for Commune's Economy	株式会社地域经济研究所	1981 年	宫崎县宫崎市	综合
株式会社よかネット	Yokanet.com	株式会社 Yokanet	1982 年	福冈县福冈市	国土开发利用 产业 经济
公益財団法人アジア人口・開発協会	The Asian Population and Development Association	公益财团法人亚洲人口开发协会	1982 年	东京都港区	经济 国际 福祉医疗教育
一般財団法人とうほう地域総合研究所	Toho Area Research Institute	一般财团法人东邦地域综合研究所	1982 年	福岛县福岛市	经济 产业

续表

机构名称（日文）	机构名称（英文）	机构名称（中文）	成立时间	所在地	研究领域
株式会社北海道新聞 HotMedia	Hockaido Shimbun Hot Media Co.,Ltd.	株式会社北海道新闻 HotMedia	1982 年	北海道札幌市	综合
一般財団法人企業経営研究所	Suruga Institute	一般财团法人企业经营研究所	1982 年	静冈县三岛市	经济产业国土开发利用
株式会社関西計画技術研究所	Kansai Planning Art Institute	株式会社关西计划技术研究所	1982 年	大阪府大阪市	国土开发利用产业福祉医疗教育
一般財団法人岩手経済研究所	Iwate Institute of Economic Research	一般财团法人岩手经济研究所	1982 年	岩手县盛冈市	经济产业
日本銀行金融研究所	Institute for Monetary and Economic Studies,Bank of Japan	日本银行金融研究所	1982 年	东京都中央区	经济国际
読売新聞調査研究本部	Yomuuri Research Institute	读卖新闻调查研究本部	1982 年	东京都千代田区	政治行政经济国际

续表

机构名称（日文）	机构名称（英文）	机构名称（中文）	成立时间	所在地	研究领域
グローバル・フォーラム	The Global Forum of Japan	日本全球论坛	1982 年	东京都港区	国际 政治行政 经济
株式会社パデコ	PADECO Co., Ltd.	株式会社 PADECO	1983 年	东京都港区	交通 国土开发利用 经济
一般財団法人ひょうご経済研究所	Hyogo Economic Research Institute	一般财团法人兵库经济研究所	1983 年	兵库县神户市	经济 产业 国土开发利用
一般財団法人群馬経済研究所	Gunma Economic Research Institute	一般财团法人群马经济研究所	1983 年	群马县前桥市	经济 产业 国土开发利用
公益社団法人東三河地域研究センター	Higashimikawa Regional Research Center	公益社团法人东三河地域研究中心	1983 年	爱知县丰桥市	国土开发利用 产业 交通
株式会社総合計画機構	Macrovision Urban Planning & Architecture	株式会社综合规划机构	1983 年	大阪府大阪市	国土开发利用 环境 国民生活

第二部分　日本主要智库名录　271

续表

机构名称（日文）	机构名称（英文）	机构名称（中文）	成立时间	所在地	研究领域
株式会社関西総合研究所	Kansai Inter-Disciplinary Studies Inc.	株式会社关西综合研究所	1983年	大阪府大阪市	国土开发利用福祉医疗教育环境
一般社団法人生活経済政策研究所	Economic Policy Institute for Quality Life	一般社团法人生活经济政策研究所	1983年	东京都千代田区	综合
一般財団法人千里文化財団	Senri Foundation	一般财团法人千里文化财团	1983年	大阪府吹田市	文化艺术国际国民生活
一般財団法人南都経済研究所	Nanto Economic Research Institute	一般财团法人南都经济研究所	1984年	奈良县奈良市	经济产业国民生活
株式会社しがぎん経済文化センター	Shigagin Keizai Bunka Center Co., Ltd.	株式会社滋贺银行经济文化中心	1984年	滋贺县大津市	经济文化国民生活
一般財団法人長野経済研究所	Nagano Economic Research Institute	一般财团法人长野经济研究所	1984年	长野县长野市	经济产业国土开发利用

续表

机构名称（日文）	机构名称（英文）	机构名称（中文）	成立时间	所在地	研究领域
株式会社丹青研究所	Tansei Institute Co., Ltd.	株式会社丹青研究所	1984年	东京都港区	文化艺术 国土开发利用 通信信息
株式会社日本能率協会総合研究所	JMA Research Institute Inc.	株式会社日本能率協会综合研究所	1984年	东京都港区	综合
株式会社アイアールエス	Institute of Regional Study	株式会社IRS	1984年	东京都新宿区	产业 国土开发利用 福祉医疗教育
株式会社ダイナックス都市環境研究所	Dynax Urban Environment Research Institute, Inc.	株式会社DYNAX都市环境研究所	1984年	东京都港区	环境 国民生活 资源能源
公益財団法人金融情報システムセンター	The Center for Financial Industry Information Systems	公益财团法人金融情报系统中心	1984年	东京都中央区	经济 通信信息 科学技术
日本政策研究センター	Japan Policy Institute	日本政策研究中心	1984年	无相关信息	政治行政

第二部分　日本主要智库名录　273

续表

机构名称（日文）	机构名称（英文）	机构名称（中文）	成立时间	所在地	研究领域
公益财団法人徳島経済研究所	Tokushima Economic Research Institute	公益财团法人德岛经济研究所	1985 年	德岛县德岛市	经济产业国土开发利用
一般社団法人エイジング総合研究センター	Japan Aging Research Center	一般社团法人老龄化综合研究中心	1985 年	东京都千代田区	国民生活福祉医疗教育经济
一般財団法人地域環境研究所	Research Institute of Region and Environment	一般财团法人地域环境研究所	1985 年	福井县福井市	交通国土开发利用环境
財務総合政策研究所	Policy Research Institute, Ministry of Finance, JAPAN	财务综合政策研究所	1985 年	东京都千代田区	经济国际
株式会社情報通信総合研究所	InfoCom Research, Inc.	株式会社信息通信综合研究所	1985 年	东京都中央区	通信信息产业科学技术
株式会社百五総合研究所	Hyakugo Research Institute Co., Ltd.	株式会社百五综合研究所	1985 年	三重县津市	经济产业国民生活

续表

机构名称（日文）	机构名称（英文）	机构名称（中文）	成立时间	所在地	研究领域
株式会社日本海洋科学	Japan Marine Science Inc.	株式会社日本海洋科学	1985 年	神奈川县川崎市	交通 资源能源 科学技术
株式会社山陰経済経営研究所	San-in Economics & Management Institute	株式会社山阴经济经营研究所	1985 年	岛根县松江市	经济 产业 国土开发利用
一般社団法人先端技術産業戦略推進機構	High-tech Industry Innovation Agency	一般社团法人尖端技术产业战略推进机构	1985 年	东京都千代田区	经济 产业 科学技术
三菱UFJリサーチ&コンサルティング株式会社	Mitsubishi UFJ Research and Consulting Co., Ltd.	三菱UFJ调查研究与咨询株式会社	1985 年	东京都港区	综合
明治学院大学国際平和研究所	International Peace Research Institute, Meiji Gakuin University	明治学院大学国际和平研究所	1986 年	东京都港区	政治行政 国际 文化艺术
株式会社ノルド社会環境研究所	Nord Institute for Society and Environment	株式会社NORD社会环境研究所	1986 年	东京都中央区	环境 国土开发利用 国民生活

续表

机构名称（日文）	机构名称（英文）	机构名称（中文）	成立时间	所在地	研究领域
株式会社富士通総研	Fujitsu Research Institute	株式会社富士通综研	1986 年	东京都港区	综合
株式会社東レ経営研究所	Toray Corporate Business Research, Inc.	株式会社东丽经营研究所	1986 年	东京都千代田区	产业 经济 科学技术
東京ガス株式会社都市生活研究所	Urban Life Research Institute, Tokyo Gas Co., Ltd.	东京燃气株式会社都市生活研究所	1986 年	东京都港区	国民生活
公益財団法人家計経済研究所	The Institute for Research on Household Economics	公益财团法人家庭经济研究所	1986 年	东京都千代田区	国民生活 经济 福祉医疗教育
りそな総合研究所株式会社	Resona Research Institute Co., Ltd.	Resona 综合研究所株式会社	1986 年	东京都江东区	经济 产业
公益財団法人東京市町村自治調査会	The Institute for Tokyo Municipal Research	公益财团法人东京市町村自治调查会	1986 年	东京都府中市	综合

续表

机构名称（日文）	机构名称（英文）	机构名称（中文）	成立时间	所在地	研究领域
株式会社東急総合研究所	Tokyu Research Institute, Inc.	株式会社东急综合研究所	1986年	东京都涩谷区	交通产业国民生活
公益財団法人鉄道総合技術研究所	Railway Technical Research Institute	公益财团法人铁道综合技术研究所	1986年	东京都国分寺市	交通科学技术经济
一般財団法人ソフトウェア情報センター	Software Information Center	一般财团法人软件信息中心	1986年	东京都港区	科学技术产业文化艺术
一般財団法人商工総合研究所	Shoko Research Institute	一般财团法人商工综合研究所	1986年	东京都江东区	经济产业
株式会社計画情報研究所	Research Institute of City Planning and Communication Co., Ltd.	株式会社规划信息研究所	1987年	石川县金泽市	交通国土开发利用产业
公益財団法人ながさき地域政策研究所	Nagasaki Institute for Public Policy	公益财团法人长崎地域政策研究所	1987年	长崎县长崎市	综合

续表

机构名称（日文）	机构名称（英文）	机构名称（中文）	成立时间	所在地	研究领域
公益財団法人日本国際フォーラム	The Japan Forum on International Relations	公益财团法人日本国际关系论坛	1987年	东京都港区	国际 政治行政 经济
株式会社京都総合経済研究所	Kyoto Research Institute, Inc.	株式会社京都综合经济研究所	1987年	京都府京都市	经济 产业 国民生活
関西大学法学研究所	The Institute of Legal Studies, Kansai University	关西大学法学研究所	1987年	大阪府吹田市	政治行政
SOMPO未来研究所株式会社	Sompo Research Institute Inc.	SOMPO未来研究所株式会社	1987年	东京都新宿区	经济 福祉医疗教育 国际
公益財団法人トラスト未来フォーラム	Trust Forum Foundation	公益财团法人信托未来论坛	1987年	东京都千代田区	政治行政 经济
一般社団法人国際海洋科学技術協会	Japan International Marine Science and Technology Federation	一般社团法人国际海洋科学技术协会	1987年	东京都港区	资源能源 科学技术 环境

续表

机构名称（日文）	机构名称（英文）	机构名称（中文）	成立时间	所在地	研究领域
株式会社地域情報システム研究所	Local Information System Research	株式会社地域信息系统研究所	1987 年	东京都中央区	通信信息政治行政科学技术
公益財団法人連合総合生活開発研究所	Research Institute for Advancement of Living Standards	公益财团法人联合综合生活开发研究所	1987 年	东京都千代田区	综合
株式会社都市未来総合研究所	Urban Research Institute Corporation	株式会社都市未来综合研究所	1987 年	东京都中央区	国土开发利用产业经济
株式会社いよぎん地域経済研究センター	Iyogin Regional Economy Research Center, Inc.	株式会社伊予银行地域经济研究中心	1988 年	爱媛县松山市	经济产业国土开发利用
株式会社GKデザイン総研広島	GK Design Soken Hiroshima Inc.	株式会社GK设计综研广岛	1988 年	广岛县广岛市	国土开发利用国民生活产业
日本福祉大学知多半島総合研究所	The Institute of Chitahanto Regional Studies, Nihon Fukushi University	日本福祉大学知多半岛综合研究所	1988 年	爱知县半田市	综合

续表

机构名称（日文）	机构名称（英文）	机构名称（中文）	成立时间	所在地	研究领域
株式会社文化科学研究所	Institute for the Arts Co., Ltd.	株式会社文化科学研究所	1988年	东京都涩谷区	文化艺术 产业 福祉医疗教育
公益财团法人中曽根康弘世界和平研究所	Nakasone Peace Institute	公益财团法人中曽根康弘世界和平研究所	1988年	东京都港区	政治行政 国际 经济
株式会社三井住友トラスト基础研究所	Sumitomo Mitsui Trust Research Institute Co., Ltd.	株式会社三井住友信托基础研究所	1988年	东京都港区	经济 国土开发利用 产业
公益财团法人はまなす财团	Hamanasu Foundation	公益财团法人HAMANASU财团	1988年	北海道札幌市	国土开发利用 产业 经济
株式会社ニッセイ基础研究所	NLI Research Institute	株式会社NLI基础研究所	1988年	东京都千代田区	经济 福祉医疗教育 国民生活
株式会社滨银综合研究所	Hamagin Research Institte, Ltd.	株式会社滨银综合研究所	1988年	神奈川县横滨市	综合

续表

机构名称（日文）	机构名称（英文）	机构名称（中文）	成立时间	所在地	研究领域
文部科学省科学技術・学術政策研究所	National Institute of Science and Technology Policy	文部科学省科学技术与学术政策研究所	1988 年	东京都千代田区	政治行政科学技术
公益財団法人福岡アジア都市研究所	Fukuoka Asian Urban Research Center	公益财团法人福冈亚洲都市研究所	1988 年	福冈县福冈市	综合
公益財団法人中部産業・労働政策研究会	The Institute for Industrial Relation and Labor Policy, Chubu	公益财团法人中部产业劳动政策研究会	1988 年	爱知县丰田市	产业经济国民生活
株式会社ペスコ	PESCO Co., Ltd.	株式会社 PESCO	1988 年	东京都港区	科学技术资源能源环境
一般財団法人下関 21 世紀協会	Shimonoseki 21st Century Association	一般财团法人下关 21 世纪协会	1988 年	山口县下关市	国土开发利用国民生活文化艺术
一般財団法人地球産業文化研究所	Global Industrial and Social Progress Research Institute	一般财团法人地球产业文化研究所	1988 年	东京都中央区	资源能源环境产业

第二部分　日本主要智库名录　281

续表

机构名称（日文）	机构名称（英文）	机构名称（中文）	成立时间	所在地	研究领域
公益財団法人地方経済総合研究所	The District Economics Research Institute of Kumamoto Area	公益财团法人地方经济综合研究所	1989 年	熊本县熊本市	经济 产业 国民生活
株式会社長崎経済研究所	Nagasaki Economic Research Institute Co., Ltd.	株式会社长崎经济研究所	1989 年	长崎县长崎市	经济 产业 文化艺术
公益財団法人アジア成長研究所	Asian Growth Research Institute	公益财团法人亚洲增长研究所	1989 年	福冈县北九州市	经济 国际 国民生活
株式会社シー・アイ・エス計画研究所	CIS Institute of Planning Co., Ltd.	株式会社 CIS 规划研究所	1989 年	北海道札幌市	国土开发利用 产业 通信信息
公益財団法人生協総合研究所	Consumer Co-operative Institute of Japan	公益财团法人生活协同组合综合研究所	1989 年	东京都千代田区	国民生活 福祉医疗教育 产业
労働運動総合研究所	Japan Research Institute of Labour Movement	劳工运动综合研究所	1989 年	东京都千代田区	经济 国民生活 福祉医疗教育

282　资料篇

续表

机构名称（日文）	机构名称（英文）	机构名称（中文）	成立时间	所在地	研究领域
株式会社日本経済研究所	Japan Economic Research Institute Inc.	株式会社日本经济研究所	1989 年	东京都千代田区	综合
一般財団法人マルチメディア振興センター	Foundation for MultiMedia Communications	一般财团法人多媒体通信振兴中心	1990 年	东京都港区	通信信息
株式会社ちばぎん総合研究所	Chibagin Research Institute Corporation	株式会社千叶银行综合研究所	1990 年	千叶县千叶市	综合
一般財団法人国際開発機構	Foundation for Advanced Studies on International Development	一般财团法人国际开发机构	1990 年	东京都港区	国际
株式会社九州経済研究所	KER Institute	株式会社九州经济研究所	1990 年	鹿儿岛县鹿儿岛市	综合
株式会社農林中金総合研究所	Norinchukin Research Institute Co., Ltd.	株式会社农林中金综合研究所	1990 年	东京都涩谷区	产业经济环境

续表

机构名称（日文）	机构名称（英文）	机构名称（中文）	成立时间	所在地	研究领域
株式会社ヒューマンルネッサンス研究所	Human Renaissance Institute Co., Ltd.	株式会社人类复兴研究所	1990年	东京都港区	国民生活 福祉医疗教育 科学技术
株式会社大銀経済経営研究所	Daigin Economic and Management Institute	株式会社大分银行经济经营研究所	1990年	大分县大分市	经济 产业 国民生活
株式会社プラネットシンクジャパン	PLANET Think Japan, Inc.	日本星想咨询股份公司	1990年	东京都涩谷区	福祉医疗教育 国土开发利用 国际
公益財団法人地球環境産業技術研究機構	Research Institute of Innovative Technology for the Earth	公益财团法人地球环境产业技术研究机构	1990年	京都府木津川市	环境 资源能源 科学技术
株式会社アテナ	ATHENA Inc.	株式会社ATHENA	1990年	岛根县松江市	交通 国土开发利用 经济
株式会社岡本アソシエイツ	Okamoto Associates, Inc.	株式会社冈本组合	1991年	东京都港区	政治行政 国际

续表

机构名称（日文）	机构名称（英文）	机构名称（中文）	成立时间	所在地	研究领域
株式会社地域社会研究所	Institute of Community Planning	株式会社地域社会研究所	1991 年	京都府京都市	福祉医疗教育经济国民生活
公益財団法人豊田都市交通研究所	Toyota Transportation Research Institute	公益财团法人丰田都市交通研究所	1991 年	爱知县丰田市	交通国土开发利用环境
公益財団法人笹川スポーツ財団	Sasakawa Sports Foundation	公益财团法人笹川体育财团	1991 年	东京都港区	文化艺术政治行政国际
一般社団法人JA共済総合研究所	JA Kyosai Research Institute	一般社团法人JA共济综合研究所	1991 年	东京都千代田区	产业福祉医疗教育经济
株式会社エヌ・ティ・ティ・データ経営研究所	NTT Data Institute of Management Consulting, Inc.	株式会社NTT数据经营研究所	1991 年	东京都千代田区	通信信息经济产业
株式会社情報環境研究所	Institute for Communication Environment	株式会社信息环境研究所	1991 年	东京都涩谷区	通信信息政治行政福祉医疗教育

续表

机构名称（日文）	机构名称（英文）	机构名称（中文）	成立时间	所在地	研究领域
三井情報株式会社	Mitsui Knowledge Industry Co., Ltd.	三井信息株式会社	1991年	东京都港区	通信信息 经济
株式会社明治安田総合研究所	Meiji Yasuda Research Institute, Inc.	株式会社明治安田综合研究所	1991年	东京都千代田区	福祉医疗教育 国民生活 经济
公益財団法人名古屋まちづくり公社名古屋都市センター	Nagoya Urban Institute	公益财团法人名古屋城市建设公社名古屋都市中心	1991年	爱知县名古屋市	国土开发利用 环境 交通
一般財団法人大阪湾ベイエリア開発推進機構	Osaka Bay Area Development Organization	一般财团法人大阪湾岸地域开发促进机构	1991年	大阪府大阪市	国土开发利用 产业 交通
株式会社流通研究所	Ryuken Co., Ltd.	株式会社流通研究所	1992年	神奈川县厚木市	产业 经济 政治行政
一般財団法人北海道東北地域経済総合研究所	Hokkaido-Tohoku Regional Economic Research Institute	一般财团法人北海道东北地域经济综合研究所	1992年	东京都千代田区	国土开发利用 经济 产业

续表

机构名称（日文）	机构名称（英文）	机构名称（中文）	成立时间	所在地	研究领域
株式会社ぎょうせい総合研究所	GYOSEI Institute	株式会社 GYOSEI 综合研究所	1992 年	东京都江东区	政治行政 福祉医疗教育 产业
公益社団法人日本ロジスティクスシステム協会	Japan Institute of Logistics Systems	公益社团法人日本物流系统协会	1992 年	东京都港区	产业 交通 经济
公益財団法人堺都市政策研究所	Sakai Urban Policy Institute	公益财团法人堺都市政策研究所	1992 年	大阪府堺市	产业 经济 政治行政
株式会社インテージリサーチ	INTAGE Research Inc.	株式会社 INTAGE 调查研究	1992 年	东京都东久留米市	经济 福祉医疗教育 环境
株式会社都市文化研究所	Institute of Urban Culture	株式会社都市文化研究所	1992 年	兵库县神户市	国民生活 文化艺术 国土开发利用
MS&ADインターリスク総研株式会社	MS&AD InterRisk Research & Consulting, Inc.	MS&AD InterRisk 综研株式会社	1993 年	东京都千代田区	福祉医疗教育 产业 经济

第二部分 日本主要智库名录 287

续表

机构名称（日文）	机构名称（英文）	机构名称（中文）	成立时间	所在地	研究领域
一般社団法人アジアフォーラム・ジャパン	Asian Forum Japan	一般社団法人亚洲论坛·日本	1993年	东京都港区	国际 政治行政 经济
公益財団法人ハイライフ研究所	Research Institute for High Life	公益財団法人 High-Life 研究所	1993年	东京都中央区	国民生活 经济 产业
株式会社価値総合研究所	Value Management Institute, Inc.	株式会社价值综合研究所	1993年	东京都千代田区	环境 产业 国土开发利用
公益財団法人環日本海経済研究所	The Economic Research Institute for Northeast Asia	公益財団法人环日本海经济研究所	1993年	新潟県新潟市	经济 国际 交通
株式会社政策技術研究所	Research Institute of Policy Arts and Design	株式会社政策技术研究所	1994年	东京都港区	文化艺术 国民生活 政治行政
一般財団法人北國総合研究所	Hokkoku General Research Institute	一般財団法人北国综合研究所	1994年	石川県金沢市	综合

续表

机构名称（日文）	机构名称（英文）	机构名称（中文）	成立时间	所在地	研究领域
株式会社常陽産業研究所	Joyo Industrial Research Institute, Ltd.	株式会社常阳产业研究所	1995年	茨城县水户市	产业 国土开发利用 经济
特定非営利活動法人市民活動情報センター	Shiminkatsudou Information Center	特定非营利活动法人市民活动信息中心	1995年	大阪府大阪市	政治行政 国民生活 经济
公益財団法人国際通貨研究所	Institute for International Monetary Affairs	公益财团法人国际通货研究所	1995年	东京都中央区	国际 经济
戸田記念国際平和研究所	Toda Peace Institute	户田纪念国际和平研究所	1996年	东京都新宿区	国际 政治行政
一般財団法人地方自治研究機構	Research Institute for Local Government	一般财团法人地方自治研究机构	1996年	东京都中央区	综合
株式会社三十三総研	San Ju San Institute of Research, Ltd.	株式会社三十三综研	1996年	三重县四日市	经济 产业 国土开发利用

续表

机构名称（日文）	机构名称（英文）	机构名称（中文）	成立时间	所在地	研究领域
東北大学東北アジア研究センター	Center for Northeast Asian Studies, Tohoku University	东北大学东北亚研究中心	1996年	宫城县仙台市	综合
株式会社OKB総研	OKB Research Institute, Ltd.	株式会社OKB综研	1996年	岐阜县大垣市	经济 产业 国民生活
国立研究開発法人科学技術振興機構	Japan Science and Technology Agency	国立研究开发法人科学技术振兴机构	1996年	埼玉县川口市	科学技术
国立社会保障・人口問題研究所	National Institute of Population and Social Security Research	国立社会保障与人口问题研究所	1996年	东京都千代田区	福祉医疗教育 国民生活 经济
一般社団法人構想日本	Japan Initiative	一般社团法人构想日本	1997年	东京都千代田区	政治行政 福祉医疗教育 国民生活
公益社団法人東京自治研究センター	Tokyo Local Government Research Center	公益社团法人东京自治研究中心	1997年	东京都千代田区	政治行政 经济 福祉医疗教育

290　资料篇

续表

机构名称（日文）	机构名称（英文）	机构名称（中文）	成立时间	所在地	研究领域
株式会社第一生命経済研究所	DAI-ICHI Life Research Institute Inc.	株式会社第一生命经济研究所	1997年	东京都千代田区	经济 国民生活 福祉医疗教育
株式会社アスリック	Urban Stage Research Institute Corporation	株式会社 USRIC	1997年	石川县金泽市	国土开发利用 产业 国民生活
市民立法機構	Citizens Initiatives	市民立法机构	1997年	东京都	政治行政 国民生活
特定非営利活動法人NPO政策研究所	Nonprofit Policy Association	特定非营利活动法人 NPO 政策研究所	1997年	大阪府大阪市	政治行政 国民生活 文化艺术
日本福祉大学福祉社会開発研究所	Institute for Alternative Systems of Social Welfare and Development, Nihon Fukushi University	日本福祉大学福祉社会开发研究所	1997年	爱知县名古屋市	福祉医疗教育 经济 环境
とよなか都市創造研究所	无	丰中都市创造研究所	1997年	大阪府丰中市	政治行政 经济 产业

续表

机构名称（日文）	机构名称（英文）	机构名称（中文）	成立时间	所在地	研究领域
株式会社社会安全研究所	Research Institute for Social Safety	株式会社社会安全研究所	1997年	东京都新宿区	国民生活 环境 科学技术
公益財団法人ふくしま自治研修センターシンクタンクふくしま	Fukushima Training Center For Local Officers,Thinktank Fukushima	公益财团法人福岛自治研修中心智库福岛	1997年	福岛县福岛市	产业 福祉医疗教育 交通
公益財団法人東京財団政策研究所	The Tokyo Foundation for Policy Research	公益财团法人东京财团政策研究所	1997年	东京都港区	政治行政 国际 经济
21世紀政策研究所	The 21st Century Public Policy Institute	21世纪政策研究所	1997年	东京都千代田区	政治行政 经济 国际
アジア開発銀行研究所	Asian Development Bank Institute	亚洲开发银行研究所	1997年	东京都千代田区	综合
公益財団法人地球環境戦略研究機関	Institute for Global Environmental Strategies	公益财团法人地球环境战略研究机构	1998年	神奈川县三浦郡	环境 资源能源 经济

第二部分 日本主要智库名录 291

续表

机构名称（日文）	机构名称（英文）	机构名称（中文）	成立时间	所在地	研究领域
株式会社KDDI総合研究所	KDDI Research, Inc.	株式会社KDDI综合研究所	1998年	埼玉县富士见野市	通信信息
公益財団法人山梨総合研究所	Yamanashi Research Institute Foundation	公益财团法人山梨综合研究所	1998年	山梨县甲府市	综合
広島市立大学広島平和研究所	Hiroshima Peace Institute, Hiroshima City University	广岛市立大学广岛和平研究所	1998年	广岛县广岛市	国际政治行政
立命館大学社会システム研究所	BKC Research Organization of Social Sciences, Ritsumeikan University	立命馆大学社会系统研究所	1998年	滋贺县草津市	综合
株式会社フィデア総合研究所	The FIDEA Research Institute Corporation	株式会社FIDEA综合研究所	1998年	山形县山形市	经济产业国民生活
特定非営利活動法人気候ネットワーク	Kiko Network	特定非营利活动法人气候网络	1998年	京都府京都市	环境国际资源能源

续表

机构名称（日文）	机构名称（英文）	机构名称（中文）	成立时间	所在地	研究领域
株式会社エコ・アシスト	Eco Assist Co., Ltd.	株式会社 Eco Assist	1998 年	东京都中央区	环境资源能源政治行政
株式会社ジェイアール貨物・リサーチセンター	JR Freight Research Center, Ltd.	株式会社 JR 货运研究中心	1998 年	东京都涩谷区	交通产业环境
青森公立大学地域連携センター	无	青森公立大学地域合作中心	1998 年	青森县青森市	经济产业政治行政
公益財団法人大分県産業創造機構	无	公益财团法人大分县产业创造机构	1999 年	大分县大分市	产业经济国民生活
釧路公立大学地域経済研究センター	Kushiro Public University Research Center for Regional Economics	钏路公立大学地域经济研究中心	1999 年	北海道钏路市	经济产业政治行政
特定非営利活動法人 NPOぐんま	NPO Gunma	特定非营利活动法人 NPO 群马	1999 年	群马县高崎市	综合

续表

机构名称（日文）	机构名称（英文）	机构名称（中文）	成立时间	所在地	研究领域
彩の国さいたま人づくり広域連合	无	彩色王国埼玉人才建设广域联合	1999年	埼玉县埼玉市	福祉医疗教育国民生活
特定非営利活動法人環境自治体会議環境政策研究所	Research Institute for Local Initiative of Environmental Policies	特定非营利活动法人环境自治体会议环境政策研究所	1999年	东京都千代田区	环境
株式会社循環社会研究所	Institute for Reflexive Community	株式会社循环社会研究所	1999年	东京都新宿区	环境资源能源经济
株式会社三井物産戦略研究所	Mitsui & Co. Global Strategic Studies Institute	株式会社三井物产战略研究所	1999年	东京都千代田区	经济产业国际
公益財団法人えひめ地域政策研究センター	Ehime Center for Policy Research	公益财团法人爱媛地域政策研究中心	2000年	爱媛县松山市	综合
上越市創造行政研究所	Joetsu City Policy Research Unit	上越市创造行政研究所	2000年	新潟县上越市	综合

续表

机构名称（日文）	机构名称（英文）	机构名称（中文）	成立时间	所在地	研究领域
株式会社レノバ	RENOVA, Inc.	株式会社 RENOVA	2000 年	东京都千代田区	资源能源环境
株式会社国際社会経済研究所	Institute for International Socio-Economic Studies, Ltd.	株式会社国际社会经济研究所	2000 年	东京都港区	综合
特定非営利活動法人環境エネルギー政策研究所	Institute for Sustainable Energy Policies	特定非营利活动法人环境能源政策研究所	2000 年	东京都新宿区	资源能源环境经济
内閣府経済社会総合研究所	Economic and Social Research Institute	内阁府经济社会综合研究所	2001 年	东京都千代田区	经济产业
独立行政法人経済産業研究所	Research Institute of Economy, Trade and Industry	独立行政法人经济产业研究所	2001 年	东京都千代田区	经济产业国际
国立研究開発法人産業技術総合研究所	National Institute of Advanced Industrial Science and Technology	国立研究开发法人产业技术综合研究所	2001 年	东京都千代田区	综合

续表

机构名称（日文）	机构名称（英文）	机构名称（中文）	成立时间	所在地	研究领域
国立研究開発法人情報通信研究機構	National Institute of Information and Communications Technology	国立研究开发法人信息通信研究机构	2001年	东京都小金井市	通信信息科学技术
株式会社JTB総合研究所	JTB Tourism Research & Consulting Co.	株式会社JTB综合研究所	2001年	东京都港区	交通国民生活产业
株式会社森のエネルギー研究所	Japan Wood Energy Co., Ltd.	株式会社森林能源研究所	2001年	东京都羽村市	资源能源环境国土开发利用
特定非営利活動法人言論NPO	Genron NPO	特定非营利活动法人言论NPO	2001年	东京都中央区	国际政治行政经济
特定非営利活動法人政策過程研究機構	Policy Process Institute	特定非营利活动法人政策过程研究机构	2001年	东京都涩谷区	政治行政产业经济
株式会社独立総合研究所	Japan's Independent Institute Inc.	株式会社独立综合研究所	2002年	东京都江东区	综合

续表

机构名称（日文）	机构名称（英文）	机构名称（中文）	成立时间	所在地	研究领域
東洋大学地域活性化研究所	Institute of Regional Vitalization Studies, Toyo University	东洋大学地域活性化研究所	2002 年	群马县邑乐郡	综合
横須賀市都市政策研究所	Urban Policy Institute, Yokosuka City	横须贺市都市政策研究所	2002 年	神奈川县横须贺市	综合
東洋大学現代社会総合研究所	Institute of Social Sciences, Toyo University	东洋大学现代社会综合研究所	2002 年	东京都文京区	环境政治行政经济
みずほ総合研究所株式会社	Mizuho Research Institute Ltd	瑞穗综合研究所株式会社	2002 年	东京都千代田区	综合
特定非営利活動法人岡崎研究所	The Okazaki Institute	特定非营利活动法人冈崎研究所	2002 年	东京都千代田区	政治行政国际
有限会社アジアビジネスコンサルタント	Asia Business Consultant	亚洲商业咨询有限公司	2003 年	福冈县福冈市	国际产业经济

第二部分　日本主要智库名录　297

续表

机构名称（日文）	机构名称（英文）	机构名称（中文）	成立时间	所在地	研究领域
特定非営利活動法人 まち研究工房	Laboratory & Creator for Machi	特定非营利活动法人 城市研究工房	2003年	埼玉县 户田市	综合
さがみはら都市みらい研究所	Sagamihara Urban Research Vision Institute	相模原市都市未来研究所	2003年	神奈川县 相模原市	综合
法政大学地域研究センター	Hosei University Center for Regional Research	法政大学地域研究中心	2003年	东京都 千代田区	产业 经济 国民生活
みうら政策研究所	Policy Institute, Miura	三浦政策研究所	2003年	神奈川县 三浦市	政治行政
公益財団法人 尼崎地域産業活性化機構	Amagasaki Institute of Regional and Industrial Advancement	公益财团法人 尼崎地域产业活性化机构	2003年	兵库县 尼崎市	产业 经济 福祉医疗教育
独立行政法人 労働政策研究・研修機構	The Japan Institute for Labour Policy and Training	独立行政法人 劳动政策研究与研修机构	2003年	东京都 练马区	经济 福祉医疗教育

第二部分　日本主要智库名录　299

续表

机构名称（日文）	机构名称（英文）	机构名称（中文）	成立时间	所在地	研究领域
株式会社おきぎん経済研究所	Okigin Economic Research Institute Co., Ltd.	株式会社冲绳银行经济研究所	2004年	冲绳县那霸市	综合
特定非営利活動法人日本医療政策機構	Specified Nonprofit Corporation, Health and Global Policy Institute	特定非营利活动法人日本医疗政策机构	2004年	东京都千代田区	福祉医疗教育政治行政国际
東アジア共同体評議会	The Council on East Asian Community	东亚共同体评议会	2004年	东京都港区	国际政治行政经济
株式会社電通総研	Dentsu Communication Institute Inc.	株式会社电通综研	2004年	东京都港区	国民生活通信信息产业
みずほ情報総研株式会社	Mizuho Information & Research Institute, Inc.	瑞穗信息综研株式会社	2004年	东京都千代田区	综合
JFEテクノリサーチ株式会社	JFE Techno-Research Corporation	JFE科技研究株式会社	2004年	东京都千代田区	环境资源能源科学技术

续表

机构名称（日文）	机构名称（英文）	机构名称（中文）	成立时间	所在地	研究领域
株式会社環境計画研究所	Research Institute for Environmental Strategies, Inc.	株式会社环境规划研究所	2004 年	东京都府中市	环境 资源能源 产业
滋賀県立大学地域共生センター	Center for Community Co-design, The University of Shiga Prefecture	滋贺县立大学地域共生中心	2006 年	滋贺县彦根市	国民生活 文化艺术 政治行政
せたがや自治政策研究所	无	世田谷自治政策研究所	2007 年	东京都世田谷区	政治行政 国民生活 福祉医疗教育
国際公共政策研究センター	Center for International Public Policy Studies	国际公共政策研究中心	2007 年	东京都中央区	政治行政 经济 国际
熊本大学政策創造研究教育センター	Kumamoto University, Center for Policy Studies	熊本大学政策创造研究教育中心	2007 年	熊本县熊本市	政治行政 福祉医疗教育 交通
特定非営利活動法人社会工学研究所	Institute for Social Engineering, NPO	特定非营利活动法人社会工学研究所	2007 年	山口县岩国市	经济 国土开发利用 福祉医疗教育

第二部分　日本主要智库名录　301

续表

机构名称（日文）	机构名称（英文）	机构名称（中文）	成立时间	所在地	研究领域
公益財団法人国家基本問題研究所	Japan Institute for National Fundamentals	公益财团法人国家基本问题研究所	2007 年	东京都千代田区	政治行政 国际 国民生活
戸田市政策研究所	Policy Research Institution of Toda	户田市政策研究所	2008 年	埼玉县户田市	政治行政 福祉医疗教育 国民生活
株式会社大和総研	Daiwa Institute of Research Ltd.	株式会社大和综研	2008 年	东京都江东区	经济 政治行政 国际
独立行政法人国際協力機構研究所	Japan International Cooperation Agency Research Institute	独立行政法人国际协力机构研究所	2008 年	东京都新宿区	政治行政 经济 环境
一般財団法人キヤノングローバル戦略研究所	The Canon Institute for Global Studies	一般财团法人佳能全球战略研究所	2008 年	东京都千代田区	经济 资源能源 政治行政
株式会社政策工房	SEISaKU-KOUBOU	株式会社政策工房	2009 年	东京都港区	政治行政 经济

续表

机构名称（日文）	机构名称（英文）	机构名称（中文）	成立时间	所在地	研究领域
神奈川県政策局政策部科学技術・大学連携政策研究・大学連携センター	无	神奈川县政策局政策部科学技术与大学合作课政策研究与大学合作中心	2010 年	神奈川县横滨市	综合
公益財団法人ひょうご震災記念21世紀研究機構	Hyogo Earthquake Memorial 21st Century Research Institute	公益财团法人兵库震灾纪念21世纪研究机构	2010 年	兵库县神户市	福祉医疗教育国民生活环境
リコー経済社会研究所	Ricoh Institute of Sustainability and Business	理光经济社会研究所	2010 年	东京都千代田区	经济环境产业
公益財団法人東北活性化研究センター	Tohoku Regional Advancement Center	公益财团法人东北活性化研究中心	2010 年	宫城县仙台市	综合
青山社中株式会社	Aoyama Shachu Corporation	青山社中株式会社	2010 年	东京都港区	政治行政
かすかべ未来研究所	无	春日部未来研究所	2011 年	崎玉县春日部市	政治行政经济国民生活

续表

机构名称（日文）	机构名称（英文）	机构名称（中文）	成立时间	所在地	研究领域
一般財団法人アジア・パシフィック・イニシアティブ	Asia Pacific Initiative	一般财团法人亚太倡议	2011 年	东京都港区	政治行政 国际 经济
一般財団法人アジア太平洋研究所	Asia Pacific Institute of Research	一般财团法人亚洲太平洋研究所	2011 年	大阪府大阪市	经济 政治行政 国际
京都橘大学総合研究センター	Integrated Research Center, Kyoto Tachibana University	京都橘大学综合研究中心	2012 年	京都府京都市	综合
一般社団法人日本エコ・アグリテクノロジー	Japan Eco-Agri-Technology Corporation	一般社团法人日本生态农业科技	2012 年	东京都千代田区	资源能源 环境 产业
株式会社道銀地域総合研究所	DOGIN Regional Research Insitute Co., Ltd.	株式会社道银地域综合研究所	2012 年	北海道札幌市	综合
日鉄テクノロジー株式会社	Nippon Steel Technology Co., Ltd.	日铁科技株式会社	2013 年	东京都千代田区	环境 资源能源 科学技术

续表

机构名称（日文）	机构名称（英文）	机构名称（中文）	成立时间	所在地	研究领域
EY 総合研究所株式会社	Ernst & Young Institute Co., Ltd.	安永综合研究所株式会社	2013 年	东京都千代田区	经济 产业
一般財団法人教育文化総合研究所	Institute for Global Education and Culture	一般财团法人教育文化综合研究所	2016 年	东京都千代田区	福祉医疗教育 文化艺术

第三部分　中日用语对译表

机构名称（中文） （按拼音排序）	机构名称（日文）
21世纪政策构想论坛	21世紀政策構想フォーラム
Diamond Business Consulting 株式会社	ダイヤモンドビジネスコンサルティング株式会社
Japan Tourist Bureau	ジャパン・ツーリスト・ビューロー
MBC综合研究所	MBC総合研究所
MS&AD基础研究所株式会社	MS&AD基礎研究所株式会社
Resona银行	りそな銀行
八王子市都市政策研究会议	八王子市都市政策研究会議
宝塚城市建设研究所	宝塚まちづくり研究所
保安厅保安研修所	保安庁保安研修所
北九州市立大学都市政策研究所	北九州市立大学都市政策研究所
财团法人北九州都市协会	財団法人北九州都市協会
财团法人产业创造研究所	財団法人産業創造研究所
财团法人大原社会问题研究所	財団法人大原社会問題研究所
财团法人东北经济开发中心	財団法人東北経済開発センター
财团法人东京财团	財団法人東京財団
财团法人东京市政调查会	財団法人東京市政調査会
财团法人高知县政策综合研究所	財団法人高知県政策総合研究所
财团法人宫城县地域振兴中心	財団法人宮城県地域振興センター
财团法人关西经济研究中心	財団法人関西経済研究センター
财团法人国民经济研究协会	財団法人国民経済研究協会
财团法人海外市场调查会	財団法人海外市場調査会
财团法人栃木综合研究机构	財団法人とちぎ総合研究機構

续表

机构名称（中文）（按拼音排序）	机构名称（日文）
财团法人粮食农业政策研究中心	財団法人食料・農業政策研究センター
财团法人名古屋都市整备公社	財団法人名古屋都市整備公社
财团法人名古屋都市中心	財団法人名古屋都市センター
财团法人日本经济研究所	財団法人日本経済研究所
财团法人日本能源经济研究所	財団法人日本エネルギー経済研究所
财团法人三菱经济研究所附属三菱史料馆	財団法人三菱経済研究所付属三菱史料館
财团法人三重社会经济研究中心	財団法人三重社会経済研究センター
财团法人社会开发研究中心	財団法人社会開発研究センター
财团法人社会开发综合研究所	財団法人社会開発総合研究所
财团法人闲暇开发中心	財団法人余暇開発センター
财团法人熊本开发研究中心	財団法人熊本開発研究センター
财团法人亚洲太平洋研究会	財団法人アジア太平洋研究会
财团法人政策科学研究所	財団法人政策科学研究所
财团法人滋贺综合研究所	財団法人滋賀総合研究所
财团法人自由时间设计协会	財団法人自由時間デザイン協会
大阪市政研究所	大阪市政研究所
地方智库协议会	地方シンクタンク協議会
地域未来研究中心	地域未来研究センター
东京财团周末学校	東京財団週末学校
独立行政法人	独立行政法人
独立行政法人产业技术综合研究所	独立行政法人産業技術総合研究所
非营利组织/NPO	非営利組織
非政府组织/NGO	非政府組織
丰中市政研究所	豊中市政研究所
公益财团法人	公益財団法人
公益财团法人荒川区自治综合研究所	公益財団法人荒川区自治総合研究所
公益社团法人	公益社団法人
公益社团法人经济同友会	公益社団法人経済同友会
公益社团法人土木学会	公益社団法人土木学会
公益社团法人中国地方综合研究中心	公益財団法人中国地方総合研究センター
宫本亚洲研究所	宮本アジア研究所

续表

机构名称（中文） （按拼音排序）	机构名称（日文）
关西劳动调查会议	関西労働調査会議
国际电力标准会议	国際電気標準会議
国际亚洲共同体学会	国際アジア共同体学会
国际研究奖学财团	国際研究奨学財団
国立国语研究所	国立国語研究所
国立研究开发法人	国立研究開発法人
国民教育文化综合研究所	国民教育文化総合研究所
交流智库富士	コミュニティシンクタンク富士
金泽城市建设市民研究机构	金沢まちづくり市民研究機構
经济安定本部	経済安定本部
满铁调查部	満鉄調査部
名古屋城市建设公社	名古屋まちづくり公社
南日本综合研究所	南日本総合研究所
磐城未来建设中心	いわき未来づくりセンター
青森公立大学地域研究中心	青森公立大学地域研究センター
任意团体	任意団体
日本保健物理学会	日本保健物理学会
日本开发银行	日本開発銀行
日本贸易振兴会	日本貿易振興会
日本商工会议所	日本商工会議所
日本生命保险公司	日本生命保険相互会社
日本信息服务株式会社	日本情報サービス株式会社
日本政策投资银行设备投资研究所	日本政策投資銀行設備投資研究所
日语教育基金	日本語教育基金
三芳町政策研究所	三芳町政策研究所
社会科学研究所	社会科学研究所
社团法人北陆经济调查会	社団法人北陸経済調査会
社团法人劳动调查研究所	社団法人労働調査研究所
社团法人现代综合研究集团	社団法人現代総合研究集団
社团法人中部开发中心	社団法人中部開発センター
神奈川县自治综合研究中心	神奈川県自治総合研究センター

续表

机构名称（中文） （按拼音排序）	机构名称（日文）
矢板市政策研究会议	矢板市政策研究会議
世田谷区自治政策研究所	せたがや自治政策研究所
笹川良一优秀青年奖学基金	ヤングリーダー奨学基金
四日市大学地域政策研究所	四日市大学地域政策研究所
损保 Japan 日本兴亚综合研究所株式会社	損保ジャパン日本興亜総合研究所株式会社
特定非营利活动法人	特定非営利活動法人
特定非营利活动法人社会工学研究所	特定非営利活動法人社会工学研究所
特定公益增进法人	特定公益増進法人
特殊法人	特殊法人
藤田未来经营研究所	フジタ未来経営研究所
通商产业省工业技术院	通商産業省工業技術院
仙台都市综合研究机构	仙台都市総合研究機構
新潟市都市政策研究所	新潟市都市政策研究所
新宿区新宿自治创造研究所	新宿区新宿自治創造研究所
亚洲经济研究所开发学校	アジア経済研究所開発学校
野村计算机系统株式会社	野村コンピュータシステム株式会社
一般财团法人	一般財団法人
一般财团法人节能中心	一般財団法人省エネルギーセンター
一般财团法人日本规格协会	一般財団法人日本規格協会
一般社团法人	一般社団法人
一般社团法人日本核能学会	一般社団法人日本原子力学会
一般社团法人日本经济团体联合会	一般社団法人日本経済団体連合会
一般社团法人日本贸易会	一般社団法人日本貿易会
一般社团法人亚洲联合大学院	一般社団法人アジア連合大学院機構
一带一路日本研究中心	一帯一路日本研究センター
营利法人	営利法人
有限责任中间法人	有限責任中間法人
有限责任中间法人公共政策平台	有限責任中間法人公共政策プラットフォーム
有限责任中间法人智库 2005·日本	有限責任中間法人シンクタンク2005·日本
长期信用银行	長期信用銀行
长野县自治研修所	長野県自治研修所

续表

机构名称（中文） （按拼音排序）	机构名称（日文）
政策研究大学院大学	政策研究大学院大学
职员职业开发中心	職員職業開発センター
智库神奈川	シンクタンク神奈川
中国地方综合调查所	中国地方総合調査所
中野区政策研究机构	中野区政策研究機構
株式会社	株式会社
株式会社 MSK 基础研究所	株式会社 MSK 基礎研究所
株式会社 UDI	株式会社ユー・ディー・アイ
株式会社 UFJ 综合研究所	株式会社 UFJ 総合研究所
株式会社安田综合研究所	株式会社安田総合研究所
株式会社北海道新闻情报研究所	株式会社北海道新聞情報研究所
株式会社长银经营研究所	株式会社長銀経営研究所
株式会社长银综合研究所	株式会社長銀総合研究所
株式会社价值综合研究所	株式会社価値総合研究所
株式会社大和银综合研究所	株式会社大和銀総合研究所
株式会社第一劝银综合研究所	株式会社第一勧銀総合研究所
株式会社东海综合研究所	株式会社東海総合研究所
株式会社芙蓉信息中心	株式会社芙蓉情報センター
株式会社富士银行	株式会社富士銀行
株式会社富士综合研究所	株式会社富士総合研究所
株式会社横滨银行	株式会社横浜銀行
株式会社集英社	株式会社集英社
株式会社计算机系统服务	株式会社コンピュータ・システムサービス
株式会社鹿儿岛综合研究所	株式会社鹿児島総合研究所
株式会社日本 Intelligent Trust	株式会社日本インテリジェントトラスト
株式会社日本政策投资银行	株式会社日本政策投資銀行
株式会社日本综合研究所	株式会社日本総合研究所
株式会社三和银行	株式会社三和銀行
株式会社三和综合研究所	株式会社三和総合研究所
株式会社三井海上基础研究所	株式会社三井海上基礎研究所
株式会社三井银综合研究所	株式会社三井銀総合研究所

续表

机构名称（中文） （按拼音排序）	机构名称（日文）
株式会社三菱综合研究所	株式会社三菱総合研究所
株式会社三省堂	株式会社三省堂
株式会社社会工学研究所	株式会社社会工学研究所
株式会社小学馆	株式会社小学館
株式会社新生银行	株式会社新生銀行
株式会社学研教育出版	株式会社学研教育出版
株式会社樱花银行	株式会社さくら銀行
株式会社樱花综合研究所	株式会社桜総合研究所
株式会社智库宫崎	株式会社シンクタンク宮崎
株式会社住友商事咨询	株式会社住友商事コンサルティング
株式会社住友生命综合研究所	株式会社住友生命総合研究所
竹中研究所	竹中研究所
住友生命保险公司	住友生命保険相互会社
滋贺县立大学地域建设调查研究中心	滋賀県立大学地域づくり調査研究センター
自治体	自治体
最上地域政策研究所	最上地域政策研究所

法律法规（中文） （按拼音排序）	法律法规（日文）
补助金合理化法	補助金合理化法
地方分权一揽子法	地方分権一括法
地球温暖化对策推进法	地球温暖化対策の推進に関する法律
独立行政法人会计基准	独立行政法人会計基準
独立行政法人经济产业研究所法	独立行政法人経済産業研究所法
独立行政法人通则法	独立行政法人通則法
独立行政法人通则法的部分改正法	独立行政法人通則法の一部を改正する法律案
关于废除综合研究开发机构法的法律	総合研究開発機構法を廃止する法律
关于公益社团法人和公益财团法人的认定等的相关法律	公益社団法人及び公益財団法人の認定等に関する法律
关于为推进地方分权的关联法律的完善等相关法律	地方分権の推進を図るための関係法律の整備等に関する法律

续表

法律法规（中文） （按拼音排序）	法律法规（日文）
关于行政机关公开保有信息的法律	行政機関の保有する情報の公開に関する法律
海洋基本法	海洋基本法
环境影响评价法	環境影響評価法
借地借家法	借地借家法
京都议定书	京都議定書
科学技术基本法	科学技術基本法
日本开发银行法	日本開発銀行法
日本民法	民法
日本税法	租税法
特定非营利活动促进法	特定非営利活動促進法
行政机关信息公开法	行政機関情報公開法
亚洲经济研究所法	アジア経済研究所法
一般社团法人和一般财团法人的相关法律	一般社団法人及び一般財団法人に関する法律
中间法人法	中間法人法
综合研究开发机构法	総合研究開発機構法

文件报告（中文） （按拼音排序）	文件报告（日文）
关于大电力输送构想的第一次报告	大電力輸送構想に関する第一次報告
电力中央研究所报告	電力中央研究所報告
东京财团简介	東京財団パンフレット
东亚战略概观	東アジア戦略概観
防卫计划大纲	防衛計画の大綱
防卫研究所纪要	防衛研究所紀要
公益财团法人综合研究开发机构章程	公益財団法人総合研究開発機構定款
关于制订第三期海洋基本计划的建议	第三期海洋基本計画の策定にむけた提言
国际共同研究系列	国際共同研究シリーズ
科学技术基本计划	科学技術基本計画
设置亚洲经济研究所业绩评价委员会的相关内部规定	アジア経済研究所業績評価委員会の設置に関する内規

续表

文件报告（中文） （按拼音排序）	文件报告（日文）
研究机构的公共研究经费的监管指导方针（实施基准）	研究機関における公的研究費の管理・監査のガイドライン（実施基準）
一般财团法人电力中央研究所——人和技术的50年	一般財団法人電力中央研究所——人と技術の50年
有关台场浮体式海域净化设施的提案	お台場浮体式海域浄化プラントの提案
战后70周年安倍谈话	戦後70周年安倍談話
战史研究年报	戦史研究年報
智库动向	シンクタンクの動向
智库年报	シンクタンク年報
智库信息	シンクタンク情報
智库要览	シンクタンク要覧
中国安全保障报告	中国安全保障レポート
株式会社三菱综合研究所公司简介	株式会社三菱総合研究所会社案内

会议/组织名称（中文） （按拼音排序）	会议/组织名称（日文）
21世纪构想恳谈会	21世紀構想懇談会
ARF国防大学校长会议	ARF国防大学校長等会議
JICA研究所第三方评价委员会	JICA研究所第三者評価委員会
NATO国防大学校长会议	NATO国防大学校長等会議
安全保障国际论坛	安全保障国際シンポジウム
白金社会研究会	プラチナ社会研究会
产业计划会议	産業計画会議
超长期能源战略研究会	超長期エネルギー戦略研究会
电气事业改组审议会	電気事業再編成審議会
国际城市合作论坛	世界都市協力フォーラム
能源未来技术论坛	エネルギー未来技術フォーラム
日本国家安全保障会议	国家安全保障会議
世界节能等商务推进协议会	世界省エネルギー等ビジネス推進協議会
战争史研究国际论坛	戦争史研究国際フォーラム
有识之士会议	有識者会議
政策评价与独立行政法人评价委员会	政策評価・独立行政法人評価委員会

辞典名称（中文） （按拼音排序）	辞典名称（日文）
"外来语"置换提案	「外来語」言い換え提案
大辞泉	大辞泉
广辞苑	広辞苑
国语辞典	国語辞典
袖珍片假名辞典	コンサイス　カタカナ語辞典
日本国语大辞典	日本国語大辞典
现代国语例解辞典	現代国語例解辞典
现代新国语辞典	現代新国語辞典
现代用语基础知识	現代用語の基礎知識
学研・现代新国语辞典	学研・現代新国語辞典

第四部分　日本主要智库简介[①]

公益财团法人日本交通公社
Japan Travel Bureau Foundation
公益财团法人日本交通公社

1912年3月12日以吸引外国人观光客访日为目的，创立了无法人资格的任意团体"Japan Tourist Bureau"（简称"JTB"），致力于振兴日本的旅游观光产业。1945年更名为"财团法人日本交通公社"。1963年，该机构将包括旅游业务在内的营业部门剥离出来设立了"株式会社日本交通公社"（通称"株式会社JTB"），而该机构自身则作为观光领域的公益性专业调查研究机构，通过开展调查研究活动，谋求旅游观光文化产业的可持续发展。为纪念创业100周年，该机构于2012年4月1日变更为公益财团法人。2016年被文部科学省指定为学术研究机构。该机构以振兴日本观光文化为使命，从独立的立场出发，开展关于旅游和观光领域的自主研究等事业活动。该机构的业务活动包括全国范围内的市场调查、旅游营销、全国和地方自治体的观光政策以及地方振兴事业等观光文化方面的调查研究活动，有关旅行者和观光地的发展动向的数据采集与分析，旅游观光相关的人才培养事业等，通过举办各种研讨会和讲座等活动对一般社会公众公开研究成果，同时还出版书籍，运营"旅游图书馆"。该机构作为日本国内为数不多的、以旅游观光作为专业领域的实践型学术研究机构，还承接国家和地方政府机构、公共团体的各种调查研究委托业务，承担振兴国家和地方观光事业的重要职责。

[①] 数据来源：各机构官方网站，访问日期在2019年5月1日—9月30日。

法政大学大原社会問題研究所
The Ohara Institute for Social Research, Hosei University
法政大学大原社会问题研究所

冈山县仓敷市的富豪大原孙三郎于 1919 年 2 月 9 日创立了"财团法人大原社会问题研究所",以从事社会与劳动问题方面的相关调查研究工作为目的,是日本在社会科学领域历史最悠久的民间研究所。大原社会问题研究所自成立之初便开始编辑并出版发行《日本劳动年鉴》《社会事业年鉴》和《日本卫生年鉴》。创始人大原孙三郎以巨额的个人出资支持该机构在日本国内收集大量的图书和资料,并在 20 世纪 20 年代派遣研究人员出访德国和英国购入了数量庞大的社会劳动相关书籍和机构刊物。研究所在 1937 年因失去了大原家族的资金支持,故将该机构的土地、建筑物和大约 8 万册图书移交给大阪府后,迁址到东京,缩小规模并继续开展研究活动。1949 年 7 月并入法政大学,作为大学附属研究所,更名为"法政大学大原社会问题研究所"。研究所的特色在于专业从事社会与劳动问题的相关调查研究,拥有专业图书馆与资料馆以及社会与劳动问题方面的资料和文献情报中心。其研究成果通过《大原社会问题研究所杂志》(月刊)、研究所丛书(单行本)、《日本劳动年鉴》等出版物随时发布。研究所拥有社会劳动问题、社会福祉、女性问题等方面的大量相关图书、资料、文献,特别是收藏了丰富的 20 世纪 20 年代的珍贵书籍,以及从战前开始的有关社会劳工运动的第一手资料。该机构将收藏的文献资料不仅提供给研究人员使用,还面向一般社会公众广泛开放,同时翻刻出版所藏的大量珍贵资料,如《日本社会运动史料》《战后社会运动史料》《协调会史料》《日本劳工运动史料集》等。研究所积极开展国际交流活动,其主办的"国际劳动问题研讨会"从 1987 年开始改为每年举办,此外关于劳动、环境、福祉等各方面社会问题的研讨会和讲座都得到来自日本国内外参加者的广泛参与。2008 年 2 月 9 日,由大原孙三郎创办的研究所、美术馆、医院等共 5 家机构建立关联网络,实现信息共享,活动互助。

公益財団法人大原記念労働科学研究所
The Ohara Memorial Institute for Science of Labour
公益财团法人大原纪念劳动科学研究所

1921年7月1日，时任仓敷纺织株式会社社长的大原孙三郎创立了"仓敷劳动科学研究所"，从疲劳作业问题开始调查分析工厂的实际工作状况，研究劳动条件的科学改善。研究所于1937年委托给日本学术振兴会，并更名为"财团法人劳动科学研究所"，1945年11月30日被认定为文部省主管的研究机构。研究所于2012年4月1日变更为公益财团法人，2015年9月7日更名为"公益财团法人大原纪念劳动科学研究所"，同时迁址到东京都涩谷区，2019年3月11日迁址到东京都新宿区。劳动科学研究所从事与各种工作场所的劳动状况、条件、环境及劳动者的健康状况、医疗福祉、身心健康等相关的学术性和综合性研究，以及相关各领域的调查研究活动，以此推进事业经营的健全化、增进劳动者的福利、促进社会福祉的提升发展。业务内容包括，与劳动科学相关的调查研究以及研究者和实业家的培养，为经营及各方面劳动条件的改善提供相关合作援助，出版学术期刊、研究资料及其他出版物，促进国际合作并举办讲座、研讨会等。

公益財団法人後藤・安田記念東京都市研究所
The Tokyo Institute for Municipal Research
公益财团法人后藤・安田纪念东京都市研究所

研究所的前身为"财团法人东京市政调查会"。1922年时任东京市长的后藤新平提出"创设都市问题与地方自治方面的独立调查研究机构"的构想。在当时日本商界的领导者安田银行（即现在的"瑞穗银行"）的创始人安田善次郎捐款350万日元的资助下，以"纽约市政调查会"（New York Bureau of Municipal Research）为范本，"财团法人东京市政调查会"于1922年2月24日创办，是由自治省批准的财团法人，1929年10月竣工的"市政会馆"作为研究所的活动场所，同时也是其财政的基础保障。研究所不接受其他资金援助，独立自主地开展关于地方自治和都市问题的相关调查研究活动。2012年4月1日研究所变更为公益财团法人，同时更名为"公益财团法人后藤·安田纪念东京都市研究所"，以纪念两位创始人。研究所旨在开展有关东京市政及其他一般城市政策的各种调查研究活动，并协助政府部门加以实施。业务内容主要包括，从事与都市问题、地方自治等相关的调查研究活动（自主调查、委托调查、个别研究为三大支柱）和实证性分析。研究所近年来完成了对地方自治发展方向具有较大影响的"平成市町村合并问题""东日本大地震后的复兴重建问题"的相关研究，以及"小规模自治体和东京大都市圈内的城市政治行政的比较研究"等。研究所出版的期刊《都市问题》提供日本国内外城市政策与地方自治问题的相关论证资料，其运营的附属专业图书馆收藏市政方面的相关史料并面向社会公众开放。东京都市研究所与日本国内外，特别是东亚地区的大学、研究机构、智库广泛开展交流合作，不断强化作为城市政策和地方自治方面的专业研究机构的功能，提升信息传播能力。

公益财团法人三菱经济研究所
The Mitsubishi Economic Research Institute
公益财团法人三菱经济研究所

为了便于广大社会公众更好地加以利用，三菱合资公司将旗下设置于1922年3月的资料课独立出来，于1932年4月1日设立了"财团法人三菱经济研究所"。其后，研究所积极开展各项统计数据的整理与编制、日本国内外的经济动向和重要经济问题的调查研究等业务，并出版相关研究成果，是日本国内颇具历史的经济调查研究机构。1946年10月，面对战后严峻的财政危机，研究所创设了维持会员制度，从三菱集团各公司以外广泛吸纳各方面资金，进而稳固了其财政基础。随着日本产业界相继创办企业智库，三菱集团于1970年5月设立了"株式会社三菱综合研究所"，并接管了三菱经济研究所的外部委托业务以及其相关工作人员。三菱经济研究所因此缩小了业务规模，更加专注于日本国内外经济方面的相关调查与基础性研究以及研究成果的转化等。"三菱史料馆"专门从事三菱集团史料的收集、保管、公开以及日本产业史的调查研究工作，于1996年4月并入三菱经济研究所，同时更名为"财团法人三菱经济研究所附属三菱史料馆"。自此，三菱经济研究所确立了以经济研究部门和史料馆的史料部门并重的两大业务支柱。2011年4月变更为公益财团法人。

公益財団法人損害保険事業総合研究所
The General Insurance Institute of Japan
公益财团法人损害保险事业综合研究所

　　东京海上火灾保险株式会社为纪念创业50周年，以该公司的100万日元捐款作为基金，于1933年设立了"财团法人损害保险事业研究所"。1945年5月受到战争的影响而被迫停止活动，战后在"社团法人日本损害保险协会"的援助下，于1947年重建并恢复了中断的业务。其后，研究所作为针对损害保险事业共通问题开展中长期调查研究的平台不断扩充强化，在1990年进行机构改组并更名为"财团法人损害保险事业综合研究所"，后于2011年4月变更为公益财团法人。研究所自创立以来始终秉承为振兴学术研究、实现理论与实务的有机结合、培养学识与教养兼备的专业人才、促进损害保险及其相关领域事业的健全发展做贡献的宗旨，为应对未来人工智能、无人驾驶汽车、金融科技等技术革新可能带来的风险，坚持追求各项事业的高质量发展，致力于开展损害保险相关领域的教育研修事业、调查研究事业、学术研究资助事业、图书馆运营和书籍刊发、资料收集与整理等相关活动，以期为促进国民经济的发展和国民生活的稳定做贡献。在联合国贸易发展会议的提议与东亚保险大会的要求下，研究所与日本损害保险协会自1972年开始共同运营"日本国际保险学校"，并以东亚各地区的损害保险相关人员为对象，每年进行损害保险的专业教育研修。

一橋大学経済研究所
Institute of Economic Research, Hitotsubashi University
一桥大学经济研究所

　　1940年4月东京商科大学在附属图书馆内设立了"东亚经济研究所"，旨在开展"东亚各国经济的理论与实证研究"。研究所于1942年2月被政府收编，作为日本国内最早的国立经济研究所设置于大学内开展"东亚经济的相关综合研究"。1942年研究所获得的捐款达到600万日元，于6月获批设立奖学财团。1946年3月该机构更名为"经济研究所"，其研究目的也相应改为"世界各国经济的相关综合研究"。1949年5月依据《国立学校设置法》第4条的规定，以从事"日本及世界经济的综合研究"为目的，附设于一桥大学，成为现今的"一桥大学经济研究所"。1950年1月《经济研究》创刊。1953年8月创刊的《经济研究丛书》成为该所的基石。一桥大学经济研究所下设日本及亚洲经济、美欧俄经济、现代经济、经济体制、经济系统解析、比较经济改革等主要研究部门，以及社会科学统计情报研究中心、经济制度研究中心、代际间问题研究机构等。研究所努力推进少子化和代际间问题、物价变动推动力等相关前沿研究，在经济社会的相关数据库建设和直接基于统计数据的高度理论与实证分析及政策研究方面产出了大量优秀的研究成果，受到日本国内外研究人员、大学、研究机构等的好评。2010年度，研究所被文部科学省认定为"日本及世界经济高度实证分析基地"，提供政府统计的微观数据等，开放各种统计数据供日本国内外的研究人员、机构团体使用，并通过公开报名的方式组建研究团队，推进利用该机构数据库的合作研究。一桥大学经济研究所积极推进与政府、日本银行、民间研究机构之间的研究合作与人才交流，与日本银行金融研究所、财务省财务综合政策研究所、国立社会保障与人口问题研究所等各类智库之间签订了研究合作协议，紧密结合政策需要推进相关研究，强化研究所的咨政建言能力，加强培养具备高度统计分析能力的专业人才。

公益財団法人日本農業研究所
The Nippon Agricultural Research Institute
公益财团法人日本农业研究所

日本农业研究所的前身是"财团法人东亚农业研究所"，是在第一任理事长石黑忠笃的积极推进以及来自农业界、商界等相关方面的广泛资金支持下，于1942年8月设立的民间研究机构。1945年9月22日更名为"财团法人日本农业研究所"，2013年4月1日更名为"公益财团法人日本农业研究所"。日本农业研究所在1965年创设了"日本农业研究所奖"，从1988年开始刊发《农业研究》作为其机构研究报告。研究所致力于从事与农业、农学相关且必要的调查研究，并且在对该领域的研究成果加以表彰的同时，积极推进相关研究成果的转化应用与推广普及，进而为日本学术研究和国民经济发展做出贡献。

一般财团法人日本经济研究所
The Japan Economic Research Institute
一般財団法人日本経済研究所

"财团法人日本经济研究所（JERI）"创办于1946年4月，针对日本政府在战后混乱时期疲于应付眼前问题而无暇规划日本未来、制定长远发展战略的状况，研究所号召民间的有识之士共同肩负这一历史重任，在分析日本发展现状的基础上，洞察本质，深入研究表面现象之下的根本问题，志在发展成为"导向型智库"，坚持公平、中立的原则，是为建设美好社会做贡献的社会智库。日本经济研究所在1981年获得了以当时的日本开发银行（即现在的"株式会社日本政策投资银行"）为中心的来自经济界的广泛捐助，并吸收赞助会员加入，在进一步充实其财政基础后，以焕然一新的组织架构和体制机制重新起航。此后，研究所不仅长期得到日本政策投资银行等机构、团体和赞助会员的捐助支持，而且还得到了政府机构、产业界、学会、地方自治体等各方面的广泛支持与协助。日本经济研究所于1995年开始从事国际领域的调查和研修业务，广泛参与了发展中国家和地区的相关调查与研修支援等国际调查研究活动。2009年4月为顺应公益法人制度改革等外在环境变化的需要，将外部委托调查业务移交给了"株式会社日本经济研究所"，同时新增设了"地域未来研究中心"，并强化了信息发布和交流职能。2010年12月正式变更为一般财团法人。2017年新设了"女性创业支援中心"和"技术事业化支援中心"，2020年增设了"SDGs研究中心"。作为公益智库，日本经济研究所将日本政策投资银行集团积累的知识财富和关系网络回馈给广大社会公众，与日本政策投资银行、株式会社日本经济研究所等保持紧密的合作关系，并以此为基础，针对不同时代经济方面的问题开展调查研究。其业务范围覆盖了经济领域、地域开发、城市建设、社会资本、环境能源、医疗福祉、PFI（Private Finance Initiative，民间融资倡议）与PPP（Public-Private Partnership，政府和社会资本合作）等诸多方面的日本国内调查研究活动。围绕日本面临的经济社会问题，日本经济研究所从地域、国际、金融等多样化广泛领域切入，通过出版发行机构刊物《日经研月报》和举办演讲会、研讨会等方式，提供传播信息。

東京大学社会科学研究所
Institute of Social Science, The University of Tokyo
东京大学社会科学研究所

"东京大学社会科学研究所"作为二战后重建东京大学的最初改革措施，由当时的南原繁校长提议设置。依据1946年3月起草的《社会科学研究所设置事由》的记载，该社会科学研究所的设置目的是在反省战争痛苦经历的基础上，"为建设和平民主国家和文化日本而开展真正科学的调查研究"，谋求使日本的社会科学研究面目一新。社会科学研究所于1946年8月作为东京帝国大学的附属机构设置，最初由五个部门组成，其后，为顺应社会发展的需要而不断完善并扩充，2011年6月1日以后，社会科学研究所由比较现代法、比较现代政治、比较现代经济、比较现代社会和国际日本社会五个部门，以及附属的社会调查数据分析研究中心组成。研究所的特色在于统合法学、政治学、经济学和社会学四个领域开展综合性社会科学研究，所属研究人员不仅在各自领域内开展研究，而且研究所作为一个整体，推进跨领域运用社会科学综合知识的合作研究，构建社会科学领域日本最大的数据库和国际网络，夯实日本社会科学的研究基础，在日本国内外开展了大量高质量的调查研究活动。研究所在牛津大学出版局的协助下，刊发社会科学专业领域的英文版学术期刊《Social Science Japan Journal》，面向世界传播日本的社会科学研究成果。

公益財団法人政治経済研究所
The Institute of Politics and Economy
公益财团法人政治经济研究所

"财团法人政治经济研究所"继承了作为企划院的外部团体于1938年9月1日设立的"财团法人东亚研究所"的资产，于1946年8月14日登记，同年11月1日正式成立。研究所1951年被文部科学省指定为民间学术研究机构，2011年10月11日登记变更为"公益财团法人政治经济研究所"，作为民间非营利组织，履行社会责任，推进公益事业发展。研究所作为调查研究机构，与此后相继设立的其附属机构"大岛社会文化研究所""东京大空袭战灾资料中心""东京中小企业问题研究所"共同开展学术调查研究和资料收集展示等公益活动。研究所从事政治、经济、社会、文化方面的相关调查研究和资料收集，其研究成果通过出版物《政经研究》和《政经研究时报》以及其他媒体对外发布、广泛传播，并通过研讨会、演讲会、展示会等更进一步加以公开和普及。研究所以研究成果为基础，面向社会各界提出政策建言，培养相关各领域的专业研究人员，进而为促进政治、经济、社会、文化的发展做贡献。

公益财团法人九州经济调查协会
Kyushu Economic Research Center
公益财团法人九州经济调查协会

"九州经济调查协会"致力于开展九州、冲绳、山口地区的经济产业相关综合性调查研究和政策立案以及其他相关事业，资助并促进经济调查事业发展，推动地方经济增长，进而为促进日本的国家发展做贡献，是在产官学的共同合作下，于1946年10月经文部省批准设立。2013年4月起，该机构由原来文部科学省批准的"特定公益增进法人"变更为内阁府批准的"公益财团法人"。该机构针对经济结构及其变化、产业分析、地区经济及景气动向、商品流通、资源和交通问题等开展自主研究，同时也接受政府部门等的委托调查业务，发布自主研究报告，刊发《九州经济白皮书》《九州经济调查月报》《图说九州经济》等定期出版物。九州经济调查协会重点开展以九州、冲绳、山口地区为中心的经济社会相关统计调查和研究，并出版刊发调查研究报告和机构刊物，发挥振兴地方的"知识生产"功能、收集日本国内外经济资料的"知识积累"功能和举办讲座、研讨会等的"知识交流"功能，是同时兼具三大功能的、西日本地区屈指可数的信息情报中心，致力于开展多样化的研究活动，为九州的地方发展建言献策。

政策シンクタンクPHP総研
PHP Institute, Inc.
政策智库PHP综研

"株式会社PHP综合研究所"是由松下电器产业株式会社的创始人松下幸之助于1946年设立的民间智库，始终贯彻着其创始人松下幸之助提出的PHP（即"Peace and Happiness through Prosperity"的缩略语）理念，追求以繁荣实现和平与幸福，被誉为"小而精的小型百货店型"智库。曾以政策智库著称的株式会社PHP综合研究所于2010年10月1日被经营出版业务的"PHP研究所"吸收合并后，机构名称变更为"政策智库PHP综研"继续开展相关业务活动，实际上已成为PHP研究所的智库。作为日本具有代表性的民间智库，自设立以来，该机构始终坚持民间独立的自由立场，不接受政策性资金的支持，在政治与行政、财政与经济、外交与安全保障、地域开发与经营、福祉与教育等广泛领域，开展调查研究、建言献策，组织了多种多样的研究项目，提出了大量的政策建议。研究所以基于专职研究人员的调查研究以及与外部专家合作的研究项目作为旨在创造实践性政策构想的引擎，把其研创出的政策想法通过记者见面会和吹风会等形式积极提供给政策制定者，通过研究所的各种出版物、政策研究论文集《PHP Policy Review》和媒体平台等多种渠道向社会广泛公开并推进政策研究交流。

一般財団法人統計研究会
The Institute of Statistical Research
一般财团法人统计研究会

1947年战后日本实施复兴计划急需统计方面的专业支持。"财团法人统计研究会"正是以民间力量回应国家需求，于1947年10月经内阁总理大臣批准设立的财团法人，由总务省主管其研究活动，也带有很强的咨政意向。统计研究会自设立之初便承担了日本计划行政学会的事务局之职。随着时代的发展变迁，统计研究会的研究领域不断扩大，从事行政与财政改革、环境、人口、能源与资源、城市建设、农业经济、劳动医疗、消费福利、国际经济等囊括经济与社会多领域问题的理论与实证研究。统计研究会超越了一所大学或研究机构的框架限制，从政府部门到民间机构广泛延揽日本国内有实力的经济学者和统计学者，组织跨学科、跨领域的众多经济学者参与并开展自由研究。统计研究会实施以完善发展统计学科为目的的调查研究项目，举办公开研讨会，从事以统计书籍为中心的专业图书馆的运营事业等。统计研究会于 2018 年 3 月解散，其承担的日本计划行政学会事务局自同年 4 月 1 日起移交给株式会社每日学术论坛。

公益社団法人自由人権協会
Japan Civil Liberties Union
公益社团法人自由人权协会

"公益社团法人自由人权协会"是在 1947 年 11 月日本国宪法施行之际，以维护基本人权作为唯一目的而设立的非政府组织（NGO），是日本国内第一个全国性市民组织。自由人权协会不以特定的政治立场出发，通过人权问题的相关调查研究、演讲会、出版等，基于市民的立场提出建议，以言论自由、知情权和外国人人权为中心开展研究和咨政活动，对政府机关和媒体等提出建议与意见，对于遭受人权侵害的人给予法律援助。自由人权协会基于国际人权公约等人权相关条约，在拥护包括外国人在内的所有人的市民权利和政治权利，推动实现社会、经济、文化权利等方面，向联合国人权委员会提交咨询报告。自由人权协会于 1948 年 10 月加入国际人权联盟，1950 年 12 月创办《人权新闻》，1989 年 4 月创办英文版新闻《UNIVERSAL PRINCIPLE》向海外介绍日本的人权状况，每年发行四期的定期出版物《JCLU Newsletter》，2003 年取得了联合国经济及社会理事会（ECOSOC）的特别咨商地位（Special Consultative Status）。

公益財団法人中国地域創造研究センター
Chugoku Regional Innovation Research Center
公益财团法人中国地域创造研究中心

"公益财团法人中国地域创造研究中心"在日本本州中国地区的自治体和产业界的支持下设立，是在产官学各界共同协助下运营的专业性调查研究机构。"中国"是日本地理上的一个区域概念，位于日本本州岛西部。该研究中心的前身是设立于1948年9月10日的"中国地方综合调查所"，1962年作为"中国地方综合调查会"进行社团法人化运营，1990年更名为"社团法人中国地方综合研究中心"，2012年7月变更为内阁府主管的"公益社团法人中国地方综合研究中心"，2018年4月与"公益财团法人中国产业创造中心"合并后更名为"公益财团法人中国地域创造研究中心"。该研究中心以"描绘和创造中国地区的明天"为基本理念，以建设成为中国地区的代表性智库和产业援助机构为目标，积极开展与中国地区的产业振兴、经济发展、地区开发、城市规划等地方振兴相关的综合性调查研究活动，提出前瞻性问题和政策建议。研究中心从二战后到高速增长期为复兴计划的制订和地区经济的发展进行资料收集及其分析，其后，在国际化和信息化的建设发展进程中，转为从事计划和政策的制定，其主要业务在应对社会与经济的变动之中不断充实完善。从研究制定地区问题的解决对策，到方案实施过程中的援助，该研究中心践行从智库到行库的功能，致力于为提升本地区的活力，实现可持续发展做贡献。

公益社团法人国際経済労働研究所
International Economy and Work Research Institute
公益社团法人国际经济劳动研究所

"公益社团法人国际经济劳动研究所"颇具历史，是日本二战后成立且存续至今的为数不多的劳动问题方面的研究机构。研究所的前身"关西劳动调查会议"设立于1948年2月，在20世纪50年代，作为面向工会运动的政策制定与调查活动提供指导和援助的专业机构发挥了重要作用，还创办刊发了《劳动调查时报》和《国际经济劳动研究》。为推动该组织超越会议体发展的局限，以具有主体性的独立机构形式更好地开展关西地区的政策研究与调查活动，于1961年7月进行改组并更名为"社团法人劳动调查研究所"，不仅公开发表调查研究成果，更发布以政策研究为核心的智库宣言，正式成立为与企业资本和政党都无关的独立智库。研究所于1993年2月更名为"社团法人国际经济劳动研究所"，2013年4月经内阁总理大臣批准变更为公益社团法人。自成立以来，研究所以劳动工会作为研究基础，完成了大量的合作调查和委托调查研究，作为由学界、产业界、劳动者和公共团体共同参与运营的劳动工会专业智库，顺应时代发展的需求与变化，不断调整充实研究内容，拓展研究领域，加强国际交流合作。

国立教育政策研究所
National Institute for Educational Policy Research
国立教育政策研究所

"国立教育政策研究所"的前身是创立于1949年6月从事教育相关基础性、实践性调查研究的"国立教育研究所"。2001年1月，作为中央省厅机构改革的一环，研究所为强化其作为支持教育相关政策的制定与实施的研究机构的作用与属性，充实其专业化调查研究及建言献策的功能，进行大幅改组，将机构目的与主要业务重新修改为"涉及教育相关政策的基础性事项的调查与相关研究"，并作为综合性政策研究机构更名为"国立教育政策研究所"。为了在幼儿教育方面推动并实现有实效的研究活动，作为日本国内的调查研究网络基地，国立教育政策研究所在2016年度新设了"幼儿教育研究中心"。研究所定位为教育政策的综合性国立研究机构，将学术研究活动中取得的成果加以汇总提炼，为教育政策的制定提出有意义的建议。同时，作为在国际社会上代表日本的研究机构，研究所面向日本国内的教育相关机构和团体等提供国内外的情报信息以及必要的建言和帮助。研究所是日本国内唯一一家关于教育的国立政策研究所，自创设以来积极围绕教育行政中的政策课题，广泛开展针对教育政策的企划与立案的基础性调查研究，政策性课题研究，教育课程与学生指导，社会教育，文教设施等相关专业性、实证性调查研究等相关业务，开展日本全国学习能力与学习状况调查，同时作为教育改革的理论支柱，力求与文部科学省和全国的教育委员会、大学、研究机构等开展合作，充分利用教育现场，推进有利于政策立案的研究，面向大众传播其研究内容与成果。研究所还从事经济合作与发展组织（OECD）的学生学习完成度调查（PISA）、国际教育完成度评价学会（IEA）的国际数学与理科教育动向调查（TIMSS）等多项国际合作研究，通过开展合作调查研究、举办会议、实施国际教育援助活动等，研究所大力推进与国内外关联机构间围绕教育研究的相关信息交流，收集汇总并提供其观点与经验。

パシフィックコンサルタンツ株式会社
Pacific Consultants Co., Ltd.
太平洋咨询株式会社

"太平洋咨询株式会社"的设立初衷是以技术为战后日本的复兴做贡献。为实现此目的，该机构于1951年9月4日作为美国法人成立，1954年2月4日设立日本法人。该机构不仅在日本国内各地拥有大量分支机构和子公司，而且积极向海外拓展，于2012年7月在中国辽宁省大连市设立现地法人子公司"太平洋（大连）工程技术有限公司"。太平洋咨询株式会社是建设咨询行业的顶级机构，其使命是"致力于谋求全社会和全人类的幸福，作为专业化集团，通过提供世界顶级水平的技术与服务为社会做贡献"。该机构的事业覆盖了国土保全、交通基础、机械与电气、公共经营、情报信息系统、规划建设、环境与能源、地基技术等广泛领域的研究开发和国际业务，凭借融汇统合各方面资源的综合服务能力，在日本国内外的咨询市场和服务供应商市场不断挑战，积极创新和拓展业务。

一般財団法人電力中央研究所
Central Research Institute of Electric Power Industry
一般财团法人电力中央研究所

"财团法人电力技术研究所"是由日本九家电力公司和电气事业重组审议会共同发起、经通商产业省批准于1951年11月7日成立的财团法人，以通过科学技术研究为电力事业和社会发展做贡献为目的。其后扩充了技术研究部门，于1952年增加了电力事业的经济研究部门，并更名为"财团法人电力中央研究所"，2012年4月1日变更为一般财团法人。电力中央研究所作为日本电力事业方面的综合研究机构，旨在通过开展对电力事业运营所必需的电力技术以及经济的相关调查、研究、试验及其综合统筹协调，为提升技术水平、振兴学术、促进电力事业的发展、提高电力事业一般业务的效率做出贡献。创立以来，研究所作为公益法人坚持中立的研究体制，作为科学研究经费补助金的拨付对象具有学术研究的多面性，发挥自身长年积累的研究力量，联合工学、理学、社会科学等广泛领域的专家，始终致力于包括经济领域在内的电力技术的全面研究，并就作为日本经济发展基础的能源的稳定供给和"能源安全的确保与地球环境问题的应对"积极开展技术研发以实现社会整体的低碳化。此外研究领域还包括核能发电、火力和水力发电、可再生能源、超高电压送电、电力设施、节能环保、经营经济及情报处理等。研究所不断加强并拓建与日本国内外大学、研究机构、厂商等的关系网络，每年产出论文、研究报告、专利等大量高质量的研究成果。

防衛研究所
National Institute for Defense Studies, Ministry of Defense
防卫研究所

"防卫研究所"成立于1952年8月，是日本防卫省的政策研究核心机构。防卫研究所于1985年4月建立了与日本政策决策部门直接关联的调查研究体制，现今下设企划部、政策研究部、理论研究部、地域研究部、教育部、战史研究中心等多个分支部门，并于2016年4月在地域研究部下增设中国研究室，针对中国开展专门调查研究。作为防卫省的智库，防卫研究所是日本与安全保障相关的唯一的国立学术研究机构，主要职能是针对国防安全和战争历史的相关政策指向开展调查研究，并协助日本政府制定相关政策，同时研究所还承担建设高端战略大学、培养自卫队高级干部的国防大学级别教育机构的职能，并且从事战争历史资料的管理和公开等工作，承担着作为日本国内最大的战争历史研究中心的职能。2013年12月日本国家安全保障会议及内阁会议审议通过的《防卫计划大纲》中明确指出，要强化以防卫研究所为中心的防卫省和自卫队的研究体制，同时促进与政府内部的其他研究教育机构、国内外大学和智库等机构之间包括教育、研究交流在内的各种合作。为此，防卫研究所不断完善体制机制，2015年4月新增设了强化所长助理体制的研究干事，以及提升国际交流和政策部门支持实效的特别研究官，在积极开展调查研究及教育培训的同时，重视国际交流与信息传播，在日本的安全保障政策方面确立了不可动摇的地位。在信息发布方面，防卫研究所的出版物包括《东亚战略概观》、《中国安全保障报告》、《防卫研究所纪要》（防卫研究所研究人员关于安全保障的相关论文集）、《国际合作研究系列》（与外国研究机构等的合作研究论文集)、《安全保障国际研讨会报告》(防卫研究所举办的国际会议的报告论文集) 等。防卫研究所举办的国际会议包括安全保障国际研讨会、战争历史研究国际论坛、亚洲太平洋安全保障研究会等。

公益财団法人日本生産性本部
Japan Productivity Center
公益财团法人日本生产性本部

旧"日本生产性本部"是指在西欧提高生产率运动的影响下，为提高日本国民经济的生产率，由日本四大经济团体提议，由劳、资、中立三方组成，经通商产业省批准，依据内阁会议审议通过的《关于提高生产率对策的决定》(1954年9月24日)，于1955年3月1日设立的"财团法人日本生产性本部"。"社团法人社会经济国民会议"是由工人、学者、消费者、社区居民等日本各阶层的代表人士组成的社团法人，旨在通过研究日本经济社会所面临的课题，建立一个更加富有活力的福利社会。社团法人社会经济国民会议是于1973年11月12日从旧日本生产性本部中分离出来成立，1976年12月20日被批准为社团法人，于1994年3月31日解散后，在1994年4月1日与旧日本生产性本部合并成立非营利法人，并更名为"财团法人社会经济生产性本部"，2009年4月再次更名为"财团法人日本生产性本部"，2010年3月变更为公益财团法人。日本生产性本部承继了社会经济国民会议的智库功能，从社会视角出发捕捉以产业界为中心的生产性运动。该机构曾接受美国的对外活动本部和日本政府的资助，主要从事与被称为"社会经济体系"的经济政策、社会政策、福祉政策等相关的各种研究课题，以及与生产率相关的调查分析和理论研究，编制各种统计报告，收集并提供情报信息，开展社会普及与启发活动，举办研讨会与讲座等，并基于此进一步为解决社会经济体系问题、实现联合国可持续发展目标做出贡献。

高崎経済大学産業研究所
Institute for Research of Regional Economy, Takasaki City University of Economics
高崎经济大学产业研究所

"高崎经济大学产业研究所"主要从事与经济、经营及地方发展相关的基础性研究，致力于以高崎市为中心的地方社会的发展，于1957年和大学同时设立，并在顺应时代潮流发展变化中不断创新，成为面向产官民等社会各界开放的研究所。研究所的业务内容包括：关于经济、经营和地方发展及其相关问题的研究调查与指导；图书与资料的收集和整理；研究成果的发表及调查报告的编写；研究会、讲演会、讲习会的举办；政府官厅、团体、公司等委托的调查研究；其他为达成研究所的目的所必要的业务。以高崎经济大学教师为中心的研究团队承担调查研究工作。除项目研究外，研究所还获得来自大学和文部科学省的科学研究经费资助开展基础性研究。研究所以《纪要产业研究》和《项目研究报告书》等形式公开发表其研究成果。研究论文集《产业研究》除部分内容外，全文在官方网站上公开。

北海学園大学開発研究所
Center For Development Policy Studies, Hokkai-Gakuen University
北海学园大学开发研究所

"北海学园大学开发研究所"致力于从经济开发和社会开发两方面为北海道的发展做贡献，于1957年由北海学园大学第一任校长兼开发研究所所长上原撤三郎创办。研究所的设立目的是以北海道的开发为中心，开展地区经济、社会、文化、技术等的相关基础性研究与应用研究，从而为广大社会与经济的发展做贡献。研究所的工作人员由来自北海学园大学经济学部、经营学部、法学部、人文学部、工学部的百余名教职人员组成，同时聘请校外研究人员参加。作为北海道地方开发研究的中心，研究所不断充实"为地方发展做贡献的智库功能""地区开发相关的资料数据中心功能"和"国际合作研究功能",其特色在于发挥北海学园大学兼具文科与理科的综合大学的优势,构建超越专业领域限制的跨学科网络,并基于跨学科网络开展综合研究以及特定课题的个别研究。针对信息化建设和环境问题等方面的研究课题,该机构还肩负起与海外大学及研究机构合作,发挥其作为北海道开发的学术交流平台的功能。研究所的研究成果以《开发论文集》的形式每年两次向社会广泛公开,同时汇总综合研究的成果以图书形式出版发行,除每年在北海道区域内的市町村举办"开发特别讲座"外,还面向一般市民举办演讲会、研讨会等,其资料室面向校内外研究人员广泛开放。

関西大学経済・政治研究所
Institute of Economic and Political Studies, Kansai University
关西大学经济政治研究所

"关西大学经济政治研究所"作为统合多个学部的跨学科综合性研究机构,自1958年4月1日设立以来,应对各时期经济社会情势的发展动向,以联合产业界、行政界、地域社会为基础,以打造"对社会有贡献的研究所"为使命,主要从事经济、政治、社会方面的相关理论与实证性调查研究,进而实现为学术、文化的发展以及人类福祉做贡献的目的。研究所不断强化与中央和地方的产官学各界的合作,不局限于所处的关西地区的经济、社会和历史等相关问题的研究,更进一步扩充其设立之初作为综合性跨学科研究机构的功能,针对包括迅速发展的中国在内的亚洲地区的经济、政治、社会问题,以及中东和非洲地区的经济与环境等诸多问题开展跨学科的国际化研究,还扩展到地方社会与自治相关的财政健全化和财会制度改革等经济社会的多样化课题。研究成果主要以《研究双书》和《调查与资料》的形式出版发行。同时,作为面向社会开放的研究所,定期举办"产业研讨会"等公开讲座和公开研讨会,并将报告内容以《研讨会年报》的形式刊发,积极推送学术研究成果。

独立行政法人日本貿易振興機構アジア経済研究所
Institute of Developing Economies,
Japan External Trade Organization
独立行政法人日本贸易振兴机构亚洲经济研究所

研究所前身为 1958 年 12 月 26 日设立的"财团法人亚洲经济研究所",1960 年 7 月 1 日依据《亚洲经济研究所法》被认定为当时通商产业省主管的特殊法人。1998 年 7 月,亚洲经济研究所并入"特殊法人日本贸易振兴会"。其后,伴随日本贸易振兴会的独立法人化改革,于 2003 年 10 月正式改组为"独立行政法人日本贸易振兴机构亚洲经济研究所(IDE)"。亚洲经济研究所是研究发展中国家的代表性研究机构,也是社会科学领域的世界级研究所。亚洲经济研究所成立至今,主要围绕亚洲、非洲、拉丁美洲、大洋洲、中东、东欧等所有发展中国家和地区的经济、社会、政治、国际合作与援助等领域,基于现地主义和实证主义开展基础性、综合性的调查研究,广泛开展调查研究成果的宣传普及活动,进而达到促进与发展中国家之间的贸易增长和经济合作的目的。该机构作为日本研究发展中国家和地区的社会科学基地,其目标是为世界贡献才智,同时也收集源于这些地区的知识、资料与情报信息,分析它们面临的处境问题,并帮助国内外人士深入了解发展中国家和地区,借此奠定日本和国际社会合作处理发展问题的学术基础。此外,研究所自 1990 年开始培养从事发展中国家和地区的经济社会开发工作的人才,在派遣工作人员出席国际会议和学会的同时,还聘请海外研究人员并接收海外研修生,推动各项研究交流活动,大力提高研究质量。

公益财団法人日本都市センター
Japan Municipal Research Center
公益财团法人日本都市中心

1959 年 2 月 20 日,旨在通过城市问题的调查研究促进全国城市的进步与发展,依据全国市长会和社团法人全国市所有房地产灾害互助会的协议,设立了"财团法人日本都市中心",2012 年 4 月变更为公益财团法人。日本都市中心以提升城市的行政与财政运营能力为目的，以理论与实务相结合的形式开展具有实效性的综合调查研究，后将"日本都市中心会馆"的运营业务从其事业活动中剥离。主要业务包括，从事城市政策、行政经营以及地方自治制度等与城市相关的调查研究、信息提供、人才培训等业务，调查研究活动的成果通过官方网站和书籍出版等方式进行公开。此外，为了应对人口减少、少子老龄化以及全球化所带来的社会机构的变化，该中心与全国市长会共同设立了"都市分权政策中心"，推进有关城市自治制度的相关调查研究，同时对社区等地域政策也加以调查研究。

一般財団法人日本不動産研究所
Japan Real Estate Institute
一般财团法人日本不动产研究所

"财团法人日本不动产研究所"是 1959 年作为不动产行业的综合调查研究机构而设立的财团法人，其前身是在不动产鉴定评价方面从战前就享有权威的"旧日本劝业银行"的调查部门，2011 年变更为一般财团法人。研究所以促进不动产的相关理论与实证研究的发展进步、实务工作的改善与合理化为目的，主要业务包括调查研究、鉴定评估、咨询服务等。研究所顺应时代发展的需要不断扩大事业规模，发展至今人员规模约 550 名，已构建起覆盖日本全国的业务网络，利用东京总部与全国 8 个分公司和 41 个分所之间的全国联网，基于公正、中立的立场，用大量翔实的数据为用户提供客观、精准的鉴定评估报告，并进一步拓展海外业务。日本不动产研究所除了定期发表全国地价、租金等统计调查信息外，还从事不动产法制研究，向各学会、行业协会、国家机关、媒体等提供其调查、研究成果，并与中国、韩国、美国等世界多国的相关研究机构开展合作，举办各种信息交流会和研究者交流会。定期调查研究业务主要包括不动产研究所住宅价格指数、国际不动产价格租金指数、市街地价格指数、全国木造建筑价格指数、日本不动产投资家调查、全国租金统计（办公楼和住宅）、田地价格和租金调查、林地和树木价格调查等。

北九州市立大学地域戦略研究所
Institute for Regional Strategy, The University of Kitakyushu
北九州市立大学地域战略研究所

研究所的前身是北九州市立大学的附属机构"北九州大学北九州产业社会研究所",于 1959 年 4 月 1 日成立,作为社会科学领域的研究机构,开展北九州地区的产业经济、社会福祉方面的调查研究,促进地域社会的发展。2006 年 4 月,北九州产业社会研究所与"财团法人北九州都市协会"的研究部门合并,扩大研究领域,并更名为"北九州市立大学都市政策研究所"。2015 年 11 月 20 日,从都市政策研究所改组为"北九州市立大学地域战略研究所"。作为大学附属研究所,其最大特点在于能够灵活协调并运用整个大学的研究力量,并在此基础上,积极与地方开展相关合作。研究所作为一家专门从事都市问题全面研究的智库,接受北九州市等地方公共团体、政府机构、民间企业等的委托,开展相关地区的各类主题的自主研究以及委托调查研究,在产业经济、社会福祉、城市规划等领域成果颇丰。

慶應義塾大学産業研究所
Keio Economic Observatory
庆应义塾大学产业研究所

"产业研究所"作为庆应义塾创立 100 周年纪念事业的一环,在首任所长藤林敬三及校内相关人员和产业界等各方面人员的共同努力下,于 1959 年 9 月成立。该机构是日本颇具历史的大学附属研究所,其研究人员时刻关注现实社会,秉承以科学见解进行实证分析的"实用科学精神"。"以实证科学的视点审视社会"是研究所独特的研究风格,并延续至今。其研究领域从创立之初的劳资纠纷不断拓展到经济、法律、行动科学等诸多领域,在这个过程中诞生了寺尾琢磨、峰村光郎、正田彬等众多杰出的研究者。研究所汇集了来自庆应义塾大学的各学部和各研究所的研究人员,以共同提出独特的理论、发现新的现象和法则、开发新的分析技法为目标，推进各种合作研究，其研究成果面向学校内外广泛传播，并对促进研究与教育活动的国际交流发挥作用。产业研究所除举办研讨会、发表论文、出版书籍外，还不断创新信息发布形式，承接外国研究人员和留学生等作为客座研究人员和研修生，与海外研究机构共同举办研讨会和交流活动等，重视在海外不断充实拓展活动。

公益財団法人日本国際問題研究所
The Japan Institute of International Affairs
公益财团法人日本国际问题研究所

第二次世界大战结束后，日本急需确立其在国际社会中的地位。为此，时任日本首相吉田茂以深化在国际问题方面的相关研究、为制定日本的外交政策提供建设性意见、普及知识、促进与各国之间的交流为目的，以"英国皇家国际事务研究所（即"查塔姆社"）"为范本，于1959年12月设立了"日本国际问题研究所"，由吉田茂亲任会长。研究所于1960年获批成为外务省管辖的财团法人，2012年3月27日其高度的公益性得到认可，由内阁总理大臣认定为公益财团法人，并于同年4月1日更名为"公益财团法人日本国际问题研究所"。研究所是以基于中长期视角研究国际问题与外交安全保障政策作为主要目的的综合性政策智库，其研究活动以外交和安全保障问题的相关政策研究为中心，积极开展与外国科研机构、智库之间的合作研究与交流，聘请外国研究人员，举办研讨会和演讲会，从事出版等多种业务，持续开展切合时代需求的多样化研究活动。

株式会社インテージ
INTAGE Inc.
株式会社 INTAGE

"株式会社 INTAGE"原名"株式会社社会调查研究所"，成立于1960年4月，于1999年在中国上海市开设了第一家海外事务所。该机构的主要业务是从事生活资料的市场调查，同时也对地区问题和行政方面的相关问题开展调查研究，包括消费物资的市场调查、地方建设的影响调查、都市问题和居民意识调查等。该机构坚守开拓新时代的志向，认为

21 世纪是"知识的时代 = Intelligence Age",于创业 41 周年的 2001 年变更公司名称为"INTAGE",并在 JASDAQ 上市,2008 年在东京证券交易所二部上市。该机构以创业 60 年来在商业实务中积累的调查经验、数据解析能力、系统化技术及其情报评价能力、与客户间的理解沟通能力为基础,发展至今,已在日本国内的市场调查行业内位列第一,并与全球 5000 家以上的公司开展合作,凭借其对集团各公司所保有的信息情报以及系统方面的专业化背景,通过助力客户取得商业成功,促使人们的生活变得富裕,进而为全球社会的可持续发展做贡献。

株式会社ドーコン
DOCON Co., Ltd.
株式会社 DOCON

"北海道开发咨询株式会社"成立于 1960 年 6 月 1 日,2001 年 4 月更名为"株式会社 DOCON",是由全北海道市、町、村及有关团体共同出资筹建,旨在解决北海道地区开发中所遇到的困难,通过汇聚各开发领域的相关技术,迅速且准确地开展统一的调查研究和设计规划。创立以来,该机构广泛参与以北海道为中心的日本国内的社会基础建设,作为具有高度公共性的建设技术综合咨询公司不断成长发展,为回应社会的需求,始终为建设技术的开发升级倾注全力。该机构采用运筹学、自然环境的现场调查以及理化分析等调研手法,在国土规划、城市地区规划、农村规划、地区产业活性化、社会资本完善、环境共生、信息化、地区间合作、居民参与型地区项目、新社会体系建设等多领域开展广泛的研究,还从事开发和环境等方面的各种评价。

株式会社日本リサーチセンター
Nippon Research Center, Ltd.
株式会社日本调查研究中心

"株式会社日本调查研究中心"以开展真正意义上的市场调查、舆论调查、市场咨询作为事业目标,在获得业内广泛支持的基础上于 1960 年 12 月 24 日设立,不仅面向国家及地方公共团体接受委托研究,同时以自主研究的形式开展了多样化的调查研究，构建了全球化的调查体系，积累了海外调查的丰富经验。日本调查研究中心具备专业化、高水准实施多样化调查的完备调查体制，在业界内较早地取得了个人信息保护认证和ISO9001认证。该研究中心作为美国民意调查机构"盖洛普国际"（Gallup International）在日本的唯一一家网络企业，发挥其自身的优势，确立了国际化的调查体制。1960年设立以来，该研究中心通过对日本的调查研究方法进行不断开发并推进其实际应用，进而基于中立的立场帮助企业完成事业战略和政策方案的制定，支持学术研究。其项目委托方包括内阁府、总务省、财务省、文部科学省、农林水产省、经济产业省、国土交通省等政府官厅，以及民间企业、大学科研机构等各类主体。该研究中心从市场调查到各种社会舆论调查，从事各种社会性、专业性的调查研究，也为大学的科研工作提供数据支持，在制造、流通、服务、食品、金融等各行业取得了丰硕的业绩成果。

株式会社日通総合研究所
Nittsu Research Institute and Consulting，Inc.
株式会社日通综合研究所

"株式会社日通综合研究所"是物流领域的综合智库，旨在从理论和实践两方面研究流通经济，改善物流体制；研究开发流通技术，降低流通成本；利用计算机技术处理和解析情报等相关问题，是于"流通革命"兴起的1961年3月15日成立的全方位覆盖各种物流问题的调查研究机构。自创立以来，日通综合研究所凭借丰富的实践经验和独有的知识技能，在社会与地区开发和综合物流体系的构建、物流设施的设计与运营系统的开发、国际物流问题的应对、新技术在物流上的应用与开发、情报系统的构建等方面，开展与物流相关的综合性理论研究以及具体的实践性调查研究、企划、咨询业务，并基于此提出政策建言和系统提案。日通综合研究所基于"人、物、环境"的宏观视角，不仅在日本国内，还结合实际业务针对中国、东南亚、印度等发展中国家和地区的具体物流现状与物流基础设施及相关政策制度开展调查研究，同时积极推进物流领域的人才培养和教育事业、出版事业，自1962年刊发《输送经济展望》以来，出版发行了《日本输送史》《物流用语事典》《企业物流短期动向调查（日通综研短观）》《中国物流基础知识必备》等大量成果。

株式会社日本統計センター
Nippon Statistics Center Co., Ltd.
株式会社日本统计中心

  1961年5月27日，作为西日本地区的营销机构而成立，当时名为"株式会社西日本销售中心"。该机构为摸索情报处理的发展方针以及技术手段的革新而设立，并以市场调查与市场分析为主力方向。1965年开始，不断拓展统合情报处理各领域的企划功能，开展综合性研究，陆续开设东京事务所和大阪事务所等分支机构，并更名为"株式会社日本统计中心"。该中心从20世纪70年代开始承接日本政府机关的智库委托业务，确立了机构的智库定位，不仅从事以调查、分析和制定各种规划方案为中心的智库工作，而且还为开展智库工作提供必需的各种数据库的建设、数据分析以及提升分析结果运用的系统开发。20世纪80年代，该中心在推进智库业务的同时，增设应用数据库技术的各种电脑系统开发业务。该中心将创业以来确立的智库功能和系统开发功能作为业务主轴，不断奠定其数据库在行业内被作为"事实标准"的地位，提供综合情报信息处理技术以满足客户的不同需求。该中心的主要调查研究领域包括以推测统计学手法为主体的各种市场调查与社会调查；基于数据库的社会经济构造、地方经济圈的结构与机能的多角度分析；消费者活动、地区社会问题以及应对地区社会的环境与生活行动的相关研究；商业设施等的布局与设立条件、安置计划、对选址地区的影响预测等相关研究；城市问题研究；有效利用计算机与网络的各种办公自动化系统的开发等。

公益財団法人日本証券経済研究所
Japan Securities Research Institute
公益财团法人日本证券经济研究所

  "财团法人日本证券经济研究所"是日本具有代表性的金融领域的专业性研究机构，针对金融资本市场的功能和制度等开展相关调查研究，同时还举办研讨会、运营"证券图书馆"等。研究所于1961年8月15日由当时的证券行业提议，为开展证券的相关基础理论、基本问题及证券市场构造等方面的调查研究而成立，2010 年 4 月 1 日变更为公益财团法人。日本证券经济研究所设立 50 余年来，得到了证券界的广泛支持，作为财团法人通过开展金融与资本市场等相关方面的基础性调查研究并发表其研究成果、收集并发布相关资料信息等，致力于促进金融资本市场的发展及其相关学术振兴，并保障公正自由参与经济活动的机会，进而实现国民生活的安定和改善。研究所出版发行学术期刊《证券经济研究》、月刊《证券 Review》、双月刊《证研报告》等定期出版物，出版日本与主要国家证券市场的解说读物《图说证券市场系列》，以及收录证券相关丰富史料的《日本证券史资料》。研究所在其官方网站上公开所有定期出版物的内容，同时提供东京和大阪两地合计拥有近 10 万册藏书的"证券图书馆"的馆藏图书、论文、证券年表等的检索服务。

一般財団法人日本立地センター
Japan Industrial Location Center
一般财团法人日本立地中心

"一般财团法人日本立地中心"是关于产业规划与地区振兴的综合性调查研究机构。日本经济进入高速增长期后，产业界积极投资在各地方拓建事业据点，地方公共团体为地区开发而招商引资，政府通过制定《新产业都市建设促进法》（『新産業都市建設促進法』，1962 年法律第 117 号）、《工业整备特别地域整备促进法》（『工業整備特別地域整備促進法』，1964 年法律第 146 号）等相关措施推进"全国综合开发计划（全国総合開発計画）"的实施。在这样的大背景下，该中心是为满足产业拓展和地方社会发展需求，在得到通商产业省、产业界以及全国知事会等都道府县的地方公共团体的支持下，于 1962 年 1 月 10 日成立的综合调查研究机构。成立以来，该中心不论中央与地方，不分国内外，积极回应时代的要求，持续开展广泛的活动，为日本的地方产业和地方社会的健全发展做贡献。"立地"是指"相关产业的选址工作"。在产业全球化加速进程中，日本国内少子老龄化问题的严峻现实、全球规模的环境问题都加剧了社会的不安，社会问题日益多样化和复杂化，为此，该中心的事业内容不局限于布局规划问题，还包括产业创新、地方信息化建设、新能源与节能规划政策制定、能源宣传等。该中心直面问题，在地方和产业界的支持下，面向地方社会积极建言献策，包括为打造地方自立的"地方版新范式"开展创造性研究，和以田野调查的实证研究为基础的众多具体活动项目。随着经济全球化的发展，该中心向海外拓展地方规划调查业务和对日投资业务，收集海外的先进案例，并将研究成果应用于日本国内的地方振兴中。

一般社団法人日本経済調査協議会
Japan Economic Research Institute
一般社团法人日本经济调查协议会

"日本经济调查协议会"是具有50年以上历史的专业智库，是在经济团体联合会、日本商工会议所、经济同友会和日本贸易会这四大商界团体的共同赞助和支持下，于1962年3月成立的任意团体（即无法人资格团体），于1967年9月变更为社团法人，2013年4月变更为一般社团法人。日本经济调查协议会由来自产业界、学界和政界的专家随时组成的调查专业委员会开展运营。该协议会以促进日本经济发展为目的，从宽广的视角出发调查研究日本国内外经济及经营方面的相关中长期基本问题。调查专业委员会在选题方面，根据日本国内外各种情报信息的变化，基于中长期战略规划进行研判，以经济、财政、金融、产业、企业经营乃至政治、社会、文化等基础性问题为主，也会根据现实需要随时选取应急课题开展研究，每项调查研究课题之间具有连续性和相关性，从而保证其研究具备独特性和体系性。调查专业委员会的运营方式被称为"日经调方式"，通过按照不同题目组成的产官学专家和事务局经济学家的共同合作，利用最新的翔实资料以期取得实证性研究的成果，在提出问题的同时，更针对每一个课题给出具体的政策方案与对策建议。该协议会设立至今，一直作为中立的民间调查研究机构，始终坚持基于独立的调查研究发表研究成果，提出大量的政策建议，这些政策建议作为不偏向于任何阶层、机关、团体利益的中立性的民间调查研究机构的意见得到了日本国内外的高度评价。

アイアールエム合同会社
IRM LLC
IRM 合同会社

"IRM 合同会社"的前身"IRM 株式会社"是伴随日本经济的国际

化，为解决国际经济、产业、通商、技术等领域的诸多问题，于 1962 年成立的日本第一家国际调查研究机构，从事市场调查、技术调查、经营咨询、海外证券金融动向调查等业务。1964 年在美国纽约设立现地法人 IRM(U. S. A.) Inc.，1969 年在法国巴黎设立现地法人 IRM EUROPE SARL，1973 年在巴西圣保罗开设事务所。IRM 株式会社作为日本国内最早创设的、协助日本企业进入国际市场的领航人，在海外市场调查、情报信息服务、PA/PR 国内外宣传、海外事业咨询等方面，具备持续提供服务的独特的国际化网络。该机构以东京总部为核心，以海外现地法人为基地，构建了网罗海外超一流调查与情报机构和当地咨询师的国际网络，以 IRM 国际网络为基础实施各种国际项目，面向国内外的国际企业、行业团体、政府机构等广泛提供调查、市场运营、经营战略咨询、社会舆情监测、PA/PR 业务。"IRM 株式会社"于 2017 年 4 月底解散，其调查部门的核心成员在 2017 年 2 月 1 日新成立了"IRM 合同会社"，以继承 IRM 株式会社的部分业务。

一般财团法人静冈经济研究所
Shizuoka Economic Research Institute Ltd.
一般财团法人静冈经济研究所

"财团法人静冈经济研究所"是在 1963 年 1 月 29 日静冈银行创业 20 周年之际，依靠静冈银行的捐款设立基金而成立的研究机构。研究所以促进地区经济与产业的健全发展为目的，致力于从事静冈县内的经济、产业、企业经营、地方社会建设方面的实证调查研究，同时提供与地区紧密相关的情报信息。研究所积极开展自主研究，从产业、经营、地域三个视角围绕静冈县的发展方向开展调查研究，同时承接来自县内自治体和各种团体的各类主题的调查委托业务，并为地域经济的活性化和城市建设建言献策。主要业务包括以面向会员发行出版物为中心的调查研究事业；承接地区综合规划、产业振兴策略、政策构想等的立案与制定方面的委托调查事业；以发行定期出版物等方式提供情报信息；举办演讲会和研讨会；开办讲座、电信教学课程培养人才；图书、资料的借阅等。研究所接收并培养来自静冈县政府机构和民间企业的研修生。截至 2019 年 3 月，该机构拥有维持会员 4127 个团体或个人、赞助会员 10912 个团体或个人。

株式会社建設技術研究所
CTI Engineering Co., Ltd.
株式会社建设技术研究所

"株式会社建设技术研究所"的母体"财团法人建设技术研究所"作为日本国内第一家建设咨询机构于 1945 年设立。以此为基础,"建设技研株式会社"于 1963 年 4 月成立,1964 年 2 月更名为"株式会社建设技术研究所"。研究所作为行政机关的合作伙伴,全力支持国土规划建设,同时积极参与由学者和研究人员组成的学术组织开展的活动,在企划、调查、规划、设计、解析、实验、施工管理、维护管理等诸多方面做出了贡献。研究所职员始终秉持"提供本公司的技术能力就是最大的社会贡献"的自觉性,在灾后重建、防灾能力建设、地球环境问题对策、设施维护管理、安全安心社会的建设等方面,为履行其使命而不懈努力。

公益社団法人日本経済研究センター
Japan Center for Economic Research
公益社团法人日本经济研究中心

"日本经济研究中心"简称"日经中心",是为了促进日本经济的发展,于 1963 年设立的非营利、中立性的民间研究机构,是日本经济智库的先驱。1963 年 12 月 23 日取得了社团法人的设立许可,由日本经济新闻社原社长圆城寺次郎出任第一任理事长。2010 年 3 月 19 日取得了内阁府的公益法人批准,于同年 4 月 1 日变更为公益社团法人。日经中心定位为"产业界、学术界和官方之间的桥梁",是日本经济问题方面的公益社团法人型智库。除专职研究人员以外,日经中心还与学界、政界、产业界、民间经济学家合作构建起庞大的关系网络,针对日本国内外的财政、金融、经济、产业、经营等诸多问题,开展广泛的调查研究活动,具体从事短期经济预测、经济结构等中长期经济预测、亚洲经济预测、日本国内外经济问题相关调查研究、政策建言等。日经中心基于丰富的数据、独特的方法而完成的经济预测的准确性得到了日本国内外的高度评价,早在 20 世纪 60 年代其发布的短期预测就以"构想新颖、准确度高"而一举成名。日经中心非常重视并大力推进与海外研究机构的合作研究及研讨会，成立初期就与美国的布鲁金斯学会、德国的基尔世界经济研究所等海外研究机构、智库共同针对经济增长、太平洋地区的贸易与开发等专题开展合作研究，此外，还联合举办"亚洲的未来"等国际会议，2006年以亚洲地区的经济问题为中心的政策建言类英文期刊《*AEPR*（*Asian Economic Policy Review*）》创刊。日经中心提供企业员工培训与人才培养，面向会员和一般社会公众举办各种讲座和交流会，从事出版发行活动，设立经济领域的研究奖励金，通过官方网站发布信息数据等。作为会员制的社团法人，日经中心的会员遍布各个领域，其中普通会员包括日本的实力企业、政府机构、地方公共团体，特别会员包括经济学者、专家等众多参与者。日经中心通过高质量的讲座、研修制度、图书信息等方式，面向所有会员积极提供囊括研修、交流、研究于一体的多样化平台。截至2018年度，该中心拥有日本具有代表性的企业、团体、大学、自治体等340个法人会员。

株式会社国土開発センター
National Land Development Center
株式会社国土开发中心

"株式会社国土开发中心"自1964年1月28日创立以来，作为建设方面的综合咨询机构稳步发展，是以设计、调查、修复、测量、地质等专业领域为核心，拥有众多具备相关专业资格认证的技术人员的集团。2011年东日本大地震发生后，日本面临灾后重建和地域防灾等紧急课题，公共设施的老化也成为社会问题，为了应对高速发展且日益多样化的社会需求，要求必须具备专业技术的"深度"和"广度"。特别是在未来的地区建设方面，除特定领域的专业技术外，还必须融合对环境的兼顾、与地方特有文化和历史的协调发展、事业规划的经济性评价等从复合型综合视角出发的知识、经验和判断力。该中心倾力培养各专业领域的专家，构建横向跨领域、情报信息与技术知识共享、体制机制完善的研究开发组织，以紧密契合地方需求的建设咨询顾问为目标，作为委托方的技术型良好合作伙伴，不懈努力钻研。

一般財団法人日本地域開発センター
Japan Center for Area Development Research
一般财团法人日本地域开发中心

"财团法人日本地域开发中心"于 1964 年 2 月 20 日由经济界和学界的代表从民间发起成立,以从事地区开发、城市建设、环境等国土政策相关的全面调查研究为目的。成立以来,该中心始终作为不偏向任何特定立场的独立学术研究机构,致力于自主运营,并与各领域的研究人员开展广泛的合作研究。事业内容包括国土的综合性、合理性开发所必需的基础研究和应用研究,促进与国内外的学术、经验、技术的交流,相关图书、资料等的收集与出版,承接委托调查研究等。日本地域开发中心专注于国土相关状况的变化和国土政策的变动,近年来,开展了以基于多样化主体的地区振兴、基于国际化交流与合作的地区发展、具有国际竞争力的城市建设、低碳化地区与城市建设等为主线的各种调查研究。2012 年 1 月变更为一般财团法人,并以此为契机,推进与不同立场方之间的广泛交流与合作,同时更加积极致力于国土与地区建设的相关课题,作为研究与情报信息的基地,践行其社会责任。

株式会社不動産経済研究所
Real Estate Economic Institute Co., Ltd.
株式会社不动产经济研究所

"株式会社不动产经济研究所"自 1964 年 4 月设立以来,以不动产行业和住宅产业为对象,以开展信息服务、营销、咨询和调查研究为主要业务。1967 年 6 月实施"东京都钢筋高层住宅全面调查",第一时间掌握民间企业的商品房开发、建设和销售等相关状况的数据资料,1973 年开始对近畿地区和日本全国实施商品房相关调查,长年积累的庞大数据被作为商品房行业、不动产市场动向和一般经济指标编制过程中的基本数据来源。作为不动产行业和住宅产业的专业化智库,研究所以积累的特定专业知识技术和研究成果,服务于政府部门和民间机构。该机构从事新建商品房的市场动向调查,每月中旬通过媒体及该公司的官方网站发布上个月的商品房供给户数和签约率等各项调查结果。此外，面向不动产行业和金融行业，定期发行专业性报刊《日刊不动产经济通信》《不动产经济 FAX-LINE》《The Fudousan Keizai Weekly》等，发布《不动产经济调查月报（首都圈、近畿圈）》《全国商品房市场动向》等数据资料集，出版《管理业务主任资格考试预测问题集》《活着走出大地震》等一般书籍。研究所每年举办两次"不动产经营者讲座"，不定期举办各种实务研讨会，也承接各种培训等委托业务。1991年10月，以强化智库功能为目标，设立了"商品房综合研究所"作为研究商品房的智库与数据库。

一般財団法人計量計画研究所
The Institute of Behavioral Sciences
一般财团法人计量规划研究所

"财团法人计量规划研究所"是于1964年7月取得行政管理厅的批准而成立的财团法人。日立制作所向外务省导入第一台大型计算机后，强烈意识到有必要设立以研究计算机应用为核心的研究机构。为此，日立制作所出资4000万日元、日本 Business Consultant（NBC）出资1000万日元共同设立基金，并以该基金成立了本研究所，被誉为计算机行业的第一家智库。研究所于2011年变更为一般财团法人，其间也得到了国土交通大臣的大力支持。在转型为一般财团法人之际，研究所以支持国家和地方公共团体的政策制定作为业务的支柱，为打造成为具有较强公益性和中立性的财团，决定在章程中明确定位为具有公益性的一般财团法人。计量规划研究所为了帮助各政府官厅、企业等制定合理的政策，实行科学计划，在城市与地方、社会基础、经济与产业、生活、语言、价值观等各领域，从事与政府、企业等的政策决策、规划制定相关的计量方面的调查研究，运用计量方法对日本国内外的政治、经济、社会等各方面现象进行调查分析，同时开展这些方面的信息采集与提供、国际交流、技术开发、知识普及等，以为公益事业做贡献为目的。研究所的研究范围还包括地区规划、交通规划、环境影响评价、公共投资分配、语言情报处理等。

一般財団法人地域開発研究所
Institute For Areal Studies, Foundation
一般财团法人地域开发研究所

　　1962年发布的"全国综合开发计划（全国総合開発計画）"针对日本战后的城市政策和工业化政策所造成的过疏和过密的发展以及地区间失衡发展，提出了制定改正对策的必要性。"地域开发研究所"正是在这一背景下，作为有学术支撑的、以产官学的自由合作为目标的智库，于1964年以庆应义塾时任校长奥井復太郎教授为中心设立，1965年取得了建设省的批准。其后，研究所面对当今全球化发展、地球环境保护、情报技术应用、风险对策等大环境下所提出的地区活性化要求，不断拓展其智库功能，充分运用长年积累的知识技术，发挥各领域专家组成的人才网络效能，在地区规划的立案、环境问题的应对、情报通信网络的完善等各方面，提出满足地区需求的方案建议，完成了应对不同时代需求的诸多课题。研究所在进行调查研究活动的同时，还开展建设技术人员的培训业务。

一般財団法人ひろぎん経済研究所
Hiroshima Bank Research Institute
一般财团法人广岛银行经济研究所

　　"财团法人广岛银行经济研究所"的前身是"财团法人广岛经营服务中心"，1965年2月15日设立于广岛银行本店别馆内。1986年4月，与广岛银行调查部合并，名称变更为"财团法人广岛经济经营服务中心"，1989年1月机构名称再次变更为"财团法人广岛银行经济研究所"，2011年4月变更为一般财团法人。研究所作为以地域社会和地方经济为基础的智库，主要从事经济、产业、企业经营、地方振兴与地域文化等相关的调查研究业务，以及与这些领域相关的情报信息的收集工作，通过选取符合当地企业需求的实践性议题举办讲座、演讲会和经营咨询等提供经营支持和人才培养，普及研究成果，进而为地区经济与文化的发展做出贡献。

株式会社野村総合研究所
Nomura Research Institute, Ltd.
株式会社野村综合研究所

"株式会社野村综合研究所（NRI）"诞生于1965年4月1日，是日本民间智库中历史悠久、规模庞大、在调查研究与国际合作方面成绩突出的代表性智库。野村证券公司的创始人野村德七信奉"调查是繁荣企业，向海外进军的保证"，因此他效仿美国斯坦福国际咨询研究所，将野村证券公司下属的设立于1906年的调查部独立出来，以此为基础创建了旧"株式会社野村综合研究所"。随着计算机技术的不断应用和推广，野村证券公司在日本最早引进了商用计算机，于1966年设立了"野村计算机系统株式会社"。1988年，旧"株式会社野村综合研究所"与"野村计算机系统株式会社"进行合并后，新公司保留了"野村综合研究所"的名称，将其作为新公司的咨询与调查业务部门，另一家则转为新公司的计算机业务部门，并发展成为了今日的野村综研集团的咨询和IT服务这两大支柱业务的源头。2001年12月野村综合研究所在东京证券交易所第一部市场上市。野村综合研究所作为"未来社会创发企业"，致力于构建企业新坐标战略、政策制定以及系统开发运行，大力培养具有高度专业性、能够实现未来创发的人才，在肩负起建设未来社会重任的同时，为日本和亚洲乃至世界的发展贡献力量。

株式会社環境緑地設計研究所
Environmental Landscape Design Office
株式会社环境绿地设计研究所

"株式会社环境绿地设计研究所"作为建设方面的专业咨询机构，于1965年8月1日成立，1967年4月22日变更为法人组织。研究所运用庞大的关系网络，独立开展跨学科的多样化业务活动，以取得社会的广泛信赖为目标。研究所主要业务领域包括，城市及地方规划的相关咨询业务；园林建造、土木建筑、城市规划等方面的相关调查、规划、设计业务；环境治理的相关调查研究业务；建筑的规划与设计相关业务等。

京都大学東南アジア地域研究研究所
Center for Southeast Asian Studies, Kyoto University
京都大学东南亚地域研究研究所

"京都大学东南亚地域研究研究所"是以开展对东南亚及周边地区的综合研究为目的而设立的、独具特色的研究机构。研究所的前身"东南亚研究中心"于1963年作为京都大学内部机构而设置,1965年作为日本全国第一家综合研究东南亚地区的研究中心被政府收编。2004年4月成为大学的附设研究所,更名为"东南亚研究所",从2010年4月开始作为合作研究与共同利用的"东南亚研究国际合作研究基地",承担相关工作并发挥其功能。研究所既以微观分析与解析研究方法深入了解地区的内在情况,又以地区间比较和宏观综合的研究方法理解整个东南亚地区。为此,研究人员致力于探讨不同的研究方法和路径,形成独一无二的区域研究,以期把研究所发展成为立足日本面向世界、具有国际竞争力的东南亚研究基地。2017年1月1日东南亚研究所与"地域研究统合情报中心"合并,再次更名为"东南亚地域研究研究所",致力于为人类社会的健全可持续发展做贡献,基于50余年来取得的东南亚相关综合研究成果和积累的世界各地的地域信息,统合开展超越学术研究的、更为广泛的专业领域合作,面向世界进行传播和建言献策。

一般財団法人日本エネルギー経済研究所
The Institute of Energy Economics, Japan
一般财团法人日本能源经济研究所

"日本能源经济研究所"从国民经济全局出发开展专业化的研究,针对能源政策和环境政策,直面现实情况,通过客观地分析各种能源问题、提供支持政策立案的基础数据和未来预测,提出切实可行的政策建议,为日本能源产业和能源需求产业的健康发展以及国民生活水平的提升做贡献。研究所于1966年6月29日设立,9月作为财团法人取得通商产业省的批准。其后,研究所相继成立了1977年的"节能研究中心"、1981年的"石油情报中心"、1984年的"能源计量分析中心"、1997年的"亚洲太平洋能源研究中心",2005 年与"中东经济研究所"(即现在的"中东研究中心")合并,进一步扩充调查研究机能。2008 年 4 月研究所设置"绿色能源认证中心"。2012 年 4 月变更为一般财团法人。研究所积极构建与日本国内外政府机构、产业界、调查机构、有识之士之间的紧密关系网络,为政策形成和战略制定及时提供研究所的调查分析与政策建议。

公益财团法人流通经济研究所
The Distribution Economics Institute of Japan
公益财团法人流通经济研究所

"流通经济研究所"作为任意团体(即无法人资格团体)于 1963 年 3 月成立,以此为基础,1966 年 10 月在通商产业省的指导下,改组为财团法人,2013 年 4 月 1 日变更为公益财团法人。设立以来,研究所以在流通和市场领域广泛为社会做贡献为目的,开展相关调查研究活动。研究所的业务内容主要包括,举办流通领域的不同专业主题的研讨会;承接来自行政团体委托的政府系统的委托调查,来自民间企业委托的民间系统的委托调查和咨询业务,以及多家企业共同参与的多客户调查;公开讲座、企业内培训、海外调研培训的派遣等人才开发培育事业;出版发行《流通情报》、流通统计资料集等流通方面的相关数据资料和研究报告,并基于流通情报会员制度提供流通相关资料数据库的检索等服务。

一般社团法人科学技術と経済の会
Japan Techno-Economics Society
一般社团法人科学技术与经济之会

"社团法人科学技术与经济之会"坚持以产业界作为主体开展活动,为了促进与技术、经营、经济相关的不同行业之间的交流和研究活动,建设未来富裕的福祉社会而致力于以科学技术为核心开展广泛的综合性课题研究。该组织于 1966 年 10 月成立,2013 年 4 月变更为一般社团法人。为此,该组织以致力于推进科学技术发展的科学家和技术者为中心,汇集多领域专家开展跨学科研究,以问题意识为导向,从事技术革新方面的调查,探究技术开发管理及其成果的普及应用,发掘培养新时代的领军人才，为各产业、各领域的企业经营者和相关专家进行意见交换、相互合作提供平台，以国际化视野谋求问题的解决策略、促进国际交流。该组织围绕相关业务活动，与政界、学界等开展广泛交流，在必要的时机提出政策建议，并与美国、欧洲、亚洲各国的相关机构开展交流合作。1980年10月，与中国科学技术协会签订了《科学技术交流备忘录》（『科学技術交流に関する覚書』）。

公益财团法人中部圏社会経済研究所
Chubu Region Institute for Social and Economic Research
公益财团法人中部圈社会经济研究所

为了配合1966年7月公布实施的《中部圈开发整备法》（『中部圏開発整備法』，1966年法律第102号），1966年11月设立了由国土交通省主管的"社团法人中部开发中心"。中部开发中心和1987年11月设立的由通商产业省主管的"财团法人中部产业活性化中心"于2009年6月合并，更名为"财团法人中部产业与地区活性化中心"，继承了2011年4月解散的"财团法人中部机场调查会"的航空与机场事业。2012年5月正式变更为公益财团法人，并更名为"公益财团法人中部圈社会经济研究所"。作为以中部广域九县（富山、石川、福井、长野、岐阜、静冈、爱知、三重、滋贺）为对象进行政策建言的综合性、中立性智库，研究所积极开展对于"产品制造中枢圈"的中部地区的产业经济发展以及支撑其发展的地区魅力创造有所助益的调查研究、普及开发、援助事业等，收集并提供与航空、机场相关的情报信息，举办各种演讲会和研讨会，出版调查季报《中部圈研究》。

一般社団法人ロシアNIS貿易会
Japan Association for Trade with Russia & NIS
一般社团法人俄罗斯NIS贸易会

1967年1月在商界的支持下"社团法人苏联东欧贸易会"成立，1970年8月取得通商产业省的批准，登记为社团法人。1989年4月取消了原来的调查部，设立"苏联东欧经济研究所"（即现在的"俄罗斯NIS经济研究所")。1991年9月开设莫斯科事务所。苏联解体以后，于1992年5月更名为"社团法人俄罗斯东欧贸易会"。后因东欧多国脱离俄罗斯加入欧盟，东欧业务废止，于2006年9月再次更名为"社团法人俄罗斯NIS贸易会"。在政府的公益法人制度改革下，2012年4月变更为一般社团法人。俄罗斯NIS贸易会的业务对象包括俄罗斯、独联体国家、蒙古等合计13个国家，作为公益性强的团体，该机构旨在扩大日本与俄罗斯以及独联体各国、蒙古之间的贸易投资等经济关系，促进多种多样的交流合作，为振兴日本与相关各国之间的通商事业开展调查研究，刊发定期出版物，编制各种报告，举办研讨会等，同时也派遣和接待各国访问团体。俄罗斯NIS贸易会由总会、理事会和事务局三大部分构成，事务局下设业务部、俄罗斯NIS经济研究所和莫斯科事务所。其中，俄罗斯NIS经济研究所是俄罗斯NIS贸易会的调查与研究部门，也是日本关于俄罗斯和独联体国家的经济领域的唯一一家专业智库，广泛开展调查研究、出版以及各种活动和业务，承接来自各方面的委托调查研究业务。

株式会社地域計画建築研究所
Architects Regional Planners & Associates・Kyoto
株式会社地域规划建筑研究所

前身为1957年5月设立的"京都建筑研究所"，1967年2月以地区生活空间规划的综合设计咨询为目的，设立了现在的"株式会社地域规划建筑研究所"。研究所曾参与了日本万国博览会的会场设计、关西文化学术研究城市构想的建言献策及推动工作。在自主开展学习与实践的同时，研究所最大限度地运用广泛的人际关系网络，以打造"为地区建设做贡献的多样化专家集团"为目标不断努力。地域规划建筑研究所是统合智库、规划与咨询、建筑师与景观设计师三大业务部门为一体的"智库加行库型综合规划与设计集团"。研究所以国土和地区的规划以及生活空间的创造为对象，以数据为基础，同时充分运用国内外的丰富案例与人才网络，预测和展望未来的社会经济情势，不断开发新的方法论，囊括了从政策建议到规划立案、设计与实施的全过程，以及市民参与的研习会和业务整合等，被誉为创造地域和时代的"智慧工厂"。研究所充分利用研究会等方式促进居民的参与，以专家组成委员会、研究会的方式为基本模式，进行项目化管理，根据不同研究项目组成多个研究团队，通过对相关人员的访谈与集思广益深入探究并解决问题。

一般社団法人食品需給研究センター
Food Marketing Research and Information Center
一般社团法人食品供需研究中心

"社团法人食品供需研究中心"于1967年4月20日取得农林大臣的设立批准,作为以食材和食品的全面调查研究为主要业务的公益法人而成立,1972年被认定为文部科学省指定研究所,2013年4月1日变更为一般社团法人。该研究中心是食品产业的综合性研究机构,开展回应时代需求的各种课题的相关调查研究,聚焦食品及食品相关产业的供求关系的调查研究,促进相关产业的发展与振兴,进而为国民生活水平的提高和国民经济的增长做贡献。为实现上述目标,该研究中心得到了农林水产省等国家政府部门、都道府县和市町村的相关团体以及民间企业的广泛信赖与合作支持。发展至今,该研究中心的调查研究已涵盖食材和食品的生产、加工、流通、销售、消费全过程各个领域的所有问题,以及相关产业的发展与振兴。

株式会社工業市場研究所
Industrial Marketing Consultants Co., Ltd.
株式会社工业市场研究所

"株式会社工业市场研究所"以"基于准确的市场调查为产业的活性化和社会发展做贡献"为基本理念,于1967年8月成立,始于以化学品为中心的生产物资的调查。研究所的特色是重视第一手信息,秉承"脚底板走出来的鲜活情报的收集"这一基本原则,始终坚持基于多方面获取的多角度的最新情报信息撰写高质量的研究报告,提供有价值的有效信息以及旨在解决问题的具体化的咨询建议提案。同时,为顺应社会经济活动多样化发展的需要,研究所将市场调查与市场分析的对象扩大到情报通信、消费物资、流通、住宅与不动产以及各种服务业等。伴随经济环境的复杂化和技术的细分化发展,经济振兴和地区重建等相关政策的制定与执行都需要以极其精准的情报信息为支撑,以准确掌握现实情况为前提,为此，研究所凭借其优势承接的中央政府部门等公共机关委托的政策制定与政策执行方面的调查研究业务日益增长。

株式会社西日本リサーチ・センター
Nishi Nihon Research Center Co., Ltd.
株式会社西日本调查研究中心

"株式会社西日本调查研究中心"是运用各种情报处理方法发挥数据库功能，为促进企业活动及地区开发规划而设立的机构，是西日本地区颇具历史的、为数不多的市场调查和舆论调查的专业机构。该研究中心以西日本地区为实施主体，为促进经济社会发展及地区振兴，开展相关调查研究活动。株式会社西日本调查研究中心于1968年5月成立，1974年开始承接行政机关委托的社会经济方面的相关调查业务，自设立以来，始终以"基于理论的忠实调查"为目标，致力于收集以理论知识和丰富经验为支撑的准确且有效的情报信息。

株式会社環境デザイン研究所
Environment Design Institute
株式会社环境设计研究所

仙田满（建筑学家、博士、教授）于1968年成立了"有限公司环境设计研究所"，1979年改组为株式会社。研究所追求以研究和调查为基础的设计的融合性，是集智库、研究所、设计事务所为一体的日本独特的机构。该机构从事全国儿童游乐环境调查和公园利用现状调查，确立了关于儿童游乐环境构造的理论，即"游乐环境构造论"，1985年以后，践行该理论进行设施建设，并对完成的设施进行跟踪调查研究，特别是将调查与研究的重点放在了促进儿童与家庭的环境建设方面。

一般財団法人運輸総合研究所
Japan Transport and Tourism Research Institute
一般财团法人运输综合研究所

"运输综合研究所"的前身是在政府、经济界、学界的共同努力下设立于1968年10月1日的"财团法人运输经济研究中心",是综合调查研究运输交通政策的专业机构。为了应对日益多样化、复杂化的交通运输课题,特别是为解决20世纪80年代激化的日美贸易摩擦问题和交通运输政策问题,该机构以1991年2月设立的华盛顿事务所为基础,于1993年9月设立了"华盛顿国际问题研究所",作为该机构在美国的活动基地,进一步强化其国际情报信息的收集能力,后于1995年7月设立了"运输政策研究所",以强化其政策研究功能。1998年4月,以建设真正意义上的智库为目标,该机构更名为"财团法人运输政策研究机构",进一步完善体制机制以充实其调查研究与政策建言的功能,其后于2012年4月变更为一般财团法人,2016年6月16日将运输政策研究所和国际问题研究所进行合并后新设了"综合研究部",机构名称变更为"一般财团法人运输综合研究所"。该机构作为交通运输方面的专业化智库,坚守"搭建学术研究与实务应用间的桥梁"的初心,不断强化研究与调查体制,以中长期、跨学科、国际化的视野,实施高质量的调查研究,通过开展与交通运输相关的综合性调查与研究,并针对交通运输整体进行积极的政策评价与建言献策,完善国内外运输方面的相关数据库建设,举办各种研讨会,并提供相关的咨询服务等,在支持交通运输相关政策制定的同时,致力于完善铁路、机场、港湾的基础设施,提升交通运输的服务质量,为提高国民生活品质、创造有魅力的地区社会、促进产业经济的发展和国际化共生做出贡献。

株式会社日本総合研究所
The Japan Research Institute, Limited
株式会社日本综合研究所

1969年2月20日从株式会社住友银行中独立出来成立的"日本情报

服务株式会社",于 1989 年 12 月增设综合研究总部后更名为"株式会社日本综合研究所"。2001 年 12 月 1 日与三井住友银行集团的"SMBC 咨询株式会社"的咨询业务部门合并,2003 年 2 月并入"株式会社三井住友金融集团",2006 年 7 月作为面向集团外部的 IT 事业公司,设立了"株式会社 JSOL"。日本综合研究所以促进社会变革的国际化智库为目标,基于独特的研究视角,通过细致的分析、准确的建议以及符合客户需求的信息服务,主要从事日本国内外政治、经济、社会等所有领域的调查分析与政策建议,和企业战略、地域开发、技术战略等咨询业务,以及产业孵化等广泛领域的调查与研究活动,将智库、咨询、IT 系统集成三大功能有机结合,从面向社会和企业的新课题的提出与传播,到提出问题的具体解决方案对策,是在多样化广泛领域内提供高附加值服务的综合情报服务企业。研究所的创发战略中心从"智库"到"行库",再到"孵化器",以尖端知识创造新的事业和市场;调查咨询部门从问题本质出发,提出具有实践性的解决对策并加以实行;系统开发部门从 IT 战略的综合咨询服务到系统构建与运用,提供最佳的整体解决方案。

一般財団法人常陽地域研究センター
Joyo Area Research Center
一般财团法人常阳地域研究中心

1969 年 3 月 29 日常阳银行为助力故乡繁荣发展而捐款设立基金,在得到社会各界的认同和援助、并取得了监管部门的批准后,设立了"财团法人常阳产业开发中心",后更名为"财团法人常阳地域研究中心",2013 年 4 月 1 日变更为一般财团法人。该研究中心旨在开展茨城县内的经济、产业、社会方面的相关调查研究,通过为企业以及其他机构提供制定战略行动所必需的各种情报信息,进而为地区的全面综合振兴做贡献。为此,该研究中心长期以来与县内各行政部门以及各经济团体、研究机构保持着紧密的合作关系,并为实现既定目标广泛开展各种业务活动,在地区的经济、产业、社会等更多领域为发展奠定基础。常阳地域研究中心于 2019 年 3 月 31 日解散。

一般社団法人海洋産業研究会
Research Institute for Ocean Economics
一般社团法人海洋产业研究会

"海洋产业研究会"由商界和产业界提议，作为任意团体（即无法人资格团体）于1969年4月成立，1970年作为农林省和通商产业省共同主管的社团法人获批。2002年新添加文部科学省和国土交通省为主管部门。2007年《海洋基本法》（『海洋基本法』，2007年4月27日法律第33号）制定后，海洋产业研究会与内阁府综合海洋政策推进事务局保持密切联系。2012年变更为一般社团法人。该研究会是横跨政府、行业、专业的具备智库功能的海洋产业团体，致力于海洋产业的产业经济和科学技术的调查研究、情报服务等事业，传播普及并转化应用其研究成果，进而为构建完善的海洋产业体系做贡献。作为海洋开发方面的产业团体，该研究会利用横跨产官学的庞大关系网络，在市场动向调查、产业振兴与政策建议、项目提案等方面积极开展各种活动，以实现海洋立国为目标，促进日本社会经济发展，从地球命运共同体的高度出发，为促进人类与海洋的共生而努力。

株式会社ケー・シー・エス
KCS Co., Ltd.
株式会社KCS

1969年9月"株式会社国际计算机科学"成立，1972年5月更名为"株式会社KCS"，其后在日本全国各地相继设立了五家分公司和众多事务所，提供与地方紧密结合的咨询服务。KCS将创造更为优质的环境和实现环境保全作为自己的使命，致力于保护地球环境，提出最适宜人类在地球生活的环境建设方案。自创立以来，KCS在以社会基础设施为中心的道路城市、公共交通、观光政策、防灾减灾和情报信息等领域，以客户利益最大化为目标开展各种咨询活动。在制定城市规划构想、运营管理道路交通、预测环境与人类社会的未来发展等各方面取得了丰硕成果。

株式会社 UG 都市建築
UG Toshi-Kenchiku Co., Ltd.
株式会社 UG 都市建筑

　　创立于 1969 年 9 月 12 日的城市规划咨询事务所"株式会社 UG 都市设计"和创立于 1989 年 10 月的建筑设计事务所"GL 建筑设计"在 1998 年 4 月合并,更名为"株式会社 UG 都市建筑"。作为日本最具历史和最富有成果的城市规划与城市设计的超级咨询公司,该机构自成立之初便肩负起为行政部门提供咨询服务的责任,其后不断发挥政府与民间的桥梁作用。该机构在城市建设方面积累了 30 余年的经验与成果,从城市规划到建筑设计、事业推进、城市重建,不断拓展业务范围,为实现建设更美好的城市与建筑这一质朴的初衷,该机构力求研究成果的现实可行性,并对其研究成果的有效性进行实证论证,以最强执行力提出课题的最佳解决方案。近年来,该机构致力于针对未利用或利用率低下的土地,提出有效充分利用的政策建议与实施方案,对城市的再生利用提出政策建议,对翻新重建与再开发等的批准许可提出理论构建等,通过集结专家团队的智慧,实现完成度高的城市规划与建筑设计。

株式会社都市問題経営研究所
Research Institute of Urban Renewal and Management
株式会社都市问题经营研究所

　　"株式会社都市问题经营研究所"由已故的藤田邦昭创办于 1969 年 11 月 6 日,以城市再开发事业为中心,针对城市的广域规划和土地利用规划进行调查研究,是从事各大城市建设的专业性调查机构。研究所从客观情况、成立条件到潜在的经济问题,以及城市库存对策和活力建设规划等,开展广泛的现地调查与研究,为地方社会的发展做贡献。研究所具体从事再开发、商品房重建、翻新整修、设施管理运营、商业街振兴建设等"与城市再开发和城市建设相关的咨询"工作,发挥其涵盖行政、设计、鉴定、评价、法律、经营等多领域的专家团队优势,及时提出专家建议。研究所具备从提出问题到规划立案、实施及竣工后的管理运营的全过程服务能力，自成立以来，已为日本全国各地提出了众多城市再开发和城市建设的事业规划，并与地方携手完成了很多具体的城市建设项目。

公益財団法人日本国際交流センター
Japan Center for International Exchange
公益财团法人日本国际交流中心

"公益财团法人日本国际交流中心"成立于1970年1月，以纯粹的民间非营利团体作为推动国际性知识交流以及与非营利部门之间合作的媒介，致力于促进国际社会发展。该机构从非营利、非政府的立场出发，实施国际化的政策对话与共同研究、议会相关人员的交流、以加强民间非营利部门建设为目的的调查与交流等广泛领域的国际交流事业。日本国际交流中心是基于民间立场推进国际化合作的公益法人，作为"民间外交的先驱"，通过政策对话、私人交流、调查研究等多种渠道，为对外关系的强化和全球性问题的解决做出贡献，大力促进社会的多样化发展。日本国际交流中心以相互关联的四个领域为支柱开展活动，即日本对外关系的强化、人类安全保障与全球性课题、市民社会的推进与地区的国际化、政治与议会交流。研究重点具体包括日美关系，日美欧三极委员会，核不扩散与核裁军国际委员会，世界艾滋病、结核、疟疾对策基金，人口问题与移民，国际性的政策对话、合作研究与政策建议，各种交流项目，企业市民活动的促进以及对NPO与NGO的支持活动等，从非营利和非政府的立场出发，开展广泛的国际交流活动。

株式会社地域開発コンサルタンツ
Regional Planning Consultation Co., Ltd.
株式会社地域开发咨询

伴随经济高速增长，各种开发所造成的土地与环境破坏等相关问题日益凸显，为了保护大自然无法再生的丰富资源，有效利用和开发有限的国土，通过完善有关自然环境和社会环境的精准地区信息以及包括广义生态系统在内的国土、环境、防灾等的调查、解析和研究，从而进行系统规划，"株式会社地域开发咨询"于1970年1月27日作为应用地理方面的咨询公司而设立。该机构成立后开展了大型工业开发项目、地域生态系统和自然环境的相关基础调查研究，参与日本全国的河川水库的全面开发项目，研究灾害调查和土地分级评价的应用地理学方法等，积累了大量的业绩成果，在推进针对人类与自然环境共生的各种方案、灾害防范对策与环境保护、土地合理利用的地理信息应用与系统化建设等研究课题的同时，致力于推进环境保护与修复的方法论、安全舒适的城市环境基础设施建设等方面的研究。

シービーアールイー株式会社
CBRE
CBRE 株式会社

1970 年 2 月 21 日 "生驹商事株式会社" 在大阪成立，1990 年在纽约设立 "生驹美国公司"，1999 年生驹商事株式会社得到 CBRE 注资，2010 年 CBRE 取得日本业务的全部股权，2012 年正式更名为 "CBRE 株式会社"。CBRE 集团是全球最大的商用不动产服务及投资企业，CBRE 日本法人是面向法人机构提供不动产租赁和销售的中介服务、咨询服务等 18 个领域服务链的全国规模的综合解决方案供应商。该机构前身 "生驹商事株式会社" 作为日本的不动产专业机构，基于中立的立场提供最合适的不动产方案，在日本国内拥有超过 1100 名的专业人员，设有 10 个营业网点，其服务业务已深入日本各地方。该机构下设商用不动产的调查研究和咨询部门，从事政府机构、民间企业的不动产战略的制定，以不动产为对象的经营管理战略的制定，中心城市街道的活性化等特色城市建设方案的制定等相关工作，为加强地区经济活力提出政策建议。该机构发布不动产投资指数、办公室和仓库等的空置率与租金标准等，《OMR（Office Market Report）》和《IMR（Industrial Market Report）》为商用不动产的充分有效利用提供了有价值的数据支撑，得到了政府部门以及民间企业的高度信赖和好评。

株式会社日本空港コンサルタンツ
Japan Airport Consultants, Inc.
株式会社日本机场咨询

  为了解决日益复杂化的社会、经济、产业、技术等涉及多方面的航空行业的各种问题，多领域的专家汇聚跨学科的智慧加以应对，于1970年4月1日成立了日本唯一一家机场和航空方面的专业咨询机构"株式会社日本机场咨询"。该机构由原运输事务次官秋山龙提议，在东芝株式会社时任社长土光敏夫的支持与协作下，以日本经济界的龙头企业为中心出资设立，是日本国内第一家以机场和航空为专业领域的智库，秋山龙出任第一任会长。该机构成立后，针对作为全国各地交通设施节点的机场，通过完善和建设机场夯实公共基础，进而肩负起支撑日本空中发展的基石作用，积累了机场和航空方面的丰富数据与经验，针对航空需求预测、路线开辟、机场选址与利用、机场维护与管理运营系统、机场周边建设、机场环境规划、气象观测、噪音影响等涉及机场与航空的所有领域实施调查研究，更进一步对支持航空器安全航运的航空保安无线设施、航空管制设施等各类设施的完善进行调查研究并提出意见建议，作为航空领域的专业智库回应时代的各种要求。

公益財団法人岐阜県産業経済振興センター
Gifu Economic and Industrial Promotion Center
公益财团法人岐阜县产业经济振兴中心

  1970年4月1日"财团法人岐阜县中小企业设备贷与公社"成立。1974年4月"财团法人岐阜县智库"成立。1977年4月"财团法人岐阜县中小企业设备贷与公社"与"财团法人岐阜县承包企业振兴协会"合并，改组为"财团法人岐阜县中小企业振兴公社"。1995年4月"财团法人岐阜县智库"更名为"财团法人岐阜县产业经济研究中心"。2000年4月1日"财团法人岐阜县中小企业振兴公社"与"财团法人岐阜县产业经济研究中心"合并，成立"财团法人岐阜县产业经济振兴中心"，2012年4月变更为公益财团法人。该中心是岐阜县出资成立的公益财团法人，继承原有的智库功能,为岐阜县内的中小企业的创业和经营提供帮助,通过培育新产业,不断促进地方经济发展,为岐阜县产业经济的健全发展做出贡献。以此为目的,该中心在针对岐阜县的产业经济开展相关调查与研究的同时,为中小企业全面提供必要的情报信息,强化创业与经营基础,推进经营的合理化与稳定化,为改善新兴产业以及其他中小企业的创建和经营环境、支援地方振兴而开展相关事业。

株式会社三菱総合研究所
Mitsubishi Research Institute, Inc.
株式会社三菱综合研究所

"株式会社三菱综合研究所(MRI)"是一家拥有超过 700 名各领域专业研究人员的综合智库,1970 年 5 月 8 日作为三菱集团创业 100 周年纪念事业的一环,由三菱集团各公司共同出资创建,将智库功能导入日本并加以发展。2005 年与旧"Diamond 计算机服务公司"(即现在的"三菱综研 DCS 株式会社")进行资本联合结成集团,以社会创新的智库事业为基础开展咨询、IT 服务等,旨在为社会问题的全面解决和创造价值做贡献。研究所于 2009 年 9 月在东京证券交易所市场第二部上市。设立以来,三菱综合研究所始终秉承"独立、跨学科、面向未来"的基本理念,在涉及从经济、企业经营到政策、公共事务、科学技术等的广泛专业领域,一直肩负着作为时代指南针的作用,在调查、研究、政策支持等智库功能和企业经营战略支持等咨询服务功能的基础上,又增加了与提供情报通信技术解决方案的"三菱综研 DCS 株式会社"合作共同提供整体服务,打造以前瞻性、中立性、学术性为宗旨,综合解决社会和客户问题的智库集团,得到了广泛好评。三菱综合研究所作为综合智库的领跑者,开展智库、咨询和 IT 业务,从国家政策和企业战略的制定与设计到实际执行的全过程,凭借在广泛领域的高度专业性综合能力,提供"一站式"课题解决方案,实现从"Think(构想)"到"Think & Act(构想与实现)"的自身变革。三菱综合研究所为实现未来社会美好愿景,坚持"共创未来"的理念,与客户并肩创造新价值,以"个人和组织的可持续发展"为目标,努力开展各种事业活动和社会奉献活动,以实现企业的社会责任。

一般財団法人関西情報センター
Kansai Institute of Information Systems
一般财团法人关西信息中心

"财团法人关西信息中心"作为关西地区推进信息化建设的核心机构，以关西地区的经济界为中心，在经济产业省、大阪府、大阪市、当地大学等的共同支持下，基于产官学各界的综合意愿，于1970年5月29日成立。关西信息中心作为关西地区的信息化和产业活性化的推进机构，对信息处理方式及信息产业进行调查研究，致力于开展自治体和企业的信息化建设、IT相关新技术和制度的普及、地区活性化和产业竞争力的强化，通过从事关西信息处理技术的开发、研究、指导和奖励，以及为国家信息化措施的普及与推广举办演讲会和国际研讨会，推动信息处理与信息产业的振兴，进而对西日本地区的社会经济发展做出贡献。2002年4月接管了"财团法人关西产业活性化中心"的一部分业务，更名为"财团法人关西信息产业活性化中心"。2012年作为公益法人制度改革的一环，变更为一般财团法人，同时更名为"一般财团法人关西信息中心"。业务内容主要包括调查研究、普及和推广，商贸与政策性支持业务，信息网络相关业务，社会系统援助业务和信息化社会基础建设业务等。

株式会社都市環境研究所
Urban Design Institute Co., Ltd.
株式会社都市环境研究所

"株式会社都市环境研究所"从事城市规划、大范围地区宏观规划、土地利用规划、景观规划、住宅规划、城市规划与建筑制度研究、市区再开发业务等城市与城市建设项目的调查分析、规划、设计、事业企划和事业运营等。1968年新《都市计划法》(『都市計画法』, 1968年6月15日法律第100号)制定后，都市环境研究所凭借大学研究人员、政府官厅计划制订者和同行业建筑家等的支持，在其前身"地区设计研究会"(1967年)的基础上，于1970年6月25日由专职工作人员组建了事务所。都市环境研究所始终坚持把每名工作人员都作为市民与行政机构之间、地区与广域之间的桥梁媒介，制定满足需求的最适合且负责任的计划方案，研究所具备完善的研究体制，在开展相关业务时，根据需要与外部研究人员等开展合作研究，除东京总部外，还在三重和九州地区设有事务所，扎根于地方开展设计规划工作。

一般财团法人日本総合研究所
Japan Research Institute
一般财团法人日本综合研究所

"财团法人日本综合研究所"于1970年8月31日取得了经济企划厅和通商产业省的批准而成立，2012年4月变更为"一般财团法人日本综合研究所"。研究所是纯粹由民间发起而成立的智库，针对政府和企业的政策、方针，坚持基于独立且中立的立场开展具有创造性的调查研究活动，为了解决产业社会在变革过程中产生的经济社会与产业经营上的诸多问题，开展跨学科的综合调查研究。研究所以国家和地方公共团体等的政策为中心开展研究活动，在经济产业政策（宏观经济、竞争政策、产业活性化政策、中小企业政策等）、国际经济与经济合作、国民生活（福祉、少子老龄化问题、消费者问题等）、地域政策（地区建设、道路整备等）、环境问题（地球环境问题、资源回收）等领域都取得了很多成绩。日本综合研究所秉持三大基本信条，即重视中立性和创造性、确立有建设性的灵活的研究组织、积极开展国际活动，通过国际交流和教育普及等各种活动，为国民经济发展做贡献，现已发展成为日本具有代表性的公益性智库。研究所在顺应新时代发展潮流中，不满足于"提出问题型智库"的现状，更以"解决问题型智库"为目标，基于与国际组织、政府机构、国内外智库、企业之间的多层次合作，力求进一步提升建设成为"网络型智库"，特别是构建亚洲太平洋地区的青年研究人员网络，在新时代的政策思想、制度与组织设计等方面不断开拓。

一般財団法人日本システム開発研究所
Systems Research & Development Institute of Japan
一般财团法人日本系统开发研究所

"财团法人日本系统开发研究所"是 1970 年 9 月 1 日由财务省批准设立并主管的财团法人，旨在广泛动员产官学各界的精英，针对系统分析以及规划、计划与预算编制制度中的科学方法进行开发和应用研究，为日本经济和社会所面临的全国性课题提供有效的对策方案，以此为提高行政、财政工作的效率做贡献。从设立之初开始，研究所就专注于国家课题、地区性课题的研究，坚持基于中立的立场从事各种政策研究，其间完成了约 6459 件项目，其中大部分都相应地落实到了具体政策措施之中。研究所开展关于规划、计划与预算制度、政策科学、情报系统、地区与城市体制、资源节约与能源有效利用等的相关调查研究，其调研方法包括民意调查、数据解析和预测等。1975 年 3 月 31 日，依据《大日本育英会法》（『大日本育英会法』，1944 年法律第 30 号）被指定为"考试研究机构"。2001 年 1 月 6 日基于《中央省厅等改革基本法》（『中央省厅等改革基本法』，1998 年法律第 103 号）的施行，变更为财务省主管的财团法人，2013 年 4 月 1 日正式变更为"一般财团法人日本系统开发研究所"。2016 年 1 月 5 日取得了质量管理体系认知资格（ISO9001，QMS）。

株式会社産業立地研究所
Research Institute for Industrial Location Co., Ltd.
株式会社产业立地研究所

"立地"意指"相关产业的选址工作"。"株式会社产业立地研究所"是以从事产业振兴及地区振兴的相关调查、研究、企划立案以及建言献策为目的，于 1970 年 9 月 10 日设立的民间独立智库。研究所善于发现产业和地区研究领域中尚未爆发的潜在问题，开展具有前瞻性的研究，重点致力于新政策与对策的研究，坚持现场主义原则。研究所在成立之初以大规模工业基地等工业区开发和工业布局动向分析的委托研究为主。随着时代的变迁，研究所重视的领域不断扩大，包括高新科技工业聚集区域的开发规划、促进有助于地区产业高速发展的特定事业的集聚，以及特定产业聚集地区活性化、中心市街地区活性化、新能源开发、资源回收基础设施建设等涉及产业与地区的各个方面，特别是参与了经济产业省的布局规划政策和地区政策等相关诸多课题的研究。

株式会社シィー・ディー・アイ
Communication Design Institute
株式会社 CDI

"株式会社 CDI"是由参加 1970 年日本万国博览会的人文系学者、建筑家、设计师共同出资，于万国博览会结束后的 1970 年 10 月 17 日在京都成立的、以文化相关问题研究作为专业领域的独立智库。该机构在设立之初的 20 年，主要以资金支持方京都信用金库的相关调查研究等业务为中心，随着中央政府官厅、地方自治体、公益团体和其他企业等委托的调查研究业务不断增加，该机构也在逐步转型，1990 年前后实现彻底独立于京都信用金库，现在已完全不承接京都信用金库的相关委托业务。该机构主要从事文化政策，博物馆等文化设施、文化交流、生活文化等领域的调查研究，和以此为基础的计划制订与相关媒体宣传的制作、数据库建设、研讨会与国际比赛的实施等。

株式会社開発計画研究所
Development Planning Institute, Inc.
株式会社开发规划研究所

1965 年以后，随着地区开发与产业配置等研究领域急速扩大，需要具有高度实践性的政策，同时在地区振兴方面，需要基础研究与政策研究并行，以及足以应对现实性、个别化地区需求的具有机动性的调查体制，"株式会社开发规划研究所"正是为了满足这些调查研究需求于 1970 年 11 月 12 日设立，从事企划立案、调查设计、咨询等业务。在产业革命之后的巨大历史转变中，开发规划研究所以"研究合作社的创造性自律化"为基本理念，作为"知识交流平台"不断摸索新的模式，立足于地区和产业的第一线，通过全面彻底的现地调查辨明各地区实际面临的问题，提出现实问题的解决对策方案，并为实现所提出的问题解决方案，在行政机关等各关联主体方开展活动之际，积极参与协调，提高活动成效，同时不断拓展构建与地域和产业相关专家、经营者之间的关系网络，针对各种问题给予适当的智力支持，致力于打破地域界限开展合作，以期为社会发展做贡献。

一般財団法人国際開発センター
International Development Center of Japan Incorporated
一般财团法人国际开发中心

"财团法人国际开发中心"设立于1971年2月15日，是日本第一家开发和国际援助领域的专业化综合性智库，以经济界为中心，首任会长是后来出任经济团体联合会会长的土光敏夫，现任会长由经济团体联合会企业行动CSR（Corporate social responsibility，企业社会责任）委员会的二宫雅也委员长兼任。该中心业务领域涵盖行政财政、地域开发、社会开发、农业开发、产业开发、交通运输、评价等多方面，针对发展中国家的开发计划开展综合性调查研究，制定政策，培养开发方面的专业人才，机构活动遍布亚洲、非洲、南美洲等世界各地。该中心始终坚持以中立客观的立场、理论与实践相结合的研究方法开展世界各国的业务，宏观与微观相结合综合推进调查事业、人才培养事业、国际交流事业、自主研究事业、社会贡献事业等，基于独立的视角和多年积累的经验，不断提高以国际援助事业为中心的国际开发的"质量"。该中心于2010年变更为一般财团法人，在将委托调查等业务移交给2010年12月6日设立的"株式会社国际开发中心"后，一般财团法人国际开发中心则重点应对国际合作与社会经济开发领域的课题，以从事咨询服务和人才培养为核心开展业务。

公益財団法人未来工学研究所
Institute for Future Engineering
公益财团法人未来工学研究所

"社团法人科学技术与经济之会"于1969年10月派出"产业预测特别调查团"出访美国对智库现状进行实地调研，回国后，该团提出了

"在日本建设智库的必要性之倡议"。在此背景下，科学技术与经济之会于1970年1月发布了将其内部活跃的FROG（即"Future Research Operational Group"的缩写）部门独立出来创办研究所的计划，经内阁总理大臣批准，"财团法人未来工学研究所"作为科学技术厅主管的财团法人，于1971年2月15日正式成立。2013年4月1日开始，主管部门由文部科学省改为内阁府。未来工学研究所诞生于日本面临公害、资源能源制约等人类新问题的时代，是以"创造开拓未来新潮流"作为新生公益法人的全新基本理念的"独立智库"，凭借优良的研究技术团队和专家网络，致力于洞察科学技术的发展动向和社会经济的变化，发现潜在的问题点，收集分析必要的数据，运用工程学技术的研究方法对解决问题的政策制定提出建议。研究重点在于科学技术的研究与创新政策、政策与社会课题的调查分析、信息交流的调查研究以及社会奉献。研究所以科学技术、通信情报、宇宙能源、社会系统与防灾安全、生物、环境、福祉、教育、人间科学等广大领域的调查研究为主承接各界的委托业务。研究所作为以科学技术和研究开发等相关课题的调查研究为主要业务的非营利法人智库在日本开创了独特的生存之路，为应对未来可能发生的社会变革，以积极促进未来工学方面的相关开发研究以及成果的普及应用，进而为科学技术的振兴与社会经济的健全发展做贡献为目的。

株式会社エックス都市研究所
EX Research Institute, Ltd.
株式会社EX都市研究所

"株式会社EX都市研究所"成立于1971年3月12日，是以"城市空间与地域社会""发展中国家援助"和"环境、能源、资源"作为三大核心领域的智库，顺应时代发展变化，开展前瞻性研究，针对多样化课题以知识成果为社会创造价值。伴随少子老龄化问题的日益严峻，为应对人口减少时代的到来，EX都市研究所在城市与地区研究领域，围绕集约型地区构造的再构建政策、市民、行政协调互动型城市建设的实践方法等开展研究。在环境研究领域，以资源危机和环境负荷加重为背景，围绕地球温暖化对策、生物能量等可再生能源的利用、环境与安全风险管理，以及废弃物的减量（Reduce）、再利用（Reuse）、循环再生（Recycle）的3R原则等开展研究。EX都市研究所是以"建立可持续发展社会"为目标，针对国土、地区、城市相关课题（地区与城市规划、城市环境规划、自然环境规划等）开展基础性考察，并提出具体地区规划方案的综合性地区规划集团。

一般財団法人農村開発企画委員会
Rural Development Planning Commission
一般财团法人农村开发企划委员会

  "财团法人农村开发企划委员会"经农林省批准于1971年5月1日成立，该机构具有多重职能，针对农村地区的特性，致力于有效的地区开发建设规划，为新农村的形成与发展做贡献。该机构主要业务包括关于日本国内及海外的农村地区振兴方面的调查研究，含自主调查研究以及农林水产省与地方公共团体等的委托业务；农村地区的系统分析，与农村地区振兴相关的各种项目的企划立案与建议；农村地区振兴的相关普及推广业务等。在自然与人类共存发展之中，农村能够创造独特的地区文化，是利用当地风土特色开展农林业建设的场所，同时也具有保持自然环境与景观、保全国土等多方面的作用和功能。在与农村综合设施建设相关的国内外调查研究方面，该机构作为日本国内唯一一家有相关研究积累的团体，其所开展的大量业务得到了广泛的认可，取得了农林水产省拨付的国库补助金，实现了设施与人员的不断扩充。伴随公益法人制度改革，该机构变更为一般财团法人，并更名为"一般财团法人农村开发企划委员会"。

株式会社都市環境計画研究所
Ecological City Organizer
株式会社都市环境规划研究所

  "都市环境规划研究所"作为城市规划的专业咨询机构成立于1971年8月2日，具有悠久的历史，致力于以居民作为主体的城市规划，并将城市规划目的定位于"为人民创造幸福生活"，以此为理念，在个人和行政机构之间进行协调，发挥桥梁作用，以区域经营管理为基础，全力支援城市建设。研究所把以居民自身作为主体的城市建设称为"地区经营"，从支持商业型的地区经营开始发展，未来将进一步拓展支援以工业型、业务型、居住型城市的地区经营为基础的城市建设。

株式会社創建
SOKEN，Inc.
株式会社创建

"株式会社创建"自1971年10月1日创业至今，灵活应对不断发展变化的社会与经济环境，为实现"完善社会基础"这一基本目标，在城市规划、公共政策、环境重建、地方复兴、官民合作等广泛领域，积累了大量智库方面的业绩成果。并且，该机构不局限于"Think Tank（头脑集团）"的框架内，应时之需践行"Do Tank（行动实践集团）"的职能，在与行政机构和市民进行协调合作中，积极推动城市建设。在时代巨变之中，该机构以"地区经营的战略咨询"这一新定位，在城市规划、公共政策、环境创造、地区重建、资产运营等广泛领域，汇集具有调查能力、想象力、创造力、说服力、表现力、执行力的多样化人才，集合作为各领域专家的每一位社员的力量，运用丰富的知识与经验，努力创造值得客户信赖的新价值观。

日本データーサービス株式会社
Nippon Data Service Co., Ltd.
日本数据服务株式会社

"日本数据服务株式会社"于1971年12月设立以来，始终坚持"全力为社会和客户做贡献"和"为新设事业提供创造性开发"的经营理念，长年持续在防灾减灾、环境、能源、粮食基地以及社会资本的充实与维持管理等方面，为满足社会的需求而努力。该机构为应对社会变化与发展需求，不断强化情报部门与企划部门，作为综合建设咨询机构，致力于开展环境调查、道路与交通调查规划、港湾海岸机场、建筑物诊断、港湾调查与规划、城市建设规划、系统开发、交通相关的调查勘测与解析等广泛领域的研究。

一般社団法人地域問題研究所
Research Institute for Regional Planning & Development
一般社团法人地域问题研究所

"地域问题研究所"的前身是"东海地区未来发展研究学习会",于1970年成立,同年创办的研究刊物《明天的中部》和地域研究领域的学术刊物《地域问题研究》开始发行。"社团法人地域问题研究所"于1971年12月经爱知县知事批准成立,于1985年作为干事团体加入"地方智库协议会"参与规划和运营工作,2011年7月正式变更为一般社团法人,是自主独立的研究机构。研究所致力于扎根地方收集信息,开展调查研究,支援城市建设,进而推进地区社会的建设,并为公共福祉做贡献。主要业务内容包括面向市村职员举办研讨会,承接来自中央政府、县市村地方政府等的委托调查研究业务,进行政策建议与规划政策的制定等。研究所在确立其定位于地区紧密结合型自主独立智库的研究体制的基础上,不断充实业务活动。

一般社団法人システム科学研究所
Institute of Systems Science Research
一般社团法人系统科学研究所

"社团法人系统科学研究所"是于综合性政策研究智库的必要性呼声高涨的1971年12月,由京都地区的财界、学界、文化界的相关人士发起,作为通商产业省主管的社团法人成立。研究所为应对日本的信息化社会的发展,开展经济、科学、技术等相关领域的系统开发与应用研究以及人才培养,从而为关西地区的经济社会发展做出贡献。研究所以推进地区信息化政策为使命,伴随社会需求的变化与扩大,不断拓展其活动领域,作为在地区与城市规划、交通解析与规划、社会与福祉规划、环境对策与调查规划、地区信息化、社会意识调查等广泛领域开展政策研究的地方智库,得到中央政府、公共团体、地方团体等的高度评价。2012年4月正式变更为一般社团法人。研究所作为以政策研究与咨询服务为主要业务的具有公益性的智库机构,充分利用多年积累的经验和业绩成果以及拥有的知识产权，运用大数据和人工智能等技术，最大限度地应用其与学术界之间独具组织特色的合作模式致力于解决各种社会课题。

株式会社ジイケイ京都
GK Kyoto Inc.
株式会社 GK 京都

"株式会社京都设计中心"成立于1972年4月19日，1988年更名为"株式会社 GK 京都"，业务内容主要包括与建筑、环境等相关的设计、监理、调查、研究；各产业的商品与服务开发的相关企划、调查、研究、设计与管理；各产业商品的调查研究，与地区开发相关的公共设计、管理、调查和研究等。

地方独立行政法人東京都健康長寿医療センター
東京都健康長寿医療センター研究所
Tokyo Metropolitan Institute of Gerontology
地方独立行政法人东京都健康长寿医疗中心
东京都健康长寿医疗中心研究所

"东京都老人综合研究所"于1972年4月开设，1981年改组为"财团法人东京都老人综合研究所"，1986年6月被指定为世界卫生组织（World Health Organization，WIIO）的研究合作中心，1988年与中国的"北京老年病医疗研究中心"签订研究交流合作协议，2002年4月改组为"财团法人东京都高龄者研究·福祉振兴财团东京都老人综合研究所"。2009年4月东京都老人综合研究所与东京都老人医疗中心进行一体化改革后，改组为"地方独立行政法人东京都健康长寿医疗中心东京都健康长寿医疗中心研究所"，在研究解决老龄化社会带来的诸多问题方面取得了大量成果。研究所不仅汇集了生物学、基础医学、药学、福祉、护理、医疗经济等社会科学领域的研究者，更汇集了医院的医生、护士、药剂师等实务人员，开展跨职业、跨学科的研究，进一步深化研究所与医院的合作，将研究所的成果实际应用于增进地区居民健康，并为推动临床医学的发展做贡献。自成立以来，研究所致力于为东京都的老年人医疗、保健、福祉等领域的政策制定提供支持，推进与地方自治体和老龄者福祉设施以及中央政府、公共团体、民间企业等开展合作研究，与外国具有代表性的老龄化问题研究机构积极开展研究交流，并以研究成果的出版及公开讲座等多种形式回馈社会。

一般財団法人日本開発構想研究所
Research Institute for Urban & Environmental Development, Japan
一般财团法人日本开发构想研究所

"一般財団法人日本開発構想研究所"旨在通过制定针对国土的综合开发构想，以及为实现这一构想进行调查研究，从而为人们提供良好的生活环境，其业务涵盖从国家建设到城市建设、人才培养的广泛领域，重视人与人之间的交往，是致力于建设充满活力的未来社会，认真踏实地从事跨学科调查研究的机构。自1972年7月5日由经济企划厅和国土厅批准设立以来，研究所作为实践型智库，开展对社会建设发展有价值的跨学科、跨行业的调查研究活动，以国土、地域、居住等广大领域为研究对象，拥有多领域的专业研究团队，为了更进一步提高综合性研究实力，根据需要聘请外部专家和机构开展合作研究，作为从事综合性、实践性研究的智库不断前行。研究所具体从事国土规划；以首都圈为中心的首都机能调查、地区规划；城市及住宅开发供给的相关调查、研究、规划；并为应对新的社会经济动向而积极推进"与大学和地区的合作""人口减少及少子老龄化""海外国土政策与地区开发调查"等领域的研究。作为公益事业，研究所将研究成果以《UED报告》的形式刊发以回馈社会。研究所于2001年1月改为由内阁府和国土交通省共同管理，2012年7月2日基于日本的"公益法人制度改革"，从"财团法人日本开发构想研究所（特例民法法人）"变更为"一般财团法人日本开发构想研究所"。

公益財団法人関西交通経済研究センター
Kansai Transport Economy Research Center
公益财团法人关西交通经济研究中心

"财团法人关西物流近代化中心"于 1972 年成立，通过对物流的相关调查研究，以促进物流现代化、强化并发展关西的经济基础为目的。其后，该中心基于在物流方面的调查研究以及多年积累的经验，为了更好地为关西圈的社会经济发展做贡献，增设了人员流动研究等相关业务，升级为综合性的交通经济调查研究机构并进一步拓展业务。该中心于 1980 年更名为"财团法人关西交通经济研究中心"，2012 年 4 月变更为公益财团法人，实行严格的组织运营。作为非营利智库，该研究中心实施了覆盖关西地区的交通经济方面的众多调查研究项目，在交通运输领域为关西的社会经济发展做出了比以往更大的贡献。该研究中心从事与关西经济圈的交通经济相关的综合性调查研究，并对基本规划的制定以及其规划的实施提出必要的建议，进而对关西地区的社会、经济的发展做出贡献。

株式会社プレック研究所
PREC Institute Inc.
株式会社 PREC 研究所

日本经济高速增长时代的末期，公害与自然破坏成为了社会性问题。"株式会社 PREC 研究所"成立于环境厅设立的第二年（1972 年 12 月 18 日），是以创造和构建"自然与人类和谐共存关系、环境、社会"为目标，推进环境与文化的融合，以自然环境调查为主要业务的独立性咨询机构。研究所以拥有各领域的专业人才为特征，在尊重个人的感性和知识技能的同时，不断提高技术，向世界各地提供高水平的知识服务。研究所以环境调查、环境规划设计、政策立案与行政规划作为三大部门，以计算机科学技术、设计技术和生态技术为三大支柱，在横跨以上三个领域的经济学、心理学等方面的人文社会科学领域专家的支持合作下，发挥专职研究人员的智慧与经验，共同推进项目实施，提供咨询业务，为人类与自然和谐共存环境的建设做贡献。

一般財団法人社会開発研究センター
The Social Development Research Center
一般财团法人社会开发研究中心

"财团法人社会开发综合研究所"于 1973 年 3 月由通商产业省批准成立，研究所致力于回应政、官、经各界机构的需求，在揭示各种问题本质的基础上，提出解决问题的具体方法和启示。研究所以国土规划、大城市圈规划、地区综合规划、城市规划、产业振兴计划、环境与景观设计、计量分析与各种问卷调查、研讨会等调查研究事业为中心，针对大城市圈的居住环境、城市防灾体制、地方城市振兴、城市产业的开发与建设等问题开展调查研究。研究所为了不断创新发展，在政策建议型智库功能的基础上，扩展了会员服务、教育研修、咨询等业务领域。2002 年 7 月研究所与具有相同设立目的的智库"财团法人宫城综合研究所"（宫城县主管）合并，更名为"财团法人社会开发研究中心"，由内阁府主管，2013 年 4 月变更为一般财团法人。2008 年经济产业省和农林水产省共同设置的"农商工联协研究会"组建"植物工厂工作组"（组长为高辻正基），以此为契机，"植物工厂"作为实现地域活性化的有效战略备受产业界关注。研究中心于 2009 年度聘请该领域专家高辻正基为理事，并设置了"植物工厂农商工专业委员会"，大力推进"植物工厂"的普及与启蒙活动。研究中心坚持与时俱进发展，2016 年度开始为应对超老龄化社会的到来而开展"高龄者医疗与福祉问题"的相关调查研究，2017 年度开始在政府主导的"地方创生"之下，以"地域社会创生项目"为中心，积极推进相关案例研究和新型平台建设。社会开发研究中心承接中央政府、地方公共团体、独立行政法人、民间企业等的委托调查研究业务，同时，作为与中央政府机构和地方各界都紧密相连的、支援地方、回馈地方的智库积极为社会发展做贡献。

株式会社住環境計画研究所
Jyukankyo Research Institute Inc.
株式会社居住环境规划研究所

"株式会社居住环境规划研究所"创立于1973年4月1日,以建筑学、城市工程学领域的研究者为中心构成,超越建筑规划和城市规划领域的既有研究,以创造更美好的住宅环境为目的而设立。该机构不局限于地区规划和农村规划,更从以"居住"为中心的环境观点出发,开展民用能源的需求调查分析、气候变暖对策技术的评估、能源需求预测、生活方式与能源消费的关联性研究,此外还开展了工业化住宅的开发研究及实验,预测住宅供需动向,研究建筑规划等。其项目委托方包括世界银行、经济合作与发展组织(OECD)等国际机构;财务省、外务省、国土交通省、经济产业省、内阁府等政府部门;国立环境研究所、科学技术振兴机构、国际协力机构等独立行政法人;地方自治体、公益法人、民间企业、教育机构等。

一般財団法人新潟経済社会リサーチセンター
Research Center of Niigata
一般财团法人新潟经济社会研究中心

"财团法人新潟经济社会研究中心"是由立足于新潟县当地的"株式会社第四银行"为纪念其创业100周年捐款设立基金,并以此为基础于1973年4月2日成立的机构,2012年4月1日变更为一般财团法人。研究中心旨在从事与新潟县内的经济、产业、企业经营、社会环境的现状与变化相关的调查研究,进而为新潟县的经济社会的健全发展做贡献。自设立之初开始,该研究中心致力于开展县内广泛领域问题的调查、研究及成果的发布,发行月刊《新潟的现在与未来》,通过建言献策为当地做贡献。随着来自县内自治体等的委托调查研究项目不断增加,发展至今,研究中心的委托调查研究业务与自主调查研究业务基本维持各占一半的比例。

株式会社日立総合計画研究所
Hitachi Research Institute
株式会社日立综合计划研究所

"株式会社日立综合计划研究所"隶属于科学技术型企业日立集团，是基于"罗马俱乐部"成员、日立制作所时任会长驹井健一郎先生的提议于1973年5月31日创立。研究所依托于日立集团拥有的强大技术能力和长年积累的知识经验，充分利用集团庞大的经营资产和关系网络，同时又立足于独立的立场，努力集聚世界尖端的专业知识，致力于提供更高质量的研究成果。研究所以"追求真实"作为企业理念，对于世界和日本所面临的全球性的基本课题，首先从事实出发进行认知和确认，把握问题的本质，研究探讨从根本解决问题的方法，作为能够准确把握世界的最新潮流、展望未来发展趋势的智库，从经济预测、政策建议等宏观层面，到市场拓展等实践层面，在广泛活动领域创造全新的商业解决方案，建言献策。研究所的业务内容包括关于经济、社会、环境、产业等社会科学及其相关领域的调查研究和委托业务；关于企业经营的综合调查研究及其委托业务；关于各种事业的综合系统的调查研究及其委托业务；以及与上述相关的资料收集、信息提供等服务业务。研究领域包括经济、产业、国际贸易、海外投资、能源环境、社会生活、经营战略、技术战略、财务战略等。除东京（总公司）外，研究所在中国、印度设有办事机构。

一般社団法人大阪自治体問題研究所
Osaka Institute of Local Governments, Inc.
一般社团法人大阪自治体问题研究所

"社团法人大阪自治体问题研究所"成立于1973年，以为地方自治的民主发展做贡献为目的，2012年4月变更为一般社团法人。成立初期，研究所与致力于推进大阪的民主主义和地方自治发展、提升居民生活水平的劳动者工会、民主团体、研究人员与专家、居民等广泛团体和阶层合作，共同为"黑田革新府政"的维持与发展而努力。20世纪80年代以后，国家与地方通过不断推进行政体制改革和财政合理化改革，降低公共服务费用，应对公共负担的增加等，为此，研究所基于调查研究提出建议，出版、编制白皮书，举办大阪自治体学校和地方自治讲座、研讨会等，发挥其作为大阪的地方自治研究中心的作用。研究所的主要业务包括地域城市建设白皮书的编写、大阪府和市町村的行政财政分析、居民问卷调查、自治体改革的建议等调查研究事业；运营自治体学校、大阪自治体学校、超越"大阪都构想"研讨会等学习教育事业；机构期刊《大阪的居民与自治》、月刊《居民与自治》的发行事业；《大阪维新改革》《大阪大都市圈的再建》《都市与文化》等以调查研究成果为基础的出版事业。

特定非営利活動法人アジア太平洋資料センター
Pacific Asia Resource Center
特定非营利活动法人亚洲太平洋资料中心

"特定非营利活动法人亚洲太平洋资料中心（PARC）"以构建让南北人民能够平等生存的可供选择的多样化社会为目标于1973年成立，1982年开办"PARC自由学校"，2002年被认定为特定非营利活动法人。该中心以跨国公司、全球化、跨太平洋伙伴关系协定（Trans-Pacific Partnership Agreement，TPP）、经济、贸易等为研究重点，以市民的视线开展跨国调查活动，从事世界各地的信息收集、传播、研究，开展以自由学校为中心的教育活动，举办各种演讲会和专题讨论会，发行定期出版物，以及开展向政府和国际组织进行政策建议活动等多种多样的市民活动。该中心将活动的根基置于日本，跨越国界，与世界各国开展广泛的交流，旨在成为相互沟通、理解、包容的桥梁，不断拓宽思维和视野，拓展关系网络，面向日本政府和联合国各机构、国际货币基金组织与世界银行等提出意见、具体方案等政策建议。此外，该中心还制作音频和视频作品，出版发行期刊《*Alter（Alternatives）*》和PARC丛书，通过互联网提供情报信息，"PARC自由学校"为市民提供学习的场所。

株式会社北海道 21 世纪総合研究所
Hokkaido Research Institute for the Twenty-first Century Co., Ltd.
株式会社北海道 21 世纪综合研究所

1973 年 9 月由北海道境内的经济界和从事地区开发的相关各机构共同出资设立了"株式会社北海道环境保全工程中心",立足北海道地区,以调查研究助推地区发展为根本目的,不断提升应对自治体的政策措施需求以及企业的事业战略需求的企划、提案、调查研究的能力。1982 年 5 月,该机构更名为"株式会社 ESSEC",1985 年 5 月再次更名为"株式会社拓殖银行综合研究所",1986 年 8 月与拓殖银行经营咨询处合并,1998 年 12 月更名为"株式会社北海道 21 世纪综合研究所"。研究所作为回应各种需求的智库,拥有从事政策研究的多样化专家团队,基于数据把握行政机关和民间企业所存在的问题的本质,通过研究提出解决方案和对策建议,并推动其实施。研究所推进以环境保护为重点的地区开发,为此从事系统性的调查研究、自然环境的调查与评价、地区开发规划与防止公害计划的制定,以及设备设计等。研究所的业务内容包括准确把握地区变化的计量分析,对自治体等的措施运营判断的效果监测,应对社会经济环境的事业支持,面向低负荷环境社会的数据建设和事业立案、地区技术与人才等产业资源的融合,以此探讨开发新事业的可能性和 21 世纪的地区社会体系。

株式会社アーバン・プランニング研究所
Urban Planning Institute
株式会社城市规划研究所

"株式会社城市规划研究所"致力于以地区为对象的城市建设相关调查企划、课题对策以及解决项目的立案等实践性的努力和支援工作,于 1973 年设立。研究所在密集型市街问题、中小企业布局、居住环境、土地有效利用规划、地方城市的活性化问题等广泛领域开展研究活动的同时,还从事阪神大地震后的重建支援等具体的城市建设事业,近年来还在老年人、残障人士、地域福祉等城市建设的福祉相关领域开展调查规划。

公益财团法人 NIRA 総合研究開発機構
Nippon Institute for Research Advancement
公益财团法人 NIRA 综合研究开发机构

"综合研究开发机构（NIRA）"成立于 1974 年 3 月 25 日，是一家由代表政界、商界、学界和地方公共团体的知名人士共同发起，依据 1973 年发布的《综合研究开发机构法》（『総合研究開発機構法』，1973 年法律第 51 号）设立的智库。此后，其作为政策指向型研究机构，致力于解决当代日本社会错综复杂的诸多问题，针对日本的经济社会、国际关系、地域等多领域的课题和政策制定提出建议。2007 年根据《关于废除综合研究开发机构法的法律》（『総合研究開発機構法を廃止する法律』，2007 年 6 月 27 日法律第 100 号），该机构变更为财团法人，2011 年 2 月 1 日变更为公益财团法人，2016 年 6 月 13 日更名为"公益财团法人 NIRA 综合研究开发机构"。NIRA 以"为政府政策形成做贡献"为目标，从事政策课题的动机性分析、情报信息发布，并以此为政策研讨和政策形成做贡献。NIRA 作为汇集各领域专业人才开展研究、发布情报信息的平台与智库网络的核心，迅速开展多角度的调查与分析，设置由多名有识之士组成的研究会进行综合研讨，提出政策建议，并及时面向广大国民发布易于理解的情报信息，致力于激发政策讨论的活力。研究领域主要集中在从国家政治、国际关系和地域研究三个方面分析日本当前面临的问题，充分运用学者、研究者和专家等专业人员的智慧及其关系网络，迅速找出问题本质，提出具体政策建议及方案。近年来，该机构为应对雇佣多样化课题，在社会制度改革、养老金医疗制度改革、中长期增长的可持续性和财政体制健全化等制度重建领域，展开研究分析和建言献策。NIRA 从国际化视角分析全球化进程并提出应对策略建议，从日本国内视角出发，结合地区的需求，立足于地方各类主体的不同立场，分析地方发展的结构，提出地方建设的方案建议。NIRA 的研究成果以政策建议、政策评论、观点论文、研究报告、专著丛书等多种形式面向机构内外广泛传播，提供有助于研究讨论的数据和情报信息。

国立研究開発法人国立環境研究所
National Institute for Environmental Studies, Japan
国立研究开发法人国立环境研究所

随着社会各界对公害问题的关注度不断上升，日本政府于1971年7月设置环境厅，"国立公害研究所"于1974年3月作为环境厅的研究所成立。其后，从针对公害问题的应对升级到地球环境的保护，鉴于环境问题全面成为社会性课题，1990年7月研究所进行全面改组后，更名为"国立环境研究所"。2001年1月基于省厅改组成立环境省，同年4月研究所相应变更为环境省主管的"独立行政法人国立环境研究所"，2015年4月更名为"国立研究开发法人国立环境研究所"。国立环境研究所是针对环境问题的官方研究机构，也是日本唯一一所跨学科、广泛开展综合性环境研究的研究机构，自1974年成立以来，为解决各种环境问题发挥了重要的作用。研究所通过开展地球环境保护、公害防止、自然环境保护与维护，以及其他和环境保护相关的调查研究，推进从基础研究出发以社会实践为目标的综合研究，不断拓展、充实研究网络，收集、整理、积累并传播普及国内外环境保护方面的相关科学知识与经验，进而为日本国内外的环境政策的发展做贡献。

公益財団法人地方自治総合研究所
The Japan Research Institute for Local Government
公益财团法人地方自治综合研究所

"地方自治综合研究所"自1974年3月由日本自治体劳动组合总联合会设立以来，作为地方自治领域为数不多的专业研究机构取得了大量的研究成果，得到了社会各界的一致好评与高度信赖。1994年12月作为财团法人开始活动，2010年3月15日变更为公益财团法人。研究所作为分权时代的地方自治研究的战略基地，围绕地方自治所涉及的国内外政治、经济、社会、劳动、文化等问题开展相关调查研究，为国家和地方的行政财政制度改革建言献策，为促进地方自治制度的发展和以市民为主体的地方自治的确立、创造富于个性的地域社会做贡献。为此，研究所从事相关基础研究、政策研究、情报资料的收集与传播、学术研讨会的召开、研究月刊《自治综研》及其他出版物的发行等相关工作。

株式会社ダン計画研究所
Dan Environmental Design Institute Co., Ltd.
株式会社 DAN 环境设计研究所

"株式会社 DAN 环境设计研究所"于 1974 年 6 月 14 日正式成立，创业以来持续关注城市建设和产业振兴的相关新课题，是开拓时代前沿的智库。研究所从事与城市和地方规划相关的调查研究，以 1976 年关西国际机场的泉州冲招揽事件为契机，开始致力于周边地区的整备调查与邻近城市的综合规划、地区活性化计划，近年来重视与活跃在地方的中小企业、企业家、研究者之间的对话，对城市型新产业振兴、观光产业振兴等现代议题进行高质量的调查研究和建言献策。研究所在多样化的领域，以科学且先进的调查方法为基础，坚持现场第一原则，通过专题讨论会和座谈会等形式，把握相关人员的意向并达成协议，不断挑战时代提出的新课题，是共同思考并付诸行动的智库。业务内容包括创造新活力的调查研究、政策建议、规划立案；与产业创新相关的调查研究与政策建议；与城市规划、城市建设相关的调查研究与规划立案；与基地建设相关的各种调查和对事业化的支持；其他与上述相关的业务。

一般社団法人日本協同組合連携機構
Japan Co operative Alliance
一般社团法人日本协同组合连携机构

"一般社团法人日本协同组合连携机构（JCA）"的前身"JC 综研"是农业协同组合（通称"JA"）相关组织等"协同组合"的综合性智库，全力引领粮食保护和地方保护的相关研究与信息发布。以 1974 年 8 月 1 日成立的"社团法人农协劳动问题研究所"作为存续法人，在对 1972 年成立的"社团法人 JA 系统开发中心"和 1974 年成立的"社团法人地域社会规划中心"进行解散清算后，捐赠两家机构的残余财产，依据民法法人合并程序统合三家社团法人，并修改存续法人的章程，于 2006 年 4

月 1 日改组并更名为"社团法人 JA 综合研究所"。其后，以"社团法人 JA 综合研究所"作为存续法人，解散了"财团法人协同组合经营研究所"，以"社团法人 JC 综研"之名于 2011 年 1 月 1 日成立，是日本国内唯一一家以合作社组织为会员的、超出 JA 集团以外的整个合作社组织的综合研究所。2013 年 4 月 1 日依据公益法人制度改革，该机构变更为"一般社团法人 JC 综研"。2018 年 4 月 1 日，以 JC 综研为核心，与联合了日本的 17 家协同组合机构的"日本协同组合联络协议会"进行机构重组，成立了"一般社团法人日本协同组合连携机构"。该机构以"创造可持续发展的地域高质量生活与工作"为目的，在农林水产行业以及金融、就业、福祉、医疗、住宅、旅行等广泛领域开展活动，团结日本全国不同行业合作社的力量，推进和援助合作社之间的协作，不断充实和深化各种与合作社相关的调查研究活动，开展政策建言和传播工作，为应对多样化的调查与研究需求，更进一步强化基于"现场主义"的智库功能以及教育与研修、数据库与咨询等业务的把控、共享和普及。

株式会社立地評価研究所
Rich Appraisal Institute Co., Ltd.
株式会社立地评价研究所

"株式会社立地评价研究所"成立于 1974 年 8 月，是在国土无序开发、地价暴涨暴跌的背景下，为了直接针对"土地"本身开展研究，由不动产鉴定师们成立的研究机构。"立地"意指"相关产业的选址工作"。成立之初，立地评价研究所以不动产评价为中心，从 20 世纪 80 年代开始承接 NIRA 综合研究开发机构关于地价上升的分配机制研究等相关资助研究以来，调查研究的委托业务不断增加，除大阪总部外，1990 年新设东京事务所，构建信息化时代的应对体制。立地评价研究所作为有能力应对多样化需求的不动产与城市问题的专业智库，从不动产的资产价值评估到多角度的企业战略（CRE）以及相关联的城市问题，以"专业性、可信赖性、人才培养"为方针开展活动，促进不动产市场和金融市场的长远发展。研究所的研究特色是跨学科、实证性和时效性，还特别重视深化与大学研究人员等的合作研究。从 2007 年开始，研究所更进一步强化内部治理，致力于在确保机构的公平性和中立性的同时，努力提升业务整体的品质管理和信息管理等。

一般財団法人日本エネルギー経済研究所中東研究センター
JIME Center, the Institute of Energy Economics, Japan
一般财团法人日本能源经济研究所中东研究中心

"中东研究中心"的前身是成立于 1974 年 9 月 10 日的"财团法人中东经济研究所"。为对中东经济研究所的事业和 31 年来积累的业绩成果加以继承和发展,于 2005 年 4 月作为"财团法人日本能源经济研究所"的一个部门,成立"中东研究中心"。中东研究中心以包括北非在内的中东各国为对象,从政治、经济、社会、治安、能源安全保障等不同领域出发,多角度调查研究各国的动向,以基于中东各国的原始资料开展实证性分析研究著称,是日本国内从多方面分析中东现状、预测中东未来的唯一一家专业性研究机构。2012 年 4 月变更为一般财团法人。中东研究中心的调查对象地区包括中东阿拉伯各国(17 个国家、1 个地区)、中东非阿拉伯各国(3 个国家),以及其他油气产出国家或地区。该研究中心是综合性、实践性调查研究中东(包括北非)地区的专业化智库,工作人员以现地经验丰富的中东问题专家为核心,还包括从相关企业借调的具有实践经验和能力的人才共同构成,收集与中东各种问题相关的资料和数据并建设数据库,在专业知识和实践经验的支持下,开展具有高度独立性和专业性的深入论证分析,及时发布信息和适时提供调查研究成果,该研究中心通过这些特色业务,为促进日本经济的发展做贡献。

一般財団法人山口経済研究所
Yamaguchi Economic Research Institute
一般财团法人山口经济研究所

"财团法人山口经济研究所"是为了纪念株式会社山口银行创业 30 周年,于 1974 年 10 月 11 日成立的地区性智库,从事山口县内的经济、产业、企业经营、生活环境的现状与动向等相关调查研究,为促进地区经济发展、居民福祉与社会文化的提升、地域社会的活性化做贡献。作为山口县内实力最强的智库,研究所对山口县内的经济、产业、企业经营等开展自主调查研究,此外也承接政府官厅、经济团体的委托调查研究业务。

研究所积极提供各种情报信息，开展政策建言活动，包括通过与山口银行海外关联机构的合作，收集并发布中国和韩国等东亚国家的现地信息；举办各种演讲会和论坛；通过月刊《山口经济月报》和不定期发行的《山口县公司要览》等发布其研究成果。

株式会社旭リサーチセンター
Asahi Research Center Co., Ltd.
株式会社旭调查研究中心

"株式会社旭调查研究中心"作为旭化成株式会社的调查研究机构，于1974年11月14日设立，是旭化成株式会社全额出资设立的智库。该研究中心以及时应对日本国内外的经济与社会变动给企业活动造成的重要影响为目的开展业务，对情报信息进行分析、加工和积累，并提供给其会员企业以及旭化成集团。该研究中心的主要业务包括政府官厅和民间企业的委托调查业务、自主研究业务、研究报告的刊发和咨询服务等。该研究中心发挥制造厂商系统智库的强项，从"产业人"的视角出发开展调查研究，积极支持环境能源、生命科学、经济经营等跨领域的新生代创新创造，凭借具有丰富实践经验和开发经验的工作人员，立足于实业开展调查研究。该研究中心除在化学、生物科学、医疗、福祉、环境等领域开展日本国内外尖端科技的调查研究外，通过在中国辽宁省设立的合作研究机构"辽宁中旭智业有限公司"以及在印度出资设立的"旭化成印度"等海外分支机构，针对新兴经济体国家的经济与产业情势，获取最新信息，并将信息运用于调查研究活动之中。

株式会社西日本科学技術研究所
Nishinihon Institute of Technology
株式会社西日本科学技术研究所

"株式会社西日本科学技术研究所"于1974年7月17日作为福留开发株式会社的技术研究所而设立，同年12月27日正式登记成立。高知县经济相对落后，同时又面临老龄化、过疏化等诸多问题，鉴于旧有的一元化思维方式存在难以解决各种问题的局限性而设立了西日本科学技术研究所。研究所是致力于以环境保全为基础的地域建设的高知县地方智库，以高知县等地域社会为研究对象，制定综合性的地域规划，提出建议并加以实施，也是"地方智库协议会"的成员单位。研究所坚持理论研究与实地调查相结合、跨学科的地区调查与国际比较研究相结合，构建产、官、学、民的合作关系网络，从跨学科、长期性、综合性的视角探讨未来的地域规划，推进地方研究与国际合作的机制建设，承接了大量国土交通省的委托业务，并获得了表彰。研究所在开展调查、计划、设计和研究工作时，更为重视自然科学和社会科学的基础性研究，以此为基础，把保全地区的自然与生活环境、基于地区的产业与福祉的经济与社会开发等作为研究课题，也参与城市建设的市民活动和产业振兴的实践性活动等。研究所对于委托研究成果，严守委托研究的保密义务，在与相关人员和相关机构进行协商的基础上，通过编辑出版、举办演讲会和研讨会等形式进行公开发布和广泛传播；对于自主研究中取得的学术成果，在学会和专业期刊上加以发表。

株式会社ジャス
JAS Associates
株式会社 JAS

从居住和文化的视角出发研究城市与建筑的众多有识之士，以建设更优的生活和更美的国土为目标，于1975年2月10日成立了名为"健康森林"的组织，2005年4月6日以"健康森林"为基础，通过公司拆分方式新设立了"株式会社 JAS"。该机构作为植根于地方的组织，以北大阪地区为中心，开展支持地方人才建设和地方研究的业务活动，自设立以来，在地域整备、环境与景观、公共都市计划、城市建设等领域开展调查研究活动，并取得了丰硕业绩成果。

株式会社リジオナル・プランニング・チーム
Regional Planning Team Assoc., Inc.
株式会社区域规划团队协会

1973年12月日本导入了地区规划的新方法，为此，"生态规划论"

的创始人宾夕法尼亚大学 Ian McHarg 教授的地区规划研究室所属研究人员矶边行久和 Harvey A. Shapiro 共同成立了该机构的雏形。1975 年 2 月"株式会社区域规划团队协会（RPT）"作为正规的调查研究机构成立。该机构提倡土地（环境）利用规划论，从土地对策、环境对策以及地区资源利用等方面积极应对政策部门的需求，参与国家和地方公共团体等的地域规划、政策立案、市民交流与环境讲习等。该机构业务内容包括，国土厅、都道府县、市町村委托的地区规划、土地利用规划和土地利用适应性评估等；环境厅、都道府县、市町村委托的环境基本规划与环境管理计划的制定、环境利用适应性评估等；市町村委托的垃圾处理、地球温室效应对策实行计划与地区推进计划的制订等；日本政策投资银行、农林水产省、都道府县、市町村委托的地区管理系统和地区资源管理系统的研究与构建；都道府县、市町村委托的环境导航系统、土地调整情报系统、环境学习支持系统等的开发；生态地图，环境资源与地域资源目录等情报信息建设；展示会与研讨会的企划，地域经营管理研究；以及与上述相关的调查、研究、实践活动和由市民参加的地区建设与规划等。

公益財団法人神戸都市問題研究所
Kobe Institute of Urban Research
公益财团法人神户都市问题研究所

"财团法人神户都市问题研究所"于 1975 年 3 月 5 日获得批准成立，2012 年 4 月 1 日正式变更为公益财团法人。研究所致力于通过对城市问题进行调查研究，进而为市民福祉做贡献。今天的城市正在面临着诸如地价高涨、环境破坏、交通拥堵、住宅不足、垃圾战争等各种难题。为了解决这些日益严峻的城市问题，建设有活力的城市社会，研究所扎根于地域社会，在神户市的重要政策课题以及震灾重建、危机管理、城市建设、协动政策、福祉教育、地域经济等众多领域开展调查研究、政策制定以及其他综合性科学活动，积极与市民、大学、企业、自治体一起汇聚各方的智慧，共同推进实施具体的课题项目，并取得切实可用的成果。2018 年神户市为提升市政府的政策形成时效和职员的政策形成能力，作为组织内部研究机构设置了"都市战略研究室"，因此对研究所的存续必要性进行重新研讨评估，3 月 19 日经评议员会议审议决定，神户都市问题研究所于 2018 年 3 月 31 日正式解散。

株式会社ジャパンブルーエナジー
Japan Blue Energy Co., Ltd.
株式会社日本蓝色能源

  为进一步推动适应新时期社会需求的社会与地区发展规划、海域利用计划、产业与技术开发等相关事业的调查研究工作，"株式会社日本计划机构"于 1975 年 5 月 1 日设立并开始从事地域产业的振兴以及涵盖地域活性化所有方面的各种咨询业务。2012 年 5 月更名为"株式会社日本蓝色能源"。成立之初，该机构以地域开发和地域产业振兴方面的咨询业务为主，其后转向新能源引进的相关咨询业务。该机构的调研范围包括各种规划项目的社会评价，分析居民对各种规划项目的反应及动向，并在此基础上研究制定相应的措施，也从事产业结构变动与产业动向的分析及新技术的开发等。2002 年前后开始，该机构凭借独自开发的生物气制造技术，开展实证调查研究，并以取得的实证数据为基础，研究开发更具实用性的新技术，2013 年夏天完成了新型实验设备。其后，该机构与大型汽车集团、大型化学公司、大型住宅建造商集团等共同合作开展以相关技术为核心的能源基础设施的建设及相关事业的推进工作，为实现不依存于化石燃料的新型能源社会的建设而努力。

広島大学平和センター
The Center for Peace, Hiroshima University
广岛大学和平中心

  "广岛大学和平中心"的前身是"广岛大学和平科学研究中心"，作为广岛大学的校内机构，以从事和平学的相关研究、调查和资料收集为目的，于 1975 年 7 月 8 日在校内成立，是日本国内第一家和平学的学术研究机构。"广岛大学和平科学研究中心"的存续期截止于 2018 年 3 月 31 日，基于对机构存续必要性的评定结果，于 2018 年 4 月 1 日新设了无存续期限的"广岛大学和平中心"，对旧和平科学研究中心加以延续和发展。为此，广岛大学和平中心在关于和平的相关研究和教育方面，在原有基础上更进一步强化其作为校内外的"研究中心"的地位以及所应承担的职责和功能。广岛大学和平中心基于与广岛和平文化中心、和平纪念资料馆、广岛大学之间的框架合作协议，推进有关被爆体验和核武器被害的新见解发掘以及基于事实的信息传播，提供研究和教育的相关合作支持。和平中心重点针对以下三方面开展活动，即和平学的相关研究，特别是汇集校内外的研究者共同形成的和平学研究的推进与组织化建设；和平学的相关文献资料及数据的收集与整理；和平学的相关研究成果与信息的提供。和平中心通过各种国际研讨会、研究会以及出版物，积极传播其研究成果，不断拓展与日本国内外相关机构的关系网络建设。

一般社団法人北海道総合研究調査会
Hokkaido Intellect Tank
一般社团法人北海道综合研究调查会

"一般社团法人北海道综合研究调查会"的前身"社团法人北海道开发问题研究调查会"是为应对地区建设中所面临的课题，在北海道地方政府部门及民间企业和个人等的广泛支持与协助下，于1975年9月25日设立的社团法人智库。1982年正值经济高速增长期过后从"厚重长大"产业向情报技术革新和体验观光、看护等服务产业转型之际，也是地方渴求智慧与觉悟的时代，此时该机构与"北海道情报开发研究会"合并，维持原机构名称不变。2002年6月1日出于对"开发时代"已经终结的认识，该机构变更名称为"社团法人北海道综合研究调查会"，2012年4月1日获批变更为"一般社团法人北海道综合研究调查会"。该机构从设立之初开始，始终定位于独立的综合性地方智库，为建设富裕的地域社会开展政策、事业、项目等方面的相关调查研究、企划提案和信息传播，分析地域问题，研究未来发展，提出对策建议并加以试行，同时致力于为实现以上目的而推进相关活动，努力为北海道地区的产业、经济、社会等各方面的自立发展以及创造具有北海道特色的生活、文化做贡献。近年来，该机构在坚守设立初衷的基础上，不断拓建和相关研究机构、研究人员之间的关系网络，把业务范围从北海道拓展到日本全国乃至世界，特别是在应对人口减少和少子老龄化问题方面，积极建设足以取得国际认可的地区社会。

一般社団法人全国農業改良普及支援協会
Japan Agricultural Development And Extension Association
一般社团法人全国农业改良普及支援协会

"一般社团法人全国农业改良普及支援协会"的前身是成立于1975年的"社团法人农村生活综合研究中心",致力于通过普及高效的农业技术和经营方式、开展有关农业改良和普及事业的调查研究并提供相关信息,以期为农业发展、农业经营的稳定和农村生活质量的提高做出贡献。为了支持农业改良和普及事业在新发展方向下的推广活动,该协会在技术支持农业生产力和农作物品质的提升、农业经营的稳定增效、农村生活的改善等方面积极协助中央政府和都道府县地方政府的工作。全国农业改良普及支援协会在日本全国各地的普及指导中心等相关机构配置了约八千名普及指导员。2013年4月1日变更为一般社团法人。

公益財団法人笹川平和財団海洋政策研究所
Ocean Policy Research Institute, The Sasakawa Peace Foundation
公益财团法人笹川和平财团海洋政策研究所

"公益财团法人笹川和平财团海洋政策研究所"始于1975年12月18日成立的"财团法人日本造船振兴财团",随着财团事业的不断拓展扩大,1990年9月10日将名称变更为"财团法人Ship and Ocean财团",1991年4月1日开始从事与造船相关的海外信息情报的收集工作以及海外业务的合作援助事业。该机构以"人类与海洋的共生"为目标,从2000年4月1日开始从事海洋政策研究、政策建言、信息传播等海洋智库事业,2001年4月1日开始从事国际海事大学援助业务。2002年该财团在内部增设了"SOF海洋政策研究所"。从2005年4月1日开始以"海洋政策研究财团"的通称在海洋政策、海上交通、安全保障、沿岸管理、海洋环境、海洋教育、海洋技术等领域开展研究活动。2006年4月启动海洋基本法研究会的事务局活动,2006年12月同研究会汇总提交了《海洋政策大纲》和《海洋基本法案概要》,为2007年以"实现新海洋立国"为目的的《海洋基本法》(『海洋基本法』, 2007年4月27日法律第33号)的制定做出了贡献,其后为推进该法规定的基本措施的具体化实施开展智库活动。2008年7月该机构正式取得联合国经济及社会理事会(ECOSOC)的特别咨商地位(Special Consultative Status)。2013年4月变更为"一般财团法人Ship and Ocean财团"。2015年4月与"公益财团法人笹川和平财团"合并,更名为"公益财团法人笹川和平财团海洋政策研究所",致力于开展海洋的综合管理与可持续开发活动。2000年7月20日创办《Ship & Ocean Newsletter》,2013年更名为《Ocean Newsletter》,2004年2月发行《海洋白皮书2004创刊号》。该机构积极与研究人员构建交流网络,以社会建言献策为目的,开展海洋及沿岸地区、海洋安全保障等相关调查研究,以及海洋调查研究的国际合作,积极参与海洋治理的相关国际会议和活动,2014年7月获得"第七届海洋立国推进功劳者表彰"。

政策構想フォーラム
The Forum for Policy Innovation
政策构想论坛

"政策构想论坛"成立于1975年,是以关注日本经济社会改革的社会科学研究者作为"研究会员",在赞同该论坛基本理念的"法人会员"的协助下运营的研究组织。该论坛的基本理念是在日本国内外经济情势激变之中,从根本上把握并修正旧有的政策形成机制,规划未来日本的经济社会愿景,并探讨寻求实现这一构想的政策体系。该论坛为实现这一目标,培养具有国际化视野和创新思维的年轻人才。

一般社団法人環境創造研究センター
Center for Environmental Creative Studies
一般社团法人环境创意研究中心

"社团法人环境评估中心"于1976年取得爱知县知事的批准作为环境部主管的法人而设立,致力于从事与地域的自然、社会等综合环境相关的科学研究,同时为实现其体系化的建设与普及,以及保全和创造人类期望的环境做贡献。2013年4月1日,由爱知县知事批准变更为一般社团法人,并更名为"一般社团法人环境创意研究中心"。该研究中心为满足企业与市民的需求而严选合乎时宜的课题,为地域环境建设积极开展活动,通过举办环境研讨会与讲习班、发行期刊《环境》等方式面向社会提供信息。为合理应对多样化、复杂化的环境问题,该研究中心不断充实事业内容,创造更为优质的业务环境,开展了包括爱知县环境影响评价、环境创造及其他与自然和社会环境相关的综合性调查研究,确立并普及关联技术的体系化建设及其应对策略,推进地球温室效应防范措施等,以此为保全和创造安全、安心的可持续环境做出贡献。2003年9月19日,该研究中心被爱知县知事指定为"爱知县地球温室效应防范活动推进中心",进一步强化并发挥其作为活动基地的作用。

一般財団法人地域振興研究所
Research Institute of Urban and Regional Planning
一般财团法人地域振兴研究所

1976年活跃在各领域的研究者和实业家打破以专业领域划分学术研究与行政事务的限制,为实现符合地方实际情况的均衡性发展,对地域各方面问题开展综合性调查研究,并以此为目的共同参与设立了"社团法人地域振兴研究所"。特别是在"地域建设就是人类建设"的理念指导下,作为扎根于地方的政策提案型智库,研究所与市民共同思考、共同行动,充分利用研究所的关系网络积极解决各种现实问题。研究所致力于推进地区的均衡性振兴发展,从事地区的综合性调查研究,同时为推进与普及地区振兴事业,收集并提供资料信息等,开展人才培养以及与地方社会的合作交流,举办演讲会等。

株式会社日本海コンサルタント
Nihonkai Consultant Co., Ltd.
株式会社日本海咨询

"株式会社日本海咨询"自1976年6月10日设立以来,作为建设咨询业务方面的专家,从城市的宏观规划设计到舒适生活环境的营造,以跨领域的专业技术满足各界的实际需求。该公司凭借规划技术研究、城市规划、地域开发、道路、构造、农业土木、上下水道、河川与海岸、园林建造与建筑、环境调查、施工管理、情报系统、品质管理等19个部门的专业人才以及积累的丰富经验，发挥工作人员网络化的机动能力和组织能力以应对不同情况，不断充实研究开发和技术能力，从全球化视角出发，以实现"自然与城市与人类的共生"的富裕地域社会为目标。

株式会社オストランド
OSTRAND Corporation
株式会社 OSTRAND

"株式会社OSTRAND"于1976年以市町村的一般废弃物处理事业的相关咨询业务起步，其后服务对象拓展到中央、市县的行政机构和民间企业，业务内容也从一般废弃物处理拓展到产业废弃物处理、从行政规划拓展到新技术开发，乃至海外咨询业务，业务范围不断拓展。日本的废弃物排放密度从国际比较看相对较高，为了保护居民的生活环境不被污染，日本不断加强高新技术和自主技术的研发，促使日本发展成为拥有世界一流废弃物处理技术的国家，备受欧美等世界各国的关注。该公司致力于把日本国内积累的技术、知识、经验等加以充分应用并拓展传播到海外。

株式会社三菱ケミカルリサーチ
Mitsubishi Chemical Research Corporation
株式会社三菱化学咨询

以三菱化成株式会社的特许部情报室为母体，作为全资子公司，"株式会社Dia Research"于1976年11月1日成立，是以化学产业为中心，提供关联产业的技术、市场和企业情报以及基于这些情报的高度调查、解析、咨询的情报信息服务公司。1987年8月三菱油化株式会社和6家其关联公司共同出资成立"Martech株式会社"。1994年10月三菱化成株式会社与三菱油化株式会社合并成立"三菱化学株式会社"。1997年7月株式会社Dia Research与Martech株式会社合并成立"株式会社Dia Research Martech"，2007年10月更名为"株式会社三菱化学技术研究咨询"。2008年6月1日起，该公司的中国北京代表处开始运营，2017年4月1日公司名称再次变更为"株式会社三菱化学咨询"。该公司作为三菱化学控股集团的调查研究咨询公司，拥有40余年的丰富业绩积累，是以化学、生物技术、纳米技术、环境及能源领域为中心，把具有前沿性和广泛性的信息检索、信息处理、调查分析的科学研究作为主要领域的综合性智囊机构。该公司业务从专利调查、产业技术动向、市场趋势、个别调查议案等不断拓展到广泛的智库型咨询服务，并肩负集团倡导的"以实现人类可持续发展的健康舒适生活为目标"的社会责任与任务。该公司以庞大的信息数据为基础，充分发挥各领域专家的丰富经验技术，通过提供科学技术信息、市场信息及经营信息，针对顾客需求提出细致实用的建议和有价值的解决方案，为打造知识型社会做贡献。为了满足广泛领域的需求，该公司特别注重人才队伍多样化建设，除最基本的化学领域外，还拥有机电、医药、生化、IT等专业领域，来自中国、韩国等日本国内外的各领域的多种人才，同时不断拓展以中国为中心的亚洲地区以及欧美等海外的信息人脉网络建设。

一般財団法人関西空港調查会
Kansai Airport Research Institute
一般财团法人关西机场调查会

"财团法人关西机场调查会"是经大阪府批准于1976年12月21日成立的学术调查研究机构，专门从事与关西国际机场相关的环境及地区整备等关联问题的调查研究、规划立案，致力于为机场相关环境问题的分析和地方社会的发展做贡献。在公益法人制度改革中，2012年6月变更为一般财团法人。设立以来，该机构作为中立的专业性调查研究机构，充分发挥多年积累的经验和人才网络，主要参与实施了关西国际机场第一、二期工程建设所涉及的环境影响调查、社会经济影响调查、环境监测和对居民的影响等相关各种问题的调查研究并制订相关计划，以及机场投入运营后的环境监测；阪南丘陵等机场关联事业的推进与企划调整；涉及近畿圈整体的航空、机场问题的调查研究；利用机场实施地区振兴的相关调查研究；机场与地域之间的交流事业等。该机构业务的具体内容包括对空气和水质的污染以及噪音等公害问题的调查研究；对生态体系、自然环境及其相关社会经济、都市规划等问题的调查研究；制订综合性环境评价计划并发布评价报告；对地区建设等问题的调查研究及规划等。

一般財団法人生活環境問題研究所
Institute for Creating the Living Environment
一般财团法人生活环境问题研究所

"财团法人生活环境问题研究所"自 1977 年设立之初,就把"城市与农村环境"和"健康"作为其最主要的两大研究领域。2013 年 4 月 1 日变更为一般财团法人。生活环境问题研究所从事所有与大阪府区域内每个人的生活环境相关的综合性调查研究,同时相应地开展生活系统和环境系统的研究、普及与启蒙活动,以此为目的,发挥立足于北大阪中心地区的地理优势,主要开展北大阪七市三町的城市政策和景观与城市建设等的相关调查、研究、规划。研究所积极开展与地区紧密结合的活动,作为"健康森林"基地,从健康到居住、从城市到农村,研究活动遍及广泛领域,同时作为环境领域的综合性咨询机构,不断强化自治体的政策立案能力,顺应时代发展需求推进具有特色的城市建设,并促进市民的参与。

旭川大学地域研究所
Asahikawa University Regional Research Institute
旭川大学地域研究所

"旭川大学地域研究所"为实现地域社会的产业、经济、社会、生活、环境、教育、文化等的自立发展与人类福祉的优化,开展与地域相关的自然、社会、文化方面的调查研究,同时推进理论研究与政策制度的完善,并与地域社会共同实践,验证其研究成果,进而推动旭川大学的教学发展。为了达成上述目标,研究所积极开展各项业务,包括文献资料的收集、整理、开发利用,与内外部关联机构的合作研究和文献资料交流,外国文献的介绍与翻译;承接中央政府机构、公共团体以及其他法人团体等的委托调查、研究、规划、研修业务;研究所所报以及其他机构期刊、资料、图书的编辑刊发;举办研究会、演讲会、公开讲座,派遣讲师等。

一般社団法人日本リサーチ総合研究所
Nippon Research Institute
一般社団法人日本调查研究综合研究所

"社团法人日本调查研究综合研究所"的前身是1965年4月起步的株式会社日本调查研究中心的"经济调查部"。伴随事业内容的公益性不断增强，1977年4月7日经济调查部从公司接管相关业务与工作人员以及积累的研究成果，作为经济企划厅主管的社团法人性质的研究所独立出来，正式成立。研究所于1981年设立"产业社会发展基金"。1982年通商产业省成为共同主管部门，并且研究所获得人事院批准成为国家公务员的研修外派研究机构。2013年4月1日变更为一般社团法人。自成立以来，研究所从宏观视角关注世界和日本的社会变革与经济变动，从微观视角关注应对变动和自我改革的企业与生活者个人，坚持宏观与微观两者相结合开展调查研究活动。研究所具体从事国民生活、国民意识、社会、经济、产业、通商、文化、地区等诸多问题的相关调查、研究与建议；除开展消费者心理调查、消费与储蓄分析、经济预测、产业社会变动调查等自主研究外，还承接来自中央政府和地方自治体等政策决策主体以及公共团体、企业等经济主体两方面的委托调查研究业务；涉及国民生活、社会、经济、产业、消费、地域等广泛领域，取得了大量的业绩成果。研究所以建言献策的智库为目标，将自主研究与委托研究有机结合，基于宏观的社会经济变动，针对个别主体所面临的现实问题提出有效的最佳解决方案。此外，研究所出版《综合研究》等刊物和图书，举办演讲会、国际研讨会等，并以研究所的会员和委托方等为对象，隔月举办定期研究会，还接收并派遣研修生。

公益社団法人神奈川県地方自治研究センター
Institute For Public Policy In Kanagawa Prefecture
公益社团法人神奈川县地方自治研究中心

1977年6月4日，在神奈川县长洲知事的呼吁下，神奈川县为推进地方自治的发展和居民自治的确立，广泛集结各阶层的县民，以公益法人的形式设立关于地方自治和城市问题的专业研究机构，通过促进自治体相关人员、学者、专家和县内各阶层广大居民之间的意见交流，以及有关自治的调查研究活动，从而推进更加积极、更具创造性地制定立足地方的自治体政策。神奈川县地方自治研究中心以充实政策构想、推进与居民密切相关的民主自治体的行政改革为主旨，以从事神奈川县为中心的地方自治方面的研究和资料收集为目的，自设立以来，积累了大量的调查研究成果。该研究中心于1985年4月取得社团法人的批准，其后在公益法人制度改革中变更为公益社团法人。研究中心主要举办研究会，其研究成果以月报和报告书的形式加以公开发布，同时也与全国各都道府县的地方自治研究中心、研究所等机构合作共同举办研究会，并将研究成果汇总为报告书进行发布。

株式会社メッツ研究所
METS Research & Planning, Inc.
株式会社METS研究所

"株式会社METS研究所"设立于1977年7月，是由地域规划者、系统工程师、大学教授、流通与物流行业人员等来自不同领域的人共同出资设立和运营的不属于任何党派、团体的民间研究机构，针对日本国内外的城市与地方存在的问题开展调查研究，提出旨在解决问题的对策方案，并为其实施提供援助。研究所承接中央政府、地方公共团体、公共机构等的委托业务，在地域开发、城市规划、交通规划、产业活性化等广泛领域为打造有魅力的生活空间从事调查与分析、制定构想与规划、开展政策研究等，擅长国立公园的地区整备、自然环境的重建事业、山村的保全利用、岛屿建设、移居定居、物流与交通等专业领域的研究，在可持续发展的地域社会与产业建设、推进物流高效化发展、运用地理情报系统的城市与交通政策等课题方面展现自身的业务特色。

一般财团法人冈山经济研究所
Okayama Economic Research Institute
一般财团法人冈山经济研究所

"财团法人冈山经济研究所"是针对冈山县内的经济、产业动向以及企业经营等方面开展相关调查研究，以为振兴县内经济产业和不断提升县内的社会、文化、福祉做贡献为目的，在以冈山县的"株式会社中国银行"为中心的当地经济界的广泛援助下，于1977年9月7日设立的财团法人研究机构，2013年4月1日变更为一般财团法人。创立之初，研究所致力于内部体制建设与自主调查研究，通过机构刊物《MONTHLY REPORT》(2010年1月更名为"《冈山经济》")发表其研究成果，邀请外部讲师举办演讲会等，以此为主体开展活动。从20世纪80年代中期开始，研究所承接外部的调查委托业务，举办内部讲师的研讨会等。研究所的业务内容包括，开展定期调查把握地区经济动向，从事与地区经济、产业动向、企业经营相关的调查研究，并收集、提供相关的资料与情报信息；出版发行机构期刊等出版物；举办演讲会、研修会、学习班等，并实施经营援助事业；承接与地区的经济和社会等相关的委托调查研究。

一般财団法人行政管理研究センター
Institute of Administrative Management
一般财团法人行政管理研究中心

"财团法人行政管理研究中心"于1977年9月12日成立，1981年9月被指定为"特定公益增进法人"，2012年4月1日变更为一般财团法人，是日本国内较为罕见的以行政管理作为专业领域的智库。行政管理研究中心去除作为直接当事人的行政部门身份，从自由且独立的立场出发，综合性地开展与行政管理相关的理论与技术方面的调查、研究及开发，通过对这些知识的普及与启蒙活动，发挥其搭建在日本行政管理的实务派与理论派（学术界）之间的桥梁作用，积极推进行政机关与学术机构的联合协作，不断提升日本行政的民主化、合理化和效率化。该研究中心为进一步扩充强化其研究部门，于1980年4月增设了"行政研究所"作为其附属机构。该研究中心通过1978年2月创刊的《季刊行政管理研究》和2001年6月创刊的《季刊情报公开》（2005年更名为"《季刊情报公开与个人信息保护》"），以及2007年4月创刊的《季刊评价》对外传播其研究成果。该研究中心的具体业务内容包括，行政管理的相关调查与研究，意见采集、分析及运用，行政管理相关的教育与研修，研究的奖励及知识的普及、诊断与指导，国际合作，国内外资料与文献的收集和提供，出版物的发行等为实现法人设立目的所必要的业务。

株式会社冲縄計画機構
Okinawa Planning Institute
株式会社冲绳规划机构

"株式会社冲绳规划机构"是为激发与地域紧密相连的内生型产业振兴的活力，于1977年设立的研究机构。该机构立足于地方，努力克服其作为营利团体在特定领域难以避免的弊端，同时，发挥其基于多角度开展调查研究的特长，致力于发展成为以地域产业振兴、观光、环境、地域福祉、生活环境建设五大领域为核心的综合性研究机构。

公益財団法人年金シニアプラン総合研究機構
Research Institute for Policies on Pension & Aging
公益财团法人年金与老龄化综合研究机构

"财团法人年金制度研究开发基金"作为日本国内第一家年金方面的专业调查研究机构于1978年2月设立，1990年7月更名为"财团法人年金综合研究中心"，从2001年4月开始新增关于资金运用方面的业务，2006年7月与"老龄化开发机构"合并后更名为"财团法人年金与老龄化综合研究机构"，同时明确将年金生活相关调查研究业务等纳入事业范围，2012年4月经内阁总理大臣批准变更为公益财团法人。"年金与老龄化综合研究机构"是针对日本的年金制度和年金生活以及年金资金运用等开展系统性、综合性相关研究，并以促进研究发展为目的的专业化智库，面向日本年金学会提供援助工作。在少子老龄化迅速加剧的严峻社会环境之中，年金制度作为年老后生活所得保障的支柱，是支持年老后生活不可或缺的重要制度。为了促进年金制度的健全发展，该机构针对国民经济、财政、企业经营、雇佣与薪酬、年金生活等开展综合研究，并向广大国民提供正确的情报信息，这些都是重要且必须的。1978年11月机构期刊《年金研究》创刊，1982年10月更名为《年金与雇佣》，2001年12月作为年金制度和年金资金运用的相关综合研究期刊更名为《年金与经济》。

一般財団法人北陸経済研究所
Hokuriku Economic Research Institute
一般财团法人北陆经济研究所

"财团法人北陆经济研究所"作为北陆银行创业100周年的纪念事业之一，于1978年3月7日取得通商产业大臣的批准而正式成立，旨在为支持北陆三县的富山、石川、福井的产业振兴和地域社会发展，从事调查、研究以及企业经营指导等业务。北陆经济研究所是以北陆三县为对象的唯一的民间智库，自创立以来，始终追求以高质量的情报与分析为基础制定精细缜密的战略，作为地方的代表性智库深受好评。北陆经济研究所是地方智库协议会会员，以1000万日元的基本资产和大约3000名赞助会员的捐助为基础进行运营，约24名董事负责机构的运营管理，约25名职员具体实施有针对性的调查研究，为创造北陆地域的美好未来而努力。研究所通过月刊《北陆经济研究》对外发布调查研究成果，通过年刊《北陆三县公司要览》汇总发布北陆的企业信息，此外还发行从多角度研究北陆的经济和景气动向的《北陆产业白皮书》以及《北陆主要1行业的现状与展望——应对时代变化的发展战略》。伴随公益法人制度改革，经主管该机构的内阁总理大臣批准，研究所于2013年4月1日变更为一般财团法人，并以此为契机，进一步强化其为地区和社会发展做贡献的使命责任，迈入新的发展阶段。

一般財団法人エネルギー総合工学研究所
The Institute of Applied Energy
一般财团法人能源综合工学研究所

"财团法人能源综合工学研究所"于1978年4月1日经通商产业省批准,作为财团法人设立,2013年4月1日变更为一般财团法人。研究所于1978年创办了机构刊物《季刊能源综合工学》,1986年4月1日开设"能源技术情报中心",2008年4月1日继承"财团法人核能发电技术机构"的事业而开设"核能工学中心",2015年4月1日开设"技术开发支援中心"。日本作为能源消费大国,面对大部分能源资源依赖于海外的现状,必须从长期且国际化的视野出发,制定战略性能源稳定供给确保方案,并切实加以实施。研究所以能源技术为中心,基于综合工学的立场,运用丰富的科学技术知识与见解,开展高质量的调查研究以满足社会随时的需求。研究所认为技术是维持并不断提升日本在国际社会中的优势地位所不可或缺的资产,因此在"以技术开拓能源未来"的认知下,在产官学各界的紧密联系合作下,汇集各领域的专业知识不断推进业务的实施,致力于针对能源开发、供给、利用等相关问题从技术层面开展综合性研究开发活动,普及其研究成果,并以此实现能源技术体系的确立和提升,同时为合理开发、稳定供给、科学利用以及国民经济的健全发展等做贡献。研究所的研究对象包括核能、新能源、石化能源、地球环境等广泛领域。此外,还有大量的信息与评价等涉及能源技术开发的共通基础建设等方面的跨领域研究,和涉及技术与社会方面的跨学科、跨行业的研究,都是研究所的特色所在。

公益社団法人北海道国際交流・協力総合センター
Hokkaido International Exchange and Cooperation Center
公益社团法人北海道国际交流合作综合中心

"北方圈调查会"于1971年4月成立,于1972年1月取得内阁总理大臣的"社团法人"批准,于1978年4月正式改组为"社团法人北方圈中心"。该中心设立的目的是积极推进北海道和北方圈各国之间的经济、文化、学术等多方面的交流合作，并以此为基础促进与北方圈以外的各国之间的交流，从而为北海道乃至日本的经济、文化、学术的发展和振兴，为北方圈的开发与繁荣做贡献。伴随全球化进程的推进，为了与世界各国广泛开展交流与合作活动，有必要进一步建成北海道的国际交流与国际合作的核心组织，因此于1998年3月被国家批准为"地域国际化协会"。其后，该中心于1998年4月与"青年妇女国际交流中心"合并，2004年7月与"财团法人北方圈交流基金"合并，2006年7月与"财团法人北海道海外协会"合并，2010年4月承继"社团法人北太平洋地域研究中心"的业务，2011年8月变更为公益社团法人，同时更名为"公益社团法人北海道国际交流合作综合中心"。该中心旨在发挥其作为北海道的国际交流综合基地的作用，通过与世界各国开展国际交流与国际合作活动，实现建设富裕且充满活力的地域社会的目标。

株式会社テクノバ
Technova Inc.
株式会社 Technova

"株式会社 Technova"是成立于1978年5月1日的技术类智库，其前身是成立于1970年的"TOP70研究会"。该机构名称"Technova"是由"技术创造"（Technology）和"新星"（Nova）两个英文单词融合而来。自成立伊始，该机构便以创造对人类发展做贡献的新技术为自身使命，是从事能源、环境、交通、先进技术领域的调查研究、咨询及宣传的智库。该机构的理念是贯彻三个姿态，即始终回归原始信息，探求问题本质的姿态；根据课题需要组成最佳的专家队伍，展开富含机动性的活动的姿态，不只是单纯收集分析r信息，还根据实际需要自行对技术进行验证的姿态。这三个姿态有机结合形成模式，也是该机构的主要特征。

一般财团法人青森地域社会研究所
The Aomori Institute of Regional Studies
一般财团法人青森地域社会研究所

"一般财团法人青森地域社会研究所"是株式会社青森银行为纪念其

创业 100 周年，经主管部门批准，以全额捐款于 1978 年 7 月 20 日设立的调查研究机构。研究所以助力青森县内的经济、产业、地域社会的发展为理念，在县内广大有识之士的协助和参与下，积极推进各种活动以提升地域社会的发展水平。自设立以来，研究所开展与青森县内的经济、产业、地区社会相关的综合性调查研究以及必要的情报信息的收集和提供等业务，通过公开其研究成果、刊发月刊《地域青森》等向县内外传播情报信息，进而为地区社会的健全发展做贡献。研究所的业务内容包括调查研究、机构刊物等出版物的发行、派遣讲师、举办演讲会和研讨会等。

一般財団法人自然環境研究センター
Japan Wildlife Research Center
一般财团法人自然环境研究中心

"财团法人日本野生生物研究中心"于 1978 年 10 月 6 日经环境厅自然保护局批准作为财团法人成立，1992 年 7 月更名为"财团法人自然环境研究中心"，2012 年 7 月变更为一般财团法人。该研究中心作为生物领域的专业化智库，从事日本国内外的自然环境保全方面的调查研究、自然环境相关情报信息的收集整理与提供、自然环境保全相关的人才培养和国际合作等业务，以期积累并提供自然环境保全方面的知识经验，进而为推进自然环境的保全和人类文化生活的创造做贡献。该研究中心是围绕构建人类社会与自然之间，特别是与野生生物之间的共存共荣关系，从学术性、综合性观点出发，坚持基础科学与应用科学相结合，开展科学性、政策性研究的机构。研究中心从事调查研究事业的同时，在 1993 年 4 月基于《关于濒临灭绝的野生动植物的种子保存的法律》（「絶滅のおそれのある野生動植物の種の保存に関する法律」，1993 年法律第 75 号，简称"《种子保存法》"）被认定为"国际稀有野生动植物物种"的登记机关与认证机关，2005 年登记为《关于防止特定外来生物给生态系统等造成损害的法律》（「特定外来生物による生態系等に係る被害の防止に関する法律」，2004 年法律第 78 号，简称"《外来生物法》"）的种类名称证明书发行机关。

一般財団法人省エネルギーセンター
The Energy Conservation Center, Japan
一般财团法人节约能源中心

"财团法人节约能源中心"于 1978 年 10 月 16 日成立，2012 年变更为"一般财团法人节约能源中心"。该中心从 2008 年开始向"世界节约能源等商务推进协议会"提供援助业务，2014 年宣布参与联合国"人人享有可持续能源"倡议（SE4ALL）。该中心运用长年积累的经验与成果，不断提高对节能相关各种需求的敏感度，重点致力于提供对节能有价值的情报信息与服务、培养广泛的节能人才、协助节能政策的制定、技术与经验的国际传播推广等。该中心勇于挑战与节能相关的革新性技术的开发与普及、社会系统的变革等既有业务延长线上所没有涵盖的"创新"业务等，积极支持产业、家庭等的节能活动。该中心在促进日本节能技术不断提升的同时，从对能源环境问题的国际贡献的视角出发，积极普及和应用堪称世界最高水准的日本节能技术以及受到国际好评的相关政策与制度，推动这些技术与经验在国际合作与国际商业交流等平台上得到最大限度的应用。为此，该中心通过派遣专家和接收研修人员等形式开展国际援助，为支持与海外企业、机构之间的商业往来和交流提供服务。

一般財団法人平和・安全保障研究所
Research Institute for Peace and Security
一般财团法人和平安全保障研究所

"财团法人和平安全保障研究所"以防卫厅为中心，以"经济团体联合会"为财界后盾，作为由防卫厅和外务省共同主管的财团法人，在防卫大学时任校长猪木正道和京都大学教授高坂正尧等多方的共同努力下于 1978 年 10 月成立，2011 年变更为一般财团法人。和平安全保障研究所是日本在和平与安全方面的综合性调查研究机构，也是日本历史最悠久的外交与安全保障领域的民间独立智库，主要致力于调查分析亚洲太平洋地区的外交与安全保障的相关问题，并通过与日本国内外研究机构间的交流共享研究成果。研究所通过月度研究会、官方网站上的评论、在日本各地举办的公开研讨会、在亚洲和欧洲等地举办的国际研讨会等形式，营造社会舆论，进而针对外交与安全保障问题提出政策建言，影响政府的政策形成。研究所基于研究成果提出政策建议，通过举办各种活动、提供资料等方式面向国民普及安全保障的相关知识，为启发一般国民做努力。研究所还积极推进和平与安全保障研究领域的国际交流从而让世界正确了解日本社会的真实状况，以期为日本的独立与安全做出贡献。业务内容主要包括，为确保日本的独立与安全的综合性政策调查研究以及建言献策；军备管理等安全保障政策方面的相关调查研究以及建言献策；向日本国民普及和平与安全保障的相关知识；与日本国内外从事和平与安全保障研究的机构开展合作；和平与安全保障领域相关图书资料的收集、整理与公开。和平安全保障研究所凭借与社会各界专家的合作，从自由客观的立场出发，调查研究和平与安全保障领域的诸多问题，调查研究活动以研究委员为中心，根据不同课题随时组织专家成立项目研究团队。机构年报《亚洲安全保障》于 1979 年创刊，《*Policy Perspectives*》于 2006 年创刊。研究所从 1984 年开始已连续三十余年实施青年研究人员的人才培养项目，其毕业生遍布外务省、防卫省以及日本全国的大学等，在学界和政府机构都具备广泛的人脉关系。在经费方面，研究所主要依靠经济界等的捐款、法人和个人的会费、国内外财团的资助金等进行运营。

財団法人地域総合研究所
Regional Research Institute
财团法人地域综合研究所

"财团法人岐阜县地域问题研究所"于 1979 年 1 月 10 日成立，旨在为振兴岐阜县的社会发展做贡献，是"社团法人岐阜县经济俱乐部"的附设研究机构。1985 年 7 月，"社团法人岐阜县经济俱乐部"解散，同时伴随"岐阜县经济同友会"的设立，岐阜县地域问题研究所成为了岐阜县经济同友会的附设研究机构，并于同年 10 月更名为"财团法人岐阜县综合研究所"。1993 年 4 月，为便于官民各界广泛地加以利用，研究所去除了岐阜县经济同友会附设研究机构的职能。1998 年 10 月，作为既是公益法人，又有别于行政机关的民间组织，研究所为进一步强化其连接中央与地方、行政与民间（企业、居民、NPO 等）的网络核心功能，将名称变更为"财团法人岐阜综合研究所"。其间，研究所接管了岐阜县经济同友会的调查研究业务，并承接中央政府和市町村、商工团体等的委托调查研究业务。2003 年 6 月，在市町村合并与地方分权的变革之中，研究所重新审视"地域"的意义，为更加强化旨在促进"地域"振兴的研究，将名称变更为"财团法人地域综合研究所"。作为地方的民间公益智库，研究所通过充分利用地区特有资源的、个性化的地域建设，以向地方和中央反馈社会建设现状为目的，在连接居民与行政机关、企业与行政机关、中央与地方之间的网络中，肩负着核心作用并为此开展各种活动。

一般财团法人都市防災研究所
Urban Disaster Research Institute
一般财团法人城市防灾研究所

"财团法人城市防灾研究所"作为从事防灾问题研究的公益事业部门，是依据民法第 34 条的规定，经国土厅和建设省批准于 1979 年 3 月 31 日设立的财团法人。研究所针对城市防灾开展调查研究的同时，从事城市防灾对策等的相关企划立案以及技术援助、防灾知识的普及等业务，积极开展各种活动进而提升城市防灾能力和安全性，从而为保护市民的生命和财产安全，乃至城市机能的安全做贡献。研究所为建设任何人都能够安居乐业的安全城市，开展前瞻性研究，不断追求下一代人愿景中的城市防灾理想状态。研究所于 2012 年 8 月依据新的公益法人法，经内阁总理大臣批准，变更为公益性强的非营利性一般财团法人，作为国内乃至国际化公益网络中的一员开展大量活动。

一般财团法人地方債協会
Japan Local Government Bond Association
一般财团法人地方债协会

"财团法人地方债协会"是由地方公共团体的三大代表团体全国知事会、全国市长会、全国町村会基于协商达成共识作为共同设立方，在银行和证券公司等的支持下，于 1979 年 4 月设立的财团法人，由当时的总务省主管，2013 年 4 月 1 日经内阁府批准变更为"一般财团法人地方债协会"。该协会致力于地方债管理的不断充实完善，通过与地方公共团体联合共同开展各种事业，从而实现能够筹措稳定的地方债资金，并在此基础上，为实现地方财政运营的顺畅以及居民福祉水平的提高、确保地方行政的高效运作和建设富有活力的地方社会做贡献。为此，该协会不断提高地方债的相关情报信息收集的便利性，以及不断充实地方债的相关基本信息、地方债的发行条件和流通情况、金融相关信息等关注度高的信息内容。业务主要包括，开展地方债的相关调查研究，举办研修班、讲习班、演讲会等，并通过协会主办的会报《地方债》、季刊《面向市町村的地方债情报》和《地方债速报》等提供地方债的相关信息。

一般財団法人秋田経済研究所
Akita Economic Research Institute
一般财团法人秋田经济研究所

"财团法人秋田经济研究所"是株式会社秋田银行为纪念创业100周年，全额捐款于1979年5月9日设立的调查研究机构，以调查解析秋田县的产业经济和社会发展的现实状况、提供有助于企业经营和县民生活健全发展的情报信息为目的，2011年9月1日变更为一般财团法人。设立以来，研究所致力于从事秋田县内的产业和经济方面的相关综合性调查研究，并将其研究成果面向一般社会公众加以广泛公开，为促进地域经济和县民生活的健全发展做贡献，资助县内中小企业的振兴，刊发机构月刊《秋田经济》，举办演讲会等。

株式会社生活構造研究所
Laboratory for Innovators of Quality of Life
株式会社生活构造研究所

"株式会社生活构造研究所"的前身是"第一技研株式会社"，以"余暇开发中心"的客座研究人员为中心，于1979年5月成立，从生活者的视角出发，分析并重构不断变化的地域课题与研究方向，为开拓未来愿景与方向而不懈努力。设立以来，研究所在社会、经济、地域、设施、生活、技术、情报等各领域，综合开展调查研究、企划创意及其实施等相关的所有业务，准确把握生活构造与社会构造的变化，积极回应行政机关、企业、媒体、个人的不同需求，肩负起信息化时代的新文化创造之责。研究所的主要业务领域包括生活意识与模式的相关调查等社会生活策划，地域规划与设施规划等相关的建筑、地域、都市策划，情报计划与信息化规划等相关的情报策划，此外也关注障碍人士、高龄者、女性等特殊人群的生活需求与实际状态，实施地域社会的生活环境与情报信息以及社会系统建设等的研究课题。

株式会社首都圏総合計画研究所
Capital Region Comprehensive Planning Institute Co., Ltd.
株式会社首都圈综合规划研究所

"首都圈综合规划协会"于1966年11月率先提出计划行政的"居民参与"，并以推进首都圈为中心的地区综合规划立案为目的而成立。1974年4月，成立了"首都圈综合规划研究所"，在对"首都圈综合规划协会"的业务和活动加以继承和发展的基础上，作为研究机构开始新的业务活动。1979年7月20日变更为株式会社，正式设立了现在的"株式会社首都圈综合规划研究所"。研究所作为专家团队，发挥长年积累的丰富经验，面向公共团体等公共部门、地方团体、民间事业机构等实施的城市建设项目提供援助，在地域与城市规划以及各种事业策划的立案方面，以及城市建设的支援活动和实践性研究等方面都取得了大量成果，为推进城市建设的不断进步、人们生活品质的提升以及富裕社会的实现做出贡献。

株式会社若竹まちづくり研究所
（无）
株式会社若竹城市建设研究所

"株式会社若竹城市建设研究所"成立于1979年7月，通过开展大量的策划业务、构建各领域的专家网络，充分发挥其专业性特长，在多样化的企划与调查以及调查规划的具体编制方面都取得了丰硕成果。业务内容主要包括市町村的综合规划、振兴计划、城市再开发规划、居民民意调查、社会经济与社会现状调查等城市规划和地域规划领域；集体住宅规划、设计、监理，福祉设施设计、监理，建筑物调查等建筑与公共设施的规划、设计、监理；环境设计与监理，防灾设施规划与景观设计等。

株式会社アール・ピー・アイ
Regional Planning Institute
株式会社 RPI

"株式会社 RPI 地域规划综合研究所"于 1978 年开设，1979 年 8 月 23 日设立株式会社，1983 年增设建筑与都市设计部为城市与地域规划工作的执行提供支持，后发展成为综合性的规划设计研究所。1994 年 8 月 25 日，由"株式会社 RPI 地域规划综合研究所"变更为"株式会社 RPI"。自成立以来，该机构始终坚持立足于"地域"，以"城市建设"为中心，通过开展调查、研究、咨询、援助等业务，致力于与客户共同思考特定地区问题的最佳解决方案，发掘资源，实现地区价值最大化，为提升地区社会的活力做贡献。该机构具备基于多年实践积累的技术与经验，其间培养了大量专业工作人员和团队力量，联合多样化的外部合作人员构建研究网络，凭借与地区人员合作开展的"一支团队解决方案"机制实现地区活力建设的相关运营与创新，从多角度探讨与地区价值最大化相关的课题及成功案例，以助力日本未来的健康发展。

一般财团法人百十四经济研究所
Hyakujushi Economic Research Institute
一般财团法人百十四经济研究所

"百十四经济研究所"是百十四银行为纪念创业 100 周年，于 1980 年 4 月以"财团法人香川国际经济研究所"之名成立，以国际经济和国际金融为研究对象，1987 年更名为"财团法人香川经济研究所"，2012 年 4 月基于公益法人制度改革，变更为一般财团法人，并更名为"一般财团法人百十四经济研究所"。研究所以地域经济的调查研究为主体，与地方公共团体、各种经济团体等保持良好的合作关系，共同推进事业发展，致力于为地域产业振兴和地域经济的健全发展做贡献。研究所在努力增强研究人员能力的同时，进一步推进与产官学各界的合作，强化其研究体制，拓展广阔视野，以地区开发和地区经济动向等作为主要专业领域，收集并提供相关资料信息，发行机构期刊等出版物，举办各种演讲会、研讨会等活动。研究所承接委托调查研究，委托方主要包括香川县、经济产业省四国经济产业局、香川县内的市町村等。

株式会社日本アプライドリサーチ研究所
Applied Research Institute，Inc.
株式会社日本应用研究研究所

"株式会社日本应用研究研究所"作为经济与产业领域、社会生活领域的专业智库，以"Applied Research（应用研究）"为关键词，自1981年5月23日成立以来，开展兼具实践性与战略性的调查研究，积累了大量业绩成果。成立之初，研究所是以各方面的专家作为研究顾问，以产业构造分析、技术预测与评估等为核心业务起步的独立智库，其后研究范围拓展到地区开发、产业振兴、风投支援、信息化战略、福祉服务等领域。面对日益复杂化的日本经济、产业以及社会生活等各种问题，运用专业化智库的智力和人脉资源，以高度的"智慧知识"为基础，以"对话和理解"为信条，以"革新和挑战"为姿态，在从多角度分析和把握实际情况的基础上，进一步解析提出问题的深层构造，并以全球化视野提出具有明确目标的对策和政策建议，取得更具战略性和实践性的成果。研究所实施的项目从中央政府和地方自治体的政策咨询到产业界、企业和消费者的多种课题的解决方案，涵盖各个级别，面向政府官厅和民间企业等不同主体，主要从事产业投入产出表等的相关经济与产业分析；中心市街建设；老龄社会的应对；地域信息化等相关地域振兴计划的制订；情报通信、产业政策课题的建言献策；福祉服务等新型商业模式的调查研究；技术调查、出版、演讲等，根据时代的变化随时调整战略性的政策建议，并提供不断创新的事业实施建议方案。

株式会社博報堂博報堂生活総合研究所
Hakuhodo Institute of Life and Living，HAKUHODO，Inc.
株式会社博报堂博报堂生活综合研究所

"博报堂生活综合研究所"作为日本第二大广告公司"株式会社博报

堂"旗下的智库,成立于 1981 年。该机构的特色在于突破"消费者"的概念,开创了指向生活方式、志向和梦想等个人行为意识的多重层面的"生活者"这一概念,并在此基础上推进研究洞察体系,即"生活者构想"理念的落实和具体化。作为专业研究机构,研究所长期追踪调查和分析生活者多样化价值观的变迁和生活行为的生活者动向并发布相关研究报告,运用实验性研究方法开展前瞻性研究,积累了大量多元化且独具特色的研究成果。研究所每年 1 月刊发的《生活动力》和隔年刊发的《生活定点》都是基于独有的视角对生活者意识与行动的分析研究,因此得到社会各界的好评。2001 年 2 月被吸收合并为"株式会社博报堂"旗下的一个部门。研究所致力于日本国内各地区的地域性研究工作,自 2015 年起,在母公司遍布日本全国的各网点及分支机构派驻了相关客座研究人员,同时研究工作向全球广泛拓展,除东京总部外,研究所相继于 2012 年在中国上海、2014 年在泰国曼谷开设了"博报堂生活综研(上海)"和"博报堂生活综研(东盟)"两家分支机构,将研究业务扩展至海外。

一般财团法人和歌山社会経济研究所
Wakayama Institute for Social & Economic Development
一般财团法人和歌山社会经济研究所

1981 年 9 月 25 日,和歌山县政府以及县内各市町村、各团体、民间组织共同出资捐助设立了"财团法人和歌山社会经济研究所"。研究所作为和歌山县唯一的智库,集结各界的精英,积极与赞助会员等相关各团体以及产官学各界进行合作,以和歌山县的社会经济方面的综合研究开发事业为核心,致力于建设"充满魅力与活力的和歌山",积极关注与地区紧密相关的课题,切实把握地区发展状况,从客观的立场出发,基于长期性、综合性的展望,开展调查研究等各种旨在促进地域社会建设、提升和歌山县整体发展水平的活动。研究所收集并提供必要的情报信息,举办研讨会,发掘并培养人才,不只提出和分析地区社会在经济上的各种问题,更以其研究成果为基础提出必要的对策建议,作为共同思考共同行动的智库、开放的智库、扎根于地方的智库,不断努力前行。2013 年 4 月 1 日基于公益法人制度改革,从财团法人变更为一般财团法人。

一般財団法人比較法研究センター
Kyoto Comparative Law Center
一般财团法人比较法研究中心

"一般财团法人比较法研究中心"于1981年作为学术研究机构取得文部省的批准而设立,设立时身为京都大学教授的北川善太郎出任理事长。比较法研究中心以北川善太郎教授为中心,致力于法学与情报科学、自然科学之间的跨学科研究,法文化与法政策的比较研究,国内外法律情报的调查、收集,以及与此相关的系统化建设和国内外法律情报信息的提供等,通过机构自建的法律情报系统(Legal Information System,LIS)促进国际学术交流。研究中心作为法律领域的专业化智库,与学术界、法律界、产业界以及政府机构等进行合作,积极开展知识产权、消费者保护等对经济社会产生极大影响的新法律课题的研究,面向海外介绍日本在产业和经济活动方面的相关法律,发挥其情报信息发布功能,广泛开展各种活动。

株式会社地域経済研究所
Institute for Commune's Economy
株式会社地域经济研究所

"株式会社补偿研究所"于1981年10月19日成立,针对实施公共事业而产生的综合补偿问题、都市规划事业等开展立案与调查以及建筑设计等业务。1988年3月更名为"株式会社UDI(Urban Design Institute,都市设计研究所)",设置于"株式会社长友综研"的内部,更为广泛地从事所有与都市问题相关的基础性调查研究。1988年8月研究所加入全国性组织"地方智库协议会"。研究所还获得经济企划厅主管的"公益财团法人NIRA综合研究开发机构"的指导和资助,作为宫崎县内的第一家智库,致力于开展智库调查研究事业。1990年10月更名为"株式会社地域经济研究所",研究领域进一步扩展到农村与山村问题,针对地方积压的各种课题开展综合性的调查研究并提出政策建议。1995年5月,"株式会社智库宫崎"基于宫崎县及县内全部市町村、地方媒体机构、金融机构的共同意愿，作为官民共建形式的智库，以 8000 万日元的资本金成立，从公益立场的全新视角出发，面向行政机关和产业界等提出政策建议、提供情报信息，为此"株式会社智库宫崎"接管了"株式会社地域经济研究所"的智库功能。"株式会社智库宫崎"于 2004 年 5 月解散，2004 年 6 月将其全部研究资产和一部分研究人员移交给了"株式会社地域经济研究所"。自此，地域经济研究所重新开始从事智库业务，作为立足宫崎县的地方智库，紧密围绕各种地域课题，结合少子老龄化、信息化、国际化等 21 世纪发展趋势，以长年积累的专业调查研究数据为基础，针对社会经济情势的变化提出各种应对方案，通过提供调查分析和政策建议等多样化的服务，为地区发展做贡献。

株式会社よかネット
Yokanet.com
株式会社 Yokanet

"株式会社地域规划建筑研究所"于 1967 年 2 月在京都成立，1976 年 10 月开设"株式会社地域规划建筑研究所九州事务所"。九州事务所于 1982 年 1 月 9 日脱离株式会社地域规划建筑研究所，独立设立并更名为"株式会社九州地域规划建筑研究所"，1984 年 10 月再次更名为"株式会社九州地域规划研究所"，2000 年 6 月更名为现在的"株式会社 Yokanet"。自成立以来，作为植根于九州地区的综合规划咨询机构，该机构深度参与九州地区众多城市和地域的建设，基于长年积累的经验，发挥自身的专业性和组织运营能力，以构建汇集各地区、各专业领域的人才与智慧的网络，并运用该网络支援九州各地的地域建设为目的，为应对多样化的社会需求提供咨询服务。该机构为切实解决地域发展中的问题，利用自治体、企业、专家、市民等各界人士构成的网络，通过走访、现地调查等方式采集数据，综合分析调查结果及数据，把握现实情况，解析地区固有问题的本质，进而提出政策建议、解决措施及最优方案。

公益財団法人アジア人口・開発協会
The Asian Population and Development Association
公益财团法人亚洲人口开发协会

  1981年"亚洲议员人口和发展会议（ACPPD）"在中国北京举办，其间设立了"亚洲议员人口和发展论坛（AFPPD）"，并通过决议将该组织的事务局设于日本。基于这一决议，针对亚洲的人口与发展问题，"财团法人亚洲人口开发协会（APDA）"于1982年2月1日成立，1993年开设AFPPD曼谷事务所，2011年4月1日变更为公益财团法人，也是文部科学省指定的研究所。成立之际，该协会基于为支援与人口和开发相关的议员活动所必须具备的学术基础的考量，以调查研究作为其主要事业。发展至今，该协会在支援议员活动的同时，以政府委托调查业务为中心，实施了众多调查研究项目，取得了丰硕的研究成果。该协会致力于解决日本等亚洲各国的人口问题与开发问题，大力呼吁重视相关问题的重要性及其应对的必要性和紧迫性，在日本政府、相关各国、国际机构以及民间关联团体等的协助下，在相互间的紧密合作中，积极开展人口与可持续开发方面的相关调查研究、国内外议员活动、宣传教育等，向亚洲各国派遣国会议员与专家并接待相应的来访，收集与传播情报信息，举办国际会议以及启发性的讲习班，刊发各种出版物等。该协会通过人口与开发的相关调查研究以及国际援助，为国际社会开发和经济发展做贡献，针对日本以及亚洲、非洲为中心的发展中国家，开展有助于提高福祉、促进和平以及可持续开发的活动，其研究成果得到了转化和应用，例如其研究成果为哈萨克斯坦的税制改革做出了显著贡献。原内阁总理大臣福田康夫现任该协会理事长，在发挥该机构作为国际人口问题议员恳谈会（JPFP）事务局职能的同时，开展自主研究，聚焦国会议员的作用，继续推进亚洲地区会议的实施以及日本—亚洲—非洲的合作项目等。

一般財団法人とうほう地域総合研究所
Toho Area Research Institute
一般财团法人东邦地域综合研究所

株式会社东邦银行为纪念创业 40 周年，捐款 3 亿日元设立基金，于 1982 年 7 月 1 日成立了"财团法人福岛经济研究所"，从事福岛县内的经济与各产业动向等相关调查研究，致力于为振兴县内经济产业和促进县内社会、文化、福祉的发展做贡献。2012 年 4 月 1 日变更为"一般财团法人东邦地域综合研究所"。设立之初，研究所专职工作人员为六名，主要从事东邦银行的委托调查和自主研究。发展至今，为应对符合地方发展时代要求的研究课题，从事地区的经济与产业动向、企业经营、地区发展潜力等相关的调查研究和情报信息收集，与行政机关等各类团体、科研机构建立紧密的合作关系，通过面向各方面提供研究成果和情报信息，举办演讲会等一系列事业活动，为地方的复兴和发展做贡献。研究所发行的月刊《福岛的进路》刊载其调查研究的成果、各种经济指标，以及经济产业和历史文化等多方面各种信息。

株式会社北海道新聞 HotMedia
Hokkaido Shimbun Hot Media Co., Ltd.
株式会社北海道新闻 HotMedia

伴随高度信息化社会的到来，新闻的作用不断变大，要求新闻在提供多样化信息的同时，从多角度对其加以调查研究，创造并传播新的价值。为了回应这样的需求，以北海道新闻社创业 50 周年为契机，新闻行业的第一家智库机构"株式会社北海道新闻情报研究所"于 1992 年成立。其后，"株式会社北海道新闻情报服务"继承了"株式会社北海道新闻情报研究所"的事业，其业务核心主要包括三方面，即以收集、分析北海道地区的广泛领域的情报信息，支持地域建设的"北海道研究"；敏捷捕捉情报媒介动向，进行分析提案的"情报媒介研究"；预测国政和地方选举，汇总北海道居民对北海道现存问题的意见的"舆情与市场调查"，此外，还举办各种论坛和研讨会，开展广泛的业务活动。其中，地域研究方面以北海道地区的经济、社会、生活、文化、体育等为中心，媒介研究方面以新闻等大众传播媒介的动向等为题，开展调查、分析、建言献策。选举与舆情调查研究方面，通过对投票日之前以及开票日当天的两大出口调查和情势调查等提高选举预测的精确度。专业研究人员以这三方面为中心开展相关研究活动，承接政府官厅与自治体、企业、大学以及各类机构的委托和资助，基于相互合作，取得了丰硕的研究成果。"株式会社道新体育"设立于1982年7月7日，负责北海道新闻社发行的体育类报纸《道新体育》的编辑制作以及广告业务。2019年4月1日，同属北海道新闻集团的"北海道新闻情报服务"与"道新体育"两家公司合并成立"株式会社北海道新闻HotMedia"，在原有业务的基础上，进一步强化具有舆情调查功能的市场调查业务和行政信息的多语种发布等传播业务，在以英语、汉语、泰语、韩语等多国语言面向世界发布北海道信息的同时，积极搭建北海道与日本全国乃至海外的交流桥梁。

一般財団法人企業経営研究所
Suruga Institute
一般财团法人企业经营研究所

"财团法人企业经营研究所"是在SURUGA银行及当地商界的支持下，为纪念"SURUGA银行株式会社"创业90周年，于1982年7月26日成立，以促进核心企业和中小企业以及地域社会的健全发展为目的。研究所从成立之初就基于支持地区经济社会发展的公益性目标作为公益法人组织运营，2012年4月变更为一般财团法人。研究所致力于地域经济社会和核心企业经营的实证性调查研究，此外，还开展地域产业振兴、市街建设规划等业务。从1996年开始，为积极支持适应地域经济社会的国际化发展需要的人才培养和国内外的交流活动，新增国际交流援助事业。研究所具备高度的专业性和广泛收集情报的能力，以此为依托开展前瞻性研究，预测未来发展趋势，全面发挥地域潜能，通过调查研究、企业咨询、人才培养、信息提供、国际交流援助五大事业，为地域经济社会和企业的健全发展与培育做贡献。

株式会社関西計画技術研究所
Kansai Planning Art Institute
株式会社关西计划技术研究所

"株式会社关西计划技术研究所"由致力于新的自治体政策和国土政策的专家团体于1982年9月25日发起成立。研究所是支持政府机构的各种调查和政策规划制定,努力为社会做贡献的民间智库。研究所针对自治体的保健、医疗、福祉等方面,开展相关调查并制定规划,对相关政策与事业建言献策。近年来,研究所通过"健康增进计划"和"地域福祉计划"等以居民参加并参与策划为基础的行政规划,以及在看护保险、新一代的人才培养、男女共同参与策划等方面的工作,不断充实与强化机构自身应对社会政策全局变化的能力。同时,在产业、教育、地域重建等各领域,研究所承接委托调查研究业务,开发并应用相适应的新技术,为自治体的政策形成与地域建设发展做贡献。研究所的所有调查研究都组建相应的研究团队,根据需要与各领域的大学、科研机构的研究人员合作开展调查研究,通过现地调查与访谈收集情报信息,在对信息数据进行全面解析的基础上,分析现状并提出规划构想以及实现规划目标的具体执行方案,制定解决方法和实施计划,在实施推进后,制定评价方法和评价指标,对措施的实施效果进行跟踪评价。

一般財団法人岩手経済研究所
Iwate Institute of Economic Research
一般财团法人岩手经济研究所

株式会社岩手银行为纪念创业50周年,全额捐款于1982年10月1日成立了"财团法人岩手经济研究所",主要从事岩手县内的经济与产业动向、企业经营及地区振兴建设等相关调查研究,以及与此有关的情报信息的提供,致力于为地域社会的健全发展做贡献。2013年4月1日变更为一般财团法人。研究所的事业内容包括:(1)调查研究事业:与县内经济、金融、产业、地区开发、企业经营、消费生活相关的调查研究及信息的收集和提供;(2)经营咨询事业:与企业经营相关的咨询,以及法律、税务等咨询；（3）委托调查事业：承接与地区经济和产业振兴等相关的委托调查；（4）机构期刊等出版物的发行：作为调查研究成果以及所收集的情报信息的提供手段，发行月刊《岩手经济研究》，发行对企业经营和居住生活有所助益的各种手册；（5）举办经济、产业、企业经营方面的相关演讲会、研修会和学习班等，为企业和政府部门的研修班派遣讲师，为社员教育和研修学习等提供影视资料服务，面向会员提供免费咨询。

日本銀行金融研究所
Institute for Monetary and Economic Studies, Bank of Japan
日本银行金融研究所

日本银行为纪念创立100周年，作为日本银行的内部组织之一，于1982年10月设立了"日本银行金融研究所"，其所在地与日本银行总行同址。设立金融研究所的目的是，充实与金融经济的理论、制度、历史等相关的基础性研究，提供政策咨询支持日本银行政策的有效执行，促进与学术界等各方面的交流，提供有助于促进外部研究活动的各种情报信息和资料等。金融研究所的研究活动具体包括：与金融经济的基本问题相关的理论研究与实证性研究，与金融相关的法律、会计、中央银行制度等制度基础研究，金融相关的情报技术研究，金融经济的相关历史研究，以及关于金融经济的历史资料的收集、保存、公开（档案馆和货币博物馆）工作。金融研究所同时负责运营1982年设置、1985年11月开馆的"货币博物馆"，从事珍贵货币的收集研究与公开工作。1999年9月，金融研究所在内部设置档案馆，以日本银行作成的具有历史、文化、学术价值的文书为中心加以保管，并公开部分可以刊载的历史文件。2005年4月，金融研究所设置情报技术研究中心，从事金融行业的国际标准化建设、金融行业内的信息共享体制的构建与完善、全新情报安全技术的研究开发等相关工作。金融研究所举办各种研讨会，邀请外国中央银行、国际机构的研究人员和日本国内外的著名学者、专家等进行交流，公开发行《金融研究》、《Monetary and Economic Studies》、《IMES Discussion Paper Series》（日英双语版）、《金研Newsletter》、《日本银行的机能与业务》、《国际Conference议事录》、《日本银行百年史》等刊物。

読売新聞調査研究本部
Yomiuri Research Institute
读卖新闻调查研究本部

"读卖新闻调查研究本部"作为读卖新闻的社内智库,于 1982 年创设,其完成的《读卖宪法试案》对日本宪法的讨论产生过巨大影响,致力于政治、经济、国际问题等各领域的研究工作。读卖新闻调查研究本部的调查研究内容涵盖政治、经济、社会、国际等广泛领域的诸多问题,揭示问题本质并提出解决之道,其研究成员都是来自读卖新闻各部门的资深记者,以所属主任研究员为中心,同时也聘请外部专家担任客座研究员。研究所发起了多项关于日本政治与历史的重大研究课题,也开设了许多讲座并出版相关刊物,发行季刊《读卖 Quarterly》刊载其研究成果以及外部有识之士的论文,举办研讨会、演讲会等,在论坛和国际社会上也取得了很多重要成果。研究所设立了许多著名的奖项以表彰各个领域的杰出人物和机构。非营利性组织"读卖国际经济论坛(YIES)"于 1972 年设立,以日本代表性企业、智库、有识之士、驻日外交官为会员,其事务局设在读卖新闻调查研究本部,召集国内外有影响力的关键人物,举办了多次演讲会。

グローバル・フォーラム
The Global Forum of Japan
日本全球论坛

"全球论坛"是民间、非营利、非党派、基于独立立场开展具有政策指向的学术性国际交流的会员制任意团体(即无法人资格团体)。该组织的事务局虽设在"公益财团法人日本国际关系论坛"内部,但是包括日本国际关系论坛在内,均强调自身是"独立于任何组织"的机构。全球论坛的前身是 1982 年作为冷战时代西方四国的内部非正式沟通渠道而设立的"四极论坛"(Quadrangular Forum)的"日本会议"(Japan Chapter)。冷战结束后,1996 年因四极论坛停止了活动,"四极论坛日本会议"作为独立于"四极论坛"自主运作的国际交流组织,为不断展开活动而更名为"日本全球论坛"（Global Forum of Japan），秉持"自治与自立的原则"进行运营，以日本为中心面向全球组织实现放射状的政策对话。该组织创立以来，基于民间的自由立场，针对政治、安全保障、经济、贸易、金融、社会、文化等共通的关注课题，致力于推进美国、中国、韩国、印度、澳大利亚、欧洲、东盟、黑海地区等国家或地区之间的相互理解和治理机制，在确认现状、达成共识的基础上，讨论构建新的社会秩序，为此与相关国家的国际交流团体共同合作，每年举办3—4次被称为"对话"的政策研究交流活动。

株式会社パデコ
PADECO Co., Ltd.
株式会社 PADECO

1983年1月7日，具有丰富海外咨询业务经验的专家团队成立了"株式会社 PADECO"，以东京总部和位于世界各地的项目机构为基地，在日本国内外开展广泛的业务。作为开发咨询公司，株式会社 PADECO 持续30余年致力于支持硬件和软件的基础设施开发，拥有来自不同国家的多领域专业人员，是取得国际社会认可的开发咨询公司。PADECO 的专业领域多样化，涉及交通运输、城市地域规划、产业与组织管理、环境能源、民营化与 PFI（Private Finance Initiative，民间融资倡议）事业、港湾开发、铁道开发、道路开发、项目管理、卫星航空事业、教育、经济与社会开发、人才开发、情报通信技术、观光开发、海外商业支援服务等广泛领域。PADECO 采取根据项目形式和专业需求，邀请世界各地精英随时参加的研究体制，以确保提供最高质量的服务。PADECO 广泛承接日本中央政府及政府关联机关、地方自治体、国际协力机构、国际协力银行、世界银行、亚洲开发银行、美国开发银行、欧洲复兴开发银行、联合国等国际开发援助机构，和发展中国家的政府、民间企业等的委托，与客户和相关人员共同努力，通过专业化咨询服务解决广泛领域的课题，提出最优解决方案和建议，为创造更美好的国际社会努力做出贡献。

一般財団法人ひょうご経済研究所
Hyogo Economic Research Institute
一般財团法人兵库经济研究所

"财团法人兵库经济研究所"作为旧兵库相互银行创业 70 周年纪念事业的一部分，经兵库县批准，于 1983 年 3 月 18 日成立，以兵库县的经济、产业、企业经营、地域开发与地域建设方面的相关调查研究为主，公开发布其研究成果，并为振兴县内产业等开展各方面的业务，致力于促进地域社会的健全发展。作为 MINATO 银行集团的一员，研究所主要以兵库县的地域经济和产业调查为主，此外也根据需要设定研究课题，作为区域性智库开展调查研究活动。研究所的业务内容包括：与日本国内外的经济、产业、企业经营以及地域开发和地域建设等相关的调查研究及情报信息的收集与公开；发行季刊《兵库经济》等出版物；有关企业经营等的咨询业务；举办演讲会、研修会，并向其他期刊投稿；研究资助；其他为达成事业目的所必要的业务。

一般財団法人群馬経済研究所
Gunma Economic Research Institute
一般财团法人群马经济研究所

株式会社群马银行为纪念创业 50 周年，于 1983 年 3 月 24 日捐款设立了"财团法人群马经济研究所"，2010 年 2 月 1 日变更为一般财团法人。群马经济研究所作为区域性智库，以从事群马县内的经济、产业动向、企业经营与地域开发等方面的调查研究为中心，致力于促进产业振兴和经济社会的健全发展。研究所以自主调查为中心开展活动，其调查研究成果通过机构刊物《群马经济》每月对外公开发表，报纸也会同步刊载相关成果的摘要，受到群马县内产业界和地方公共团体等的广泛好评与利用。《群马经济》主要通过群马县内的公立图书馆对外派发，为群马县民提供丰富的情报信息。研究所扎根于地方开展持续性的调查研究活动，因此能够准确且及时地捕捉当地的各种变化，并通过调查报告和演讲等面向广大社会公众提供关于地域经济的现状和发展方向的相关信息。

公益社団法人東三河地域研究センター
Higashimikawa Regional Research Center
公益社团法人东三河地域研究中心

"社团法人东三河地域研究中心"以促进东三河地域开发的"东三河开发恳话会"（2001年6月更名为"东三河恳话会"）为母体于1983年成立，作为区域性智库开展活动。该研究中心的研究对象以爱知县东部的东三河地域为中心，即包括静冈县西部的远州、长野县南部的南信州在内的地域等，通过开展相关地域政策的调查研究，促进地域社会的健全发展。2012年10月1日经内阁府批准，变更为公益社团法人，把活动范围扩大到三远南信地域，作为服务地方建设的智库，致力于地域经济社会的协调发展。研究中心重点推进有关多样化生活方式的创造、包括人才在内的地域资源的利用与价值实现、包括公共交通在内的道路与港湾等的建设方面的研究，此外还承接创造性地域建设以及地域的人才、基础设施、地域资源与产业资源的相关调查研究业务。业务内容包括情报信息与资料的收集和调查研究，促进多样化生活方式创出的地域建设相关研究，三河港与广域干线道路等的机能完善的相关研究，地域资源的利用与价值实现的相关研究，三远南信智库合作研究，与大学的合作研究等。

株式会社総合計画機構
Macrovision Urban Planning & Architecture
株式会社综合规划机构

"株式会社综合规划机构"成立于1983年7月21日，是以国土与地域研究为专业领域，开展综合性计划编制，并基于独立立场开展建言献策服务地方的智库。该机构自成立以来，始终追求不断强化自身的"综合""计划""机构"三方面的能力，研究人员充分运用跨领域的专业知识和技术，依托于与多所大学和科研机构之间构建的合作网络，应对日益复杂化、多样化的社会需求，推动跨学科研究的发展，融汇地域的历史与风土文化，编制具有丰富个性和特色的地域规划。

株式会社関西総合研究所
Kansai Inter-Disciplinary Studies Inc.
株式会社关西综合研究所

"株式会社关西综合研究所"是民间独立智库，以"扎根地方，为建设具有创造力的城市，开展跨学科、跨领域研究的关西特色智库"为目标，于1983年9月8日成立以来，在以关西为中心的广大地域，从事各领域的城市建设相关工作。研究所不断强化网络型智库的功能建设，尝试运用"网络和平台"推进共同创造，除全职工作人员外，还聘请兼职研究人员、客座研究人员以及多位外部专家共同组建研究团队，针对市民、企业、行政机关等提出的城市建设相关诉求，通过提供灵活且准确的建议方案，为建设充满活力的城市而努力。成立初期，研究所的研究内容以都市规划、休闲地的开发规划等个性化的课题为主，1985年前后开始涉及国际化、信息化、老龄化、产业化等的横向课题。近年来，研究所不局限于行政规划项目，还致力于开展市民参加型的规划策划研讨会，以及各种福祉规划项目、环境基本规划项目、NPO支援政策制定等相关工作。

一般社団法人生活経済政策研究所
Economic Policy Institute for Quality Life
一般社团法人生活经济政策研究所

"生活经济政策研究所"的前身"和平经济计划会议"为推进日本的政治、社会、经济的民主化发展以及建设和平的国际环境于1961年设立，1983年为进一步强化活动基础变更为"社团法人和平经济计划会议"，由当时的通商产业省主管。此后，在继承其发展历史的基础上，为更好地开展及时应对新时代需求的研究活动，于1997年更名为"社团法人生活经济政策研究所"。研究所以民主主义发展和尊重社会公正为基本理念，在学者、工会、消费者团体和立法专家等的协助下，致力于提升劳动者和一般市民的生活水平。研究所根据不同研究议题设置由学者、研究人员、实践者共同组成的项目团队，立足于全球民主主义的视点，为推进日本的民主主义和市民社会发展开展自主研究、委托研究以及各种调查研究，与中央政府、地方自治体、企业和各种团体等合作并承接委托调查研究业务，积极与海外研究人员、民间非营利智库等合作开展研究交流等国际性调查活动，不定期举办各种演讲会、研讨会等，并通过公开发表研讨内容传播研究成果，出版发行月刊《生活经济政策》和《生活研读本》以及各种调查研究报告。

一般财团法人千里文化财团
Senri Foundation
一般财团法人千里文化财团

"财团法人千里文化财团"设立于1983年11月1日，其前身是致力于日本民族学（文化人类学）发展的"财团法人民族学振兴会"下属的千里事务局。该机构所在地"千里"因承办了1970年的日本万国博览会而成为知名的国际都市，随着近年来大学、学术研究机构、文化设施等的不断新建，逐步发展成为国际文化学术研究城市。自事务局设立之初，该机构就承担着对1977年开馆的国立民族学博物馆的支援业务，以及各种研讨会等的企划和运营业务。目前该机构基于宏观视角，超越细分化的专业领域，开展跨学科的综合性研究，努力促进以研究机构和市民为中心的知识交流与合作活动，促进地域社会与国际社会的联系与融合。

一般财团法人南都经济研究所
Nanto Economic Research Institute
一般财团法人南都经济研究所

"一般财团法人南都经济研究所"的前身是南都银行为纪念创业50周年于1984年3月14日成立的地方调查研究机构"财团法人南都经济中心"。研究所位于横跨奈良、京都、大阪三个府县的关西学术文化研究城市，从事与当地的地域经济和产业动向、企业经营、地域活性化等相关的调查研究和情报信息收集，面向企业和团体等各方面提供其研究成果以及收集的情报信息和资料，举办各种演讲会，为中小企业培养人才提供函授课程等研修资助与支持，致力于振兴地域经济和产业以及社会的健全发展。具体事业内容包括：开展地域经济与产业动向、企业经营、消费动向等相关的调查研究，承接来自企业委托的调查研究；发行机构刊物《南都经济月报》，刊载各种调查研究成果和奈良县的经济与产业概况、县内外的优秀企业的介绍等各种情报信息，其官方网站也提供调查研究成果和研讨会等的最新相关信息；举办面向经营者、管理者的研讨会和演讲会以及经营、财务等方面的各种相关研修班，并为企业和团体等举办的研究会、演讲会、内部研修等派遣研究所的讲师；支持并资助人才培养以及能力开发的各种研修和函授讲座等，提供企业经营、员工教育等的研修影像资料；提供与企业经营相关的其他咨询服务。

株式会社しがぎん経済文化センター
Shigagin Keizai Bunka Center Co., Ltd.
株式会社滋贺银行经济文化中心

"株式会社滋贺银行经济文化中心"隶属于滋贺银行集团，以地域经济调查、咨询、人才开发、文化提案等为主要业务，于1984年3月21日由滋贺银行调查部独立后设立。1984年8月出于"与地域的每个人共同享有丰富多彩的文化生活"的愿望，该中心组织了"KEIBUN之友会"，于1985年正式成立；其后又于1993年10月，以促进滋贺县内企业的繁荣振兴和地域经济的发展为目的，组成了法人会员组织"滋贺银行商务俱乐部"。以这两个会员组织为基础，该中心开展各种研究活动和情报信息的传播、研讨会的企划与运营、咨询业务、企业诊断业务等广泛的事业活动。2009年1月该中心增设"企划编辑部"，承担定期刊物的编辑等相关业务。2014年，该中心为纪念成立30周年，举办了贯穿全年的纪念活动，其间经济调查部更名为"产业与市场调查部"，同时公司迁址。该中心作为滋贺银行的智库，切实服务地方，为支持地域的可持续发展，充分运用公司内外的专家与顾问的合作网络，提供广泛的支持服务。其具体业务包括：地域经济、地域开发的相关调查，县内主要行业调查和各种问卷调查与分析等经济调查业务；经营、法律、税务、不动产的咨询业务；举办不同职务、层级的专业研修和实务知识研修等，支援企业的人才培养；地域综合信息类刊物《桥梁》（月刊）的企划、编辑和发行。

一般財団法人長野経済研究所
Nagano Economic Research Institute
一般财团法人长野经济研究所

"一般财团法人长野经济研究所"是为应对高速发展的地域社会需求，以为地域社会的振兴与发展做贡献为目的，由"八十二银行"出资于1984年3月24日设立的智库。作为以长野县为基础的地方智库，长野经济研究所致力于在长野县的经济、产业动向、企业经营和地域开发等方面开展调查研究以及情报信息的收集工作，并向相关机构提供最有价值的情报信息和政策建议，同时开展与公共事业及经营相关的咨询服务，通过研修等方式培养人才，以成为地区的最佳合作伙伴为目标，以多样化的服务促进地域经济与产业的发展。

株式会社丹青研究所
Tansei Institute Co., Ltd.
株式会社丹青研究所

"株式会社丹青社"于1984年4月3日设立的"株式会社丹青综合研究所"是展览业界的第一家智库，也是日本文化空间领域的唯一一家专业化智库。丹青综合研究所的研究对象涵盖商业设施和文化设施，在从事调查研究的同时，也发行了大量的专业书籍。1993年，以创业10周年为契机，将机构的研究对象确定为文化设施，致力于打造专业化、特色化的智库，并将公司名称变更为"株式会社丹青研究所"。研究所成立以来，致力于保护文化、造福未来，作为专业研究机构，凭借在30余年的实际业务中培养的强大调查能力、企划能力和设计能力，在大量文化空间和以文化为中心的地域建设、生态博物馆等方面，积极开展各种调查、研究、咨询、设计及情报内容制作等工作，传承"日本文化"，助力"日本传播"。近年来在国宝和重要文化遗产的保存环境建设方面，丹青研究所被认定为专业机构，确立了新的地位。研究所主要从事以下领域的综合调查与研究工作，即博物馆、美术馆、科学馆、文学馆、动物园、水族馆等博物馆领域；以生态博物馆理念为基础的地域振兴和城市建设以及遗产保全領域；为保护文化财产的保存环境整备领域；设施建设的企划与设计领域等。

株式会社日本能率協会総合研究所
JMA Research Institute Inc.
株式会社日本能率协会综合研究所

"株式会社日本能率协会综合研究所"是以 1942 年设立的"社团法人日本能率协会"为母体，为应对复杂多变的社会需求，将从事调查研究业务的"综合研究所"和从事情报服务业务的"市场数据库"两个业务部门从"社团法人日本能率协会"中剥离出来，于 1984 年 4 月 3 日成立的独立智库。1994 年，研究所为纪念创立 10 周年，举办了以"中国与社会主义市场经济的发展方向"为题的学术研讨会。2001 年在中国北京开设了"北京事务所"，开始提供中国商业信息服务。研究所拥有兼具调查研究职能和市场经营管理信息提供职能的独特事业模式，主要业务领域包括：会员制商业信息服务业务（MDB，市场数据库）；海外相关调查与研究业务；中央政府机关与地方公共团体等委托的为支持政策和规划制定的调查研究业务；民间企业的经营战略咨询等调查研究业务。研究所的海外相关调查与研究业务包括以中国、新兴经济体等世界各国为对象的产业调查和消费者调查等。研究所是日本国内规模最大的商业信息服务的提供方，通过其市场数据库可以一站式获取全球范围的商业信息，来自民间企业、政府部门、自治体、大学等约 2000 家以上的会员机构和约 12 万的商务人士都在利用其数据库。研究所的信息咨询师可为委托者从社会公开信息中以最短的时间检索出准确的数据和信息情报。

株式会社アイアールエス
Institute of Regional Study
株式会社 IRS

"株式会社 IRS"是为支持地方与地方自治体的发展，于 1984 年 6 月 8 日成立的独立的专业化研究机构。该机构为支持城市建设而开展调查、研究、规划设计等业务。地方分权的推进带来了地方自治体的变革时代，为此，该机构坚持立足地方、服务地方的宗旨，开展地方自治体的相关研究工作，与地方自治体之间建立了深度关联，并以此为基础从事城市建设的创新尝试和政策制定等相关业务。作为地域与城市建设的咨询机构，从创业之初开始，该机构就重点从事以自治体综合规划为中心的调查、研究、规划等方面的相关援助业务，充分发挥地方自治体的特质，通过创意和创新实践个性化的城市建设，以地域经营的视角支援自立发展的可持续性城市建设。该机构除参与制定作为自治体顶层设计的综合规划外，还参与各领域的个别规划和保健、福祉、观光等各部门的规划，以及看护保险事业等的事业计划的制订工作。近年来，该机构还新增各种城市建设事业的具体实践性业务，以期通过推进"调查研究与规划制定"和"实践"两方面的均衡发展，实现更加综合、高效地为地域和城市建设做贡献。

株式会社ダイナックス都市環境研究所
Dynax Urban Environment Research Institute, Inc.
株式会社DYNAX都市环境研究所

1972年3月"株式会社智库DYNAX"成立，1973年12月改组为"株式会社Do Tank DYNAX"，以"行动的智库"为目标，故取名为"Do Tank"。株式会社Do Tank DYNAX在其后的发展过程中，公司下设的市场调查部门、社会调查部门、环境问题研究部门相继独立，1984年10月以环境问题研究部为基础，成立了"株式会社DYNAX都市环境研究所"。研究所主要致力于在废弃物回收、环境基本规划制定、地球温室效应对策、环境经济学等环境领域，和防灾志愿者组织、防灾城市建设、受灾地区援助、地域福祉规划，以及《自治基本条例》（『自治基本条例』）等地方自治领域开展调查研究和计划立案工作。研究所的研究课题涉及中心市街活性化建设、农村山村振兴等广泛内容，特别是在公共产业与市民之间的合作、基于合作的社会体系建设等方面，开展具有针对性的具体问题研究并提出解决方案。作为行动派智库，研究所不局限于单纯对问题表象的分析或纸上谈兵地提出解决方案，而是与相关主体方一起努力，共同从现场摸索并制定解决对策，灵活运用"社会实践"与"研讨会"相结合的手法，在现场试行建议提案的基础上，探讨课题，检验方案的可行性，参与国家制度的制定，承担制度导入的前期调查研究工作等。研究所以"网络型开放智库"为建设目标，积极与日本全国的自治体、政府人员、学者、企业、社会组织和公众等建立广泛的关系网络，开展交流合作与建言献策。

公益財団法人金融情報システムセンター
The Center for Financial Industry Information Systems
公益财团法人金融情报系统中心

"财团法人金融情报系统中心"是于1984年11月20日经大藏大臣批准，由金融机构、保险公司、证券公司、计算机厂商、信息情报处理公司等共同捐款筹资，作为财团法人设立的调查研究机构。2011年4月，经内阁总理大臣批准，变更为公益财团法人。金融情报系统中心作为有相关各方参与的第三方中立机构，针对与金融情报系统相关的技术、管理、威胁与防范对策等的国内外现状、将来的发展趋势、问题及其对策，开展相关综合性调查研究，围绕金融情报系统制定安全对策基准和系统监察基准，推进各种措施的实施，以确保金融情报系统的安全性，并通过运营相关事业，完善周边环境促使民间活力得以充分发挥，进而为日本经济与金融情报系统的顺畅发展做贡献。调查研究活动依靠来自会员企业的派遣人员作为中心的工作人员开展，为充实业务内容，与国内外的金融机构、制造厂商、结算机构、科研机构、学者、专家等积极开展交流。该中心基于调查研究取得的资料和信息，经过整理、分析、评价等流程，以各种指导方针和调查报告的形式加以汇总，研究成果面向社会公众发布，通过各种出版物和研究会、讲座等形式回馈社会。1985年3月机构刊物《金融情报系统》（后由月刊改为季刊）创刊，同年12月《金融机构等的计算机系统安全对策基准》发布，1986年12月《金融情报系统白皮书》发表，1987年《金融机构等的个人信息保护业务指南》和《金融机构等的系统监察指南》发布，2008年《金融机构等的系统风险管理入门》出版。1987年开始举办"系统监察讲座"，2008年开始举办"安全对策基础讲座"。

日本政策研究センター
Japan Policy Institute
日本政策研究中心

"日本政策研究中心"于 1984 年成立，是立足于保守立场，从事政治分析和政策研究，并基于此提出政策建议的日本保守派智库。日本政策研究中心是凭借自立的意志和历史荣誉感，以重建日本为奋斗目标的智库。作为民间智库，日本政策研究中心面向自由民主党所属国会议员、各种议员联盟和政策团队等提供政策建议，也出席众议院宪法调查会、自由民主党宪法调查会等并陈述意见。日本政策研究中心于 1986 年创办了月刊《面向明天的选择》，1987 年开始出版小册子和一般书籍等，并以相关出版物的读者为基础，逐渐拓展形成了遍布日本全国的各种形式的地方活动点。

公益財団法人徳島経済研究所
Tokushima Economic Research Institute
公益财团法人德岛经济研究所

"财团法人德岛经济研究所"是 1985 年 3 月 20 日成立的阿波银行系统的智库，主要从事德岛县内的经济与产业动向、企业经营和地域活性化建设方面的相关调查研究，以及相关综合性情报信息的收集与分析，通过提供涵盖所有经济活动的情报信息并积极开展援助活动，为地域经济与产业的振兴和健全化发展做贡献。研究所的调查研究成果以定期出版物等形式无偿对外公开发布，同时还组织各种演讲会、研究会等活动，强化与产官学各界之间的合作，参与并出任各种审议会和协议会的委员，通过积极推进对外活动，从而实现其调查研究成果的转化应用。2010 年 4 月变更为公益财团法人。

一般社団法人エイジング総合研究センター
Japan Aging Research Center
一般社团法人老龄化综合研究中心

　　为迎接老龄化社会的到来，开展跨学科的调查研究和启蒙活动，构建新型社会体系，1985年3月30日经内阁府总理大臣批准，作为内阁府主管的公益法人，成立了"社团法人老龄化综合研究中心"，2014年变更为内阁府主管的一般社团法人。研究中心与都道府县、政令指定城市、市町村之间开展了大量关于老龄化对策的合作研究业务，以及关于少子老龄化社会的生活环境和居住迁移等的基础性研究，同时也积极推进有关欧洲与亚洲地区的少子老龄化研究。研究中心的业务活动包括：（1）调查研究；（2）调查研究的协助支持工作；（3）东亚地区、老龄化地区的国际调查研究；（4）与联合国经济和社会事务部（UN's Department of Economic and Social Affairs，DESA）人口司（Population Division）、世界卫生组织（World Health Organization，WHO）、国际人口科学研究联合会（Interational Union for the Scientific Study of Population，IUSSP）等联合举办国际学术会议，以及参与其他在东亚地区等联合举办的国际学术会议。此外，研究中心还积极开展社会舆论引导和出版宣传工作，举办研究会，并协助举办其他社会活动。

一般財団法人地域環境研究所
Research Institute of Region and Environment
一般财团法人地域环境研究所

　　"一般财团法人地域环境研究所"自1985年成立以来，积极开展与日本国内外的地方研究机构之间的相互交流，为实现地方规划体系的精准化和综合化，大力开展支持地域建设的研究活动。研究所回应时代的发展和地方行政体系的变革，为逐步完善地方的规划体系，开展相关调查研究和组织机构建设，协助地方政府在不依赖于中央政府的情况下，构建符合地方特性的规划体系，并基于海内外的广泛地域间交流，实现以地域为主体、制定符合地域特性的建设方案。研究所取得的丰硕业绩包括，在自主调查研究方面，独立完成了福井地区规划课题的调查研究；在合作调查研究方面，与产业界、政府部门、学会等开展合作研究；在国际合作研究项目方面，完成了台北市街路网调查（1998 年）、蒙古城市调查（2000 年）、釜山市旧市街地调查（2005 年）、济州岛地区调查（2009 年）、巨济岛地区调查（2013 年）等；出版发行"IRE 丛书系列"共 5 卷；1986 年创办年刊《地区与环境》；以地区规划相关内容为题，随时举办研讨会、地区问题座谈会等，组织并实施日本国内外调研考察；为促进地区环境研究活动，进行奖励并提供研究经费资助。

财务综合政策研究所
Policy Research Institute, Ministry of Finance, JAPAN
财务综合政策研究所

"财务综合政策研究所"作为财务省的官方智库，以财政经济的相关调查研究为中心，同时开展针对发展中国家和地区的知识技术援助、与海外研究机构之间的研究交流、法人企业统计等的统计调查、财政史的编纂、财务省图书馆的运营、财务省工作人员的研修培训等相关业务。财务综合政策研究所的历史可追溯至 1979 年 7 月在大臣官房调查企划课开设的"财政金融研究室"，1985 年 5 月作为"财政金融研究所"正式成立，1990 年 7 月设置调查统计部，1992 年 7 月在研究部内设置了国际交流室，2000 年 7 月伴随财务省的组建更名为"财务综合政策研究所"。鉴于在研究内容与研究方法的日益精准化和专业化发展之下，对研究的企划与立案功能以及研究所内部的合作协调能力都提出了不断加强的要求，2015 年 5 月在创立 30 周年之际，将总务室与研究部合并后设置"综合研究部"，并进行了其他一系列的机构组织改革。财务综合政策研究所以现状为基础，从政策部门的问题意识出发，立足于中长期视角，在财政与经济、金融与资本市场、国际经济与各国经济等相关领域开展研究，其研究成果以定期刊物《Financial Review》和研究会的报告书等形式进行公开刊发，同时在官方网站上进行发布，此外还负责编撰并刊发《财政史》。财务综合政策研究所运用其财政与经济方面的相关知识与见解，积极与国外研究机构或国际组织等开展合作研究，举办国际研讨会，接待研究人员访问，促进国际知识与经验的交流，提供知识和智力的国际援助。研究所还定期实施以约 36000 家企业为对象的"法人企业统计调查"和以约 16000 家企业为对象的"法人企业景气预测调查",及时把握企业法人的实际状况。

株式会社情報通信総合研究所
InfoCom Research, Inc.
株式会社信息通信综合研究所

"株式会社信息通信综合研究所"是信息通信领域的专业化智库,成立于1985年6月18日,致力于开展有关日本国内外的通信政策与制度、服务与市场运营、区域信息化等的专业化调查研究和咨询等业务活动,并建设相关数据库。作为信息通信领域的专业化智库,研究所以问题为导向开展具有针对性的调查研究和咨询活动,积累相关经验技术和数据,及时准确把握信息通信产业对社会造成的影响,精准应对多样化的社会需求。研究所的主要委托方包括政府部门、地方自治体、民间企业、各种团体组织等。业务内容主要包括国内与海外的信息通信领域的各种相关调查研究,区域信息化规划的立案、制定和咨询,信息系统构建的咨询及相关调查研究,经营战略的制定及咨询,提供与信息通信相关的各种信息服务。

株式会社百五総合研究所
Hyakugo Research Institute Co., Ltd.
株式会社百五综合研究所

"株式会社百五经济研究所"作为百五银行集团的智库,由"株式会社百五银行"等出资于1985年7月29日成立,2016年7月1日更名为"株式会社百五综合研究所"。作为"知行合一的智库",研究所通过开展以三重县为中心的地域经济与产业方面的相关调查与分析研究,承接中央政府及县市町等的委托研究,以及为政策制定与企业经营等收集并提供情报信息和咨询服务等,积极为支持地区社会的发展建设以及居民生活品质的提高等做贡献。研究所作为地方第一的智库和专业人士集团,主要从事景气观测、企业的状况调查、企业经营咨询以及来自外部机构的委托调查等业务,在众多领域都取得了丰硕的成果。

株式会社日本海洋科学
Japan Marine Science Inc.
株式会社日本海洋科学

为迎接21世纪的到来，以海事技术和海洋环境保全技术的研究开发为目的，1985年9月1日以1000万日元为资本金成立了"Rand Maritime株式会社"，1990年7月更名为"株式会社邮船海洋科学"，同时资本金增加至8000万日元，1991年7月以民间第一台视觉驾船模拟器的开发为目的资本金增加一倍至1.6亿日元，1992年7月以研究开发和人才培养为目的资本金增加至3.2亿日元，1994年8月以海事教育事业的资金筹措为目的资本金再次增加至4.2亿日元。1998年12月以"打造成为海事技术与系统领域的专业化咨询机构和智库"为成长目标，将公司名称变更为"株式会社日本海洋科学"。2011年6月，日本海事协会投资加入。2015年7月导入世界首台4K解像度的最新大型模拟器和DPS模拟器。2019年1月日本海事协会撤资取消资本合作。"株式会社日本海洋科学"作为咨询公司，坚持以提供专业、公正、优质的知识服务为社会做贡献为目标，遵守法律与道德伦理开展活动，自创业以来，在海运、造船、港湾、能源产业等广泛领域，运用模拟器和软件等该公司独有的技术，作为海事领域的咨询专家，帮助客户解决问题。近年来，该公司在海外的政策案件、国际海事组织（International Maritime Organization，IMO）关联问题、环境问题、社会政策等更为广泛的领域，开展咨询业务。

株式会社山陰経済経営研究所
San-in Economics & Management Institute
株式会社山阴经济经营研究所

"株式会社山阴经济经营研究所（SEMI）"由岛根县松江市的山阴合同银行的一个部门独立出来，作为山阴合同银行体系的智库于1985年9月3日成立，资本金为1000万日元。1985年10月机构内部刊物《山阴经济》创刊，1988年4月《山阴公司要览》创刊。2010年4月《山阴经济》调整更新，季刊《情报杂志》创刊。研究所是以"收集、分析、提供有利于地域发展的各种信息情报，扎根于地方，为建设具有历史性、创造性和活力的地域做贡献，大力促进地域产业和企业的发展，提高人民生活品质"为基本理念的智库，以地域经济与产业调查、地域振兴与开发调查为中心，开展人才培养与经营咨询等相关事业。2018年母公司山阴合同银行为实施机构改革，于6月30日正式解散山阴经济经营研究所，将其相关业务内部化，在"地域振兴部"内设置了"产业调查组"。

一般社団法人先端技術産業戦略推進機構
High-tech Industry Innovation Agency
一般社团法人尖端技术产业战略推进机构

"社团法人尖端技术与 INS 研讨会"于 1984 年成立，1985 年经通商产业省批准成立"社团法人尖端技术产业调查会"，2001 年因中央省厅等机构改革重组，主管部门改为经济产业省，2007 年取得经济产业省的批准更名为"社团法人尖端技术产业战略推进机构"，2012 年经内阁府批准更名为"一般社团法人尖端技术产业战略推进机构"。该机构以产官学的紧密合作为基础，以尖端技术的开发及基于此的产业构造重组为目标，构建社会各界之间的密切合作关系，从创新创造的观点出发，进行建言献策和人才培养与研究交流活动，全力推进产业界尖端技术的转化与实际应用，进而为日本经济社会的发展做贡献。该机构通过举办与尖端技术产业相关的研讨会、各种调查和政策建议活动、出版发行研究报告等，提供国家的产业政策动向和尖端技术产业领域的最新信息，同时收集汇总相关人员的意见和措施建议等，发挥其向政策制定者反映民意的平台作用。

三菱 UFJ リサーチ&コンサルティング株式会社
Mitsubishi UFJ Research and Consulting Co., Ltd.
三菱 UFJ 调查研究与咨询株式会社

1985 年 10 月 22 日"株式会社三和综合研究所"成立。2002 年 4 月株式会社三和综合研究所与 1979 年 9 月成立的"株式会社东海综合研究所"合并，公司名称变更为"株式会社 UFJ 综合研究所"。2006 年 1 月，株式会社 UFJ 综合研究所与 1980 年 10 月成立的"Diamond Business Consulting 株式会社"以及 1979 年 7 月成立的"株式会社东京 Research International"三社合并成立"三菱 UFJ 调查研究与咨询株式会社"。2007 年 1 月机构刊物《季刊政策与经营研究》创刊。三菱 UFJ 调查研究与咨询株式会社作为三菱 UFJ 金融集团的综合智库,以东京、名古屋、大阪三大都市为据点,以公正中立的立场,从事高度透明的经营,承接中央部委、自治体等的委托业务,开展政策研究与建议、调查咨询、国际经营业务援助、宏观经济分析、人才培养等相关业务,在日本国内外的广大业务领域提供多样化的服务。该机构秉持"通过开拓性的智力价值创造,为客户的繁荣和社会的发展做贡献"的经营理念,针对客户所面临的问题提供最佳解决方案,通过社会智力资源的融合,为开拓建设下一代的全新社会积极建言献策。

明治学院大学国際平和研究所
International Peace Research Institute, Meiji Gakuin University
明治学院大学国际和平研究所

"明治学院大学国际和平研究所"设立于 1986 年,以研究世界和平的实现条件、促进学校内外的和平研究者与 NGO 和平运动的相关人员之间的跨学科交流为目的,重视基于一般观点的地域性研究与具有社会性、时代性和跨学科性的研究,以及其他与和平相关的各种问题的研究,其研究成果面向校内外广泛传播,是促进和平研究与和平教育的机构。研究所创设以来,致力于从事跨学科研究,践行和平教育,面向社会公众举办公开研究会以及国际学术研讨会,收集并提供资料与情报信息。"冷战期间人类如何能避免核战争"是研究所 20 世纪 90 年代历任所长关于和平研究的重大课题。其后,研究所以研究分析在全球化经济背景下不断呈现出的差异及差别的实际情况、社会的军事化、恢复"人类安全"的和平学等作为优先课题。

株式会社ノルド社会環境研究所
Nord Institute for Society and Environment
株式会社 NORD 社会环境研究所

"株式会社 NORD"设立于 1986 年 5 月 7 日, 1991 年在其公司内部设置的"社会环境研究室"于 2002 年更名为"社会环境研究所"。研究所作为民间智库,以"PEOPLE'S THINK TANK"为基本立场。其中"PEOPLE"是指不断创造人类历史的"人民",是多样且普遍的人类历史的承担者,研究所认为不论是国家、地方自治体,还是企业、团体所制定的活动目标,只有从根本上符合人民的要求才具有有效性。为此,研究所始终坚持基于人民的立场选取多样化的课题,以顾全社会弱势群体、环境、下一代发展这三大主体为前提,在社会环境政策、地域规划、市场运营管理、传播交流等领域,坚持实地调研,以满足客户特定课题要求的、独有的调查研究成果为基础,进而提出最为有效且最适宜社会环境的战略方案。研究所的主要委托方包括内阁府、防卫省、财务省、文部科学省、经济产业省、环境省、国立教育政策研究所、国立研究开发法人科学技术振兴机构、独立行政法人日本原子力研究开发机构、株式会社电通综研等各界主体。

株式会社富士通総研
Fujitsu Research Institute
株式会社富士通综研

"株式会社富士通系统综研"于 1986 年 6 月 20 日成立,以 1990 年 6 月设置的"咨询部门"和 1996 年 4 月设置的"经济研究所"为主体,以为促进客户和社会的发展做贡献为使命,1997 年 6 月公司名称变更为"株式会社富士通综研",2007 年 4 月富士通公司的咨询功能并入株式会社富士通综研。富士通综研是富士通集团的唯一一家智库和咨询公司。2013 年度以后,富士通综研将"聚焦全球化,为日本的可持续性、共生性的创新发展做贡献而开展研究"设定为其使命。富士通综研为开创客户的未来发展、捕捉课题本质,以三大领域为支柱:第一是基于最新的信息与通信技术

(Information and Communications Technology，ICT）和社会、产业动向提出具有现实意义解决方案的"咨询业务"领域；第二是研究开发用于支持广大产业领域咨询业务的最新技法、模型与情报通信技术的"研究开发"领域；第三是全球视野下洞察社会、经济、产业以及情报通信技术的未来发展动向，面向未来提出中长期的政策建议的"经济研究"领域。富士通综研致力于最大限度地发挥这三大领域的协同效应解决现实课题，是日本为数不多的具有国际化、特色化的智库与咨询一体的公司。富士通综研在自有经验积累的基础上，与日本国内外研究机构广泛开展合作，充分集结并利用富士通集团遍及全球的服务与情报通信的资源，凭借集团的综合实力为课题的解决做出努力，传播其独有的基于实体经济的、具有前瞻性和战略性的研究成果。

株式会社東レ経営研究所
Toray Corporate Business Research，Inc.
株式会社东丽经营研究所

东丽株式会社创业60周年之际，作为其社会奉献活动的一环，将东丽株式会社的经营环境调查业务与经营管理研修业务剥离出来，于1986年6月25日设立了"株式会社东丽经营研究所"，是东丽株式会社全资所有的智库。株式会社东丽经营研究所是日本国内为数不多的制造业体系的智库，它以"重视现场"为基本原则，以创造更高价值为目标，充分利用凭借尖端技术开展全球化经营的东丽集团的经营资源，以母公司东丽株式会社的人才和技术为后盾持续开展活动，将自身与客户的双方智慧相结合，为应对国家、地域、产业、企业的复杂环境变化，研究制定具有时代前瞻性的战略。研究所的业务以产业技术政策、技术革新、研究开发、地域与产业活性化、人才培养等课题为主体，为提供客户满意的高质量调查研究而积极开展活动。

東京ガス株式会社都市生活研究所
Urban Life Research Institute, Tokyo Gas Co., Ltd.
东京燃气株式会社都市生活研究所

"东京燃气株式会社都市生活研究所"是1986年7月"东京燃气株式会社"在公司内部设立的智库,针对社会的变迁以及居住在城市的生活者,从多角度开展调查分析、研究和实验,并以此为基础预测未来的生活模式和需求,提供对生活有价值的相关情报信息并提出各种建议。具体而言,研究所在饮食、洗浴、空调等涉及使用能源的日常生活的广泛领域开展研究,并将研究成果汇总为《都市生活报告》加以广泛传播,从而为"善待环境创造更加幸福美好生活"的新生活模式建言献策。研究所成立以来,提出"对生活者真正有价值的生活方式"的建议,主要研究活动包括生活者研究、生活空间研究、效用研究、交流研究和信息传播等。都市生活研究所为确保实施调查的准确度,以一都三县的约6000名居民为对象,构建了"东京燃气都市生活调查系统"(Tokyo Gas Urban Life Inquiring Points,简称"TULIP"),利用该监测系统,及时把握生活者的日常生活意识和行动,此外还实施问卷调查和访问调查。

公益財団法人家計経済研究所
The Institute for Research on Household Economics
公益财团法人家庭经济研究所

"财团法人家庭经济研究所"是1986年7月18日经内阁总理大臣批准设立的公益法人,由经济企划厅主管,1996年获批成为"特定公益增进法人",2010年4月1日正式变更为公益财团法人,2017年12月5日解散。研究所积极开展家庭经济的相关调查、研究以及研究资助,针对老龄化和服务的商业化、信息化与国际化对于家庭的影响及应对,基于生活者的视角开展调查研究,以此为实现稳定充实的国民生活做出贡献,同时也为推进日本经济与国际经济社会的协调发展做出努力。业务内容具体包括:家庭经济相关的调查研究、调查研究杂志的出版发行、举办研究会与演讲会,与家庭经济研究相关的资助,与家庭经济管理相关的教育与启蒙活动，以及其他与实现研究所目的相关的必要业务。

りそな総合研究所株式会社
Resona Research Institute Co., Ltd.
Resona 综合研究所株式会社

"Resona 综合研究所株式会社"是 Resona 集团的智库，旧"协和银行"体系的"株式会社协和中小企业经营研究所"在法人关系上是其最直接的前身。1974 年 4 月"株式会社大银经营振兴中心"设立，2000 年 4 月更名为"株式会社近畿大阪中小企业研究所"。设立于 1986 年 10 月 1 日的"株式会社埼玉银行综合研究所"与设立于 1986 年 11 月的"株式会社协和中小企业经营研究所"于 1992 年 4 月合并成立"株式会社协和埼玉综合研究所"，同年 9 月公司名称变更为"株式会社 Asahi 银综合研究所"。1987 年 6 月"株式会社大和银综合研究所"设立。2002 年 11 月 Resona 集团的株式会社近畿大阪中小企业研究所、株式会社 Asahi 银综合研究所和株式会社大和银综合研究所三家研究所进行合并，2003 年 4 月 "Resona 综合研究所株式会社"正式成立。Resona 综合研究所致力于支持中小企业的经营发展，主要从事经营、财务、人事与事业继承等方面的咨询业务，开设培养事业继承者的经营管理学校，举办人才教育的商业讲习班与研修培训，而向会员提供专家咨询等服务业务，同时不断强化国际业务，为支持客户进军亚洲市场而设置了亚洲室并在海外举办经营培训等，研究成果通过定期出版物、邮件推送等多种形式加以公开推广。

公益財団法人東京市町村自治調査会
The Institute for Tokyo Municipal Research
公益财团法人东京市町村自治调查会

"公益财团法人东京市町村自治调查会"是以实现多摩及岛屿地区的自治振兴，增进居民福祉为目的而设立的市町村共同的智库，主要开展调查研究、信息提供、合作事业、居民交流活动的援助等。1963 年为了协调并达成市町村关于共同事务的共识，设置了"东京都市町村联络协议会"，其后为了进一步充实该协议会针对市町村共同课题的调查研究职能，于 1985 年改组为"东京市町村协议会"。随着老龄化社会的到来以及信息化、国际化的发展，市町村行政工作面临巨大的转换期，多摩及岛屿地区的市町村为了更加系统化地调查研究广域的共同课题，积极高效地制定政策，于 1986 年 10 月 1 日，基于多摩及岛屿地区的全部市町村民众的一致意见，解散了"东京市町村协议会"，成立了"财团法人东京市町村自治调查会"，2012 年 4 月 1 日变更为公益财团法人。

株式会社東急総合研究所
Tokyu Research Institute, Inc.
株式会社东急综合研究所

"株式会社东急综合研究所"于 1986 年 11 月 21 日作为东京急行电力铁道公司以及东急集团的事业领域与事业战略的调查研究机构而设立，按照相关各公司的要求开展调查研究业务。东急综合研究所作为东京急行电力铁道公司和东急集团的内部智库，从兼顾短期和长期的视角出发，以为东急集团的经营战略和事业战略的制定以及事业的实施提供有价值的调查研究和建议方案为使命，承接集团内部以及外部的针对个别案件的委托调查研究业务，同时也开展自主调查研究业务，此外，面向集团的各公司举办演讲会等，提供情报信息服务。事业内容包括：与东急集团的经营战略相关的调查研究；与东急集团的事业执行相关的调查研究；为支持经营理念、品牌战略、人才战略等的制定而开展的调查研究与咨询；以交通、不动产、零售等关联事业为中心，为支持事业的有效执行而开展的调查研究与咨询；以东急铁道沿线为中心的经济、社会、市场动向的相关数据的采集、加工、分析；经济、社会、产业、地区等相关调查研究的委托业务；消费结构、消费者的意识与行动等相关调查、分析、研究的委托业务；与企业经营相关的咨询业务；举办演讲会、研讨会和教育研修等。

公益財団法人鉄道総合技術研究所
Railway Technical Research Institute
公益财团法人铁道综合技术研究所

"财团法人铁道综合技术研究所"作为继承《日本国有铁道改革法》第 11 条第 1 款规定的试验研究相关业务的法人，以从事包括铁道技术和铁道劳动科学相关的基础研究与应用研究在内的综合研究开发业务和调查业务等，进而为促进铁道事业的发展和相关学术与文化水平的提升做贡献为目的，经运输大臣批准于 1986 年 12 月 10 日设立，是 JR 集团的公益财团法人。日本铁路公司（Japan Railways，JR）是日本的大型铁路公司集团，其前身日本国有铁道于 1987 年分割为七家公司。1987 年 4 月 1 日，在 JR 会社成立之际，研究所继承了日本国有铁道此前从事的研究开发业务，正式开始运作。研究所以高度的技术能力开展技术转移和指导及相关业务，以不追求短期成效作为其活动的基本原则，承担从基础技术领域到应用技术领域的广泛业务，以面向铁道事业未来的研究开发、基于铁道需求的实用技术开发、解析铁道相关问题的基础研究作为其研究的三大支柱，从铁道的实际利用者的立场出发，与政府机构、产业各界开展合作，推进创新性研究。作为国际活动，在促进与海外的合作研究、派遣工作人员、接收研究人员的同时，通过支援铁道事业的海外拓展、知识产权的海外发展、海外技术人员的指导等，为日本的铁道技术的普及做贡献。2011 年 4 月 1 日变更为公益财团法人。2014 年 4 月 1 日增设"铁道地震工学研究中心"。

一般財団法人ソフトウェア情報センター
Software Information Center
一般财团法人软件信息中心

"财团法人软件信息中心"成立于 1986 年 12 月 17 日，原为经济产业省和文部科学省主管的财团法人，伴随公益法人制度改革，于 2011 年 4 月 1 日变更为一般财团法人，是专门从事软件相关调查研究的机构，下设"软件特许情报信息中心"和"软件争议解决中心"两个附属机构。软件信息中心在赞助会员和相关政府部门与机构等的支持下开展业务活动,具体包括软件产品的相关调查研究和普及活动(如软件产品的表彰等),与软件的知识产权保护相关的各种调查研究,举办国际研讨会,进行程序作品的相关登记业务等,同时还开展软件相关技术发展方面的情报信息收集和提供业务,以此促进信息化的基础建设,实现高度信息化社会的健全发展,进而为日本的产业、经济、文化的发展做贡献。

一般財団法人商工総合研究所
Shoko Research Institute
一般财团法人商工综合研究所

"财团法人商工综合研究所"于1986年12月26日成立。自成立以来,研究所作为"中小企业领域的专业化智库",以促进中小企业发展为目的,在政府部门、中小企业相关机构、学术团体等的支持与协助下,以中小企业的金融、组织化、产业构造的相关调查研究事业为中心,资助与中小企业相关的调查研究和组织化建设,开展中小企业方面的自主、受托、委托调查研究。此外,研究所每年实施中小企业研究奖励、中小企业有奖征文、中小企业组织活动报告的征集和表彰等资助事业,以及中小企业相关情报信息的提供业务,为促进中小企业的发展做贡献,业绩受到广泛好评。在情报信息提供事业方面,研究所每月发行期刊《商工金融》,发表学者论文和机构调查研究成果等,也出版相关图书。

株式会社計画情報研究所
Research Institute of City Planning and Communication Co., Ltd.
株式会社规划信息研究所

"株式会社规划信息研究所"成立于1987年1月,是立足于地方、服务地方的规划类智库。研究所坚持主张"自己地区的未来要自己思考、讨论、规划和实现",灵活运用自有资源和关系网络,以北陆地区为基础,在把握地方全局情况的同时,与日本全国的智库保持信息交换,具备从规划制定到执行的全流程运作能力,全力支持地方各种规划的制定,是

"地方智库协议会"的成员单位。研究所创立之时，主要以港湾地区的规划建设为主，以充实组织基础为目标。进入20世纪90年代后，研究所以金泽市综合交通规划项目为契机，开始承接县内全区域的交通相关规划、商业振兴与地域景观、居住环境规划等广泛涉及整个城市规划领域的委托业务，近年来不断拓展以居民为主体的城市建设等新兴事业。现在，研究所不局限于交通规划和城市与地区的总体规划，还从事观光、产业、福祉、就业等各领域的相关调查与研究规划，并开展与民间企业合作的各种事业化援助项目。

公益財団法人ながさき地域政策研究所
Nagasaki Institute for Public Policy
公益财团法人长崎地域政策研究所

"财团法人长崎县地域经营中心"于1987年3月10日设立，2002年5月31日更名为"财团法人长崎地域政策研究所"，2013年4月1日变更为公益财团法人，并更名为"公益财团法人长崎地域政策研究所"。研究所致力于建设充满活力且具有特色化的地域社会，为此联合长崎县和市町村以及相关各团体，从事中长期地域社会课题的调查研究，提高县民独立自主提出政策建议的积极性，通过调查研究活动等培养人才，为提高县民生活水平和振兴地方发展做贡献。研究所作为"行动的智库"不断成长，其智库业务主要包括"政策建议"和"咨询"两大部分。为了实现政策目标，研究所基于更为广泛的视野、民间的构想，提出有效且高效的政策建议，针对国家、县、市町村提起的具体问题提供解决方案等咨询服务。政策建议和咨询互为支撑，研究所不局限于只做写分析和研究报告的"第三方""评论家"的智库，而以"赢得地方信赖的智库"为目标，与行政机关、大学、NPO、居民等进行合作，汇聚地方精英力量，共同思考实现政策建议的具体方法并付诸行动，从大型智库所不具备的扎根于地方的视角出发，开展与地区实际情况相符合的课题研究并提出解决方案。

公益財団法人日本国際フォーラム
The Japan Forum on International Relations
公益财团法人日本国际关系论坛

"财团法人日本国际关系论坛"是于 1987 年 3 月设立的会员制政策指向性智库,2011 年 4 月经内阁总理大臣批准,变更为公益财团法人。该机构围绕日本的对外关系现状以及国际社会诸多问题的解决之策,从广大国民的立场出发并积极争取会员和市民的参与,基于民间、非营利、独立、超党派的立场倾听世界各国的声音,以为促进日本和国际社会的和平与繁荣发展做贡献为目的。该机构从事经常性、持续性的调查、研究、审议、建议,推动关于外交与国际问题的研究、讨论、交流和建言等,并对外公开发布这些调查、研究、审议的成果,与此同时,为实现其提案建议的内容,开展必要的信息传播和交流,对国内外社会舆论进行启发引导。日本国际关系论坛的政策建言活动分为"政策委员会政策建言""紧急建言委员会政策建言"和"调查研究活动的政策建言"三部分。此外该机构坚持每月例行举办"国际政经恳谈会",邀请精通国际局势变化的专家或权威人士以时局为中心研讨外交与国际问题。调查研究活动以研究中心为核心,由机构内外的研究人员共同实施研究项目的企划、组织、运营,由"研究会活动"和"研究员活动"构成。该机构从独立于政府的民间、非营利的立场出发,针对公共性最高的外交国际问题,发表公平、中立的意见,向政府建言献策的同时,助力形成国民舆论。研究领域主要包括,国际政治、外交、安全保障;国际经济、贸易、金融、开发援助;环境、人口、能源、粮食、防灾等全球规模问题;美国、俄罗斯、中国、亚洲、欧洲等地域研究;关于东亚共同体构想的问题;人权和民主化、纷争的预防与和平的构筑、文明的对立、信息革命等新的诸多问题。

株式会社京都総合経済研究所
Kyoto Research Institute, Inc.
株式会社京都综合经济研究所

"株式会社京都综合经济研究所"设立于 1987 年 4 月 1 日,是株式会社京都银行体系的智库，1998年统合了银行的经营咨询部门。研究所的调查部与经营咨询中心设在京都，东京经济调查部设在东京。研究所是京都银行的集团企业，作为立足于京都的智库，支持当地企业的发展，以促进地域社会的繁荣和产业经济的发展为使命，通过调查研究、发行情报信息刊物、提供经营咨询和会员服务等业务，为社会和客户提供有价值的情报信息。研究所调查部门主要从事地区内外经济、产业、金融、企业经营等方面的相关调查研究，也承接地方公共团体和经济团体等的委托调查研究。经营咨询部门主要从事各种演讲会、实务学习班等会员服务业务和人才培养工作，由专家提供税务、法务、劳务等的专业咨询。东京经济调查部聚焦日本国内与海外的经济、产业、金融的相关调查研究，编辑发行机构刊物《金融论坛》。

関西大学法学研究所
The Institute of Legal Studies, Kansai University
关西大学法学研究所

"关西大学法学研究所"设立于1987年，围绕立法、司法、行政领域的实务、理论、政策等相关问题，通过调查研究，开拓学术上的前沿领域，提高普通市民的法律生活质量，促进法文化的发展。研究所共有四个研究班开展研究活动，通过"现代法学习班""学术研讨会""公开讲座""特别研讨会"等形式，帮助市民和实务从业人员了解研究所涉及的最新的立法与研究动向，其研究成果刊载于《研究丛书》和机构刊物。研究所的业绩成果受到研究人员和实务人员的好评，2000年4月被选定为"文部科学省私立大学学术前沿推进事业基地"。截至2005年3月，以"国际金融革命与法的相关性"为题开展项目研究活动。2008年9月，研究所凭借多年积累的少数民族研究成果，被"文部科学省私立大学战略研究基础建设支援项目"采纳，并新设"少数民族研究中心"。

SOMPO 未来研究所株式会社
Sompo Research Institute Inc.
SOMPO 未来研究所株式会社

"安田火灾海上保险株式会社"（即现在的"损害保险 Japan 日本兴亚株式会社"）为纪念创业 100 周年，于 1987 年 6 月 9 日设立了"株式会社安田综合研究所"，是 SOMPO 持股集团的智库。其后，母公司因合并而更名为"株式会社损害保险 Japan"，研究所于 2002 年 7 月 1 日相应地更名为"株式会社损保 Japan 综合研究所"。2014 年 9 月 1 日公司名称再次变更为"损保 Japan 日本兴亚综合研究所株式会社"，2019 年 4 月 1 日更名为现在的"SOMPO 未来研究所株式会社"。作为损害保险行业的第一家智库，研究所以损害保险的相关基础研究为核心，开展经济、金融、社会保障制度等方面的相关调查、分析等研究活动。顺应国内外各种情况的发展变化，研究所不局限于保险行业，在作为集团事业基础的政治、经济、通商等领域也开展相关基础性调查研究，同时以社会保障、医疗福祉和数字技术等带来的新兴产业为中心开展相关调查研究活动，预测并解析将来可能发生的社会问题，为解决不断表面化的社会问题做出贡献。调查研究领域主要以"保险与金融"和"社会保障与卫生保健"这两个方面为中心展开。"保险与金融"方面的重点是对美国、欧洲、亚洲的保险业界以及各个公司的销售渠道、动向等进行研究分析；"社会保障与卫生保健"方面的重点是对美国、欧洲、亚洲等地区的医疗制度、健康保健市场等进行专题研究。

公益財団法人トラスト未来フォーラム
Trust Forum Foundation
公益财团法人信托未来论坛

三井住友信托银行的前身"住友信托银行"为纪念创业 60 周年，全额出资捐款于 1987 年 7 月 1 日设立"财团法人 Trust 60"，旨在为推动日本信托制度的进一步普及与发展而实施调查研究活动，并对优秀的研究成果及活动给予资助。2010 年 12 月 1 日基于公益法人制度改革，变更为公益财团法人。2014年10月，该机构名称由"Trust 60"变更为"信托未来论坛"，意指基于此前"Trust 60"所取得的活动业绩，以"面向信托未来发展"为目标，定位于信托领域的"广泛相关人员的汇集平台"，通过信托的普及与国际交流活动为社会做贡献。为更好地应对急速发展的老龄化社会、解决日本特有的土地问题、推进经济结构改革，该机构针对信托制度的普及与应用等相关问题，以开展基础性、学术性的研究和应用性的实务研究为中心，在日本信托法理的相关基础研究、各国的信托法理与信托制度的相关调查研究等涉及信托制度、成年监护制度、刑事法与金融业务等广泛领域开展研究活动。

一般社団法人国際海洋科学技術協会
Japan International Marine Science and Technology Federation
一般社团法人国际海洋科学技术协会

"社团法人国际海洋科学技术协会"以"社团法人经济团体联合会"和"日本学术会议"为中心，以1971年7月设立的"ECOR日本委员会"为母体，经内阁总理大臣批准，以科学技术厅为主管部门，于1987年8月31日成立。1988年10月24日，主管部门在既有的科学技术厅之外，新增农林水产省、通商产业省、运输省、建设省，即五省厅联合主管。伴随其后的省厅机构重组，该协会现为文部科学省、农林水产省、经济产业省、国土交通省的四省厅联合主管，以期开展更为广泛的事业活动。2013年12月2日协会变更为一般社团法人。该协会的事业目的是，开展海洋开发科学技术方面的相关国际情报信息的收集与交流活动，以及日本国内外相关专业领域的综合性跨领域调查研究活动，为产官学各界提供独立的提案、建议、指导、援助以及情报信息与资料，从而为促进科学技术发展做贡献。该协会的活动可分为与海洋开发科学技术相关的国际情报信息活动、研究资助、会议研讨、图书出版四大方面。

株式会社地域情報システム研究所
Local Information System Research
株式会社地域信息系统研究所

"株式会社地域信息系统研究所"成立于1987年，是以其在信息通信领域的经验与技术为基础，以地域信息化和城市建设为主要领域的专业化智库。研究所从专业立场出发，面向自治体等提出建议，以为实现"居民主导的城市建设"做贡献为目标，从事地域信息化发展规划等的立案、信息通信的公共应用研究、模拟实证实验、各种调查研究等业务活动。研究所的专业性强，承接的委托业务遍及日本全国，业务内容包括地域信息化建设规划等的立案，与信息通信相关的各种调查研究及咨询等"智库业务"；与信息通信基础相关的设计监理，与通信事业运营相关的咨询等"信息通信咨询业务"；设计，人才培养，商业支持，自有不动产的租赁等其他业务。地域信息系统研究所在积极开展研究活动的同时，未来将更加聚焦于情报信息、城市建设、福祉、防灾等专业领域的调查研究。

公益財団法人連合総合生活開発研究所
Research Institute for Advancement of Living Standards
公益财团法人联合综合生活开发研究所

"联合综合生活开发研究所"作为服务于劳动者的智库于1987年12月1日成立，是日本最早的工会相关智库。1988年，研究所成为由经济企划厅、通商产业省、厚生省、劳动省联合主管的财团法人，其后在公益法人制度改革下，于2011年4月1日变更为公益财团法人。研究所以改善劳动者及其家庭的生活状况，促进日本经济的健全发展和稳定就业为目的，致力于推进有关日本国内外经济、社会、产业、劳动问题等基于国民广阔视野的调查研究活动，并将其中总结提炼的政策建议汇总形成研究报告，同时基于其庞大的社会关系网络，积极开展与海外研究机构、国际组织之间的深度交流合作。研究所每年的《经济社会情势报告》都被众多的工会组织实际应用。除发行研究报告外，研究所经常举办学术研讨会，基于与日本国内外的研究机构和研究人员之间的合作网络，通过交流等多种形式提出问题、参与议题设置并进一步深化研讨。联合综合生活开发研究所从自身独立的观点出发，一年两次开展"劳动者的工作与生活状况调查"，每月发行刊物《DIO》（即"Data Information Opinion"的缩写）。

株式会社都市未来総合研究所
Urban Research Institute Corporation
株式会社都市未来综合研究所

"株式会社都市未来综合研究所"是由瑞穗信托银行提议于1987年12月21日设立的瑞穗金融集团的不动产专业智库，股东包括瑞穗信托银行集团的各家公司。作为以城市和不动产为专业领域的智库，都市未来综合研究所以不动产投资和不动产市场方面的各种相关调查研究、企业的不动产战略等相关咨询为中心开展业务。设立以来，研究所不断积累和充实在城市建设、地域开发、事业创新等方面的相关经验技术，同时针对关于城市和不动产的诸多问题，开展多角度的调查研究，提出具有实践性的课题解决方案。研究所通过尽早完善夯实独有的情报信息基础，及时把握不动产市场的发展动向，关注不动产与金融相融合的新商机，积极开展基于金融理论与金融工学的数理性、实证性研究，以及不动产投资的顾问咨询业务，在经济社会构造不断变化调整中，推进前瞻性研究。

株式会社いよぎん地域経済研究センター
Iyogin Regional Economy Research Center, Inc.
株式会社伊予银行地域经济研究中心

"株式会社伊予银行地域经济研究中心"是以伊予银行情报调查部为母体，由伊予银行集团各公司出资于1988年4月1日设立的株式会社。研究中心设立以来，主要提供与地域紧密相关的生活、经济、产业方面的情报信息以及值得信赖的经营技术与经验建议，业务涉及地域振兴、地域中小企业的经营革新、人才培养等广泛领域。作为爱媛县唯一的民间智库，研究中心在经济与社会的结构性巨大变化之中，开展前瞻性的研究，基于更具实证性和独特视角的调查研究与咨询，发挥其指导客户未来发展的罗盘作用，致力于不断充实来自企业、公共团体、关联团体的委托调查业务和人才培养功能，满足地域信息情报与调查的需求，服务地方企业和经济的发展。研究中心举办各种演讲会、研修班和函授讲座，开设以青年经营者为对象的一年期培训班，发行调查月报《IRC Monthly》，并发布爱媛县经济、产业、观光、农业以及西日本造船业等多领域的调查研究报告。

株式会社 GKデザイン総研広島
GK Design Soken Hiroshima Inc.
株式会社 GK 设计综研广岛

"株式会社 GK 设计综研广岛"是以创造产业与文化一体化的、充满活力的企业和有魅力的生活环境为目标的地方信息传播型设计智库。该机构成立于 1988 年 4 月 8 日，以"事业、运动、研究"为设计活动的基本理念，以都市与建筑环境、企业商品、视觉情报等作为设计对象，通过具有良好均衡性的关联和综合性视角开创新的观念，凭借融会贯通的设计能力，融合不同领域的思维方法，推进具有叠加效果的课题分析和研讨。

日本福祉大学知多半島総合研究所
The Institute of Chitahanto Regional Studies, Nihon Fukushi University
日本福祉大学知多半岛综合研究所

"日本福祉大学知多半岛综合研究所"成立于 1988 年 5 月 1 日，围绕知多半岛整体的历史、文化、产业、生活等各方面开展综合性的调查、分析、研究，明确其地域的特色以及发展沿革，并基于此展望研究半岛的未来发展。研究所的事业主要包括：实施调查研究，举办公开讲座和研究学习会、研讨会等，发表研究成果，印刷出版研究报告，收集整理各类资料并加以公开，承接自治体和各种团体的委托调查研究业务，承接来自校外的调查研究及演讲会等委托业务，开展多样化的活动。

株式会社文化科学研究所
Institute for the Arts Co., Ltd.
株式会社文化科学研究所

"株式会社 Pia 综合研究所"于 1988 年 5 月设立，是聚焦于文化领域的智库。1993 年 9 月，继承"株式会社 Pia 综合研究所"的事业，成立了"株式会社文化科学研究所"，以文化振兴、艺术与娱乐以及媒体为主要研究领域，是日本的特色智库。研究所设立以来，以文化领域为核心，在音乐、舞台剧、电影、广播、艺术品、体育、多媒体、终身教育等方面，支持振兴计划和地域建设规划的制定以及文化产业研究，支持政府部门和自治体的规划编制，在地域振兴与市场经营、交流与设计等广泛领域，开展各种调查研究与咨询业务，也从事文化设施的规划与运营的援助、定期出版物与各种手册的编辑制作、网站的构建和软件制作等，在众多领域都取得了业绩成果。研究所最突出的特征是具备广阔的视角，既具有作为研究人员以及咨询师的见识，同时又能完成实际的软件制作，具备现场实践基础。研究所在专职研究人员的基础上，还广泛聘请音乐、美术、影像、互联网等各领域的专家和导演等作为特邀人员，采取构建人才网络共同完成项目的体制。

公益财团法人中曾根康弘世界平和研究所
Nakasone Peace Institute
公益财团法人中曾根康弘世界和平研究所

"公益财团法人中曾根康弘世界和平研究所"作为开放型的政策研究建议机构于 1988 年 6 月 28 日成立。成立之时名为"财团法人世界和平研究所"，是由日本的总理府、防卫厅、经济企划厅、外务省、大藏省、通商产业省六省厅联合主管的财团法人，2011 年 4 月 1 日变更为"公益财团法人世界和平研究所"，2018 年 1 月 1 日更名为"公益财团法人中曾根康弘世界和平研究所"，2018 年 10 月 10 日开始正式使用"中曾根和平研究所"作为机构通称。研究所由日本前首相中曾根康弘创办并出任首任会长。研究特色是秉承学术自由独立的立场，在全球化视野下，以围绕安全保障的调查研究和国际交流为核心，在政治、经济、外交、国防安全等专业领域对国际社会的重要议题积极开展综合性、独创性的广泛调查研究，力求为政府政策的制定和实施适时地提出具有创造性和建设性的有效建议。与此同时，研究所针对日本国内政治改革与宪法修订、国际外交关系评估、财政与社会保障、少子老龄化社会的应对、科教文化传媒及环保能源等涉及日本国内外社会诸多方面的重要课题持续开展研究并提出政策建议，定期举办研究论坛和学术研讨会，面向国内外广为传播，与海外著名智库、研究机构合作共同举办公开论坛、学术研讨会，广泛邀请国内外有识之士参加。相关调查研究成果以政策建议和季刊《IIPS Quarterly》的形式及时面向会员和相关机构派发，同时也在研究所的官方网站上进行公开。研究所英文论文集《Asia Pacific Review》每年出版两次。

株式会社三井住友トラスト基礎研究所
Sumitomo Mitsui Trust Research Institute Co., Ltd.
株式会社三井住友信托基础研究所

"株式会社住信基础研究所"成立于1988年7月1日，以日本国内外不动产市场和不动产金融、基础设施建设与PPP（Public-Private Partnership，政府和社会资本合作）为特定领域开展研究，是"城市与不动产"方面的专业化智库。2012年4月1日，该机构名称变更为"株式会社三井住友信托基础研究所"。作为三井住友信托集团的成员之一，研究所针对城市所面临的各种问题开展调查研究并提出建议，从事社会和市场所需要的不动产相关的理论性、实践性研究，其他业务还包括不动产投资合格性评价、不动产投资市场的未来预测等不动产投资的相关调查研究，住宅、办公楼、商业设施等主要不动产市场的需求动向和市场预测，不动产市场的相关调查、委托研究和咨询业务，还承接有价证券的相关投资建议咨询。

公益财团法人はまなす財団
Hamanasu Foundation
公益财团法人 HAMANASU 财团

"公益财团法人 HAMANASU 财团"前身为 1988 年 7 月 1 日设立的"财团法人北海道地域综合振兴机构",2011 年 4 月变更为公益财团法人。该机构始终坚持设立初衷,为实现北海道各地的地域开发与产业活性化进行建言献策,以人才培养和情报信息交流、创造有活力的地域社会为目标,有效利用北海道所特有的自然能源、历史遗产等资源,针对北海道各地实施的地区建设活动,提供指导、建议以及人才培养和资金援助,通过发掘、支持地域开发与产业活性化的项目,对日本乃至国际社会的稳定与发展做贡献。

株式会社ニッセイ基礎研究所
NLI Research Institute
株式会社 NLI 基础研究所

"株式会社 NLI 基础研究所"是日本生命保险相互会社为纪念创业 100 周年于 1988 年 7 月 4 日设立的日本生命集团的智库。研究所成立至今,在经济、金融、财政、保险、年金、社会保障、医疗介护、资产管理、不动产、经营、生活、艺术、老龄化社会等众多研究领域,以基础性、长期性的视角开展调查分析,提出符合时代要求的具有可行性的建议。研究所面对少子老龄化导致的社会人口减少以及全球化、高度信息化的发展等时代的巨大变化,作为日本生命集团的智库,研究所运用庞大的关系网络和尖端的研究方法,针对劳动力不足的应对、财政赤字的消除、可持续发展的社会保障制度的构建、基于规制缓和与创新的增长战略等中长期课题的解决方案开展研究,通过面向社会提供揭示时代问题本质的调查研究成果以及解决问题的情报信息,为推动日本的未来发展做出贡献。研究所于 2003 年 4 月在金融研究部门内增设"投资咨询室",2012 年 4 月在经济调查部门内增设"经济政策研究中心",2013 年 7 月组织部门调整为五大研究部,2018 年 4 月"经济政策研究中心"改组为"综合政策研究部"。目前，研究所主要由五大部门开展研究活动。"保险研究部"从事保险公司的经营战略和会计、税务、法制等的相关研究；"生活研究部"从事社会保障制度的现状、老龄医学、家庭财政与家族变化、生活者意识与价值观变化等的相关研究；"社会研究部"从事少子老龄化社会的养老金与护理问题、住宅与城市问题、雇佣与就业问题、艺术与文化、企业经营、环境、国际开发合作、市民社会与 NPO 等相关研究；"经济研究部"从事国内外的经济、利率、汇率动向的分析与预测等相关研究；"金融研究部"从事资产运营的技术与风险管理方法的开发以及不动产投资与市场分析等的相关研究，通过官方网站、出版物等多种渠道公开研究成果，及时提供正确的信息指导解决问题。研究所承接委托研究，委托方主要包括中央政府部门、地方自治体、民间企业。

株式会社浜銀総合研究所
Hamagin Research Institute，Ltd.
株式会社滨银综合研究所

"株式会社滨银综合研究所"的前身是成立于 1968 年的"财团法人神奈川经济研究所"，以"发挥前瞻性、创造性和专业性，为地域的未来发展做贡献"为经营理念，是横滨银行集团的智库与咨询公司。1988 年 7 月 21 日，为了满足地区企业与自治体不断提升的发展需求，以研究开发功能和咨询功能为根本，继承"财团法人神奈川经济研究所"和"横滨银行住宅经营咨询所"的职能，成立了"株式会社滨银综合研究所"。研究所位于发达地区神奈川县，作为"实践派解决问题型智库"，针对自治体、第三产业、民间企业等所面对的各种课题，由具备丰富专业知识的工作人员从宏观的多角度出发，基于时代的发展变化，以战略性的思维和专业性的高度实证分析，发现问题并提供相应的咨询、政策建议和情报信息，为促进地域社会的长足发展做出贡献。

文部科学省科学技術・学術政策研究所
National Institute of Science and Technology Policy
文部科学省科学技术与学术政策研究所

为承担国家科学技术政策立案流程的重要一环，科学技术厅于 1988 年 7 月改组资源调查所，并依据《国家行政组织法》(『国家行政組織法』，1948 年法律第 120 号) 设立了"科学技术政策研究所"，主要从事作为科学技术政策立案基础的相关调查研究工作，精准捕捉行政需求，与行政部局等相关机构开展包括参与意思决定过程在内的合作、协助工作。2001 年 1 月文部科学省成立，伴随中央省厅改革重组，科学技术政策研究所成为文部科学省的附属机构，并设置科学技术动向研究中心。2006 年 4 月改组情报分析课，设置科学技术基础调查研究室。2013 年 7 月，新增学术振兴方面的相关调查研究业务，正式改组并更名为"文部科学省科学技术与学术政策研究所（NISTEP）"，实施有助于科学技术和学术振兴的相关政策立案的调查研究。2016 年 4 月改组科学技术动向研究中心，设置科学技术预测中心。研究所的人员规模 40 余名，年度预算约 8 亿日元。作为文部科学省直管的国立试验研究机构，研究所充分发挥其特色优势，支持并保障日本科学技术基本计划的制订，积极开展与日本的科学技术政策的企划立案和推进实施直接相关的研究活动。为了更好地回应日本的可持续发展和科学技术创新，研究所实施研究开发能力、科学技术人才、科学技术预测、科学技术指标、科学技术系统、研究开发管理等多样化调查研究，以此积累对科学技术创新政策的企划立案和推进必不可少的基础性数据，以客观数据解析日本的科学技术与学术发展的现状和问题，设立以来为文部科学省的政策立案做出了巨大的贡献，取得了丰硕的业绩成果。作为科学技术创新政策研究的核心机构，研究所除在国内积极推进与政策研究大学院大学、科学技术振兴机构等相关行政机关、大学、各类组织之间的合作外，还大力构建与欧美、亚洲、非洲等各国的大学、科研机构、智库之间的合作关系，其研究成果被国内外众多相关机构广泛应用，被用作各种政策议题讨论中的论据和基础数据。研究所的主要职能包括以下三方面，即预见未来新产生的政策课题，开展自主性研究和委托调查研究；基于来自行政部局的要求和邀请，开展机动性调查研究；作为科学技术与学术政策研究的核心机构，与其他的研究机构和研究人员合作展开研究活动,并提供基础性的各类数据。研究活动主要包括科学技术创新、产学合作与地域创新、科学技术创新人才、科学技术与社会发展、科学技术指标与科学计量学、科学技术预测与动向调查、涉及政策制定的科学与科学技术状况的意识调查等。调查研究成果通过《NISTEP REPORT》、《DISCUSSION PAPER》、调查资料、向政府审议会等提交的报告,以及 NISTEP 主办的研讨会和国际会议等多种方式进行广泛传播。

公益財団法人福岡アジア都市研究所
Fukuoka Asian Urban Research Center
公益财团法人福冈亚洲都市研究所

"财团法人福冈都市科学研究所"于 1988 年 8 月 1 日成立,"财团法人亚洲太平洋中心"于 1992 年 10 月 7 日成立,2004 年 4 月 1 日上述两财团合并后更名为"财团法人福冈亚洲都市研究所",2012 年 4 月 1 日变更为公益财团法人。福冈亚洲都市研究所由福冈市政府设立,作为福冈市的城市政策与城市未来发展战略方面的研究机构,在福冈市政府、产业界、学术界和市民等各方面的协助下,从事关于城市政策的具体化、实践性的调查研究与政策建议,以及情报信息的收集与提供等业务,以放眼亚洲的广阔视野来研究都市政策,并就未来的城市战略提供建议和方略,在为福冈市的城市建设做贡献的同时,更通过开展亚洲城市政策研究,为支持亚洲地区的建设发展做出贡献。研究所积极开展与亚洲其他城市间的合作,加强国际交流,以全球观念思考区域问题,致力于让都市研究所成为深受世人信赖的"福冈和亚洲问题百事通",官方网站提供日、英、中、韩四国语言版本。研究所不仅积极与市民、企业、行政机关、大学和 NPO 等地区社会保持联系相互协调,同时联合市民一同探究福冈市的现状与问题,共同促进地区社会的发展,构建各种联系网络进行信息交流和宣传引导,在有关部门之间发挥着联系与协调的作用,同时向合作伙伴们提供信息服务。主要业务包括构建联系网络、培养人才、收集提供信息、提供政策建议、运营都市政策资料室等。

公益財団法人中部産業・労働政策研究会
The Institute for Industrial Relation and Labor Policy, Chubu
公益财团法人中部产业劳动政策研究会

"财团法人中部产业劳动政策研究会"是以建立良好的劳资关系为目的，在得到以丰田集团各公司和各工会为中心的中部地区主要企业劳资双方的广泛赞助支持下，以工会和企业作为发起人的独特形式，于1988年设立的财团法人智库，2012年变更为公益财团法人。现有赞助会员48个团体支持研究会的活动，针对劳资关系、国内外的社会经济相关课题以及各企业劳资所共同面对的中长期课题，由劳资双方共同参与，并和大学、科研机构等专家三方合作开展调查研究，提出产学劳各方的意见和政策建议。研究会特别重视问卷调查和访谈等实证性研究，提出具有针对性和可行性的政策建议，其研究成果由中部地区向外广泛传播。

株式会社ペスコ
PESCO Co., Ltd.
株式会社 PESCO

"株式会社 PESCO"以核能和放射线的相关科学技术的专业知识为基础，以1000万日元的资本金于1988年9月29日设立，总部设于东京，以茨城县和福岛县为中心，在从北海道幌延町到岐阜县土岐市的广大地域，先后开设了10家事务所和技术中心。该机构从事调查研究业务、人才培养与教育研修业务、交流活动，致力于推进以核能技术为社会做贡献。该机构广泛提供能源与科学技术方面的服务，开展紧密结合一线的现场工作和海外的技术调查等业务，在调查研究活动方面，擅长于技术情报调查、科学技术以及对构建社会良好关系有所助益的社会环境调查等。该机构以"人"为最大资本，作为100人规模的小型公司，在激烈竞争中凭借不断钻研和业务创新立于不败之地。该机构优先支援福岛第一核电站事故的复兴重建，并以此作为其新时代的使命，通过建设能够安心生活的社会，进而恢复社会公众对核能的信赖。

一般財団法人下関21世紀協会
Shimonoseki 21st Century Association
一般财团法人下关21世纪协会

　　1979 年"社团法人下关青年会议所"在内部设置了"新国际港特别委员会",是为了完成国土厅与该会议所的合作调查项目"适应国际化发展的地方城市建设方案的相关调查"而成立的小委员会,旨在围绕下关的国际化建设建言献策。其后,为了具体落实这些建议,经山口县批准,在当地的企业、居民和行政机关等共同出资、合作推动下,于 1988 年 10 月 20 日正式设立了"财团法人下关21世纪协会",2013 年变更为一般财团法人,作为付诸行动的智库,以打造"小型国际化都市·下关"为目标,开展建言与实践等智库活动。下关市在历史上曾经充分利用其临海的地理条件,在政治、经济、文化等各方面都发挥了引领日本发展的重要作用,现今作为山口县的核心城市,在实现新型城市构造转型、城市基础与居住环境建设、经济发展、文化创造等方面,不仅是对下关地区,而且对山口县全域的未来发展都发挥着关键作用。为此,下关21世纪协会团结居民、行政机关、经济界为一体,共同推进国际化、多样化、可持续的国际交流活动、文化活动、海洋开发利用活动等。为增强下关的活力和发展动能,建设能够展现海峡、历史和文化于一体的"海峡文化城市下关",协会努力通过理念的形成与实践,积极参与下关市的城市建设,收集并提供城市建设的相关信息与资料,自主开展或承接委托有关城市建设的调查研究并提出建议,还和城市建设相关的各种团体间建立联系并加以相互协调,举办与城市建设相关的各种活动等。

一般財団法人地球産業文化研究所
Global Industrial and Social Progress Research Institute
一般财团法人地球产业文化研究所

　　"财团法人地球产业文化研究所"于 1988 年 12 月 1 日经通商产业大臣批准,作为民法 34 条规定的公益法人而设立,2012 年 4 月 1 日变更为一般财团法人。随着日本在国际经济与社会中的地位不断提高,对于全球人类所应承担的责任与作用也日益增大，为实现地球人类的可持续繁荣发展，研究所积极开展全球规模的资源与环境问题、产业经济与文化社会之间新型关系的构建等方面的调查研究活动；组建地球产业文化委员会，为解决全球规模的诸多问题，面向国内外提出综合性的政策建议；与国内外的智库、科研机构开展合作研究、研究人员交流、研究资料互换等；此外还举办学术研讨会，通过发行定期刊物《地球研通讯》发布信息；以及对 2005 年举办的日本国际博览会"爱·地球博"基本理念的继承与发展事业。

公益財団法人地方経済総合研究所
The District Economics Research Institute of Kumamoto Area
公益财团法人地方经济综合研究所

作为肥后银行体系的智库，"财团法人地域流通经济研究所"于 1989 年 4 月 3 日设立以来，以立足于流通业、服务业和消费生活者的调查与分析为中心，作为支援当地经济活动的研究机构开展各种事业，2012 年 4 月 1 日更名为"公益财团法人地方经济综合研究所"。研究所以促进地方经济振兴与健全发展为目的，集结各领域的专家，基于更为宏观的视角，充实与经济、产业、地域的活性化相关的调查研究，不断强化针对地方经济振兴进行战略设计与建言献策活动的功能。鉴于实际状况，构建熊本县和熊本市等行政机关与教育机构、科研机构、各经济团体之间的紧密联系与合作，完成相关研究活动。今后将从更加宽广的视野和公益的立场出发调查研究人口减少、少子老龄化和能源等熊本地方的课题。

株式会社長崎経済研究所
Nagasaki Economic Research Institute Co., Ltd.
株式会社长崎经济研究所

"株式会社长崎经济研究所"成立于 1989 年 6 月 22 日，是隶属于"十八银行集团"的智库，基于与当地企业和行政机关的紧密合作关系，开展各种事业活动，为企业经营、县民生活提供有价值的情报信息，通过各种经济与文化团体的事务局活动等为促进地域社会发展做出贡献。研究所的调查研究部主要从事以长崎县为中心的地域社会、经济、产业动向、企业经营等的相关调查研究，包括长崎县的经济预测与人口推算、地方公共团体等的委托调查研究、九州经济调查协会的《九州经济白皮书》的发布等演讲会的举办、提供产业与经济动向和个人生活方面的信息与咨询、出版月刊《长崎经济》等。文化事业部主要负责经济与文化团体的事务局业务，以及日文、英文定期出版物的发行工作。

公益財団法人アジア成長研究所
Asian Growth Research Institute
公益财团法人亚洲增长研究所

前身"国际东亚研究中心（ICSEAD）"作为宾夕法尼亚大学的合作研究机构于1989年9月1日设立，在北九州市、福冈县以及经团联等商界的支持下，1990年1月经文部省批准作为财团法人正式成立。该机构作为设置在北九州市的东亚研究机构，成立至今取得了丰硕的业绩成果，1993年开始举办东亚（环黄海）城市会议和市长会议，2004年创设"东亚经济交流推进机构"，2012年经内阁总理大臣批准变更为公益财团法人。2014年10月更名为"公益财团法人亚洲增长研究所"。研究所以增进对亚洲发展相关问题的知识积累与理解，促进国际合作为目的，积极开展亚洲地区的经济与社会问题的相关调查研究，推动国际学术交流与学术研究的强化，进而为国际社会和地域社会的建设发展做贡献。亚洲增长研究所的研究人员涵盖中国、美国、韩国等多个国家，日本人研究者也以英语为基本用语，精通亚洲多国语言，为促进现地调查与合作研究的开展，以东亚为中心，与包括中国、韩国、新加坡、越南等国家在内的日本国内外的大学、科研机构签订了研究交流协议，通过教育合作激发研究人员之间的交流。其中，中国的合作方包括上海社会科学院、复旦大学、长安大学、中国社会科学院财经战略研究院、浙江大学经济学部，以及中华经济研究院、新华基金会等。研究所与复旦大学合作共建的"九州—上海发展研究中心"设在复旦大学校内。

株式会社シー・アイ・エス計画研究所
CIS Institute of Planning Co., Ltd.
株式会社 CIS 规划研究所

"株式会社 CIS 规划研究所"设立于1989年9月30日，旨在提出富于创造性的地域建设方案。研究所在现代社会构造与经济环境的巨大变化之中，回归地域社会"现在应该做什么，今后又该做什么"这一基本问题，在城市建设、街道维护与景观建造、地域重建与都市重建、商业振兴与地域振兴、地域住宅规划与设施规划、地域信息化建设等领域开展相关企划、构思、计划制订、经济管理与筹划实施等工作，并通过这些渗入到地域之中，与当地民众一起为地域课题的解决和建设富于个性化的地域而努力。研究所被国土交通省认定为2018年度和2019年度"PPP协定"的合作方，承接有关推进PPP（Public-Private Partnership，政府和社会资本合作）和PFI（Private Finance Initiative，民间融资倡议）的咨询业务。

公益財団法人生協総合研究所
Consumer Co-operative Institute of Japan
公益财团法人生活协同组合综合研究所

"生活协同组合"（通称"生协"）是由消费者组成的会员制组织。为应对生协开展的各种运动的不断发展，进一步完善并确立针对"生活与生协"的经常性、可持续的研究体制，1984年的日本生协联第三次中期计划提出了设立有关研究机构的方针。1987年日本生协联制定"新研究所基本构想"，继承此前主要由大学生协联为中心负责的"生活问题研究所"的成果，于1989年6月召开了设立发起人会议，于1989年10月1日作为任意团体（即无法人资格团体）正式成立了"生活协同组合综合研究所"，同年11月经厚生省认可获批成为财团法人，2009年9月取得公益法人制定改革相关三法案的认可，10月1日正式变更为公益财团法人。研究所从事与生协事业相关的综合性调查、研究、教育、研修、资助等各项业务，开展与生协事业相关的消费生活方面以及生活文化改善方面的相关问题的调查与研究，明确生协在国民生活中应发挥的作用，进而为促进国民生活品质的提升与社会稳定做出贡献。

労働運動総合研究所
Japan Research Institute of Labour Movement
劳工运动综合研究所

"劳工运动综合研究所"的设立目的是基于和"全国工会总联盟"（通称"全劳联"）的密切合作，在民主学者和研究者的集结与协助下，与既有的民主调查研究机构开展合作，不断充实并提高劳工运动所追求的国民生活品质。研究所于1989年12月11日由赞同其设立目的的团体与个人作为自主性共同事业而成立。研究所基于设立目的，开展理论研究，并为了制定有效推进劳工运动发展前进的实践性政策立案而开展调查研究、资料信息的收集提供等工作。研究所在与国民中心、全国工会总联盟之间的紧密合作与相互协助之下，为劳工运动的发展积极做贡献，推进调查研究与咨政活动，并面向与劳工运动相关联的全国各地、各领域的民主研究人员及研究团体等提供劳工运动的合作与协助的平台。

株式会社日本経済研究所
Japan Economic Research Institute Inc.
株式会社日本经济研究所

"株式会社日本Intelligent Trust"于1989年12月1日设立，在2008年获得了"株式会社日本政策投资银行"的投资，因而更名为"株式会社日本经济研究所"，作为提出四个DNA（长期性、中立性、公共性、信赖性）的株式会社日本政策投资银行全额出资的智库，是以调查咨询为核心业务的综合研究机构。"财团法人日本经济研究所"成立于1946年4月，是始终秉持公平、中立的原则，发挥社会作用、践行社会责任的智库机构。"株式会社日本经济研究所"作为日本政策投资银行集团的一员，于2009年4月继承了"财团法人日本经济研究所"的委托调查等相关业务。研究所在其三大主要领域不断充实并提供高质量的服务："公共领域"，即面向国家和地方自治体，为提出各种政策建议与倡议、编制计划、制定政策与措施方案等从事相关调查研究与咨询业务；"民间（对策）领域"，即面向民间企业等提供事业评估、企业价值提升、新商机拓展等相关调查研究与咨询业务；"国际领域"，即与政府开发援助（Official Development Assistance，ODA）业务和海外事业拓展等跨国业务相关的调查研究与咨询业务。日本经济研究所和日本政策投资银行把长年积累的企业财务数据以"数据库""手册"和"个别企业篇"等形式对外提供。日本经济研究所的特色在于积极构建与调查研究机构、行政机关等的广泛关系网络，并运用产官学各界联合网络开展调查研究，在城市建设、地域开发、社会资本、能源、经济与产业等各领域，致力于日本经济构造的相关课题研究，从中立且客观的立场出发，提出前瞻性的建议方案，承接来自财团法人日本经济研究所、大学、调查研究机构、中央政府及地方自治体等众多委托方的调查委托业务。

一般財団法人マルチメディア振興センター
Foundation for MultiMedia Communications
一般财团法人多媒体通信振兴中心

前身为"财团法人 Telecom 高度利用促进中心"，于 1990 年 2 月 2 日成立，1996 年 4 月更名为"财团法人多媒体通信振兴中心"。"财团法人电气通信综合研究所"于 1967 年 11 月经邮政省批准成立，几经拆分与合并，于 1997 年 4 月变更为"财团法人国际通信经济研究所"，2007 年 4 月并入"财团法人多媒体通信振兴中心"。2012 年 4 月 1 日变更为"一般财团法人多媒体通信振兴中心"。该机构在积极开展电信的相关理论研究，推进电信理论体系建设的同时，通过对电信事业及相关各产业发展动向和经营革新的研究，助推日本电信行业乃至日本产业、经济、文化的发展，从"信息通信网络的安全安心利用"和"信息通信网络的有效利用"等观点出发开展实践性活动，并基于信息通信和邮政等领域的全球化视角开展调查研究活动。在实践性活动方面，作为公共信息的共有基础事业，该机构与总务省、自治体、广播事业部门合作，从 2011 年 6 月开始提供保障顺畅、迅速、高效、准确地传达灾害信息等公共信息的"L 警报"系统。在调查研究活动方面，该机构针对信息通信技术与邮政、电波利用及物流等各领域，把市场、商业、服务与政策、法律制度更为紧密地加以结合考虑，并对照国内外动向从相互比较的视角出发，调查分析市场构造的变化与商业的发展以及政策的国际动向。在对应互联网等多媒体通信的网络及其利用方面，该机构从事相关调查研究、技术开发、应用试验、情报收集与提供以及社会普及等活动，围绕信息通信、邮政、外汇、储蓄以及保险等各类事业的发展和国际活动，开展相关的调查研究、情报收集与提供，以及面向海外的情报信息发布等业务。该机构的部分研究成果在双月刊《ICT World Review》上发表，同时通过演讲会和官方网站等渠道发表调查研究成果，提供情报信息。该机构在华盛顿、伦敦、北京等地设有海外事务所。

株式会社ちばぎん総合研究所
Chibagin Research Institute Corporation
株式会社千叶银行综合研究所

"株式会社千叶银行综合研究所"是在泡沫经济崩溃后的1990年2月28日设立的综合研究机构，以千叶县和东京都为核心，在信息调查与咨询两大领域为地域客户提供服务，通过金融与经济的相关调查咨询事业，为地域发展做贡献，成果面向全国发布。研究所的业务内容包括千叶县内的经济、金融、产业、市场动向方面的调查研究，地域开发、观光、地方行政财政、福祉、教育、交通、环境问题等方面的相关委托调查，以及各种建言献策工作，同时还进行经营综合诊断、经营企划、经营强化等的经营咨询业务，举办演讲会和研讨班，企业内部研修等人才培养咨询业务。

一般財団法人国際開発機構
Foundation for Advanced Studies on International Development
一般财团法人国际开发机构

为了更有效地实施日本的经济援助，通过开展人才培养、调查研究、高等教育和技术合作等事业，以为国际开发和日本乃至国际社会的发展做贡献为目的，在经济团体联合会（即现在的"日本经济团体联合会"）的积极协助下，"财团法人国际开发高等教育机构（FASID）"作为基于政府与民间双方合作推进"国际开发大学构想"的核心机构，于1990年

3月27日成立，是由外务省和文部科学省联合主管的财团法人。2012年10月变更为"一般财团法人国际开发机构"，除人才培养事业外，还从事发展中国家和地区的政府开发援助（Official Development Assistance，ODA）事业及面向民间企业的咨询业务等。该机构主要业务包括人才培养、调查研究、技术合作与咨询、国际开发相关的信息传播等，为从事开发援助的实务人员和研究人员提供实践性的研修，为开发领域的研究生提供奖学金，开展与国际开发相关的调查与研究，举办研讨班等。为满足各方面提出的人才培养需求，该机构开展丰富多样的培训与研究活动，2000年4月作为具体落实"国际开发大学构想"的一环，与政策研究大学院大学合作，开设了"国际开发大学院合作项目（硕士课程）"，2002年4月开设了同项目的博士课程。

株式会社九州経済研究所
KER Institute
株式会社九州经济研究所

"株式会社九州经济研究所"的前身"株式会社鹿儿岛地域经济研究所"是以"株式会社鹿儿岛银行"的调查部为母体于1990年4月设立，主要提供鹿儿岛县内景气状况调查和地域经济动向方面的相关各种情报信息，承接自治体、民间机构、社会团体等各类主体的委托业务，配备涵盖经济、产业、社会、经营、地域开发等各领域的专职工作人员，提供各领域的相关信息，并从事地方创新等各种计划、项目的立案工作，提出政策性建议等。作为扎根于地方、与地方共同发展的智库，研究所全力支持并提供有助于地方经济政策制定与企业经营的情报信息。为了更好地支援企业的经营改善和人才培养，2002年7月与株式会社鹿儿岛银行下设的"生活与经营商谈所"合并，积极开展经营咨询业务和能力开发事业。2012年7月公司名称从此前的"鹿儿岛地域经济研究所"中去除了"地域"，更名为"株式会社鹿儿岛经济研究所"，旨在进一步强化研究体制，不局限于"特定地域"，而是指向了南九州地区，更逐步向区域外拓展，致力于各种情报信息的收集分析与调查研究，以及咨询业务等。2016年4月再次更名为"株式会社九州经济研究所"，并增设了IT对策部门，其后在福冈、熊本、宫崎、冲绳等多地相继设置了分支机构。

株式会社農林中金総合研究所
Norinchukin Research Institute Co., Ltd.
株式会社农林中金综合研究所

"株式会社农林中金综合研究所"的前身是成立于1950年的"农林中央金库调查部"。农林中央金库通过新设专门主管调查一般金融经济和农林渔业等产业情况的调查部，以及时、丰富、切实的资料为基础，确保金库运营上的安全，同时作为行业金融中枢机构，为所属团体经常性地提供及时且丰富的资料，完善体制机制建设。其后，历经"株式会社农林中金研究中心"等的设立，在调查研究部门完全实现向子公司转制后，1990年6月1日正式成立"株式会社农林中金综合研究所"，作为农林中央金库和农林水产业协同组织的智库，致力于农林水产业的振兴和地域经济与社会的活性化发展。研究所设置"农林水产业与粮食、环境""协同组合与组合金融""宏观经济与金融"三大部门，2016年7月根据社会发展需要，新设"粮食农业调查研究室"。随着研究对象的不断拓展与深化，研究所积极发展与大学等相关机构及海外研究机构之间的合作，不仅向早稻田大学、一桥大学、东京农业大学派遣讲师，还与中国农业大学开展合作研究与相互交流。

株式会社ヒューマンルネッサンス研究所
Human Renaissance Institute Co., Ltd.
株式会社人类复兴研究所

"株式会社人类复兴研究所"作为欧姆龙集团的未来社会研究机构于1990年6月8日设立，是人文社会科学系研究所，也是集团的内部智库。从科学、技术、社会的相互关系预测未来是欧姆龙独特的未来设想理论——"SINIC理论"。研究所基于此理论，认为21世纪初期是"最适社会"，其后的社会是"自律社会""自然社会"，需要根据不同的社会景象与人类生存方式开展相应的研究。研究所承接委托调查研究，提供将其研究成果加以具体化应用的相关咨询业务，基于研究成果进一步探索未来社会的潜在需求以及社会技术的未来发展可能性，为个人、地区社会与企业的新发展建言献策,并对其解决对策中涉及的技术开发课题提出具体方案等。

株式会社大銀経済経営研究所
Daigin Economic and Management Institute
株式会社大分银行经济经营研究所

为了更准确地把握不断发生变化的社会经济动向,进而为稳固和发展地域的社会与经济基础做贡献,1990年7月5日以大分银行调查部门为母体成立了地方智库"株式会社大分银行经济经营研究所",是大分银行集团的成员之一。研究所通过开展以大分县为中心的地域经济、产业动向、地方建设方面的相关调查研究与企业经营、人才培养等方面的相关经营援助业务,发挥其作为地方智库广泛传播情报信息和建言献策的作用,为激发地区活力、建设对未来充满希望的地域社会做出贡献。研究所从事地域经济与产业动向等的"调查与研究",经济增长率预测、月刊和统计刊物的发行等"信息传播",企业经营的相关咨询和举办研究会等的"经营援助"事业。

株式会社プラネットシンクジャパン
PLANET Think Japan,Inc.
日本星想咨询股份公司

"日本星想咨询股份公司"成立于1990年7月,前身是"有限责任公司地域振兴PLANET",作为民间智库,在国际关系、地域开发、医疗福祉、危机管理等领域,针对行政机关、社会组织和个人所拥有的专业知识技能、信息情报和基础条件等资源进行合理配置组合,致力于社会性问题的解决。该机构通过长年从事地域开发与地域振兴事业,积累了其特有的成果业绩,构建了独有的智库关系网络,并利用多年积累的国内外关系网络与情报信息等进行建言献策,制定能够发挥地域能力的政策方案。事业内容包括政策智库业务、中国商业咨询服务业务、中国商业宣传推广业务等。该机构不仅大力支援地域新兴产业建设,还在国际方面致力于搭建日本与亚洲的连接桥梁,承接内阁府等国家政府部门的委托业务,针对地方自治体的国际援助事业的现状等开展调查研究，同时也对援助方法提出建议。该机构更进一步探索与东北亚地区，特别是与中国之间的合作，在吉林省长春市合作举办了联合国开发计划署的"图们江地域开发的交通道路（海上与陆上）的相关会议"等。

公益財団法人地球環境産業技術研究機構
Research Institute of Innovative Technology for the Earth
公益财团法人地球环境产业技术研究机构

在人类所面临的所有环境问题中，气候变暖问题需要全球规模的解决方案，为此，日本在1990年向世界提出了"地球再生计划"，倡导用今后100年的时间重建产业革命之后200年间给地球施加的各种负荷所改变的地球环境。以日本政府提倡的"地球再生计划"为基础，作为针对地球环境问题推进革新性环境技术开发的国际化核心研究机构，经当时的通商产业省批准，于1990年7月27日成立了"财团法人地球环境产业技术研究机构"，2011年12月经内阁总理大臣批准变更为公益财团法人。该机构与日本国内外的研究机构合作，开展有助于地球环境保全的产业技术方面的相关调查、研究、开发等，并通过相关情报信息的收集与提供，实现保全地球环境的产业技术的进步与提升。近年来，该机构通过与美国、中国等多国开展合作，致力于推进全球气候变暖防止技术的研发与推广。

株式会社アテナ
ATHENA Inc.
株式会社 ATHENA

"株式会社 ATHENA"作为扎根于岛根县的智库，成立于1990年11月，从事以岛根县为中心、包括临近县和市町村在内的城市规划与交通规划、经济与社会调查、环境规划和相关调查、解析、措施提案等业务，以建设行业为中心，承接来自国土交通省、岛根县内的县市町村的委托业务，并提供研究指导。经济增长放缓以来，在追求公共投资的完善效果和完善顺序的大背景下，该机构从事新建高速公路所产生的观光、商业、工业等间接经济效果的勘算；连接城市与山区之间的道路交通设施的完善所产生的定居效果的研究；导入经济效果及其他要素之后的道路交通设施的完善顺序设定研究等业务。此外，地方分权运动下，居民参与的"城市建设与地域建设"日益盛行，为此，该机构也将各种居民参与的方法实际运用于城市规划与地域规划之中，在汇总居民意向的基础上更好地发挥出计划制订的效果。

株式会社岡本アソシェイツ
Okamoto Associates, Inc.
株式会社冈本组合

冈本行夫 1968 年毕业于一桥大学经济学部后进入外务省工作，1991年辞官并成立了"株式会社冈本组合"。冈本行夫曾是外务省第一线的外交官，曾先后两次出任桥本内阁和小泉内阁的首相辅佐官，也是立命馆大学客座教授和东北大学的特聘教授，MIT 国际研究中心的高级研究员、NPO 法人新现役网络的理事长。冈本行夫作为国际问题专家，基于多年积累的实务经验和个人的人脉关系与情报信息网络，综合研究分析国际形势的现在与未来，面向政府相关机构和企业开展建言献策活动，此外还通过演讲会、报纸、杂志、电视等平台开展广泛活动。

株式会社地域社会研究所
Institute of Community Planning
株式会社地域社会研究所

"株式会社地域社会研究所"成立于 1991 年 1 月 10 日，其基本理念是为描绘地域社会的美好愿景、创造未来、支援地域社会的发展助一臂之力，以推动实现民众更加幸福美好的生活。研究所以创造知识的附加价值为活动方针，以正确、迅速、灵活为行动基准，开展与地域生活紧密相关的调查研究活动，并提出政策建议。研究所在"调查与情报计划"方面的业务内容包括舆情调查、实况调查等的企划、实施、分析与报告，调查与统计分析方法的研究，适应多媒体社会的情报信息系统的完善计划与情报战略的企划。"产业与社会计划"方面的业务内容包括地域产业振兴、产业技术振兴等有关地域经济活性化与产业振兴措施的调查研究与计划立案，为制定产业经济措施开展的消费者购买商品调查、商圈分析、活动投资及相关经济带动效果等的调查与分析，地域福祉计划、高龄者生活价值提升对策、地域文化振兴、地域社会体系等相关问题的调查研究以及各种企划与计划制定等。

公益财団法人豊田都市交通研究所
Toyota Transportation Research Institute
公益财团法人丰田都市交通研究所

"财团法人丰田都市交通研究所"是以基于实践开展"城市交通"方面的相关调查研究为目的，在行政机关与民间的合力支持下，于1991年3月1日成立的特色研究机构，2010年4月被认定为公益财团法人，进一步强化其公益性和高效运营。研究所以广义的城市交通研究、交通城市建设的推进、面向世界的信息传播与社会贡献作为其三大使命职责开展机构活动。研究所针对构建安全舒适的城市交通系统、理想的交通环境等广义的城市交通开展跨学科的研究，以及官民合作下通过以丰田市为对象的社会实验对交通示范性城市的现状开展实践性研究，并广泛传播相关研究成果，从而为改善交通环境做贡献。研究所在涉及交通系统和城市建设的广泛领域开展调查研究，从事案例的收集、整理、分析、评价，以面向现实社会的转化应用为导向，通过学术性研究，提出具体的措施建议。研究内容包括高速道路交通系统、公共交通、交通安全方面的相关调查等自主研究，以及生活交通确保对策、交通安全促进对策、交通拥堵解决对策方面的相关调查等委托业务。

公益财団法人笹川スポーツ财団
Sasakawa Sports Foundation
公益财团法人笹川体育财团

作为全民体育运动的振兴机构，在日本财团的支持下，"财团法人笹川体育财团"于1991年3月成立，2011年4月变更为公益财团法人。该机构致力于建设成为"描绘未来梦想的行动智库"，聚焦于日本的未来愿景，以调查研究、人才培养、自治体及体育振兴机构的合作共建为轴心开展振兴体育的相关调查研究事业，以及面向体育领域研究人员的资助等各项事业活动，积极开展"面向国家与地方自治体的政策建言"和"面向体育振兴机构的企划提案"。该机构通过各项事业活动普及和启发引导对"体育事业的社会价值"的认知，与超越体育范畴的各类组织、人员开展合作与协助的同时，面对当今社会问题，力求把"体育价值"转变为"解决之力"，致力于打造实现社会变革的智库。该机构以兼具"Think"和"Do"双重功能的智库为目标，基于实地调研和客观分析研究，提出具有可行性的政策建议，并与政策执行机构或组织合作，共同为建议的具体实施而努力。在成立20周年之际，为了进一步强化其作为日本体育政策方面的专业化智库的作用，该机构将其调查研究部门改组后，新设财团内部组织"体育政策研究所"，在体育政策、体育与城市建设、儿童与青少年体育事业的振兴等重点课题方面，开展实际情况调查、案例研究和实证研究，基于体育振兴的一线实际情况开展分析研究，并把研究成果实际应用于国家和自治体的体育政策制定和体育振兴机构的事业规划之中，其研究成果和政策建议面向社会全部公开。该机构的研究基地"学游馆"拥有3000部以上的日本体育政策方面的相关书籍等资料，作为研究活动和信息交换的"平台"，面向广大社会开放，同时通过官方网站、社交媒体、研讨会、国际会议等方式发布其调查研究成果等振兴体育事业的国内外最新体育信息。此外，该机构定期发行有关日本人体育生活的综合调查研究报告《体育生活数据》和汇总日本国内外体育相关最新数据的《体育白皮书》，促进各界对于体育的社会作用的理解。

一般社団法人 JA 共済総合研究所
JA Kyosai Research Institute
一般社团法人 JA 共济综合研究所

"社团法人农协共济综合研究所"作为日本农业协同组织的农民互助合作（通称"JA 共济"）事业方面的综合研究机构，于1991年4月1日设立，2013年4月1日变更为一般社团法人，并更名为"一般社团法人 JA 共济综合研究所"。"农业协同组合"通称为"JA"。JA 共济综合研究所的会员包括全国共济农业协同组合联合会（通称"JA 共济联"）、全国农业协同组合中央会（通称"JA 全中"）、全国农业协同组合联合会（通称"JA 全农"）、农林中央金库、全国厚生农业协同组合联合会（通称

"JA全厚联")、株式会社日本农业新闻、一般社团法人全国农协观光协会、全国共济水产业协同组合联合会（通称"JA共水联"）等。研究所是针对农山渔村地域居民的生命及财产的保障开展相关调查研究和教育培训及宣传活动，致力于促进农山渔村居民的生活安定与福祉改善的公益法人。研究所通过全国范围的JA体系的相关组织，收集第一手情报信息并提供对策建议，以此为基础开展农业与农村问题、JA共济事业、保险事业等的相关调查研究，以及农山渔村地域的高龄者对策、经济与金融动向调查、医疗研究等，同时还定期刊发机构刊物《共济综合研究》《共济综研报告》《医研报告》。

株式会社エヌ・ティ・ティ・データ経営研究所
NTT Data Institute of Management Consulting, Inc.
株式会社NTT数据经营研究所

1991年4月12日"NTT数据通信株式会社"全额出资设立了"株式会社NTT数据经营研究所"，2009年4月变更为"株式会社NTT数据咨询"的全资子公司，2014年3月变更为"株式会社NTT数据"的全资子公司。自1991年成立以来，研究所参与了众多涉及IT应用的项目，基于多年积累的实践经验，为客户提供问题解决方案。研究所前瞻性地发掘新课题，提出在现有延长线上尚未考虑到的战略和政策，规划社会的未来，并为其实现而努力。在调查研究方面，研究所开展了企业经营与行政管理、情报与通信系统的企划与开发、经济社会与产业文化等的相关调查研究及咨询业务，把握并分析社会发展的实时动向，通过解读各种变化征兆从而发现解决问题的途径。在建言献策方面，研究所抓住各种社会问题的本质，提出国家所应采取的对策措施。在构想与企划立案方面，研究所为实现社会新模式的创造，开展必要的制度设计与事业企划。在战略咨询方面，研究内容包括经营战略立案、情报战略立案、商业构想企划、业务改革、IT经营管理系统构建等。同时，研究所还从事和以上业务相关联的教育培训与研讨班的实施与运营，情报信息的提供以及出版物的发行。

株式会社情報環境研究所
Institute for Communication Environment
株式会社信息环境研究所

"株式会社信息环境研究所"是以信息化社会的相关研究为特定业务领域的专业化智库,在"信息环境"的概念之下捕捉"信息"与"信息化",以信息化的"社会化侧面"及信息技术与信息系统的社会化应用的相关研究为重点。具体而言,作为专业化智库,研究所从事电子政府、地域信息化、信息无障碍设施等的相关研究活动,主要承接国家和地方公共团体、公共机构的委托研究业务,还从事互联网业务和电子自治体关联业务等与具体事业推进相关的研究咨询业务。近年来,研究所在信息福祉与信息无障碍设施领域以社会科学的方法开展研究,同时,还进行作为视觉交流媒介的3D立体影像的应用研究,参与JIS、ISO等标准的制定工作,推进标准化建设。研究所重视研究人员在学会的研究和发声,积极举办演讲等各种学术性的研究活动。

三井情報株式会社
Mitsui Knowledge Industry Co., Ltd.
三井信息株式会社

1967年"三井物产株式会社"的信息系统部门独立出来设立了"株式会社计算机系统服务",1970年公司名称变更为"三井信息开发株式会社",由三井系统的19家公司共同出资。该机构在1972年就已经开始进军智库业务,为后来的综合研究所奠定了基础。2002年"三井信息开发株式会社"在中国浙江省杭州市设立了现地法人"三井信息技术(杭州)有限公司"。另一方面,1989年从三井物产的事业部门独立出来成立的公司BSI洞察国内商用互联网服务的商机,以互联网机器设备的销售为目的,与美国的"3 Com Corporation"合并,于1991年6月在东京都港区设立了三井物产的子公司"3 Com 株式会社",1994年6月更名为"NEXTCOM株式会社"。2007年4月1日,"三井信息开发株式会社"与"NEXTCOM株式会社"合并,诞生了"三井信息株式会社(MKI)",官方网站的机构设立时间为1991年6月20日。2011年9月，新设子公司"MKI（U.K.），LTD"，开设新加坡分公司和"MKI（U.S.A.），Inc."西雅图分公司，进一步拓展海外业务。2015年1月，该机构在三井物产株式会社的招标发售下，转为全资子公司，并在东京证券交易所市场第二部停止上市。该机构以IT解决方案、生物科学事业以及智库事业为三大支柱，在美国、欧洲和亚洲多地设置基地，面向客户提供最尖端的ICT（Information and Communications Technology，信息与通信技术）解决方案，从事计算机及信息通信系统的各种硬件、软件、系统等方面的相关调查研究和咨询业务，提供企划、设计、开发、制造、销售、运用、维护、数据中心等服务，以及创造附加价值的通信服务。

<h2 style="text-align:center">株式会社明治安田総合研究所
Meiji Yasuda Research Institute，Inc.
株式会社明治安田综合研究所</h2>

"株式会社明治生命Finansurance研究所"是"明治生命保险相互会社"（即现在的"明治安田生命保险相互会社"）为纪念创业110周年于1991年7月1日设立，致力于推动社会福祉增进和人类社会生活革新的相关调查与研究。1992年4月调查报告类刊物《*Finansurance*》（即现在的"《生活福祉研究》"）创刊。2004年1月公司名称变更为"株式会社明治安田生活福祉研究所"，2005年10月迁址到重要文化财产"明治生命馆"，2019年4月更名为"株式会社明治安田综合研究所"，同年12月迁址到东京都千代田区。作为明治安田生命集团的一员，研究所的目标是通过实际应用生命保险事业中所积累的经验技术以及特色服务开展研究开发活动，进而为增进社会福祉和改善国民生活做贡献。研究所以老龄社会对策研究为业务活动的核心，其中以看护相关制度与业务、健康与医疗保障问题为重点研究对象，同时聚焦于生活设计、退休金与养老金制度等企业福祉（面向企业的咨询），以及其他与国民生活、企业活动密切相关的研究。2019年4月，研究所接管了明治安田生命保险相互会社的保健护理、尖端科技、大数据等相关基础调查职能，进一步扩大了其调查研究领域。研究所非常重视并大量应用以问卷调查等方法为支撑的实证研究，以此作为研究所特色，基于调查研究成果提出政策建议，通过举办各种研讨会和发行定期出版物等推广研究成果，实现价值创造。

公益財団法人名古屋まちづくり公社名古屋都市センター
Nagoya Urban Institute
公益财团法人名古屋城市建设公社名古屋都市中心

为了纪念形成名古屋都市基础架构的"复兴土地区划整理事业"的结束，迎接21世纪的到来，建设舒适有活力的名古屋城市，名古屋市政府联合市民、大学、行政机关的精英从长远的战略视角出发共同研讨相关课题，1991年7月15日由名古屋市政府设立了平台型机构"财团法人名古屋都市中心"。2010年4月该中心与"财团法人名古屋城市建设公社"合并，纳入到"名古屋城市建设公社"名下，2012年4月正式更名为"公益财团法人名古屋城市建设公社名古屋都市中心"。作为城市建设方面的专业化智库以及交流活动和情报信息发布的平台基地，名古屋都市中心从地球环境、信息社会、老龄社会、城市经营等视角出发进行综合研判，在市民、企业、行政机关的相互信赖支持下，开展多样化活动，旨在为建设有魅力的名古屋城市，乃至为推进世界的城市建设做贡献。1991年7月设立以来，该中心在开展自主研究的同时，逐渐增加交流活动，不断充实机构刊物和时事通讯，所收藏的城市建设方面的国内外相关专业书籍的数量也稳步增加。

一般財団法人大阪湾ベイエリア開発推進機構
Osaka Bay Area Development Organization
一般财团法人大阪湾岸地域开发促进机构

"财团法人大阪湾岸地域开发促进机构"是1991年12月25日经通商产业省、建设省、运输省、国土厅批准设立的财团法人。2011年9月29日在既有的大阪湾岸地域开发的相关调查研究等业务的基础上，继承了2011年9月30日解散的"关西广域机构"的国际观光、文化振兴、信息传播等相关业务，变更为"一般财团法人大阪湾岸地域开发促进机构"，开展更为广泛的活动。该机构以"国际化都市关西"为目标，以全新的高层次功能的集聚、舒适生活空间的形成等综合开发建设方面的相关调查研究、企划立案为内容，致力于推进大阪湾岸地域的相关一体化开发利用。

株式会社流通研究所
Ryuken Co., Ltd.
株式会社流通研究所

"有限会社流通研究所"于1992年2月成立，2006年8月资本金增至4100万日元，并改组为株式会社，2015年1月开设冲绳事务所。株式会社流通研究所以"流通"的视角出发，在从上流（生产）到下流（消费）的全领域，针对"人""物""钱""信息"的流动，分析研究地域与企业所面对的各种课题，导出具有实践性和可行性的解决方法对策，并支持所提建议和对策的实施，从而为地域的振兴与经济的发展做出贡献。流通研究所是基于"企划力""创造力""实践力"这三个力量，与现地合作共同构建流通的具体结构，并将这些构想加以具体现实化的实践性咨询集团。研究所自1992年设立以来，作为农业和水产行业的专业咨询机构，以国家、县市町村等公共机构的委托业务为中心，北起北海道南到九州和冲绳，在日本全国超过200个地区开展调查、研究、咨询等业务，针对地区和企业存在的问题提出实践性解决方案以及可持续发展的方向和建议，致力于促进产业振兴和地区活性化。研究所的委托业务领域包括农林水产业、观光交流、福祉等，特别是针对农业活性化和农村地域振兴的相关业务较多，此外还包括产地开发与人才培养、组织设立与经营改善、经营管理、城市农村与渔村交流等，拥有具备丰富经验的专业工作人员和遍布日本国内外的庞大关系网络。

一般財団法人北海道東北地域経済総合研究所
Hokkaido-Tohoku Regional Economic Research Institute
一般财团法人北海道东北地域经济综合研究所

"财团法人北海道东北地域经济综合研究所"是为实现北海道及日本东北地区的自立且可持续发展，由当地社会各界捐款于1992年4月17日成立的从事日本国内外的经济、产业、社会和政策的相关调查研究等业务的专业化智库，是北海道开发厅和国土厅共同主管的公益法人，2012年4月1日正式变更为一般财团法人。研究所以实现与地区间的知识共享、支持地区规划和地区项目的立案及顺利实施，进而为迈入 21 世纪的北海道和东北地区的振兴发展做贡献为目的，根据不同时期的地域发展课题，与其最大的捐助方"株式会社日本政策投资银行"，以及国家与地方公共团体、大学与研究机构、当地的企业等开展合作，从事政策性强的调查研究以及情报信息的传播工作。研究所发行刊物《NETT》（即 "North East Think Tank of Japan" 的缩写），举办研讨会，从事情报信息传播事业，并围绕北海道和东北地区的国际化、信息化、经济结构改革等开展相关调查研究，各项事业都得到了地方的高度评价。

株式会社ぎょうせい総合研究所
GYOSEI Institute
株式会社 GYOSEI 综合研究所

以出版业为核心的 "株式会社 GYOSEI" 在其创业 100 周年之际，为了进一步强化并扩充其智库部门，将该部门独立出来于 1992 年 6 月 10 日设立了 "株式会社 GYOSEI 综合研究所"，为确保各地方公共团体所开展的行政计划与地域经营事业的顺畅执行提供指导、建议、计划制订等相关智库工作。研究所针对中央政府的国家级政策课题、地区的政策问题以及全球化方面的政策课题，立足于 "自行思考、自行开展政策形成研究" 的视角，不断强化其智库功能，凭借网络化管理的专家学者及其与机构专职研究人员之间的合作研究等，针对 21 世纪国家和地区所面临的各种问题，研究汇总其政策与对策，并提出建议方案，承担其作为 "知识创造机构" 的职责。

公益社団法人日本ロジスティクスシステム協会
Japan Institute of Logistics Systems
公益社团法人日本物流系统协会

"日本物的流通协会" 是于 1970 年 10 月设立的任意团体（即无法人资格团体），于 1991 年 4 月 1 日更名为 "日本物流协会"，与 1970 年 11 月设立的任意团体 "日本物流管理协议会" 合并。1992 年 6 月 10 日，"社团法人日本物流系统协会" 作为通商产业省和运输省共同主管的社团法人获批设立。其后，根据公益法人制度改革，经内阁府批准，于2010年8月2日正式变更为公益社团法人。该机构在会员制度的支撑下运营，在物流相关调查研究、企划立案与推进实施、人才培养与资格认定、展示会、普及振兴、信息收集与提供、国内外相关机构间的交流合作等事业领域，积极促进物流行业的高度化发展，提升日本的产业竞争力，实现与社会的协调发展，以为日本的产业发展和国民生活的改善，乃至为国际社会做贡献为目的。

公益财团法人堺都市政策研究所
Sakai Urban Policy Institute
公益财团法人堺都市政策研究所

"财团法人堺都市政策研究所"成立于1992年9月1日，为支援和促进地区的城市建设开展各种活动，实施城市综合政策的调查研究等相关课题，2012年5月1日变更为公益财团法人，进一步扩大其活动领域。研究所致力于推进堺市区域内及周边地域的城市建设，围绕地域特有的各种城市构造和城市运营的相关课题开展调查研究，针对城市建设提出具有战略性和前瞻性的政策制定方案与建议，为促进地域社会的健全发展而努力。研究所运用长期构建的与市民、事业者、学者、自治体等多方主体间的人际关系网络，积极与泉州地区自治体、和歌山及邻近地区的研究机构开展合作，发挥其经济分析强项，作为"南大阪的智库"，通过政策建言，为广大地区社会的发展贡献力量。

株式会社インテージリサーチ
INTAGE Research Inc.
株式会社 INTAGE 调查研究

"株式会社 Market Research Service"为了扩大其面向外资客户的服务范围，于1992年11月成立了"MRS International 株式会社"，1996年4月"株式会社社会调查研究所"（即现在的"株式会社 INTAGE"）注资加入。MRS International 株式会社于2002年1月与"株式会社 INTAGE"的专业部门合并后更名为"株式会社 INTAGE 调查研究"，2012年4月接管其全资母公司"株式会社 INTAGE"面向政府官厅等公共部门的相关业务。作为具备各领域丰富调查经验的智库，该机构以环境与 CSR（Corporate Social Responsibility，企业社会责任）、看护与福祉等专业性研究为背景，将民间调查结果的作用进一步拓展，在公共统计领域取得了日本国内最大规模的成果业绩，更基于对各领域的深刻理解与实践经验开展分析研究并提供准确可行的对策建议，以准确的数据开拓未来。

株式会社都市文化研究所
Institute of Urban Culture
株式会社都市文化研究所

"株式会社都市文化研究所"创立于1992年6月，正式成立于1992年11月3日"文化之日"（次日取得法人资格），是利用各领域的学术成果，通过市民参与的研究会等形式，为城市政策与城市设施建设等进行建言献策的民间智库。都市文化研究所立足于地域固有的、包括自然环境和农村渔村在内的、被称为"都市圈"的领域内，围绕该城市固有的文化，并以城市固有文化为基础，针对丰富都市生活、提高生活质量的硬件和软件的基础设施，作为"基层"研究机构开展调查研究活动，并为实现理想状态建言献策。

MS&ADインターリスク総研株式会社
MS&AD InterRisk Research & Consulting, Inc.
MS&AD InterRisk 综研株式会社

"MS&AD InterRisk 综研株式会社"是以"打造世界顶级水平的保险与金融的集团"为目标的 MS&AD Insurance Group 的风险服务业务的核心机构，自1993年1月4日成立以来，以日本国内外的保险与金融为中心，通过开展有关风险管理、社会保障制度、环境问题以及其他对于集团事业发展有所助益的调查、分析研究与咨询，举办研讨会和演讲会，发行出版物等，为满足客户需求提供多样化的各种服务。创立于2005年的"株式会社 Aioi 基础研究所"与创立于1989年的"株式会社 MSK 基础研究所"于2010年4月1日合并成立"MS&AD 基础研究所株式会社"。2018年

4月，"株式会社 InterRisk 综研"与"MS&AD 基础研究所株式会社"合并，成立了"MS&AD InterRisk 综研株式会社"。该机构以"高质量的问题解决能力""国际化应对能力"和"团队协作能力"为三大支柱，追求高度专业性和品质提升，针对经济、劳动灾害、健康经营、交通等不同领域，以及中国、泰国等不同国家地区，发布各种研究报告和信息简讯，其中《中国风险消息》是面向在中国设有网点的企业以及中国的驻在人员提供各种风险信息的不定期发行刊物。

一般社団法人アジアフォーラム・ジャパン
Asian Forum Japan
一般社团法人亚洲论坛・日本

1993 年 4 月经外务大臣批准设立的"社团法人亚洲论坛・日本"是以回应新时代背景下，超脱日本旧有格局的新型外交与安全保障政策等"时代要求"为基本理念，以政策的制定、建议、实施为目标的独立智库。2013 年 4 月 1 日伴随公益法人制度改革，正式变更为"一般社团法人亚洲论坛・日本"。作为"实践行动派智库"，该机构通过与日本国内外的政府、议会、智库之间搭建的关系网络，以回应"时代要求"的政策立案及其实现为目标。该机构坚持其基本理念，并在此基础上不断扩大活动范围，通过参与日本以及世界各国的政治与经济、外交与安全保障等相关课题，促进世界和平与融合的实现。该智库自设立以来，与中美英等多国的众多海外研究机构、智库等建立联系并开展各种合作项目，其中与"中国现代国际关系研究院"合办的"中日研讨会"自 1989 年开始每年举办已坚持超过 20 年，此外开展合作研究交流的中国机构还包括中国社会科学院日本研究所、中国国际战略学会、清华大学公共管理学院、华东师范大学东亚研究所等。

公益財団法人ハイライフ研究所
Research Institute for High Life
公益财团法人 High-Life 研究所

株式会社读卖广告社全额出资捐助基本财产，以研究新生活模式为目的，于 1993 年 5 月设立"财团法人 High-Life 研究所"。研究所主要从生活者和消费者的视角出发，从多方面开展与生活模式相关的调查与研究，通过普及其成果启蒙引导社会发展，为改善和提高国民生活质量做贡献。1999 年 3 月研究所开设官方网站，对外公开其全部研究成果。2010 年 11 月 1 日正式变更为公益财团法人。研究所基于对社会环境变化之中所产生的各种课题与问题点的把握以及由此导出的生活改善方式，为达成"以都市为中心的生活者实现更加美好的生活"这一目的，以都市生活的智慧研究和都市自身的魅力创造研究作为两大主题开展调查研究，同时开展社会启蒙活动。

株式会社価値総合研究所
Value Management Institute, Inc.
株式会社价值综合研究所

1969 年 7 月，株式会社日本长期信用银行为了强化其内部的经营咨询功能，在该公司内部设置"经营研究所"，1983 年 4 月以经营研究所为母体设立"株式会社长银经营研究所"。1989 年 6 月株式会社日本长期信用银行的产业调查部门与经济调查部门合并，"株式会社长银经营研究所"更名为"株式会社长银综合研究所"。1993 年 6 月 25 日株式会社长银综合研究所将其咨询业务剥离出来成立分公司，即本研究所的前身"株式会社长银综研咨询"。1999 年 1 月在获得株式会社 ASATSU-DK 的注资参股后，因与株式会社日本长期信用银行（后重组为现在的"株式会社新生银行"）合并，"株式会社长银综研咨询"更名为"株式会社价值综合研究所"。2001 年 12 月，接受两大股东的股权转让后，新"株式会社价值综合研究所"开始自主经营。2009 年 11 月研究所与"株式会社日本政策投资银行"以及该行全额出资的"株式会社日本经济研究所"开始业务合作。2010 年 9 月"株式会社日本经济研究所"注资参股。2013 年 4 月，研究所取得"株式会社日本政策投资银行"的注资参股，正式成为该银行集团的一员。成为日本政策投资银行集团成员后，价值综合研究所进一步加强"官"与"民"、"公共咨询"与"民间咨询"，以及跨领域咨询业务的融合与转化，以多元化视角开展咨询业务是其强项所在。研究所具备从实施调查研究到制订计划并将计划加以事业化应用的全流程调查研究与咨询的业务体制，基于中立的立场，发挥高度专业性和综合性的经营咨询以及政策形成相关的智库功能。价值综合研究所以"价值"冠名，将"价值管理"作为核心观点，通过在广泛领域的价值创造与建议，助力解决问题。研究所实施的咨询业务包括协助中央政府官厅和地方自治体等公共政府机构制定政策的"政策咨询"，以及支持企业经营的"商业咨询"。公共政策方面，研究所针对产业与经济、国土与城市、地方振兴、居民住宅、交通运输、能源与环境等领域的政策以及政策评价等，开展相关调查研究与咨询业务。

公益財団法人環日本海経済研究所
The Economic Research Institute for Northeast Asia
公益财团法人环日本海经济研究所

"财团法人环日本海经济研究所"由地方公共团体、政府相关机构、经济界、学会等的代表共同发起，经通商产业省批准于1993年10月1日设立，以官民各界的捐款和新潟县的补助金进行运营。2010年9月1日经内阁总理大臣批准正式变更为公益财团法人。研究所定位为从事政策建议和实践行动的"Think and Do Tank（知行库）"，因此以其研究成果能够转化并加以具体实施应用为前提开展相关研究和交流活动，通过支持东北亚经济圈的形成与发展，为国际社会做出贡献。研究所为强化东北亚地区的经济发展与经济合作，致力于该地域的经济动向调查研究和经济交流的促进活动，特别是聚焦中国的东北地区、俄罗斯的远东地区、蒙古、韩国、朝鲜，重视日本与这些国家及地区之间的经济相互依存关系、贸易与投资合作、基础设施与能源、环境协作等，为东北亚地区的和平与稳定巩固其经济基础。除东北亚地区外，研究所还积极与世界多国的智库开展国际合作研究，通过举办"东北亚经济发展国际会议"等各种国际研讨会，加深与东北亚、欧美以及其他亚洲太平洋地区国家之间的现状认识与政策分析的相关研讨。研究所的智库成果通过《ERINA REPORT》《Northeast Asian Economic Review》等定期出版物和"ERINA东北亚研究丛书"，以及机构官方网站等对外公开发布，英文成果通过海外出版社编辑出版。

株式会社政策技術研究所
Research Institute of Policy Arts and Design
株式会社政策技术研究所

"株式会社政策技术研究所"是以文化政策（文化振兴对策、文化设施规划、文化设施运营、文化财团运营、艺术运营、文化城市战略等）、休闲政策、消费生活政策、观光政策、地方自治团体政策、地区开发与城市开发、市场营销等为中心，以支援政策立案、政策形成、政策评价等为目的，从事与"生活者""政府""社会"相关的调查研究的独立智库。研究所以政策科学作为学术背景，针对各种社会问题，围绕政策制定、政策形成、政策评价等开展研究。针对纵向分类的学科与组织所不能予以应对的领域，基于作为政策客体的生活者和社会的视角开展相关研究，是该所的基本研究立场。设立以来，研究所以文化政策和艺术政策为重点，主要由"文化政策部门""社会系统部门"和"政策分析部门"三大部门构成。近年来，研究所重点关注文化艺术政策，特别是地方自治体的都市文化政策、指定管理者制度运营、评价体系、文化设施运营、公益法人的经营改革与经营评价等方面。

一般財団法人北國総合研究所
Hokkoku General Research Institute
一般财团法人北国综合研究所

"财团法人北国综合研究所"是1994年8月1日在北国新闻社、北国银行和金泽学院大学的共同协助下设立的民间智库，2013年4月1日变更为一般财团法人。研究所以石川县为中心，在产业情势、企业经营、地域的历史与文化方面开展相关调查与研究，以及情报信息的收集，同时面向县内外的关联团体、企业、个人提供情报信息，进而为地域的健全发展做贡献。北国综合研究所兼顾全球层面构想和地方层面构想两个视角，作为具备多视角综合思考能力的智库，引领石川县乃至北陆地区的发展，出版季刊《北国 TODAY》，举办演讲会和研讨会等。在委托研究方面，研究所承接国家和地方自治体、商工团体等委托的关于城市建设与街道建设、地域振兴、地域活性化等方面的各种调查、研究、计划制订，以及市场调查和经济活动方面的相关各种调查业务和咨询业务。与此同时，研究所在地域的经济、开发、社会与文化等方面独立开展相关自主研究。

株式会社常陽產業研究所
Joyo Industrial Research Institute，Ltd.
株式会社常阳产业研究所

日本经济在 1995 年虽已显现出从泡沫崩溃中逐渐恢复的迹象，但整体而言仍处于混沌状况中。在这样的时代背景下，为更好地发挥"地域与企业经营的指南针"作用，株式会社常阳银行在纪念创业 60 周年之际，由常阳银行集团出资于 1995 年 4 月 3 日设立了"株式会社常阳产业研究所"，是"地域紧密结合型"的地方智库。研究所从事的业务包括：与地域规划和地域开发项目等相关的计划立项与制订，以事业化为目的的调查研究与咨询业务，与事业经营相关的广泛领域的咨询业务，与企业战略制定相关的各种调查、演讲会，实务研究会的举办和讲师的派遣以及社员的教育研修等。同时，常阳产业研究所采取赞助会员制度，提供新商品、新技术、新服务的信息交换等各种会员服务，协助会员企业开展各种企业活动，特别是面向会员提供及时的情报信息、会员间的信息交流等，出版相关情报信息杂志。

特定非営利活動法人市民活動情報センター
Shiminkatsudou Information Center
特定非营利活动法人市民活动信息中心

1995 年 1 月阪神淡路大地震时，该中心的前身"World·NGO·Network"成立。1995 年 8 月，以阪神淡路大地震的信息志愿者和 NPO 信息化支援活动为契机，设立了"市民活动信息中心"。2003 年 3 月，取得 NPO 法人资格，变更为"特定非营利活动法人市民活动信息中心"，同年被认定为文部科学省的"科学研究费资助项目"的指定研究机构。2012 年 5 月在东京都千代田区新设东京事务所，2016 年 1 月在名古屋市西区新设名古屋事务所，同时关闭东京事务所。设立之初，该中心主要从事

NPO 的信息化支援、合作的增进、调查研究与政策建议、NPO 法的制定工作、地区建设与地域间合作、创业与运营援助等相关业务。从 2003 年 NPO 法人化之后，该中心开始承接内阁府、总务省等国家政府部门关于政策形成与政策实施的委托研究业务；地方自治体、市民等地方部门的委托研究业务；文部科学省的"市民主权与地域主权型的政策形成和社会经济体系的构建"等科学研究费资助研究项目；不断拓展新形式的自主研究业务。该中心关注包括协同工作契约书的普及、行政机关与中央优先的决策系统的改革、伴随市町村合并等产生的中央集权问题的再审视、市民主导下的大阪市政改革等在内的市民优先协动政策的形成。此外，针对经济自治与市民自治和地域自治的确立、NPO 的自我净化和市民社会的重建、公共资金使用的有效性与目的性的提升等方面，该中心重点开展结构性建设研究，通过实施与市民活动及课题解决型活动等相关的"援助业务""推进业务"以及"政策形成业务"，实现社会结构的重新构建。

公益财团法人国际通货研究所
Institute for International Monetary Affairs
公益财团法人国际通货研究所

"财团法人国际通货研究所"是 1995 年 12 月 1 日经大藏省国际金融局批准，由当时的东京银行（即现在的"三菱 UFJ 银行"）捐赠 20 亿日元作为基本财产设立的财团法人。东京银行作为当时日本唯一的指定外汇业务银行，在继承"横滨正金银行"的传统业务后，通过合并转型为新的普通银行，并以此为契机，成立国际通货研究所，希望其以横滨正金银行在长达百余年的发展历程中积累的国际金融、国际货币方面的相关丰富知识和经验为基础，开展关于国际金融和国际货币方面的高质量调查研究，并提出政策建议。2011 年 4 月经内阁府批准正式变更为公益财团法人。研究所只从事公益性事业，以"调查研究"作为事业核心，基于其研究成果广泛开展"情报信息与国际交流""宣传与普及启蒙"等相关活动，展望经济社会的未来，启蒙并资助有助于公益事业的其他调查研究项目等。研究所与三菱 UFJ 银行始终保持着密切关系，其办公室自成立之初就一直设在三菱 UFJ 银行办公楼内，目前位于三菱 UFJ 银行日本桥别馆里。国际通货研究所自设立以来，得到了日本国内外的政府机构、智库、经济界、学界等广泛领域的支持与援助，并基于此不断拓展其知识情报与人脉关系网络，作为国际经济、国际金融与国际货币方面的专业化智库，开展学术研究、国际交流和建言献策，以研究成果回馈社会。

戶田記念国際平和研究所
Toda Peace Institute
户田纪念国际和平研究所

"户田纪念国际和平研究所"是由池田大作基于佛教思想与和平理念，于1996年2月11日创立的独立、无党派的非营利组织（NGO），致力于开展"通过和平对话全面禁止战争"的相关研究。主要研究领域集中在人类安全与人权、对话与非暴力化解冲突、全球治理与世界文明。研究所信奉个人改造、对话和有效的全球治理能够实现和平，为此，全力倡导废除核武器，推进联合国改革以营造一个更为团结的世界，通过环境整治和社会公平进而追求永久和平的实现。研究所的主要活动包括开展和平研究，组织会议，出版书籍以及年度报告《和平与政策》等，于2019年7月29日发布了《户田纪念国际和平研究所关于气候变动、纷争、和平的太平洋宣言》。

一般財団法人地方自治研究機構
Research Institute for Local Government
一般财团法人地方自治研究机构

在老龄化、国际化、经济结构调整等围绕地方公共团体的外在环境变化与地方分权的具体化运动之中，地方公共团体不得不面对诸多课题，作为针对这些课题开展相关调查研究的机构，"财团法人地方自治研究机构"在全国知事会、全国市长会、全国町村会等关联机构的共同支持下得以设立。该机构自1996年4月成立以来，针对地方公共团体急于应对的共通课题，依据各地方的实际情况，开展调查研究并参与法律条文的起草工作等，面向全国的地方公共团体及时提供政策建议和情报信息。2013年4月1日变更为一般财团法人。为了实现其设立目标，该机构主要从事以下业务：地方公共团体在少子老龄化、国际化、经济结构调整中所面对的各种课题的相关调查研究；地方公共团体委托的调查研究；地方公共团体的共同课题的相关调查研究；涉及地方公共团体的调查研究相关情报信息的收集与提供；强化地方公共团体的政策企划立案能力的相关培训；地方公共团体的法制建设及法务执行方面的指导援助；其他为达成法人目的所必要的相关业务。

株式会社三十三総研
San Ju San Institute of Research, Ltd.
株式会社三十三综研

"三重银情报服务株式会社"由三重银行等集团公司共同出资于1996年5月8日设立，于同年7月以面向企业提供情报信息、经营咨询等业务为目的，成立会员组织"三重银经营者俱乐部"，在运营该俱乐部的同时，与三重银行的调查部合作，为当地各界提供情报信息。1999年7月以"三重银情报服务株式会社"为母体，吸收三重银行调查部的调查业务，成立了株式会社三十三金融集团的关联子公司"株式会社三重银综研"，2018年8月1日更名为"株式会社三十三综研"。作为三重银行集团的智库，三十三综研扎根于地方，通过与地域紧密结合的调查研究活动和高质量的情报信息服务，提出前瞻性的政策建议，培养人才等。该机构致力于日本金融、经济以及三重县当地的经济、产业、开发规划等相关研究，承接来自地方公共团体等的委托业务，开展公共活动以及面向会员和企业的咨询业务，以此支持三重县的地方经济发展。

東北大学東北アジア研究センター
Center for Northeast Asian Studies, Tohoku University
东北大学东北亚研究中心

"东北大学东北亚研究中心"于1996年5月设立。作为东北大学的学院型机构（部门），研究中心以全面理解与日本相邻的北亚地区为使命，以中国、朝鲜半岛、蒙古、俄罗斯、西伯利亚及日本在内的东北亚地区的文化、社会、经济、历史、资源、环境等方面的诸多问题为研究对象，采用跨学科研究方法开展独具特色的区域研究。其研究的特点在于不以传统的国家范畴为基调，而以更广阔的视野，探索跨学科的方法与应用性，促进文科与理科的合作研究，并且致力于挑战专业知识及见解的社会应用。具体而言，主要包括促进人文社会科学和自然科学有机结合的文理协作型研究和国际合作研究，确立针对地域研究的新方法论；针对地域的民族、历史、社会、文化、语言、自然、资源、环境等，在研判各自的实际情况和相互关联的同时，开展国家之间、民族之间的关系分析和比较研究；把在自然科学和人文社会科学的多领域积累的资料和信息，以及研究活动中取得的研究成果，与研究人员及广大社会共享，以此促进地区之间的相互交流，并为政策立案提供学术基础。研究中心于2004年参与了旨在推动地区研究的，由大学、研究机构、NGO等构成的全国性组织"地区研究共同体"的设置工作，又于2005年为"东北亚研究交流网"（东北亚地区的相关研究机构和各类顾问机构等的交流组织）的设立做出了贡献。

株式会社 OKB 総研
OKB Research Institute，Ltd
株式会社 OKB 综研

"株式会社OKB综研"是株式会社大垣共立银行为纪念其创业100周年，于1996年7月22日设立的大垣共立银行集团的智库。该机构与银行一体化，以东海地区为立足点，基于独有的视角，捕捉产业与经济的动向、生活与文化的趋势，通过开展地域的产业与经济、生活与文化等方面的相关调查研究，收集并提供相关情报信息等，回应国家和地方公共团体等的需求，通过基于各种调查的项目立案和建言献策，促进地方经济的发展。该机构的研究覆盖宏观经济、国际经济与金融、地域经济、产业动向与景况、企业经营及文化生活等，其业务内容包括委托调查研究、咨询、人才培养、地方公共团体的战略立案，以及举办各种研讨会、演讲会、讲座和教育培训等，并出版调查报告和机构刊物。

国立研究開発法人科学技術振興機構
Japan Science and Technology Agency
国立研究开发法人科学技术振兴机构

"国立研究开发法人科学技术振兴机构"是承担日本科学技术基本计划的核心作用的机构,基于国家提出的目标,从事科学技术的相关基础性研究、底层基础性研究开发、新技术的企业转化应用、科学技术信息的流通、国际合作研究的推进以及人才培养等,为科学技术的振兴以及社会性问题的解决,综合实施各种业务。该机构的前身是1957年8月设立的日本科学技术情报的核心机构"日本科学技术情报中心(JICST)"和1961年7月设立的旨在摆脱对海外技术的依赖、发掘日本大学和国立研究所的优秀研究成果并在企业加以转化应用的"新技术开发事业团(JRDC)",1996年10月在统合两家机构的基础上成立了"科学技术振兴事业团(JST)"。2003年10月变更为"独立行政法人科学技术振兴机构(JST)",2015年4月变更为现在的"国立研究开发法人科学技术振兴机构(JST)"。该机构下设多个中心,其中"研究开发战略中心(CRDS)"是基于中立的立场,开展日本科学技术创新政策的相关调查、分析、提案的官方智库;"中国综合研究樱花科学中心(CRSC)"是中日科学技术方面的智库,通过中日两国在科学技术领域的交流与信息交互,开展中日共通课题的合作研究。该机构积极推进国际化建设,在北京、巴黎、华盛顿、新加坡等多地先后设立了海外事务所,促进与海外相关机构的交流联系,支援海外业务的展开,收集海外科学技术信息,通过国际化网络,提升日本在海外的科学技术发展。

国立社会保障・人口問題研究所
National Institute of Population and Social Security Research
国立社会保障与人口问题研究所

"国立社会保障与人口问题研究所"主要从事有关国民福祉的提升、人口与社会保障、少子老龄化的人口问题等社会保障方面的相关调查研究,开展实地调查、社会保障费用统计、未来人口与家庭的推算、国际合作等。其前身为1939年8月设立的"人口研究所"和1965年1月设立的"社会保障研究所"。1996年12月上述两家研究所合并后成立了"国立社会保障与人口问题研究所",是厚生劳动省所属的国立研究机构,从事人口和家庭发展动向观测、日本国内外的社会保障政策与制度的相关研究。研究所实施并发布的人口动向数据是年金等国家重要政策制定的基础性资料。并且,研究所在提供支持政策形成的基础性情报数据的同时,针对社会保障的发展愿景,开展高级别、高水平的研究,并将其研究成果向社会公众发布。研究所的出版物包括研究报告、丛书和定期出版物等,其中《人口问题研究》创刊于1940年4月,《季刊社会保障研究》创刊于1965年1月,《海外社会保障情报》创刊于1968年1月,此外还有《社会保障统计年报》和《人口统计资料集》等。2016年6月《季刊社会保障研究》与《海外社会保障情报》合并为《社会保障研究》。

一般社團法人構想日本
Japan Initiative
一般社团法人构想日本

"构想日本"于1997年作为任意团体(即无法人资格团体)成立,是独立的非营利组织,依靠会员的会费和捐款运营,不接受商业委托,力求不受任何政党、政治家、企业的影响,能够从客观角度提出政策建议。2015年变更为一般社团法人。构想日本从独立于任何政党和行业的立场出发,作为网络型智库,汇聚社会大众的力量,依靠来自多方面的支持与参与,发挥连接现实课题与政治现场之间的纽带作用,推进国家和地区的政策制定。构想日本自我定位为"行动的智库",秉承"不满足于政策建议,更要着眼于如何实现政策"的活动宗旨,试图通过"行政事业甄别""居民协议会"等课题项目,在现场、行政、政治之间建立联系,进而推动政府和自治体的运转。近期关注的课题包括居民协议会、医疗制度、教育制度、地域金融、政党治理(政党法的制定)等,每月举办相关研讨会,邀请全国各地的改革者,分享现场的观点和专家的意见。自1997年开始活动以来,构想日本提出了约60条政策建议,其中约有40项建议以法律和内阁会议决定等形式被转化加以实现,此外在100个以上的自治体开展了200余次的行政事业甄别业务,直接影响了地区的行政改革和NPO活动。1999年构想日本试算并发表了国家资产负债表,以此为契机,政府开始认可非官方编制的国家财务诸表，构想日本将其命名为"行政成本计算书"。

公益社団法人東京自治研究センター
Tokyo Local Government Research Center
公益社团法人东京自治研究中心

"东京自治研究中心"于 1982 年 1 月成立，从事地方自治相关的调查研究，特别是针对首都东京开展大量的调查研究。设立之初，作为"日本自治体劳动组合总联合"东京都总部的附属研究机构，其主要目的是为自治体劳工运动提供政策方面的支持援助。研究中心自 1997 年 4 月取得"社团法人"资格后，作为独立的研究机构，面向广大自治体工作人员、研究人员和东京都市民提出课题和政策建议，并提供相关信息，在提高东京都市民的自治意识的同时，为确立和发展东京都的地方自治做出贡献。2011 年 4 月变更为公益社团法人，实行会员制。研究中心采取项目制研究体制，是以有学识、有经验的研究人员作为主力，以实务派人员作为研究委员的实践性研究体制，每月例行举办学术研讨会，运营财政学校，致力于普及研究成果，出版季刊《东京自治》。

株式会社第一生命経済研究所
DAI-ICHI Life Research Institute Inc.
株式会社第一生命经济研究所

1997 年 4 月 1 日，以加强第一生命集团的情报信息传播、政策建议、咨询功能为目的，成立"株式会社第一生命经济研究所"。2002 年 10 月，研究所与先行成立的调查研究经济、健康、教育、家庭等领域的生活相关课题的"生活设计研究所"（1988 年 9 月成立）合并。2009 年 4 月，为进一步强化健康、医疗、护理的情报信息传播功能，与"第一生命 Well Life Support"（1998 年 4 月成立）合并。第一生命经济研究所的调查研究领域不只局限于经济，而是包括金融、保险与年金的相关市场动向、生活保障、福祉、人口问题等与生活相关的各领域。作为保险行业的智库，研究所充分发挥特长，从长远的战略视角出发，把握社会与经济的急速变化。研究所的定期出版物《第一生命经济研究报告》是由以日美为中心的经济、金融及产业动向等的分析研究报告，和选取于身边经济话题的分析研究报告构成的面向企业经营者的月刊。《生活设计报告》是关于生活设计的调查研究季刊。《生活设计白皮书》是全国规模的综合性生活者调查结果分析报告。

株式会社アスリック
Urban Stage Research Institute Corporation
株式会社 USRIC

"株式会社 USRIC"作为民间独立智库于 1997 年 4 月成立，基于地方独有的历史和文化背景，从事与地域社会发展相关的研究。株式会社 USRIC 以 "THINK & ACT TANK（知行库）"为目标，坚持立足地方、服务地方，业务内容包括城市基盘、产业振兴、NPO 等与地域建设相关的调查研究，作为地域和企业发展新基础的信息流通、系统等的相关调查研究，面向 NPO 等各种组织提供运营和活动指导以及派遣讲师。该机构的主要委托方包括石川县、公益财团法人石川产业创出支援机构、公益财团法人石川农业人才机构、石川地域建设协会、石川县内外各市町村和商工会议所等自治体、各种公共团体以及企业等。

市民立法機構
Citizens Initiatives
市民立法机构

"市民立法"是指由市民自主提出政策及其具体化后的法律方案。"市民立法机构"于 1997 年 5 月 9 日设立，作为一种新的尝试，希望借此推动日本社会的民主主义建设，以及实现"从官僚主导向市民主导"的转变。该机构主张国家和自治体应更加积极地鼓励市民参加，不只是让市民提出要求，更应调动市民的积极性，为自行解决问题而贡献智慧与力量。该机构把企业、工会、各种市民团体以及其构成人员都统称为"市民"，认为市民提出的政策方案和法律方案只有先在市民内部形成基本共识，才能具有影响力。为此，"市民立法机构"为一般市民、劳动行业、经济行业等提供市民间相互对话与合作的平台和场所，各政策领域的专家团体以及全国性组织、地方组织、个人、企业都可以自由参加。该机构所提供的"场所"旨在发挥信息交汇点的作用，因此不建设传统模式的大型组织，也不设置"地方支部"，而是各地区根据各自的需要建设类似的机构，重在构建相互的关系网络。该机构的会员基本上是在各界、各地开展活动的团体，也邀请研究人员和专家等作为个人会员加入，依靠10—20人组成的运营委员会基于合议实施机构运营，其事务局是与市民运动全国中心、行政改革国民会议一起设置的共同事务局。

特定非营利活動法人 NPO 政策研究所
Nonprofit Policy Association
特定非营利活动法人 NPO 政策研究所

"特定非营利活动法人 NPO 政策研究所"成立于1997年5月，2000年9月在奈良市内设立 NPO 活动法人，2002年5月迁址到大阪市福岛区，同年12月取得大阪府批准，2006年11月迁址到大阪市北区。研究所是以推进可持续发展的社会建设、地域（城市、地方自治体）建设为目的的"社区智库"，即市民智库。研究所为实现"可持续发展社会"，基于市民、NPO、自治体、企业之间的合作关系，通过开展相关各种制度和公共政策的研究，推进环境、经济与生活的和谐发展，为 NPO 产业的发展与强化做出贡献。研究所为推进可持续发展的系统建设，从事调查研究事业、政策研修事业、政策情报支援事业和出版宣传事业，基于调查研究，提出政策建议，支援地方自治体的改组及能力提升。

日本福祉大学福祉社会開発研究所
Institute for Alternative Systems of Social Welfare and Development, Nihon Fukushi University
日本福祉大学福祉社会开发研究所

"日本福祉大学福祉社会开发研究所"是以设立于1973年的社会科学研究所为基础，于1997年5月成立。研究所以社会福祉、经济经营、情报科学为基础研究领域，探索自然、社会、人文科学的跨学科、综合性研究和创新，致力于为实现 21 世纪社会以人为中心的福祉、环境、经济三者和谐共存且可持续发展的共生型福祉社会体系的开发，和立足地方以自立、协同、公共性为基础的新型福祉社会的构建做出贡献。研究所努力打造成为多位一体的研究机构，即具有特色议题和目的性的"主题研究所"；为 21 世纪社会各种问题提供分析解决对策的"问题解决型研究所"；推进跨学科的综合性合作研究的"跨学科研究所"；拓建并提供广泛的社会福祉实践场所，推进与市民组织、行政机关、企业、研究机构、国际组织等的双向合作与协同研究的"网络型研究所"；融合研究生教育研究的"研究生院合作研究所"。研究所为创造共生型福祉社会开展项目研究活动，为现实社会的诸多问题提供理论分析和解决对策，召集研究人员和实务人员举办研究会，开展产官学民的社会协同活动，收集信息并公开研究资料，举办公开演讲会和研讨会向社会公众发布研究成果。

とよなか都市創造研究所
（无）
丰中都市创造研究所

"丰中市政研究所"作为任意团体（即无法人资格团体）于 1997 年设立，2007 年 4 月在丰中市机构改革中，被改组为内部组织"丰中都市创造研究所"，设于"政策企划部"内。丰中都市创造研究所的设置目的是，基于中长期的视角开展都市政策的相关调查研究，推进丰中市的可持续发展和有规划的市政建设。针对那些可能对丰中市的城市建设产生巨大影响的问题，以丰中市政研究所为核心组织相关部门共同开展调查研究，通过提供这些调查研究成果和政策建议，从侧面帮助相关部门迅速、准确地制定政策，提高组织的政策形成能力。

株式会社社会安全研究所
Research Institute for Social Safety
株式会社社会安全研究所

"株式会社社会安全研究所"成立于 1997 年 6 月，是以作为人们生活基础的防灾与安全问题为特定研究对象，开展专业化研究的民间研究咨询机构，兼具开展调查研究与建言献策的智库功能，以及使其结果实际发挥作用的咨询功能，以实现最适合时代和社会状况的安全防灾对策为目标。研究所的设立目的是防止事故和灾害的发生以及其损害的扩大化，推进灾后的重建、支援复兴。其研究对象涵盖了从地震、海啸、火山喷发、台风、水灾等自然灾害，交通事故、火灾、爆炸等事故灾害，到核能灾害等人为灾害，乃至造成这些灾害的人为因素等。研究活动包括训练等事前对策，事故灾害发生后的灾害应急对策、修复与重建方案等各类对策的研究，以及具体措施的制定等。研究所下设市民防灾研究部、应急对策研究部、灾害复兴研究部、灾害信息研究部、人为因素研究部等。其业务合作方包括内阁府、国土交通省、经济产业省、文部科学省、消费厅、原子力规划厅等中央政府部门，福岛县、宫城县、大阪府及其下属地方政府部门，危险物保安技术协会、一般财团法人消防防灾科学中心、公益社团法人土木学会、公益财团法人交通事故综合研究中心等公共团体，以及大学和企业等，承接委托研究，共同举办学术研讨会，出任相关机构主持的咨询委员会、学术审议会、调查委员会等的委员，派遣讲师。

公益財団法人 ふくしま自治研修センター シンクタンクふくしま
Fukushima Training Center For Local Officers, Thinktank Fukushima
公益财团法人福岛自治研修中心智库福岛

前身为1988年11月设立的"财团法人福岛县自治研修中心"，其基本财产3000万日元由县和市町村各负担一半，共同捐款构成。1989年1月，设置福岛县自治研修中心研修体系等的制定委员会。1992年4月财团名称变更为"财团法人福岛自治研修中心"，并正式开始运营。1997年6月"财团法人福岛自治研修中心智库福岛"成立，2012年4月变更为公益财团法人。2001年4月转换为新的研修体系，2002年4月导入"团组制度"，设置总务组、教务组。2006年4月再次转换新的研修体系，2008年4月改组，增设调查研究支援部，形成总务部、教务部和调查研究支援部的三部体制。2011年4月，"调查研究支援部"更名为"政策支援部"。政策支援部主要开展指导政策形成的支援事业，具体包括政策形成顾问支援业务、政策研究会和政策课题研讨会三方面。"政策形成顾问支援业务"为帮助县内自治体等解决所面临的各种地域课题，介绍推荐该机构的支援顾问或外部专家，提供专业化的建议支持。该机构建有注册制外部专家库，能够充分确保为政策形成提供专业化支持。"政策研究会"针对地域面临的重要课题，通过举办研讨会、座谈会等进行政策建言。"政策课题研讨会"围绕县内自治体等高度关注的课题，邀请专家召开少人数的学习会、研讨会，调查收集县内自治体等的数据、资料以及全国的优秀案例等，并对外公开和推广。

公益財団法人東京財団政策研究所
The Tokyo Foundation for Policy Research
公益财团法人东京财团政策研究所

前身为"财团法人日本船舶振兴会"（即现在的"公益财团法人日本财团"）与赛艇关联法人等共同捐款，经运输大臣批准，于1997年7月1日设立的"国际研究奖学财团"。其后，出于面向世界传递"东京"信息的愿望，于1999年5月更名为"东京财团"。2010年3月经内阁府批准，于同年4月1日正式变更为公益财团法人。2017年在设立20周年之际，为重塑日本国内规模最大且具有世界影响力的政策研究机构，而致力于日本乃至世界的重大问题，以追求研究所的转型飞跃为方针，2018年2月全面改组为"公益财团法人东京财团政策研究所"。作为非营利、独立的民间政策智库，研究活动经费几乎全额来源于基金的运营收益，研究所基于中立、公平的立场思考社会的现状与模式，开展调查、研究，立足于中长期视角探寻问题的本质，以理论性、实证性的根据为基础，准确把握问题的现状与本质，提出政策建议与对策方案，并为推动具体对策方案的实现，开展社会普及活动，进而促进日本乃至全球的发展。研究所建立了高度自由的研究体制，以"研究组"为单位开展政策研究活动，从外交与安全保障、经济与社会保障、环境与社会基础三个观点出发整理课题。"政策研究组"具体包括经济与民主主义组、税与社会保障改革组、资源与能源组、对外政策组、对中国战略研究组、经济政策与经济思想组。研究所把政策研究和人才培育作为两大支柱，以"制定政策、培育人才、改变社会"为使命，通过"向世界讲述日本"，以国际化视角推进活动。作为人才培养事业的支柱，研究所设有多个人才培养项目，拥有拓展到全球范围的人才培育计划。"东京财团政策研究奖学金"资助政策研究方面的优秀青年研究人员，为研究人员提供机会参与研究所内外专家、政府相关人员实施的共同研究，并派往海外主要智库机构等进行交流研修。研究所运营着两个世界规模的奖学金项目，"笹川良一优秀青年奖学基金"设立于1987年，面向包括日本在内的全球44个国家的69所大学，为从事人文社会科学领域研究的研究生提供奖学金等长期支持；"日语教育基金"设立于1994年，以促进全世界的日语教育为目的，面向全球6个国家的11所大学，资助学习日语的学生与日语教师。

21世纪政策研究所
The 21st Century Public Policy Institute
21世纪政策研究所

"21世纪政策研究所"自1997年成立以来，作为一般社团法人日本经济团体联合会的公共政策智库，发布了大量论文和报告书，并提出政策建议。2007年研究所转型为"开放的智库"，广泛吸纳国内外的学者、研究人员、政治家等不同群体加入，讨论新政策，并积极传播研究成果，其活动受到国内外的广泛关注。研究所在外交、经济增长战略、财税政策、金融、社会保障、环境、能源等广泛领域开展研究活动，提出有助于日本经济团体联合会建设发展的政策建议，积极传播研究取得的各种成果、改革观点和想法等，为振兴日本做出贡献。研究所定期出版《21世纪政策研究所丛书》《21世纪政策研究所新书》，发送电子通讯，举办各种学术研讨会和座谈会等，与海外智库积极开展交流，推进实施合作研究项目。

アジア開発銀行研究所
Asian Development Bank Institute
亚洲开发银行研究所

"亚洲开发银行研究所"是亚洲开发银行旗下的智库，1997年成立于日本东京。自设立以来，研究所基于发展中国家和地区的需求，应对重要、适时的政策课题，致力于寻找行之有效的发展策略，以帮助亚洲开发银行内的发展中成员国提升经营水平。对于新产生的政策问题，研究所将重点放在具有战略性优势的领域，从地域和中长期的视角出发加以分析，促进与发展中国家领导人的政策对话。与此同时,研究所凭借高质量的知识与服务,提高影响力、可视性和利用可能性,致力于成为政策制定者、学术界以及其他关心亚洲开发的人们所期待的值得信赖的知识与情报信息的提供者。研究所聚焦对地域产生影响的中长期开发课题,通过人才培养和研究活动为实现亚洲开发银行的消除贫困目标做贡献,同时为亚洲的发展中国家的政策制定者提供知识援助。研究所对于经济发展问题的研究一贯以影响发展理念和政策制定为指引,与区域性及全球性组织、国家级智库、政策制定者、高校研究机构、专家学者保持紧密联系。研究所辅助亚太地区的发展中经济体掌握相关知识和技能,促进生产力提升,减少贫困现象,提高经济发展整体竞争力,实现区域经济的长期稳定发展,力图成为在亚太区域研发并传播国家发展信息及知识的核心机构。为此,研究所在相关领域展开了大量的学术研究,依照研究主题可分为"具有包容性的可持续性增长研究""区域合作与整合研究""国家政策与公共设施管理研究",启动生产力建设和扶贫脱困项目,将学术研究成果运用到实践之中。

公益財団法人地球環境戦略研究機関
Institute for Global Environmental Strategies
公益财团法人地球环境战略研究机构

"公益财团法人地球环境战略研究机构"根据《地球环境战略研究机构设立宪章》的主旨,以构筑新的地球文明范例为目标,从事可持续发展创新性政策和环境对策战略方面的政策性和实践性研究(战略研究),并将其成果体现在各类主体的政策决定之中,以实现全球规模,特别是亚洲太平洋地域的可持续发展。该机构于1998年3月31日在日本政府的倡导和神奈川县的援助下设立。设立之时为财团法人,2012年4月正式变更为公益财团法人。截至2019年6月30日,工作人员总数为197名,具体包括战略研究事业146名、其他公益目的事业26名、管理部门25名,其中共包括外国国籍工作人员57名。2003年4月该机构取得了联合国经济及社会理事会(ECOSOC)的特别咨商地位(Special Consultative Status)。2006年7月在中国环境保护部日中友好环境保全中心内开设北京事务所,在以中日双边为基础的两国间及多国间(包括国际机构)的合作协助下,开展各种调查与研究。2011年6月设立曼谷地域中心。该机构致力于从根本上探究造成地球环境危机的物质文明的价值观和价值体系，创造全新的人类生存模式和文明范式，并重新构筑切合新范式的经济社会构造，旨在保全地球环境的基础上，实现亚洲太平洋地区的可持续开发。基于这种问题意识，与国际机构、各国政府、地方自治体、研究机构、企业、NGO 以及广大市民合作，为解决问题开展各种战略研究，为相关人员提供情报信息，举办国际会议和研修等各种事业。

株式会社 KDDI 総合研究所
KDDI Research，Inc.
株式会社 KDDI 综合研究所

"株式会社 KDDI 综合研究所"是以日本国内外的情报通信领域为研究对象的智库，其股东为 KDDI 株式会社、京瓷株式会社、丰田自动车株式会社，主要服务于中央政府部门、各类团体、电气通信行业事业团体、制造业企业、金融机构等。"株式会社 KDDI 研究所"的前身是成立于 1953 年的国际电信电话株式会社的研究部，伴随 KDD 的改组，于 1998 年 4 月 1 日设立"株式会社 KDD 研究所"，2001 年与"株式会社京瓷 DDI 未来通信研究所"合并，更名为"株式会社 KDDI 研究所"。1990 年"株式会社 KDD 综研"作为 KDD 集团的综合智库设立，2002 年更名为"株式会社 KDDI 综研"。2016 年"株式会社 KDDI 研究所"和"株式会社 KDDI 综研"合并成立"株式会社 KDDI 综合研究所"。研究所充分应用多年积累的研究成果和人际网络，从全球化、多角度的视角出发，洞察未来，在政策、市场、商业模式、生活方式等广泛领域开展调查分析，提出旨在解决问题和创造价值的方案。研究所的调查研究业务包括：制度与政策研究，收集并分析世界各国的情报通信政策及其相关信息资料；世界各国的通信行业及其服务的相关动向调查；情报通信制度政策研究季刊《Nextcom》的出版；情报通信相关研究会的运营。研究所的市场分析业务包括：国内外的情报通信市场动向的相关定量与定性调查分析；国内外新媒体的相关调查分析；社会环境等多方面的市场调查分析。此外，研究所还通过提供情报通信服务和咨询业务，援助东日本大地震的灾后重建。研究所主要通过与 KDDI 集团的海外机构、研究所合作开展调查分析，同时也与日本国内外的智库及相关机构合作开展调查研究活动。

公益財団法人山梨総合研究所
Yamanashi Research Institute Foundation
公益财团法人山梨综合研究所

"公益财团法人山梨综合研究所"作为地方综合智库，基于县、市町村、产业界的综合意愿于1998年4月1日设立，以官民各界的捐款作为基本财产，以赞助会员的会费收入和县市町村等的委托调查的业务收入进行运营。2011年11月1日变更为公益财团法人。研究所的设立目的是基于中长期的展望，从广泛的视角对地域的政策课题等开展调查研究，面向县、市町村、企业、各种团体等建言献策，同时通过收集并提供各种情报信息，以及开展各种调查研究活动等，为面向21世纪的山梨县建设做出贡献。研究所自设立以来，以"基于地域可见未来"为题，围绕地域建设与城市建设，经济与产业、劳动政策、观光与交通、环境政策，教育与文化、福祉政策等地域的诸多课题，探寻地域社会的全新发展愿景和方式，与产官学及NPO等开展合作，推进调查研究。

広島市立大学広島平和研究所
Hiroshima Peace Institute, Hiroshima City University
广岛市立大学广岛和平研究所

"广岛市立大学广岛和平研究所"是广岛市立大学的附设机构，于1998年4月1日设立。研究所地处世界上第一个经受过核武器爆炸灾害的城市，以此历史为背景，旨在通过学术研究活动，肩负起废除核武器的使命，致力于解决地球社会所面临的各种问题，创造和维护世界和平以及地域社会的发展，努力建设成为国际和平研究机构。研究所积极与日本国内外的和平研究机构开展合作并构建关系网络，促进和平研究的发展，同时通过演讲会、公开讲座、学术研讨会、出版等方式，面向社会积极公开其学术研究成果，出版纪要《广岛和平研究》和《广岛和平研究所丛书》等。关注重点包括"核"问题研究、"和平"的理论性和实证性研究、东亚地区的和平研究、国际和平、废除核武器等。

立命館大学社会システム研究所
BKC Research Organization of Social Sciences, Ritsumeikan University
立命馆大学社会系统研究所

"立命馆大学社会系统研究所"以立命馆大学的经济学部和经营学部迁址到琵琶湖草津校区为契机，于1998年4月设立，从事政治、经济、社会系统等相关领域的广泛调查研究。研究所采用公开招标形式开展项目研究，致力于推进包括政治、经济、社会系统在内的广义社会系统的相关基础性研究以及与社会需求相结合的应用性研究，预测未来10—20年内可能发生的社会系统问题，研究应对这些问题的措施，特别是持续推进少子老龄化、国际商贸服务、技术经营等社会系统方面的相关研究，确立常态化的研究教育体系。研究所以委托研究、捐款研究等校外资金促进科研工作的发展和研究合作，通过举办公开演讲会、学术研讨会等增进国内外的相关研究与交流。基于这些项目，研究所发行纪要《社会系统研究》，公开发布研究成果的同时，推进为社会发展做贡献的研究活动。

株式会社フィデア総合研究所
The FIDEA Research Institute Corporation
株式会社 FIDEA 综合研究所

莊内银行为纪念创业120周年，于1998年4月3日设立了"株式会社莊银综合研究所"，是山形县的金融机构设立的唯一一家智库。2010年7月1日在继承了北都综研的智库业务后，公司名称变更为"株式会社FIDEA综合研究所"，属FIDEA控股公司体系内的智库。其业务范围包括研究开发、经营咨询、会员服务三大部分。其中，研究开发事业主要针对地方性课题，以国际化的视野开展深入细致的分析寻求解决对策，在接受自治体等的委托调查业务的同时，针对各种地域课题也开展自主研究，研究领域以地域经济、产业、消费动向为主。经营咨询事业主要是通过实践性的咨询服务提出与企业经营全局相关的具体解决对策。FSN会员服务事业包括出版刊物《Future SIGHT》和研究报告，举办研修会、研讨会，培养产业人才，为振兴文化提供信息，支持企业和自治体情报信息系统的构建与应用。

特定非営利活動法人気候ネットワーク
Kiko Network
特定非营利活动法人气候网络

该机构前身为"气候论坛"，是以成功举办遏制全球气候变暖的"京都会议（COP 3）"为目的而开展活动的市民团体。1998年4月，在"气候论坛"完成其历史使命之后，"气候网络"取代"气候论坛"并继承了其宗旨与活动，1999年12月正式变更为特定非营利活动法人，是基于市民立场的"建议、传播、行动"的NGO/NPO机构，作为全国性的市民与环境领域的NGO/NPO网络，与众多组织和团体开展交流与合作活动。该机构以遏制地球温暖化为目标，为了促进《京都议定书》的生效以及相关措施对策在日本国内的落实执行，积极参与国际交涉，举办学术研讨会和研究班等，开展情报信息的收集、分析与传播，提出政策建议，进行环境教育与人才培养等相关活动。其主要活动内容可分为三大部分。第一，构建国际化网络系统，包括参加联合国的交涉会议（联合国气候变化大会COP等）、举办国际制度的相关配套活动、与国际组织"气候行动网络"（Climate Action Network）开展合作等。第二，推进日本的温室效应对策执行，包括气候变动与能源的政策建议、日本政府的政策评价、信息公开与数据分析、政党与议员的政策评价、企业活动的监管、他国政策案例的介绍等。第三，扩大脱碳地域建设和人员培养，包括人才培养与网络构建、从地区政策上升为国家政策、自治体环境政策咨询与讲师派遣等。

株式会社エコ・アシスト
Eco Assist Co., Ltd.
株式会社 Eco Assist

"株式会社 Eco Assist"以"J-POWER（电源开发株式会社）"和"株式会社三菱综合研究所"为母体于1998年设立，充分发挥两家公司所特有的事业运营和咨询方面的经验与技术，开展独具特色的调查研究与咨询业务。该机构擅长在"新能源与节能""生物量""回收再利用""PFI（Private Finance Initiative，民间融资倡议）"等领域开展特定化的各种调查研究，从事业化的探讨阶段到实际事业运营，能提供各个层面的咨询服务。

株式会社ジェイアール貨物・リサーチセンター
JR Freight Research Center，Ltd.
株式会社 JR 货运研究中心

"株式会社 JR 货运研究中心"是以"日本货物铁道株式会社"和"JRF 集团经营者联合会"为中心，于 1998 年 7 月 6 日设立的调查研究机构。"JR"为"Japan Railways"的缩写，即"日本铁路公司"。该研究中心的设立目的是重新打造充满活力、具有社会存在价值的、以铁道货物运输为中心的物流行业，为此从事物流的相关调查与研究、JR 货物集团的研修与教育、宣传刊物的制作等业务，基于客观调查进行建言献策活动。近年来，由于利用 IT 的供应链营销等新物流业态的出现，对于新商业模式的应对成为物流行业的课题，因此，需要针对物流行业所处的各种社会环境的变化开展调查分析，为行政机关、货主企业、物流企业提供及时准确的情报信息。该研究中心除了以物流事业为核心的实证性研究活动外，通过符合新时代需要的企业教育以及提升物流行业形象的宣传活动，广泛支援各方面的物流活动。2017 年日本货物铁道株式会社为进一步深化集团的联合经营，于 3 月 31 日解散其全资子公司"株式会社 JR 货运研究中心"，并将该研究中心的业务移交给相关部门，从而把调查、研究、宣传业务统一收归集团实行一体化运营，以期实现机能强化和业务高效化。

青森公立大学地域連携センター
（无）
青森公立大学地域合作中心

"青森公立大学地域研究中心"于 1998 年成立，是青森公立大学的附设机构，以地域贡献为重要使命，以该大学所拥有的人力资源和教育研究成果回馈国内外社会，同时积极提供对于地区发展有价值的信息。地域研究中心围绕青森地域以及县内的经济、企业经营、产业与社会等地域问题，以及与广大县内外的经济、经营相关的诸多课题，从理论与实证的两面，基于学术性、国际性的视角开展调查研究，进而为地域振兴、经营学与经济学的学科发展乃至国际社会做出贡献。2011年度，为了更进一步推动地域社会贡献活动，设置了包括地域研究中心在内的"地域合作中心"，增强业务拓展功能和国际交流功能，以强化地域贡献体制。

公益財団法人大分県産業創造機構
（无）
公益财团法人大分县产业创造机构

"公益财团法人大分县产业创造机构"的前身"财团法人大分县中小企业振兴公社"与"财团法人大分县技术振兴财团"于1999年4月合并成立"财团法人大分县产业创造机构"。2000年3月"社团法人大分县地域经济情报中心"解散后并入该机构，2012年4月正式变更为"公益财团法人大分县产业创造机构"。该机构通过利用当地所积累的技术、人才、信息等产业与经营资源，支持县内产业的独立自主发展与新的产业创造，为提升企业经营能力而培养人才，开展经济、产业、社会及地域振兴方面的相关调查研究，进而为改善县民的生活、发展县内产业经济做出贡献。该机构出版发行月刊《创造大分》，举办各种研讨会、讲座和展示会，提供研修培训，为支援中小企业的海外业务拓展提供咨询服务。

釧路公立大学地域経済研究センター
Kushiro Public University Research Center for Regional Economics
钏路公立大学地域经济研究中心

"钏路公立大学地域经济研究中心"于1999年6月成立，是"面向地域开放拓展的大学"——钏路公立大学的社会科学系的研究机构。该研究中心作为地方智库，立足于地域的实际情况，围绕地域的现状问题与实现地域活性化的方案策略，开展研究并提出建议，持续发布信息。研究中心的主要活动包括：研究制定地域课题的解决策略和地域未来的活性化建设方案；以传播地域的创新性信息为目标的地域政策研究，并为此组织合作研究项目。该研究中心采取灵活运用外部人才与资金的机动性机制，积极开展与地域的合作，共同推进相关研究活动。研究中心按照不同研究题目分别组成"合作研究项目"，以校外机构的委托为基础实施研究活动，研究经费原则上由委托机构负担。研究活动包括基于对等立场与委托方共同实施的"合作研究"、接受委托实施的"委托研究"以及依靠校外机构的捐款等实施的"自主研究"三种模式。研究成果包括钏路市观光振兴计划、钏路市城市经营战略方案、钏路市公共设施等的合理化方案、弟子屈町公共设施等的综合管理规划等，都被实际应用到钏路地区的政策形成和事业建设中。

特定非営利活動法人 NPO ぐんま
NPO Gunma
特定非营利活动法人 NPO 群马

"特定非营利活动法人 NPO 群马"基于《特定非营利活动法人促进法》的施行，经群马县批准，于 1999 年 6 月 24 日登记设立，在其前身"株式会社 CAD 计划研究所"解散之际，继承了该研究所相关业务。NPO 群马是一家与市民、企业及行政机关密切联系的日本第一家由政府（群马县）批准设立的民间智库，2000 年 1 月被选为"地方智库协议会"的会员。2005 年 4 月 1 日，NPO 群马被"财团法人地球环境战略研究机构"认定为"ECO Action 21"的地区事务局，负责"环境省环境活动评价项目"的地域企业申报工作和各种市民团体活动的援助，以及实施其他必要的市民公益活动。该机构以"推进城市建设""环境保全""推进市民活动"三大领域为中心，高度关注对于市民、企业、地方行政而言真正重要的问题，开展调查研究，提出政策建议并实施事业方案，承接行政机关的委托业务，推进公益活动，促进市民、企业与行政机关之间的合作。

彩の国さいたま人づくり広域連合
（无）
彩色王国埼玉人才建设广域联合

"彩色王国埼玉人才建设广域联合"是由埼玉县和县内的所有市町村共同参与规划，于1999年7月设立的广泛地域的联合机构，致力于工作人员的人才开发、交流和保障。随着地方分权的推进，在地方公共团体的作用和责任不断增加之时，工作人员的人才开发日益变得重要，同时如何确保市町村在行政领域具备足以肩负保健福祉、城市建设等高度专业化工作的多样化专业技术人员成为重大课题。该机构成立以来，为满足适应分权型社会的人才需求，开展以县和市町村的工作人员为对象的研修培训，并提供政策研究的援助、市町村之间的工作人员交流和市町村工作人员录用信息的发布等，面向民间企业等派遣人才，广泛开展对市町村的专业技术人员等的人才保障援助事业。在提升工作人员的政策形成能力的同时，加强县和市町村等制定政策的经验积累，以此为目的，该机构实施由县和市町村等的工作人员共同开展的政策类课题的合作研究项目等"政策研究推进事业"，以及援助工作人员和县、市町村的政策研究活动的"政策研究支援事业"。

特定非営利活動法人環境自治体会議環境政策研究所
Research Institute for Local Initiative of Environmental Policies
特定非营利活动法人环境自治体会议环境政策研究所

随着全球规模环境问题的加剧，地域的环境问题也变得更为复杂化和多样化，地方自治体被要求作为解决地域环境问题的主体发挥更为重要的作用。以此为背景，在政策的所有领域都以环境优先为原则的自治体被称为"环境自治体"。为推进环境自治体的建设，于1992年诞生了网络组织"环境自治体会议"，每年举办全国大会，市民、研究人员、政府相关人员等都会出席会议，发表活动报告并进行研讨，1999年增设了若干个专门委员会。会员自治体要求更为深入地开展政策决策方面的相关活动，由此提出成立支持政策形成的智库的必要性。"环境自治体会议环境政策研究所"于1999年8月设立,在2000年6月提出了特定非营利活动法人的认证申请。"特定非营利活动法人环境自治体会议环境政策研究所"通过对环境政策及其相关信息进行收集与调查研究,支援地方公共团体的政策制定和民间非营利组织、市民、企业家的环境保护活动,进而为增进社会整体的利益做出贡献。研究所的业务主要包括与自治体的环境政策相关的调查研究、信息收集与提供、咨询与建议、研究成果的发表与出版物(《环境自治体白皮书》)的发行等。

株式会社循環社会研究所
Institute for Reflexive Community
株式会社循环社会研究所

"株式会社循环社会研究所"是1999年9月设立的民间智库,以废弃物、能源、地球温暖化对策等21世纪最重要的课题领域为研究对象,在"循环"和"社会"两大方面,以环境与经济并存的可持续发展社会和创造新的公共性为目标,开展政策研究,提出政策建议,进行事业规划的制定和评价等。循环社会研究所作为民间的智库和咨询机构,与民间企业、大学研究者、行政工作人员、研究机构等建立广泛的关系网络,开展相互间的合作援助,从地域供给侧和需求侧两方面进行创新,建立满足未来社会需求的新型社会经济体系,并致力于构建和完善其中的决策机制与社会制度。

株式会社三井物産戦略研究所
Mitsui & Co. Global Strategic Studies Institute
株式会社三井物产战略研究所

"株式会社三井物产战略研究所"作为三井物产的内部研究所设立于1999年10月1日,是由设立于1991年10月的"三井物产贸易经济研究所"与新产业技术室合并组成。2006年10月开始,相继在欧洲三井物产(伦敦)、贝内克斯三井物产(布鲁塞尔)、亚洲与大洋洲三井物产新加坡支店、美国三井物产硅谷等多地的分支机构内部开设战略情报课或配置相关研究人员,2012年4月在三井物产(中国)有限公司(北京)开设经济研究部。研究所旨在为三井物产的商贸业务提供研究支持，从国际化视角出发，在政治、经济、产业、社会、技术与创新等广泛领域开展调查研究和建言献策活动。

公益財団法人えひめ地域政策研究センター
Ehime Center for Policy Research
公益财团法人爱媛地域政策研究中心

1976 年 8 月设立的"财团法人爱媛县社会经济研究财团（ECPR）"，致力于推进涵盖整个社会经济领域的调查研究。1986 年 7 月设立的"财团法人爱媛县城市建设综合中心"致力于积极支援城市建设活动。两家机构基于发展的需要，进行了解散重组，于 2000 年 4 月 1 日成立了"财团法人爱媛地域政策研究中心"，2012 年 4 月正式变更为公益财团法人。该研究中心作为兼具智库功能和城市建设功能的机构，将两大功能有机结合，举办政策研究研讨会、地域课题研究沙龙、地域论坛、地域建设领导人培育研修会等，出版《ECPR》《爱媛活动 BOX》等调查研究信息刊物和《全国地域建设示范地数据集》《爱媛地域建设 100 人》等书籍。在推进地方分权的过程中，该研究中心针对地区政策和城市建设开展综合性的调查研究并提出政策建议，在面向社会公开并传播其研究成果的同时，收集并提供各种情报信息，开展启发民智与培养人才、提供援助与增进交流等的相关活动，旨在为建设充满活力的地域社会做出贡献。

上越市創造行政研究所
Joetsu City Policy Research Unit
上越市创造行政研究所

上越市为了应对"地方自己做决定，自己负责"的时代要求，确立新的行政体系，以提高行政机关的政策立案与建言献策能力，于 2000 年 4 月作为上越市政府的内部组织型智库，设立了"上越市创造行政研究所"。研究所设立之时，以日本国内的自治体智库为参考，对财团法人和任意团体等机构组织形态也进行了研讨，但考虑到政策的实效性和经营方面的客观因素等，最终定位为市政府的内设智库。研究所在设立之初为市长的直管机构，在 2002 年进行全厅组织机构重组之际，作为其中的一个环节，研究所被重新定位为企划政策部的内部组织。研究所虽是市政府内部的一个组织，但同时作为研究机构，自身具有一定的独立性。研究所旨在把握地方分权与城市间竞争的时代特性和各种社会情势的变化，为市政方面的重要课题的解决以及未来规划的研制做出贡献。同时，为提高地方自治体的政策形成能力，研究所从综合性、中长期、广域的视野出发，开展地域独立的调查研究，通过与政府官厅内的各科室进行合作，制定实效性高的政策提案。

株式会社レノバ
RENOVA，Inc.
株式会社 RENOVA

"株式会社 RENOVA"于 2000 年 5 月 30 日成立，2017 年 1 月 20 日在东京证券交易所的创业板市场上市。RENOVA 为民间团体，在日本的环保领域拥有行业内领导地位。业务内容包括可再生能源、太阳能发电、塑料回收再生、亚洲绿色产业、调查咨询等。RENOVA 为政府机关处理各种废弃物、削减碳排放、开发新能源等建言献策，提供解决各种环境问题的咨询服务，同时经营环境工程、塑料回收、碳排放权等事业，积极提升公司对环境问题研究的专业化水平。RENOVA 以创造新环境提供更安心、更舒适的居住社会为企业理念，为此，不断运用经验与新技术，解决环境问题，持续改善环境，提升现有活动的品质与效率，进而提高对社会环境的贡献。

株式会社国際社会経済研究所
Institute for International Socio-Economic Studies，Ltd.
株式会社国际社会经济研究所

"株式会社国际社会经济研究所"以基于中立立场面向世界传播情报社会的未来为目的，于 2000 年 7 月 24 日成立，2009 年 4 月与专为 NEC 集团提供情报信息的智库"NEC 综研"合并。现在，国际社会经济研究所作为 NEC 集团唯一的智库，为 NEC 集团及其他团体提供该研究所利用特有技术方法分析加工后的情报信息。国际社会经济研究所坚持以中立的立场开展调查研究,并面向国内外公开发布其研究成果,从而为日本乃至国际社会的可持续发展做贡献。研究所秉持"运用国内外网络的知识创造""重视现场的调查研究活动""大胆且新颖的提案""广泛的见解观点和坚持高远志向"的价值观。研究所的出版物包括《金融科技FinTech》《为何在日本FinTech没有普及》《智能科技入门》等书籍,和《医疗白皮书》等皮书系列以及《现代人的隐私权》等研究报告。

特定非営利活動法人環境エネルギー政策研究所
Institute for Sustainable Energy Policies
特定非营利活动法人环境能源政策研究所

"环境能源政策研究所"以实现可持续发展的能源政策为目的,作为独立于政府和产业界的第三方机构,由致力于研究全球气候温暖化对策和能源问题的环境活动家与专业人士,于2000年9月11日共同设立,2001年3月12日取得"特定非营利活动法人"资格。研究所旨在建设:(1)自然能源为核心的高效能源系统;(2)兼顾能源利用便利化和风险共担的公平社会;(3)能源政策与社会政策的意思决定透明化的参与型社会;(4)以个人和地域实现独立自主的地域分权型能源社会为支柱的可持续发展的能源社会,为此,致力于能源政策的研究与建议,以及自然能源的普及利用。研究所为促进自然能源利用与节能,面向政府、地方公共团体等提出政策建议,举办国际会议和学术研讨会,在广泛领域开展活动。同时,研究所利用与欧美和亚洲各国之间的关系网络,介绍海外信息,开展人员交流等,充分发挥其作为日本对外窗口的作用。此外,研究所还提出了利用市民基金的市民风车项目、太阳能发电事业、绿色能源证书等方案。

内閣府経済社会総合研究所
Economic and Social Research Institute
内阁府经济社会综合研究所

前身为经济企划厅于1958年7月设置的"经济研究所"。2001年1月,作为中央省厅改革的一环,进一步扩充了经济企划厅经济研究所的功能和规模,设立了内阁府的智库"内阁府经济社会综合研究所(ESRI)"。其主要任务是开展经济活动、经济政策、社会活动等方面的相关理论与实证研究,同时不断追求作为政策研究机构的功能强化,培养和培训肩负政策研究使命的人才等。与此同时,ESRI 还负责 GDP 统计方面的国民经济计算体系(SNA)的推算业务,每季度的 GDP 速报(QE)和每年度的确切数据的发布,以及景气动向指数(CI)等景气动向统计的编制和发布等工作。ESRI 为更好地完成其使命,加强与学术界、民间有识之士等的知识交流网络建设,发挥其汇聚各方智慧的平台作用,重视与广大社会的交流,强化与经济界等各方面的合作,以确保基于经济的现实情况开展政策立案,在日本国内外各界的协助与指导下,实现其高质量研究活动的可持续发展。ESRI 的成果对外公开,《研讨论文系列》汇总发表研究人员的成果;《*Economic & Social Research(ESR)*》提供内阁府经济财政政策担当部门的政策措施以及该研究所的研究成果;《经济分析》刊载研究所内外研究人员的投稿,是以经济社会重要问题的实证分析论文为中心的学术期刊。ESRI 还以研究成果为基础,举办"ESRI 经济政策论坛"。此外,在国际交流方面,ESRI 随时选取重要的经济政策问题举办国际论坛、国际学术研讨会等,促进国际学术交流与国际合作研究项目的开展。

独立行政法人経済産業研究所
Research Institute of Economy, Trade and Industry
独立行政法人经济产业研究所

"独立行政法人经济产业研究所(RIETI)"是 2001 年设立的非公务员型独立行政法人智库。RIETI 是为了切实贯彻人事制度和灵活地执行预算制度、有效地开展公共政策研究并确保成果的广泛传播,于 2001 年设立的政策研究机构。为进一步推进日本的经济结构改革和行政改革,建设一个充满活力的经济社会,不仅需要超越原有的行政、政策框架,还需要强化政策的企划立案能力,并在国际社会中呈现出积极的政策姿态。日本经济产业大臣为 RIETI 制定了《独立行政法人经济产业研究所中期目标》,在此基础上,RIETI 制订了五年计划,即《独立行政法人经济产业研究所中期计划》,并遵循《中期计划》开展工作。RIETI 作为政策智库,以基于研究成果进行政策提案为己任,从引进世界增长能量的视点、开拓新增长领域的视点、根据社会的变化创造支持可持续增长的经济社会制度的视点出发，为促进经济产业政策的形成开展相关基础性调查和研究，发挥理论性、实证性研究与政策决策的协同效应，为循证决策提供建议，同时通过研讨会、讲座和网站等方式积极发布研究成果，旨在为日本的经济产业政策的制定、为确保经济和产业的发展以及矿产资源和能源的稳定高效供应而努力做出贡献。RIETI 从中长期经济体制改革的角度出发，针对政府尚未考虑或者尚未采用的新政策开展前瞻性研究，为政策的修订、废除以及新政的实施提供理论依据。从 2016 年 4 月起，RIETI 根据《探讨积极产业政策下的中长期结构性论点与政策的方向性》（2015 年 4 月、产业结构审议会），以"培养日本在国际社会中的经济优势""让日本成为创造革新的国家""走出人口减少的困境"三个经济产业政策的"中长期视角"为基础，推动相关研究活动。研究领域包括贸易投资、国际宏观经济、地域经济、技术革新、产业与企业生产力提升、产业政策、人力资本、社会保障、财税政策、政策史与政策评价等。除研究报告外，RIETI 还出版大量的日文和中文、英文书籍，以及经济政策评论丛书、经济政策分析丛书等；月刊《经济产业杂志》是宣传经济产业省施政措施的杂志；"RIETI 电子信息"主要介绍 RIETI 研究人员的最新研究成果以及网站的最新信息，积极运用网站和出版物等多种途径有效传播、普及其研究成果和政策建议。

国立研究開発法人産業技術総合研究所
National Institute of Advanced Industrial Science and Technology
国立研究开发法人产业技术综合研究所

"独立行政法人产业技术综合研究所"由旧通商产业省工业技术院的 15 家研究所和计量教习所合并改组后，于 2001 年 4 月 1 日设立，2015 年 4 月 1 日更名为"国立研究开发法人产业技术综合研究所（AIST）"。AIST 的历史可追溯到 1882 年设立的"农商务省地质调查所"，其后百余年间，历经多次改组与名称变更，于 2001 年 1 月，经中央省厅再次改组后，完成了其独立行政法人化改革，2015 年 4 月被指定为国立研究开发法人。AIST 在支撑日本产业的环境与能源、生命科学、情报通信与电子工学、纳米技术与材料和制造、测量与计量标准、地质六大领域开展多样化研究。作为日本国内最大规模的国家研究机构，AIST 致力于推进对日本的产业和社会具有价值的技术创造及其实际应用,并在推动实现创新性技术事业化的过程中发挥"孵化器"和"桥梁"的功能。为此,在体制上,AIST 拥有负责产综研的核心技术、发挥其综合能力的"5 大领域 2 个综合中心",在遍布日本全国的 11 个研究基地,拥有大约 2300 名研究人员,以技术创新环境的变化及基于此制定的国家战略等为基础,从国家创新系统的核心、先导的立场出发,从事研究开发工作。AIST 总部设在东京和筑波,并在日本全国设置了 9 处具有不同研究特色的地域中心以及福岛可再生能源研究所,为了更好地服务地方创新,还在日本全国多地设置了地域性机构。AIST 与日本国内外的研究机构、大学和行政机构等建立紧密的合作关系,与世界 29 个主要研究机构缔结了合作研究备忘录(MOU),积极构建全球网络。

国立研究開発法人情報通信研究機構
National Institute of Information and Communications Technology
国立研究开发法人信息通信研究机构

始于 1896 年 10 月的"通信综合研究所"于 2001 年 4 月变更为"独立行政法人",于 2004 年 4 月与始于 1979 年 8 月的"通信放送机构"合并,成立了"独立行政法人信息通信研究机构",2015 年 4 月变更为"国立研究开发法人信息通信研究机构(NICT)",是总务省主管的国立研究开发法人,拥有 5 个研究所、3 个研究中心,在全日本设有 8 处研究基地和 2 处电波发射塔。NICT 是以信息通信领域为专业的唯一的官方研究机构,从基础研究到转化应用,以综合视角促进情报通信技术的研究开发,进而提升日本经济增长的原动力、实现日本领先世界的知识立国目标。依据《国立研究开发法人信息通信研究机构法》,NICT 以综合开展情报通信技术的研究开发和情报通信领域的事业援助等为目的,主要业务包括信息的电磁流通与电波利用的相关技术的研究和开发,对于从事高度通信与放送研究开发人员的援助,属于通信与放送业务领域的事业振兴等。同时,NICT 与大学、产业界以及海外的研究机构密切合作,通过以研究开发成果回馈广大社会,进而为建设富裕、安心安全生活、富于知识创造性和活力的社会,乃至实现世界的和谐与和平发展做贡献。NICT 出版书籍、发行刊物,日文定期出版物包括《*NICT NEWS*》(双月刊)、《信息通信研究机构研究报告》（不定期）和《信息通信研究机构年报》，英文定期出版物包括《*NICT REPORT*》（年刊）和《*Journal of the National Institute of Information and Communications Technology*》。

株式会社 JTB 総合研究所
JTB Tourism Research & Consulting Co.
株式会社 JTB 综合研究所

"株式会社 JTB 综合研究所"于 2001 年 6 月 21 日由株式会社 JTB 全额出资设立，作为新时代的智库，以促进旅游及超出旅游价值的交流，实现丰富的生活和富裕的地区为目的。研究所以旅游的扩大和质量的提升为基本构想，运用长年积累的经验与见解，从未来志向和全球化视角出发，从事与旅游存在交集的多样化商业模式的问题研究和对策建议以及必要的人才培养，开展旅游、观光方面的相关调查、研究和市场营销，近年来进一步拓展到生活与消费相关事业领域。研究所的服务对象包括 JTB 集团等旅游产业的相关机构与企业，国土交通省等政府官厅与地方公共团体和外国政府观光局，外资企业等。研究所开展访日旅游、海外旅游的观光统计和经济动向等与旅游产业相关的统计，发布基础数据，同时出版发行《日本人的海外旅行》《旅行与生活的未来地图》《海外购买力调查》等 JTB 系列研究报告和白皮书。

株式会社森のエネルギー研究所
Japan Wood Energy Co., Ltd.
株式会社森林能源研究所

"株式会社森林能源研究所"于 2001 年 10 月 8 日由 31 名希望为解决环境与森林资源问题做贡献的个人股东出资设立。为了加速向可持续发展社会的转型，研究所以促进森林"生物量"（生态学术语）的普及为目的，开展政策研究、地域规划、事业化研讨、技术研究开发、技术评估等，是日本国内第一家旨在促进森林生物量应用的专业研究机构。研究所致力于有关森林生物量的海外技术的导入调查、技术研究开发、地域资源开发的调查研究、事业开发的调查研究、特定政策调查研究的实施等。研究所关于木质生物量能源、全国木质生物量发电所、木质生物量的人才培养与评价等相关调查研究成果以研究报告和书籍的形式对外发布。

特定非營利活動法人言論NPO
Genron NPO
特定非营利活动法人言论NPO

"特定非营利活动法人言论NPO"是立志解决日本和世界问题的市民与有识之士的网络型智库。2001年11月2日，一部分有识之士痛感日本媒体及言论存在问题，为了营造一个能给日本面临的主要课题提出建设性建议与提案的舞台，设立了"言论NPO"，2005年6月1日获批为特定非营利活动法人。言论NPO在国内政策课题方面，针对政府、政党的政策进行评价，并提出方案。同时，把活动的舞台还扩大至亚洲乃至世界范围，针对政府间难以解决的问题，力求以民间有识之士之间达成共识的方式，为政府外交发挥机能营造有利环境，为唤起社会舆论推动问题解决做出努力。此外，言论NPO还通过各种论坛、网站、书籍等面向社会发布信息，以期形成对解决问题负责任的社会舆论。言论NPO致力于以下"四大言论"：第一，建言日本的未来，具体成果包括政权业绩评价、政权公约评价等。第二，重建日本的民主主义，开展对于日本的民主主义制度和市民社会的思考，增加与海外的民主主义对话，举办有关日本国内外的民主主义制度的机制与问题的国际研讨会，发布关于日本、印度、印尼三国的民主主义制度的社会舆论调查结果，发布优秀NPO评价标准与优秀NPO大奖的评选结果及相关采访。言论NPO在日本国内首次开发并公布了旨在强化日本市民社会的系统性自我诊断标准的"优秀NPO评价标准"，开展普及推广活动。第三，挑战新型民间外交模式"言论外交"，以东亚地区的和平稳定为目标，实现多国间的民间对话，如实施"中日关系舆论调查"，举办"北京—东京论坛""日韩未来对话""中日美韩四国对话""中日美韩四国社会舆论调查""日美对话"等。第四，挑战世界课题，为形成日本的立场与主张而创造言论空间，并将日本的讨论面向世界加以公开传播，进而为提升日本的国际话语权、营造解决课题的国际社会舆论环境做出贡献。

特定非営利活動法人政策過程研究機構
Policy Process Institute
特定非营利活动法人政策过程研究机构

"特定非营利活动法人政策过程研究机构"是基于"能够制定具有实效性的政策,并有能力实现所提出的政策建议,且拥有广泛社会基础的智库对日本的必要性"这一共识,由当时的大学生和学术界的青年有识之士,以及政界和官僚机构的相关人员于 2001 年 11 月 30 日联合创办。该机构不具备既有政策形成过程中的任何关系渠道,不隶属于既有的任何势力团体,以独立的市民诉求为背景,通过运用"行政组织的效率化"和"规制撤废"等具体政策手段,对享有意思决定权限的阶层施加影响,并为实现政策建议而对立法机构和行政机构进行游说,是将独立的市民与纳税者的意愿反映到政策形成过程中,为构建企业和 NPO 等民间组织能够自由开展活动的社会而努力的"市民设立、市民运营、服务市民的非营利性政策智库"。

株式会社独立総合研究所
Japan's Independent Institute Inc.
株式会社独立综合研究所

2002 年 4 月 1 日,"有限会社独立综合研究所"从三菱综合研究所中独立出来而创立,随即开始承接来自政府机构和民间企业等的委托业务,开展调查研究活动。2004 年 6 月,研究所变更为株式会社。独立综合研究所自 2006 年 5 月开始接收陆上自卫队干部学校的高级课程研修生,每次 2 名,每年 10 次,陆上自卫队干部学校校长曾亲授感谢状以示对研究所持续十余年为培养自卫队高级干部所做贡献的感谢,2006 年 9 月开始接收民间企业的职员作为研修生。独立综合研究所独立于任何组织与团体,不接受任何资助金,坚持基于完全公平、客观的立场,从事对企业、社会、国家乃至世界有所贡献的调查研究。研究所在保护国民和防卫重要基础设施等有助于市民社会的安全与稳定的调查研究,和以海洋资源调查为中心的安全保障与能源等广泛领域倾注力量,对日本国内外的相关成果有相当深入的了解，凭借其独有的网络，通过海外调查等提供及时、准确的意见与建议。研究所的主要业务内容包括：人文社会科学领域关于国家安全保障、恐怖活动对策、国民保护、危机管理、经济金融、政治、外交与国际关系、国家战略、文化交流等方面的政策立案、委托调查、委托研究、综合咨询；自然科学领域关于能源安全保障、海洋资源调查开发、安全保障技术、海洋环境工学、海洋音响学、海洋物理学、海洋模拟模型、航海学、海事法规等方面的政策立案、委托研究、研究指导、综合咨询和环境影响评价等的相关委托调查；以防卫重要基础设施为中心，除了承接官方与民间的委托调查研究业务外，研究所还举办演讲，从事相关领域的出版以及电视、广播等的企划、执笔、编辑和制作，以此实现更好的传播效果。研究所实行会员制，运营会员制俱乐部"IDC"，为会员发送研究报告《*TCR*》。

東洋大学地域活性化研究所
Institute of Regional Vitalization Studies, Toyo University
东洋大学地域活性化研究所

"东洋大学地域活性化研究所"于2002年作为东洋大学的附属机构设置于板仓校区。由大学的本科及研究部门的专职教师、客座研究人员、研究生作为研究所的研究人员开展活动。研究所融合了人文、社会、自然科学的各个研究领域，在国际化视野下，研究地区问题、环境与开发问题等，针对少子老龄化、经济衰退、中心市街的发展停滞化、地方分权化等多样化的地域课题开展研究并提出具体的解决对策，从而为地域活性化做贡献。研究所以日本国内外的广大地区为研究对象，以为大学周边地区做贡献为目的，与包括板仓校区周边四个县在内的关东北部地区的各地方公共团体合作共同开展活动，与国内外的相关学会、大学、研究机构等开展多层面的交流与合作，促进研究成果的交流与共享，举办各种演讲会、研讨会等。

横须贺市都市政策研究所
Urban Policy Institute, Yokosuka City
横须贺市都市政策研究所

"横须贺市都市政策研究所"是隶属于横须贺市政府的自治体内部智库。横须贺市从1995年开始大力推进综合计划的制定,在此过程中,认识到提升自治体的政策形成能力的重要性,为此于2002年4月,作为企划调整部的内部组织,设置了"横须贺市都市政策研究所"。研究所设立时由12名人员构成,政策推进部的部长兼任所长,政策担当课的课长兼任副所长,设置了"政策研究担当""政策评价担当""实施计划担当"。其中,"政策研究担当"主要负责《横须贺白皮书》的发行、职员的政策提案能力等人才培养、以其他部门为主体的政策立案与问卷调查的援助、官方网站等的信息传播、网络的构建等,此外还开展了东日本大地震受灾地区与灾民的救助工作。"政策评价担当"主要负责开展政策评价与综合计划的推进管理,并与政策研究担当一起制定具有实践性和可操作性的政策。"实施计划担当"的设置附带时间期限,只负责制定从2014年开始的为期四年的实施计划方案。

东洋大学现代社会综合研究所
Institute of Social Sciences, Toyo University
东洋大学现代社会综合研究所

为充分了解现代社会的诸多问题,需要确立具有综合性、实效性的跨学科研究体制。基于这一理念,东洋大学统合了"比较法研究所"和成立于1953年的"社会学研究所"、成立于1961年的"全球经济研究中心"以及成立于1975年的"经营研究所",以"社会科学领域的学术性、综合性研究所"为定位,于2002年7月成立了"东洋大学现代社会综合研究所"。研究所的设立目的是通过经济学、经营学、法学、政治学、社会学等各领域的研究以及统合这些领域的综合性研究,为判明具有多样化、复杂化的现代社会的诸多问题,推进广大社会的发展做贡献。为此,研究所关注"环境与共生"问题,以合作研究项目为重点积极推进具有独创性和实践性的调查与研究，以及基于产官学合作的项目实施，积极开展关于现代社会诸多问题的调查研究，与校内外的研究机构等开展交流与合作，举办演讲会、学术研讨会等，收集并提供调查资料等信息，刊发研究成果。

みずほ総合研究所株式会社
Mizuho Research Institute Ltd.
瑞穗综合研究所株式会社

"瑞穗综合研究所株式会社"是瑞穗金融集团为加强其作为"综合金融咨询集团"的功能而建立的智库，具备高度专业性的研究功能与咨询功能，拥有独特的法人会员制度，致力于解决企业、政府部门、地方自治体等客户的多样化问题，以创造经济与社会的未来为使命。2002年10月1日，瑞穗金融集团统合了株式会社第一劝银综合研究所、日本兴业银行调查部和富士综合研究所的智库部门后，成立了"瑞穗综合研究所株式会社"。该智库的业务涵盖日本国内外的金融与经济、产业构造、社会动向等方面的宏观调查，和都市开发、产业政策、社会政策、经营课题与战略等方面的个别调查，针对客户在广泛领域的情报需求，发挥强大的情报收集能力与丰富的专业知识，提出有价值的分析研究成果，为政府官厅的政策制定建言献策，支援企业经营。研究所对外发布其调查报告、咨询报告、著作、实务手册等大量成果，研究所的研究人员、经济学家、顾问等在各种媒体发表专业看法以及与政策运营和企业经营等相关的解读。

特定非営利活動法人岡崎研究所
The Okazaki Institute
特定非营利活动法人冈崎研究所

"特定非营利活动法人冈崎研究所"由日本外务省退休官员、株式会社博报堂特别顾问冈崎久彦于2002年创建，2018年9月7日取得"特定非营利活动法人"资格。研究所的主要活动包括提供与外交、安全保障相关的信息情报，以及国际合作与交流等事业。研究所的成员主要来自日本外交界、军事界、学术界以及大学，根据研究课题的需要随时调整研究团队。研究所通过相关报纸杂志及出版物发表其研究成果，并以论坛形式组织相关专题的国际交流。2014 年冈崎久彦去世后，由太田博接任理事长，并兼任所长一职。现任理事长兼所长茂田宏同样出身外务省，曾任日本驻以色列大使、驻韩国大使馆公使、驻俄罗斯大使馆公使等职。

有限会社アジアビジネスコンサルタント
Asia Business Consultant
亚洲商业咨询有限公司

"亚洲商业咨询有限公司"以支援九州与亚洲之间的经济交流，开展调查与研究业务为目的，于 2003 年 2 月成立。该机构充分运用日本国内与九州，以及中国、韩国等环黄海地区和以 ASEAN 为中心的亚洲地区的多边网络关系，针对九州的本土企业在亚洲的事业拓展提供技术、人才等方面的协助与合作，同时促进海外企业到九州进行投资带动搞活地方经济，为此提供智库相关业务，并对从调查研究中产生的商机加以筹划运作。

特定非営利活動法人まち研究工房
Laboratory & Creator for Machi
特定非营利活动法人城市研究工房

"特定非营利活动法人城市研究工房"是设立于 2003 年 2 月 17 日的实践型综合智库。该机构的设立目的是从户田市开始推行能够安全、安心、舒适生活的城市建设，为形成男女老幼所有人都能够维持平等自立生活的社会基础，追求地域的自然资源、历史与文化资产的保全和再生，致力于构建真正成熟的社会。作为非营利活动法人，该机构是一家与各专业领域的有识之士合作，在政策研究和城市建设方面，组织行政机关与居民、企业等合作开展活动的智库。为实现更高质量的生活环境，该智库基于地域特性，自主开展政策、城市规划、科学技术等方面的相关调查、研究、立案、建议和事业管理等，发挥联合公共机构与民间众多主体的策划之职，重视扎根地方的实地调查工作，在应对少子老龄化问题的同时，构建与行政机关、市民、企业之间的关系网络，企划并实施各种公益性事业，为建设发挥地区特性与个性的城市做出贡献。

さがみはら都市みらい研究所
Sagamihara Urban Research Vision Institute
相模原市都市未来研究所

"相模原市都市未来研究所"是相模原市政府部门的内设型智库。面对经济长期低迷造成的财政状况恶化以及少子老龄化的压力，基于"自己决定自己负责"的政策形成原则，相模原市需要准确应对多样化的行政需求，推进具有活力的未来城市建设。为此，在地方分权推进过程中，相模原市改组企划政策课政策班，于2003年4月，作为政策研究机构设立了"相模原市都市未来研究所"，针对政策形成过程中所涉及的各种问题，与市民、学者、实践经验者等一起，自律性地开展基于长期规划、结合相模原市的地区特性的政策研究。研究内容包括，超高龄社会的高龄者就业相关调查研究；为制定中央区建设规划开展基础性调查以及区民意识的相关调查研究；围绕福祉、地域经济、环境、城市规划、防灾、教育及其他市政相关问题，由市民自主开展调查研究的"市民研究人员调查研究项目"活动。

法政大学地域研究センター
Hosei University Center for Regional Research
法政大学地域研究中心

"法政大学地域研究中心"于2003年4月成立，致力于为日本社会创造充满活力的生活空间，具有连接法政大学与全国各地的桥梁作用。该中心作为具有国际化视野的地域问题研究机构，与企业、地域社会、政府机构、NPO等构建长期性的持久合作，面向行政机关、地方自治体、商工会议所、企业、NPO等提供各种援助与政策建议，将法政大学所拥有的知识、情报信息以及与地域合作的经验技术等广泛回馈给地域与社会。其业务主要包括作为地域政策研究基地推进学术研究，支持中小企业的经营与创业，支援行政机关、自治体、企业、NPO、地域社会的政策立案与政策评价，提供与地域政策相关的国内外案例等情报信息，培养地域政策相关领域的人才。研究中心围绕地域问题，与海外的研究机构合作共同开展研究，调查研究海外的相关案例，借助互联网提供地域振兴与人才培养方面的相关信息。此外，研究中心与日本商工会议所、东京会议所开展合作，为实现新的教育体制开展各种活动，与日本全国13个自治体达成协议，开展远程教育等多样化业务。

みうら政策研究所
Policy Institute, Miura
三浦政策研究所

《关于为推进地方分权相关法律的整备等的法律》实施之后，为应对区域自治大潮，在学习借鉴"横须贺市都市政策研究所"经验的基础上，三浦市于2003年合并了此前的企划与总务部门设置了"政策经营室"，之后又设立了肩负市民一侧职能的研究机构"三浦政策研究所"。2006年度，三浦政策研究所为实现政策经营室的政策立案职能与企划协调职能的高效化，改组政策经营室，设置"政策经营部"，并在其内部设置"政策经营课"。三浦政策研究所将事务局设置于政策经营部政策经营课，定位于直接面向政策经营部部长提交"行政经营战略"等相关调查报告与研究建议的常设型建言献策机构。为配合地方分权时代的到来，研究所兼具自行决定权利和说明责任义务，确保政策立案职能的履行。三浦政策研究所不是实体组织，而是作为常设的会议机制设置，直接面向三浦市的政策经营部长（政策立案部署责任人）提出政策建议，不局限于中长期的政策课题，对于短期的政策课题，则由研究人员直接进行商谈，兼具咨询要素，同时也担负面向广大市民听取意见的职能。

公益財団法人尼崎地域産業活性化機構
Amagasaki Institute of Regional and Industrial Advancement
公益财团法人尼崎地域产业活性化机构

1981年5月设立的"财团法人尼崎市产业振兴协会"与1986年4月设立的"财团法人尼崎未来协会"于2003年4月合并，成立了"财团法人尼崎地域产业活性化机构"，2012年4月正式变更为"公益财团法人尼崎地域产业活性化机构"。该机构以增进尼崎市的地域和产业活力为目的，为解决尼崎市所面临的各种城市问题开展调查研究，同时为促进尼崎市城市建设根基的产业振兴、改善中小企业等的劳动者福祉开展相关业务活动。该机构主要业务包括，从事解决城市问题的各种调查研究、产业振兴事业、尼崎市中小企业中心的管理运营、尼崎市中小企业劳动者福祉共济事业等。

独立行政法人労働政策研究・研修機構
The Japan Institute for Labour Policy and Training
独立行政法人劳动政策研究与研修机构

"独立行政法人劳动政策研究与研修机构"于2003年10月1日由日本劳动研究机构与劳动研修所合并成立，是厚生劳动省主管的独立行政法人。该机构作为日本唯一一家关于劳动政策的研究与研修机构，拥有大量与劳动相关的各专业领域的研究人员，致力于支持日本劳动政策的制定以及有效果、有效率地推进政策执行，进而为劳动者福祉的增进和经济的发展做出贡献。该机构的主要业务内容包括，重点实施高质量的调查研究，支持厚生劳动省的劳动政策的企划立案及推进；围绕与国内外劳动相关的议题和劳动政策开展综合调查与研究；普及推广其研究成果；运用其研究成果为厚生劳动省负责劳动相关事务的工作人员及其他相关人员提供培训等。该机构的研究体系包括项目研究、课题研究和应急调查。项目研究方面，为实现日本的国家战略及劳动政策的相关基本方针，针对劳动政策的企划立案与实施推进中的相关需求，由机构内外研究人员共同参与，开展与日本所面临的中长期劳动政策课题相关的研究。课题研究方面，基于厚生劳动省在劳动政策方面高度关注的新课题需求，以政策课题的深度相关部门为中心，单独或组成团队实施研究活动并公开发布研究成果。应急调查方面，针对厚生劳动省的紧急政策需求，以政策课题的深度相关研究人员或调查人员为中心，单独或组成团队迅速、准确地加以应对并迅速给出结果。该机构下设的劳动大学实施各种培训项目，用研究人员的研究成果充实培训内容，通过培训反映并发现劳动行政工作中发生的问题以及劳动行政机构一线工作人员的问题意识，反馈并纳入到今后的研究工作之中。该机构发行的月刊《日本劳动研究杂志》创刊于1959年，出版《劳动关系法规集》《日本劳动法政策》《国际劳动法比较》等书籍，发布研究报告和各种电子简讯。

株式会社おきぎん経済研究所
Okigin Economic Research Institute Co., Ltd.
株式会社冲绳银行经济研究所

"株式会社冲绳银行经济研究所"是以株式会社冲绳银行的调查部门"市场营销室"为核心母体，于2004年1月26日设立的地方智库。研究所以"地方的事情交给地方"为经营理念，为支持冲绳银行的事业拓展，作为冲绳县当地的智库进一步强化其调查与市场营销功能，开展情报信息提供与人才培养等业务。同时，研究所也为冲绳县内的企业提供细致的经营咨询业务、地域开发等委托业务、研究业务和人才培养等业务，举办各种经济经营演讲和研讨会。

特定非営利活動法人日本医療政策機構
Specified Nonprofit Corporation, Health and Global Policy Institute
特定非营利活动法人日本医疗政策机构

"特定非营利活动法人日本医疗政策机构"的前身为2004年4月设立的"特定非营利活动法人东京尖端医疗政策中心"，2005年3月改用现名，是非营利、独立、超党派的民间医疗政策智库，主要业务内容包括与医疗政策相关的调查研究、政策建议、人才培养和信息交流等。该机构以"作为实现市民主体的医疗政策的中立智库，为社会提供政策选项"为使命，搭建提出政策建议的平台，举办各种学术研讨会，以患者和市民主导的政策决策流程为目标，与海外的研究机构以及政策制定当局开展合作，通过互联网广泛发布与医疗政策相关的信息等，研究重点包括健康和医疗政策、国际保健等。该机构重视国际化建设，坚持用日语和英语同步发布信息，积极与海外的智库开展交流，针对世界主要国家共同面临的老龄化社会加剧、慢性疾病增加、贫富差距加大、财政状况恶化等医疗政策方面的相关问题，为实现全人类健康生活的可持续发展社会，研究设计新的社会系统。2006年2月，该机构实施"关于日本医疗的舆论调查"，同时创办"医疗政策高峰论坛",第一次尝试以舆论调查结果为基础,汇集政策制定者、医疗从业人员、患者、企业领导者、执政党和在野党的国会议员等社会各界的领袖,公开研讨医疗政策的重要问题,此次会议备受关注,还出版了《医疗白皮书2006》和《医疗政策》。2008年2月,该机构与世界银行共同举办了"全球健康高峰论坛",时任首相小泉纯一郎等日本国内外领导人出席。2009年5月举办"癌症政策高峰论坛",6月举办"医疗政策国民论坛"并出版《医疗政策论点2009》。其后,该机构每年都举办各种国内和国际研讨会、讲座,并发布相关研究成果。

東アジア共同体評議会
The Council on East Asian Community
东亚共同体评议会

2003年"ASEAN+3"首脑会议旗下相继成立了"东亚研究所联合会"和"东亚论坛"两个横贯东亚地区的半官半民的知识共同体。为了代表日本参与这些知识共同体的活动,进而把握整个东亚的地域统合动向,2004年5月18日,日本国内的智库、企业、政府部门的相关代表和有识之士汇聚一堂共同成立了"东亚共同体评议会",是以探索日本的战略性对策为目的,围绕"东亚共同体"的构想,旨在为日本提供汇集产官学于一堂的讨论"场所"。在日本国际问题研究所、日本国际关系论坛、国际金融情报中心等智库,以及日本国际关系论坛理事长伊藤宪一、东京大学教授田中明彦、经济产业研究所所长吉富胜等有识之士的共同呼吁下,关注"东亚共同体"构想的各界众多代表都参加了该评议会,同时,新日本制铁、丰田自动车等日本的代表性企业的代表人物,以及外务省、财务省、经济产业省、文部科学省等相关行政机关的代表人物也纷纷加入。东亚共同体评议会的活动主要由四方面组成,即开展研究、提出政策建议,东亚研究所联合会与东亚论坛的相关活动,公开研讨活动,宣传教育活动。该评议会的事务局设在智库"公益财团法人日本国际关系论坛"内,形成围绕"东亚共同体"构想的多家机构间的相互紧密联动。该评议会每年在日本国内外,特别是东亚地区的重要城市,如东京、北京、上海、首尔等,举办各种形式的研讨会、论坛和交流活动。

株式会社電通総研
Dentsu Communication Institute Inc.
株式会社电通综研

"株式会社电通综研"作为"株式会社电通"的社内智库成立于2004年,通过对通信全领域所涉及的相关课题开展研究活动,为株式会社电通以及电通集团各公司的企业价值和人才价值的创造做贡献,提升集团的综合能力。该机构主要从事有关株式会社电通及电通集团的经营战略方面的咨询与建议,关于广告委托企业的战略变化、生活者意识与行动变化的未来预测,以及基于此对广告商业发展变化的预测。

みずほ情報総研株式会社
Mizuho Information & Research Institute, Inc.
瑞穗信息综研株式会社

"瑞穗信息综研株式会社"成立于2004年,是以IT作为核心技术,覆盖从自然科学到社会科学的广泛领域的综合情报信息企业。作为瑞穗集团的一员,该机构凭借综合情报信息企业特有的精准分析技术和诚实守信的服务,确切把握客户的真实需求,从长期且宏观的视角出发提供最适合的解决方案。该机构面向民间企业,在经营战略与IT战略、IT安全评估、技术开发、环境经营等广泛领域提供服务。该机构的调查研究业务面向政府官厅等,在社会保障制度、健康医疗、中小企业振兴、城市建设、信息化措施、环境能源、科学技术等领域,对政策制定给予支持协助。该机构的海外关联公司包括设在中国上海的瑞穗信息系统(上海)有限公司和设在新加坡的瑞穗信息综研亚洲株式会社。

JFEテクノリサーチ株式会社
JFE Techno-Research Corporation
JFE 科技研究株式会社

"JFE 科技研究株式会社"于 2004 年 10 月 1 日由川铁科技研究株式会社、钢管测量株式会社、日本钢管科技服务株式会社三家合并后成立。该机构将改善地球环境作为经营的最大课题，致力于构建环境管理体制、推进降低环境负荷的活动、实施定期的检查与监察、持续性地预防和改善环境污染、开展维持环境保全的活动，对工作人员开展全面教育，强化环境保护意识，推进其他能与环境和谐发展的事业活动，进而为建设富饶的社会做出贡献。

株式会社環境計画研究所
Research Institute for Environmental Strategies, Inc.
株式会社环境规划研究所

"环境规划研究所"于 2002 年 8 月作为任意团体（即无法人资格团体）设立，2004 年 12 月 6 日以 600 万日元的资本金设立"有限会社环境规划研究所"，完成任意团体的法人化改革。2007 年 4 月，增资到 1000 万日元，并变更为"株式会社环境规划研究所"。研究所的业务内容主要包括三方面。一是为支持坏境政策的制定，开展地球环境、大气环境、水环境及其他环境问题的相关调查研究，为国家和地方公共团体的政策制定提供支持服务。二是环境相关数据的收集与解析，包括环境对策技术、国内外的环境法令与环境政策、环境相关数据的统合与数据库建设、运用地理情报系统建设环境情报系统。三是举办研讨会、演讲会等，开展与环境相关的现状调查、法律完善、环境教育及其他有利于环境保全的国内外的技术援助，可再生能源的导入与改善环境的相关活动，撰写并发布调查研究业务的相关论文和报道。该研究所基于准确数据提出具有高度客观性的政策建议，面向中央官厅等行政机关，基于在化学物质管理与大气污染、水质污染等环境领域的调查与情报分析结果，提出关于法令制定及其修订相关的政策建议，并在法令实施过程中面向行政机关提供情报信息、建议和相应援助。研究所的主要委托方包括中央政府部门与地方自治体等行政机关、独立行政法人、国立研究开发法人、公益法人和民间团体等。

滋賀県立大学地域共生センター
Center for Community Co-design, The University of Shiga Prefecture
滋贺县立大学地域共生中心

　　2006年4月公立大学法人滋贺县立大学为继承"财团法人滋贺综合研究所"的职能，新设立了"地域建设调查研究中心"，2008年4月更名为"地域建设教育研究中心"，2013年4月与"环境共生系统研究中心"合并改组，成立了"滋贺县立大学地域共生中心"。该中心践行"扎根于地域、向地域学习、为地域奉献"的滋贺县立大学使命，旨在利用大学所拥有的人才与知识资源回馈广大地域社会，在地域课题的解决和地域共生方面开展相关教育与研究，培养活跃在地域社会的人才，进而为地域的文化和产业等的振兴，以及地域社会的发展做出贡献。该中心与自治体、公共团体、NPO等相互合作，承接地域问题和地域建设方面的相关委托调查研究项目，利用校内外的丰富人脉关系网络，确立灵活的研究体制，从项目企划阶段开始，与委托方一起共同推进相关工作，基于调查研究提出解决方案，同时也开展以地域建设的政策建言为目的的自主研究。该中心开设公开讲座等面向县民的终身学习教育、地域基础教育等，举办学术研讨会、交流会，提供情报信息和滋贺数据库等社会服务。

せたがや自治政策研究所
（无）
世田谷自治政策研究所

　　地方自治体作为地方分权的基础，需要制定具有其各自特性的政策。同时，伴随社会情势的不断变化，居民的需求日益多样化和复杂化，居民的自治意识也在提高。在这样的背景下，为了推进与世田谷区居民之间的协作互动，进一步促进以该区居民为主体的城市建设，提高该区的政策形成能力，于2007年成立了研究机构"世田谷自治政策研究所"。研究所作为世田谷区的政府内部组织，积极推进相关研究，其成果被作为规划世田谷区中长期发展的政策立案基础。在研究方面，研究所以不断强化政策形成基础为目标，以政策研究、基础研究、数据库的建设与应用、政策建议四方面的基本职能为中心展开业务。研究所由所长（兼职）、次长（课长）、主任研究员（系长）、研究员（职员）、特别研究员（兼职）组成，此外还聘用具有专业知识的研究人员，作为基于专家立场进行研究指导的政策研究员，灵活运用外部的有识之士，积极与相关部门合作开展研究活动。

国際公共政策研究センター
Center for International Public Policy Studies
国际公共政策研究中心

"国际公共政策研究中心"是2007年3月设立的民间智库。研究中心从民间的立场出发，针对公共政策课题，特别是现今的世界经济情势和今后的展望、外交安全保障等国际问题，以及环境、日本国内的构造改革等相关问题开展调查研究、提出政策建议，助力日本更好地发挥其应有的国际作用。研究中心的研究活动主要包括三个领域：第一，国际领域，包括新兴经济体国家、安全保障、日本的干预、主权风险等；第二，贤明政府，包括社会保障、财税政策、劳动与就业问题等；第三，新时代的相互关联性，包括地域重建、能源政策、网络安全、农业、物联网等新概念，通过大数据采集、附加关联性和附加意义，在所有领域摸索基于新关系产生的下一代的治理模式。研究中心举办大量的研究报告会、学术研讨会、意见交流会等，通过官方网站和定期出版物对外发布研究活动及其成果，与海外的智库、有识之士构建知识网络，收集国际情势信息的同时，积极与海外机构交换意见观点。

熊本大学政策創造研究教育センター
Kumamoto University, Center for Policy Studies
熊本大学政策创造研究教育中心

"熊本大学政策创造研究教育中心"是由熊本大学的"政策创造研究

中心"和"终身学习教育研究中心"合并后，于 2007 年 4 月成立，进一步强化其作为大学智库的功能，致力于地区社会的政策研究与社会技术开发。该中心汇聚大学的知识、人才、物质资源，并与校内外关联机构建立广泛的合作关系，促进与市民的共同研究，及时应对地域的需求，特别是充分利用熊本大学特有的人文社会科学、自然科学和生命科学等各专业领域的教育研究成果，基于文理融合解决地域社会的政策课题，同时为提升市民与地区的知识水平开展终身学习教育，提高大学的教育研究质量，培养擅于发现问题、解决问题的地方人才，以大学智库特有的政策建言工作形式将教育研究的成果回馈给地域社会。

特定非営利活動法人社会工学研究所
Institute for Social Engineering, NPO
特定非营利活动法人社会工学研究所

"特定非营利活动法人社会工学研究所"成立于 2007 年 7 月 7 日，是以城市建设为主要课题开展活动的特定非营利活动法人智库。研究所致力于发现和解决现代地域社会所面临的各种问题，与相关各领域的人员开展合作，立足于宏观视角，从多角度解析地域社会的各种问题，面向未来提出解决方法和建议，并为了实现其建议内容而开展多样化的人才培养业务和激发市民热情的市民参与型业务，通过开展采纳研究所成果和建议的城市建设实践活动，以此为建设有魅力且健全发展的地域社会和生活文化的创造做贡献。研究所通过这些活动，培养下一代城市建设的领军人物，促进城市建设在措施和技术层面的国际合作等广泛地域社会与国际社会的公益活动。

公益財団法人国家基本問題研究所
Japan Institute for National Fundamentals
公益财团法人国家基本问题研究所

"公益财团法人国家基本问题研究所"成立于 2007 年 12 月，旨在发现并解决国家所面对的基本问题，将日本文明的智慧活用于现今，提出日本的大战略，并向国内外进行传播。研究所的目标是"建设更美好的日本，使每一个日本人都能享有幸福生活，时刻从国际社会中的日本立场出发，展示更为广阔的视野"。研究所通过举办企划委员会、问题研究会、学术研讨会、演讲会、国际论坛，参加核问题研究会、朝鲜半岛问题研究会、防卫问题研究会，出访海外智库等方式，开展国内外交流，交换意见并提出政策建议，出版发行"国基研论丛"系列著作以及《新美国论》《日本正论》《安倍政权与安保法制》《宪法改正的论点》等论著，双月刊《国基研》以 PDF 形式定期向会员发送。

户田市政策研究所
Policy Research Institution of Toda
户田市政策研究所

"户田市政策研究所"是 2008 年 4 月设置在户田市政策秘书室的内部组织。研究所的人员配置为户田市副市长兼任所长，政策秘书室室长兼任副所长，政策秘书室主任兼任主任研究员，宣传负责人兼任研究员，政策负责人出任专职研究员。户田市政策研究所为市长直管机构，不隶属于任何部门，因此被认为能够更为有效地反映其研究成果，同时基于其兼任的人员配置，也能够以更少的经费维持运营，加之设置于政策秘书室内部，则更有可能将广大市民的心声直接反映在政策之中。

株式会社大和総研
Daiwa Institute of Research Ltd.
株式会社大和综研

1952 年调查研究部门的前身"大和证券调查部"和系统部门的前身"大和证券机械计算部"设立。1975 年"大和计算机服务（DCC）"成立。1982 年"大和证券经济研究所（DSRI）"成立。1983 年"大和系统服务（DSS）"成立。1989 年"大和证券经济研究所"与"大和计算机服务""大和系统服务"三家合并，成立了"大和综研（DIR）"。2007 年"大和综研（上海）咨询有限责任公司"成立。2008 年旧"大和综研"改组分立为"大和综研控股""大和综研""大和综研商业创新"三家公司。2009 年在纽约和伦敦设置研究中心。2011 年"讯和创新有限责任公司"成立。旧大和综研自1989年成立以来,一直是大和证券集团的核心情报信息提供机构,在调查研究、咨询、系统三大领域,都有相应的专家开展独立性的调查研究,提供了满足不同时代需求的、具有高附加值的情报信息服务。伴随集团的改组,现在的大和综研于2008年6月重新起步,2008年10月1日开始营业,继承了旧大和综研中面向大和证券集团的服务部门。作为面向未来的综合智库,大和综研主要从事经济、金融、资本市场、法律、环境、社会、企业治理等方面的相关调查研究、建言献策、咨询服务和系统整合。大和综研以亚洲为中心,开展经济、金融资本市场、社会环境等领域的调查研究,包括海外业务的综合性经营咨询和证券系统的全球化拓展,并集结大和综研在三个领域的力量,全力支援全球化业务发展。大和综研基于长年积累的经验开展调查分析,与外部研究机构进行合作,面向大和证券集团内外,提供及时的情报信息和多角度的综合解决方案,从中立的立场、以数据为基础开展建言献策活动。大和综研的研究人员通过著作、论文、研究报告、媒体访谈等方式对外传播研究成果,机构发行季刊《大和综研调查季报》、年刊《法人投资家证券投资的会计与税务》和《投资家的税金读本》。

独立行政法人国際協力機構研究所
Japan International Cooperation Agency Research Institute
独立行政法人国际协力机构研究所

作为行政机构改革的一环,日本在开发援助方面主要承担技术援助的"独立行政法人国际协力机构"和主要承担资金援助的"国际协力银行"的海外经济协力部门合并,于2008年10月1日成立新的"独立行政法人国际协力机构(JICA)"。为了进一步加强研究能力,统合了原两家机构既有的研究职能,设立了"独立行政法人国际协力机构研究所"(简称"JICA研究所")。作为JICA的内部智库,JICA研究所以提供与其事业直接相关的知识、技能、建议为目的,研究重点包括和平与开发、经济增长与减少贫困、环境与开发、气候变化、援助战略等。其四大基本方针是全面的综合性理论视角、过去与未来相结合、传播推广日本和东亚的经验、面向世界发布信息开展活动。为更好地解决发展中国家所面临的开发问题,JICA研究所不断强化面向发展中国家的政策制定者的信息发布业务以及对国际开发方向的引导,采用网络型研究模式,通过国内外的网络化研究交流，为研究人员和开发实践人员提供对话的平台，不仅面向日本国内，还面向世界以英文发布信息，力求建设成为面向全球的研究机构、援助实施机构、政府组织、民间企业、NGO等的开放型研究所。成果形式包括研究论文、政策报告、研究报告、书籍、研究数据库等。JICA研究所积极发布传播其研究过程及成果，同时与各种机构和组织开展合作研究以实现信息的共享。

一般財団法人キヤノングローバル戦略研究所
The Canon Institute for Global Studies
一般财团法人佳能全球战略研究所

佳能在其创业70周年之际，于2008年12月设立了"一般财团法人佳能全球战略研究所"和"一般财团法人佳能财团"。佳能全球战略研究所作为民间非营利智库，旨在为日本和世界指明通向未来的发展之路，汇聚并培养具有发展眼光的优秀人才，积极在世界经济中定位日本经济，从日本应如何立足于世界的观点出发，在世界范围内开展活动。研究所从全球化视角出发，在日本国内外的政治、经济、社会等诸多领域，分析现状，指明问题，提出战略性建议，并将其反映到国家的政策之中，以此为社会做贡献，推动未来日本与世界的发展。研究所的具体研究领域以宏观经济、资源能源与环境、外交与安全保障作为三大支柱，同时也开展与美国、欧洲、新兴经济体国家，特别是中国之间的知识交流，以及中日美三国间关系的分析等。

株式会社政策工房
SEISAKU-KOUBOU
株式会社政策工房

"株式会社政策工房"成立于2009年10月2日，旨在改变日本既有的政策形成体制，推进民主主义社会的发展。该机构的活动不仅限于提出建议和要求，还包括提出具体的政策和法案，为政治家和国民提供明确的选项。其具体业务内容包括：分别面向政党、决策者、议员等政策担当者以及面向企业和非营利团体等民间机构的政策咨询；针对政治、经济、社会的诸多课题的相关调查、分析、研究；关于公共政策的分析报告的编写与信息发布；有关公共政策、政治、经济等诸多课题的演讲会、政策宣传等的企划和举办。

神奈川県政策局政策部科学技術・
大学連携課政策研究・大学連携センター
（无）
神奈川县政策局政策部科学技术与大学合作课
政策研究与大学合作中心

"神奈川县政策局政策部科学技术与大学合作课政策研究与大学合作中心"旨在支持根据地域的实际情况制定各种政策以解决地域课题。2010年4月1日，作为政策局政策调整部综合政策课的驻在事务所，在将原"自治综合研究中心"的研究职能与原"政策部综合政策课"的科学技术与大学合作室的大学合作职能加以合并改编后，设置了"政策研究与大学合作中心智库神奈川"，2013年4月开始成为政策局政策部科学技术与大学合作课的内部组织，更名为"神奈川县政策局政策部科学技术与大学合作课政策研究与大学合作中心"。

公益財団法人ひょうご震災記念 21 世紀研究機構
Hyogo Earthquake Memorial 21st Century Research Institute
公益财团法人兵库震灾纪念 21 世纪研究机构

阪神淡路大地震的教训使安全安心的城市建设成为 21 世纪成熟社会的基本课题。为了实现共生社会，基于"生命的尊严"和"提高活着的幸福感"的人文关怀理念，2010 年 4 月成立了综合智库"公益财团法人兵库震灾纪念 21 世纪研究机构"。该机构在推进调查研究的同时，围绕各方面的课题提出政策建议等，致力于为创造 21 世纪文明做贡献。该机构的主要业务内容包括：（1）振兴以学术和科学技术为目的的事业；（2）以防止事故和灾害发生为目的的事业。该机构是防灾、减灾建设方面的专业智库，以地震灾害为原点开展具有特色的政策研究，从广泛的视角提出具有高度实践性、前瞻性、可行性的政策建议，广泛传播地震灾害的经验和教训，开展与各种研究机构的知识交流、人才培养等多种事业。该机构在实施调查研究过程中，新设进行建言献策的"高级研究员"制度，不断充实研究体制，并按不同研究题目设置和关联行政部门之间的政策研究会，旨在强化政策建言的智库功能，传播研究成果回馈社会。该机构下设研究战略中心、人与防灾未来中心、兵库县心理护理中心，研究成果通过机构信息刊物《21世纪兵库》、电子简讯《Hem 21》和官方网站等对外公开传播，举办研讨会、讲座等学术交流活动。

リコー経済社会研究所
Ricoh Institute of Sustainability and Business
理光经济社会研究所

"理光经济社会研究所"于2010年4月设立，具备预测国际经济和社会构造的未来发展变化以及研究企业经营的"智库功能"，此外还具有基于研究成果为理光经营决策层提出建议的"咨询功能"，并且通过发行季刊《Ricoh Quarterly HeadLine》，面向商业社会积极发布情报信息。研究所在经济领域，洞察国内外的实体经济和金融市场，在预测经济动向、分析风险的同时，把握中长期的经济结构变化，考察对于企业经营的影响；在坏境、资源、能源领域，随着地球环境问题的不断严峻化，致力于研究企业所应发挥的作用以及与环境相关的新建事业；在产业和社会领域，随着高新科技的飞速发展，聚焦人工智能时代，研究先进制造业对应的最尖端的经营课题，伴随少子老龄化社会的加速发展，针对社会结构和劳动方式的变化等提出建议。

公益財団法人東北活性化研究センター
Tohoku Regional Advancement Center
公益财团法人东北活性化研究中心

2010年6月1日，"财团法人东北开发研究中心"和"财团法人东北产业活性化中心"合并，成立"财团法人东北活性化研究中心"，2012年4月1日正式变更为公益财团法人。在继承前身两家财团的成果和口碑的基础上，"财团法人东北活性化研究中心"凭借与产官学各界的合作网络，以应对复杂化、多样化地域需求的"调查研究与实践一体化的地方智库"为目标，为东北地区的活性化和可持续发展做贡献。其中"财团法人东北开发研究中心"的前身是于1961年4月由经济企划厅和国土厅批准，由日本东北地区的七个县和七所国立大学以及地方的主要企业共同筹资设立的"财团法人东北经济开发中心"，以针对东北地区的经济问题开展综合调查研究，确立东北地区的开发方针为目的。基于这一背景沿革，东北活性化研究中心针对日本东北地区七县（青森县、岩手县、宫城县、秋田县、山形县、福岛县、新潟县）的地区综合开发整备以及地区与产业的活性化，开展调查研究、项目开发与支援以及人才培养等相关业务，还举办演讲会，发行季刊《东北活性研》，运用官方网站等方式收集并提供各种信息和资料，致力于提升东北地区的活力，实现可持续发展。

青山社中株式会社
Aoyama Shachu Corporation
青山社中株式会社

"青山社中株式会社"成立于2010年11月15日，是为实现"立于世界的日本强国"而创造"人才、政策、组织"的新型智库。在霞关工作的青年国家公务员，以打破既有的霞关政策形成体制，提高政策制定能力为目标，为推行霞关改革而开展活动，结成了"Project K（创造新霞关青年之友会）"，其中部分成员在离开霞关后，为带动搞活整个日本，成立了"青山社中"。该机构是不依附于政治和政府机构的"自立促进法人"，也是不论盈利开展活动的"理念实现型法人"。青山社中开展政策研究，成果观点通过出版、媒体和网络加以发表，并为政策的实现，集结各界青年采取行动。青山社中从事政策建言业务，例如面向国会议员、地方议会议员等提供政策制定与议会答辩的援助，协助选举的候选人制定选举公约。青山社中集结在中央省厅和地方行政机关具有工作经验，或在国家政党的政策制定方面具有经验的政治与行政人员，利用广泛的人际关系网络，为地方议会提供高质量的政策咨询服务。该机构接受政府部门的委托，开展政策立案与调查研究活动，委托方包括内阁府、经济产业省、文化厅等。

かすかべ未来研究所
（无）
春日部未来研究所

春日部市面对严峻的财政状况，为了更为均衡且准确地满足快速发展且日益多样化的市民需求，作为市政府内部智库，于2011年4月1日在政策课内设置了"春日部未来研究所"。研究所以解决问题为目的，收集、分析各种数据和信息等，为了实现先进的政策措施开展调查研究，从侧面支援各相关部门的业务执行，以政策的最优化为目标。

一般財団法人アジア・パシフィック・イニシアティブ
Asia Pacific Initiative
一般财团法人亚太倡议

受到2011年东日本地震灾害的影响，有识之士认为有必要重建日本，遂于2011年9月设立了"一般财团法人日本重建创新基金会"，以为日本国家服务为宗旨，对各种问题进行研究并提出建议。研究内容不只限于找出地震灾害造成直接损害的原因等，也包括找出导致"失去的20年"的根本原因，并从中吸取教训，基于此研讨新的复兴与重建思路。日本重建创新基金会以世界知识网络中枢为标杆，与国际合作伙伴共同设定课题，分享日本经验的同时进行相互提携与合作，发挥智库的核心作用，是兼具网络、媒体、俱乐部等诸多功能的"智库复合体"，在国内外历史转折时期，构想并实现日本重建，打造具有国际影响力的知识孵化器。日本重建创新基金会作为亚太倡议的核心智库，经过五年以上开展调查、研究、建言活动的业绩积累，以此为基础进一步向亚洲太平洋地区拓展视野，于2017年7月发展性改组成立"一般财团法人亚太倡议"。作为非营利性独立智库，追求亚洲太平洋地区的和平与繁荣，也是以实现在亚太地区构建自由开放的国际秩序愿景为目的的论坛型智库，利用丰富的全球网络资源研究日本所面临的战略问题与治理课题，并为实现其建言而开展活动。

一般財団法人アジア太平洋研究所
Asia Pacific Institute of Research
一般财团法人亚洲太平洋研究所

  1964 年 9 月,"财团法人关西经济研究中心"作为关西经济界的智库而成立,为发挥关西地方特色,主要依靠学者和实务家组成研究团队,对经济问题、经济政策以及地方建设等开展调查研究。该研究中心在 2002 年进行改组合并,变更为"财团法人关西社会经济研究所",2011 年 12 月与任意团体(即无法人资格团体)"亚洲太平洋研究所"合并,再次更名为"一般财团法人亚洲太平洋研究所"。亚洲太平洋研究所作为"中立智库"不受政府和特定企业团体的影响,依靠众多会员企业的支持以实现其自由构想的研究活动和运营。研究内容包括:政策立案和商业战略制定之际的理论性和实证性研究;为预测未来、提出问题和政策建议的前期研究;研究成果和数据在公共政策和研究基础中的转化应用。三方面均衡展开。研究所从公益性观点出发,针对潜在性问题,自行选取课题,开展前瞻性、储备性研究,提出可操作的具体政策建议,提供有价值的情报信息,研究成果在各种政策决策过程中被直接或间接地采纳应用。亚洲太平洋研究所是以亚洲太平洋地区为对象的课题解决型智库,基于在日本经济社会和关西地区经济方面的相关调查研究成果,立足于亚洲太平洋地区,作为超越国家与地区界限的知识和信息的研究交流平台,致力于地区活力的创新创造和可持续发展。

京都橘大学総合研究センター
Integrated Research Center, Kyoto Tachibana University
京都橘大学综合研究中心

  2012 年度京都橘大学新设健康科学部后,成为了由 5 大学部 10 大学科构成的,拥有在文学、语言学、历史学、教育学、建筑学、文化政策学、经营学、社会学、急救学、护理学、心理学等广泛领域开展学术研究的专职教学人员的综合大学。据此,针对此前由"文化政策研究中心"和"护理实践异文化国际研究中心"等各研究所和研究中心实施的机构研究（项目研究），京都橘大学以更加跨学科地展开研究，引入外部资金，提高大学的社会评价为目的，作为大学附属研究机构，于2012年4月新设了"京都橘大学综合研究中心"。该中心的研究项目实施公开招标，开展跨学科、跨领域的综合研究，从创设之初开始以"地域"为研究主题之一，与京都市、大津市、草津市、野洲市、守山市等众多自治体和相关机构建立了合作协助关系共同推进研究工作，积极应对解决地域问题。该中心的研究成果通过在校内举办报告会、论坛、研讨会以及出版图书、学会发表等多种形式面向社会公开。

一般社団法人日本エコ・アグリテクノロジー
Japan Eco-Agri-Technology Corporation
一般社团法人日本生态农业科技

"一般社团法人日本生态农业科技"成立于2012年5月，旨在为构建产官学各领域的国内外强大人际关系网络，建立面向海外的技术流通相关正规渠道，融合日本在环境、农业、加工与流通等领域的相关先进技术，确立并普及日本独有的"新地方创生型第六次产业商业模式"，促进相关各领域技术的更进一步发展及在日本国内外的普及、推广和应用。该智库的设立目的包括结合遏制气候变暖的环境和能源技术，推动新兴产业的发展，与地域发展共生，确保就业等。同时，该智库也重视在地域上创建项目发展载体，加强事业主体的确立和资金调配等"软件"方面以及承担全面协调功能等"硬件"方面的能力，为国家推进第六次产业化事业提供支援，在"软硬"两方面同时开展广泛的业务活动。

株式会社道银地域総合研究所
DOGIN Regional Research Institute Co., Ltd.
株式会社道银地域综合研究所

"株式会社道银地域综合研究所"于2012年10月开始运营，是北海道银行设立的全资子公司，主要从事咨询、调查研究等相关业务。"咨询部"针对地方企业所面临的实际问题，由专业的咨询人员开展相关调查，与高度专业的外部机构或必要机构建立强大的网络体系，共同解决问题，举办各种研讨会、演讲会，派遣专业讲师，提供人事、业务、财务等相关的具体咨询服务。"地域战略研究部"在食品、环境、能源、IT、生物等各领域开展调查研究活动，从事城市建设方面的咨政活动，充分运用积累的成果和北海道银行集团的网络，提供具有地域特色的各种战略立案、事业化项目企划等，致力于促进北海道地区的经济发展。"经济调查部"为推进地域经济发展承担信息生产功能，针对北海道地区的经济产业动向，通过各种统计和实态调查以及敏锐的分析，尽早发现北海道地域内外的经济、产业、高增长预期领域等的最新动向和构造变化，并采取及时的应对措施。经济调查部具有紧密贴近地方的智库功能，广泛发表其观点解读与建议内容，发布调查研究报告，提供相关信息数据。

"株式会社道银地域综合研究所"的部分事业来自"社团法人北海道未来综合研究所"，后者于1976年11月27日由已故北海道大学名誉教授高仓新一郎设立，次年1977年11月25日作为社团法人取得北海道知事的批准，正式开始调查研究活动，2013年4月1日正式变更为一般社团法人。研究所旨在通过开展针对北海道地区各种问题的综合研究提出政策建议，从而促进未来日本产业、社会和国民生活的发展与提升。2014年5月末，"一般社团法人北海道未来综合研究所"解散，其一部分事业被"株式会社道银地域综合研究所"吸收合并，以新体制开始业务。

日鉄テクノロジー株式会社
Nippon Steel Technology Co., Ltd.
日铁科技株式会社

"日铁科技株式会社"的前身是1978年1月从八幡制铁所的环境卫生部门独立出来成立的"株式会社九州环境技术中心"，1994年4月更名为"株式会社九州技术研究"。2012年1月新日铁集团的六家实验分析公司合并之后，该机构作为"株式会社日铁技术研究"的事业控股子公司被吸收合并。2013年4月株式会社日铁技术研究及集团五家公司与住友金属科技株式会社合并成立"日铁住金科技株式会社"。2019年4月因"新日铁住金株式会社"更名为"日本制铁株式会社"，该机构名称随之变更为"日铁科技株式会社"。创业之初，该机构从公害检测业务开始，主要实施土壤、大气、水质等的环境检测，现在增加了制铁所设备的老化诊断、若户大桥的桥梁检查、河内蓄水池的南河内桥的老化诊断等地方特有课题，同时接受市町村的教育部门委托的制铁遗迹调查等地域文化研究。该机构把以实验、检测、分析的相关技术为核心的环境和原料作为两大支柱领域，开展广泛的业务活动，并将其技术与成果在环境政策中加以转化拓展。

EY 総合研究所株式会社
Ernst & Young Institute Co., Ltd.
安永综合研究所株式会社

安永是全球领先的专业服务公司，提供审计、税务及企业财务等领域的服务。"安永综合研究所株式会社"作为安永的日本智库，成立于2013年，利用安永的全球化网络，凭借在支持企业成长和社会发展方面积累的丰富经验和技术，作为调查研究的专业机构，提供广泛领域的情报信息和先进的建议。2017年6月末，安永综合研究所因安永日本公司的机构改组而解散。

一般財団法人教育文化総合研究所
Institute for Global Education and Culture
一般财团法人教育文化综合研究所

"一般财团法人教育文化综合研究所"是基于日本国宪法以及儿童权利条约的相关规定，以为教育的确立和文化的创造做贡献为目的，于2016年4月1日成立的专业化智库，其前身是1991年成立的"国民教育文化综合研究所"。教育文化综合研究所与社会各界的研究合作者一起，围绕教育行政体制、财务体制、教师工作条件、可持续开发教育、教材、地域共同体等与教育相关的问题，组织实施相关调查研究，定期举办各种公开研讨会、讲座、研究交流会和培训活动，发布研究报告，出版书籍。在国际化建设方面，教育文化综合研究所实施并发布"国际学生评估项目（PISA）"及调查结果，与意大利、德国、奥地利等多国的相关机构开展国际交流与合作，并发布国际调研报告。